民法典
合同编通则司法解释
释评

主 编 王利明 朱 虎

中国人民大学出版社
·北京·

图书在版编目（CIP）数据

民法典合同编通则司法解释释评/ 王利明，朱虎主编 . -- 北京：中国人民大学出版社，2024.3
ISBN 978-7-300-32686-3

Ⅰ．①民… Ⅱ．①王… ②朱… Ⅲ．①合同法-法律解释-中国 Ⅳ．①D923.65

中国国家版本馆 CIP 数据核字（2024）第 063371 号

民法典合同编通则司法解释释评

主　编　王利明　朱　虎

Minfadian Hetongbian Tongze Sifa Jieshi Shiping

出版发行	中国人民大学出版社	
社　　址	北京中关村大街 31 号	**邮政编码**　100080
电　　话	010 - 62511242（总编室）	010 - 62511770（质管部）
	010 - 82501766（邮购部）	010 - 62514148（门市部）
	010 - 62515195（发行公司）	010 - 62515275（盗版举报）
网　　址	http://www.crup.com.cn	
经　　销	新华书店	
印　　刷	涿州市星河印刷有限公司	
开　　本	720 mm×1000 mm　1/16	**版　　次**　2024 年 3 月第 1 版
印　　张	44 插页 1	**印　　次**　2024 年 3 月第 1 次印刷
字　　数	788 000	**定　　价**　198.00 元

版权所有　侵权必究　印装差错　负责调换

合同编通则司法解释的亮点与创新*

王利明　朱　虎

合同是市场交易的法律表现，正如马克思所指出的，"这种通过交换和在交换中才产生的实际关系，后来获得了契约这样的法的形式"①。在我国，从改革开放以后逐渐形成的合同法律制度的"三足鼎立"，到1999年的《合同法》的制定，直至《民法典》合同编出台，我国合同法的发展进程映照着我国市场经济的发展进程。在合同法律制度中，居于最核心地位的无疑是《民法典》合同编通则部分。合同编通则是合同法的基础性规则和主体部分，是调整市场交易的一般性规则，有助于便利交易、维护交易安全秩序和服务经济社会高质量发展；并且，其还发挥着债法总则的功能，从而具有更大的适用可能和更强的规范辐射力。

自《民法典》合同编施行以来，之前关于合同法的司法解释很多已被废止，对在实践中产生的大量问题就欠缺明确的处理依据，因合同编的实施也产生了许多新情况与新问题。为了更好地配合合同编的实施，统一裁判尺度，《最高人民法院关于适用〈中华人民共和国民法典〉合同编通则若干问题的解释》（以下简称《合同编通则解释》）在总结本土经验、借鉴域外制度和凝聚理论共识的基础上，运用法律解释与漏洞填补的科学方法，对《民法典》合同编通则部分以及与之存在体系关联的规则进行细化和发展，呈现出许多亮点，彰显了本土性、实践性和时代性。下文拟对该司法解释的亮点与创新作出初步探讨。

＊　本文原载《法学家》2023年第1期。

①　《马克思恩格斯全集》（第19卷），人民出版社1963年版，第423页。

一、规则解释：司法解释对民法典规则的细化

（一）尊重立法原意，彰显私法价值

"法无解释不得适用"，但司法解释必须符合《民法典》的目的、原则和原意。因此，《合同编通则解释》最为重要的理念就是尊重立法原意，围绕《民法典》的贯彻实施而具体展开。在立法目的上，基于合同编通则发挥实质上的债法总则作用，《合同编通则解释》所规定的立法目的是正确审理合同纠纷案件以及非因合同产生的债权债务关系纠纷案件。在法律解释方法上，要求首先采取文义解释的方法，尽量避免超越《民法典》规范文义的射程。在对《民法典》规范中不确定概念的具体化和规范漏洞的填补上，《合同编通则解释》妥善运用各种法律解释方法和漏洞填补方法，始终遵循《民法典》的立法理念、立法目的和基本原则。例如，《民法典》第153条第2款中的"公序良俗"属于"不确定法律概念"，其具体内容需要司法机关在审判实践中予以具体化。《合同编通则解释》第17条在对公序良俗进行具体化时，始终坚持《民法典》的立法理念和基本原则，于第2款要求人民法院在认定合同是否违背公序良俗时，应当以社会主义核心价值观为导向，综合考虑当事人的主观动机和交易目的、政府部门的监管强度、一定期限内当事人从事类似交易的频次、行为的社会后果等诸多因素加以判断，并在第1款中予以类型化。

基于此种基本理念，《合同编通则解释》在规范的具体表达上，注重指引法官适用《民法典》的相关具体规定。该解释在诸多条文中都援引了《民法典》的具体规定，使用了诸如"人民法院应当依据民法典第××条处理/认定"等多种形式的表述，明确指示人民法院应当依据《民法典》的具体规定予以处理和认定。这些均旨在向法官指引特定情境中如何适用法律规则，而非针对该特定情境制定规则。例如，《合同编通则解释》第3条第2款规定，特定情形中合同已经成立但欠缺内容的，"人民法院应当依据民法典第五百一十条、第五百一十一条等规定予以确定"。第52条第3款规定，在协商解除时，当事人未对合同解除后的违约责任、结算和清理问题协商一致的，"人民法院应当依据民法典第五百六十六条、第五百六十七条和有关违约责任的规定处理"。

尊重立法原意，不仅仅是对立法原意的遵从，还进一步表现为对立法原意的深化。[①] 在这个意义上，《合同编通则解释》深化和践行了《民法典》的基本价值，具体而言：

---

① 参见陈春龙：《中国司法解释的地位与功能》，载《中国法学》2003年第1期，第30页。

第一，保障自治。在合同解释层面，私法自治要求合同解释服务于当事人真实意思的实现。这与法律解释不同。《合同编通则解释》第 1 条第 2 款规定了"共同真意优先"，即在合同词句的通常含义与当事人共同的实际理解不同时，应当依后者确定合同条款的含义。私法自治还要求依据当事人的真实意思确定当事人的权利义务关系。《合同编通则解释》第 14 条第 1 款明确规定，"黑白合同"中的"白合同"的效力应当依据《民法典》第 153 条第 1 款或者第 502 条第 2 款予以判断，而不能仅以规避法律、行政法规为由一概认定无效；第 2 款则规定，即使"黑合同"的效力出现瑕疵，也应当以被隐藏的合同作为事实基础依据《民法典》第 157 条确定当事人的责任。

第二，维护诚信。《合同编通则解释》第 60～63 条规定了损害赔偿计算的具体规则，增加了违约成本，以鼓励当事人信守合同。《合同编通则解释》第 65 条第 3 款进一步规定，恶意违约方一般不得请求减少违约金。第 68 条第 1 款规定，双方均具有致使不能实现合同目的的严重违约行为的，均不得请求适用定金罚则；一方轻微违约而另一方严重违约，则前者有权主张适用定金罚则，后者不得以前者也有违约行为抗辩。第 68 条第 2 款规定，违约方部分履行合同，对方接受的，守约方有权主张按照未履行部分所占比例适用定金罚则，但是，如果部分未履行致使不能实现合同目的，则守约方有权主张按照合同整体适用定金罚则。这些规则表明，对恶意和严重的违约行为，违约方主观恶性较大，更应当增加违约方的违约成本。

第三，鼓励交易。《合同编通则解释》尽可能促进合同的成立、生效：第 3 条第 1 款规定了只要当事人就合同主体、标的及其数量达成合意的，一般应当认定合同成立；第 4 条对以竞价方式订立合同的合同成立时点作出具体规定，扩展了当事人合同订立的方式，有助于鼓励交易。《合同编通则解释》第 16 条第 1 款规定，在判断合同是否因违反强制性规定而无效时，如果由行为人承担行政责任或者刑事责任能够实现强制性规定的立法目的的，结合具体情形，可以不认定合同无效。这就在合同效力问题上确定了鼓励交易的最基本价值取向。同样基于鼓励交易的价值，该解释第 17 条第 2 款也规定，当事人确因生活需要而非经营需要进行交易而签订合同，该合同未给国家安全和社会公共秩序造成重大影响，也不违背善良风俗的，法院就不应当认定合同无效。

第四，促进公平。情势变更和违约金调整都是合同公平的具体体现，本身就是对意思自治的合理限制。为进一步贯彻此种价值，《合同编通则解释》第 32 条第 4 款规定当事人排除情势变更规则适用的事前约定无效；可以考虑的是，当事人不能抽象地排除所有情势变更事由，但可以针对某个特定的、具体的事由予以排除。《合同编通则解释》第11条也规定，在当事人是自然人而签订合同的情况下，如果根据该当事人的年龄、智力、知识、经验并结合交易的复杂程度，能够认定其对合同的性质、合同订立的法律后果或者交易中存在的特定风险缺乏应有的认知能力的，可以认定构成《民法典》第151条中的"缺乏判断能力"。这同样有助于维护合同的公平。

（二）聚焦诉讼场景，凸显问题导向

司法解释的主要功能是对审判工作中具体应用法律的问题，结合鲜活的案例作出解释。长期以来，司法解释注重条文的抽象性，具有与法律相同的特点，可能忽略了与案例情境的有机结合，因此往往需要再解释，这容易引发司法解释越权的诟病。而《合同编通则解释》更注重的是将条文和案例有机结合，以问题为导向，以案例为支撑，结合法律规范的各种具体化技术，以审判实践中的核心和重要问题作为导向，不追求规则抽象、体系完整甚至面面俱到。这便利法院理解司法解释规则，并在此基础上准确适用。就此，《合同编通则解释》采取了多种法律解释的技术。

第一，例示化。司法解释在对《民法典》重要概念和规则的解释上，通过例示的方式指导司法实践，有利于同案同判，但例示容易导致不周延，因此要通过兜底条款保持开放性。此时，在解释时，宜采取同类解释方法，只有与明确列举的例子具有类似性的情形才可被包含入兜底条款中。例如，《合同编通则解释》第30条第1款关于第三人代为履行中的"合法利益的第三人"的界定，并不限于《德国民法典》第268条中的对债务人的财产享有合法权益且该权益将因财产被强制执行而丧失的第三人，还列举了作为债务担保人的第三人和担保财产的受让人、用益物权人、合法占有人、后顺位担保权人，以及债务人的近亲属、出资人或者设立人，并且在第7项规定了兜底条款。该解释第32条第1款对不能适用情势变更的商业风险也采取此种例示方式，包括"合同涉及市场属性活跃、长期以来价格波动较大的大宗商品以及股票、期货等风险投资型金融产品"。

第二，类型化，即区分为不同的类型。《民法典》中的许多不确定概念，具有难以定义性。这是其内涵和外延的不确定造成的。此时最恰当的方式就是类型化①，使法官在类型中把握，达到同案同判的效果。具体而言：一是交易习惯的类型化。《合同编通则解释》第2条将交易习惯分为当事人之间的惯常做法、地区和行业习惯。二是公序良俗的类型化。针对《民法典》第153条第2款所规定的公序良俗，《合同编通则解释》第17条第1款将其类型化为国家安全、社会公

---

① 参见王泽鉴：《民法学说与判例研究》（第一册），中国政法大学出版社1998年版，第277页。

共秩序和善良风俗。三是工作人员超越职权范围的形态的类型化。《合同编通则解释》第21条第2款将其区分为四种形态。四是就日常生活中的以物抵债。该解释第27、28条在《九民会议纪要》第44、45条的基础之上，将其类型化为以清偿为目的的和以担保为目的的以物抵债。对于前者，该解释第27条第1、2款规定以物抵债协议为诺成合同，并原则上参照《民法典》第515、516条关于选择之债的规则予以处理；对于后者，则规定参照担保规则予以处理，且不采取归属清算而是处分清算。五是《合同编通则解释》第34条针对《民法典》第535条第1款规定的专属于债务人自身的权利列举了五种形态。

第三，动态化。《合同编通则解释》引入了动态系统论（bewegliches System），规定寻求合理解决方案时的相关考量因素，在个案适用时需要对各个考量因素进行综合考量，具体结果取决于各个考量因素相比较后的综合权衡。① 这种方式规范了法官的自由裁量权，为法官行使裁量权提供了指导，并限制了裁量权的行使。具体而言，《合同编通则解释》第7条第2款关于当事人一方在订立预约之后的磋商中是否违背诚信，第8条第2款关于违反预约的损害赔偿，第16条关于合同所违反的规定是否为效力性强制性规定，第17条第2款关于合同是否违背公序良俗，第24条第2款关于合同出现效力瑕疵时的损害赔偿，第62条关于无法确定可得利益时的赔偿酌定，第63条关于可预见性规则，第65条第1款关于违约金的司法酌减，都运用了此种动态化方式。

第四，示范化。对于需要在具体案件中判断的问题，《合同编通则解释》规定一般参考示范标准，但并不意味着排除特殊情形。这有利于裁判尺度的统一，但又兼顾了灵活性。例如，在撤销权中不合理交易行为的认定上，《合同编通则解释》第42条基本延续了《合同法解释二》第19条第1款，采取了客观化方式，但为了统一裁判的尺度和便利裁判，该解释第42条第2款规定了一般参考示范标准，即交易价格处于交易时交易地的市场交易价或者指导价的70%～130%这个区间之外的，一般可以认定为不合理价格。在本款中，"一般"意味着排除特殊情形，如季节性产品和易腐烂变质的时令果蔬在临近换季或者保质期前回笼资金的甩卖；"可以"意味着应视具体情形而定，不作刚性约束。② 据此，"一般可以"意味着这个比例仅是一般性的参考示范标准，并非唯一的刚性标准，

① 参见［奥］维尔伯格：《私法领域内动态体系的发展》，李昊译，载《苏州大学学报（法学版）》2015年第4期；［奥］库齐奥：《动态系统论导论》，张玉东译，载《甘肃政法学院学报》2013年第4期。
② 参见最高人民法院（2012）最高法民四终字第1号民事判决书。同时，较《合同法解释二》第19条第2款，本款并未采纳"视为"这个用语而是将之修改为"认定为"，立法用语上更加精准，因为本款并非法律上的拟制性规范。

债务人和相对人可以提出相反事实和证据予以推翻。基于同样目的，该解释第65条第2款同样延续了《合同法解释二》第29条第2款，违约金超过造成的损失的30%的，一般可以认定为过分高于造成的损失。

(三) 综合解释方法，把握核心要义

萨维尼曾言："解释法律，系法律学之开端，并为其基础，系一项科学性之工作，但又为一种艺术。"① 而法律解释方法就是科学方法的总结。《合同编通则解释》系统综合地运用了各种解释方法，全面、准确理解了《民法典》的核心要义，避免断章取义。如前述，尊重立法原意、把握立法意旨是该解释制定时所秉持的基本原则，从文本出发，以文本为对象，以文本为基准。例如，《民法典》第522条第2款规定了真正的利益第三人合同，其中的法律效果为"债务人未向第三人履行债务或者履行债务不符合约定的，第三人可以请求债务人承担违约责任"。这本身已经隐含了第三人有权单独请求债务人向自己履行债务，但其不享有撤销权、解除权等合同关联性权利。② 根据该规定的文义，《合同编通则解释》第29条第1款对此予以明确规定。再如，《民法典》第545条第1款将债权转让通知的效力规定为"未通知债务人的，该转让对债务人不发生效力"。这里特别强调"对债务人"不发生效力，意味着转让通知是保护债务人的规则。据此，《合同编通则解释》第48条第1款根据文义，明确规定债务人在接到转让通知前已经向让与人履行的，发生债务消灭的效力，故受让人无权请求债务人再次履行。除了文义解释之外，该解释还涉及以下解释方法的综合运用。

第一，注重探求规范目的。规范目的之探求，既表现为通过历史解释对立法者主观目的之探求，也表现为对法律制度或法律体系客观目的之探求。一方面，《合同编通则解释》注重通过立法历史的梳理探寻立法目的。例如，关于预约合同的认定，《买卖合同解释》（2012年）第2条列举了"认购书、订购书、预订书、意向书、备忘录等"，在《民法典》编纂过程中曾经也规定了"意向书、备忘录"，但最终将这两种类型删除，在第495条第1款仅列举了"认购书、订购书、预订书"。通过此种历史解释，可以认为，意向书和备忘录原则上不能被认为是预约合同。这也符合通常的商业实践，只有在其符合预约合同的构成要件时，才能被认定为预约合同。《合同编通则解释》第6条第2款据此作出明确规

---

① 王泽鉴：《法律思维与民法实例》，中国政法大学出版社2001年版，第212页。

② 德国法也认为，涉及合同本身的权利必须留给合同当事人，因为只有他们的给付才是以对价关系的方式相互联系起来的，参见［德］迪尔克·罗歇尔德斯：《德国债法总论》（第7版），沈小军、张金海译，中国人民大学出版社2014年版，第381页。

定。另一方面,《合同编通则解释》注重通过对法律制度或法律体系之客观目的的探求,对《民法典》相关规则加以具体化。例如,关于代位权诉讼中债务人"怠于行使"权利的认定,《民法典》第535条规定代位权的构成要件之一是债务人"怠于行使",从文义上看,只要债务人向相对人以任何形式主张权利,即不构成"怠于行使"。但是,这可能导致债务人或者相对人可能以债务人已经向相对人发出催告而不构成"怠于行使"等事由进行抗辩,从而使代位权的规范目的落空,并增加了债务人和相对人倒签主张权利文书等道德风险。鉴于代位权的规范目的在于债权的保全,只有当债务人以最具实效性的方式积极主张权利时,才能认定该债务人没有"怠于行使"权利,并减少债务人和相对人的道德风险。因此,在《合同法解释一》第13条、《全国法院贯彻实施民法典工作会议纪要》第8条的基础上,《合同编通则解释》第33条即采取了此种目的性限缩的填补方式,规定"怠于行使"是"债务人不履行其对债权人的到期债务,又不以诉讼或者仲裁方式向相对人主张其享有的债权或者与该债权有关的从权利",只要债务人不以诉讼或者仲裁方式向相对人主张权利,无论债务人是否向相对人发出过催告通知等,债务人就构成"怠于行使"权利。

第二,善于运用体系解释的方法。法典化所带来的体系化的重要功能之一就是规范存储功能,而这一功能的实现,必须以法律解释为媒介。在解释法律的过程中,法官应当以法律的外在体系为依据进行解释。[①] 在《民法典》颁布后,法官解释法律时必须要看到体系解释的功能,《民法典》为体系解释奠定了良好的基础。体系解释方法在法律解释中的运用,即从整体的视角在准确把握各种具体的规则及其背后立法者的价值判断的基础上,对具体规则展开解释。这就要求我们必须具有全局观的视野。体系解释中的"整体",既涵盖个别规则,也包括由具体规则有机组合形成的法律体系和法律。而所谓"部分"则是指可能适用于案件的具体条文或规范。只有从"整体"上对整个规范体系加以把握,才能避免在特定的法条适用中可能出现的误读。[②] 例如,行使抵销权的一方负担数项种类相同的债务,而其主动债权不足以抵销数项债务时,究竟应当先抵销哪一债务?《民法典》没有对此问题作出规定。《民法典》第560条和第561条对债务清偿的抵充作出了规定,不管是抵销还是债务清偿,它们均属于使债务消灭的原因,债务消灭原因的不同不会影响债务消灭的先后顺序所涉及的利害关系,此时可以参

[①]　Vgl. F. Bydlinski, Juristische Methodenlehre und Rechtsbegriff, Wien/New York 1982, S. 443.

[②]　参见谢鸿飞:《民法典外部体系效益及其扩张》,载《环球法律评论》2018年第2期。

照清偿抵充解决。^① 因此,《合同编通则解释》第 56 条在《九民会议纪要》第 43
条的基础上,将清偿抵充规则参照适用于抵销情形。

第三,注重解释方法的综合运用。法律解释的方法不能孤立运用,也不能简
单地按照绝对固定的次序机械运用,而是应当在解释过程中进行综合运用。^②
《合同编通则解释》注重综合运用多种解释方法,对《民法典》合同编之规则进
行妥当的具体化。例如,代理人和相对人恶意串通订立合同,损害被代理人利
益,依据《民法典》第 164 条第 2 款的规定,应由代理人和相对人承担连带责
任,但是没有规定合同的效力问题。《合同编通则解释》第 23 条第 1 款规定,应
当将代理人与相对人恶意串通认定为代理权滥用,因此法人或者非法人组织不承
担责任。之所以作此解释,是因为从体系上看,《民法典》第 164 条第 2 款处于
"代理"一章中,因此应当适用代理法中的效果归属规则,而非法律行为的效力
评价规则。从规范目的来看,《民法典》第 164 条第 2 款旨在保障被代理人的利
益,那么将代理人与相对人恶意串通的行为认定为效力待定,交由被代理人进行
选择,更能实现规范目的,毕竟该情形仅涉及被代理人的私利益,若使代理行为
无效而无追认可能,并不符合比例原则且过于僵硬。

二、填补漏洞:司法解释对《民法典》规则的发展

"法典不可能没有缝隙。"^③ 《民法典》颁布后,基本的法律规则已经形成,
在许多领域无法可依的局面已经基本结束,但这并不意味着,民法的发展就此终
止,民事法律也不存在任何漏洞。《民法典》的规则需要在实践中不断发展,当
出现规范漏洞时,应当予以填补。基于法官权威性受限制,法官难以以个案的方
式对规范漏洞进行填补,即便有,也难以被其他法官采纳接受,且许多法官并不
擅长规范漏洞的填补操作,法官也有越权的担心。因此,通过司法解释填补规范
漏洞这种方式,颇具中国特色,司法解释已经成为中国本土意义上的规范漏洞填
补的表征,承担了传统法律意义上的"法官造法"^④。虽然司法解释要尊重立法

---

① 参见黄薇主编:《中华人民共和国民法典解读》(合同编·上)(精装珍藏版),中国法制出版社
2020 年版,第 354 页;崔建远:《合同法》(第四版),北京大学出版社 2021 年版,第 331 页。案例参见最
高人民法院(2019)最高法民再 12 号民事裁定书。立法例参见《德国民法典》第 396 条、《日本民法典》
第 512 条和第 512 条之二、DCFR 第 3—6;106 条第 2 款。

② 参见王利明:《法学方法论:以民法适用为视角》(第二版),中国人民大学出版社 2021 年版,第
348 页;〔奥〕恩斯特·A. 克莱默:《法律方法论》,周万里译,法律出版社 2019 年版,第 146~148 页。

③ Hans Hattenhauer, Allgemeines Landrecht für die Preußischen Staaten von 1794, Textausgabe,
Herausgeber, 2. Auflage 1994. at 1, 21.

④ 姚辉:《民法学方法论研究》,中国人民大学出版社 2020 年版,第 410 页。

原意，但司法解释长期以来承担了填补漏洞的任务，也取得了良好的效果。《合同编通则解释》在既有司法规范和实践的基础上，对合同编进行了必要的漏洞填补，在这个过程中，也创设了一些新的规则。

（一）合同订立中的第三人责任

关于合同订立中的第三人责任，例如，第三人实施欺诈、胁迫行为，使当事人在违背真实意思的情况下订立合同的，该第三人是否对当事人承担民事责任？对此问题，《民法典》并未作出明确规定。依据《民法典》第157条规定，在民事法律行为无效、被撤销或者确定不发生效力后，"各方都有过错的，应当各自承担相应的责任"。此处的"各方"是否包括第三人？对此存在不同观点：一种观点认为，此处的"各方"限于合同当事人，而不包括第三人。按照此种理解，《民法典》并未规定合同订立中的第三人责任，该问题属于法律漏洞。另一种观点认为，此处的"各方"既包括合同当事人，也包括第三人。按照此种观点，合同订立中的第三人责任并不存在法律漏洞。本书认为，《民法典》第157条中的"各方"不应当包括第三人，合同订立中的第三人的责任在性质上应当属于合同漏洞。依据《合同编通则解释》第5条规定，第三人实施欺诈、胁迫行为，使当事人在违背真实意思的情况下订立合同的，第三人也应当依法承担赔偿责任，这实际上是分别认定合同当事人与第三人的责任。《最高人民法院关于审理涉及会计师事务所在审计业务活动中民事侵权赔偿案件的若干规定》第4条第1款规定，会计师事务所因在审计业务活动中对外出具不实报告给利害关系人造成损失的，应当承担侵权赔偿责任，但其能够证明自己没有过错的除外。但是，该司法解释只是规定了会计师事务所出具不实报告一种情形，并且将其承担的民事责任界定为侵权责任，因此该司法解释的规定适用范围较为狭窄。《合同编通则解释》第5条一般性地规定了实施欺诈、胁迫的第三人的民事责任，并且规定人民法院应当根据各自的过错确定相应的责任，填补了《民法典》第157条的不足之处。

（二）债务加入人的追偿权

《合同编通则解释》规定了债务加入人的追偿权。《民法典》第552条规定债务加入的法律后果是"债权人可以请求第三人在其愿意承担的债务范围内和债务人承担连带债务"。仅从文义上看，似乎未规定加入人和债务人之间的关系。也有观点认为，《民法典》上述规定已经隐含了他们之间的关系同样应当适用《民法典》第519、520条关于连带债务的规则。[①] 关于债务加入人是否享有追偿权，

---

① 参见黄薇主编：《中华人民共和国民法典解读》（合同编·上）（精装珍藏版），中国法制出版社2020年版，第288页。德国法采取同样观点，参见［德］迪尔克·罗歇尔德斯：《德国债法总论》（第7版），沈小军、张金海译，中国人民大学出版社2014年版，第413页。

实务中存在较大的争议，为统一裁判规则，《合同编通则解释》第51条第1款肯定了在未约定情形下，债务加入人有权依照《民法典》关于不当得利等的规定向债务人追偿，以鼓励债务加入以保障债权。但是，但书规定"第三人知道或者应当知道加入债务会损害债务人利益的除外"。这就明确了债务加入在通常情形下不会损害债务人利益，但是，在特殊情形下，例如在长期供应链关系中，债务加入旨在打乱供应链关系，并将会造成对债务人的损害，这会排除加入人的追偿权。同时，该解释第51条第2款规定"债务人就其对债权人享有的抗辩向加入债务的第三人主张的，人民法院依法予以支持"。这就承认了债务加入人也享有债务人的抗辩权。

（三）相对人的合理审查义务

《公司法》第16条规定法定代表人以公司名义为他人提供担保的，应当取得适格的公司决议。但是，关于该条性质始终存在争论，在理论上和实践中存在代表权限制说、规范性质识别说和内部限制说之争。[①] 根据《民法典》第61条第3款和第504条的规定，相对人若是不知道且不应当知道法定代表人越权代表的，公司不得对抗善意相对人。现在主流观点认为，《民法典》的规定明确了《公司法》第16条的性质，即该条是对法定代表人代表权的限制，法定代表人唯有取得适格的公司决议才能以公司名义为他人提供担保。[②] 这就产生了相对人对公司决议的审查义务问题。《九民会议纪要》第18条第2款确立了"形式审查"的标准，而《担保制度解释》第7条第2款规定的则是"合理审查"，即相对人有证据证明已对公司决议进行了合理审查的，人民法院应当认定其构成善意。《合同编通则解释》第20条延续这一司法政策，并将合理审查标准扩展适用于所有的交易，从而确立了相对人对交易的合理审查义务。《合同编通则解释》创设相对人合理审查义务的规则具有重大意义。所谓"合理审查"既非宽松的"形式审查"，也非严苛的"实质审查"[③]。注意义务过于宽松将会导致相对人疏忽懈怠，不利于维护交易安全与防范金融风险；过于严苛则会推高交易成本，不利于经济发展。审查义务合理有利于降低交易成本，提高交易效率，对于完善公司治理具有重要意义。通过法律、章程、决议等方式可以对公司法定代表人的权力进行必要的限制，同时课以相对人合理的审查义务，可以使章程对法定代表人权限的限

---

① 参见周伦军：《公司对外提供担保的合同效力判断规则》，载《法律适用》2014年第8期，第2~3页。

② 参见贺小荣主编：《最高人民法院民事审判第二庭法官会议纪要——追寻裁判背后的法理》，人民法院出版社2018年版，第192页。

③ 高圣平：《再论公司法定代表人越权担保的法律效力》，载《现代法学》2021年第6期，第29页。

制落到实处。

（四）债权人可以撤销的债务人行为类型

《民法典》第 538 条在《合同法》第 74 条第 1 款和《合同法解释二》第 19 条第 3 款的基础上，将作为撤销权对象的不合理价格行为规定为"以明显不合理的低价转让财产、以明显不合理的高价受让他人财产"。但是，交易的类型多种多样，包括但不限于财产转让，以不合理价格进行的其他交易同样能够减少债务人的责任财产。较之《企业破产法》第 31 条第 2 项"以明显不合理的价格进行交易的"，《民法典》第 539 条所规定的可撤销的行为类型仍然较少；并且较之《民法典》第 538 条，第 539 条也欠缺兜底规则，这导致存在规范漏洞。除《民法典》第 410 条第 1 款所规定的以抵押财产折价抵债而抵押财产价值明显高于主债务，从而损害其他债权人利益的情形外，实践中同样能够被撤销的还包括对价严重失衡的股权置换、低价出租、高价承租等诸多情形，甚至还有不合理的协议抵销、以物抵债以及不合理对价的自益信托等。① 《合同编通则解释》第 43 条对《民法典》第 539 条予以目的性扩张，据此，根据实践中的案例增加了类型，包括互易财产、以物抵债、出租或者承租财产、知识产权许可使用这些行为类型，只要存在明显不合理的价格，这些行为如同财产转让行为一样，都可以成为债权人撤销权的对象；同时存在"等行为"的兜底，从而涵盖了所有的"以不明显不合理的价格进行交易"类型。②

（五）撤销权行使的法律效果

关于撤销权行使的法律效果在理论界一直存在"入库"和撤销权人直接受偿的争论。《民法典》并未如对代位权那样对撤销权规定直接受偿，但是，如果采取"入库"规则，则债权人行使撤销权的激励不足。《合同编通则解释》第 46 条采取了折中路线，创设了债权人行使撤销权后直接请求执行的规则。为体现撤销

---

① 《最高人民法院关于当前商事审判工作中的若干具体问题》（2015 年）第九部分中即规定了可以撤销利用以物抵债恶意逃债的行为。案例见最高人民法院（2008）最高法民二终字第 23 号民事判决书，江苏省连云港市中级人民法院（2020）苏 07 民终 27 号民事判决书。学理观点，参见朱广新、谢鸿飞主编：《民法典评注 合同编 通则 2》，中国法制出版社 2020 年版，第 50～51 页（本部分由丁宇翔撰写）。

② 事实上，除了不合理价格的交易之外，还有其他不合理条件的交易，这同样为相对人输送了利益，实质上减少了债务人的责任财产。例如，财产转让约定了合理价格，但约定支付期在 10 年后。学理上也认为，在合理对价的交易情形中也可能存在可撤销的诈害行为，而被认为是不合理条件的交易，例如与明显缺乏履行能力者进行交易并先行履行义务等，参见朱广新：《合同法总则研究》（下册），中国人民大学出版社 2018 年版，第 456 页。因此，在债权人撤销权中，有将"以明显不合理的价格进行交易"进一步扩张至"以明显不合理的条件进行交易"的必要。

权的私益性，该条并未采取撤销权和代位权同时行使的理论观点①，而是在指导性案例第 118 号的基础上，采取了执行路径。该条第 1 款规定撤销权人有权请求相对人"向债务人"承担责任，第 2 款规定债权人可以请求在撤销权诉讼中一并审理其与债务人的债权债务关系，在此基础上，第 3 款进一步规定法院可以就债务人对相对人享有的权利采取强制执行措施以实现债权人的债权。同时，为了协调债权人撤销权与破产撤销权、执行制度的关系，如果债务人还有其他申请执行人或者债务人破产的，应当依照法律、司法解释关于参与分配、破产等的相关规定处理。

（六）抵销不具有溯及力

抵销的溯及力是指债之关系溯及最初得为抵销（抵销适状）时消灭，其主要涉及以下实践问题：一是自抵销适状之时起，就消灭的债务不再发生支付利息义务，也不发生债务人的迟延利息、违约金等迟延责任。这在主动债权和被动债权的迟延损害赔偿金比例不同的情形中较为重要。二是抵销适状之后主动债权发生的变化不影响抵销权人抵销，比如抵销适状之后主动债权的诉讼时效届满。如果认为抵销无溯及力，对上述实践问题的回答恰恰相反。从历史上看，抵销溯及力规则源自罗马法中抵销须经法定（ipso jure compensatur）、无须意思表示即可发生效力的规则，因此，抵销自然应当于抵销条件满足时生效。② 关于抵销是否具有溯及力，我国的理论和实践以及比较立法例存在不同观点。③《民法典》第 568 条未规定抵销的溯及力。实践中存在承认抵销溯及力的观点，其最大弊病是带来债权债务的不确定性，损害当事人之间的合理信赖，并且与抵销须经通知才能发生效力的规则相矛盾，也不符合当事人推定的意思。事实上，当事人双方可能不知道自己的债权债务关系是否发生抵销，也可能不清楚债权债务关系何时发生抵销，与当事人从事交易的第三人更加无从知晓当事人的债权债务状况。这些极大的不确定性，不仅容易导致纠纷的发生，也可能影响交易的有序进行。且如何判

---

① 该观点参见龙俊：《民法典中的债之保全体系》，载《比较法研究》2020 年第 4 期，第 129 页。反对观点参见王利明：《债权人代位权与撤销权同时行使之质疑》，载《法学评论》2019 年第 2 期，第 1 页以下。

② 受此观点影响，修改前的《法国民法典》第 1290 条、《德国民法典》第 389 条、《日本民法典》第 508 条等承认了抵销的溯及力。

③ 肯定溯及力的，参见王洪亮：《债法总论》，北京大学出版社 2016 年版，第 181 页；韩世远：《合同法总论》，法律出版社 2018 年版，第 710 页；崔建远：《合同法》（第四版），北京大学出版社 2021 年版，第 330 页。《九民会议纪要》第 43 条中规定，抵销的意思表示到达对方时生效，抵销一经生效，其效力溯及自抵销条件成就之时，双方互负的债务在同等数额内消灭。案例参见最高人民法院（2018）最高法民再 51 号民事判决书。否认溯及力的，参见王利明：《罹于时效的主动债权可否抵销？》，载《现代法学》2023 年第 1 期。《破产法司法解释（二）》第 42 条第 1 款针对破产抵销权规定"抵销自管理人收到通知之日起生效"。案例参见最高人民法院（2017）最高法民申 854 号民事裁定书、（2017）最高法执监 3 号执行裁定书。

断抵销适状，从何时确定抵销适状，完全由法官自由裁量，显然给了法官过大的自由裁量权。① 据此，《合同编通则解释》否定了抵销的溯及力：第 55 条规定抵销通知到达时发生抵销效力，第 58 条规定诉讼时效期间届满的债权仍可作为主动债权主张抵销，但对方有权提出时效抗辩。这实际上就是否定了抵销的溯及力。此种规定能够督促当事人尽快发出抵销通知，促使尽快确定债权债务关系，减少法官的自由裁量。② 此外，该规则也符合最新的比较法趋势。③

三、体系衔接：司法解释对民法典体系的完善

（一）民法典体系内部的衔接

1. 与总则编的衔接

合同乃是最为典型的法律行为。《民法典》合同编通则的规定与总则编中关于法律行为的规定存在体系上的关联。《合同编通则解释》对合同解释、合同订立中的交易习惯、合同效力等规则进行具体化时，注重与总则编的体系衔接。详言之：

第一，合同解释是法律行为解释的一种，在遵循法律行为解释的一般规则之外，还有更具体的规则和特殊规则。例如，《合同编通则解释》第 1 条第 1 款规定合同解释要参考缔约背景、磋商过程、履行行为等因素确定争议条款的含义。还需要指出的是，该条第 3 款还规定，对合同条款有两种以上解释，可能影响该条款效力的，应当选择有利于该条款有效的解释。这实际上也体现了法律行为解释中鼓励交易的基本原则。

第二，区分了作为合同渊源的交易习惯和作为法律渊源的习惯。交易习惯（usage of trade）是交易当事人在交易活动中经常使用的，或者在交易行为当地、某一行业经常采用的惯常做法。《民法典》的 1 260 个条文中，一共有 14 个条款规定了交易习惯。交易习惯与习惯不同。在内涵上，根据《总则编解释》第 2 条第 1 款，习惯是"在一定地域、行业范围内长期为一般人从事民事活动时普遍遵守的民间习俗、惯常做法等"，而根据《合同编通则解释》第 2 条第 1 款，交易习惯包括主观性的"当事人之间在交易活动中的惯常做法"和客观性的"在交易行为当地或者某一领域、某一行业通常采用并为交易对方订立合同时所知道或者应当知道的做法"。在举证责任上，根据《总则编解释》第 2 条第 2 款，主张适

---

① 参见王利明：《罹于时效的主动债权可否抵销？》，载《现代法学》2023 年第 1 期。

② Reinhard Zimmermann，Die Aufrechnung-Eine rechtsvergleichende Skizze zum Europäischen Vertragsrecht，in：Festschrift für Dieter Medicus zum 70. Geburstag，Köln：Carl Heymanns Verlag，S. 723.

③ 立法例参见 PICC 第 8.5 条第 3 款，PECL 第 13：106 条和第 14：503 条，DCFR 第 3—6：107 条和第 3—7：503 条。

用习惯的当事人应当提供证据，但法院在必要时可以依职权查明，而根据《合同编通则解释》第2条第2款，主张交易习惯的当事人一方承担最终的举证责任。在功能上，习惯只有在法律没有规定时方可适用，更主要体现在补法作用上，而交易习惯具有补法、细法等作用，甚至可以改变法律中的任意性规范。

一般认为，交易习惯包括了地域习惯、行业习惯和当事人之间的系列交易习惯三种类型，但这些习惯是否存在顺位？《民法典》并没有作出规定。表面上看，《合同编通则解释》第2条第1款只是平行地列举了各种交易习惯类型，似乎并没有规定适用顺序；但实际上，其将当事人之间在交易活动中的惯常做法，规定在地区习惯和行业习惯之前，更加突出当事人之间的交易习惯的地位，表明交易习惯的内部适用具有明确的顺位。只有确定各种交易习惯内部的适用顺位，才能据以进行裁判。在这三种习惯中确定适用顺位，需要依据各种习惯与当事人真实意思的符合程度进行判断。在存在当事人双方经常使用的系列交易习惯时，这一习惯相较于地域习惯和行业习惯而言，作用的范围更窄也更具有针对性，因而也更接近当事人之间的合意。因此，在存在多种交易习惯时，系列交易习惯的运用应当优先于其他两种习惯。也就是说，如果对某一条款发生争议之后，一方是按照一般的地域习惯或行业习惯来理解的，而另一方是按照当事人过去从事系列交易时所形成的习惯来理解的，则应当按照系列交易的习惯进行解释。

第三，法律行为的效力瑕疵规则在合同中的适用。首先，《合同编通则解释》对法律行为的效力瑕疵规则在合同中的适用进行了细化。《合同编通则解释》第11条是对《民法典》第151条所规定的"缺乏判断能力"的具体认定；第14条是关于同一交易订立多份合同的效力认定，适用了总则编关于双方虚假行为和违反强制性规定等的效力瑕疵规则；第16、17、18条关于违反强制性规定和违背公序良俗的合同效力规定也是法律行为相应效力瑕疵规则的细化，第24、25条关于合同效力瑕疵的法律后果是法律行为效力瑕疵后果规则的细化。其次，《合同编通则解释》对法律行为效力瑕疵的适用范围进行了适当扩充。《民法典》第157条的适用前提是法律行为"无效、被撤销或者确定不发生效力"，但合同还有不成立、未生效等瑕疵状态。基于不成立与无效的利益状态的相似性①，《合同编通则解释》第24、25条将《民法典》第157条扩张适用至合同不成立的情形；同时，该解释第12条第3款将迟延履行义务等可归责于报批义务人的原因导致合同未获批准这种状态理解为"确定不发生效力"的类型之一，明确规定此时应当依据《民法典》第157条处理。不仅如此，《民法典》第542条规定债权

---

① 参见刘贵祥：《关于合同成立的几个问题》，载《法律适用》2022年第4期。

人撤销权行使的法律效果是"自始没有法律约束力",依据《民法典》第155条,无效或者被撤销的法律行为同样"自始没有法律约束力"。据此,《合同编通则解释》第46条同样将《民法典》第157条适用于债权人享有撤销权的情形,明确规定债权人有权"请求债务人的相对人向债务人承担返还财产、折价补偿、履行到期债务等法律后果"。

第四,代理、代表等归属规则在合同中的适用。《合同编通则解释》第20~23条关于越权代表、职务代理、恶意串通的规则,是总则编中职务代理和代表规则在合同中的适用细化,并在判断相对人善意时引入合理审查义务,且对此种审查义务作了清晰的规定,从而解决了司法实践中长期有争议的有关相对人善意的判断标准问题。该解释第22条同时将合同成立和效果归属的一般性规则应用于印章情境中,用于审查签约人是否有代表权或者代理权,且在仅有盖章或仅有签约人签名、按指印时,由相对人证明签约人订立合同时未超越权限。这明确了印章的法律意义以及在缺乏印章情况下如何认定合同效力。

2. 与物权编的衔接

合同上的典型给付是将物权或者其他财产权益永久性地转移给合同相对人。[①] 物权制度旨在定分止争,确定民事主体静态的财产秩序;而合同制度强调私法自治,民事主体通过合同动态地调整财产秩序。在这个意义上,合同制度与物权制度必然存在体系上的关联,具体而言:

第一,无权处分问题上,《合同编通则解释》第18条关于无权处分的规定,与《民法典》关于物权变动的规则相协调,区分合同效力和物权效力,无处分权不影响合同效力,但会影响物权变动。《民法典》删除了《合同法》第51条的规定,但于第597条(位于"买卖合同"章)规定"因出卖人未取得处分权致使标的物所有权不能转移的,买受人可以解除合同并请求出卖人承担违约责任",其中的"解除"和"违约责任"都隐含着买卖合同效力不因无处分权而受到影响。《合同编通则解释》第19条对此予以进一步阐明,规定合同效力不因无处分权而受到影响,但无处分权会影响到物权变动的效力,除非受让人依据善意取得等取得了财产权利。但是,除了物的所有权变动外,无权处分也涉及在物上设定用益物权和担保物权等形式,同样涉及其他财产权益的转让和担保物权设定。因此,《合同编通则解释》第19条第1款将《民法典》第597条予以扩张适用,一并处理"以转让或者设定财产权利为目的订立的合同";同时,第27条4款规定债务履行期届满后以不享有处分权的财产权利订立以物抵债协议,也适用该解释上述

---

① 参见〔德〕迪特尔·梅迪库斯:《德国债法分论》,杜景林、卢谌译,法律出版社2007年版,第5页。

无权处分规则。

第二，与物权变动的其他规则相协调。债务履行期限届满后达成清偿型以物抵债协议的，法院可根据该协议作出确认书或者调解书。这并不属于《民法典》第229条所规定的能够导致物权变动的具有形成效力的法律文书。与《物权编解释一》第7条相一致，《合同编通则解释》第27条第3款规定，债权人不能主张物权自确认书、调解书生效时移转至债权人①；并且，由于此时未进行变动的公示，债权人也不能主张确认书、调解书具有对抗善意第三人的效力。

第三，与担保规则的协调。债务履行期届满前达成的担保型以物抵债协议，其主要目的是担保债务，故《合同编通则解释》第28条规定，法院应当在审理债权债务关系的基础上认定该协议的效力。当事人就债务人到期没有清偿债务则抵债财产归债权人所有的约定无效，但债权人仍有权请求将抵债财产拍卖、变卖、折价。这与《民法典》第401、428条关于流押、流质的规则一致。订立以物抵债协议后未将财产权利移转至债权人名下的，由于未进行公示，债权人不能主张优先受偿；已经移转至债权人名下的，则适用《担保制度解释》第68条的规定。另外，担保人作为第三人代为履行债务取得债权后，向其他担保人主张担保权利的，为与《担保制度解释》原则上禁止追偿的规则相协调，《合同编通则解释》第30条第3款规定此时适用《担保制度解释》第13、14条和第18条第2款等的规定。

3. 与侵权责任编的衔接

在与《民法典》侵权责任编的衔接层面，《合同编通则解释》第5条规定了合同订立中的第三人赔偿责任，但并未明确规定第三人责任的性质究竟是缔约过失责任还是侵权赔偿责任。德国法中的第三人缔约过失责任是弥补德国法中侵权法保护对象不足、避免雇主责任的免责机制，且引发了相当的争论。② 但是，《民法典》并不存在德国法中的上述问题，似乎并无必要引入第三人缔约过失责任，并且之前的司法解释对于会计师事务所责任和证券服务机构责任一直按照侵权责任处理。《合同编通则解释》第5条对此规定法院"依法"予以支持，并且规定"法律、司法解释对当事人与第三人的民事责任另有规定的，依照其规定"，保留了充分的解释空间，有助于与《民法典》侵权责任编的协调衔接。

① 《最高人民法院研究室关于以物抵债调解书是否具有发生物权变动效力的研究意见》同样认为："但以物抵债调解书只是对当事人之间以物抵债协议的确认，其实质内容是债务人用以物抵债的方式来履行债务，并非对物权权属的变动。因此，不宜认定以物抵债调解书能够直接引起物权变动。"

② 参见［德］迪特尔·梅迪库斯：《德国债法总论》，杜景林、卢谌译，法律出版社2004年版，第106页；孙维飞：《〈合同法〉第42条（缔约过失责任）评注》，载《法学家》2018年第1期。

（二）实体法与程序法的体系衔接

在《民法典》的配套司法解释中，最应当注意的问题之一是聚焦诉讼场景，实现实体法和程序法的体系衔接。《合同编通则解释》在很大程度上注意到这一点。

第一，明确了履行抗辩权在执行过程中的实现方式。《民法典》第525条规定了同时履行抗辩，但是在程序上并未相应地配套设计同时履行判决（Verurteilung zur Leistung Zug-um-Zug），这导致在原告起诉请求对方履行债务而被告行使同时履行抗辩权时，如果抗辩权成立，则法院可能会判决驳回原告的诉讼请求，相当于原告败诉，并由原告承担诉讼费用。这不利于一次性解决纠纷，且无法激励当事人一方打破合同履行的僵局。《合同编通则解释》第31条第2款规定，此时，如被告未提起反诉，则应当判决被告在原告履行债务的同时履行自己的债务，并在判项中明确原告申请强制执行的，法院应当在原告履行自己的债务后对被告采取执行行为；如被告提起反诉，人民法院应当判决双方同时履行自己的债务，并在判项中明确任何一方申请强制执行的，人民法院应当在该当事人履行自己的债务后对对方采取执行行为。第3款则规定，在先履行抗辩中，如果当事人一方起诉请求对方履行债务，被告提出原告应先履行的抗辩且抗辩成立，则法院应当驳回原告的诉讼请求，但是不影响原告在履行债务后另行提起诉讼。

第二，对代位权的诉讼实现作出了具体规定。《合同编通则解释》第35、37条规定了代位权诉讼的管辖、当事人地位和合并审理等程序问题，第38条规定了债权人起诉债务人后又提起代位权诉讼的程序处理问题，第39条规定了代位权诉讼中债务人起诉相对人的程序处理问题，第40条第1款规定了代位权不成立的程序处理问题。另外，《民法典》第535条第1款仅规定了以诉讼方式行使代位权，有意未规定以仲裁方式行使；在代位权诉讼中，需要审查的债权债务关系包含债权人与债务人的债权债务关系以及债务人与相对人的债权债务关系，债务人与相对人达成仲裁协议，但债权人与债务人并未达成仲裁协议的，如按照仲裁程序审查债权人与债务人的关系，则可能会涉及超越债务人与相对人仲裁合意范围的问题；如果允许相对人以其与债务人之间存在仲裁合意而提出抗辩，则可能会架空代位权制度，也会引发债务人和相对人事后达成仲裁合意以对抗代位权的道德风险。[①] 但是，如果允许债权人提起代位权诉讼，则与债务人、相对人以仲裁解决争议的意愿相背离。为协调债权人的利益和相对人的仲裁利益，《合同编通则解释》第36条采取了折中方案，不承认债权人可以通过仲裁方式行使代

[①] 认为代位权诉讼中不受债务人和相对人仲裁条款约束的案例，参见最高人民法院（2019）最高法民辖终73号民事裁定书。

位权，但债权人提起代位权诉讼后，债务人或者相对人在首次开庭前申请仲裁的，代位权诉讼中止审理。

第三，对撤销权的诉讼实现作出了具体规定。《合同编通则解释》第 44 条规定了撤销权诉讼的当事人、管辖和合并审理。需要注意的是，根据《合同法解释一》第 24 条的规定，撤销权诉讼中，债务人为被告，相对人为第三人。但是，在实践中，将债务人和相对人列为共同被告也很常见，理论上也一直存在不同观点。[①] 在撤销权诉讼中，即使债务人的行为是单方行为，但相对人仍为受益人，仍然是债务人和相对人之间的行为，裁判效力应当直接及于相对人，而不只是案件的处理结果与相对人有利害关系；将相对人作为无独立请求权第三人，依据《民事诉讼法》第 59 条第 2 款和《民事诉讼法解释》第 82 条，如果未判决相对人承担责任，其无权上诉，但判决效力及于相对人，并不妥当；如果承认撤销权诉讼产生相对人返还的法律效果，则相对人是直接的义务主体。[②]《合同编通则解释》第 44 条第 1 款则规定应当以债务人和相对人为共同被告，并根据《民事诉讼法》第 22 条第 3 款，原则上由债务人或者其相对人的住所地人民法院管辖，无疑更为妥当。

《合同编通则解释》还规定了重要情形中的举证责任，例如，该解释第 2 条第 2 款规定了交易习惯的举证责任，第 9 条第 3 款规定了格式条款的提示说明义务的举证责任，第 23 条第 3 款规定了代表人或者代理人与相对人恶意串通的举证责任和证明标准，第 64 条第 2 款规定了违约金调整的举证责任，等等。除此之外，《合同编通则解释》第 3 条第 2 款规定了当事人主张合同无效或者请求撤销、解除合同而法院认为不成立的程序处理，第 47 条规定了债的转让纠纷引发的诉讼中的第三人，第 64 条第 1 款规定了请求调整违约金的方式，第 66 条规定了违约金调整的释明和改判。

四、自主创新：司法解释对本土经验的提炼、升华

（一）对本土经验的提炼

霍姆斯指出，法律的生命不是逻辑，而是经验。[③] 富勒也认为，法律制度是

---

① 案例参见北京市第一中级人民法院（2020）京 01 民辖终 274 号民事判决书、陕西省西安市雁塔区人民法院（2021）陕 0113 民初 22396 号民事判决书。学说观点参见王利明：《合同法研究》（第二卷）（第三版），中国人民大学出版社 2015 年版，第 148~149 页；朱广新、谢鸿飞主编：《民法典评注 合同编通则 2》，中国法制出版社 2020 年版，第 46 页（本部分由丁宇翔撰写）。

② 参见张永泉：《必要共同诉讼类型化及其理论基础》，载《中国法学》2014 年第 1 期，第 225~226 页。

③ See Holmes, *Common Law*, Dover Publications, 1991, p. 1.

一项"实践的艺术"①。对本土经验的提炼，是指来自实践而又运用于实践，提炼过程是经验总结，经过提炼抽绎得出的法律规则更富有生命力。对于司法解释而言，更需要来自实践，并有效地运用于实践。自《合同法》颁布以来，最高人民法院就《合同法》总则的适用先后颁布了一系列重要的司法解释以及指导意见、会议纪要。② 这些规范性文件是最高人民法院对审判实践和审判经验的归纳、提炼。在《民法典》编纂的过程中，这些文件中的规范有些已经被吸收进《民法典》合同编中，有些虽然没有被吸收，但仍在司法实践中发挥重要作用。在此基础上，《合同编通则解释》认真总结我国长期实践经验，注重对本土经验的提炼，尽量保持司法政策的延续性，原则上保留了原司法解释或者司法政策性文件的基本精神；同时，在审判实践和审判经验的基础上，根据社会的发展对相关规则作出调整和完善。因此，《合同编通则解释》在制定过程中，对这些原有规范进行了系统性的梳理，分情况处理：一是对于已经被吸收入《民法典》的规定，无须在司法解释中规定；二是对于未被吸收入《民法典》，但符合《民法典》精神的规定，在司法解释中保留，确保司法的稳定性；三是对于不符合《民法典》的规定，在司法解释中修改或者删除；四是对《民法典》实施中出现的新型的案例，司法解释予以归纳、总结并提炼出一般规则。

实际上，整个《合同编通则解释》的内容，从合同的订立、效力、履行、保全、变更和转让到合同权利义务终止、违约责任，都体现了对本土经验的提炼，具有浓厚的中国元素。然而，虽要保持司法政策的一致，但《合同编通则解释》并非简单照搬原有的司法解释的规定，而是结合社会实践的发展，在如下方面作出了重要的完善。

第一，进一步完善了预约合同及其违约责任。预约合同在比较法上虽然有所规定，但在我国自《合同法》实施以来一直没有得到明确规定，《民法典》第495条对预约合同作出了原则性规定。《合同编通则解释》吸收了我国司法实践的经验，对预约合同作了较为详细的具体规定：一是对预约合同进行类型化规定。《合同编通则解释》第6条区分了不构成预约合同、构成预约合同和构成本约合同三种类型，并且分别规定违约责任。尤其是，如果当事人已就合同主要内

---

①　Lon L. Full，*The Morality of Law*，New Haven and Yale University Press，1969，p. 91.

②　例如，《最高人民法院关于适用〈中华人民共和国合同法〉若干问题的解释（一）》（法释〔1999〕19号）、《最高人民法院关于适用〈中华人民共和国合同法〉若干问题的解释（二）》（法释〔2009〕5号）等司法解释，并就《合同法》分则的有关规定先后颁布了《最高人民法院关于审理买卖合同纠纷案件适用法律问题的解释》（法释〔2012〕8号）等司法解释；此外，最高人民法院还印发了《关于当前形势下审理民商事合同纠纷案件若干问题的指导意见》法发〔2009〕40号、《全国法院民商事审判工作会议纪要》（法〔2019〕254号）等指导意见或者会议纪要。

容达成合意且符合合同成立条件，只要当事人未明确约定将来一定期限内另行订立合同，或者虽有约定但当事人一方已实施履行行为且对方接受，则此时本约合同成立。由此可见，预约合同和本约合同这两种类型就存在一定的流动性。二是对预约合同的效力和违反预约合同的行为认定予以规定。在理论上，关于预约合同的效力存在"应当缔约"和"诚信磋商"等观点，《合同编通则解释》第 7 条则采取了"诚信磋商"观点，据此，并非只要没订立本约合同就一定构成对预约合同的违反；并在该条第 2 款中规定了判断是否诚信磋商的具体考量因素。三是对违反预约合同的违约责任作出具体规定。违反预约合同的违约责任是否可以包括继续履行，即强制违约方与守约方订立本约合同？在理论上存在争论，在司法实践中也有不同的做法。本书认为，订立本约合同乃是法律行为，在预约合同之内容没有包含本约合同之主要条款时，订立本约合同的义务难以强制执行。因此《合同编通则解释》第 8 条第 1 款对《民法典》第 495 条第 2 款规定的违约责任予以限缩，仅限于赔偿损失。《合同编通则解释》第 8 条第 2 款根据我国司法实践的有益经验，对违反预约合同导致的损害赔偿责任作出了细化规定。该款规定在当事人没有约定情况下，"应当综合考虑预约合同在内容上的完备程度以及订立本约合同的条件的成就程度等因素酌定"。此时，赔偿范围原则上是本约合同的缔约过失责任（信赖利益）与本约的违约赔偿责任（履行利益）之间。

第二，进一步完善了印章与合同效力之间关系的规则。我国司法实践长期以来将合同上是否加盖法人印章作为该合同是否对法人生效的主要依据，甚至唯一依据。但是，实践中存在伪造、私刻印章或者擅自加盖印章，以及法人使用多枚印章等现象，引起了大量纠纷。《民法典》第 490 条和第 493 条只是规定了采用合同书形式的，合同成立的时间和地点应当以加盖印章为准，但是没有规定签名和加盖印章对合同效力和合同效果的归属的规范意义。《九民会议纪要》第 41 条对此作出了原则性规定。《合同编通则解释》第 22 条在总结我国司法经验的基础上，对印章和合同效力作出了较为具体的规定，其基本理念是：只要法定代表人、负责人或者工作人员是在职权范围内以法人、非法人组织的名义订立合同，且未超出权限范围，不能仅以是否盖公章或者公章真假作为判断合同是否对法人、非法人组织发生效力的依据。实践中存在"看人不看章、看章不看人"的做法，都有失妥当。如果加盖了公章，对公章的真实性没有争议的，订立合同就应当被视为法人、非法人组织的行为。但是，即使没有加盖公章，或者公章真伪存疑的，只要行为人享有代表权或者代理权，并且在订立合同时是以法人、非法人组织的名义实施的，那么该行为人订立的合同也应当对法人、非法人组织发生效力。这就解决了司法实践中只重视公章，而不重视行为人是否以法人、非法人组织名义实施行为，以及是否超越代表权、代理权等案件事实的问题。

第三，进一步完善了违约造成可得利益损失的计算标准。《合同编通则解释》第 60~62 条结合我国市场经济的实际情况，将可得利益区分为非违约方实施替代交易时的替代交易价格和合同价格的差额，以及未实施替代交易时市场价格和合同价格的差额；并且，规定了持续性定期合同中可得利益的计算规则，即，根据非违约方寻找替代交易的合理期限而非全部剩余履行期限来确定可得利益；在无法根据上面两种方式确定可得利益时，可以综合考虑违约方的获益、过错程度和其他违约情节等因素酌定可得利益。同时，其规定了可预见性规则在适用中的考量因素。《合同编通则解释》第 65 条也规定了违约金酌减的考量因素。这些规则的目的都在于避免守约方因对方违约而受损，同时，也避免守约方过分获利。例如，商品房买卖合同的出卖人违约的情形下，不将违约方将商品房出卖所获差价利益或守约方另行购买相同商品房多支出的价款作为判断损失的基本依据，而以评估价值计算损失；事实上，在违约方另卖房屋获益或者守约方另买房屋多支出这种事实存在的情况下，应作为认定损失的基本依据，不宜再评估房屋价值。①

（二）对本土经验的升华

我们所说的升华，是指在总结原有司法政策经验的基础上，改变原有的规则，提炼新的规则。德沃金指出，"法律是一种不断完善的实践"②。《合同编通则解释》中的许多规则在以前的司法解释中也曾得到规定，但是以前的司法解释在构成要件和法律效果的具体表达上存在不妥之处，在法律适用的过程中引起了一定的误解和错误。但是，法律包括司法解释的制定不是一蹴而就的，不可能简单通过法律概念和法律规则的制定而得到终局解决。庞德曾经指出，机械式的法学最糟糕之处，便是将概念当作终极的解答，而非推理的前提。③ 法律规则只有经过实践的检验并完善才具有生命力，此乃法律生长和发展的规律。这一规律同样适用于司法解释。《合同编通则解释》中的许多规则来自司法审判的经验总结和升华：一方面，《合同编通则解释》从具体个案中总结抽绎出一般规则；另一方面，先通过相关司法审判的规范性文件作出规定，经过一段时间的审判实践后，再加以完善和升华。《合同编通则解释》对这些审判经验进行总结，对于已经过时的，或者在实践中发现不妥的规则予以修改完善。试举几例加以说明。

---

① 参见刘贵祥：《当前民商事审判中几个方面的法律适用问题》，载《判解研究》2022 年第 2 辑，人民法院出版社 2023 年版，第 34 页。

② Ronald Dworkin, *Law's Empire*, Harvard University Press, 1986, p. 44.

③ See Roscoe Pound, "Mechanical Jurisprudence", 8 *Columbia Law Review*, 605 (1908), p. 609.

第一，正面列举不影响合同效力的强制性规定。自《合同法》颁布以来，我国司法实践中区分了效力性强制性规定和管理性强制性规定，以明确合同效力的判断依据。但是，无论是何种强制性规定，都具有一定的管理目的，具有管理目的的强制性规定也可能会影响合同效力，且区分标准不清晰。《合同编通则解释》在总结实践经验的基础上，一方面，在第 16 条第 1 款中明确了"由行为人承担行政责任或者刑事责任能够实现强制性规定的立法目的"而不认定合同无效；另一方面，在该款中列举了几类可以认定合同有效的情形：强制性规定虽然旨在维护社会公共秩序，但是合同的实际履行对社会公共秩序造成的影响显著轻微，认定合同无效将导致案件处理结果有失公平公正；强制性规定旨在维护政府的税收、土地出让金等国家利益或者其他民事主体的合法利益而非合同当事人的民事权益，认定合同有效不会影响该规范目的的实现；强制性规定旨在要求当事人一方加强风险控制、内部管理等，对方无能力或者无义务审查合同是否违反强制性规定，认定合同无效将使其承担不利后果；当事人一方在订立合同时违反强制性规定，虽然在合同订立后其已经具备补正违反强制性规定的条件却违背诚信原则不予补正。这些严格限制了合同无效的情形，回应了市场经济的内在需求，有利于鼓励交易，为法官提供了明确的判断标准。这成为《合同编通则解释》最大的亮点之一。此外，该解释第 18 条明确了一些涉及"应当"、"必须"或者"不得"的权限规范不属于效力性强制性规定，即这些规定旨在限制或者赋予民事权利，行为人违反该规定将构成无权处分、无权代理、越权代表等，但是不会致使该法律行为无效。[1] 这也符合了合同法的目标和宗旨。

第二，构建未生效合同规则体系。《合同编通则解释》第 12 条关于批准生效合同的规则适用，就尽可能吸收了既有的审判经验，总结了《合同法解释一》《合同法解释二》《外商投资企业解释》《矿业权解释》《九民会议纪要》等司法解释、会议纪要中涉及该问题的规则，结合最新的实践和理论发展，对《民法典》第 502 条第 2 款中的"应当办理申请批准等手续的当事人未履行义务的，对方可以请求其承担违反该义务的责任"予以细化，具体而言：首先，如果一方违反了报批义务，则对方除有权请求继续履行报批义务外，还有权选择主张解除合同并请求赔偿违反报批义务造成的损失，包括依据当事人针对报批义务所设定的违约金等相关条款请求赔偿。之所以能够主张解除，是因为此时合同虽然未生效，但

---

[1] 同样有观点据此认为，《民法典》第 153 条中的"强制性规定"是针对公法上的强制性规定，私法中的强制性规定通常是赋权性的规定和强行性的规定，违反后者不能被简单评价为有效和无效。参见刘贵祥、吴光荣：《关于合同效力的几个问题》，载《中国应用法学》2021 年第 6 期。

其已成立，故发生了一定的拘束力，任何一方不得擅自撤回、变更等，然而合同中的报批义务条款和相关条款已经生效，此时有必要解除以实现摆脱合同拘束的目的。但是，由于该合同并未生效，故当事人不得请求履行合同约定的主要义务。其次，如果当事人选择请求履行报批义务，经人民法院判决，违反义务方仍不履行报批义务，则当事人可以另行起诉，主张解除合同并请求承担赔偿责任。此时，违反义务方仍不履行报批义务的原因往往是意图不让合同生效以获得更大利益，因此，为避免违反义务方获利，赔偿数额应当参照合同如生效违反义务方所应承担的全部违约赔偿责任确定。最后，报批义务方已经履行报批义务，但批准机关不予批准时，合同应被认定确定不发生效力。对此，《合同编通则解释》第12条第4款并未如《九民会议纪要》第40条那样规定可解除合同，因为对于确定不发生效力的合同就没有必要解除。并且，由于合同确定不发生效力，故当事人也无权请求赔偿，但是，如果是迟延履行报批义务等可归责于报批义务方的原因导致合同未获批准，则对方有权依据《民法典》第157条请求赔偿。

第三，明确合同不成立、无效、被撤销或者确定不发生效力的法律后果。对此，《民法典》第157条一般性地规定了财产返还、折价补偿以及赔偿损失的民事责任。但在实践中，关于财产是否能够返还、是否有必要返还，折价补偿时如何计算金额，赔偿损失时应当如何划分各方相应的责任，均存在较大的争议。《九民会议纪要》第33～35条规定，财产返还时，要充分考虑财产增值或者贬值的因素；折价补偿时，应当以交易价款为基础，同时考虑当事人在标的物上的获益情况综合确定补偿标准；赔偿损失时，须根据当事人的过错程度，以及在确定财产返还范围时已经考虑过的财产增值或者贬值因素，避免双重获利或者双重受损的现象发生。在总结审判实践的基础上，《合同编通则解释》第24、25条对财产返还、折价补偿以及赔偿损失作了进一步的具体化规定：（1）于财产返还可以单独或者合并适用返还占有、更正登记簿记载等方式；（2）于折价补偿应当以合同被认定不成立、无效，或被撤销、确定不发生效力之日的市场价值计算，或者以其他合理方式计算的价值为基准；（3）于赔偿损失应当结合财产返还或者折价补偿的情况，综合考虑财产增值收益或贬值损失、交易成本的支出等事实，按照双方当事人的过错程度及原因力大小进行合理判断。

（三）《合同编通则解释》的启示：如何提炼和升华本土经验

对本土经验进行提炼和升华，不是闭门造车，也不是凭空设计。关于如何提炼、升华，《合同编通则解释》形成了如下经验：一是注重借鉴比较法经验。对本土经验的提炼并非自拉自唱、自说自话，而应当借鉴人类文明的法治经验和成果，细致分析可能方案背后的理由，在吸收消化后选择、借鉴而为我所用。例如，关于应当提示的格式条款，比较法上普遍采纳了异常条款的概念①，《合同编通则解释》第 10 条第 1 款借鉴这一经验，明确提供格式条款的一方应当对异常条款进行提示，从而明确了提示义务的范围。二是注重实证分析。司法解释应当将典型案例、类案、判决书的实证分析和实际调研等素材作为支撑，从而验证司法解释规则的必要性、合理性与正当性。有学者指出："法律欲不变成一潭死水，而欲活生生地在司法判决的过程上，正确地，合理地解决人类现实生活中永无止境的纷争，最重要的前提是必须能配合和适应人类各种不同的需要。"② 在该解释制定过程中，制定者始终注重发现实践中的问题，而不是在理论上设计问题。即便今后出现新的问题，也可以先通过指导性案例、批复解决。这就使《合同编通则解释》的各项规则都是司法实践经验的总结和提炼，规则背后都有鲜活的案例基础。《合同编通则解释》凝聚了我国民法学说的理论共识，使之成为司法解释的规则。三是符合法理与民情。早在清末变法时，修订法律大臣俞廉三将制定《大清民律草案》的宗旨概括为四项，即"注重世界最普遍之法则"、"原本后出最精确之法理"、"求最适于中国民情之法则"和"期于改进上最有利益之法则"③。符合法理与民情也是该司法解释遵循的理念。例如，《合同法解释二》第 24 条规定了异议期间，该规则引起了误解，一方提出解除后，另一方没有在该异议期间内提出异议的，解除权的行使当然发生效力。但是，这一规则显然既不符合法理，也不符合民情。一方面，一方发出解除通知并不意味着其实际上真的享有解除权，在没有解除权的情形下，因异议期间经过而使合同被解除，这显然不符合法理。另一方面，一方发出解除通知，而另一方不提出异议可能存在多种原因，仅凭异议期间内没有提出异议而使合同被解除，忽视了实践中当事人的意愿，也不符合民情。因此，《合同编通则解释》第 53 条规定法院审查的重点是发出解除通知的一方是否享有解除权。这意味着，在上述异议期间届满后相对人未提出异议，法院仍然需要审查解除权是否存在。不享有解除权的一方向另一方发出解除通知，另一方即便未在异议期间内提起诉讼，也不发生合同解除的效果。

五、结　语

卡尔·拉伦茨指出："解释乃是一种媒介行为，借此，解释者将他认为有疑

---

① 参见《欧洲示范民法典草案》第 2—1：110 条，《国际商事合同通则》第 2.1.20 条第 1 款。

② O'Meara, J. *Natural Law and Everyday Law*, in Macquigan M, R, Jurisprudence, University of Toronto Press, 2nd, 1966, p. 621.

③ 侯宜杰：《二十世纪初中国政治改革风潮》，人民出版社 1993 年版，第 409～410 页。

义文本的意义，变得可以理解。"① 《合同编通则解释》，基于法律解释的科学方法，总结本土经验、借鉴域外制度和凝聚理论共识，对合同编通则部分以及与之存在体系关联的其他规则作出了细化与发展，对司法实践具有重要的指导意义：有利于统一裁判尺度，解决合同编通则实施过程中新出现的重大疑难问题，指导法官在审判中的法律适用，为促进经济社会持续、健康、高质量发展提供法律保障和助力。需要指出的是，为了全面贯彻实施《民法典》，司法解释也要根据《民法典》体系进行系统化整合，未来如果有可能，建议根据《民法典》的体系将《合同编通则解释》中有关法律行为、代理等的规则，以及目前分散规定在《最高人民法院关于审理民事案件适用诉讼时效制度若干问题的规定》和《总则编解释》中有关诉讼时效的规则，统合到《总则编解释》之中，而《合同编通则解释》主要集中于对《民法典》合同编规则的解释，以保障《民法典》的体系性，有利于法官在裁判过程中的找法用法。

---

① ［德］卡尔·拉伦茨：《法学方法论》，陈爱娥译，商务印书馆 2003 年版，第 193 页。

《合同编通则解释》——《最高人民法院关于适用〈中华人民共和国民法典〉合同编通则若干问题的解释》

《总则编解释》——《最高人民法院关于适用〈中华人民共和国民法典〉总则编若干问题的解释》

《担保制度解释》——《最高人民法院关于适用〈中华人民共和国民法典〉有关担保制度的解释》

《民事诉讼法解释》——《最高人民法院关于适用〈中华人民共和国民事诉讼法〉的解释》

《合同法解释一》——《最高人民法院关于适用〈中华人民共和国合同法〉若干问题的解释（一）》（已失效）

《合同法解释二》——《最高人民法院关于适用〈中华人民共和国合同法〉若干问题的解释（二）》（已失效）

《民通意见》——《最高人民法院关于贯彻执行〈中华人民共和国民法通则〉若干问题的意见（试行）》（已失效）

《破产法规定一》——《最高人民法院关于适用〈中华人民共和国企业破产法〉若干问题的规定（一）》

《破产法规定二》——《最高人民法院关于适用〈中华人民共和国企业破产法〉若干问题的规定（二）》

《买卖合同解释》——《最高人民法院关于审理买卖合同纠纷案件适用法律问题的解释》

《商品房买卖合同解释》——《最高人民法院关于审理商品房买卖合同纠纷案件适用法律若干问题的解释》

《九民会议纪要》——《全国法院民商事审判工作会议纪要》

目 录

一、一般规定

合同条款的解释规则

人民法院依据民法典第一百四十二条第一款、第四百六十六条第一款的规定解释合同条款时，应当以词句的通常含义为基础，结合相关条款、合同的性质和目的、习惯以及诚信原则，参考缔约背景、磋商过程、履行行为等因素确定争议条款的含义。

有证据证明当事人之间对合同条款有不同于词句的通常含义的其他共同理解，一方主张按照词句的通常含义理解合同条款的，人民法院不予支持。

对合同条款有两种以上解释，可能影响该条款效力的，人民法院应当选择有利于该条款有效的解释；属于无偿合同的，应当选择对债务人负担较轻的解释。

【本条主旨】

本条对合同条款的解释规则作出规定，根据本条规定，合同解释应当以文义为基础，按照通常含义理解合同条款，并尊重当事人对文义的共识。合同解释应当从鼓励交易出发，尽可能对合同作有效解释。针对无偿合同，应当选择对债务人负担较轻的解释。

【关联规定】

1.《民法典》第 142 条　有相对人的意思表示的解释，应当按照所使用的词句，结合相关条款、行为的性质和目的、习惯以及诚信原则，确定意思表示的含义。

无相对人的意思表示的解释，不能完全拘泥于所使用的词句，而应当结合相关条款、行为的性质和目的、习惯以及诚信原则，确定行为人的真实意思。

2. 《民法典》第 466 条　当事人对合同条款的理解有争议的，应当依据本法第一百四十二条第一款的规定，确定争议条款的含义。

合同文本采用两种以上文字订立并约定具有同等效力的，对各文本使用的词句推定具有相同含义。各文本使用的词句不一致的，应当根据合同的相关条款、性质、目的以及诚信原则等予以解释。

【理解与适用】

所谓合同解释，是指依据一定的事实，遵循有关的原则，对合同的内容和含义所作出的说明。有合同依合同；只有在缺乏合同约定或者约定不明确时，才有必要依据民法典合同编处理相关纠纷。合同是当事人通过合意对于其未来事务的安排，然而，由于当事人在订立合同时，即使具有丰富的交易经验和渊博的法律知识，也不能对未来发生的各种情况事先都能作出充分的预见，并在合同中将未来的各种事务安排得十分周全，所以合同中的某些条款不明确、不具体，甚至出现某些漏洞是在所难免的。当事人通过合同对于其未来的事务作出安排时，需要通过一定的言语或者文字表达其内容，但由于各方面的原因，缔约当事人对合同的某个条款和用语也可能会产生不同的理解和认识，从而也难免发生争议。这就需要对合同进行解释。合同解释是处理合同纠纷的前提和基础，《合同编通则解释》之所以将合同解释作为第 1 条规定，凸显了合同解释在合同编司法解释中的重要地位。《民法典》第 142 条确立了法律行为的解释规则，第 466 条确立了合同解释的规则。《合同编通则解释》第 1 条针对合同解释作出了细化规定。

一、应当按照所使用的词句进行解释

在合同用语不清晰、模糊的情形下，首先需要澄清用语的含义。合同用语的含义，当事人往往各执一词，在此种情形下，究竟应当依据何种标准确定其含义？《合同编通则解释》第 1 条第 1 款规定："人民法院依据民法典第一百四十二条第一款、第四百六十六条第一款的规定解释合同条款时，应当以词句的通常含义为基础，结合相关条款、合同的性质和目的、习惯以及诚信原则，参考缔约背景、磋商过程、履行行为等因素确定争议条款的含义。"依据该条规定，合同解释"应当以词句的通常含义为基础"，这就强调了文义解释方法在合同解释中的基础性作用，只有难以通过文义解释合同内容时，才能运用其他解释方法。这是符合《民法典》关于意思表示解释的效果规则的。《民法典》第 142 条第 1 款规定："有相对人的意思表示的解释，应当按照所使用的词句，结合相关条款、行为的性质和目的、习惯以及诚信原则，确定意思表示的含义。"这就是说，解释合同内容首先需要考虑合同的文义，合同的文义是解释合同内容的基础，即解释合同应当"就合同论合同"，而不能抛开合同内容解释合同。

《合同编通则解释》第1条第1款确定了文义解释的标准，即文义解释应当按照合理的、理性的人对文义的通常理解来解释合同内容。所谓对用语应当按照通常的理解进行解释，是指在当事人就意思表示本身的用语发生争议以后，对于有关的用语本身，按照一个普通人的合理理解的标准来进行解释。[①] 这就是说，法官应当考虑一般人在此情况下对有争议的意思表示用语所能理解的含义，以此作为解释意思表示的标准，避免出现荒谬的结论。按照一个普通人的标准来进行解释，法官既不能根据当事人一方的理解来解释意思表示，更不能根据起草一方对意思表示所作的理解来解释意思表示，而应当以一个合理的人对意思表示用语的理解进行解释。普通人既可能是一个社会一般的人，也可能是在一定地域、行业中从事某种特殊交易的人。如果表意人本身是后一种类型的人，则法官应当按照在该地域、行业中从事某种特殊交易的合理人的标准来理解该用语的含义。例如，在某"黄沙买卖案"中，买卖双方签订了一份购买黄沙的合同，合同约定买受人购买出卖人黄沙30车，每吨价300元，合同订立一个月以后，由出卖人送货，货到付款。合同订立后，黄沙价格开始上涨，市场价已经从300元/吨涨到350元/吨，出卖人见价格上涨，不愿如数供货，遂于次日安排二辆"130"型货车，装了二车黄沙（每车装载1吨），送到买受人处，并要求以"130"型车为标准，计算交货数量。买受人提出，尽管合同规定交货数量为30车，但应以"东风牌"大卡车作为计算标准，每车装载4吨，共120吨。为此，双方对交货的计量标准"车"的含义发生争执，本案应当考虑当事人双方是从事何种标的的买卖，并按照从事该种行业的一般人对"车"的理解来进行解释。当然，在按照普通人的理解标准解释合同内容时，也需要考虑当事人在特殊的专业和领域的一般理解。解释合同内容既需要以文义为基础，也需要结合其他因素，如合同的相关条款、合同目的、其他解释方法以及缔约背景等。需要考虑其他因素、运用其他解释方法，而不能完全拘泥于文义。

二、文义解释之外的其他解释方法

《合同编通则解释》第1条第1款规定："应当以词句的通常含义为基础，结合相关条款、合同的性质和目的、习惯以及诚信原则，参考缔约背景、磋商过

---

① Reinhard Bork, Allgemeiner Teil des Bürgerlichen Gesetzbuchs, 2. Auf., Rn. 545ff, S. 203ff.

程、履行行为等因素确定争议条款的含义。"据此,该条确定了文义解释之外的其他解释方法。

第一,体系解释。体系解释实际上是依据《民法典》第142条第1款所要求的"结合相关条款"进行解释。它要求将合同的各项条款作为一个整体,根据争议条款与相关条款的关系,整体进行解释。① 法谚云:"最佳的解释,要前后对照。"② 在罗马法中,就有"矛盾行为不予尊重"(protestatio declarationi)的合同解释规则③,它实际上强调的是整体解释原则。它要求从整个合同的全部内容上理解、分析和说明当事人争议的有关合同的内容和含义,而不能局限于合同的字面含义,也不应当仅仅考虑合同的条款,更不能将合同的只言片语作为当事人的真实意图,断章取义。例如,采取招投标方式订立合同,即应当依据招标文件、投标文件和中标通知书等确定合同内容。也就是说,要将各项招投标的文件作为一个整体,来解释合同争议条款的内容。如果合同中的数个条款相互冲突,应当将这些条款综合在一起,根据合同的性质、订约目的等来考虑当事人的意图。再如,如果合同是由信笺、电报甚至备忘录等构成的,在确定某一条款的意思构成时,应当将这些材料作为一个整体进行解释。如果当事人同时使用多种语言作出意思表示,则即便当事人没有约定各个文本所表达意思之间的关联性,也应当将其解释为具有相同的含义。④

第二,目的解释。目的解释是要求根据合同的性质和目的进行解释。按照私法自治原则,民事主体可以在法律规定的范围内,为追求其目而表达其意思,并通过双方的协议,产生、变更民事法律关系。当事人订立合同都要追求一定的目的。⑤ 因此,在解释合同时,应当考虑当事人的订约目的。一方面,要考虑当事人双方而不是当事人一方的目的进行解释,即考虑当事人在合同订立时的合同目的。如果难以确定双方当事人的缔约目的,则应当从一方当事人表现于外部的并能够为对方所合理理解的目的来解释合同条款。⑥ 另一方面,当事人使用的多个文本的含义不一致时,应当根据当事人订立合同的目的解释合同。如果当事人在有关合同文本中所使用的用语的含义各不相同,应当根据合同的目的进行解

---

① 参见最高人民法院民事审判第二庭、研究室编著:《最高人民法院民法典合同编通则司法解释理解与适用》,人民法院出版社2023年版,第44页。
② 郑玉波:《法谚》(一),法律出版社2007年版,第310页。
③ 参见王泽鉴:《债法原理》,北京大学出版社2009年版,第213页。
④ 参见最高人民法院民事审判第二庭、研究室编著:《最高人民法院民法典合同编通则司法解释理解与适用》,人民法院出版社2023年版,第45页。
⑤ See Farnsworth, *Contracts*, second edition, Little, Brown and Company, 1990, p.513.
⑥ 参见张广兴等:《合同法总则》(下),法律出版社1999年版,第246页。

释。例如，当事人双方共同投资兴办一家外商投资企业，在合资合同和章程中明确规定双方共同出资，但在当事人内部的一份合同中，规定双方为借贷关系，两份合同规定的内容不同，但从当事人双方缔约的真实目的在于共同出资兴办合资企业考虑，此借贷合同无效。

当然，在当事人双方具有不同的合同目的时，则不能完全按照一方当事人的合同目的进行解释，而应当按照一般人对合同目的的通常理解来进行目的解释。例如，在"枣庄矿业（集团）有限公司柴里煤矿与华夏银行股份有限公司青岛分行、青岛保税区华东国际贸易有限公司联营合同纠纷案"中，最高人民法院认为，在通过目的解释的方法明确合同条款的内容时，并非只按一方当事人期待实现的合同目的进行解释，而应按照与合同无利害关系的理性第三人通常理解的当事人共同的合同目的进行解释。①

第三，习惯解释。所谓习惯，是指当事人所知悉或实践的生活和交易习惯。合同乃是一种交易，所以在解释合同的时候通常根据交易习惯来解释当事人的意思。依据《民法典》第 142 条第 1 款和《合同编通则解释》第 1 条第 1 款的规定，解释合同应当依据交易习惯进行，这就确立了习惯解释的原则。习惯包括生活习惯和交易习惯两大类。由于合同本质上是一种交易，因而，如果当事人就合同条款发生争议，则通常应当按照交易习惯解释合同条款。例如，双方订立一份租赁合同，乙方承租甲方 1 000 平方米的房屋，但该房屋究竟是以建筑面积还是以使用面积计算，双方发生了争议。乙方提出当地的交易习惯都是按照使用面积来计算租赁房屋的面积，所以，在解释面积条款时，可以以交易习惯作为解释的依据。就交易习惯而言，其包括系列交易习惯、为当事人缔约时已知和应知的地域习惯和行业习惯。各种习惯的存在以及内容应当由相关当事人举证证明，在当事人未举证证明交易习惯的情况下，法官也可以根据自己对交易习惯的理解选择某种习惯来解释合同条款。例如，在"国泰君安证券股份有限公司郑州花园路证券营业部与中国信达资产管理公司郑州市办事处借款担保合同纠纷上诉案"中，最高人民法院认为，应当考虑交易习惯，对承诺鉴证书的法律性质作出判断。通过考察交易习惯，在通常情况下，如果证券营业部为了获取高额回报，违法为客户融资融券，也要与客户有事先的细节商议。但本案缺乏证据证明当事人双方之间有过关于融资融券的意思表示。因此，本案中的承诺鉴证书的性质应当确定为监管性质，花园路证券营业部不承担保证责任。②

---

① 参见最高人民法院（2009）民提字第 137 号民事判决书。
② 参见最高人民法院（2008）民二终字第 44 号民事判决书。

第四，依据诚信原则解释。解释合同应依据诚信原则。从现代民法的发展趋势来看，诚信原则在合同解释中的作用日益重要，诚信原则也因此被称为"解释法"。依据《民法典》第142条第1款的规定，"有相对人的意思表示的解释，应当按照所使用的词句，结合相关条款、行为的性质和目的、习惯以及诚信原则"进行。《合同编通则解释》第1条第1款也要求依据诚信原则解释，这实际上是将商业道德和公共道德运用到合同解释之中，以公平解释合同的内容，并填补合同的漏洞。换言之，在采用此种方法进行解释时，法官应当将自己作为一个诚实守信的当事人来判断、理解合同内容和条款的含义，即如果当事人在合同中对相关事项约定不明，则应当按照一个诚实守信的人所应当作出的理智选择进行解释。法官在依据诚信原则解释合同时，需要平衡当事人双方的利益，公平合理地确定合同内容。

依据诚信原则解释合同，应当遵循如下规则：其一，如果当事人对合同的履行时间、地点等约定不明确的，应当作有利于债务履行的解释。例如，合同约定在6月1日交货，但究竟是在白天交货还是在夜间交货并不明确，法官可以直接根据诚信原则确定交货时间应为白天而非夜间。其二，从诚信原则出发，应当认定当事人有相互协作、忠诚等义务，并尽可能按照诚信原则来理解合同条款。其三，诚信原则还可以用来填补合同漏洞。也就是说，在当事人未就相关事项作出约定或者约定不明即存在合同漏洞时，法官要考虑一个合理的诚实守信的商人，在此情况下应当如何作出履行，或者说应当如何作出意思表示，以此来填补合同的漏洞。当然，由于诚信原则较为抽象，我国《民法典》第466条第2款在确立合同解释的规则时，将诚信原则放在最后，表明立法者认为，诚信原则只能是在其他规则不能适用时，才能加以运用。因此，通常只能在通过文义、体系、目的、习惯等解释方法难以解释时，才能运用此种解释方法。[①]

第五，参考缔约背景、履行行为等因素解释。《合同编通则解释》第1条第1款要求在解释合同时，还要考虑缔约背景、磋商过程、履行行为等因素。一是缔约因素。这就是说，在合同条款发生争议时，应当查阅当事人在缔约过程中的合同草案，谈判磋商的记录，往来的邮件、微信等，以确定当事人的真实意思。二是履约的情况。例如，当事人双方对某个合同条款的解释有争议时，如果一方当事人按照某种理解履行合同，对方接受的，则应当按照此种履行行为解释合同。

上述各项合同解释的原则构成了一个完整的规则体系。一般来说，在当事人就合同条款的含义发生争议时，先应当按照文义解释的方法，对该条款的准确含

---

① 参见黄薇主编：《中华人民共和国民法典总则编释义》，法律出版社2020年版，第374页。

义进行解释。如果该条款涉及合同的其他条款或规定，则应当适用整体解释的方法。如果依合同本身的文字材料不能进行解释时，应当根据合同的目的等方法进行解释。如果文义解释等与目的解释的结果不一致，也应根据合同的目的进行解释。当合同存在漏洞时则应当适用诚信原则、习惯解释等方法加以解释。

三、共同真实意思优先

《合同编通则解释》第 1 条第 2 款规定有证据证明当事人之间对合同条款有不同于词句的通常含义的其他共同理解，就不能以词句的通常含义理解合同条款，而应当按照当事人的共同理解解释。也就是说，在依据文义解释方法解释合同内容时，应当尊重当事人的共同意思。《合同编通则解释》第 1 条第 2 款确立了共同真实意思优先规则，即如果有证据证明当事人之间对合同条款有不同于词句的通常含义的其他共同理解，就不能以词句的通常含义理解合同条款，而应当按照当事人双方共同接受的意思进行解释。[1]

如何理解"不同于词句的通常含义的其他共同理解"？这就是说，如果当事人双方都已经明确同意合同条款所表达的某种意思，虽然该意思与该词句的通常理解不一致，但仍应当按照当事人共同理解的意思来解释，因为在当事人对该词句的意思有共同理解的情形下，表明当事人已就此达成了共识，则应当按照该共同的理解来进行解释，这也符合私法自治和合同自由的基本原理。[2] 因为当事人的共同理解乃是当事人对合同条款的含义所形成的共识，这种共识可能是在系列交易中形成的，也可能是在缔结合同过程中通过相关文件达成共识的。这种共识虽然不是合同，但是体现了当事人的真实意思。尊重当事人的共同理解，实际上也是尊重合同条款的真实意思。这就要求法官努力探究当事人的真意。例如，在前面所述的"黄沙买卖案"中，当事人对"车"的含义若是在过去系列交易中存在共同理解，那么即便"车"的含义存在通常理解，也应当优先尊重当事人的共同理解。

四、选择有利于条款有效的解释

《合同编通则解释》第 1 条第 3 款规定："对合同条款有两种以上解释，可能影响该条款效力的，人民法院应当选择有利于该条款有效的解释。"依据该规定，

---

① 参见最高人民法院民事审判第二庭、研究室编著：《最高人民法院民法典合同编通则司法解释理解与适用》，人民法院出版社 2023 年版，第 44 页。

② 参见最高人民法院民事审判第二庭、研究室编著：《最高人民法院民法典合同编通则司法解释理解与适用》，人民法院出版社 2023 年版，第 44 页。

如果对合同条款有两种以上解释，可能影响该条款效力，此时"应当选择有利于该条款有效的解释"。这就确立了尽量作有效解释规则（utres magis valeat guam preat），该规则也称为促进合同有效规则（favor contractus）。这就是说，对合同的解释要以最大限度地促进合同的有效成立为解释方向，促成合同的实际履行，尽量避免宣告合同不成立或无效。例如，在前述"黄沙买卖案"中，因为当事人对数量条款"车"发生了争议，有人认为"车"是数量条款，因而属于合同的必要条款，因此在对数量条款发生争议的情况下，合同不能被认定为成立并有效。另有观点认为，虽然对数量条款存在争议，但是可以通过各种方法解释"车"的含义，从而尽可能促成合同有效。在这两种解释方案中，显然后一观点更为可取。虽然"车"是数量条款，当事人就有关"车"的含义发生争议，但这并非意味着数量条款不具备，而只是对该条款的含义存在争议，因此应当尽可能利用合同解释的方法解释数量条款，促成合同的成立。

之所以要选择有利于合同条款有效的解释方案，原因在于：一是符合合同法鼓励交易基本理念，鼓励交易作为合同法的基本理念，是各国普遍认可的规则。因为市场经济本身就是由无数的交易组成的，交易越发达、市场越繁荣。因而，促成合同有效并使之得到履行，才能使交易顺利完成，如此才能促进市场经济的发展。相反，如果过多认定合同无效，将会导致许多交易被消灭，从而不利于市场经济的发展。二是符合合同严守的原则。合同缔结之后，只要该合同不违反强制性法规或者公序良俗，就应当努力促成合同的实现，而不是轻易否定其效力，从而遵循合同严守原则。三是符合当事人的缔约意图。因为当事人订立合同的目的在于达成交易，而并非消灭交易，尽量做有效解释，可以避免司法裁判对合同自由进行过度干预。[①]

五、无偿合同中作有利于债务人的解释

无偿合同是民法典合同编调整的交易关系的特殊形态。在无偿合同中，双方当事人的权利义务存在一定的不对等。《合同编通则解释》第 1 条第 3 款规定，"属于无偿合同的，应当选择对债务人负担较轻的解释"。在无偿合同中，债务人并未获得对价，应当尽可能选择对债务人负担较轻的解释。例如，某人将一辆车停靠在一片空地上，其停车时没有向该空地的权利人支付任何费用。后来该车辆丢失。该空地的权利人是否需要对此承担责任？这就要考虑到该地的权利人是否

[①]　参见最高人民法院民事审判第二庭、研究室编著：《最高人民法院民法典合同编通则司法解释理解与适用》，人民法院出版社 2023 年版，第 49 页。

收取费用，若是已经收取费用，那么就属于有偿的保管关系，该地的权利人就有更重的保管义务。若是无偿的，那么该地的权利人就没有过重的保管义务。因此，发生车辆丢失时，按照有利于债务人的解释，不收取费用的该地权利人保管义务较轻，不应当对此承担责任。如此解释，既是市场交易中等价有偿原则的体现，也符合权利义务相一致原则。既有利于保护债务人的利益，对债权人也并无不利，因为对无偿合同而言，采取对债务人有利的解释，不会不当增加债权人的负担。

（本条撰写人：王利明）

交易习惯的认定

下列情形，不违反法律、行政法规的强制性规定且不违背公序良俗的，人民法院可以认定为民法典所称的"交易习惯"：

（一）当事人之间在交易活动中的惯常做法；

（二）在交易行为当地或者某一领域、某一行业通常采用并为交易对方订立合同时所知道或者应当知道的做法。

对于交易习惯，由提出主张的当事人一方承担举证责任。

【本条主旨】

本条确立了交易习惯的概念和三种类型，并且明确了交易习惯的举证责任。

【关联规定】

《民法典》共有 14 个条文对交易习惯作出规定。

1.《民法典》第 480 条

承诺应当以通知的方式作出；但是，根据交易习惯或者要约表明可以通过行为作出承诺的除外。

2.《民法典》第 509 条第 2 款

当事人应当遵循诚信原则，根据合同的性质、目的和交易习惯履行通知、协助、保密等义务。

【理解与适用】

一、交易习惯的概念和适用条件

依据《合同编通则解释》第 2 条第 1 款规定，交易习惯（usage of trade）是指交易当事人在交易活动中经常使用的，或者在交易行为当地、某一行业经常采用的且不违反法律和公序良俗的惯常做法。交易习惯是解释合同、填补漏洞的重要依据。在《民法典》的1260个条文中，一共有14个条款规定了交易习惯。与一般的生活习惯不同，交易习惯并不广泛适用于社会关系，其主要适用于商事主体在交易中形成的关系。一些交易习惯，如商业行业习惯是商事主体自己在反复的商业实践中形成的，因此，商事主体对其内容较为熟悉，也愿意自觉遵守该交易习惯的要求。正是因为交易习惯产生于交易关系，因此其与合同法具有密切的联系。合同是交易的产物，合同法主要调整交易关系，交易习惯通常是对经济生活中反复适用的规则进行归纳、抽象而形成的。

交易习惯应当具备如下条件。

第一，具有期待可适用性。交易习惯的效力来自当事人的知晓和认可。因此，交易习惯应当是当事人知道或者应当知道的做法。[1] 由于商事主体对交易习惯的内容较为熟悉，从内心认同，才能内化于心、外化于行，因此，在订约时熟悉并认同某种交易习惯，便会对其适用具有一定的期待性，其才能成为一种规则并为人们自觉遵守。从这个意义上说，对于交易习惯存在一种内心确信性。当然，如果当事人认为相关的交易习惯不符合其利益，其也可以通过约定排除其适用。需要指出的是，作为调整人们交易活动的交易习惯应当具有现实性，即在合同纠纷发生时，该交易习惯已经客观存在并已被适用，如果相关的交易习惯已经不再适用，则其可能并不为当事人所知悉，或即使知道也不再对其在当下适用具有普遍认同，因而不具有约束当事人的效力。

第二，具有惯常性。交易习惯作为习惯的一种类型，具有惯常性的特点。它是人们在交易过程中反复实践的产物，即通过多次反复的实践，人们认可的规则或做法，才能形成习惯。即使当事人之间的习惯也要通过系列交易认可这种规则，才能逐渐为其所遵循。一般而言，交易习惯都是人们在长期的交易活动中形成的，即使是当事人之间的交易习惯，也要经历多次系列交易才能形成。如果只是在当事人之间发生过一次，比如单次交易中的做法，就无法成为交易习惯。另外，仅仅在一方当事人的交易中经常适用的习惯，除非另一方当事人已经知晓，同样也不构成可以约束双方当事人的交易习惯。[2]

第三，具有合法性。《合同编通则解释》第2条规定："下列情形，不违反法律、行政法规的强制性规定，不违背公序良俗的，人民法院可以认定为民法典所

---

[1]　参见史尚宽：《民法总论》，中国政法大学出版社2000年版，第280页。

[2]　H. G. Beale ed. , *Chitty on Contracts* , Thomson Reuters, 2017, para. 14 - 024.

称的'交易习惯'。"依据这一关规定，交易习惯不能违反强行法和公序良俗。但需要注意的是，交易习惯的合法性要求交易习惯不得违反法律和行政法规的强制性规定。对于交易习惯不得与立法目的相悖的要求，主要针对的是强制性规范①，而任意性规范本身就是以填补当事人意思为目的，因而即便交易习惯与任意性规范相悖，也不导致交易习惯丧失效力。

第四，具有可证明性。交易习惯并不仅限于成文化的记载。事实上，许多交易习惯也常常以口口相传的形式存在，而不具有成文化的特点，但同样可以构成一种事实，可以由当事人举证证明。交易习惯必须具有可证明性，否则，不能作为解决合同纠纷的规则所采用。

在法律地位上，交易习惯低于合同，但高于合同法的任意性规定。一方面，交易习惯毕竟不是合同，不具有优先于合同适用的效力，毕竟合同在当事人之间具有法律约束力，不能把交易习惯凌驾于合同之上。尤其是在解释合同时，应当优先适用合同。只有在合同没有规定或者规定不明确、不清晰时，才能通过交易习惯解释合同，填补合同漏洞。另一方面，交易习惯应优先于任意性规定而适用。有学者认为，交易习惯不能作为独立的法律渊源，其本身不能成为确定当事人之间权利义务关系的依据，在调整合同关系时更不可能发挥超越任意性法律规范的作用。交易习惯只能被辅助用于推断当事人的交易主观意图。② 但是合同法作为调整具体交易关系的法，是从生活中产生的，也是从交易实践中发展的，并服务于交易实践。交易习惯"甚至高于制定法"③。当事人在交易时通常都知道存在特定的交易习惯，并且没有明示排斥的事实，而具有适用该商事习惯的意愿，因此交易习惯也更接近当事人的意思。相比之下，法律的任意性规定则是依据合同的典型类型，针对当事人在通常交易中的利益关系而制定的，更着眼于双方权利义务的公平性，也更具有一般性和抽象性，与当事人的真实意思可能相距较远。任意性规范本身只具有补充性，仅在当事人之间没有进行明确的安排时，才有适用的余地。④ 因此，如果当事人没有明示排斥交易习惯，在合同解释和漏洞填补时，应当优先参酌具体性的交易习惯，再参酌一般性的任意性规定。我国《民法典》的相关规则也确立了商事交易习惯优先于任意法规则适用的效力。《民法典》第510条就规定，当事人发生争议时，首先应当进行协议补充，不能达成补充协议的，则按照合同相关条款或者交易习惯确定。虽然《民法典》第511条

---

① See H. G. Beale ed., Chitty on Contracts, Thomson Reuters, 2017, para. 13 - 132.
② 参见宋阳：《论交易习惯的司法适用及其限制》，载《比较法研究》2017年第6期。
③ 苏永钦：《寻找新民法》，元照出版社2008年版，第389页。
④ 参见许中缘、颜克云：《商法的独特性与民法典总则编纂》，载《中国社会科学》2016年第2期。

作为任意性规范提供了填补合同漏洞的规则，但其适用仍然劣后于第 510 条所规定的交易习惯。可见，我国法律在适用顺位优先性的安排上将任意性的规定置于交易习惯之后，表明了交易习惯的重要性。

交易习惯也被称为"软法"。交易习惯是解释合同的主要规则：认定合同成立、澄清条款文义、明晰合同内容。交易习惯是填补合同漏洞的重要依据。《民法典》第 511 条也规定了在存在合同漏洞的情况下，依据第 510 条规定仍然不能确定的，可以采取的填补合同漏洞的方法。依据《民法典》第 510 条、第 511 条填补合同漏洞，应当按照以下程序进行。一是由当事人达成补充协议。二是按照合同条款或者交易习惯来确定，这就是说，要以交易习惯填补合同漏洞。三是根据《民法典》第 511 条的规定作出解释。在这个过程中可以看出，交易习惯在发挥填补合同漏洞方面的作用时，具有劣后于合同、又优先于合同法的任意性规定的地位，即以交易习惯填补合同漏洞。

二、区别交易习惯与作为法律渊源的习惯

我国《民法典》第 10 条规定："处理民事纠纷，应当依照法律；法律没有规定的，可以适用习惯，但是不得违背公序良俗。"这一规则规定了作为法律渊源的习惯的地位。该条规定既是对我国既有立法经验的总结，也是顺应社会生活现实需要的必然要求。将习惯作为法律渊源也可以有效拉近裁判与社会生活的距离。[①] 在当事人发生商事纠纷之后，如果能够找到法律的明确规定，当然应直接援引该法律规定。但是由于商事活动纷繁复杂，不断出现一些新行业、新业态、新领域，法律难以及时反映各种新情况、新问题，而在找不到法律依据的情况下，法官又不得拒绝裁判，此时当事人可以向法院提供作为法律渊源的习惯，法院也可以主动援引习惯法来裁判案件，填补法律漏洞。这就是说，"法律没有规定的，可以适用习惯"。但在各类习惯中，并不止于通过习惯法这一通道在司法裁判中作为补充法源发挥作用。在没有具体法律规定的情况下，可以以交易习惯为依据。例如，在"曾某龙与江西金马拍卖有限公司、中国银行股份有限公司上饶市分行、徐某炬拍卖纠纷案"中，最高人民法院认为，"三声报价法"是拍卖行业的惯例，"虽然法律、拍卖规则对此种报价方式没有规定，但行业惯例在具体的民事活动中被各方当事人所认同，即具有法律上的约束力"。

上述作为法律渊源的习惯与作为交易规则的习惯都属于习惯的范畴，都具有内心确信性，也都可以被法院作为裁判依据或参考标准。在民商事交易领域，习

---

① 参见黄薇主编：《中华人民共和国民法典总则编解读》，中国法制出版社 2020 年版，第 30 页。

惯的约束力是民商法产生约束力的根本原因。① 作为法律渊源的习惯与作为交易规则的习惯都属于"活法"（living law）。基于这一原因，也有观点认为，我国《民法典》关于合同漏洞补充的规则中的交易习惯与作为法律渊源的习惯是相同的。②

但在适用习惯的过程中，需要区分作为法律渊源的习惯与作为交易规则的习惯。一些国家的法律和示范法区分了这两种交易习惯，例如，《欧洲示范民法典草案》第2—9：101条区分了惯例与交易习惯。③ 我国司法解释对上述两种习惯作出了区分。作为法律渊源的习惯被规定在《总则编解释》第2条中，而交易习惯是在《合同编通则解释》第2条中被规定的。司法解释文件之所以分别规定两类习惯，是因为交易习惯与作为法律渊源的习惯并不完全相同，具体而言，二者的区别主要体现为：

第一，地位不同。《总则编解释》第2条第1款规定："在一定地域、行业范围内长期为一般人从事民事活动时普遍遵守的民间习俗、惯常做法等，可以认定为民法典第十条规定的习惯。"据此，习惯作为法律渊源，是一般人从事民事活动的惯常做法，对不特定的、数量众多的主体产生效力。而交易习惯，特别是交易当事人之间的系列交易习惯只是调整特定的市场主体之间的合同关系，其适用范围是受限制的，主要局限于交易领域，即在这些交易主体之间发生效力。交易习惯与一般的生活习惯不同，并不广泛适用于社会关系，其主要适用于交易中的关系。正是因为交易习惯产生于交易关系、适用于交易关系，因此其与合同法具有密切的联系。交易习惯通常是对经济生活中反复适用的规则进行归纳、抽象而形成的。由于作为法律渊源的习惯已经上升为习惯法，所以直接可以作为裁判依据适用。这种习惯不仅可以适用到民事法律的各个方面，依据《民法典》第10条的规定，习惯可以作为处理民事纠纷的依据。但是交易习惯主要适用于合同关系，大多不具有法律渊源的地位。

第二，是否包括主观习惯不同。作为法律渊源的习惯，是众所周知的，由此，只能限于约束不特定主体、并为其所知道或者应当知道的客观习惯。但作为交易习惯的习惯，却不一定是众所周知的。因为一方面，其仅限于商事交易当事人，是为市场主体知悉的；另一方面，交易习惯还包括了当事人之间的习惯，因

① 参见许中缘：《商法的独立品格与我国民商法的编纂》（上），人民出版社2016年版，第20页。

② 参见张尚斌：《论习惯与任意性规定的民法法源顺位——以合同漏洞填补为视角》，《民商法论丛》2022年第1期。

③ 参见［德］冯·巴尔等主编：《欧洲私法的原则、定义与示范规则：欧洲示范民法典草案》，高圣平等译，法律出版社2014年版，第501页。

此，当事人之间的习惯仅限于当事人之间知道，第三人并不了解。此类习惯常常被称为主观习惯。

第三，适用条件不同。作为法律渊源的习惯必须在制定法没有规定时方可适用，其主要发挥补法作用；而交易习惯具有补法、释法等作用，甚至可以改变法律中的任意性规范。从内心确信性来讲，习惯法具有普遍的内心确信性，其确信的程度要高于商事交易习惯。对习惯法中的习惯而言，由于对其具有确信的人数较多，因而具有了一定的客观性。而当事人之间的系列交易习惯仅存在于交易双方当事人，他人对此并不知悉，因此不具有广泛的约束效力。

第四，从举证来讲，作为法律渊源的习惯，是法院进行裁判的依据，所以法院要对此进行查明，《总则编解释》第 2 条第 2 款规定："当事人主张适用习惯的，应当就习惯及其具体内容提供相应证据；必要时，人民法院可以依职权查明。"这就确定人民法院可以依职权查明作为法律渊源的习惯。尤其是在诉讼中，当事人双方由于利益的冲突，可能对于作为依据的习惯也会提出不同的看法，甚至提出不同的习惯要求作为对自己有利的依据。此时，法院可以依据职权查明是否存在习惯，或者查明习惯的具体内容。[①] 而由于交易习惯具有事实性，交易习惯能否作为裁判依据，原则上应当由当事人证明，如果当事人无法举证证明，法院不能依照职权去进行查明。所以，《合同编通则解释》第 2 条没有规定在当事人不能证明交易习惯存在时，法院是否可以依职权查明交易习惯。

第五，适用范围不同。我国《民法典》第 10 条所规定的习惯是作为法律渊源的习惯，而合同法中的交易习惯仅适用于交易领域。当然，物权法中也有习惯，如相邻关系的处理规则。但是物权法中的习惯不同于交易习惯，主要是因为物权不能够通过当事人的约定来改变，物权法具有强行法的特点，当事人在涉及物权变动的关系中，不能通过援引交易习惯改变法律的强行性规定，因此，物权法中的习惯解释和填补法律漏洞的功能，其作用空间就比较小。而合同法大多是任意性规范，合同法大量都是来自交易习惯，而且由于合同法的任意性，交易习惯可以优先于任意性规范适用。例如，《民法典》第 510 条规定："合同生效后，当事人就质量、价款或者报酬、履行地点等内容没有约定或者约定不明确的，可以协议补充；不能达成补充协议的，按照合同相关条款或者交易习惯确定。"在具体的功能上，作为法律渊源的习惯的主要作用是补充法律，而交易习惯是解释合同的主要依据，也是填补合同漏洞的依据，其可优先于法律的任意性规定而适用。

---

① 参见黄薇主编：《中华人民共和国民法典合同编释义》，法律出版社 2020 年版，第 280 页。

三、三种交易习惯的适用顺序

《合同编通则解释》第 2 条第 1 款规定:"下列情形,不违反法律、行政法规的强制性规定且不违背公序良俗的,人民法院可以认定为民法典所称的'交易习惯':(一)当事人之间在交易活动中的惯常做法;(二)在交易行为当地或者某一领域、某一行业通常采用并为交易对方订立合同时所知道或者应当知道的做法。"

《合同编通则解释》第 2 条规定了两大类交易习惯:一是当事人之间在交易活动中的惯常做法,此类交易习惯也被称为主观交易习惯。此类习惯一经形成,当事人就应当对此产生合理信赖,并应当按照该习惯履行相关义务。[①] 二是"在交易行为当地或者某一领域、某一行业通常采用并为交易对方订立合同时所知道或者应当知道的做法"。此类习惯有称为客观交易习惯。它又分为两种:一是地区习惯,即相对人在交易时知道或者应当知道的交易发生地的惯常做法,其也被称为特定区域的交易习惯。由于我国地域广阔,不同地区的交易习惯存在一定的区别,因此,不能将某地的交易习惯套用到另一个地方去。二是行业习惯,即特定领域或者行业通常采用的习惯,且相对人在订约时知道或者应当知道该习惯的存在。由于交易习惯通常仅适用于特定的行业或者交易关系中,因此,不同的行业可能存在不同的交易习惯。通常来说,当事人之间的系列交易习惯只能为当事人所知悉,而对于地区、行业的交易习惯,当事人可能虽然不一定明确知道,但是处于该地区或从事该行业的当事人通常知道或应当知道这些习惯的存在。对地区习惯和行业习惯,要求交易对方必须在订约时知道或者应当知道,这表明交易对方在订约时已经受到该习惯的拘束,其不能以不同意、不认可为由排斥这种交易习惯的适用。[②] 当然,对这些习惯而言,并不要求当事人在订约时均知道,而要求交易对方在订约时知道或者应当知道。因此,《合同编通则解释》第 2 条实际上规定了三类交易习惯。

《合同编通则解释》第 2 条只是平行地列举了三类交易习惯类型,似乎并没有规定适用顺序。但《合同编通则解释》第 2 条将当事人之间在交易活动中的惯常做法,规定在地区习惯和行业习惯之前,更加突出当事人之间的交易习惯的地

[①] 参见最高人民法院民事审判第二庭、研究室编著:《最高人民法院民法典合同编通则司法解释理解与适用》,人民法院出版社 2023 年版,第 55 页。

[②] 参见最高人民法院民事审判第二庭、研究室编著:《最高人民法院民法典合同编通则司法解释理解与适用》,人民法院出版社 2023 年版,第 56 页。

位，表明此类交易习惯具有优先适用的地位。

在这三种习惯中确定适用顺位，需要依据各种习惯与当事人真实意思的复合程度进行判断。在存在当事人双方经常使用的系列交易习惯时，这一习惯相较于地域习惯和行业习惯而言，作用的范围更窄更具有针对性，也更接近于当事人之间的合意。因此，在存在多种交易习惯时，系列交易习惯的运用应当优先于其他两种习惯。也就是说，在当事人之间就交易习惯的举证产生争议时，如果一方是按照一般的地域习惯或行业习惯来理解的，而另一方是按照当事人过去从事系列交易时所形成的习惯来解释的，则应当按照当事人之间在系列交易中形成的习惯进行解释。而就行业习惯与地域习惯而言，则应当遵循特殊习惯优先于一般习惯的原则。也就是说，为交易对方所接受和认同的交易习惯约束的范围越小，就越应当优先得到适用。例如，某一地区的某一行业如果存有特别的交易习惯，那么其应当优先于全国性的行业习惯。

四、交易习惯的举证责任

《合同编通则解释》第 2 条第 2 款规定："对于交易习惯，由提出主张的当事人一方承担举证责任。"依据这一规定，一方面，主张适用习惯的当事人须证明是否存在交易习惯及其具体内容。[1] 因为是否存在习惯，以及习惯的内容如何、交易对方在订约时是否知道某种地区习惯和行业习惯存在等，本身既是法律适用问题，也是事实问题。交易习惯是约束外部行为的，是人们在实践中的惯常做法，也是一种客观存在的事实。这种事实存在要能够体现交易当事人的意愿，并且能够规范其行为。正是因为交易习惯是一种事实存在，因此，主张交易习惯存在的一方当事人应当对习惯的存在及其内容以及是否可以约束相关主体负担证明责任[2]，否则将承担诉讼上的不利后果。

问题在于，在某些情形下，对同一个交易关系，当事人的证明各不相同，发生了冲突和矛盾，此时是否可以由法院依职权进行认定？《总则编解释》第 2 条第 2 款对于习惯的举证责任，表述为："当事人主张适用习惯的，应当就习惯及其具体内容提供相应证据；必要时，人民法院可以依职权查明"。但是《合同编通则解释》第 2 条对交易习惯的解释中没有提到"必要时，人民法院可以依职权查明。"由此表明，当事人双方由于利益的冲突，可能对于作为依据的习惯也会

---

[1]　See H. G. Beale ed., *Chitty on Contracts*, Thomson Reuters, 2017, para. 13 - 132.

[2]　参见季洁：《法律适用中的商事习惯类型化研究》，载《河北法学》2023 年第 4 期。

提出不同的看法，甚至提出不同的习惯要求作为对自己有利的依据，此时，法官不得适用交易习惯，也不得依据职权进行调查以获取交易习惯。正是因为交易习惯是一种事实存在，因此，在发生争议时，当事人对其负有举证证明的义务，而不像法律规则那样由法官依据职权去查找。

（本条撰写人：王利明）

二、合同的订立

合同成立与合同内容

当事人对合同是否成立存在争议，人民法院能够确定当事人姓名或者名称、标的和数量的，一般应当认定合同成立。但是，法律另有规定或者当事人另有约定的除外。

根据前款规定能够认定合同已经成立的，对合同欠缺的内容，人民法院应当依据民法典第五百一十条、第五百一十一条等规定予以确定。

当事人主张合同无效或者请求撤销、解除合同等，人民法院认为合同不成立的，应当依据《最高人民法院关于民事诉讼证据的若干规定》第五十三条的规定将合同是否成立作为焦点问题进行审理，并可以根据案件的具体情况重新指定举证期限。

【本条主旨】

本条第 1 款规定合同的必备条款以界定合同的成立条件。第 2 款规定合同漏洞的填补方法。第 3 款规定法院将合同不成立作为诉讼焦点问题进行审理。

【关联规定】

1. 《民法典》第 470 条　合同的内容由当事人约定，一般包括下列条款：

（一）当事人的姓名或者名称和住所；

（二）标的；

（三）数量；

（四）质量；

（五）价款或者报酬；

（六）履行期限、地点和方式；

（七）违约责任；

（八）解决争议的方法。

当事人可以参照各类合同的示范文本订立合同。

2.《民法典》第 488 条 承诺的内容应当与要约的内容一致。受要约人对要约的内容作出实质性变更的，为新要约。有关合同标的、数量、质量、价款或者报酬、履行期限、履行地点和方式、违约责任和解决争议方法等的变更，是对要约内容的实质性变更。

3.《最高人民法院关于民事诉讼证据的若干规定》第 53 条 诉讼过程中，当事人主张的法律关系性质或者民事行为效力与人民法院根据案件事实作出的认定不一致的，人民法院应当将法律关系性质或者民事行为效力作为焦点问题进行审理。但法律关系性质对裁判理由及结果没有影响，或者有关问题已经当事人充分辩论的除外。

存在前款情形，当事人根据法庭审理情况变更诉讼请求的，人民法院应当准许并可以根据案件的具体情况重新指定举证期限。

4.《全国法院贯彻实施民法典工作会议纪要》6. 当事人对于合同是否成立发生争议，人民法院应当本着尊重合同自由，鼓励和促进交易的精神依法处理。能够确定当事人名称或者姓名、标的和数量的，人民法院一般应当认定合同成立，但法律另有规定或者当事人另有约定的除外。

对合同欠缺的当事人名称或者姓名、标的和数量以外的其他内容，当事人达不成协议的，人民法院依照民法典第四百六十六条、第五百一十条、第五百一十一条等规定予以确定。

【理解与适用】

一、司法解释第 3 条第 1 款前段是对《民法典》第 470 条第 1 款的细化规定

当事人订立合同通常采取要约、承诺方式，合同可以基于当事人双方要约和承诺意思表示一致成立。但"并不是说，所有的合同条款都必须通过合意来完成。现代合同法为了鼓励交易，充分尊重当事人的意志和利益，维护交易的安全和秩序，在合同的部分条款不具备的情况下，法律并不简单地宣告合同不成立或无效，而是通过合同解释的规则来确定合同的条款的意思，或通过漏洞填补的规

则填补合同漏洞"①。合同当事人就合同哪些内容通过要约承诺意思表示一致，合同即可成立？《民法典》第 470 条第 1 款和《合同编通则解释》第 3 条第 1 款前段接续作出回答。《合同编通则解释》第 3 条第 1 款前段规定了"合同成立的实质认定标准"②，属于可反驳推翻的合同法律事实推定规范，相关认定标准有利于促成合同成立，符合鼓励和促进交易的合同法立法宗旨。

合同条款是合同权利义务的载体。合同条款是合同权利义务的来源，但非唯一来源。"合同内容与合同条款并不是严格对应的，合同内容在范围上要大于合同条款所确定的当事人的权利义务关系。"③ 根据《民法典》第 470 条第 1 款，合同的内容由当事人约定，一般包括下列条款：（1）当事人的姓名或者名称和住所；（2）标的；（3）数量；（4）质量；（5）价款或者报酬；（6）履行期限、地点和方式；（7）违约责任；（8）解决争议的方法。这些是对合同主要条款的规定。第 470 条使用了"一般包括"的提法，表明本条所规定的合同的主要条款并不是任何合同都必须具备的条款。④ "所谓必要条款，是指依据合同的性质和当事人的特别约定所必须具备的条款，缺少这些条款将影响合同的成立。"⑤《民法典》第 470 条第 1 款规定的八项内容中包括了合同的必要条款和非必要条款，其中当事人、标的和数量是合同不可缺少的三项内容，这三项必要条款的欠缺会导致合同的不成立，适用于所有类型的合同。除了这三项必要条款之外，合同质量、价款等都是可以补充的。第 470 条第 1 款必要条款之外的其他条款（非必要条款）具有建议性、提示性和示范性，均为倡导性条款⑥，当事人在合同制作中应尽可能使条款齐备，有助于预防纠纷的发生。合同必要条款和非必要条款类似于语法规则和修辞规则之间的差异，前者使得合同成其为合同，后者使得合同成其为一份有利于预防纷争的优秀合同。必要条款指引了我们在合同制作中应当注意的底线，使得合同不会因为欠缺必要条款而无法成立。在合同制作中要把握合同订立的底线，确保必要条款的齐备。合同主要条款区分要素、常素和偶素。合同主要条款中的要素是合同必要条款，合同的要素也称为合同必备条款、必要条件、必要之

① 王利明主编：《中国民法典释评·合同编·通则》，中国人民大学出版社 2020 年版，第 58～59 页，王利明教授执笔。
② 王雷：《民法证据规范论：案件事实的形成与民法学方法论的完善》，中国人民大学出版社 2022 年版，第 134 页。
③ 王利明：《合同法通则》，北京大学出版社 2022 年版，第 159 页。
④ 参见王利明主编：《中国民法典释评·合同编·通则》，中国人民大学出版社 2020 年版，第 59 页，王利明教授执笔。
⑤ 王利明：《合同法通则》，北京大学出版社 2022 年版，第 162 页。
⑥ 参见王轶：《论倡导性规范——以合同法为背景的分析》，载《清华法学》2007 年第 1 期。

点，欠缺要素的合同不成立。欠缺非必要条款，不影响合同的成立。

哪些合同条款属于合同的要素（必要条款、必备条款、必要条件、必要之点）？《民法典》第 470 条未明确规定。有学者认为，《民法典》第 470 条规定的合同条款中，当事人条款和标的条款是合同必须具备的条款。① 《合同编通则解释》第 3 条第 1 款前段作出回答，包括合同主体、标的和数量。欠缺合同主体、标的或者数量的，合同不成立。例如，买方站在一家包子铺前对卖方反复说"买一些包子"，未明确其数量，该包子买卖合同不成立。反之，当事人就合同主体、标的及数量达成合意的，人民法院一般应当认定合同成立，除非存在法定或者当事人约定的除外情形。"许多合同，只要有了标的和数量，即使对其他内容没有规定，也不妨碍合同的成立与生效。因此，数量是合同的重要条款。"② 从逻辑上看，既然当事人已经就合同标的达成合意，那么必定有合同主体，可以不用单独强调合同主体要素。

当然，《合同编通则解释》（征求意见稿）第 3 条第 1 款前段所使用的"合同主体、标的及其数量"的表述值得斟酌：标的不同于标的物，标的不见得都存在数量问题，如提供服务类合同。根据《民法典》第 596 条，买卖合同中标的物的数量属于必备条款。"多数说认为合同关系的标的为给付行为，而《民法典》第 470 条所规定的标的，时常不是学说所指的标的，而是标的物，于是才有所谓标的的质量、标的的数量等用语。所以，对于《民法典》及有关司法解释所说的标的，时常需要按标的物理解。"③ 最高人民法院《合同法解释二》第 1 条"标的和数量"的表述更加妥当。《合同编通则解释》第 3 条第 1 款延续使用了"标的和数量"的正确表述。

在起草《合同法解释二》第 1 条第 1 款时，最高人民法院坚持数量条款应为合同必备条款。④ 最高人民法院《合同法解释二》第 1 条第 1 款也存在类型化不足之缺陷，"该条是针对买卖合同应当具备的主要条款所作出的规定，并不适用于所有的合同，例如，在劳务合同中，并不以数量作为必要条款。合同的性质不同，其必要条款也存在差别，不可一概而论"⑤。"数量条款在买卖等合同中应为

---

① 参见崔建远：《合同法》，北京大学出版社 2021 年版，第 67 页。

② 黄薇主编：《中华人民共和国民法典合同编释义》，法律出版社 2020 年版，第 28 页。

③ 崔建远：《合同法》，北京大学出版社 2021 年版，第 64 页。

④ 参见最高人民法院研究室编著：《最高人民法院关于合同法司法解释（二）理解与适用》，人民法院出版社 2009 年版，第 15～16 页。

⑤ 参见王利明主编：《中国民法典释评·合同编·通则》，中国人民大学出版社 2020 年版，第 62 页，王利明教授执笔。

必备条款，但在提供劳务的合同中，并不一定成为必备条款。"①

二、司法解释第 3 条第 1 款前段非衡平规定

运用文义解释和历史解释方法，最高人民法院《合同法解释二》第 1 条第 1 款、《合同编通则解释》第 3 条第 1 款前段均非衡平规定，"一般应当认定合同成立"，消除在法律适用上的不确定性。"衡平规定，主要指就所定法律效力之发生与否及其范围，赋予法院或其他主管机关以裁量余地的法律规定。"②

最高人民法院《合同法解释二》第 1 条第 1 款规定："当事人对合同是否成立存在争议，人民法院能够确定当事人名称或者姓名、标的和数量的，一般应当认定合同成立。但法律另有规定或者当事人另有约定的除外。"该规定并非衡平规定。"一般应当认定合同成立"的表述并未给予法官过大的自由裁量权，在合同成立条件上没有带来更多不确定性。

《合同编通则解释》第 3 条第 1 款规定："当事人对合同是否成立存在争议，人民法院能够确定当事人姓名或者名称、标的和数量的，一般应当认定合同成立。但是，法律另有规定或者当事人另有约定的除外。"该款非衡平规定，当事人就合同主体、标的及其数量达成合意的，人民法院"一般应当认定合同成立"，这就增强了在认定合同成立与否问题上法律适用的确定性。

三、司法解释第 3 条第 1 款后段对合同成立条件通过但书条款作了限制性规定和例示规定

（一）司法解释第 3 条第 1 款后段但书条款的规范技术

《合同编通则解释》第 3 条第 1 款前段对合同成立条件作了细化规定和严格规定，当事人就合同主体、标的和数量达成合意的，人民法院一般应当认定合同成立，但是，也存在除外情形。《合同编通则解释》第 3 条第 1 款后段对合同成立条件通过但书条款作了限制性规定和例示规定。

一方面，《合同编通则解释》第 3 条第 1 款后段但书条款属于限制性规定。"法律使用之用语涵盖的范围，相对于其规范意旨如果太广，涵盖了其不应涵盖的事项，则必须透过其他要件要素或其他法条对该涵盖太广的用语给予限制，以使其适用可以被限制在适当的范围内。"③ 从法律适用角度，《合同编通则解释》

---

① 王利明：《合同法通则》，北京大学出版社 2022 年版，第 161 页。

② 黄茂荣：《法学方法与现代民法》（第五版），法律出版社 2007 年版，第 152～153 页。

③ 黄茂荣：《法学方法与现代民法》（第五版），法律出版社 2007 年版，第 167 页。

第 3 条第 1 款后段但书条款对应的限制性规定优先于该款前段适用。从举证责任角度，主张存在《合同编通则解释》第 3 条第 1 款后段但书条款对应的限制性规定情形之人，须承担举证责任。

另一方面，《合同编通则解释》第 3 条第 1 款后段但书条款属于例示规定。最高人民法院《合同法解释二》第 1 条后段 "但法律另有规定或者当事人另有约定的除外" 也是例示规定。《合同编通则解释》第 3 条第 1 款后段但书条款通过例示规定，增强对法官法律适用的具体指引。"在立法上常常会遭遇到对拟规范之事项难于穷举，或其穷举太烦琐，但却又担心挂一漏万加以规定的难题。这时，立法技术上通常利用适当的例示后，再予概括的方法，以穷尽地涵盖之。"①

（二）司法解释第 3 条第 1 款后段的除外情形

（1）《合同编通则解释》第 3 条第 1 款后段规定 "法律另有规定的除外"，是指法律明确规定合同的成立要件时，该成立要件没有得到满足的，则该合同不成立。例如，实践合同以标的物的交付为成立条件。"不同的合同，由于其不同的类型与性质，其主要条款或者必备条款可能是不同的。"② 例如，实践合同也称要物合同，在当事人意思表示一致之外，尚须交付标的物等其他现实成分方能成立。《民法典》第 586 条第 1 款规定："当事人可以约定一方向对方给付定金作为债权的担保。定金合同自实际交付定金时成立。"第 679 条规定："自然人之间的借款合同，自贷款人提供借款时成立。"第 890 条规定："保管合同自保管物交付时成立，但是当事人另有约定的除外。"根据这些规定，定金合同、自然人之间的借款合同以及保管合同以标的物的实际交付作为合同的成立条件，因此即便当事人姓名或者名称、标的和数量能够确定，也不足以认定合同成立。

（2）《合同编通则解释》第 3 条第 1 款后段规定 "当事人另有约定的除外"，是指双方当事人已经对合同成立要件作出了约定。根据合同当事人的意思自治，当事人可以将合同非必要条款约定上升为必要条款。"如果当事人就非必要之点已明确要求须达成合意合同始为成立，则当然要尊重当事人的意思，非必要之点未达成合意，合同不成立。"③ 在订立合同的过程中，若双方明确约定须就质量、价款或者报酬、履行期限、履行地点和方式、违约责任和解决争议方法等对当事人权利义务有实质性影响的内容协商一致合同才能成立，且当事人就这些内容无法达成合意，则即便当事人就合同主体、标的及其数量已经达成合意，人民法院

---

① 黄茂荣：《法学方法与现代民法》（第五版），法律出版社 2007 年版，第 191 页。
② 黄薇主编：《中华人民共和国民法典合同编释义》，法律出版社 2020 年版，第 27 页。
③ 韩世远：《合同法学》，高等教育出版社 2022 年版，第 36 页。

也不应当认定合同成立。"合同应当具备什么条款，应当根据不同的合同来确定，除了依据合同的性质所必须具备的主要条款以外，对其他内容的选择完全由当事人自由约定。"① 《国际商事合同通则》第 2.1.13 条允许合同当事人约定将特别事项达成合意或者采用特定形式作为合同的成立要件。换言之，本着合同自由原则，在订立合同的过程中，若双方明确约定须就质量、价款或者报酬、履行期限、履行地点和方式、违约责任和解决争议方法等对当事人权利义务有实质性影响之外的其他内容协商一致合同才能成立，且当事人就这些内容无法达成合意，则即便当事人就合同主体、标的及其数量已经达成合意，人民法院也不应当认定合同成立。

（3）有偿合同的当事人未就价款或者报酬进行协商，人民法院依照《民法典》第 510 条、第 511 条等有关规定亦无法确定，此时即便当事人就合同主体、标的及其数量达成合意的，人民法院也不宜认定合同成立。

价款或者报酬并非对所有合同都是必要条款。一方面，无偿合同中不存在价款或者报酬问题。另一方面，价款或者报酬可以通过《民法典》第 510 条、第 511 条第 2 项进行填补时，欠缺价款或者报酬不会影响合同成立。例外地，如果对合同标的对应的价款或者报酬没有约定，又无法达成补充协议，按照合同相关交易条款或者交易习惯也无法确定，又没有订立合同时履行地的市场价格，也不属于应当执行政府定价或者政府指导价的情形，客观上无法依照《民法典》第 510 条、第 511 条有关规定加以填补确定，此时欠缺价款或者报酬的有偿合同不成立。根据《民法典》第 511 条第 2 项，能够用于填补合同价款或者报酬漏洞的，不仅限于订立合同时履行地的市场价格，依法应当执行政府定价或者政府指导价时，政府定价或者政府指导价也可发挥填补合同价款或者报酬漏洞的功能。

在"北京恒拓远博高科技发展有限公司与薛某股权转让纠纷上诉案"中，法院认为，股权转让价格的确定是股权转让的重要内容之一，而股权的价值与有形财产不同，其价值由多种因素构成。在当事人提出的证据无法证明双方就股权转让价格达成一致时，人民法院不应依据股东出资额、审计报告、公司净资产额以及《合同法》第 61 条、第 62 条的规定确定股权转让价格。股东出资额与股权的价值并非可以简单画等号。股权转让价格不可能按照交易习惯和订立合同时履行地的市场价格来确定。同时，未约定股权转让价格的股权转让合同因欠缺必备条

---

① 王利明主编：《中国民法典释评·合同编·通则》，中国人民大学出版社 2020 年版，第 59 页，王利明教授执笔。

款而不具有可履行性，应认定该类合同未成立。①

四、合同成立条件对应的典型案例评析

最高人民法院 2016 年 4 月 8 日发布十起依法平等保护非公有制经济典型案例，之六为"邯郸市金城机电物资有限公司与磁县教育局买卖合同纠纷案"，该案有助于解释说明合同的成立条件。

（一）基本案情

2013 年 1 月，河北省磁县中小学校舍安全工程钢材采购项目采用竞争性谈判的方式对外招标，民营企业邯郸市金城机电物资有限公司（以下简称物资公司）依照《招标文件》投标并中标。2013 年 2 月，河北省磁县教育局（以下简称县教育局）与物资公司签订了《采购合同》。虽然《招标文件》对采购货物的名称、数量、规格、单价等做了约定，但《采购合同》仅对合同金额进行了约定，对采购货物的名称、数量、单价、规格和标准均未约定，交货时间、运输要求、验收事项等亦未载明。合同订立后，县教育局一直未按合同约定向物资公司采购钢材。物资公司诉至法院，认为县中小学校舍安全工程已经竣工，但县教育局未按照合同约定向物资公司采购钢材，也未履行合同约定的任何义务，请求解除《采购合同》，判令县教育局赔偿物资公司经济损失。县教育局同意解除合同，但认为《采购合同》未对采购货物的名称、数量、规格、标准等进行明确约定，合同未能履行的原因不在县教育局，县教育局不应承担违约责任。

（二）争议焦点

本案争议焦点在于物资公司与县教育局之间的《采购合同》是否成立以及县教育局是否应当承担违约责任。

（三）裁判结果

《合同法解释二》第 1 条第 1 款规定："当事人对合同是否成立存在争议，人民法院能够确定当事人名称或者姓名、标的和数量的，一般应当认定合同成立。但法律另有规定或者当事人另有约定的除外。"《合同编通则解释》第 3 条第 1 款前段规定："当事人对合同是否成立存在争议，人民法院能够确定当事人姓名或者名称、标的和数量的，一般应当认定合同成立。"本案中，物资公司提交的《采购合同》中虽仅约定了合同金额，但运用体系解释和目的解释方法，根据

---

① 参见"北京恒拓远博高科技发展有限公司与薛某股权转让纠纷上诉案"，北京市第一中级人民法院（2007）一中民终字第 7430 号民事判决书，对本案的评析，参见郑伟华：《股权转让价格的确定及股权转让协议的成立》，载《人民司法·案例》2008 年第 20 期。

《招标文件》、成交通知书及双方签订《采购合同》的目的，可知采购项目为钢材，数量为906.458吨，合同金额为3 639 429元，故物资公司与县教育局所签订的《采购合同》已成立。县教育局作为发包人，将相关工程分包给了某建筑公司，且约定其不提供材料、设备，导致物资公司与县教育局所签订的《采购合同》事实上不能履行，县教育局应承担不履行合同的违约责任。根据《合同法》第97条关于"合同解除后，尚未履行的，终止履行；已经履行的，根据履行情况和合同性质，当事人可以要求恢复原状、采取其他补救措施，并有权要求赔偿损失"之规定（对应《民法典》第566条第1款关于"合同解除后，尚未履行的，终止履行；已经履行的，根据履行情况和合同性质，当事人可以请求恢复原状或者采取其他补救措施，并有权请求赔偿损失"之规定），判决："一、解除物资公司与县教育局签订的《采购合同》；二、县教育局于判决生效后十日内支付物资公司相关损失39 000元；三、驳回物资公司的其他诉讼请求。"县教育局上诉后，邯郸市中级人民法院判决驳回上诉、维持原判。

（四）案例评析

本案是规范政府机关不履行《采购合同》的典型案例。合同是当事人之间设立、变更、终止民事权利义务的协议，各方当事人都应当按照合同的约定全面履行自己的义务。一方当事人未按照合同约定履行合同，将侵害另一方当事人的合法权益。因此，对于未按照约定履行合同的当事人，应严格依据合同法的规定，依法追究其违约责任。本案中，县教育局通过招投标程序与物资公司签订《采购合同》后，并未按照《采购合同》向物资公司采购钢材，反而以合同未对货物名称、数量等进行约定为由推脱责任，造成物资公司无法实现合同目的。人民法院受理本案后，准确分析本案所涉《采购合同》的效力，依法判决县教育局承担违约责任，有效地保护了作为守约方的物资公司的合法权益。

五、司法解释第3条第2款通过补充解释、补充性任意性规范等填补合同漏洞

（一）合同漏洞不可避免

合同不可能完美无缺。法律解释存在解释和漏洞填补，合同也是如此。《民法典》第510条规定合同漏洞填补对象是"质量、价款或者报酬、履行地点等内容没有约定或者约定不明确的"内容，而第466条第1款规定合同解释的对象是"当事人对合同条款的理解有争议"。合同漏洞填补是从无到有，合同解释是从模糊到清晰。漏洞填补可以称为补充解释，而合同解释是阐明解释。

严格来说合同都是不完全合同，经济学上不完全合同指向信息不对称下的合

同，而法律意义上的不完全合同是指对权利义务责任的约定不完备、不明晰的合同。一定程度上，合同制作的产物都难逃不完美的命运。"虽然假定经济主体能够事先进行全面的谈判，当然不无助益而且分析起来也很方便，但有限理性这一条件却使其不可能发生。在现有可行的条件下，所有的合同都是不完备的。因而，事后的合同就具有特别重要的经济意义。在这种情况下，研究哪些结构有利于漏洞填补、争端解决、适时应变等等，就成为经济组织问题的一部分。"①

（二）合同漏洞可以被填补

"如果当事人未对非必要之点强调须经合意，只要必要之点已经合意，按照'鼓励交易'精神，可推定合同成立。对于非必要之点，可通过合同解释，填补合同漏洞。"②

对合同欠缺的当事人姓名或者名称、标的和数量以外的其他内容，当事人达不成协议的，人民法院依照《民法典》第510条、第511条等规定予以确定。《合同编通则解释》第3条第2款属于引致规定，将合同成立但存在漏洞时的填补方法引入。可以用于填补合同漏洞的不仅仅限于《民法典》第510条、第511条，《合同编通则解释》第3条第2款在引致这两个条文之后还有"等规定"的表述。《民法典》第511条未提供对合同违约责任、解决争议的方法的漏洞填补规定，若当事人对违约责任无法达成协议，人民法院应当依照《民法典》合同编第八章及典型合同中的法定违约责任制度等予以确定。若当事人对解决争议的方法（如仲裁条款、约定管辖法院、涉外合同协议选择适用的法律等）无法达成协议，人民法院应当依照《民事诉讼法》等予以确定。③

合同漏洞填补不同于合同解释，与最高人民法院《合同法解释二》第1条第2款不同，《合同编通则解释》第3条第2款不再强调合同解释方法的漏洞填补作用，实现了《合同编通则解释》第1条合同解释细化规则的功能划分。

（三）合同漏洞填补时，合同补充解释优先于补充性任意性规范

《民法典》第510条中质量、价款、报酬、履行地点"等"，是例示规定；第511条6项列举规定，没有"等"。第510条中的"等"不限于第511条中的6项。如果是，立法者就可以直接把第511条的6项写上，而不会在第510条用"等"了。补充解释探求合同当事人假设的意思表示，补充解释的方法主要有体

---

① Oliver E. Williamson：《交易成本经济学》，载［美］罗伯塔·罗曼诺编著：《公司法基础》（第二版），罗培新译，北京大学出版社2013年版，第11页。

② 韩世远：《合同法学》，高等教育出版社2022年版，第36页。

③ 参见朱广新、谢鸿飞主编：《民法典评注：合同编通则1》，中国法制出版社2020年版，第76页、第86～88页。

系解释和交易习惯解释。"学界就补充解释与任意性法律规范适用之间究竟处于何种关系的问题存在着争议，换言之，是应当认为补充解释优先于任意性法律规范，还是任意性法律规范优先于补充解释呢？"① 解释论上，不论是《合同法》还是《民法典》，都是先根据第510条进行补充解释②，再适用第511条补充性任意性规范。合同补充解释优先于补充性任意性规范。

但是在立法论上很多学者主张要倒过来——双方协议补充，达不成补充协议，就直接用第511条的补充性任意性规范；第511条再解决不了，才用第510条分号后的第二句话进行补充解释——此时的补充解释仍然可以共享《民法典》第142条第1款阐明解释的解释方法，即采取先协议补充，再补充性任意性规范，最后补充解释的合同漏洞填补模式。"如果行为与法律所规定的某一类型相符，那么应当对其适用法律针对这一类型的法律行为所规定的任意性法律规范。只有当行为不符合法定类型，或涉及某一类型的任意性法律规范针对其所面临的问题没有作出相关规定时，才涉及进行补充解释的问题。"③ "如果在合同执行过程中出现了当事人未作约定的问题，那么通常而言，他们是想借助任意性规范来实现相互间关系的进一步调整。仅当经由任意性规范的合同补充被排除时，补充性的合同解释才得以适用。"④

对于补充解释和补充性任意性规范的适用顺序争论，涉及两个合同法核心法理：第一，多大程度尊重意思自治；第二，立法权和司法权在合同漏洞补充中的适用关系。第510条第二句的补充解释（按照合同相关条款或者交易习惯确定）已是法官、仲裁员的有权解释，而法官、仲裁员并非交易的双方当事人，这种补充解释也只能是一种合同意思的代入，是拟制双方当事人的意思表示。合同漏洞是授权法官予以弥补，还是授权立法结合典型交易情景在第511条中进行弥补，涉及立法和司法边界的划分，交给立法者补充更优。

在解释论的语境下，法官、仲裁员有广泛的自由裁量空间。法官、仲裁员为了做到更加中立，其在适用第510条第二句话的过程中，可以进行形式而非实质

---

① ［德］维尔纳·弗卢梅：《法律行为论》，迟颖译，法律出版社2013年版，第381～382页。

② 《民法典》合同编典型合同分编中也有不少条文规定对合同漏洞先根据第510条进行补充解释，然后适用补充性任意性规范进行填补，如第602条、第603条、第616条、第619条、第626条、第627条、第628条、第637条、第674条、第675条、第709条、第721条、第730条、第757条、第782条、第831条、第833条、第858条、第861条、第875条、第889条、第902条、第955条、第963条、第976条。

③ ［德］维尔纳·弗卢梅：《法律行为论》，迟颖译，法律出版社2013年版，第382页。

④ ［德］赫尔穆特·科勒：《德国民法总论》（第44版），刘洋译，北京大学出版社2022年版，第217页。

的适用，防止司法意志对商业判断的过度介入，然后再适用第 511 条的补充性任意性规范，以体现司法权在商业判断中的中立性、超然性和谦抑性。对于法官和仲裁员来说，自由裁量权越小，其所承担的裁断风险也越小。立法论和解释论的争议可以通过解释论中的司法技巧予以兼顾和化解。

从《民法典》第 510 条和第 511 条的适用顺序上可以看到，能用合同阐明解释方法确定合同内容的，就不要启动合同补充解释方法。与阐明解释相比，补充解释更多体现了立法和司法对合同当事人意思的"代入"。"补充解释并非旨在确定参与法律行为当事人的真实意思。从定义上来看，它所涉及的恰恰是制定法律行为规则的当事人确定没有予以规定的问题。在《合同编通则解释》和理论研究中，人们经常认为，应当按照假使当事人考虑到这一点时他们将会作出的规定来进行补充解释，也即，解释应当按照'假定的当事人意思'来进行。"[1] 阐明解释与补充解释相对比，前者对合同当事人意思自治尊重程度更高。法官的职能是"让合同说话"，而不是他自己说话，应充分尊重合同当事人的意思自治，保持司法权的克制。法官必须从当事人实际约定的内容出发，并且在与合同目的和当事人利益相一致的前提下使当事人所约定的内容充实起来，并与合同已有内容的精神相一致。没有足够充分且正当的理由，法官不得主动干预合同内容。

补充解释方法要求在合同内容存在漏洞的情况下通过发现当事人的真实意思，从而填补合同的漏洞。通过补充解释方法所确定出来的意思，也并不一定完全是假设的当事人的意思。合同出现漏洞，仍然要体现当事人的真实意思，因而应当首先适用《民法典》第 510 条的规定进行填补。对于价格波动比较大的商品，在买卖合同双方不能达成补充协议以填补合同漏洞时，不能直接以交易习惯填补，而应当先选择以补充解释的方法填补，更加符合双方订立合同的本意。[2]

六、司法解释第 3 条第 3 款将合同成立与否作为案件焦点问题进行审理

当事人主张合同无效或者请求撤销、解除合同等，人民法院认为合同不成立的，此时出现当事人主张与人民法院认定的不一致，法院不应简单驳回当事人的诉讼请求，而应当依据《最高人民法院关于民事诉讼证据的若干规定》第 53 条规定处理。

当事人双方对法律关系性质或者民事法律行为效力产生争议时，法院应将法

---

[1] ［德］维尔纳·弗卢梅：《法律行为论》，迟颖译，法律出版社 2013 年版，第 378 页。

[2] 参见"江苏省江阴一建建设有限公司与江苏省无锡市电线厂合同纠纷再审案"，江苏省高级人民法院（2012）苏商申字第 277 号民事判决书。对本案例的评析，参见魏玮：《补充解释方法在合同漏洞填补时的运用》，载《人民司法·案例》2013 年第 6 期。

律关系性质或者民事法律行为效力作为法庭调查和辩论的焦点问题予以审理。根据《最高人民法院关于民事诉讼证据的若干规定》第 53 条第 1 款，在当事人主张的法律关系性质或者民事法律行为效力与法院根据案件事实作出的认定不一致时，法院将法律关系性质或者民事法律行为效力作为焦点问题进行审理，当事人有权根据法庭审理情况变更诉讼请求。但法律关系性质对裁判理由及结果没有影响，或者有关问题已经当事人充分辩论的除外。存在前款情形，当事人根据法庭审理情况变更诉讼请求的，人民法院应当准许并可以根据案件的具体情况重新指定举证期限。法律评价本应由法官进行，但当事人有争议或当事人双方认可的法律关系性质或者民事法律行为效力与法官认定结果不一致的，可以例外作为争点由双方当事人进行攻击防御，以强化对当事人辩论权的程序保障。[1]

当事人主张合同无效或者请求撤销、解除合同等，人民法院认为合同不成立的，是否属于"应当依据"《最高人民法院关于民事诉讼证据的若干规定》第 53 条的情形？最高人民法院民事审判第一庭编著的《最高人民法院新民事诉讼证据规定理解与适用》未作回答。《合同编通则解释》第 3 条第 3 款持肯定说："应当依据《最高人民法院关于民事诉讼证据的若干规定》第五十三条的规定"处理，而非"参照适用"第 53 条。由此，第 53 条所规定的民事法律行为的效力属于广义概念，不局限于《民法典》总则编第六章第三节"民事法律行为的效力"，而要涵盖民事法律行为不成立及成立后的效力评价问题，涵盖解除合同问题。当然，《合同编通则解释》第 3 条第 3 款对民事法律行为的效力作广义界定，这一做法与最高人民法院既往其他司法解释的态度并不完全一致。[2] 类似地，当事人行使合同给付请求权，人民法院认为合同不成立的，也应当依据《最高人民法院关于民事诉讼证据的若干规定》第 53 条规定处理。合同不成立与合同无效、被撤销、被解除、请求合同履行的法律效果不同，对当事人存在实质影响，应当将合同成立与否作为案件焦点问题进行审理，并可以根据案件的具体情况重新指定举证期限，以保障当事人相应的程序性权利。

---

[1]　参见最高人民法院民事审判第一庭编著：《最高人民法院新民事诉讼证据规定理解与适用》（下），人民法院出版社 2020 年版，第 502 页。

[2]　《最高人民法院关于适用〈中华人民共和国民法典〉总则编若干问题的解释》第 23 条规定："民事法律行为不成立，当事人请求返还财产、折价补偿或者赔偿损失的，参照适用民法典第一百五十七条的规定。"该条规定区分民事法律行为不成立与民事法律行为的效力，民事法律行为不成立的法律后果参照适用《民法典》第 157 条民事法律行为无效、被撤销或者确定不发生效力的法律后果。从逻辑一贯性上看，《合同编通则解释》第 3 条第 3 款作如下表述为宜："当事人主张合同无效或者请求撤销、解除合同等，人民法院认为合同不成立的，参照适用《最高人民法院关于民事诉讼证据的若干规定》第五十三条规定处理。"

与《合同编通则解释》第 3 条第 3 款类似，离婚诉讼中涉及婚姻效力问题时（例如一方起诉离婚，另一方主张婚姻无效的；又如当事人提起离婚的诉讼请求，但经审理确属于无效婚姻的），也应当依据《最高人民法院关于民事诉讼证据的若干规定》第 53 条规定处理，将婚姻的效力问题作为焦点问题进行审理，在审理相关案件中要注意依法保障当事人的程序利益，经过当事人充分辩论后依法认定。如果当事人根据法庭审理情况变更诉讼请求的，人民法院应当准许并可以根据案件的具体情况重新指定举证期限。《最高人民法院关于适用〈中华人民共和国民法典〉婚姻家庭编的解释（一）》第 12 条规定："人民法院受理离婚案件后，经审理确属无效婚姻的，应当将婚姻无效的情形告知当事人，并依法作出确认婚姻无效的判决。"第 13 条规定："人民法院就同一婚姻关系分别受理了离婚和请求确认婚姻无效案件的，对于离婚案件的审理，应当待请求确认婚姻无效案件作出判决后进行。"

（本条撰写人：王　雷）

以竞价方式订立合同

第四条　采取招标方式订立合同，当事人请求确认合同自中标通知书到达中标人时成立的，人民法院应予支持。合同成立后，当事人拒绝签订书面合同的，人民法院应当依据招标文件、投标文件和中标通知书等确定合同内容。

采取现场拍卖、网络拍卖等公开竞价方式订立合同，当事人请求确认合同自拍卖师落槌、电子交易系统确认成交时成立的，人民法院应予支持。合同成立后，当事人拒绝签订成交确认书的，人民法院应当依据拍卖公告、竞买人的报价等确定合同内容。

产权交易所等机构主持拍卖、挂牌交易，其公布的拍卖公告、交易规则等文件公开确定了合同成立需要具备的条件，当事人请求确认合同自该条件具备时成立的，人民法院应予支持。

【本条主旨】

本条对以竞价方式订立合同的规则作出了规定。

【关联规定】

1.《民法典》第473条　要约邀请是希望他人向自己发出要约的表示。拍卖公告、招标公告、招股说明书、债券募集办法、基金招募说明书、商业广告和宣传、寄送的价目表等为要约邀请。

商业广告和宣传的内容符合要约条件的，构成要约。

2.《招标投标法》第19条第1款　招标人应当根据招标项目的特点和需要

编制招标文件。招标文件应当包括招标项目的技术要求、对投标人资格审查的标准、投标报价要求和评标标准等所有实质性要求和条件以及拟签订合同的主要条款。

3. 《招标投标法》第 45 条　中标人确定后，招标人应当向中标人发出中标通知书，并同时将中标结果通知所有未中标的投标人。中标通知书对招标人和中标人具有法律效力。中标通知书发出后，招标人改变中标结果的，或者中标人放弃中标项目的，应当依法承担法律责任。

4. 《招标投标法》第 46 条　招标人和中标人应当自中标通知书发出之日起三十日内，按照招标文件和中标人的投标文件订立书面合同。招标人和中标人不得再行订立背离合同实质性内容的其他协议。招标文件要求中标人提交履约保证金的，中标人应当提交。

5. 《拍卖法》第 51 条　竞买人的最高应价经拍卖师落槌或者以其他公开表示买定的方式确认后，拍卖成交。

6. 《拍卖法》第 52 条　拍卖成交后，买受人和拍卖人应当签署成交确认书。

7. 《最高人民法院关于审理建设工程施工合同纠纷案件适用法律问题的解释（一）》第 2 条　招标人和中标人另行签订的建设工程施工合同约定的工程范围、建设工期、工程质量、工程价款等实质性内容，与中标合同不一致，一方当事人请求按照中标合同确定权利义务的，人民法院应予支持。招标人和中标人在中标合同之外就明显高于市场价格购买承建房产、无偿建设住房配套设施、让利、向建设单位捐赠财物等另行签订合同，变相降低工程价款，一方当事人以该合同背离中标合同实质性内容为由请求确认无效的，人民法院应予支持。

【理解与适用】

一、以竞价方式订立合同的概念和特征

所谓以竞价方式订立合同，是指一方当事人通过一定的方式发布合同订立的相关条件，由特定或者不特定的符合交易条件相对人提出交易的条件，并按照"价格优先"的原则，由发布条件的一方与出价最高者或者出价最低者订约的一种合同订立方式。《合同编通则解释》第 4 条对各种以竞价方式订立合同的方式作出了规定，具体规定了采取招标方式订立合同，采取现场拍卖、网络拍卖等方式订立合同以及产权交易所等机构主持拍卖、挂牌交易等订约方式。一般而言，以竞价方式订立合同主要具有如下特点。

第一，以竞价方式订立合同仍然是采取要约、承诺的方式订立合同。关于合

同的订立方式，《民法典》第471条规定："当事人订立合同，可以采取要约、承诺方式或者其他方式。"依据该规定，合同订立方式包括两类：一是要约、承诺方式；二是其他方式。按照立法者的观点，该条所规定的其他方式主要是指交叉要约、同时表示以及意思实现这三种订约方式①，而不包括以竞价方式订立合同。事实上，以竞价方式订立合同仍然是以要约、承诺的方式订约，在以竞价方式订立合同的情形下，一方事先发布合同订立的基本条件等信息，通常情况下构成要约邀请，参与竞价的相对人参与报价通常构成要约，而发布订约条件的一方确认成交的行为通常构成承诺。因此，尽管各种以竞价方式订立合同的方式存在一定的差别，但其仍然是采取了要约、承诺的订约方式。②

第二，以竞价方式订立合同的订约程序具有特殊性。与一般的订约方式不同，以竞价方式订立合同的订约程序具有一定的特殊性，如发布订约条件的一方通常需要通过特定的方式发布相关订约信息，而参与竞价的主体也需要以特定的方式进行竞价。以竞价方式订立合同的订约程序之所以具有特殊性，一方面是为了满足"竞价"的需要，因为与一般的订约方式不同，以竞价方式订立合同的当事人通常未进行订约前的磋商，而且不论是订约信息的发布，还是参与竞价的主体进行竞价，都需要以特定的方式进行，这也使得此种订约方式的程序具有特殊性。另一方面，以竞价方式订立合同的订约程序具有特殊性的重要目的在于保障订约的公平、公正。因为对以竞价方式订立合同的订约方式而言，参与竞价的一方主体有多人，而且其相互之间存在一定的竞争关系，这就有必要对此种订约方式的订约程序进行特殊要求，以保障各方主体之间竞争关系的公平性。我国立法也专门就某些以竞价方式订立合同的订约程序作出了规定。例如，《招标投标法》第43条规定，"在确定中标人前，招标人不得与投标人就投标价格、投标方案等实质性内容进行谈判"。其目的就在于保障各个投标人之间竞争关系的公平性。再如，该法第44条规定，评标委员会成员应当客观、公正地履行职务，遵守职业道德，对所提出的评审意见承担个人责任；同时，评标委员会成员也不得私下接触投标人，不得收受投标人的财物或者其他好处；此外，评标委员会成员和参与评标的有关工作人员不得透露对投标文件的评审和比较、中标候选人的推荐情况以及与评标有关的其他情况。该条对评标委员会成员的行为规范作出了规定，其目的同样在于保障招标投标交易的公平、公正。

---

① 参见黄薇主编：《中华人民共和国民法典合同编解读》（上册），中国法制出版社2020年版，第46～47页。

② 参见王利明：《合同法研究》（第一卷）（第三版），中国人民大学出版社2015年版，第217页。

第三，当事人在订约时通常并不会进行多次磋商。对一般的订约方式而言，当事人虽然也是通过要约、承诺的方式订立合同，但当事人在订约过程中通常会就合同内容进行多次磋商，并最终达成合意。① 而对以竞价方式订立合同的订约方式而言，在一方发布订约的相关信息后，虽然参与订约的多个主体需要按照要求提交订约的相关材料，但当事人在订约前通常并不会进行反复磋商，而是由出价最高或者出价最低者获得最终的订约资格。相反，为了保障交易的公平、公正，法律甚至不允许当事人在事先就交易内容进行实质性磋商。例如，依据《招标投标法》第43条规定，在确定中标人前，招标人不得与投标人就投标价格、投标方案等实质性内容进行谈判。

第四，以竞价方式订立合同通常遵循价格优先原则。以竞价方式订立合同则遵循价格优先原则，即在保障交易过程公平公正的前提下，发布交易信息的一方应当与出价最高者或者出价最低者订立合同。如前所述，以竞价方式订立合同最为显著的特点是其"竞价"性，即在一方发布订立合同的条件后，多个主体在订立合同方面具有一定的竞争性，而其竞争性又集中体现在其价格的竞争性方面。换言之，以竞价方式订立合同遵循价格优先原则，发布出价方案的一方通常是与出价最高者或者出价最低者订立合同。而对一般的订约方式而言，合同关系通常是在特定的当事人之间订立，而且合同的磋商通常也是在特定的当事人之间进行②，并不存在价格优先的问题。当然，对一般的订约方式而言，一方当事人虽然也可能向不特定的相对人发出要约邀请，而由不特定的相对人对其发出要约，并由其选择对特定的相对人作出承诺，但此种订约方式中并不存在所谓价格优先的问题，即便一方当事人在发布订约信息时宣称"价高者得"，其仍然享有选择订约相对人的自由，如其仍然可以选择与出价较低的相对人订约。需要指出的是，对以竞价方式订立合同而言，价格优先原则上以价格的高低作为主要判断因素，但在特殊情况下，也可能需要考虑其他交易因素，如付款时间、付款方式等；同时，对某些以竞价方式订立合同的订约方式而言，发布订约条件的一方在选择订约相对人时，也可能会考虑交易价格之外的其他因素，如相对人从事相关交易的资质、相对人的从业时间、从业经历等，以选择最合适的订约相对人。

二、采取招标方式订立合同

(一) 采取招标方式订立合同的概念

所谓采取招标方式订立合同，是指一方向特定或者不特定的主体发布招标公

---

① 参见王利明：《合同法研究》（第一卷）（第三版），中国人民大学出版社2015年版，第217页。
② 参见王利明：《合同法研究》（第一卷）（第三版），中国人民大学出版社2015年版，第230页。

告，由相关主体进行投标，并通过招标、投标程序订立合同的一种订约方式。采取招标方式订立合同是一种重要的合同订立方式，为有效规范此种订约方式，我国专门颁行了《招标投标法》，对采取招标方式订立合同的各个程序及相关要求作出了细化规定。① 从《招标投标法》的规定来看，采取招标方式订立合同具有严格的程序要求，其具体包括招标、投标、开标、评标和中标等多个程序，而且在中标之后，当事人还需要按照中标通知书的要求订立书面合同。对采取招标方式订立合同这一订约方式而言，要准确认定合同的成立时间、合同的内容等，需要明确招标、投标行为的概念及其性质。

所谓招标，是指提出招标项目、进行招标的主体自己或者通过招标代理机构向特定或者不特定的相对人发布招标公告或者投标邀请书，邀请其进行投标的意思表示。② 依据招标人发布招标信息针对的相对人的范围不同，可以将招标分为公开招标与邀请招标，依据《招标投标法》第 10 条规定，所谓公开招标，是指招标人以招标公告的方式邀请不特定的法人或者其他组织投标；所谓邀请招标，是指招标人以投标邀请书的方式邀请特定的法人或者其他组织投标。关于招标公告的法律性质，《民法典》第 473 条规定："要约邀请是希望他人向自己发出要约的表示。拍卖公告、招标公告、招股说明书、债券募集办法、基金招募说明书、商业广告和宣传、寄送的价目表等为要约邀请。商业广告和宣传的内容符合要约条件的，构成要约。"依据该规定，招标公告通常属于要约邀请，即不论是前述公开招标中对不特定人发出招标公告，还是邀请招标中对特定主体发出的投标邀请书，其原则上都属于要约邀请，换言之，招标人发布招标公告的目的在于邀请相对人对其进行投标，而在投标人投标之后，通常还需要招标人对其发出中标通知书，当事人之间的合同关系才能成立，因此，发布招标公告在性质上应当属于要约邀请。当然，依据《民法典》第 473 条规定，如果招标公告的内容符合要约条件的，也构成要约。所谓招标公告的内容符合要约条件，主要是指招标公告的内容符合如下两方面条件：一是招标公告的内容具体、确定，包含相关合同的主要条款。只有招标公告的内容具体、确定，在投标人投标之后，才有可能成立合同关系，否则，即便当事人达成合意，该合意也可能因为欠缺合同主要条款而无法成立合同关系。二是招标人发布招标公告有受该公告内容拘束的意思，即招标人在发布招标公告时应当具有如下意思：在投标人按照招标人的要求投标、符合

---

① 参见曹富国：《公共采购法视野下"两法"关系之协调与区别立法》，载《国家行政学院学报》2012 年第 5 期，第 76～78 页。

② 参见王利明：《合同法研究》（第一卷）（第三版），中国人民大学出版社 2015 年版，第 241 页。

其招标条件时，合同关系即成立。如果招标人并不具有该意思，则即便招标公告的内容具体、确定，其在性质上也仍然只是要约邀请，而非要约。

所谓投标，是指投标人按照招标公告的要求制作投标文件，并向招标人发出的、以订立合同为目的的意思表示。① 投标人在投标时应当遵守招标人的要求，招标人可以在招标公告中对投标行为作出要求，也可以在招标公告之外专门对投标行为作出要求。投标人应当按照招标人的要求进行投标，否则无法产生投标的效力。例如，投标人应当在招标人规定的时间内进行投标，即投标人应当在招标文件规定的截止时间之前将投标文件送达投标地点，否则，招标人应当拒收（《招标投标法》第 28 条）。如前所述，招标公告通常属于要约邀请，投标人的投标行为即应当属于要约，当然，在招标公告构成要约的情形下，投标人的投标行为即构成承诺。在当事人通过招标方式订立合同的情形下，由于投标行为在性质上通常为要约，因此，投标文件的内容要成为合同内容，还需要中标通知书的确认，在当事人正式订立合同之前，当事人还可能会就合同内容进行进一步磋商，这可能会改变投标文件的内容。但如果允许当事人随意改变投标文件的内容，则既可能损害当事人的利益，也可能影响竞价方式的公平公正。对此，《招标投标法》第 46 条第 1 款规定："招标人和中标人应当自中标通知书发出之日起三十日内，按照招标文件和中标人的投标文件订立书面合同。招标人和中标人不得再行订立背离合同实质性内容的其他协议。"依据该条规定，在中标通知书发出后的法定期间内，当事人应当按照招标文件和投标文件订立书面合同。当然，当事人在按照招标文件和投标文件订立合同时，并不意味着要完全按照招标文件和投标文件的内容订立合同，从该款第二句规定来看，当事人也可以在订立合同时对招标文件和投标文件进行一定的变更。但此种变更不能变更合同实质性内容，此处合同实质性内容是指招标文件和投标文件所规定的内容。关于如何理解此处"合同实质性内容"，有观点认为，此处实质性内容是指合同的主要条款，即当事人不得变更合同的主要条款的内容，因为合同的主要条款对当事人的利益影响较大，当事人擅自变更合同主要条款可能构成实质性变更。② 当然，当事人对招标文件和投标文件内容的变更是否构成对实质性内容的变更，还需要看该内容的变更是否会对当事人以及此种竞价订约方式的公平性产生重大影响，如果当事人对相关内容的变更对当事人的利益产生具有重大影响，则即便该内容不属于合同的主要内容，此种变更也应当属于实质性内容的变更；相反，如果当事人对相关内

---

① 参见王泽鉴：《债法原理》（第一册），台北自版，第 244 页。

② 参见王利明：《合同法研究》（第一卷）（第三版），中国人民大学出版社 2015 年版，218 页。

容的变更对当事人的利益并没有重大影响，则即便此种变更涉及合同的主要条款，也不应当认定其为合同内容的实质性变更。

采取招标方式订立合同是一种重要的以竞价方式订立合同的订约方式。在一些特殊领域，为了保护国家利益、社会公共利益，保证项目质量，法律规定必须采取招标方式订立合同。例如，依据《招标投标法》第 3 条第 1 款规定，在我国境内进行下列工程建设项目的勘察、设计、施工、监理以及与工程建设有关的重要设备、材料等的采购，必须采用招标方式订立合同：一是大型基础设施、公用事业等关系社会公共利益、公众安全的项目；二是全部或者部分使用国有资金投资或者国家融资的项目；三是使用国际组织或者外国政府贷款、援助资金的项目。对法律明确规定要求采取招标方式订立合同的情形而言，如果当事人没有依法采取招标方式订立合同，可能导致当事人所订立的合同无效或者无法生效。

（二）采取招标方式订立合同情形下合同成立的时间

在当事人采取招标方式订立合同的情形下，需要准确认定合同成立的时间，因为在此种订约方式中，在招标人向中标人发出中标通知书后，当事人还需要订立书面合同，此时，合同究竟是在中标通知书到达中标人时成立？还是在当事人订立书面合同时成立？对此，学理上存在一定的争议。《合同编通则解释》第 4 条第 1 款规定："采取招标方式订立合同，当事人请求确认合同自中标通知书到达中标人时成立的，人民法院应予支持。"依据该规定，合同成立时间为中标通知书到达中标人时，而非当事人订立书面合同时，此种立场值得赞同，因为一方面，该规定符合中标通知书的法律性质。如前所述，对采取招标方式订立合同的订约方式而言，招标人发布的招标公告通常属于要约邀请，而投标人的投标行为在性质上通常属于要约，而招标人对中标人发出的中标通知书在性质上即应当属于承诺，在中标通知书到达中标人时，应当认定合同关系已经成立。[①] 另一方面，该规定与《招标投标法》的规定具有一致性。《招标投标法》第 45 条第 2 款规定："中标通知书对招标人和中标人具有法律效力。中标通知书发出后，招标人改变中标结果的，或者中标人放弃中标项目的，应当依法承担法律责任。"依据该规定，中标通知书对招标人具有法律效力，此处的法律效力应当是指合同拘束力，即中标通知书到达中标人后，合同关系成立，对双方当事人具有法律拘束力，在合同关系成立后，任何一方当事人擅自改变中标结果的，均应当依法承担违约责任。此外，由于招标公告与投标文件中已经包含了合同的主要条款，在中标通知书到达中标人后，表明当事人已经就合同条款达成了合意，此时，应当认

---

① 参见王利明：《合同法研究》（第一卷）（第三版），中国人民大学出版社 2015 年版，第 242 页。

定合同关系已经成立。当然，在中标通知书到达中标人时，只是表明当事人就合同主要条款达成了合意，合同的具体条款仍需要当事人进一步磋商，订立书面合同予以确定。因此，对采取招标方式订立的合同而言，合同成立时间虽然是中标通知书到达中标人时，但当事人的具体权利义务关系仍需要按照书面合同予以确定。①

（三）当事人拒绝订立书面合同的法律后果

在中标通知书到达中标人后，当事人应当在法定期限内订立书面合同，如果当事人拒绝订立书面合同，将产生何种法律效果？对此，《合同编通则解释》第4条第1款规定："合同成立后，当事人拒绝签订书面合同的，人民法院应当依据招标文件、投标文件和中标通知书等确定合同内容。"依据该规定，在中标通知书到达中标人后，当事人拒绝订立书面合同将产生如下法律后果。

（1）不影响合同的成立。依据该条规定，在中标通知书到达中标人后，当事人之间的合同关系已经成立，因此，即便当事人之间没有订立书面形式的合同，也不影响合同关系的成立。如果当事人既拒绝订立书面形式的合同，又拒绝对方当事人履行合同的请求的，则对方当事人有权依法主张违约责任。

（2）应当依据招标文件、投标文件和中标通知书等确定合同内容。在中标通知书到达中标人后，当事人可能只是就合同的主要条款达成了合意，如果当事人拒绝订立书面合同，则合同的具体内容可能无法确定。依据该规定，在当事人拒绝订立书面合同时，人民法院应当依据招标文件、投标文件和中标通知书等确定合同内容。该规定具有合理性，因为招标文件、投标文件和中标通知书是当事人订立合同的基本法律文件，也能够最为真实地反映当事人的订约意愿，因此，在当事人拒绝订立书面合同时，应当根据这些法律文件确定合同内容。当然，除这些法律文件外，对于当事人在招标投标过程中所作出的商业宣传、允诺等，也可能成为确定合同内容的依据。此外，人民法院在依据招标文件、投标文件和中标通知书等确定合同内容时，也不能对合同内容进行实质性变更。

三、采取现场拍卖、网络拍卖等公开竞价方式订立合同

（一）采取现场拍卖、网络拍卖等公开竞价方式订立合同的概念

该条第2款对采取现场拍卖、网络拍卖等公开竞价方式订立合同的方式作出了规定，该款规定："采取现场拍卖、网络拍卖等公开竞价方式订立合同，当事人请求确认合同自拍卖师落槌、电子交易系统确认成交时成立的，人民法院应予

---

① 参见王利明：《合同法研究》（第一卷）（第三版），中国人民大学出版社 2015 年版，第 243 页。

支持。合同成立后，当事人拒绝签订成交确认书的，人民法院应当依据拍卖公告、竞买人的报价等确定合同内容。"依据《拍卖法》第3条规定，所谓拍卖，是指以公开竞价的形式，将特定物品或者财产权利转让给最高应价者的买卖方式。拍卖可以区分为现场拍卖与网络拍卖，现场拍卖是指当事人在线下拍卖场所所进行的拍卖活动，而网络拍卖是指当事人在网络中进行的拍卖活动。与采取招标方式订立合同不同，采取现场拍卖、网络拍卖等公开竞价方式的订约方式采取的是公开竞价的方式，当事人通过各种形式对相关物品进行公开、公平、公正、择优透明的竞售。而对采取拍卖方式订立合同而言，其并没有采取公开竞价的方式。同时，对采取拍卖方式订立合同而言，其通常实行"价高者得"的交易规则，即由出价最高者获得订约资格，而对采取招标方式订立合同而言，其并不当然践行"价高者得"的交易规则，在综合考虑多种因素的基础上，招标人可能选择出价最低者订立合同。

（二）采取现场拍卖、网络拍卖等公开竞价方式订立合同情形下合同成立的时间

依据该条第2款规定，对于采取现场拍卖、网络拍卖等公开竞价方式订立合同的方式而言，合同成立的时间为拍卖师落槌、电子交易系统确认成交时。该规则与《拍卖法》的规定保持了一致。《拍卖法》第51条规定："竞买人的最高应价经拍卖师落槌或者以其他公开表示买定的方式确认后，拍卖成交。"依据该规定，对于现场拍卖的情形，如果拍卖师落锤确认了竞买人的最高应价，则拍卖合同成立；对于网络拍卖行为而言，其合同成立时间为电子交易系统确认成交之时。

该款关于拍卖合同成立时间的规定也符合合同订立的过程，即在拍卖交易的情形下，拍卖人发布拍卖公告等行为，在性质上应当属于要约邀请，即邀请各个竞买人参与竞拍。各个竞买人在现场或者网络上进行出价，在性质上应当属于要约，而拍卖人的拍定行为在性质上应当属于承诺。[1] 因此，在拍卖师落槌、电子交易系统确认成交时，应当认定拍卖合同已经成立。

（三）当事人拒绝签订成交确认书的法律后果

依据《拍卖法》第52条规定，"在拍卖成交后，买受人和拍卖人应当签署成交确认书"。该规则既适用于现场拍卖方式，也适用于网络拍卖方式。但在拍卖成交后，当事人一方可能拒绝签订成交确认书，此时将对合同效力产生何种影响？《合同编通则解释》第4条第2款对此作出了明确规定，依据该款规定，当事人在拍卖成交后拒绝签订成交确认书将产生如下法律后果。

---

[1]　参见苏惠祥主编：《中国当代合同法论》，吉林大学出版社1992年版，第79页。

一是不影响合同的成立。从该款规定来看，在拍卖师落槌、电子交易系统确认成交后，拍卖合同已经成立，因此，在此情形下，即便当事人一方拒绝签订成交确认书，也不影响合同的成立。进一步而言，在当事人一方拒绝签订成交确认书并拒绝履行合同时，另一方当事人有权依法请求该方当事人承担违约责任。

二是合同内容的确定。在拍卖合同成立后，如果当事人一方拒绝签订成交确认书，并不影响合同的成立，但如何确定拍卖合同的内容，仍然存在疑问。依据该款规定，在此情形下，应当依据拍卖公告、竞买人的报价等确定合同内容。该规定具有合理性，拍卖公告中通常会包含拍卖标的物的相关信息，以及价款支付时间、支付方式等详细的交易信息，只是缺乏交易价款，这就需要结合竞买人的报价来确定交易价格。当然，从该款规定来看，除拍卖公告、竞买人的报价外，还可能需要结合其他因素确定合同内容，如拍卖人的相关广告宣传等。

四、产权交易所等机构主持拍卖、挂牌交易情形下合同成立的认定

该条第3款对产权交易所等机构主持拍卖交易情形下合同成立的认定规则作出了规定。该款规定："产权交易所等机构主持拍卖、挂牌交易，其公布的拍卖公告、交易规则等文件公开确定了合同成立需要具备的条件，当事人请求确认合同自该条件具备时成立的，人民法院应予支持。"产权交易所是依法设立的、固定从事进行产权交易的场所。不同产权交易所的交易对象存在一定的区别。产权交易所在性质上是产权交易的中介，其本身并非交易当事人，而只是为交易提供交易场所与交易规则，服务于产权交易的进行。挂牌交易是在交易市场的组织下，由买方或者卖方通过交易市场的交易系统，发布交易标的物的相关情况以及交易的相关情况，由符合条件的交易当事人提出交易的请求，从而依法完成交易的一种交易方式。挂牌交易方式与招标方式、拍卖方式订立合同存在相似之处，其交易也具有公开性，也是一种公开竞价的交易方式。

依据该款规定，在产权交易所等机构主持拍卖、挂牌交易的情形下，如果其公布的拍卖公告、交易规则等文件中公开确定了合同成立所需要具备的条件，则当事人有权确认合同自该条件具备时成立。该规则具有合理性，其符合合同成立的一般原理，因为在产权交易所等机构主持拍卖、挂牌交易等情形下，如果相关的公告、交易规则中已经确定了合同成立所需要具备的条件，则其应当构成要约，而交易相对人如果完成了该条件，则应当构成承诺，此时应当认定合同已经成立。当事人在完成相关公告、交易规则中所具备条件的时间，即为作出承诺的时间，依据该规定，此时即可认定合同已经成立，该规定具有合理性。

当然，该规则适用的前提必须是相关的公告、交易规则中已经确定了合同成

立所需要具备的条件，即符合《民法典》第 472 条所规定的要约的"内容具体确定"，即相关的公告、交易规则中包含了合同主要条款。只有在此种情形下，交易相对人才能作出承诺。如果相关的公告、交易规则中并不包含合同的主要条款，不完全包含合同成立所需要具备的条件，则无法成立要约，交易相对人即便完成相关的条件，也不构成承诺，而可能只是构成要约。

（本条撰写人：王叶刚）

合同订立中的第三人责任

第三人实施欺诈、胁迫行为，使当事人在违背真实意思的情况下订立合同，受到损失的当事人请求第三人承担赔偿责任的，人民法院依法予以支持；当事人亦有违背诚信原则的行为的，人民法院应当根据各自的过错确定相应的责任。但是，法律、司法解释对当事人与第三人的民事责任另有规定的，依照其规定。

【本条主旨】

本条对合同订立中的第三人责任作出了规定。

【关联规定】

1. 《民法典》第 149 条　第三人实施欺诈行为，使一方在违背真实意思的情况下实施的民事法律行为，对方知道或者应当知道该欺诈行为的，受欺诈方有权请求人民法院或者仲裁机构予以撤销。

2. 《民法典》第 150 条　一方或者第三人以胁迫手段，使对方在违背真实意思的情况下实施的民事法律行为，受胁迫方有权请求人民法院或者仲裁机构予以撤销。

3. 《最高人民法院关于适用〈中华人民共和国民法典〉总则编若干问题的解释》第 21 条　故意告知虚假情况，或者负有告知义务的人故意隐瞒真实情况，致使当事人基于错误认识作出意思表示的，人民法院可以认定为民法典第一百四十八条、第一百四十九条规定的欺诈。

4. 《最高人民法院关于审理涉及会计师事务所在审计业务活动中民事侵权赔

偿案件的若干规定》第4条　会计师事务所因在审计业务活动中对外出具不实报告给利害关系人造成损失的，应当承担侵权赔偿责任，但其能够证明自己没有过错的除外。会计师事务所在证明自己没有过错时，可以向人民法院提交与该案件相关的执业准则、规则以及审计工作底稿等。

【理解与适用】

一、合同订立中的第三人责任的特征

在合同订立过程中，当事人可能因为第三人的行为而遭受损害，此时，遭受损害的一方当事人难以请求对方当事人承担赔偿责任，如果不允许其向第三人主张赔偿，则当事人所遭受的损害可能难以获得救济。[①] 例如，在合同订立过程中，第三人对一方当事人实施欺诈行为，在其依法主张撤销合同后，无权请求对方当事人承担缔约过失责任，如果不允许该方当事人向实施欺诈行为的第三人主张赔偿，则难以对其损害予以救济，也不利于有效规制第三人欺诈行为。

从本条规定来看，合同订立中的第三人责任主要具有如下特征。

第一，发生在合同订立过程中。在合同订立和履行过程中，当事人都可能因为第三人的原因而遭受损失。[②] 在合同订立过程中，第三人的行为可能导致合同无法成立，或者导致合同效力存在瑕疵，而在合同履行过程中，第三人的行为可能导致当事人违约。依据《民法典》第593条规定，如果当事人一方因第三人的原因造成违约的，则其应当依法向对方当事人承担违约责任，当事人与第三人之间的纠纷，则依据法律规定或者当事人约定处理。《民法典》第593条仅对合同履行过程中因第三人原因导致违约的责任承担规则作出了规定，但在合同订立过程中，如果因第三人的行为使当事人遭受损失，如何认定第三人的责任，我国立法并未专门作出规定。[③]《合同编通则解释》第5条专门对此作出规定，为解决上述纠纷提供了法律依据。从该条规定来看，其仅调整合同订立过程中因第三人行为造成当事人损失的责任认定问题，而不调整合同履行过程因第三人行为导致违约的责任承担问题。

第二，责任主体为缔约当事人之外的第三人。在合同订立过程中，如果因为一方当事人的行为造成对方损失，则遭受损失的一方有权依法主张缔约过失责任，我国《民法典》合同编对此种情形下的缔约过失责任作出了规定。但如果当

[①] 参见黄薇主编：《中华人民共和国民法典总则编释义》，法律出版社2020年版，396页。

[②] 参见王利明：《合同法研究》（第一卷）（第三版），中国人民大学出版社2015年版，第137~138页。

[③] 参见李永军：《论我国民法上的合同第三人效力》，载《法学评论》2023年第6期，第71页。

事人因第三人原因遭受损失，如果该第三人与合同当事人之间没有用工等法律关系，则遭受损失的当事人通常难以向对方当事人主张赔偿。《合同编通则解释》第5条专门规定合同订立中的第三人责任规则，目的即在于解决对第三人的归责问题，因此，本条所规定的民事责任的责任主体为缔约当事人之外的第三人。

第三，责任成立条件较为严格。在合同订立过程中，当事人的订约行为难免受到第三人的影响，当事人也可能因此遭受一定的损失。例如，当事人在购买股票前听信第三人关于某只股票会上涨的分析，在其购买股票后，该股票价格下跌，买受人即因此遭受损失。在合同订立过程中，当事人在因第三人行为遭受损失时，通常应当自担风险，而无权请求第三人承担赔偿责任，这也是当事人在交易过程中应当承担的交易风险。当事人有权请求合同订立中的第三人承担责任应当是例外情形，因此，法律应当为第三人责任的成立设置较为严格的条件，以防止第三人责任的不当扩大。从该条规定来看，在第三人实施欺诈、胁迫行为情形下，当事人在请求第三人承担民事责任时，人民法院"依法"予以支持，这也意味着，在此情形下，当事人请求第三人承担民事责任应当符合法律规定的条件。同时，本条还对当事人也有违背诚实信用原则行为时的责任承担规则作出了规定，即在当事人也有违背诚实信用原则的行为时，第三人无须对当事人的全部损失承担赔偿责任，而应当根据各自的过错确定相应的责任，这也可以看作是第三人的责任减轻规则。此种基本立场也符合合同订立中第三人责任的特点。

二、合同订立中的第三人责任的类型

从该条第一句前半段规定来看，其只是规定了第三人实施欺诈、胁迫行为时的赔偿责任，而从该条第一句后半段规定来看，如果当事人亦有违背诚信原则的行为，则应当根据各自的过错确定相应的责任，这也意味着第三人在实施欺诈、胁迫之外的违背诚信原则的行为时，其也应当依法承担赔偿责任。例如，在合同订立过程中，当事人依赖第三人提供的知识、经验、信息等，如果第三人实施违背诚信原则的行为，导致合同无法成立，则受到损失的当事人也应当有权依法请求该第三人承担赔偿责任。据此，合同订立中第三人责任应当包括两种类型：一是第三人实施欺诈、胁迫行为而应当依法承担的责任；二是第三人实施欺诈、胁迫之外的其他违背诚信原则的行为而应当依法承担的责任。

（一）第三人实施欺诈、胁迫行为而应当依法承担的责任

依据《民法典》总则编的规定，在合同订立过程中，如果第三人实施欺诈或

者胁迫行为，可能导致合同效力出现瑕疵。① 关于第三人实施欺诈行为的效力，《民法典》第 149 条规定："第三人实施欺诈行为，使一方在违背真实意思的情况下实施的民事法律行为，对方知道或者应当知道该欺诈行为的，受欺诈方有权请求人民法院或者仲裁机构予以撤销。"关于第三人实施胁迫行为的效力，《民法典》第 150 条规定："一方或者第三人以胁迫手段，使对方在违背真实意思的情况下实施的民事法律行为，受胁迫方有权请求人民法院或者仲裁机构予以撤销。"依据上述规定，在第三人实施欺诈或者胁迫行为的情形下，受欺诈方或者受胁迫方有权依法主张撤销合同。但上述规定只是对相关民事法律行为的效力作出规定，而没有规定实施欺诈、胁迫行为的第三人的责任。《合同编通则解释》第 5 条第 1 款对此作出了规定："第三人实施欺诈、胁迫行为，使当事人在违背真实意思的情况下订立合同，受有损失的当事人请求第三人承担赔偿责任的，人民法院依法予以支持。"依据该规定，此种情形下，当事人请求第三人承担赔偿责任应当具备如下条件。

第一，第三人实施了欺诈、胁迫行为。一方面，行为人为合同当事人之外的第三人。如前所述，本条规定意在解决合同订立过程中第三人的责任认定问题，因此，实施欺诈、胁迫行为的行为人为合同当事人之外的第三人，如果是合同一方当事人对另一方实施欺诈、胁迫行为，则不适用该规则。需要指出的是，合同当事人之外的第三人不应当包括当事人的代理人、法定代表人，如果一方当事人的代理人、法定代表人对另一方当事人实施欺诈、胁迫行为，则应当构成当事人一方实施欺诈、胁迫行为，无法适用本条规定。另一方面，第三人实施了欺诈、胁迫行为。所谓第三人欺诈，是指第三人故意告知当事人虚假情况，或者故意隐瞒有关真实情况，从而诱使当事人作出错误的意思表示。② 在第三人实施欺诈行为的情形下，行为人具有欺诈的故意，即行为人实施欺诈行为的目的就是使当事人发生错误的认识，至于第三人是否有通过欺诈行为获利的目的，均不影响第三人欺诈行为的成立。③ 同时，与《民法典》第 149 条关于第三人实施欺诈行为时民事法律行为效力的规则不同，在第三人实施欺诈行为的情形下，受欺诈方撤销权的成立以对方当事人知道或者应当知道该欺诈行为为条件，而依据《合同编通则解释》第 5 条规定，在第三人对当事人一方实施欺诈行为的情形下，不论对方当事人是否知道或者应当知道欺诈行为，受有损失的当事人均有权依法请求第三

---

① 参见王利明主编：《中国民法典释评·总则编》，中国人民大学出版社 2020 年版，第 358～361 页。
② 参见王利明主编：《中国民法典释评·总则编》，中国人民大学出版社 2020 年版，第 359 页。
③ 参见马俊驹、余延满：《民法原论》，法律出版社 2010 年版，第 196 页。

人承担赔偿责任。所谓第三人胁迫，是指第三人以将要发生的损害或者直接实施损害行为相威胁，使当事人产生恐惧，并在违背其真实意思的情况下订立合同。① 例如，第三人以加害当事人相威胁，使当事人产生恐惧心理，并因此而订立合同。与第三人欺诈行为相同，第三人在实施胁迫行为时也具有胁迫的故意，即第三人实施胁迫行为的目的就是使当事人产生恐惧心理，并迫使其订立合同。同时，在第三人实施胁迫行为的情形下，不论第三人是否因此获得利益，均不影响胁迫行为的成立。

此外，第三人实施的欺诈、胁迫行为发生在合同订立过程中，即在合同当事人磋商、谈判阶段，第三人对当事人实施欺诈、胁迫行为，并使当事人在违背真实意思的情况下订立合同。当然，第三人也可能在当事人磋商、谈判之前实施欺诈、胁迫行为，只要第三人所实施的欺诈、胁迫行为对当事人订立合同的过程产生影响，即属于本条的调整范围。例如，第三人在电视节目中进行具有欺骗性质的宣传，买受人受该宣传的影响而与出卖人订立买卖合同，在此情形下，当事人也有权依法请求第三人承担赔偿责任。在合同成立后，第三人对合同当事人实施欺诈、胁迫的，则属于合同履行问题，不属于本条的调整范围。

第二，第三人的欺诈、胁迫行为使当事人在违背真实意思的情况下订立合同。一方面，第三人实施的欺诈、胁迫行为应当对当事人订立合同的意思产生一定的影响，即第三人的欺诈、胁迫行为应当使当事人产生错误认识，或者使当事人产生恐惧心理。② 如果第三人所实施的欺诈、胁迫行为并未对当事人订立合同的意思产生影响，则当事人无权依据该规则请求第三人承担赔偿责任。另一方面，当事人订立合同的行为与第三人实施的欺诈、胁迫行为之间具有因果关系，即第三人实施的欺诈、胁迫行为不仅使当事人产生错误认识或者恐惧心理，而且当事人是基于该错误认识或者恐惧心理而订立合同。③ 第三人的欺诈、胁迫行为对当事人订立合同的影响既可以体现为促使当事人产生订立合同的意愿，也可以体现为对处于磋商阶段的当事人订立合同的意思产生影响。如果第三人的欺诈、胁迫行为与当事人订立合同行为之间不存在因果关系，则当事人也无权请求第三人承担赔偿责任。

第三，提出请求的当事人受有损失。从该条第 1 款规定来看，在第三人实施

---

① 参见［德］卡尔·拉伦茨：《德国民法通论》（下册），王晓晔等译，法律出版社 2003 年版，第 546 页。

② 参见李玫：《论合同法中胁迫的构成要件》，载《暨南学报（哲学社会科学版）》2010 年第 5 期，第 25 页。

③ 参见王利明主编：《中国民法典释评·总则编》，中国人民大学出版社 2020 年版，第 363 页。

欺诈、胁迫行为的情形下，仅受有损失的当事人有权请求第三人承担赔偿责任。第三人实施欺诈、胁迫行为使得当事人在违背真实意愿的情形下订立合同，当事人可能因此遭受一定的损失。例如，当事人因为受到第三人胁迫，高价买入标的物，或者低价卖出标的物，都将因此受有损失。受有损失的当事人在基于本条规定请求第三人承担赔偿责任时，既需要证明其客观上遭受了一定的损失，也需要证明其损失的具体程度，即损失的具体数额，否则其请求可能难以获得支持。需要指出的是，从该条第1款规定来看，其将有权主张赔偿损失的主体规定为"受有损失的当事人"，而没有将其规定为"受欺诈方""受胁迫方"，这也意味着，即便合同一方当事人并未遭受欺诈、胁迫，但如果其因第三人实施欺诈、胁迫行为而遭受一定的损失，则也有权依法请求第三人承担赔偿责任。例如，第三人对合同一方当事人实施欺诈行为，使其订立合同，后受欺诈方主张撤销合同，对未受到欺诈的一方当事人而言，其也可能因此遭受有关的订约费用等损失，此时，其也应当有权依法请求第三人承担赔偿责任。相反，如果合同一方当事人虽然遭受了第三人欺诈或者胁迫，但如果其并未因此遭受损失，则也无权请求第三人承担赔偿责任。例如，当事人一方在出卖某物时虽然受到第三人欺诈，但其与买受人达成的交易价格是合理的市场价格，此时，受欺诈方并未因此遭受损失，其也无权依据本条规定请求第三人承担赔偿责任。此外，在第三人实施欺诈、胁迫行为的情形下，合同双方当事人都可能因此遭受一定的损失，在此情形下，双方当事人均应当有权依据本条规定请求第三人承担赔偿责任。

此外，需要指出的是，从该条规定来看，在第三人实施欺诈、胁迫行为的情形下，受有损失的当事人请求第三人承担赔偿责任并不以当事人之间的合同关系被撤销为条件。换言之，只要符合本条规定的条件，不论当事人是否主张撤销合同，其都有权依法请求第三人承担赔偿责任。

（二）第三人在合同订立过程中实施欺诈、胁迫之外的违背诚信原则的行为而应当承担的责任

如前所述，该条虽然只是明确规定了第三人在合同订立过程中实施欺诈、胁迫行为的赔偿责任，但在解释上应当认定，如果第三人在合同订立过程中实施了欺诈、胁迫之外的其他违背诚信原则的行为，其也应当依法承担赔偿责任，这也有利于对遭受损失的受害人进行救济，因为从交易实践来看，第三人所实施的违背诚信原则的行为类型较多，将其限定为欺诈、胁迫行为，并不足以涵盖第三人所实施的所有违背诚信原则的行为。因此，如果第三人在合同订立过程中实施了欺诈、胁迫之外的违背诚信原则的行为，并因此造成当事人损失的，当事人也应当有权依法请求该第三人承担赔偿责任。在此种情形下，第三人赔偿责任的成立

需要具备如下条件。

一是第三人在合同订立过程中实施了欺诈、胁迫之外的违背诚信原则的行为。如前所述，在合同订立过程中，第三人除实施欺诈、胁迫行为之外，还可能实施其他违背诚信原则的行为，并因此使当事人遭受损害。如果当事人在订约过程中需要依赖第三人提供的相关报告或者信息，而第三人提供的信息不实，或者故意提供虚假信息，则可能因此造成订约当事人的损害。例如，当事人在订立合同过程中，可能依赖于律师、会计师等提供的相关建议或者报告，如果相关的报告内容不准确，即可能给当事人造成损失，此种损失既可能体现为导致合同效力存在瑕疵，也可能体现为增加当事人的交易成本，或者造成其他损失。在第三人实施欺诈、胁迫之外的行为造成合同当事人损害的情形下，如果该第三人与遭受损失的当事人之间存在合同关系，则遭受损失的当事人有权依法请求该第三人承担违约责任；而在第三人与遭受损失的订约当事人之间没有合同关系的情形下，订约当事人即难以通过违约责任规则获得救济，此时，就有必要通过合同订立中的第三人责任规则对订约当事人提供救济。

在第三人实施违背诚信原则行为的情形下，其对当事人在合同订立过程中损失的发生具有过错。从实践来看，当事人在合同订立过程中遭受损失通常都是因为自身原因造成的，如自身交易能力不足，对市场行情判断失误等；或者是因为对方当事人的行为造成的，如对方当事人实施了欺诈、胁迫等违背诚信原则的行为，导致该方当事人遭受损失。但如果第三人在当事人订立合同过程中实施了违背诚信原则的行为，也可能使当事人遭受一定的损失。例如，律师向当事人出具的法律意见书出现错误，导致当事人订立的合同违反法律的强制性规定，并因此被宣告无效。再如，第三人向当事人提供的交易信息严重失实，导致当事人在订立合同时出现重大误解，并因此导致合同被撤销。在认定第三人实施了违背诚信原则行为的情形下，就表明该第三人对当事人在合同订立过程中损失的发生具有过错。

二是提出请求的当事人受有损失。在第三人实施违背诚信原则行为的情形下，只有合同当事人受有损失，其才能依据本条规定请求第三人承担赔偿责任。在合同订立过程中，在当事人信赖或者依赖第三人提供的知识、经验、信息等情形下，如果第三人实施违背诚信原则的行为，通常都会导致当事人遭受一定的损失，此种损失既可能是固有利益遭受侵害，并因此遭受相关的损失，如第三人未提示当事人相关的风险，致使当事人遭受人身损害，并因此遭受相关的损失；此种损失也可能是纯粹经济损失，如第三人提供的信息不准确，不当增加了当事人的订约成本。在第三人实施本条规定的行为时，受有损失的当事人不论是否为第三人行为直接作用的对象，其都应当有权依据本条规定请求第三人承担赔偿责任。例如，A 与 B 订立中介合同，委托 B 为其提供订立合同的媒介服务，在 A 与 C 进行磋商、订约的过程中，如果 B 实施违背诚信原则的行为，造成 C 的损失，依据本款规定，C 虽然与 B 之间没有合同关系，其也有权依法请求 B 承担赔偿责任。相反，即便某一当事人是第三人行为直接作用的对象，甚至与第三人之间存在合同关系，但如果其并未因此遭受损失，其也无权依据本条规定请求第三人承担赔偿责任。例如，在上例中，如果 A 并未因 B 的行为受有损失，则其无权依据本款规定请求 B 承担赔偿责任。

三、合同订立中的第三人赔偿责任的范围

依据该条规定，应当按照如下规则确定合同订立中第三人赔偿责任的范围。

第一，第三人应当对因其实施欺诈、胁迫或者其他违背诚信原则的行为给当事人造成的损失承担赔偿责任。[①] 换言之，在合同订立过程中，如果完全因第三人行为造成合同当事人的损失，应当贯彻完全赔偿的原则，第三人应当对合同当事人所遭受的损失承担完全赔偿责任。不论是合同一方当事人遭受的损失，还是双方当事人遭受的损失，第三人均负有完全赔偿的责任。

第二，当事人亦有违背诚信原则的行为的，应当根据各自的过错确定相应的责任。[②] 此处当事人亦有违背诚信原则的行为既包括遭受损失的一方当事人实施了违背诚信原则的行为，也包括另一方当事人实施了违背诚信原则的行为，还包括双方当事人均实施了违背诚信原则的行为。例如，在第三人基于过错实施相关行为的情形下，如果当事人也实施了违背诚信原则的行为，如恶意磋商、故意隐瞒与合同订立的相关重要信息等，此时，当事人对损失的发生也具有过错，此时，应当根据各自的过错确定相应的责任。在当事人也实施了违背诚信原则行为的情形下，可能涉及过失相抵规则的适用。例如，在第三人实施欺诈行为时，如果遭受损失的一方当事人也实施了恶意磋商等违背诚信原则的行为，则其对自身遭受损失也具有一定的过错，此时即需要根据过失相抵规则确定各方当事人应当分担的损失范围。

需要指出的是，在当事人也实施了违背诚信原则行为的情形下，需要根据当事人与第三人各自的过错确定相应的责任，此处根据各自的过错并不是对双方的过错程度进行抽象的比较，而是需要看各方行为对损害发生具有何种影响，即根

---

① 参见冉克平：《论因第三人欺诈或胁迫而订立合同的效力》，载《法学论坛》2012 年第 4 期。

② 参见李永军：《论我国民法上的合同第三人效力》，载《法学评论》2023 年第 6 期，第 74 页。

据各方行为的原因力认定各自应当承担的责任。

第三，如果法律、司法解释对当事人与第三人的民事责任另有规定的，则适用该特别规定。在合同订立过程中，第三人实施欺诈、胁迫或者其他违背诚信原则的行为时，该行为可能构成侵权，如果该第三人与合同当事人之间存在合同关系，则该第三人的行为还可能构成违约。在上述情形下，遭受损失的当事人有权依法请求第三人承担侵权责任或者违约责任。再如，在第三人与合同一方当事人共同对另一方当事人实施欺诈、胁迫等行为时，双方还可能构成共同侵权，此时，遭受损失的一方当事人还有权基于共同侵权的规则依法请求第三人与另一方当事人承担连带责任。从我国现行立法规定来看，一些单行法以及司法解释等规范性文件还就第三人责任规则作出了特别规定，此时应当依据该特别规定认定第三人的责任。例如，《最高人民法院关于审理涉及会计师事务所在审计业务活动中民事侵权赔偿案件的若干规定》第4条规定："会计师事务所因在审计业务活动中对外出具不实报告给利害关系人造成损失的，应当承担侵权赔偿责任，但其能够证明自己没有过错的除外。会计师事务所在证明自己没有过错时，可以向人民法院提交与该案件相关的执业准则、规则以及审计工作底稿等。"该条对会计师事务所在审计业务活动中对外出具不实报告给相关主体造成损失的责任认定规则作出了规定。可见，对合同订立中的第三人责任而言，第三人的行为可能构成侵权责任、违约责任等其他类型的民事责任，有关法律、司法解释可能已经对相关的民事责任规则作出了规定，此时，应当适用该特别规定认定第三人的责任。

（本条撰写人：王叶刚）

预约合同的认定

当事人以认购书、订购书、预订书等形式约定在将来一定期限内订立合同，或者为担保在将来一定期限内订立合同交付了定金，能够确定将来所要订立合同的主体、标的等内容的，人民法院应当认定预约合同成立。

当事人通过签订意向书或者备忘录等方式，仅表达交易的意向，未约定在将来一定期限内订立合同，或者虽然有约定但是难以确定将来所要订立合同的主体、标的等内容，一方主张预约合同成立的，人民法院不予支持。

当事人订立的认购书、订购书、预订书等已就合同标的、数量、价款或者报酬等主要内容达成合意，符合本解释第三条第一款规定的合同成立条件，未明确约定在将来一定期限内另行订立合同，或者虽然有约定但是当事人一方已实施履行行为且对方接受的，人民法院应当认定本约合同成立。

【本条主旨】

本条是关于预约合同形式和成立条件的规定。

【关联规定】

1.《民法典》第 495 条 当事人约定在将来一定期限内订立合同的认购书、订购书、预订书等，构成预约合同。

当事人一方不履行预约合同约定的订立合同义务的，对方可以请求其承担预约合同的违约责任。

2.《最高人民法院关于适用〈中华人民共和国民法典〉合同编通则若干问题

的解释》第 67 条第 2 款　当事人约定以交付定金作为订立合同的担保，一方拒绝订立合同或者在磋商订立合同时违背诚信原则导致未能订立合同，对方主张适用民法典第五百八十七条规定的定金罚则的，人民法院应予支持。

3.《最高人民法院关于审理买卖合同纠纷案件适用法律问题的解释》第 2 条 (2012 年，已失效)　当事人签订认购书、订购书、预订书、意向书、备忘录等预约合同，约定在将来一定期限内订立买卖合同，一方不履行订立买卖合同的义务，对方请求其承担预约合同违约责任或者要求解除预约合同并主张损害赔偿的，人民法院应予支持。

4.《最高人民法院关于审理商品房买卖合同纠纷案件适用法律若干问题的解释》(2020 年修正) 第 5 条　商品房的认购、订购、预订等协议具备《商品房销售管理办法》第十六条规定的商品房买卖合同的主要内容，并且出卖人已经按照约定收受购房款的，该协议应当认定为商品房买卖合同。

【理解与适用】

预约合同是我国经济实践中常见的事物。《民法典》第 495 条虽然已对预约合同作出规定，但对理论与实践中的一些争议问题采取了模糊态度，包括意向书、备忘录是否属于预约合同，预约合同是否应该达到本约合同的确定性，预约合同的效力是订立本约还是诚信磋商，由此产生的问题是未能订立本约是否当然构成预约合同的违约行为，预约合同是否可以强制履行以及预约合同违约损害赔偿的范围是否可以涵盖本约合同的履行利益。《合同编通则解释》用三个条款处理以上争议问题，有必要对其规范意旨进行详细分析，以增强预约合同相关司法裁判的确定性。

一、预约合同的成立条件

《合同编通则解释》第 6 条第 1 款系对预约合同成立条件的规定。预约合同的认定本质上是合同解释问题，当事人可以采取不同的合同名称和形式，并不限于该款规定的认购书、订购书、预订书等典型形式，只要合同内容符合预约合同的实质条件，即应当将其认定为预约合同。

根据《合同编通则解释》第 6 条第 1 款的规定，预约合同的成立应符合以下实质要件：第一，双方有将来一定期限内订立合同的合意，这是预约合同成为一项独立合同的原因，也是其最核心的内容；第二，能够确定将来所要订立合同的主体、标的等内容，即双方已经就本约合同的对象达成一致；第三，当事人未有排除约定，即未约定该文件不具有法律拘束力。《合同编通则解释》（征求意见稿）第 7 条曾对此订有明文，但为最终版本所删除。若双方当事人共同认为双方签订的磋商文件不具有合同拘束力，则说明双方仅具有缔约或合作意向，尚不足以构成合意，自然不应将其认定为预约合同。但是，如果该排除条款以格式条款的方式作出，则属于排除对方权利、对对方有重大利害关系的条款，应当按照《合同编通则解释》第 10 条的规定判断提供格式条款一方是否对此履行了提示、说明义务。

预约合同的合意和确定性要求不同于本约合同，二者是相互独立的合同。① 这里有必要回顾和分析合同成立的一般原理。首先，在内容上，合同成立必须符合合同必要之点，即法律对于合同内容的最低门槛要求。根据《合同编通则解释》第 3 条第 1、2 款的规定，合同的必要之点原则上仅包括当事人姓名或者名称、标的和数量，而其他内容均可以通过《民法典》第 510 条、第 511 条予以裁判填补。但是，合同必要之点的理解不能绝对，其适用的前提是双方已经达成了合意。以价格为例，如果双方对价格并不关注、合同中也未约定，法院不能以未约定价格为由否定合同的成立；但如果有证据表明，双方当事人在磋商中即对价格争执不休，即便当事人、标的和数量是确定的，双方也根本没有达成合意，自然也不存在适用《合同编通则解释》第 3 条的空间。再进一步，即使是一些在常规交易中微不足道的细节（不属于价格、履行方式等合同基本条款），如果双方在磋商中予以争议且未排除其对合同成立的影响，双方仍存在公开的不合意，合同就尚未成立。

在《合同编通则解释》第 6 条第 1 款看来，预约合同所要求的合意就是将来订立合同这一事项本身，而非本约合同成立所要求的完全合意。换言之，如果双方达成了将来就某一标的订立合同的合意，但对本约合同具体内容有明显争议时，本约合同的不合意不影响预约合同的成立。因此，在我国法上，当事人可以通过预约合同巩固先期磋商成果，将争议部分留待后续磋商。正是因为我国法对预约合同的功能和确定性要求采宽松立场，预约的强制履行力与违约损害赔偿范围上即应有所限制，下文（第 7、8 条）对此将再作详述。

二、根据意向书、备忘录等的实质内容判断其法律效力

《合同编通则解释》第 6 条第 2 款规定了意向书、备忘录与预约合同的关系，

---

① 参见最高人民法院民事审判第二庭、研究室编著：《最高人民法院民法典合同编通则司法解释理解与适用》，人民法院出版社 2023 年版，第 98 页。

这是我国民法理论中的一个疑难问题。2012年《买卖合同解释》第2条（已失效）采取了"当事人签订认购书、订购书、预订书、意向书、备忘录等预约合同"这一概括式列举，将意向书、备忘录当然纳入预约合同的范畴。《民法典》立法过程中就此亦有争议，《民法典》（二审稿）第287条规定"当事人约定在将来一定期限内订立合同的认购书、订购书、预订书、意向书等，构成预约合同"，反对观点认为实践中很多情况下"意向书"并不能构成预约合同，列举"意向书"容易引人误解。最终《民法典》第495条删去了"意向书"，但立法机关明确指出只是不把意向书作为预约合同的典型表现形式，但并没有否定其构成预约合同的可能。①

王利明教授指出了单纯的订约意向和具有拘束力的预约合同的区分，凡是当事人之间达成的希望将来订立合同的书面文件都可以称为意向书，但只有那些具备了预约条件的意向书才能认定为预约合同。预约合同当事人必须明确表达要订立本约合同的意思表示，并有受该表示拘束的意思；而意向书只是表明当事人愿意继续磋商的意图。在内容上，预约合同确定了当事人负有订立本约合同的义务，包含了在未来一定期限内要订立本约合同的条款，内容必须十分明确和确定；而单纯的订约意向仅仅表达继续进行合同磋商的意向，当事人没有就订立本约合同的问题达成合意，也不负有签订本约合同的合同义务，仅应按照诚信原则进行磋商。② 许德峰教授也指出，意向书中关于未来合同的内容（实体性条款）在功能上主要是对合同协商阶段性进展的记录，虽然在确定性上无疑问，但其效力往往受阻于当事人自愿受约束意思的欠缺。③

以上争议又延续至此次《合同编通则解释》的制定过程中。《征求意见稿》第7条延续了2012年《买卖合同解释》第2条的列举，但在承认"意向书""备忘录"等形式可以构成预约合同的同时，也匹配规定了对应的实质要件。最终，《合同编通则解释》第6条采取了区分规定的方法，既未采取《买卖合同解释》第2条不加区分的"全有"规定，也未回避争议。在该条第1款对认购书、订购书、预订书等形式作出一般规定外，第2款又对意向书或者备忘录等方式作出了专门提示，强调"仅表达交易的意向"不足以构成预约合同，还必须有将来订立本约的约定以及必要的内容确定性。《合同编通则解释》第6条的意义在于，回归了合同实质解释原则，合同的性质和效力并不取决于名义，而取决于其内容。

---

① 参见黄薇主编：《中华人民共和国民法典合同编释义》，法律出版社2020年版，第79页。

② 参见王利明：《预约合同若干问题研究——我国司法解释相关规定述评》，载《法商研究》2014年第1期，第56~57页。

③ 参见许德风：《意向书的法律效力问题》，载《法学》2007年第10期，第89页。

当事人是否具有受拘束的意思，必须回到意思表示的解释中。① 最高人民法院在一则裁判中指出，"意向合同并非按照合同性质所做的分类，根据当事人磋商或约定内容的不同，意向合同在不同案件中可能被认定为磋商性文件、预约合同或者本约合同等"②。

三、预约合同与本约合同的区分

《合同编通则解释》第 6 条第 3 款规定了预约合同与本约合同的区分。预约合同和本约合同是例外和原则的关系，预约合同的本质特征是将来一定期限内订立合同的合意，无此特征即不能构成预约合同，要么是本约合同，要么只是无法律拘束力的磋商性文件。附长期承诺期间的要约、附条件合同以及选择权合同均不属于预约的范畴。③ 预约合同亦非以时间（"预"）为标准，实践中就将来物或尚未到货的物订立的预售、预订合同只要未明确约定应另行订立合同，同样是本约而非预约合同。

若双方当事人虽在名义上订立了预约合同（认购书、订购书、预订书），但合同内容中并未约定将来订立合同，但双方已就合同主要内容达成合意（不存在不合意的情形）且符合《合同编通则解释》第 3 条合同必要之点的规定，则应当以合同的内容而非名义确定其性质——本约合同。此时一方当事人的不履行就不再是违反预约合同的行为，而是导致本约合同的违约责任（履行利益的损害赔偿）。有裁判指出："预约和本约的区分标准，应当根据当事人在合同中的意思表示加以确定。当事人的意思表示不明确或有争议时，应当通过考察合同内容是否包含合同成立的要素，以及合同内容是否确定到无需另行订立本约即可强制履行等因素加以确定。"④

不过，双方当事人即使"明确约定将来一定期限内另行订立合同"，也仍可能于例外情形构成本约合同。

（一）例外一：实际履行

例外之一是《合同编通则解释》第 6 条第 3 款"……虽然有约定但是当事人一方已实施履行行为且对方接受的"的规定，当事人在签订预约合同后，已经实施交付标的物或者支付价款等履行行为，应当认定当事人以行为的方式订立了本

---

① 参见崔建远：《合同解释与合同订立之司法解释及其评论》，载《中国法律评论》2023 年第 6 期，第 16 页。
② 最高人民法院（2022）最高法知民终 1572 号民事判决书。
③ 参见韩世远：《合同法学》，高等教育出版社 2022 年版，第 31 页。
④ 北京市高级人民法院（2021）京民终 609 号民事判决书。

约合同。①

在一则案例中，双方签订的"意向书"对涉案工程的施工范围、建设工期、工程质量、工程价款结算、进度款的支付、质保金、违约责任等建设工程施工合同的主要内容进行了详细明确的约定，但同时规定了后续有招投标程序和双方另行订立中标合同。但事后发包人并未就涉案工程启动招投标程序，双方也未另行达成其他书面合同。发包人向施工方下达开工令，施工方也完成了大部分施工任务。施工方向发包人主张支付意向书中规定的工程款，而发包人则提出意向书系预约合同，施工方无权依据预约合同主张支付工程款的抗辩。山东省高级人民法院认为，涉案工程不属于必须招投标的工程，意向书具备了合同的基本条款，双方在实际履行中也是按照意向书的约定履行，双方后续并未就签订正式合同进行过磋商，因此该意向书为本约合同而非预约合同。② 该案即《合同编通则解释》第 6 条第 3 款所规定之例外情况的典型示例。在一则相似案例中，双方仅签订了《合作备忘录》，《合作备忘录》虽记载了本约合同的主要条款，但也约定"各自尽快完成决策审批程序，待重整计划获得批准执行时，再正式签订合作协议"，因而构成预约合同。由于双方后续履行了偿还贷款、持有股权、转让资产等合同主要义务，湖南省高级人民法院认为，"如果此后本约合同虽未签订，但一方履行了合同的主要义务，且对方接受的，则应视为本约合同已经成立，预约合同的义务（即订立本约的义务）已经履行完毕，双方之间的预约合同关系已经转化为事实上的本约合同关系"③。

（二）例外二：《商品房买卖合同解释》第 5 条

例外之二则出现于房屋买卖这一特定交易类型中。在交易实践中，买卖双方通常会先行订立不同名称的认购书，而后再网签行政机关核准的格式合同（通常是《××市商品房预/销售合同》），前者属预约合同，后者才是本约合同。不过，该问题在实践中的重要性在于仅签订预约合同尚不能排除针对标的房屋的查封、变价等强制执行行为。《最高人民法院关于人民法院办理执行异议和复议案件若干问题的规定》第 28 条规定："金钱债权执行中，买受人对登记在被执行人名下的不动产提出异议，符合下列情形且其权利能够排除执行的，人民法院应予支持：（一）在人民法院查封之前已签订合法有效的书面买卖合同；（二）在人民法院查封之前已合法占有该不动产；（三）已支付全部价款，或者已按照合同约定

---

① 参见最高人民法院发布《关于适用〈中华人民共和国民法典〉合同编通则若干问题的解释》相关典型案例二：某通讯公司与某实业公司房屋买卖合同纠纷案。
② 参见山东省高级人民法院（2021）鲁民终 425 号民事判决书。
③ 湖南省高级人民法院（2020）湘民终 901 号民事判决书。

支付部分价款且将剩余价款按照人民法院的要求交付执行；（四）非因买受人自身原因未办理过户登记。"因此，在不动产相关的执行异议、复议和执行异议之诉中出现了大量的对买卖双方协议进行定性的争议。

为了保护房屋买受人，《商品房买卖合同解释》第 5 条规定："商品房的认购、订购、预订等协议具备《商品房销售管理办法》第十六条规定的商品房买卖合同的主要内容，并且出卖人已经按照约定收受购房款的，该协议应当认定为商品房买卖合同。"《商品房销售管理办法》第 16 条第 2 款则明确商品房买卖合同"应当"明确的十三类情形：（1）当事人名称或者姓名和住所；（2）商品房基本状况；（3）商品房的销售方式；（4）商品房价款的确定方式及总价款、付款方式、付款时间；（5）交付使用条件及日期；（6）装饰、设备标准承诺；（7）供水、供电、供热、燃气、通讯、道路、绿化等配套基础设施和公共设施的交付承诺和有关权益、责任；（8）公共配套建筑的产权归属；（9）面积差异的处理方式；（10）办理产权登记有关事宜；（11）解决争议的方法；（12）违约责任；（13）双方约定的其他事项。司法实践对于《商品房买卖合同解释》第 5 条常严格把握，按照《商品房销售管理办法》第 16 条第 2 款对合同内容予以限定。如一则案例中法院认为"从涉案《认购协议》的内容来看，双方仅约定了当事人的概况、房屋所处位置、暂定房号、暂定建筑面积、面积单价、总房款、预付款等，而未对涉案房屋的交付使用条件及日期，以及办理产权登记有关事宜、违约责任等《商品房销售管理办法》第十六条中规定的主要内容进行约定"，因而仅构成预约合同。[①]

（三）例外三：框架协议的性质

实践中尚有待明确的情况是双方先签订"框架协议"，再根据框架协议的具体内容分步骤订立和履行具体协议，此时的框架协议是预约合同，还是和子协议一样均为本约合同，即有讨论空间。

在一则股权转让纠纷中，双方签订《框架协议》，一方认为该《框架协议》是预约合同，双方需要再签订股权转让协议才能作为股权转让及股权变更的依据；另一方则认为《框架协议》是本约合同，双方已就标的公司股权转让相关事宜作了具体约定，完全可实际履行。法院认为，涉案《框架协议》虽名为"框架协议"，但协议中对股权转让的比例、价格、价款的支付、转让后的股权变更、违约责任等事宜均作了详细的约定，双方的权利义务明确且具体，且双方已实际

---

① 参见北京市高级人民法院（2021）京民再 75 号民事判决书。类似情况，参见最高人民法院（2020）最高法民申 6004 号民事裁定书。

履行了合同部分内容。《框架协议》第 10 条就"股权变更"事项虽约定"自甲方每次支付股权转让款之日起 30 日内双方应当按照国家法律、法规以及工商行政主管部门的规定签订相关的股权转让协议和法律文件并办理股权变更手续",但同时约定"工商行政管理部门备案的协议、文件约定与本协议不一致的,均以本协议约定为准"。可见,双方约定受让人每次支付股权转让款之后,要按照工商行政主管部门的规定签订股权转让协议、办理股权变更手续,当工商行政主管部门备案的协议与《框架协议》不一致时,均以《框架协议》为准。显然,协议第 10 条约定签订的股权转让协议只是为办理股权变更手续之需,并非对双方权利义务的重新约定,并不属于《买卖合同解释》第 2 条规定的预约合同的情形,故《框架协议》系本约合同。[1]

崔建远教授指出,框架合同与预约合同有所区别,应原则上否定框架合同为预约合同,例外时肯定。理由在于:框架合同与具体合同系一对相互配合的关系;框架合同不具有(预约合同的)暂时和初步的性质,而是当事人长期合作的基础,其存续时间长于具体合同,单个具体合同订立甚至履行之后,框架合同仍可继续存在;框架合同和具体合同则属于阶层性的一对多的关系,框架合同较具体合同处于高位阶且一个框架合同可能对应多个具体合同;框架合同除了制约具体合同的订立外,还规范当事人长期交易的一般规则;在框架合同—具体合同的模式中,框架合同不因具体合同的订立而失去效力,而是框架合同与具体合同相互配合、相互补充,解释合同时须将它们作为一个整体看待。[2]

四、立约定金作为特殊的预约合同类型

立约定金亦称"犹豫定金",即为担保以后正式订立主合同而交付的定金,从而保留自由订约的权利。[3]《合同编通则解释》(第 6 条)第 1 款将"……为担保在将来一定期限内订立合同交付了定金"作为预约合同的一种类型;《合同编通则解释》第 67 条第 2 款也作出了对应规定,明确承认预约定金适用订金罚则,立约订金的规范适用因而具有双重性。

一方面,在效果面上,《合同编通则解释》第 67 条第 2 款规定"当事人约定以交付定金作为订立合同的担保,一方拒绝订立合同或者在磋商订立合同时违背

---

[1] 参见湖南省高级人民法院(2021)湘民终 168 号民事判决书。

[2] 参见崔建远:《合同解释与合同订立之司法解释及其评论》,载《中国法律评论》2023 年第 6 期,第 16~17 页。

[3] 参见高圣平:《民法典担保制度及其配套司法解释理解与适用》,中国法制出版社 2021 年版,第 1078~1079 页。

诚信原则导致未能订立合同，对方主张适用民法典第五百八十七条规定的定金罚则的，人民法院应予支持"，即"给付定金的一方不履行债务或者履行债务不符合约定，致使不能实现合同目的的，无权请求返还定金；收受定金的一方不履行债务或者履行债务不符合约定，致使不能实现合同目的的，应当双倍返还定金"。

另一方面，定金罚则的适用条件则与《合同编通则解释》第7条预约合同的违约行为认定保持一致，因而适用情形相较《担保法解释》第115条规定，即"当事人约定以交付定金作为订立主合同担保的，给付定金的一方拒绝订立主合同的，无权要求返还定金；收受定金的一方拒绝订立合同的，应当双倍返还定金"有所扩充。

（本条撰写人：李潇洋）

违反预约合同的认定

预约合同生效后，当事人一方拒绝订立本约合同或者在磋商订立本约合同时违背诚信原则导致未能订立本约合同的，人民法院应当认定该当事人不履行预约合同约定的义务。

人民法院认定当事人一方在磋商订立本约合同时是否违背诚信原则，应当综合考虑该当事人在磋商时提出的条件是否明显背离预约合同约定的内容以及是否已尽合理努力进行协商等因素。

【本条主旨】

本条是关于预约合同效力及相关违约行为认定的规定。

【关联规定】

1.《民法典》第 495 条 当事人约定在将来一定期限内订立合同的认购书、订购书、预订书等，构成预约合同。

当事人一方不履行预约合同约定的订立合同义务的，对方可以请求其承担预约合同的违约责任。

2.《最高人民法院关于审理买卖合同纠纷案件适用法律问题的解释》第 2 条（2012 年，已失效） 当事人签订认购书、订购书、预订书、意向书、备忘录等预约合同，约定在将来一定期限内订立买卖合同，一方不履行订立买卖合同的义务，对方请求其承担预约合同违约责任或者要求解除预约合同并主张损害赔偿的，人民法院应予支持。

【理解与适用】

一、预约合同效力的理论争议

在《合同编通则解释》制定颁布前，我国法对什么是违反预约合同的行为这一问题并未达成共识。《民法典》第 495 条规定，"当事人一方不履行预约合同约定的订立合同义务"，似认为不订立本约合同本身即构成预约合同的违约行为。《买卖合同解释》第 2 条也采用了"一方不履行订立买卖合同的义务"这一相似表述。但《合同编通则解释》（征求意见稿）（以下简称《征求意见稿》）第 8 条则将预约合同的违约行为界定为"无正当理由拒绝订立本约合同"和"在磋商订立本约合同时违背诚信原则导致未能订立本约合同"，但该条在预约合同的效力上附加"无正当理由"欠缺依据。在德国法上，"无正当理由中断磋商"（Abbruch von Vertragsverhandlungen）本身即属缔约过失责任（违反先合同诚信原则）的一种类型。① 为了避免疑义和混淆，《合同编通则解释》第 7 条最终删去了"无正当理由"，规定"拒绝订立本约合同"或"在磋商订立本约合同时违背诚信原则导致未能订立本约合同"为预约合同的违约行为。前者体现了预约合同的拘束力，后者则引入了依诚信原则磋商订立本约的义务，但两者在适用范围和程度上还是有明显差别。以上规范表述上的"摇摆"并非理论上的"矫揉造作"，而是反映了对预约合同效力和制度功能的不同认识，需要仔细厘清。

我国理论和司法实践对于预约合同的效力和制度功能一直有所分歧，本文将相关争议简化为三种观点：缔约（订立本约）说、磋商说以及折中说。

其一，"缔约说"常被表述为"实际/强制履行说""强制/应当缔约说"，顾名思义，该说强调预约合同产生订立本约的义务（"结果义务"），当事人有权请求实际履行或强制执行预约合同、订立本约，只要本约合同未订立，即属违反了预约合同。②

其二，"磋商说"又称"诚信磋商说""必须磋商说"，该说认为预约合同产生诚信磋商义务（程序义务），只要当事人依照诚信原则就订立本约合同展开磋商，即使当事人无法就剩余部分协商一致，也不构成预约合同的违反。

其三，折中说又称"内容决定说"或"动态说"，即根据磋商所处阶段和预约合同内容的确定性程度确定其效力。如果预约合同内容完备，无须另行磋商本

---

① Vgl. Emmerich, in：Münchener Kommentar BGB, 9. Aufl. , 2022, § 311 Rn. 193.

② 参见王泽鉴：《债法原理》，2006 年自版，第 166～167 页；韩世远：《合同法学》，高等教育出版社 2022 年版，第 31 页。

约合同，则应承认预约合同的强制履行力；如果预约合同仅为部分条款，尚有其他部分留待后续磋商，则预约合同仅产生诚信磋商的效力。①

我国司法实践中亦存在"预约—实际履行"与"预约—诚信磋商"两种裁判路径，二者分别为"缔约说"与"磋商说"的体现，其中"预约—诚信磋商"被认为是最高人民法院的主导性裁判思路。② 在早期的一则最高人民法院公报案例中，法院指出："订立预约合同的目的，是在本约订立前先行约明部分条款，将双方一致的意思表示以合同条款的形式固定下来，并约定后续谈判其他条款，直至本约订立。预约合同的意义，是为在公平、诚信原则下继续进行磋商，最终订立正式的、条款完备的本约创造条件。因此在继续进行的磋商中，如果一方违背公平、诚信原则，或者否认预约合同中的已决条款，或者提出令对方无法接受的不合理条件，或者拒绝继续进行磋商以订立本约，都构成对预约合同的违约，应当承担预约合同中约定的违约责任。反之，如果双方在公平、诚信原则下继续进行了磋商，只是基于各自利益考虑，无法就其他条款达成一致的意思表示，致使本约不能订立，则属于不可归责于双方的原因，不在预约合同所指的违约情形内。"③ 这一观点至今仍为《合同编通则解释》的起草者所接受。④

缔约说与磋商说的争议延宕至今，两说虽各自有其依据，但相互之间难以说服，很大程度上因为双方讨论的对象和场景其实并不一致，为了避免理论争议的空洞，下文将回到缔约说和磋商说在比较法上的实践，从而探讨各自的适用前提与范畴。

（一）订立本约说：以德国法为例

在德国法中，预约合同与缔约诚信义务（缔约信赖保护）是两个不同的问题：前者是合同自由与合同拘束力原则的自然结果，无须法律专门规定；后者则是基于《德国民法典》第311条所产生的法定责任，无正当理由中断磋商被认为是缔约过失责任的一种类型，与预约合同的效力无关。⑤

德国法对预约合同的功能有所共识。预约合同的目的在于当现实中存在事实

---

① 参见陆青：《〈买卖合同司法解释〉第2条评析》，载《法学家》2013年第3期；刘承韪：《预约合同层次论》，载《法学论坛》2013年第6期；韩强：《论预约的效力与形态》，载《华东政法大学学报》2003年第1期。

② 参见耿利航：《预约合同效力和违约救济的实证考察与应然路径》，载《法学研究》2016年第5期，第29~36页。

③ 《戴某飞诉华新公司商品房订购协议定金纠纷案》，载《最高人民法院公报》2006年第8期。

④ 参见最高人民法院民事审判第二庭、研究室编著：《最高人民法院民法典合同编通则司法解释理解与适用》，人民法院出版社2023年版，第109页。

⑤ 参见李潇洋：《民法典中缔约信赖保护的规范路径》，载《法学》2021年第6期。

或法律障碍导致不能立即缔约时，通过预约提前产生合同的拘束力。① 因此，预约合同的唯一效果在于订立本约，依德国《民事诉讼法》第 894 条的规定，法院得直接根据有效的预约拟制当事人订立本约的意思表示，本约即可成立、生效。这要求预约合同在内容上已经具有与本约一致的确定性、不能留有不合意，法院已经可以在不需要当事人继续磋商的情况下直接从预约中提取本约。与合同成立的判断一致，预约的存在与否也是规范判断，亦即意思表示的解释问题。

预约成立的规范判断主要包含两大关键步骤。其一是当事人应具有受拘束的意思，这是预约作为合同与意向书、备忘录等磋商文件的区别。其一方面表示目前不能订立本约，即"不受本约拘束的意思"；另一方面也表达了将来一定缔约的意思，即"受预约拘束的意思"。其二则在于本约的内容已经由预约予以确定或可得确定。② 这意味着一方面合同必要之点已经磋商完成，另一方面当事人也应就磋商中任何一方提出的待决事项达成合意，不能存在公开的不合意。理由在于，如果在磋商尚存争议时就认定当事人就已磋商完成的事项达成了预约，然后再由法院对其他内容进行补充，将明显违背当事人的意思、过度干预合同自由。根据疑义规则，在磋商整体完成前对于个别事项的合意不具有拘束力，亦同此理。③ 按照这种思路，预约与本约的差别不在于内容的确定程度，而是受拘束意思指向现在还是将来。

综上，德国法中预约制度的功能单一，仅为确定和拟制本约，无法巩固部分磋商成果。德国学者普遍承认，预约的效果是合意基础上的"强制缔约义务"，而非诚实信用基础上的"强制磋商义务"，其正当性完全来自合同自由与拘束力原则。④

（二）诚信磋商说：以英美法为例

英美普通法中的预约并非一个明确的法律概念或制度，当事人在先合同磋商中形成的各种形式上的约定或安排，无论其是否具有法律拘束力均属于"预约"的范畴。其中较为典型的是意向书或信心保证函，内容上是磋商当事人向相对人允诺其严肃的缔约意愿，减少相对人对于推进磋商所需信赖投资的疑虑。另一类是备忘录或所谓"同意的约定"（Agreement to agree），即双方载明已经磋商完

---

① Vgl. Busche, in：Münchener Kommentar BGB, 9. Aufl. ，2021，vor §145 Rn. 60.
② Vgl. Bork, in：Staudingers, 2020，vor §145 Rn. 56 ff.
③ 《德国民法典》第 154 条第 1 款确立了"疑义规则"："当事人未就契约之各点达成合意，即使仅一方当事人表示就该点应达成协议，有疑义时，应认为契约不成立。对于各点所作之说明，纵经记载，当事人仍不受拘束。"
④ Vgl. Busche, Privatautonomie und Kontrahierungszwang, 1. Aufl. ，1999，S. 113；Ellenberger, in：Palandt, 79. Aufl. ，2020，vor §145 Rn. 19；Bork, in：Staudingers, 2020，vor §145 Rn. 51.

成的合同条款，巩固既有的磋商成果。①

传统普通法对待预约效力的立场与德国法相似，采拘束力的"全有"或"全无"路径：要么具有完全拘束力、实现履行利益；要么完全无拘束力，相对人无法获得包括信赖利益在内的任何损害赔偿。如果预约在内容上足够完整、确定，足以从中提取出本约的权利义务内容，法院即可推断出当事人受拘束的意思，预约本身包括其中载明的条款均具有与本约一致的合同拘束力，相对人可以主张履行利益。如果不能达到上述确定性要求，那么意向书、信心保证函仅产生道德层面上的义务，并没有法律拘束力。对于备忘录或"同意的约定"，只要其中载明仍有条款留待后续磋商，即彻底排除其拘束力。唯一的例外在于如果当事人明确表示其将支付相对人某些准备工作的费用，或在未缔约时偿还相对人某些成本，则将其视为单独的、与本约无关的费用承担约定，在相关费用的范围内对当事人具有拘束力。②

20 世纪 80 年代，美国法院在既有"全有"与"全无"之间开辟出一条中间路径，即不符合确定性要求的预约也具有一定的拘束力，但相对人既不能主张实际履行，也不能主张履行利益。其拘束力仅体现在预约中的"缺省规则"，即预约的当事人共同承诺诚信参与磋商，努力协作达成最终合同，这为当事人主张信赖利益损害赔偿提供了法律依据。③ 美国法原则上不承认诚实信用在磋商阶段的适用，因而这一司法拟制的诚信磋商或协作约定有其特别的意义。此后，美国学者通常会在预约制度中讨论缔约信赖的保护问题。由于当事人引发相对人缔约信赖必定需要通过明示或默示的方式作出将来缔约的意思表示（即英美法中所称的"允诺"），而这一意思表示又为相对人所接受并引发了信赖投资，学者多宽泛地认定此时双方已达成预约，并将预约作为缔约信赖保护的主要工具。

（三）预约合同效力的体系效应

基于上述比较法的分析可以看出，在预约合同的制度设计中，预约的规范功能、范围界定、效力与责任内容是贯穿始终的规范线索。如果按照"缔约说"，在规范目的上仅将预约作为一种实现本约的拘束工具，便必然要求其内容达到本约的确定程度，并以明确的将来缔约意思与本约相区分；在范围上亦排除仅表达

---

① See John Cartwright, *Formation and Variation of Contracts*, Sweet & Maxwell, 2014, p. 29 - 30.

② See John Cartwright, *Formation and Variation of Contracts*, Sweet & Maxwell, 2014, p. 29 - 30.

③ See Alan Schwartz, Robert E. Scott, "Precontractual Liability and Preliminary Agreements", 120 *Harvard Law Review* 661, 674 - 676 (2007).

缔约意愿或巩固既有磋商成果、仍有内容留待后续磋商的意向书；预约的效力体现为强制缔约义务，违约责任的承担方式就是实际履行，当事人得根据预约内容无须继续磋商直接请求订立本约。如果按照"磋商说"，将预约定位为一种灵活的磋商与信赖保护工具，可以巩固和确认已有的磋商成果，其构成门槛即显著降低，意向书构成预约相对容易；与此对应，其法律效果仅限于信赖利益损害赔偿。如果采兼容二者的"内容决定说"，预约的范围虽与"磋商说"一致，但法律效果会依预约内容的确定程度予以区分，仅在达成完全合意时才能主张实际履行或履行利益损害赔偿。实际上，"内容决定说"内部存在两种构成及法律效果迥异的法律机制，在法律适用上必须采取明确的二元区分。

二、预约合同的违约行为

由于《合同编通则解释》第 6 条第 1 款对预约合同的内容确定性采宽松立场，预约合同在内容上不必与本约合同一致。磋商当事人可以使用预约合同这一工具巩固已有措施成果，双方仍可将许多待决或不合意事项留待后续磋商，这不影响预约合同的成立。在双方就本约合同仍存在不合意事项时，忽略这些争议、强行地订立本约显然有损合同自治。

因此，《合同编通则解释》第 7 条第 1 款基本上采纳了磋商说，认为预约合同产生诚信磋商义务，从而将"在磋商订立本约合同时违背诚信原则导致未能订立本约合同"作为违反预约合同的行为。不过，该条也在一定程度上反映了缔约说，若预约合同已载明了本约合同的条款、无须后续磋商，"拒绝订立本约合同"即构成违约预约合同的行为，此时根据《合同编通则解释》第 8 条的规定，当事人虽无法如缔约说主张强制履行，但可以请求履行利益的损害赔偿，从而在最终效果上相近。此外，若预约合同仅载明部分条款、仍待后续磋商，直接拒绝磋商亦属"拒绝订立本约合同"，无须考虑是否违背诚信原则。

《合同编通则解释》第 6 条第 1 款引入了基于预约合同的诚信磋商义务，但《民法典》第 500 条同样将磋商过程中"违背诚信原则的行为"作为缔约过失责任的事由之一。许多观点将预约产生的"诚信磋商义务"与法定的缔约过失责任相混同，认为在订立预约合同后如果一方当事人不诚实磋商，另一方可依据缔约过失责任要求赔偿。这种理解混淆了不同性质的请求权基础，此外，如果预约合同产生的诚信磋商义务与一般先合同磋商关系中诚信原则相差不大，预约合同的制度功能也就大打折扣。

《合同编通则解释》的起草机关认为，基于预约合同产生的诚信磋商义务并非《民法典》第 500 条确立的先合同义务，与先合同义务通常系法定的消极义务不同，若当事人订立预约合同，还应承担促成本约合同得以订立的积极义务。因此，判断当事人是否诚信磋商的标准应是当事人是否已尽合理努力促成本约合同的订立。① 二者的区别也体现在一则判例中。在房地产签订认购协议（预约合同）后，由于购房者逾期回复，房地产公司将该房屋另售他人。法院认为房地产公司对于《认购协议》的解除和本约的未能订立不存在过错，未违反《认购协议》的约定。虽然房地产公司不存在预约合同的违约行为，但在另售房屋后没有及时告知购房者该事实，导致购房者产生了不必要的机票费，此时房地产公司违反的即适用于一般磋商场景的先合同义务，产生缔约过失责任。② 实际上，缔约过失责任中的"无正当理由中断磋商"主要应对异常的磋商和履约准备成本的浪费，即一方在磋商中通过积极地暗示或许诺诱导对方作出了大量磋商准备，而后又中断磋商。

三、违背诚信原则的判断

《合同编通则解释》第 7 条第 2 款对磋商订立本约合同时是否违背诚信原则提出了具体的判断标准，即"综合考虑该当事人在磋商时提出的条件是否明显背离预约合同约定的内容以及是否已尽合理努力进行协商等因素"。诚信磋商的判断应当平衡预约合同的拘束力与当事人对未决部分的决定自由，特别是防止一方借未决部分提出不合理条件、导致磋商破局，从而掩饰其拒绝缔约的真实意图。相关判断应当以磋商过程中的具体事实为基础，大致可以分为以下几种类型。

第一，对于预约合同中载明的程序性义务，如取得商品房预售许可时通知当事人订约，未履行预约合同确定的通知义务即属违反预约合同的行为。

第二，对于预约合同中已经明确的本约合同内容，如果当事人在后续磋商中予以推翻，即属违背诚信原则。美国法中的一则案例也可以说明该情况，原告希望开办一家被告公司的加盟商店，被告允诺原告将来一定能够以某一数额的加盟费用缔约，并以积累经验为由屡次要求原告作出了大量的缔约准备和投资。原告倾其所有地配合被告的各项要求，包括出售了原先长期经营、获利颇丰的产业，以及开办了一家小型商店，但最终被告却临时提高了加盟费用并增加了其他条件导致最终未能缔约。美国威斯康星州最高法院认为磋商之初被告对于加盟费用和

---

① 参见最高人民法院民事审判第二庭、研究室编著：《最高人民法院民法典合同编通则司法解释理解与适用》，人民法院出版社 2023 年版，第 110 页。

② 参见最高人民法院（2021）最高法民申 1544 号民事裁定书。

将来缔约的允诺依据"允诺禁反言"具有拘束力，但要求被告赔偿原告的信赖利益损失。若根据我国现行法，该案中一方允诺、另一方接受，双方已就将来缔约的主体、标的以及价格达成一致，且约定后续再订立本约合同，因而构成预约合同，被告违反预约合同中已谈妥的加盟费用即构成预约的违约行为。

第三，对于预约合同中虽未形成具体条款，但已经就某一大致范围内达成共识时，则不应明显超出该范围。

第四，双方虽未推翻预约合同的已决部分，但在后续磋商中就未决部分未能达成一致。此种情形的判断较为困难，因为既不能强迫当事人就未决部分达成合意（这与已决部分的拘束力并非一回事），但也不能让当事人以未决部分为借口规避预约合同的效力。

起草机关认为，关键在于当事人在谈判订立本约合同的过程中所提出的条件是否合理。对于预约未定的部分，通过合同解释、合同漏洞填补规则确定的内容是较为公允的内容，虽然不一定完全符合当事人的心意，但也为当事人磋商订立本约合同划定了一个合理范围。如果当事人在磋商订立本约合同时提出的条件与根据合同解释、合同漏洞填补规则确定的内容明显不一致，就应认为当事人未尽合理努力促成本约合同的订立。如果说合同解释尚有其合同上的依据，裁判依《民法典》第511条确定的规则基本均是客观标准。以价格条款为例，在双方于预约合同中尚无共识的情况下，不能仅因一方提出的价格超出市场价格30%即认定"未尽合理努力"。作为程序性义务，"未尽合理努力"应根据场景判断，通过当事人在后续磋商中的行为、提出的条件，结合相关市场条件（如市场价格的序列、最高值）、交易惯例以及预约合同已有内容的体系解释（其他约定是否优于或劣于通常情况、进而影响了其他交易条件的确定）综合予以判断。《民法典》第511条提供的客观标准不应被理解为绝对的条件，而应只是场景判断中的一个要素。不过，即便如此，我国法上预约合同的效力也因该种裁判见解而变得相当强大。

第五，如果实际证据表明，导致双方最终未订立本约合同的争议早在预约合同磋商中即已存在，且后来的争议未超出当时范围，则不构成预约合同的违约行为。

四、预约合同违约责任的免责事由

预约合同作为一种独立的合同类型，《民法典》合同编通则的一般规则对其同样应予适用。在预约合同订立后，若发生不可抗力，当事人可根据《民法典》第590条第1款部分或全部免除责任。若符合情势变更制度的条件，当事人也可依据《民法典》第 533 条的规定请求变更或者解除预约合同。但应当特别注意的是，情势变更制度的适用条件不因预约合同或本约合同的区分，就对"无法预见的、不属于商业风险的重大变化"采不同解释。以房地产预约合同为例，市场价格的涨跌属于该类合同面临的常规商业风险，不能作为解除预约合同的理由。

（本条撰写人：李潇洋）

违反预约合同的违约责任

预约合同生效后，当事人一方不履行订立本约合同的义务，对方请求其赔偿因此造成的损失的，人民法院依法予以支持。

前款规定的损失赔偿，当事人有约定的，按照约定；没有约定的，人民法院应当综合考虑预约合同在内容上的完备程度以及订立本约合同的条件的成就程度等因素酌定。

【本条主旨】

本条是关于预约合同违约责任承担方式以及损害赔偿范围的规定。

【关联规定】

1.《民法典》第 495 条 当事人约定在将来一定期限内订立合同的认购书、订购书、预订书等，构成预约合同。当事人一方不履行预约合同约定的订立合同义务的，对方可以请求其承担预约合同的违约责任。

2.《民法典》第 577 条 当事人一方不履行合同义务或者履行合同义务不符合约定的，应当承担继续履行、采取补救措施或者赔偿损失等违约责任。

3.《最高人民法院关于审理买卖合同纠纷案件适用法律问题的解释》第 2 条 (2012 年，已失效) 当事人签订认购书、订购书、预订书、意向书、备忘录等预约合同，约定在将来一定期限内订立买卖合同，一方不履行订立买卖合同的义务，对方请求其承担预约合同违约责任或者要求解除预约合同并主张损害赔偿的，人民法院应予支持。

【理解与适用】

《合同编通则解释》第 7 条明确了违反预约合同的行为，随之产生的就是违反预约合同的法律后果问题，《合同编通则解释》第 8 条对此专门予以规定。

违反预约合同的法律后果主要涉及两个层次的问题：其一，预约合同违约责任的承担方式，即相对人是否可以请求继续履行预约合同，即强制订立本约合同；其二，若相对人请求赔偿损失，其范围是信赖利益、本约合同的履行利益还是有其特殊的范围。《合同编通则解释》第 8 条第 1、2 款分别对应以上两个问题。

一、预约合同违约责任的承担方式

（一）理论与实践中关于继续履行的争议

在《合同编通则解释》前，我国法对预约合同当事人是否可以主张继续履行并未有明确规定。

2012 年《买卖合同解释》（已失效）第 2 条明确"对方请求其承担预约合同违约责任或者要求解除预约合同并主张损害赔偿的，人民法院应予支持"。在当时的规范背景下，《合同法》第 107 条规定的违约责任承担方式包括继续履行、采取补救措施或赔偿损失。《买卖合同解释》第 2 条将承担违约责任和主张损害赔偿并列规定似是对继续履行的承认。

《民法典》编纂过程中对此也有争议。反对继续履行的理由在于：其一，强迫订立本约违反自愿原则；其二，订立本约需要双方配合，法院无法强迫当事人作出意思表示，要求违约方配合订立本约属于"法律上或者事实上不能履行"的情形；其三，违约方赔偿损失即可，不必强制要求订立本约。而支持继续履行的观点则针锋相对，包括：其一，预约合同的拘束力。其二，德国、日本均支持继续履行，程序法上也有法院代替当事人作出意思表示的具体制度。其三，违约方不配合亦可订立本约，根据预约合同的内容，本约合同的当事人、标的、数量等必要条款均已具备的情况下，法院可以据此直接认定本约合同成立；即使必要条款并不完全具备，也可以根据诚信原则及漏洞填补规则予以补充。其四，如果订立本约、履行本约义务对非违约方更为有利，则有必要支持非违约方。继续履行使本约得以成立并对本约合同中当事人的具体权利义务予以确定，则更有利于计算具体的损失赔偿额。[①] 可见，围绕继续履行产生的争议实际上是上文所述预约

[①] 参见黄薇主编：《中华人民共和国民法典合同编释义》，法律出版社 2020 年版，第 80~81 页。

合同效力或制度功能分歧的延伸。考虑到以上争议，我国《民法典》第 495 条则采模糊立场，仅规定"对方可以请求其承担预约合同的违约责任"，由于《民法典》第 577 条违约责任的一般规定同样包含继续履行，解释上对此仍持开放态度。

《合同编通则解释》第 8 条第 1 款仅规定了赔偿损失，对继续履行采排斥立场，其理由值得仔细分析与厘清。[①]

（二）对《合同编通则解释》第 8 条第 1 款的评析

反对说的主要理由在于，预约合同的继续履行属于意定强制缔约，不符合当事人真实的意思表示；直接由裁判者决定本约合同的内容不符合私法自治的原则。当事人订立预约合同的目的，就是要保留自己对订立本约合同的决策权，这就包括对本约合同内容的决定权，从而排除裁判者直接依据合同解释规则、合同漏洞填补规则来确认本约合同的内容。[②]

这一论点部分成立，理由在于：一方面，缔约说（强制履行说）的适用前提在于预约合同本身已经足以提取本约合同的内容，这不仅要求双方已经就本约合同的必要条款达成一致，也不能遗留不合意。如果磋商过程中对本约合同部分事项仍有明确争议、留待后续磋商，而预约合同只被用来巩固已有共识时，不能将双方的不合意视为合同漏洞、适用裁判填补规则。在缔约说看来，这种搁置不合意的约定并非预约、不能产生合同拘束力[③]；但在我国《合同编通则解释》第 6～8 条对于预约合同的整体制度设计中，预约合同可以被适用于"双方未能就共同关注的全部实质性内容达成一致，但又想将已经达成一致的内容予以固定并赋予其法律约束力"。因此，支持强制履行的观点的确忽略了其适用范围，过度扩张了裁判填补合同的空间。

但另一方面，预约合同也是合同、具有拘束力，当事人如果不想订立本约就不应该订立预约合同，作出此种表示即应负责。预约合同的强制履行（强制订立本约）完全建立在意思自治的基础上，只不过是否符合强制履行的条件需要另行判断，这是两个不同的问题，起草机关将所有强制履行都认为是违反当事人的真实意思，这种观点太过绝对、忽视了预约合同与本约合同的区别。简而言之，违反意思自治的并非依预约合同强制订立本约，而是当预约合同不足以支撑本约时

---

① 参见刘贵祥、吴光荣：《〈民法典〉合同编法律适用中的思维方法——以合同编通则解释为中心》，载《法学家》2024 年第 1 期。

② 参见最高人民法院民事审判第二庭、研究室编著：《最高人民法院民法典合同编通则司法解释理解与适用》，人民法院出版社 2023 年版，第 118 页。

③ Vgl. Busche, in：Münchener Kommentar BGB, 9. Aufl.，2021，vor § 145 Rn. 60.

裁判的介入与填补。假设双方预约合同中未约定履行方式，一种可能的情况是双方认为这一约定不重要、可循惯例为之，此时裁判填补并无问题；另一种情况则是双方在订立预约合同前即有争议，此时裁判填补即明显违反当事人的真意。

反对说同时认为，如果允许对违反预约合同的违约行为采取继续履行的救济措施，将导致预约合同的规范功能丧失殆尽，因为预约合同和本约合同在结果上没有实质区别，因而也无区分意义。① 这种观点则太绝对。预约合同是合同类型自由的产物，当事人可以自由地选择合同类型与内容，这与物权法的类型强制有本质差别。即使双方当事人已经约定好本约合同的内容，也仍旧可以附加另行订立本约合同的约定，这是合同自由的应有之义。

此外，我国《民事强制执行法》（草案）第 198 条也规定了意思表示的执行，未来继续履行也不再有程序上的障碍。预约合同继续履行（作出订立本约的意思表示）的结果是通过拟制意思表示使本约合同成立、生效，至于本约合同的履行是否适于强制执行则是另外的问题，需要就本约合同的给付性质另行判断是否适于强制执行，当然，在拟制本约合同生效后，当事人也可以直接主张本约合同的履行利益损害赔偿。

总之，解释上应保留预约合同继续履行的可能，但对其适用条件应严格把握，根据个案情况作具体判断，这也是目前理论上的多数观点。② 笔者认为，预约合同继续履行的前提在于预约合同已足以提取本约合同、无须继续磋商，当双方仅用预约合同固定部分磋商成果，仍有不合意留待后续磋商时，预约合同不能被继续履行。

二、预约合同违约损害赔偿的范围

对于预约合同违约损害赔偿的范围和计算问题，相较《民法典》和《买卖合同解释》的留白，《合同编通则解释》第 8 条第 2 款首次明确了其一般方法，即有约定时按照约定，无约定时综合考虑预约合同在内容上的完备程度以及订立本约合同的条件的成就程度等因素酌定。

不过，《合同编通则解释》第 8 条第 2 款的最终条文相较于《合同编通则解

---

① 参见最高人民法院民事审判第二庭、研究室编著：《最高人民法院民法典合同编通则司法解释理解与适用》，人民法院出版社 2023 年版，第 118 页。

② 参见王利明主编：《中国民法典评注：合同编》，人民法院出版社 2021 年版，第 137 页；崔建远：《合同解释与合同订立之司法解释及其评论》，载《中国法律评论》2023 年第 6 期，第 16～17 页；陆青：《〈买卖合同司法解释〉第 2 条评析》，载《法学家》2013 年第 3 期；刘承韪：《预约合同层次论》，载《法学论坛》2013 年第 6 期。

释》（征求意见稿）（以下简称《征求意见稿》）仍有所差别。《征求意见稿》第9条第2款规定"前款规定的损失赔偿，当事人有约定的，按照约定；没有约定的，人民法院应当综合考虑订立本约合同的条件的成就程度以及本约合同履行的可能性等因素，在依本解释第五条确定的损失赔偿额与依本解释第六十三条至第六十六条确定的损失赔偿额之间进行酌定"。《征求意见稿》第5条规定了缔约过失损害赔偿的范围，该条在最终条文中被删除；第63～66条则规定了违约损害赔偿的范围，因此该款规定的酌定范围在信赖利益与履行利益之间。第9条第3款则规定了当事人请求本约合同履行利益损害赔偿的条件："预约合同已就本约合同的主体、标的、数量、质量、价款或者报酬、履行期限、履行地点和方式、违约责任和解决争议方法等影响当事人权利义务的实质性内容达成合意，当事人请求按照如本约合同成立并履行后可以获得的利益计算违反预约合同的损失赔偿额的，人民法院依法予以支持，但是当事人另有约定的除外。"

相较于《征求意见稿》，《合同编通则解释》作出了以下修改：第一，仅保留了酌定因素，删除了"信赖利益与履行利益之间"这一酌定范围；第二，删除了第3款，对于预约合同违约损害赔偿是否可以包括本约合同的可得利益采回避态度，但未彻底排斥其可能；第三，在酌定因素上，将"本约合同履行的可能性"改为"订立本约合同的条件的成就程度"。其合理性在于如果双方未将本约合同的履约障碍作为订立本约合同时考虑的因素或条件，其对当事人的磋商进程或缔约并不存在影响，即使缔约时标的物尚不存在或者存在其他履行合同的障碍，只要当事人同意，其仅属于违约责任的问题而不影响合同的订立。

不过，以上文字修改并不意味着起草机关态度的转变。起草机关指出，违反预约合同的赔偿范围不能根据本约合同的履行利益来界定，也不能限制在订立本约合同的信赖利益，而应由法官根据预约合同所体现的"交易成熟度"在订立本约的信赖利益和本约合同的履行利益之间进行酌定。"交易成熟度"包含两个因素：一是预约合同的内容的完备程度，即与本约合同的接近程度；二是订立本约合同的条件的成就程度。"交易成熟度"越高，赔偿范围也就越接近本约合同的履行利益。[1] 可见，以上分析与《征求意见稿》的内容并无差别。

（本条撰写人：李潇洋）

---

[1]　参见最高人民法院民事审判第二庭、研究室编著：《最高人民法院民法典合同编通则司法解释理解与适用》，人民法院出版社2023年版，第121～122页。

格式条款的认定

　　合同条款符合民法典第四百九十六条第一款规定的情形，当事人仅以合同系依据合同示范文本制作或者双方已经明确约定合同条款不属于格式条款为由主张该条款不是格式条款的，人民法院不予支持。

　　从事经营活动的当事人一方仅以未实际重复使用为由主张其预先拟定且未与对方协商的合同条款不是格式条款的，人民法院不予支持。但是，有证据证明该条款不是为了重复使用而预先拟定的除外。

【本条主旨】

　　本条是关于《民法典》第 496 条第 1 款有关格式条款认定的细化规定。

【关联规定】

　　1.《民法典》第 496 条第 1 款　　格式条款是当事人为了重复使用而预先拟定，并在订立合同时未与对方协商的条款。

　　2.《民法典》第 497 条　　有下列情形之一的，该格式条款无效：

　　（一）具有本法第一编第六章第三节和本法第五百零六条规定的无效情形；

　　（二）提供格式条款一方不合理地免除或者减轻其责任、加重对方责任、限制对方主要权利；

　　（三）提供格式条款一方排除对方主要权利。

　　3.《电子商务法》第 49 条第 2 款　　电子商务经营者不得以格式条款等方式约定消费者支付价款后合同不成立；格式条款等含有该内容的，其内容无效。

4. 《保险法》第 19 条　采用保险人提供的格式条款订立的保险合同中的下列条款无效：

（一）免除保险人依法应承担的义务或者加重投保人、被保险人责任的；

（二）排除投保人、被保险人或者受益人依法享有的权利的。

5. 《民用航空法》第 130 条　任何旨在免除本法规定的承运人责任或者降低本法规定的赔偿责任限额的条款，均属无效；但是，此种条款的无效，不影响整个航空运输合同的效力。

【理解与适用】

一、格式条款概述

格式条款，也被称为标准条款、一般交易条款、非单独协商条款、定式合同、附和合同等，是指一方当事人为了重复使用而事先准备，并且在订立时未与对方当事人进行磋商的合同条款。"格式条款最实质的特征在于'未与对方协商'。"[①] 格式条款由位居优势的一方事先单方拟定并对不同交易对象反复使用，而另一方却只能被动地接受（要么接受、要么走开，take it or leave it），这与有关合同是"双方当事人平等磋商、意思表示一致而达成的协议"的经典定义完全相悖。因为格式条款是对方当事人只能全部接受而无法协商的合同条款，如果相对方不能接受，则合同不能成立；而如果条款能够由双方进行协商，则其又不构成格式条款。也正因为如此，有学者认为："格式合同的当事人地位往往不平等（经济地位、信息不对称等），其内容大多有违公正原则或诚实信用原则，故被称为'契约自由之癌'。"[②]

然而，格式条款却也是人们在现代社会中早已司空见惯、须臾不可离的法律工具，无法想象离开格式条款之后，人们的生活和工作将会受到何种程度的影响。这是因为，"今天，商品与服务的标准化生产伴随着合同的标准化成立，而合同的标准化成立正是通过一系列事先印好的供求订单的使用实现的"[③]。日常生活中，格式条款主要运用于以下四种场景之中：一是由单个企业自行拟定并被记载于合同文本中；二是由有关政府部门或者行业协会制定并被相关企业直接采

---

① 最高人民法院民事审判第二庭、研究室编著：《最高人民法院民法典合同编通则司法解释理解与适用》，人民法院出版社 2023 年版，第 129 页。

② 谢鸿飞：《合同法学的新发展》，中国社会科学出版社 2014 年版，第 156 页。

③ ［德］克里斯蒂安·冯·巴尔、［英］埃里克·克莱夫主编：《欧洲私法的原则、定义与示范规则：欧洲示范民法典草案（全译本）》（第 1～3 卷），高圣平等译，法律出版社 2014 年版，第 301 页。

用形成于合同文本中；三是以使用须知、通知、说明、告示等公告形式张贴于营业场所之中；四是印刷于特定的票据、文件（如门票、参观券、交通票、电报稿、保险单）之上。① 故有学者坦言："合同法最为重要的发展之一，就是格式合同形式的出现。"② 正是格式条款带来人们认知上的这种函矢相攻，为其相关的学说与立法发展提供了巨大的张力。

我国 1999 年《合同法》用三个条文对格式条款进行了规定（第 39～41 条），2009 年最高人民法院《合同法解释二》也用三个条文对格式条款进行了解释性规定（第 6 条、第 9～10 条），2020 年《民法典》再次用三个条文对格式条款进行了规定（第 496～498 条）。在单行法中，2013 年《消费者权益保障法》和 2018 年《电子商务法》也各以一个条文对格式条款进行了特别规定。《民法典》实施之后，在最高人民法院历时两年多反复修改打磨的《关于适用〈中华人民共和国民法典〉合同编通则部分的解释》（征求意见稿）的数部草案中，多者曾以六个条文对格式条款进行规定，而在 2023 年 12 月 4 日正式发布、次日施行的《合同编通则解释》中，仍保留了两个条文对格式条款进行规定。这说明从合同法时代到民法典时代，格式条款始终是立法和司法关注的一个重点问题，且热度有增无减。

这也说明，将格式条款视为合同自由的癌细胞，恐怕言过其实，因为癌细胞有百害而无一利，对其治疗应当是灭杀或切除，但格式条款则并非如此，其带给人们的利大于弊，类似于侵权法上无过错责任原则所规制的那些高度危险行为和高度危险物品：固然给人们的生产生活带来了风险，但更多的是带来了极大的便利和福祉。因为在现代工商社会中，大规模、跨区域的交易，都需要仰仗格式合同来运行，它是节省交易成本，实现交易透明化、规模化、标准化的必备工具，若缺少格式合同，必然造成交易成本过高而无法负担、市场化运作难以进行。所以只能对格式条款进行规范和控制，尽量发挥其功效、抑制其弊端，而绝不可对其采取一禁了之的态度。此即："法治发达国家普遍都建立了完善的格式条款制度，从立法、司法到行政执法，从实体到程序全面规制格式条款，严控其负面效应。"③ 也正因为如此，我国从民事基本法律到单行法的立法层面，从市场监督管理部门的执法层面到人民法院的民事司法层面，均对格式条款的效力进行了种

---

① 参见周恒宇：《民法典格式条款规定适用规则探析》，载《法律适用》2022 年第 9 期，第 159 页。

② Jack. Beatson, Andrew Burrows, John Cartwright, *Anson's Law of Contract* (29th edition), Oxford: Oxford University Press, 2010, p. 171.

③ 范雪飞：《论不公平条款制度——兼论我国显失公平制度之于格式条款》，载《法律科学（西北政法大学学报）》2014 年第 6 期，第 105～106 页。

种控制，包括对格式条款的认定、格式条款无效的层次和无效事由、格式条款的法律规制得否约定排除、格式条款免责抗辩事由、格式条款的解释等多方面的内容。当然，在私法层面，对格式条款的效力控制，是经由立法确立标准和准则而通过司法去具体裁量和实施的，抽象立法准则催生司法操作规范，而司法实践的经验又会上升为立法表述，两者在实质上互相融合，水乳交融。

二、格式条款的构成要素及其认定

（一）格式条款的构成要素之争

一项合同条款，究竟是属于普通合同条款，还是属于格式条款，是决定该条款是否适用民法典合同编及其司法解释有关格式条款相关规定的前提。而确定何为格式条款，首先需要明确格式条款的构成要素，以免将法律对于格式条款的效力控制不加区分地施用于一般合同条款之上、将特殊规范变为一般规范，从而架空《民法典》对于民事法律行为及合同效力的一般规定。关于格式条款的构成要素，向来存在"二要素"、"三要素"和"四要素"之争，这在我国民法典编纂过程中也有充分体现：立法者对于格式条款的构成要素曾一度颇费踌躇。

格式条款的"三要素"，即强调格式条款应当同时具备"重复使用""预先拟定""未经协商"三项要素。这体现在《合同法》第39条第2款和《民法典》第496条第1款，两者表述完全一致："格式条款是当事人为了重复使用而预先拟定，并在订立合同时未与对方协商的条款。"可见，"从法定定义分析，格式条款内容控制的对象须满足三项要件：'预先拟定''重复使用'及'未与对方协商'。"[①] 此种为立法所采纳的"三要素"，也影响了学界关于格式条款的定义，并成为通说。

格式条款的"二要素"，即仅强调格式条款应当同时具备"预先拟定"和"未经协商"两项要素。这体现在提交全国人大常委会审议的《民法典合同编》（草案）一审稿第288条第2款、二审稿第288条第1款和三审稿（征求意见稿）第496条第1款之中，三次草案对格式条款的定义亦完全一致："格式条款是当事人预先拟定，并在订立合同时未与对方协商的条款。""二要素"的观点自《合同法》时期就不乏拥护者，有学者认为："不能将'反复使用'作为格式条款的特征。因为反复使用并不是格式条款的本质特征，而仅仅是为了说明'预先制订'的目的。'反复使用'是不能作为单独的特征存在的，原因是有的格式条款

---

① 贺栩栩：《〈合同法〉第40条后段（格式条款效力审查）评注》，载《法学家》2018年第6期，第178页。

仅使用一次，并没有重复使用……但'反复使用'只是其经济功能，而不是其法律特征。"① 在《民法典》颁布后，还有学者坚持认为："实践中不应将本条所规定的'为重复使用'作为格式条款规则适用的必要要件，解释上该有关规则均应适用于符合其他构成要件而实际仅使用了一次的合同条款。"② 可见，在民法典分则编纂过程中，立法机关对于格式条款的构成要素也曾骤然且坚定地转向去除了"重复使用"的"二要素"之说。

格式条款的"四要素"，是在强调"重复使用""预先拟定""未经协商"之外，还增加了"营业目的"。这体现在《国际商事合同通则》（UNIDROIT）第2.1.19条第2款："标准条款是指一方为通常和重复使用的目的而预先准备之条款，且在实际使用时未与对方作磋商。"该条中的"通常目的"，即指以营业为目的，强调的是格式条款提供者的经营或商业用途。对于经营者使用格式条款的特别规定，虽未在基本民事法律中体现，但在《消费者权益保护法》、《电子商务法》及《合同行政监督管理办法》等单行法律、规章中有所体现，并且在《合同编通则解释》之中得到了正式规定。

（二）对"重复使用"要素进行限制

《合同编通则解释》第9条第2款第一句规定："从事经营活动的当事人一方仅以未实际重复使用为由主张其预先拟定且未与对方协商的合同条款不是格式条款的，人民法院不予支持。"根据这一规定，格式条款的构成要素包括"预先拟定"、"未与对方协商"以及"重复使用"，只不过对"重复使用"这一要素进行了限制，即从事经营活动的一方不得仅以"未实际重复使用"为由否定格式条款的性质，只要该格式条款"可能重复使用"或者"为了重复使用"而拟定即为已足。

正如上文所述，在《民法典》编纂过程中，关于格式条款的要素从"三要素"偏向了"二要素"，但是在最终审议通过的《民法典》之中，却又重回"三要素"。对于这样一段曲折历程，立法机关的解释是：草案中删除"重复使用"的要素，是因为"有的意见提出，'为了重复使用'只是格式条款的通常表现形式，并不是其本质特征，格式条款的本质特征在于'未与对方协商'"③；最终经反复考虑后又重新写进"重复使用"的要素，是因为又有不同意见提出，"将'为了重复使用'与'未与对方协商'并用，有利于将其实质特征与外在表现较

---

① 王利明：《对〈合同法〉格式条款规定的评析》，载《政法论坛》1999年第6期，第4页。

② 王天凡：《〈民法典〉第496条（格式条款的定义及使用人义务）评注》，载《南京大学学报（哲学·人文科学·社会科学）》2020年第6期，第54页。

③ 黄薇主编：《中华人民共和国民法典合同编解读》，中国法制出版社2020年版，第116页。

好地统一起来，判断标准明确、易于操作……如果仅是过于强调相对方对条款内容没有修改余地，还可能使格式条款制度与总则编关于民事法律行为成立的显失公平制度之间的关系不易理清"①。

立法机关的这种举棋不定、取舍艰难的态度，表明其在对格式条款进行定义时遭遇了难题，即如何处理"重复使用"的要素、究竟是留还是舍。立法机关的此种担忧和压力，显然来自实践层面的反向传导。在民法典重回"三要素"之后，《合同编通则解释》在起草中再次体验了立法机关当初曾经历过的、面对"重复使用"要素的左右摇摆与犹豫不决。但最终最高人民法院出于解决纠纷的现实需要，还是对"重复使用"进行了重大限制。

《合同编通则解释》（草案）（2021年9月18日人民大学讨论稿）第12条曾规定："当事人仅以合同条款未实际多次使用，或者仅以合同约定有关条款不属于格式条款为由，主张不属于格式条款的，人民法院不予支持。"这表明最高人民法院已经将"重复使用"从格式条款必备要素中排除出去了。《合同编通则解释》（草案）（2022年9月5日济南会议讨论稿）第9条第2款则规定："一方当事人事先拟定且未经对方协商的合同条款，其以合同条款未实际多次使用为由主张该条款不是格式条款的，人民法院不予支持。"这就更加明确地将格式条款的要素改为了"二要素"。《合同编通则解释》（草案）（2022年11月4日公开征求意见稿）却又发生了转变，其第11条第2款规定："从事经营活动的当事人一方仅以未实际重复使用为由主张其预先拟定且未与对方协商的合同条款不是格式条款的，人民法院不予支持，但是其提供同一时期就同类交易订立的不同合同文本，足以证明该合同条款不是为了重复使用的除外。"这就仅将从事经营活动的一方排除了"重复使用"要素的限制。这一转变一直延续到了正式发布的版本之中，但是对证明责任进行了一定的修改，其第9条第2款规定："从事经营活动的当事人一方仅以未实际重复使用为由主张其预先拟定且未与对方协商的合同条款不是格式条款的，人民法院不予支持。但是，有证据证明该条款不是为了重复使用而预先拟定的除外。"

从而，民法典上的格式条款概念经过司法解释的调整，对"重复使用"这一要素进行了限制，即从事经营活动的一方所提供的合同条款，只要具备了"预先拟定"和"未与对方协商"两要素，就实行举证责任倒置，推定该条款为格式条款，除非条款提供者举证证明该条款不是为了重复使用而预先拟定；而对于非经营活动的当事人，其所提供的合同条款仍然需要具备"预先拟定""未与对方协

---

① 黄薇主编：《中华人民共和国民法典合同编解读》，中国法制出版社2020年版，第116页。

商""重复使用"三个要素，才会被认定为格式条款。

（三）"为了重复使用"要素：从证明到推定

从合同法到民法典，关于格式条款的"重复使用"要素，均表述为"为了重复使用"，这本身是符合格式条款的基本特征的。因为大批量、重复性的使用，才是格式条款的优势之所在，即："如果格式条款仅为特定人或者可以确定的人拟定，则预先拟定反而不能节约成本。而且，如果格式条款只为特定的少数人拟定，则足以证明该种合同在社会上适用范围非常有限，消费者对其要求并不迫切，使用该条款的一方在经济上的优势地位也并不显著。"[1]

但是"为了重复使用"，其本身就属于带有主观目的性的推断，而这种一方当事人的主观心态对于另一方当事人来说，是很难知晓且更难证明的事实。如果要想证明格式条款提供者存在"为了重复使用"的目的，就必须证明其具有"实际重复使用"的事实。若格式条款本身就印刷在产品包装或者使用说明上，或者在应用程序下载使用前就会自动展示要求阅读，那么通过在市场上获得数份同类产品或者通过应用程序的下载人数统计，便可以证明其存在实际重复使用的事实。但是在产品未通过市场渠道流通、条款相对方互不相识等情形下，要证明同一条款存在多次使用的事实，就相当困难。这种诉讼中举证的困难，对格式条款相对方的权利保护产生了不利影响。也正因如此，学者认为担心："如果特别强调格式条款的重复使用的特点，则相对人在确定某一条款是否为格式条款时应当证明该条款已被重复使用的事实，这不免对举证人过于苛刻。"[2] 事实上，经过总结司法案例，学者发现，"将'为重复使用之目的'或'重复使用'理解为必要要件，在实践中已导致大量应受规制的格式条款从本条的适用中逃逸"[3]。

这种进退维谷的局面确实不易破解：一方面，如果放弃重复使用的要素，不仅格式条款会失去其节省交易成本的巨大优势，还会导致任何一方事先拟定而对方未提出异议的合同都有可能事后被对方以格式条款为由推翻其效力，不仅架空了民事法律行为效力制度，更会导致交易秩序的混乱；另一方面，如果坚持重复使用的要素，又会给条款相对方带来举证上的巨大困难，加剧弱势群体的不利局面。德国同样面临过此种难题，其最终采取的解决方案是，对于一般的合同，格式条款应当是为了大量合同而使用，"对于'为了大量合同'的特征，使用人相应的意图（Basich des Verwenders）已满足要求，即使其实际上只使用过一次。

---

① 苏号朋：《合同的订立与效力》，中国法制出版社 1999 年版，第 173 页。
② 王利明：《合同法新问题研究》（修订版），中国社会科学出版社 2011 年版，第 212 页。
③ 王天凡：《〈民法典〉第 496 条（格式条款的定义及使用人义务）评注》，载《南京大学学报（哲学·人文科学·社会科学）》2020 年第 6 期，第 53 页。

判例要求至少有使用 3 次的（dreifache）使用意图，其中满足要求的是已经计划对同等的合同相对人使用"①。但对于涉及消费者的合同类型，则降低了标准，《德国民法典》第 310 条将消费者合同作为例外情形进行了规定，"仅为一次使用"的预先拟定的合同条款也属于格式条款。

我国虽然对消费者权利进行单独立法予以强化保障，但却始终未将消费者合同作为独立的合同类型对待，而是统一适用合同法，因此，难以将格式条款的重复使用要素依据是否为消费者合同而进行区别对待。但如何从主观色彩颇浓的"为了重复使用"中提炼出更为简单、客观、可行的判断标准，避免只能通过"实际重复使用"去倒推"为了重复使用"，则一直是民法典编纂过程中立法者思考的问题。即便最终不得不回到"三要素"的定义中，立法者在释义书中仍然不忘提醒道，"但此处的'为了重复使用'，不能作僵化理解，不是要当事人去证明真正实际重复使用了多次，只要格式条款提供方具有重复使用的目的，不论使用的次数多少，都可认为是'为了重复使用'"②。立法者的此种态度似乎也在暗示司法机关可以制定司法解释来进一步予以阐明，以实现其"不论使用次数多少"均可证明"具有重复使用的目的"的愿望。

《合同编通则解释》通过对格式条款类型化区分的方式实现了立法者未竟的心愿，它根据条款提供者的不同，将格式条款分成了两类：一类是由从事经营活动者提供，另一类是由非经营活动者提供。对于前者，无论是否实际重复使用，均直接推定其是为了重复使用的目的，格式条款提供方以该条款未实际重复使用进行的抗辩无效，除非其能够举出反证，证明其提供的格式条款不仅未实际重复使用，也不是出于重复使用的目的；对于后者，则仍需由条款相对方证明该条款是为了重复使用的目的。此种处理方案包含着民事合同与商事合同区分对待的思路，某种意义上，也是对德国方案的借鉴。根据《合同编通则解释》，如果条款提供者从事的是民事活动，对格式条款的认定就持慎重态度；如果条款提供者从事的是商事活动，对格式条款的认定就持宽松态度。

应该说，从以前的必须通过"实际重复使用"才能证明"为了重复使用"，到现在的商事合同直接推定"为了重复使用"，确实向前迈进了一大步，有助于改善司法实践中格式条款相对方举证困难的窘迫地位，因为绝大多数格式条款纠纷，都是发生在商事领域、交易领域、涉消费者领域，这也能够强化对交易中弱

---

① ［德］本德·吕特斯、［德］阿斯特丽德·施塔德勒：《德国民法总论》（第 18 版），于鑫淼、张姝译，法律出版社 2017 年版，第 278 页。

② 黄薇主编：《中华人民共和国民法典合同编解读》，中国法制出版社 2020 年版，第 117 页。

势一方的保护。当然，由此可能在该解释的实施中引起一个后续问题，那就是对于"从事经营活动"的解释，尤其是在一些复杂疑难场景下的认定。

三、排除格式条款效力控制抗辩的甄别

（一）使用合同示范文本的抗辩无效

合同示范本文是指由有关行政主管部门、行业协会等机构主导起草制定、提供给订立合同的当事人进行参考的合同样本。在改革开放初期，法律制度尚不够完善，法律知识和理念尚不够普及，因此各种各样的合同示范文本的存在具有其合理性，"合同示范文本的推广对完善合同条款、明确当事人权利义务、减少因当事人欠缺合同法知识而产生的纠纷均具有积极意义"[1]。但是，由行政主管部门制定的合同示范文本更多地体现了其对特定经济领域交易行为的管理甚至管制。自 1992 年党的十四大正式确立社会主义市场经济体制以来已经三十余年，不少领域中存在的计划经济的因素伴随着改革开放的发展过程才逐渐消退，其中一个体现便是曾经广泛存在的政府部门制定的合同示范文本。

例如，于 1990 年发布、1998 年修订、2010 年废止的《经济合同示范文本管理办法》第 1 条就曾规定："经济合同示范文本的制订和发布，按下列规定执行：（一）购销合同、建设工程承包合同、加工承揽合同、财产租赁合同、仓储保管合同的示范文本，由国家工商行政管理局商国务院有关业务主管部门制订后，由国家工商行政管理局发布，或者由国家工商行政管理局会同国务院有关业务主管部门联合发布。（二）借款合同、财产保险合同的示范文本由中国人民银行制订；货物运输合同示范文本由铁道部、交通部、中国民用航空局制订；电、水、热、气供用合同示范文本由能源部、建设部制订。国家工商行政管理局对上述经济合同示范文本审定、编号后，会同各制订部门联合发布。（三）联营、企业承包经营、企业租赁经营等合同的示范文本，由国家工商行政管理局会同国务院有关业务主管部门根据实际需要，制订并发布。"[2]

有学者搜集分析了 20 项与格式条款相关的省级地方性法规，发现其中"绝大多数均明确将'制定示范文本'确立为内容控制督促手段"[3]。时至今日，政府部门发布的合同示范文本仍然存在，这可能正是基于政府有关部门对相关领域

---

[1] 最高人民法院民事审判第二庭、研究室编著：《最高人民法院民法典合同编通则司法解释理解与适用》，人民法院出版社 2023 年版，第 130 页。

[2] 该《经济合同示范文本管理办法》由国家工商行政管理总局令于 2010 年 11 月 30 日发布的《国家工商行政管理总局令》（第 52 号）所废止。

[3] 张瑞：《格式条款法律规制研究》，中南财经政法大学 2020 年博士学位论文，第 159 页。

进行规范和管理的目的。正因如此，"金融、保险、劳动等行业领域存在着格式合同的部门管理制度。这些部门负责对本部门的格式合同进行监督管理，如对合同的审核、批准、备案，发布合同范本等"①。例如，体育总局办公厅 2021 年 11 月 11 日印发了《政府委托社会力量运营公共体育场馆示范合同（参考文本）》，该示范合同中对于"双方权利义务""履约保证金""通知及送达"等内容全部事先拟定写明、未设置空白横线，所以当事人对这些内容并无选择余地。又如，河北省住房和城乡建设厅、市场监督管理局、公安厅于 2020 年 3 月 10 日联合发布的《河北省房屋租赁合同示范文本（试行）》中，虽然不少内容设置了空格以供当事人自行填写，但也有将租赁期内出租人转让抵押房屋时对承租人的通知形式明确限定为"书面通知"，以及将各类缴费负担在出租人与承租人之间事先进行分配的规定。又如，深圳市住房和建设局、市场监督管理局于 2023 年 7 月 19 日共同发布了《深圳市商品房认购书示范文本》《深圳市商品房买卖合同（预售）示范文本》《深圳市商品房买卖合同（一手房现售）示范文本》《深圳市商品房买卖合同（二手房）示范文本》，要求自 2023 年 8 月 1 日起执行。

此外，实践中还存在大量由行业协会制定、要求行业内的成员采用的合同示范文本，或者由母公司制定、要求子公司执行的合同示范文本。在司法实践中，如果格式条款提供方以其合同乃采用的合同示范文本为由进行抗辩，表明并非由其单方事先拟定，而是由有关主管机关等要求使用，此时，对于该合同条款是否排除为格式条款，司法实践操作不一。尤其是在不动产交易领域，房管部门提供的房屋租赁合同范本、不动产登记机关提供的不动产交易范本较为普遍。例如，在商品房买卖领域，开发商所提供给购房者的购房合同，几乎都是照搬相关主管部门提供的合同示范文本而形成的，对于这些合同条款的效力问题，就存在不少裁判分歧，"有些法院以示范文本并未排斥当事人对合同条款的选择自由为理由，否认其属于格式条款；但也有法院将此类文本认定为格式合同；甚至在同一法院同年的数个类似案件中都做出了不相一致的判断"②。

由此，采用合同示范文本而拟定的格式条款，是否可以作为条款提供方排除格式条款规范适用的抗辩事由，便成为《合同编通则解释》起草中予以关注的一个重点问题。《合同编通则解释》（草案）（2022 年 9 月 5 日济南会议讨论稿）第 9 条曾规定"当事人以合同系依据行政管理部门、行业协会等制定的合同示范文

---

① 李晓娟：《论格式合同的预防性行政规制机制》，载《湖北社会科学》2012 年第 9 期，第 137 页。

② 王天凡：《〈民法典〉第 496 条（格式条款的定义及使用人义务）评注》，载《南京大学学报（哲学·人文科学·社会科学）》2020 年第 6 期，第 54 页。

本订立"而主张不属于格式条款的，人民法院不予支持。在《合同编通则解释》（草案）（2022年11月4日公开征求意见稿）第11条中，对此表述进行了修改，规定为"当事人仅以合同系依据合同示范文本制作"为由，主张该条款不是格式条款的，人民法院不予支持。这一表述保留到最终通过的《合同编通则解释》第9条之中。

这就表明，格式条款提供方被动采纳相关部门的合同示范文本而制作成为格式条款的，其仍然要对条款的效力负责，如果条款存在绝对无效情形的，则条款绝对无效；如果条款属于异常条款的，只有妥为履行提示义务和说明义务之后，条款才有效。某种意义上，采用合同示范文本的格式条款提供方也是格式条款的"受害方"，因为其面对的也是相关部门、行业协会等事先单方拟定、未经协商、为了重复使用而提供的合同条款。但是司法解释并不认同条款提供方以此为由进行的抗辩，采用主管部门提供的合同示范文本仍然被作为格式条款对待，故此种抗辩被认为是无效抗辩，人民法院不予采纳。

司法解释的此种态度包含着民事领域与行政领域相区隔的理念，即行政领域对于合同的管理要求，不能成为民事纠纷中的抗辩事由，在民事案件的裁判中，仍然要根据《民法典》的相关规定来对合同双方的权利义务关系进行裁判。此外，当相关主管部门、行业协会的合同示范文本不能成为排除格式条款规范适用和效力控制的理由之后，格式条款提供方就会对所采用的合同示范文本更为警惕、进行更多审查，以避免自己可能承担的合同责任，这也有利于通过私权行使对公权力和准公权力进行适度监督，从而更有利于维持市场主体的意思自治和市场交易自由。

（二）双方预先约定排除的抗辩无效

"如所周知，债权契约因当事人互相意思表示一致而成立，旨在实践私法自治之理念，其所保护者，乃当事人间之信赖及期待。"[1] 那么在格式条款中，能否允许当事人约定放弃《民法典》对格式条款相对方的保护、排除司法对合同条款是否为格式条款的审查？这一问题涉及《民法典》关于格式条款的规定，是当事人可以完全意思自治、得以排除适用的任意性规定，还是必须接受法律干预的强制性规定，这也是《合同编通则解释》在起草中予以关注的重要问题。

《合同编通则解释》（草案）（2022年9月5日济南会议讨论稿）第9条就曾规定，"当事人以……当事人已明确约定合同条款不属于格式条款为由主张该条款不是格式条款的，人民法院不予支持。"《合同编通则解释》（草案）（2022年

---

[1]　王泽鉴：《民法学说与判例研究》（第四册）（修订版），中国政法大学出版社2005年版，第76页。

11月4日公开征求意见稿）对这一规定进行了保留，仅将后一"当事人"改为"双方"，避免同一句里面出现两次"当事人"，其第11条规定："当事人仅以……双方已明确约定合同条款不属于格式条款为由主张该条款不是格式条款的，人民法院不予支持。"这一规定一直保留到最终公布的《合同编通则解释》第9条。

由此可见，最高人民法院的态度是非常明确而且坚定的：不允许合同双方当事人在合同中自行定义、约定某些条款甚至全部条款不是格式条款；条款提供方以双方已预先约定排除格式条款适用的抗辩无效，其不能因此而免责，仍须接受司法对合同条款的审查。这是因为，"格式条款的规制角度是对基于意思自治的合同拘束力正当性的填补，涉及合同正义及公平合理的市场秩序，《民法典》第496条第1款关于格式条款的定义和认定的规定属于强制性规定，合同订立双方不得排除适用"[1]。

事实上，《合同编通则解释》的这一规定，主要是通过格式条款的绝对无效规则和不利于提供方的解释规则来对格式条款相对方提供保护，并不允许约定排除。在格式条款相对无效的情形下，根据《民法典》第496条第2款的规定，如果格式条款提供方未履行提示或者说明义务，相对方对是否保留条款的效力享有自由选择的权利，其可以主张该条款不成为合同的内容，也可以同意该条款成为合同的内容。因此，在格式条款相对无效的情况下，双方预先约定排除适用并无必要。但是在格式条款绝对无效情形下，《民法典》第497条的规定为强制性规定，合同双方当事人必须遵守这一规定，违反该规定的格式条款一律无效，双方不得约定这些严重不公平的格式条款有效，所以双方不得预先约定排除格式条款绝对无效规定的适用。《民法典》第498条对格式条款作不利于提供方解释的规则以及非格式条款优于格式条款适用的规定，同样为强制性规定，双方不得作出违反这些规定的约定。

正如学者指出："未来权利尚未特定化，处分行为前提欠缺；意思表示容易生瑕疵；被放弃权利涉及人身（信赖）利益；事前弃权容易导致对自由或独立的过分限制；可能违反赋权规范的特定公益目的。"[2] 司法解释之所以强调预先约定排除的抗辩无效，一是重申了民法典相关条款的性质，提醒当事人不得违反法律的强制性规定，否则会影响其民事法律行为的效力；二是为了更好地保护格式

---

[1]　最高人民法院民事审判第二庭、研究室编著：《最高人民法院民法典合同编通则司法解释理解与适用》，人民法院出版社2023年版，第127页。
[2]　叶名怡：《论事前弃权的效力》，载《中外法学》2018年第2期，第327页。

条款相对方，因为格式条款的提供方具有经济和地位上的优势，如果条款提供方在合同中事先拟定双方一致同意排除法律对格式条款的适用，或者预先拟定双方一致表示某些条款不是格式条款，那么条款相对方往往难以反对或者修改这些条款，并不得不表示同意。如果这种约定有效，很快就会导致此类预先约定排除的免责事由泛滥成灾，从而彻底架空民法典和单行法律法规对格式条款的规制，格式条款的制度天平就会彻底滑向充满弊端的一面。失去公平保障的便捷高效，只会造成对弱势一方更大的不公平。"契约自由原则之确立，需基于契约双方当事人出于健全的自由意思形成的合意，始具拘束双方当事人之效力。民法对于契约最少限度的管制，系维护契约自由原则的最佳表现。但为维护当事人缔约的公平，在若干情形，国家法对于契约自由原则，加以若干限制。"[1] 因此，格式条款中不得预先自我定义为非格式条款，不得约定排除法律对格式条款的效力控制。

（本条撰写人：孟　强）

---

[1]　陈聪富：《契约自由与诚信原则》，元照出版有限公司 2015 年版，第 56 页。

格式条款的提示与说明

提供格式条款的一方在合同订立时采用通常足以引起对方注意的文字、符号、字体等明显标识，提示对方注意免除或者减轻其责任、排除或者限制对方权利等与对方有重大利害关系的异常条款的，人民法院可以认定其已经履行民法典第四百九十六条第二款规定的提示义务。

提供格式条款的一方按照对方的要求，就与对方有重大利害关系的异常条款的概念、内容及其法律后果以书面或者口头形式向对方作出通常能够理解的解释说明的，人民法院可以认定其已经履行民法典第四百九十六条第二款规定的说明义务。

提供格式条款的一方对其已经尽到提示义务或者说明义务承担举证责任。对于通过互联网等信息网络订立的电子合同，提供格式条款的一方仅以采取了设置勾选、弹窗等方式为由主张其已经履行提示义务或者说明义务的，人民法院不予支持，但是其举证符合前两款规定的除外。

【本条主旨】

本条是格式条款提供方履行提示义务和说明义务的判断标准，即这两项义务得以履行的具体认定标准。

【关联规定】

1. 《民法典》第 496 条第 2 款　采用格式条款订立合同的，提供格式条款的一方应当遵循公平原则确定当事人之间的权利和义务，并采取合理的方式提示对方注意免除或者减轻其责任等与对方有重大利害关系的条款，按照对方的要求，对该条款予以说明。提供格式条款的一方未履行提示或者说明义务，致使对方没有注意或者理解与其有重大利害关系的条款的，对方可以主张该条款不成为合同的内容。

2.《消费者权益保护法》第 26 条 经营者在经营活动中使用格式条款的，应当以显著方式提请消费者注意商品或者服务的数量和质量、价款或者费用、履行期限和方式、安全注意事项和风险警示、售后服务、民事责任等与消费者有重大利害关系的内容，并按照消费者的要求予以说明。

经营者不得以格式条款、通知、声明、店堂告示等方式，作出排除或者限制消费者权利、减轻或者免除经营者责任、加重消费者责任等对消费者不公平、不合理的规定，不得利用格式条款并借助技术手段强制交易。

格式条款、通知、声明、店堂告示等含有前款所列内容的，其内容无效。

3.《保险法》第 17 条 订立保险合同，采用保险人提供的格式条款的，保险人向投保人提供的投保单应当附格式条款，保险人应当向投保人说明合同的内容。

对保险合同中免除保险人责任的条款，保险人在订立合同时应当在投保单、保险单或者其他保险凭证上作出足以引起投保人注意的提示，并对该条款的内容以书面或者口头形式向投保人作出明确说明；未作提示或者明确说明的，该条款不产生效力。

【理解与适用】

一、格式条款中的"异常条款"概述

格式条款的效力可以分为绝对无效和相对无效两大类。格式条款的绝对无效，是指无论格式条款提供者是否履行了提示和说明义务，由于条款本身存在严重的不公平现象而被法律认定为无效。《民法典》第 497 条规定了三种格式条款绝对无效的情形：第一种是具有总则部分民事法律行为无效情形的，第二种是提供格式条款一方不合理地免除或者减轻其责任、加重对方责任、限制对方主要权利的，第三种是提供格式条款一方排除对方主要权利的。

格式条款天然具有倾向于提供方的色彩，提供方起草的条款，即便不存在严重的不公平，也仍然可能对提供方更加有利而对相对方不太有利。格式条款的相对无效，是指格式条款存在不利于合同相对方的情形，但是尚未达到绝对无效的程度，如果格式条款提供方履行了提示义务和说明义务，则该条款为有效条款，

如果格式条款提供方未能依法履行提示义务和说明义务，则该条款为无效条款，合同相对方有权主张该条款不成为合同的内容。

此种与合同相对方具有重大利害关系且对其不利的格式条款，被《合同编通则解释》称为异常条款。异常条款必须在法律容忍的限度之内，超出此种限度，就会构成格式条款的绝对无效；未超出此种限度，则在格式条款提供方依法履行了提示和说明义务之后，该异常条款就有效，此即格式条款的相对无效。

"异常条款"是在《合同编通则解释》（草案）（2022 年 11 月 4 日公开征求意见稿）之后，才由最高人民法院在继续修改草案时增加的概念，体现在草案的送审稿和正式发布的《合同编通则解释》第 10 条之中，而在此前的草案中，一直都是沿用《民法典》中的"与对方有重大利害关系的条款"的表述。异常条款的概念，旨在指称对相对方存在较大不利影响的格式条款，用以概括归纳《民法典》中的"与对方有重大利害关系的"且对对方不利的条款。所以，"应将'与对方有重大利害关系的条款'限制在'异常条款'"①。

异常条款的"异常"，不能达到"不合理"的程度，否则就会被归入绝对无效的条款类型，因此其只能是对相对方有所不利但尚不严重。这就表明我国法上的异常条款不同于德国民法典上的不寻常条款②，也不同于欧洲示范民法典草案中的不公平条款③，因为不寻常条款或者不公平条款的"异常"程度过甚，达到了我国法上格式条款绝对无效的程度，从而直接被规定为不能成为合同内容，不能约束合同相对方。

《民法典》第 496 条仅列举了格式条款提供方免除或减轻自己责任这两类典型的异常条款，《合同编通则解释》第 10 条在此基础上，增加列举了格式条款提供方排除或者限制相对方权利的两类典型异常条款，即"免除或者减轻其责任、排除或者限制对方权利等与对方有重大利害关系的异常条款"。对此，在判断"与对方有重大利害关系"的异常条款时，首先应当注意与《民法典》第 497 条规定的绝对无效的格式条款进行区分，格式条款提供方免除或者减轻自己的责

---

① 最高人民法院民事审判第二庭、研究室编著：《最高人民法院民法典合同编通则司法解释理解与适用》，人民法院出版社 2023 年 12 月版，第 133 页。

② 《德国民法典》第 305 条之三"不寻常条款及多义条款"规定："定型化契约按其情事，即如依契约外在之表现形态不寻常，提出者之相对人无须有所预期者，不构成契约之内容。"台湾大学法律学院、台大法学基金会译编：《德国民法典》，北京大学出版社 2017 年版，第 266 页。

③ 《欧洲示范民法典草案》第Ⅱ—9：403 条规定："在经营者于消费者订立的合同中，某条款（未经个别磋商）由经营者提供且明显不利于消费者，有悖于诚实信用与公平交易原则的，即构成本节意义上的不公平条款。"[德]克里斯蒂安·冯·巴尔、[英]埃里克·克莱夫主编：《欧洲私法的原则、定义与示范规则：欧洲示范民法典草案（全译本）》（第 1～3 卷），高圣平等译，法律出版社 2014 年版，第 548 页。

任、排除或者限制相对方权利的情节，只能比较轻微，不能达到不合理的程度，并且对相对方权利的排除和限制，也只能是针对相对方在合同中的次要权利而不能是主要权利。

对于"重大利害关系"条款的判断，法官可以借助和参照现有法律法规和规章的列举性规定来进行判断，例如，《消费者权益保护法》第 26 条、《合同行政监督管理办法》第 6 条都列举了不少属于"重大利害关系"的情形，包括商品或者服务的数量和质量、价款或者费用、履行期限和方式、安全注意事项和风险警示、售后服务、民事责任等内容。但即便如此，如何判断条款内容是否与相对方具有"重大利害关系"，仍然难以进行完全的类型化和具有针对性的列举，所以只能由法官在个案中根据合同的性质和具体内容去进行判断。"由此令法官难以操作的是，如何判断某个条款与一方当事人'有重大利害关系'。"① 例如，在"中国邮政储蓄银行股份有限公司四平市分行、王某男等借款合同纠纷"一案中，对于担保合同中约定的保证期间长于 6 个月的，是否属于限制对方权利而属于与对方有重大利害关系的条款，二审法院与再审法院的观点就存在分歧。二审法院认为，此种条款"属于加重保证人的负担并从而限制了自身责任……未以黑体字或其他明显区别于其他字的形式作以提示，同时又未能提供证据证明对该条款进行说明"，因此，该保证期间的约定对保证人不发生效力。但是再审法院却认为："邮储银行在与王某男、王某玲订立保证合同时对部分约定内容不存在免除或限制其责任的情形，王某男、王某玲对为案涉贷款 20 万元提供担保是明知的，且合同中明确约定了 2 年的保证期间，无需作出进一步的提示和说明。"②

此外，还应当警惕实践中的另一种倾向，即格式条款提供方为了避免遗漏而被认为未履行提示义务，而将许多并不属于与合同相对方具有"重大利害关系"的条款都进行提示，这就会将真正重要的条款淹没在其他条款之中，从而让合同相对方失去对提示内容进行格外关注的耐心。这种做法就会"导致内容并无问题、但关涉当事人利益的其他条款被纳入提示义务的范畴，导致提示义务的泛化，甚至使提示义务丧失意义"③。最高人民法院也认为，合同中"与对方有重大利害关系的条款"可能会有很多，如标的、数量、质量、价款或者报酬等涉及交易各方权利义务关系实质性内容的条款都可能与对方有重大利益关系，"如果

---

① 李世刚：《法律行为内容评判的个案审查比对方法——兼谈民法典格式条款效力规范的解释》，载《法学研究》2021 年第 5 期，第 40 页。
② 吉林省高级人民法院（2021）吉民再 311 号民事判决书。
③ 殷秋实：《〈民法典〉第 496 条（格式条款的定义与订入控制）评注》，载《中国应用法学》2022 年第 4 期，第 231 页。

都要提示，就可能导致合同文本'满页飘红'，反而无法使交易对方注意到更重要的内容，从而使提供格式条款的一方提示义务的履行流于形式"①。因此，法官只能在个案中根据具体情况去判断哪些属于与相对方具有"重大利害关系"而应当进行提示的条款。

二、格式条款提供方的提示义务

异常条款属于相对无效的格式条款，其究竟是无效还是有效，端赖于条款提供方是否妥当履行了提示义务和说明义务。对于异常条款提供方的提示义务，《民法典》沿袭了《合同法》的表述，在第 496 条仅规定其应当"采取合理的方式提示对方注意"，否则对方可以主张该条款不成为合同的内容。那么何为"合理的方式"，2009 年《合同法解释二》就曾进行了解释，即"在合同订立时采用足以引起对方注意的文字、符号、字体等特别标识"。这一标准在实践操作中往往被简化为加黑加粗字体、放大字体、加下划线等形式，司法实践一般也予以认可。例如，在"康县华彩包装彩印有限公司、甘肃康县农村商业银行股份有限公司等金融借款合同纠纷"一案中，银行作为合同的提供方，在合同中对格式条款以黑体加粗的方式进行提示，对于这一提示方式，二审法院认为属于合理的方式："案涉合同虽然属于格式合同，但康县农商行在所提供的格式合同中，对合同的实质性条款及对华彩公司有重大利害关系的内容，在合同订立时采用了足以引起华彩公司注意的文字、符号、字体等标识，并以常人能够理解的方式对该格式条款予以说明。"②

"足以引起对方注意"的标准，在司法实践中可能出现双方当事人的不同理解：格式条款提供方认为自己采取的措施已经足以引起对方注意，但合同相对方认为根本未能引起自己注意。事实上，格式条款提供方采取"加黑、加粗、放大、下划线"的方式成为普遍现象，这固然是符合要求、现实可行、成本较低的一种"特别标识"，但无疑也是对合同相对方并不友好的"偷懒"行为。将提示义务简化为对表述条款内容的文字的外形进行处理，就会导致一种结果导向，即"使用免责条款的一方，并不需要证明其确实让对方注意到了这些条款，而只需要证明其采取了合理的步骤去这么做了"③。美国新泽西州最高法院首席大法官

---

① 最高人民法院民事审判第二庭、研究室编著：《最高人民法院民法典合同编通则司法解释理解与适用》，人民法院出版社 2023 年版，第 133 页。

② 甘肃省高级人民法院（2021）甘民终 734 号民事判决书。

③ Edwin Peel, *The Law of Contract*（twelfth edition），London：Thomson Reuters（Legal）Limited，2007，p. 241.

温特劳布（Weintraub）就曾抱怨道："我不知道保险单是什么意思。保险单还难住我了。他们用大字体说一件事，又用小字体把它搞掉了。"①

《合同编通则解释》致力于对"足以引起对方注意"的提示义务作出进一步的限制，以让提示义务更为具体、对合同相对方更为有利。在《合同编通则解释》（草案）（2021年9月18日人民大学讨论稿）中，曾将提示义务的标准修改为"按照常人理解足以引起对方注意"，引入了"常人"的标准，但在讨论中引起了学者的一些不同意见，包括笔者在内的一些与会者认为"常人"并非立法常用术语，担心使用这一概念之后，会出现对概念的不同理解，导致司法解释过于抽象而不符合司法解释的定位。在此后的草案中，最高人民法院遂删除了提示义务中"按照常人理解"的表述。《合同编通则解释》（草案）（2022年11月4日公开征求意见稿）仅在格式条款提供方的说明义务中使用了"作出常人能够理解的解释说明"的表述，而在此后的送审稿和正式发布稿中，"常人"的概念便彻底被删除，改为了"通常足以引起对方注意"的表述。

"通常"是我国民事立法常用的概念术语，仅在《民法典》之中，就有8个条文使用了"通常"的概念，包括通常情形、通常理解、通常标准等。"通常"相对于"常人"而言，客观色彩稍浓一些，运用场景更为丰富一些，对于法官的自由裁量权之行使也更为容易一些，因为其并不强调法官的角色代入，而直接赋予法官结合案件实际情况、根据内心判断来进行自由裁量的权力。"通常足以引起对方注意"就意味着异常条款提供方应当考虑合同相对方的具体身份和处境，考虑合同相对方的阅读能力、理解能力、识别能力等方面的差异，并以与合同相对方身份、处境均相似的人普遍都能够注意到为标准，来对条款进行提示、提请注意。

例如，实践中一些格式条款的相对方是老年人，其阅读往往需要借助于老花镜，而且阅读速度很慢，对于一些术语和表达的理解能力相对较弱，此时如果格式条款提供方未提供必要工具、未给予充分时间进行提示，就不能认为其妥当履行了提示义务。同样，如果法官认为格式条款提供方在签订合同时作出的提示，足以使与相对方身份处境相似的人一般都能够注意到，则可以认定格式条款提供方已经履行了提示义务。例如，在"北京中联博业科技发展有限公司等与北京银行股份有限公司月坛支行金融借款合同纠纷"一案中，法院就认为商事主体的理解能力强，故对格式条款加黑加粗即完成了提示义务。法院指出，虽然《借款合

---

① ［美］梅尔文·A. 艾森伯格：《合同法基础原理》，孙良国、王怡聪译，北京大学出版社2023年版，第661页。

同》是银行预先拟定的合同范本，"但中联博业公司作为商业主体，具有商业自主选择权和商业认知能力，不存在对合同中关于罚息、复利条款理解上的劣势地位……且该部分内容的字体已被加黑加粗，现中联博业公司上诉称其是被迫同意高额罚息，与事实不符，本院不予采信"①。而在"吴某顺、南京瑞海建设工程有限公司建设工程施工合同纠纷"一案中，关于合同约定的结算条款是否属于格式条款、提供方是否履行了提示义务等问题，法官发现合同双方存在长期的合作关系，说明相对方对工程承包关系、工人的人工费用等情况是了解的，法官认为，相对方作为一个与格式条款提供方具有多年合作经历的、具有建筑施工工作经验和带班工作经验的人员，其"应该能理解合同约定的结算条款内容及可能产生的法律后果，在签订合同时应当尽到审慎、注意的义务，评估、衡量合同约定的结算条款是否合理以及承包工程可能存在的盈亏风险，而不应在签订合同且完成工程后，才以瑞海公司未尽说明义务为由否认合同结算条款的效力"②。这就表明在司法实践中，合同双方是否进行过协商、条款提供方是否进行过提示等内容，可能是相当难以查明的事实，因此法官会根据双方的交易历史、当事人是否具有行业经验、合同内容本身的异常程度等事实来进行综合判断，并作出符合通常情形的、合乎情理的推论。

三、格式条款提供方的说明义务

《民法典》第 496 条第 2 款规定，格式条款提供方对异常条款进行提示之后，还应当按照对方的要求，对该条款予以说明，以满足相对方的知情权并获得其同意，从而使异常条款获得法律效力。根据这一规定，当格式条款提供方就异常条款对相对方进行了提示之后，如果相对方注意到了该条款却未作其他意思表示，那么便表示其认同了该异常条款，从而异常条款得以成为合同内容。但如果合同相对方在注意到异常条款之后，要求条款提供方就异常条款进行解释说明，则条款提供方就必须按照相对方的要求进行说明，直到相对方同意或者不再提出说明的要求或者其他异议，此时异常条款才能够成为合同的内容。

在注意到异常条款之后，是否要求提供方进行说明，是合同相对方的权利。"由于说明义务后于提示义务，在知晓异常条款的存在后，相对人是自己是否理解相应条款的最佳判断者，由其决定是否要求说明也就理所应当。"③ 但是当相

①　北京市高级人民法院（2021）京民终 524 号民事判决书。
②　广东省高级人民法院（2020）粤民再 87 号民事判决书。
③　殷秋实：《〈民法典〉第 496 条（格式条款的定义与订入控制）评注》，载《中国应用法学》2022年第 4 期，第 235 页。

对方提出说明的请求之后，条款提供方应当如何妥为履行说明义务，则是《合同编通则解释》在起草中持续关注的一个问题。《合同编通则解释》（草案）（2021年9月18日人民大学讨论稿）第13条第3款曾要求条款提供方应当"以书面或者口头形式作出说明，按照常人理解足以使对方理解其含义的"，才符合说明义务的履行标准。这一规定强调说明义务也应当按照常人的标准来履行，并确实能够让相对方理解说明的含义，方为妥当。

此后，《合同编通则解释》（草案）（2022年11月4日公开征求意见稿）将说明义务的履行标准修改为"就与对方有重大利害关系的条款的概念、内容及其法律后果以书面或者口头形式向对方作出常人能够理解的解释说明"。这一规定不仅强调说明要达到常人能够理解的程度，还逐项列举了说明应包含的重点内容。这一规定在内容上借鉴了《最高人民法院关于适用〈中华人民共和国保险法〉若干问题的解释（二）》第11条第2款的规定，即："保险人对保险合同中有关免除保险人责任条款的概念、内容及其法律后果以书面或者口头形式向投保人作出常人能够理解的解释说明的，人民法院应当认定保险人履行了保险法第十七条第二款规定的明确说明义务。"

此后，最高人民法院对草案的这一规定又进行了一些修改调整。在正式公布的《合同编通则解释》第10条第2款中，强调"就与对方有重大利害关系的异常条款的概念、内容及其法律后果以书面或者口头形式向对方作出通常能够理解的解释说明的"，才符合说明义务的履行标准。根据这一规定，条款提供方说明义务的履行，首先，在形式上并不局限于书面形式，口头形式亦可；其次，说明的主要内容，是异常条款的概念、内容及其法律后果，即便相对方仅要求说明异常条款但并未列明这些内容，条款提供方也应当将这些内容对相对方进行说明；最后，解释说明的方法、方式、效果，要能够达到在相对方的身份和处境中的人通常能够理解的程度。

此外，由于格式条款具有重复使用的特性，因此在向不同的缔约相对方进行说明解释时，应当尽量保持说明方式、说明内容的一致性。学者强调："对于具有同一属性（包括同一地域、同一职业团体或同一时间范围等因素）的可能缔约人，保持解释的统一性。在解释格式条款时，不考虑专业语言的特别含义（例如医学、化学和工程技术学的语言的含义）。"[1]

由于异常条款属于相对无效条款，故只有条款提供方依法履行了提示义务，

---

[1] 崔建远：《合同解释论：规范、学说与案例的交互思考》，中国人民大学出版社2020年版，第262页。

并按照对方要求依法履行了说明义务之后，异常条款才能够正式订入合同，成为合同的一部分，进而对双方当事人具有约束力。否则，根据《民法典》第 496 条的规定，异常条款就不构成合同的内容，对相对方不具有约束力。同时，关于提示义务和说明义务履行的举证责任，历次草案都强调提供格式条款的一方对已尽提示义务或者说明义务承担举证责任，但《合同编通则解释》（草案）（2021 年 9 月 18 日人民大学讨论稿）第 15 条第 2 款还曾更为细致地规定道，如果相对方对提供格式条款一方已尽合理提示及说明义务的事实在相关文书上签字、盖章或者以其他形式予以确认的，则应当认定格式条款提供方履行了提示义务或说明义务，除非相对方能够另行提出证据予以推翻。但这一细化规定在此后的草案中未能得到保留。《合同编通则解释》第 10 条第 3 款仅规定，合同双方围绕条款提供者是否履行了对异常条款的提示义务和说明义务发生争议时，格式条款提供方应当对自己已经尽到了提示义务或者说明义务承担举证责任。

四、电子合同格式条款的提示与说明义务

在信息化时代，随着我国移动终端的普及和数字经济的蓬勃发展，电子合同相比传统纸质合同而言，更为高效、便捷、安全、环保、节约成本、易于保管，因此在市场交易中得到了广泛应用，以电子合同的方式订立各式合同，已经成为人们生活中的常态化情景。根据国家标准化管理委员会 2018 年发布的《电子合同订立流程规范》（标准号：GB/T 36298—2018）的定义，电子合同是指"平等主体的自然人、法人或其他组织之间以数据电文为载体，并利用电子通信手段设立、变更、终止民事权利义务关系的协议"。以数据电文为载体的电子合同，在签署的过程中，双方当事人一般就不会进行当面磋商，因此，对于合同中异常条款的提示和说明，便只能通过合同文本本身来实现。此外，电子合同可以不受合同内容多少、篇幅长短的限制，因此可以容纳数量众多的合同条款，并且传统纸质合同"加黑、加粗、放大、下划线"的提示方式在电子合同中便成为成本低廉、不值一提的提示方式，这就意味着应当对电子合同异常条款提示与说明义务的履行提出新的、更高的要求。

目前在法律和法规层面，尚未对电子合同格式条款的提示和说明义务作出特别规定。中国人民银行 2020 年 9 月颁布的《中国人民银行金融消费者权益保护实施办法》第 21 条第 1 款规定："银行、支付机构向金融消费者提供金融产品或者服务时使用格式条款的，应当以足以引起金融消费者注意的字体、字号、颜色、符号、标识等显著方式，提请金融消费者注意金融产品或者服务的数量、利率、费用、履行期限和方式、注意事项、风险提示、纠纷解决等与金融消费者有

重大利害关系的内容，并按照金融消费者的要求予以说明。格式条款采用电子形式的，应当可被识别且易于获取。"但如何设置和呈现电子合同中的异常条款才属于"可被识别""易于获取"，如何才能让电子合同中的异常条款相对方能够注意到并且知悉其内容，仍然是一个法律与技术交织的难题。

最高人民法院在 2013 年发布的《关于适用〈中华人民共和国保险法〉若干问题的解释（二）》第 12 条曾规定："通过网络、电话等方式订立的保险合同，保险人以网页、音频、视频等形式对免除保险人责任条款予以提示和明确说明的，人民法院可以认定其履行了提示和明确说明义务。"但是以"网页"的形式进行提示和说明的规定，在今天看来显然过于宽泛，并不适合作为电子合同格式条款提供方履行提示与说明义务的判断标准。

在《合同编通则解释》起草过程中，一直致力于对电子合同异常条款的提示与说明义务作出不同于传统纸质合同的规定，但具体的规定内容，却在不同时期的草案中不断发生变化，这也表明这一问题相当棘手和复杂。

《合同编通则解释》（草案）（2021 年 9 月 18 日人民大学讨论稿）曾要求电子合同的异常条款应当在"必经流程中设置显著的确认程序"，方构成提示义务的履行。而《合同编通则解释》（草案）（2022 年 11 月 4 日公开征求意见稿）则更为具体地规定，电子合同的异常条款"通过勾选、弹窗等特别方式"进行提示的，就构成提示义务的履行。这一规定到了草案的送审稿中，被修改为"通过合理设置勾选、弹窗等方式"，强调勾选、弹窗的方式必须具有合理性。而到了草案的审签稿，则发生了根本转变，即："通过互联网等信息网络订立电子合同，提供格式条款的一方仅以采取了设置勾选、弹窗等方式为由主张其已履行提示义务或者说明义务的，人民法院不予支持。"在正式发布的《合同编通则解释》第 10 条第 3 款中，保留了这一规定，增加了"但是其举证符合前两款规定的除外。"

从司法解释草案的这一发展过程可以看出，最高人民法院对于电子合同的异常条款提示与说明义务，一开始是进行概括性规定，此后改为列举勾选、弹窗等具体方式并强调设置的合理性，到最后却将勾选、弹窗等方式列明为不合格的提示与说明方式。据学者归纳，在判断提供格式条款方的提醒是否已经达到合理程度时，应当根据五个方面的因素来判断：文件的外形、提醒注意的方法、清晰明白的程度、提醒注意的时间。[1] 电子合同中的勾选、弹窗等方式，在最高人民法院看来，终究不能直接作为尽到合理程度的提示与说明义务的标准。

---

① 参见苏号朋：《合同的订立与效力》，中国法制出版社 1999 年版，第 181～182 页。

勾选，即合同相对方在电子合同页面中提供的勾选框进行操作，同意该页的内容则进行打钩操作。在电子合同中，如果相对方不进行勾选，则无法进行下一步操作。因此，相比"只要用户继续浏览网页就视为同意"的做法，勾选确实对相对方具有较为明显的提示作用。但是，勾选在实践操作中极易被滥用。一是电子合同提供方可能采取"点击注册即表示同意"的方式，让相对方勾选概括同意多项条款，其中就包括异常条款。例如，某人在某购物平台注册时，勾选了"我已阅读并同意以上条款"，但上述条款则包含了"促销产品一经售出概不退换""纠纷争议由卖方所在地法院管辖"等异常条款。这显然不属于"通常足以引起对方注意"的提示方式。二是电子合同提供方可能采取"默认勾选"的方式来对相对方进行提示与说明，此种方式下，条款提供方所给出的勾选框已经被事先打上了勾，相对方如果不同意，固然可以点击取消打钩，但如果不点击取消，则直接可以进入下一步操作。相对于"提供勾选框并需要用户手动同意"的勾选方式而言，"模式勾选"的方式显然对相对方的提示程度不足。

弹窗，也称为对话框，是指以弹出消息窗口的形式向合同相对方提供信息推送。弹窗具有一定的强交互性，能够中断合同相对方当前的操作，要求其必须对弹窗内容进行处理，否则无法进行下一步操作而完成全部流程。弹窗能够在保留用户当前进程的情况下，指引其完成一个特定的操作，在各类软件、网页、移动设备中具有广泛的运用。弹窗确实具有足以引起相对方注意的功能，因为弹窗会强制中断当前的操作，但这并不等同于其同时能够将异常条款的内容对相对方进行有效提示。事实上，各类网页中的各式弹窗曾一度泛滥成灾，严重影响用户的体验，为此，2022年9月网信办专门颁布了《互联网弹窗信息推送服务管理规定》，要求服务提供者必须以服务协议等形式明确告知用户弹窗信息推送服务的具体形式、内容频次、取消渠道等，不得以任何形式干扰或者影响用户关闭弹窗，并强调要确保弹窗广告一键关闭。

正如学者所言，"在网络交易中，即使格式条款使用方在合同中改变了字体、字号、颜色等进行提示，仍有必要通过强制跳转、弹出页面展示、延时同意等技术手段让相对方确实可能注意到异常条款的存在，否则，相对方直接点击已经阅读条款并同意的按钮并不代表格式条款使用人提示义务的履行"[1]。从实践来看，勾选、弹窗等方式对于电子合同提供方而言成本低廉、容易实现，而对于合同相对方而言，则在增加了一些操作步骤之余，并不能让其对异常条款有更多的注意

① 殷秋实：《〈民法典〉第496条（格式条款的定义与订入控制）评注》，载《中国应用法学》2022年第4期，第233页。

和了解。因此，仅采取了设置勾选、弹窗等方式的，确实难以成为电子合同提供方对异常条款有效进行了提示和说明的充分证据。为此，电子合同提供方就需要提供其他额外的证据，来证明其有效进行了提示和说明。例如，在电子合同中对于异常条款进行充分展示，并对关键内容设置不同的字体、字号、颜色等进行提示，并在页面中设置强制阅读功能；对相对方设置阅读异常条款的固定时间，防止其匆匆浏览甚至不浏览直接进行点击；基于不同的用户画像而对不同合同相对方群体设置多样化的提示方式，例如语音播报、视频展示，等等。

总之，《合同编通则解释》第10条第3款并非完全否定电子合同中普遍运用的勾选、弹窗等提示方式的作用，而是摒弃简单的形式主义、采取实质主义，为电子合同异常条款提供方课以更多的举证负担、实施举证责任倒置，让其不能仅仅以设置了勾选、弹窗等作为履行提示与说明义务的证明，还应当提供更多证据，表明其对异常条款确实采取了通常情形下足以引起相对方注意的方式进行提示，应相对方的要求也作出了通常能够理解的解释说明。

（本条撰写人：孟　强）

三、合同的效力

缺乏判断能力的认定

当事人一方是自然人，根据该当事人的年龄、智力、知识、经验并结合交易的复杂程度，能够认定其对合同的性质、合同订立的法律后果或者交易中存在的特定风险缺乏应有的认知能力的，人民法院可以认定该情形构成民法典第一百五十一条规定的"缺乏判断能力"。

【本条主旨】

本条是关于《民法典》第 151 条规定的显示公平中行为人"缺乏判断能力"认定标准的具体规定。

【关联规定】

《民法典》第 151 条　一方利用对方处于危困状态、缺乏判断能力等情形，致使民事法律行为成立时显失公平的，受损害方有权请求人民法院或者仲裁机构予以撤销。

【理解与适用】

一、显失公平与"缺乏判断能力"

显失公平是民法对弱势群体特殊保护的一项制度，其例外摒弃形式意思自治而探寻实质意思自治。在显失公平制度中，双方虽然达成了协议进行交易，但由于一方系处于轻率、无经验等不利地位并被对方有意利用，交易结果呈现出不公平的局面，此时法律赋予弱势一方撤销权，允许其撤销该交易，让双方的财产状况回复到交易前的状态。显失公平制度是对初入市场、无交易经验一方的特别保护，也是对"合同必守"原则的例外规定，是民法对弱势群体的特殊保护制度之一。

我国 1986 年《民法通则》第 59 条就规定："下列民事行为，一方有权请求人民法院或者仲裁机关予以变更或者撤销：（一）行为人对行为内容有重大误解的；（二）显失公平的。被撤销的民事行为从行为开始起无效。"这一规定将显失公平规定为可撤销或可变更的民事法律行为，但是对于何为显失公平，则并未进行定义。1988 年最高人民法院发布的《民通意见》第 72 条对显失公平进行了解释："一方当事人利用优势或者利用对方没有经验，致使双方的权利义务明显违反公平、等价有偿原则的，可以认定为显失公平。"这一解释强调显失公平是一方当事人利用自身的优势或者利用对方的劣势，并导致了权利义务明显失衡的结果。1989 年《国家工商行政管理局经济合同司关于如何处理申请变更或者撤销内容有重大误解或显失公平的合同案件的复文》（〈1989〉同字第 3 号）第 2 条第 2 款也规定："显失公平的合同，是指一方当事人以权谋私，或者利用对方紧迫或没有经验的轻率行为，单方获取暴利，致使双方的权利义务关系明显违反了平等、互利、公平的原则……"

1999 年《合同法》第 54 条规定："下列合同，当事人一方有权请求人民法院或者仲裁机构变更或者撤销：（一）因重大误解订立的；（二）在订立合同时显失公平的。一方以欺诈、胁迫的手段或者乘人之危，使对方在违背真实意思的情况下订立的合同，受损害方有权请求人民法院或者仲裁机构变更或者撤销。当事人请求变更的，人民法院或者仲裁机构不得撤销。"可见《合同法》同样将显失公平的合同效力规定为可变更或可撤销，但是与前述《民通意见》及原国家工商行政管理局的答复不同的是，《合同法》将显失公平与乘人之危进行了区分，将乘人之危单独进行了规定，不再归入显失公平的范畴。

2017 年《民法总则》第 151 条吸收了《民通意见》的规定，对显失公平作出了定义性的规定，同时又对《合同法》的规定作了调整，将乘人之危与显失公平重新整合为一个制度。这一规定为《民法典》第 151 条完全继受，未加修改。这就表明，在《民法总则》实施之后，乘人之危不再作为民事法律行为可撤销的一种独立情形，而是作为显失公平的一个主观方面予以考虑。显失公平中的"一方利用对方处于危困状态、缺乏判断能力等情形"，与乘人之危的方式十分相似，或者说正是乘人之危的一种具体表现，并且显失公平相对于乘人之危的"使对方违背真实意思"，还增加了权利义务显失公平的客观标准，更具有救济的必要性和可操作性，故民法典以显失公平制度来吸收乘人之危制度，将其整合并予以合并规定，具有合理性。

根据《民法典》第 151 条的规定，显失公平需要同时具备几个要件：一方处于危困状态或者缺乏判断能力等情形，另一方认识到并利用了这一点，并且导致民事法律行为在成立时就呈现出显失公平的失衡状态。

可以说，显失公平制度是主客观要件的结合，既要求一方在主观上处于危困的窘迫状态，或者主观上属于缺乏判断能力的状态，又要求在客观上存在双方的法律关系从成立伊始便失衡的事实。"所谓危困状态，是指当事人处于某种危急、困难状态，以至于迫切需要获得金钱或其他给付，如果得不到这些给付，当事人就会遭受重大不利益。大多数情况下涉及的是经济上的危困状态。"[1] 因此，"处于危困状态"相对而言可以通过当事人的经济状态、资金缺口、融资需求等事实来判断，而对于显失公平中的当事人"缺乏判断能力"的认定，则主观性更强一些，在司法实践中认定的难度也就更大一些。这也就是《合同编通则解释》要以专门的条文来对此进行规定的原因，以避免法官的自由裁量权过大而出现同案不同判的情形。

二、"缺乏判断能力"的主体

对于有权主张显失公平而撤销民事法律行为的主体，《民法典》第 151 条并未作出具体限制，其使用的是"对方"和"受损害方"的概念，因此，自然人、法人、非法人组织都在其范围之内。当然，在司法实践中，主张适用显失公平制度来保障自身权益的，大多数是自然人而非法人或非法人组织，因此学说中一般认为显失公平主要适用于自然人，法人、非法人组织较难适用这一制度。其理由在于：法人、非法人组织较之于自然人，其市场适应能力更强，专业性和抗风险性也都更强；自然人受到感性因素的影响，更容易轻率、冲动、无经验、窘迫，因此也更容易"处于危困状态、缺乏判断能力"。

据此，也有观点认为，《民法典》第 151 条规定的"对方"不包括法人、非法人组织，对于法人特别是公司而言，处于危困状态、缺乏判断能力而发生的风险属于商业风险，应当自担其责；公司处于危困状态时签订的利益显著失衡的合同，法律不应干预，应当通过商业规则来处理，否则会破坏市场秩序，破坏合同必须严守的市场秩序；"缺乏判断能力"的情形也不应当适用于法人、非法人组织，因为法律已经假定法人、非法人组织具备民事权利能力和民事行为能力，具

---

[1]　杨代雄：《法律行为论》，北京大学出版社 2021 年版，第 458 页。

备"判断力"①。

《合同编通则解释》第11条从语义上只是规定了"当事人一方是自然人"时应当如何认定《民法典》第151条规定的"缺乏判断能力"的情形，并未规定《民法典》第151条只能适用于受损害的一方当事人为自然人的情形。应当说，这一规定并未对《民法典》作出额外限制。该解释最初的《合同编通则解释》（草案）（2021年9月18日人民大学讨论稿）第29条规定："民法典第一百五十一条所称'缺乏判断能力'，是指当事人由于知识、经验等的欠缺，导致对合同的内容、性质、风险等缺乏判别断定的能力。"彼时尚未明确提及"当事人一方是自然人"，亦未规定"年龄、智力"等专属于自然人的因素，而是泛称"当事人"。在此后的草稿直到公开征求意见稿中，这一规定均未再出现。直到草稿的审签稿中这一规定才再次出现，其理由主要是为了保护以自然人为代表的特殊主体的交易安全，而增设对于《民法典》第151条所称"缺乏判断能力"的认定规则。由此可见，无论是从该解释的草案还是从正式公布的条文，均不能得出民法典显失公平制度的主体仅为自然人的结论。

事实上，虽然涉及法人等主体主张适用显失公平制度的案件相对较少，但绝非没有。例如，在民法典实施后，在"天津宝迪农业科技股份有限公司、广发银行股份有限公司天津分行金融借款合同纠纷"案中，最高人民法院针对案涉金融借款合同是否存在显失公平的问题审理后指出："本案中，广发银行与天津宝迪签订的一系列合同均系双方当事人的真实意思表示，并不违反法律、行政法规的强制性规定，应认定合法有效。其中关于按照贷款利率加收50％计收罚息的约定符合中国人民银行的利率要求，当事人应依约履行。天津宝迪上诉提出广发银行乘人之危，适用格式合同约定过高的罚息利率，双方订立合同显失公平等主张，但未提交证据证明其订立合同时处于危困状态或者缺乏判断能力等情形，也无证据证明广发银行具有利用相关情形牟取不正当利益的主观故意和具体行为。因此，天津宝迪提出的上述主张无证据证明，本院不予支持。"② 可见，对于即便是公司法人提出的显失公平的诉求，人民法院依然会认真对待并进行实质审理。

然而，在《合同编通则解释》颁布后，有关于该解释的释义书认为："主观上'缺乏判断能力'的主体显然只能是自然人，而不可能是法人。这是因为法人

---

① 最高人民法院民法典贯彻实施工作领导小组主编：《中华人民共和国民法典总则编理解与适用》（下），人民法院出版社2020年版，第749页。

② 最高人民法院（2019）最高法民终1386号民事判决书。

是具有民事权利能力和民事行为能力并依法独立享有民事权利和承担民事义务的组织，虽然法定代表人是法人的意思表达机关，但股东会、董事会等机构才是作出法人意思表示的决定机关。因而作为个体的法定代表人、股东等可能确实会在主观上'缺乏判断能力'，但不能认为作为机构的股东会、董事会等也在主观上'缺乏判断能力'。"① 由此，该书认为："关于认定构成《民法典》第 151 条所规定的'缺乏判断能力'的主体必须严格限定于自然人，而不能滥用至法人，以免法人借此转嫁其正常经营决策的风险。"② 如果将"缺乏判断能力"的主体严格限定为自然人而不允许适用于法人，那么就意味着显失公平制度只能适用于自然人，而不能适用于法人、非法人组织等主体。对此，笔者并不赞同，笔者认为"缺乏判断能力"的主体无疑主要是自然人，但并非绝对只能是自然人，《合同编通则解释》第 11 条主要针对自然人作为一方当事人的情形进行了规定，但并未表明显失公平制度只能适用于自然人，主要理由在于：

第一，《民法典》第 151 条并未将适用范围限定在自然人之内，司法解释无权对民法典进行明显改变文义的限缩解释。《民法典》第 151 条仅强调"处于危困状态、缺乏判断能力"的当事人，只要其不利状况被对方所利用，即可适用显失公平制度来主张撤销民事法律行为，而无论是自然人还是法人、非法人组织，均有可能陷入危困状态，亦有可能缺乏判断能力。因此，民法典该条本身的文义并未对适用主体进行限制。此外，从《民法通则》到《合同法》，再到《民法总则》和《民法典》，立法对于显失公平制度的规定虽有不同，但在主体上均使用的是"一方""对方"的表述，未将其限定为自然人。依据《立法法》第 48 条的规定，法律解释权属于全国人民代表大会常务委员会。而依据《立法法》第 119 条的规定，最高人民法院作出的属于审判工作中具体应用法律的解释，应当主要针对具体的法律条文，并符合立法的目的、原则和原意。因此，司法解释无权对民法典清晰的文义进行限缩解释，从而极大地缩小民法典条文的适用范围。

第二，《合同编通则解释》第 11 条仅是针对当事人一方为自然人时的"缺乏判断能力"应当如何认定进行特别解释，但并未表明"缺乏判断能力"者仅限于自然人。《合同编通则解释》第 11 条首先就限定了自身进行解释的范围，即仅针对"当事人一方是自然人"的情形进行解释，其并未针对"当事人一方是法人或非法人组织"进行解释，并不表明当事人一方不可能是法人或非法人组织。因

---

① 最高人民法院民事审判第二庭、研究室编著：《最高人民法院民法典合同编通则司法解释理解与适用》，人民法院出版社 2023 年版，第 139 页。

② 最高人民法院民事审判第二庭、研究室编著：《最高人民法院民法典合同编通则司法解释理解与适用》，人民法院出版社 2023 年版，第 140 页。

此，将《合同编通则解释》第 11 条理解为"缺乏判断能力"乃至显失公平制度仅限于自然人，并不符合该司法解释的文义和目的。

第三，在司法实践中，法院并不拒绝对法人、非法人组织提出的显失公平的诉求进行审查，甚至不乏认定法人作为显失公平的受损害方而有权撤销合同的判决。如果将显失公平制度的适用主体限定为自然人，那么是否意味着只要是法人、非法人组织以显失公平为由主张撤销民事法律行为，法院就可以以主体不适格为由直接驳回这一诉求而无须进行实体审理？答案显然是否定的。例如，在"河南恒昌房地产开发有限公司、河南利康置业有限公司合资、合作开发房地产合同纠纷"案中，针对河南恒昌房地产开发有限公司提出的涉案协议显失公平、应予撤销的诉求，最高人民法院经再审审理后指出："原审法院结合恒昌公司作为专业房地产开发企业及其与相关单位及个人签订协议处理投资、土地使用权及股权转让事宜的经历，认定其对涉案房地产开发项目相关问题具有足够的认识和判断能力，并无不当。双方合作期间，利康公司投入资金完成项目一期大部分拆迁等工作，其退出合作后无法获得涉案项目开发利益，前述《协议书》关于恒昌公司给予其包括借款利息、可得利益损失等各项损失补偿 4 000 万元的约定，没有证据证明存在显失公平的情形。原审法院由此认定恒昌公司主张撤销前述约定的请求不应予以支持，具有相应的事实和法律依据。"可见，在该案中，最高人民法院虽然最终并未支持河南恒昌房地产开发有限公司的诉求，但是对其是否"缺乏判断能力"、协议是否在成立时显失公平进行了实质审理，例如，考虑了该公司作为专业房地产开发企业的性质，以及其签订协议处理投资、土地使用权及股权转让事宜的既往经历，认定其对涉案房地产开发项目相关问题具有足够的认识和判断能力。[1]

第四，由于法人、非法人组织的类型较多，在特定的情形下，也存在法人、非法人组织"处于危困状态、缺乏判断能力"的情形，进而成为不公平交易中的受损害方，不得不适用显失公平制度来保障其合法权益。在法人中，既有上市公司这样雇佣了大量专业财会、法律人士的大型营利法人，也有三五人组成的有限责任公司，甚至一人公司这样小规模的、股东直接进行经营管理的小型营利法人，还包括了各种事业单位、社会团体、基金会、社会服务机构等非营利法人。此外，还有大量的个人独资企业、合伙企业、不具有法人资格的专业服务机构等非法人组织也在参与各种民事法律行为。这些主体在从事交易时，有可能会遭遇显失公平的情形，因此需要这一制度的救济。如果完全不允许这些主体适用显失

---

[1]　参见最高人民法院（2021）最高法民申 3867 号民事裁定书。

公平制度，这本身就难谓公平。例如，在经历了一审、二审和再审的"辽宁立泰实业有限公司、抚顺太平洋实业有限公司企业借贷纠纷"案中，一审法院认为："在《协议书》及其附件签订时，抚顺太平洋公司、辽宁立泰公司、浙江太平洋公司的法定代表人均为陆某，陆某是抚顺太平洋公司和浙江太平洋公司的间接控股股东，也是辽宁立泰公司间接持股最多的大股东。黄某作为陆某的外甥，二人之间有亲属关系，在陆某被限制人身自由期间，抚顺太平洋公司的公章后转由黄某保管，公司相关的财务凭证也由黄某持有，在涉及抚顺太平洋公司的刑事案件中，黄某以诉讼代表人参加诉讼。特别是陆某还曾授权黄某代刻中国地产公司的公章，并用于与徐某元的股权转让之用，《股权转让协议》由陆某本人签字确认，已经实际履行，陆某对其控股公司的管理、控制得以实现。徐某红虽然是抚顺太平洋公司的股东，但没有在该公司管理层任职。以上事实表明抚顺太平洋公司在《协议书》及其附件上加盖公章是其自主行为。抚顺太平洋公司主张其基于对徐某红的信任没有核对账目而加盖公章，没有事实依据，一审法院不予支持。辽宁立泰公司主张陆某是在案涉股权转让前三方当事人的实际控制人和管理人、经营者，有事实依据，一审法院予以采信，据此不能认定三方签订《协议书》及其附件时存在一方利用对方危困或弱势牟取不当利益的情形，亦无法认定《协议书》及其附件的签署显失公平。"[①]

　　该案二审法院在二审中却认为："《协议书》及其附件并不是抚顺太平洋公司和浙江太平洋公司的真实意思表示。陆某于 2016 年 7 月 29 日签订《股权转让协议》和《授权委托书》，由此可以看出辽宁立泰公司明知重大事项必须经陆某签字或者授权方可实施，陆某仅对股权转让事宜作出授权，对其他事项均未予授权。而辽宁立泰公司却在没有陆某签字或授权的情况下于 2016 年 8 月 1 日签订《协议书》及其附件。即使如辽宁立泰公司所称《协议书》及其附件实际形成于 2016 年 7 月，陆某自 2015 年 12 月 30 日被限制人身自由（无法与外界联系），直到 2016 年 7 月底才得以会见律师，其在《协议书》形成的整个过程中无法获悉有关情况并作出意思表示，也根本无法实际管理公司。辽宁立泰公司作为企业法人应该非常了解公司的设立、重大协议的签署、重大债务的减免等相关法律规定，抚顺太平洋公司、辽宁立泰公司、浙江太平洋公司又是关联企业，辽宁立泰公司也非常了解抚顺太平洋公司、浙江太平洋公司的内部实际情况。黄某系陆某的外甥，但在没有陆某授权委托的情况下，根据我国相关法律法规的规定其也不能直接代表陆某。汪某康既不是浙江太平洋公司的股东，也不是浙江太平洋公司

---

① 辽宁省抚顺市中级人民法院（2017）辽 04 民初 81 号民事判决书。

的高级管理人员，也没有任何授权，在公司无人管理的情况下，更不能仅凭汪某康持有公章就认定其有权决定巨额债务减免。而且对于如此重大债务的减免，陆某本人也不能自行决定，应分别召开抚顺太平洋公司和浙江太平洋公司的股东会、董事会作出决议，对此辽宁立泰公司也应当明知。辽宁立泰公司称仅凭黄某、汪某康持有公章就认定黄某、汪某康有权签署巨额债权债务的平账协议与我国法律规定及公司决策机制不符……综上所述，辽宁立泰公司利用抚顺太平洋公司法定代表人人身自由受限无法实际管理公司，公司管理混乱之际，在明知如此重大债务减免程序的情况下，以签署《协议书》及其附件来为自己减免巨额债务，损害了抚顺太平洋公司的利益，显失公平。抚顺太平洋公司的合理主张应予支持。"①

对于该案，最高人民法院在再审审理时认为："判断合同各方当事人之间是否存在显失公平，主要看各方权利义务（诸如收益与支出等）是否失衡。总体上审视《协议书》及其附件内容，抚顺太平洋公司付出 7 650 万元的代价而基本无所得，辽宁立泰公司相应免除该债务而对抚顺太平洋公司基本无所付出。二审法院认定三方当事人订立的《协议书》及其附件显失公平，并无明显不当。辽宁立泰公司、抚顺太平洋公司、浙江太平洋公司经办人员于 2016 年 8 月 1 日在案涉《协议书》及其附件上盖章时，该三公司共同的法定代表人陆某因配合有关机关调查已被限制人身自由 8 个月，抚顺太平洋公司财务资料被公安机关调取，执行总经理田某和财务人员钟某也被逮捕，可以认定抚顺太平洋公司当时正处于危难之中。对此，辽宁立泰公司应当明知，但其却在此情况下通过无权代理抚顺太平洋公司和浙江太平洋公司的经办人签订《协议书》及其附件，将抚顺太平洋公司对其账款余额 7 650 万元作平账处理。二审法院认定《协议书》及其附件的订立过程存在法律规定的乘人之危情形，也并无明显不妥。"②

由此可见，在司法实践中，各级法院包括最高人民法院从未将显失公平制度的适用主体限定为自然人，相反，对于任何主张显失公平而请求撤销民事法律行为的主体，人民法院均依法对其诉求进行实质审理，即便是法人，其决策还是需要相关的机构和人员来作出，因此仍得以考察其是否处于危困状态、作出决定的人员是否"缺乏判断能力"、民事法律行为在成立时是否显失公平等要件，从而决定是否适用显失公平制度。因此，笔者认为，不应将显失公平制度的适用主体限定在自然人的范围内；相反，显失公平制度的适用主体不应受到特别限定，应

---

① 辽宁省高级人民法院（2018）辽民终 256 号民事判决书。
② 最高人民法院（2019）最高法民申 2898 号民事裁定书。

当交由法官在个案中根据案件事实来进行法律适用的判断，而非仅凭主体的不同就决定法律的不同适用。

三、"缺乏判断能力"的判断时点

依据《民法典》第151条的规定，对于显失公平的判断时点，应当是"民事法律行为成立时"。因此，对于受损害方是否"缺乏判断能力"的判定时点，同样应当是在民事法律行为成立之时。只有在民事法律行为成立时，行为人的危困状态、缺乏判断能力导致出现了显失公平结果的，其作为受损害方才有权请求人民法院或者仲裁机构予以撤销。

行为人在民事法律行为成立之时缺乏判断能力，是指在民事法律行为成立时行为人对于行为的性质与相应的法律后果缺乏基本的正确认识。这就意味着，行为人在民事法律行为成立之前缺乏判断能力，但在民事法律行为成立之时具备相关判断能力的，就不能适用显失公平制度；同样地，行为人在民事法律行为成立之时具备相关判断能力，但是在此后陷入缺乏判断能力状态的，同样不能适用显失公平制度。对于前者，例如一些老人去银行存款，在银行工作人员的诱导下购买了理财产品，事后才发现其所持有的不是存单而是具有一定风险的理财产品凭证，"此时就不能以事后存款人已经知晓系购买保险或理财产品而否定行为时'缺乏判断能力'，也不能通过事后认知能力的提升而得到补正"[1]。对于后者，例如一些中小企业投资者在不具备专门风险投资知识的情况下贸然与风投机构签订"对赌"协议，协议内容有失公平，"至于事后行为人通过学习提升了认知能力，均不影响订立'对赌'协议时缺乏判断能力这一事实"[2]。

四、"缺乏判断能力"的认定标准

（一）"缺乏判断能力"与民事行为能力的关系

依据民法典的规定，只有能够辨认自己行为的成年人才属于完全民事行为能力人，才可以独立实施民事法律行为，限制民事行为能力人仅可以独立实施纯获利益的民事法律行为或者与其年龄、智力、精神健康状况相适应的民事法律行为。因此，完全民事行为能力人和限制民事行为能力人均具备一定的判断能力，能够辨认自己的行为，或者对特定民事法律行为的性质和后果具有较为清晰的认

---

[1] 最高人民法院民事审判第二庭、研究室编著：《最高人民法院民法典合同编通则司法解释理解与适用》，人民法院出版社2023年版，第140~141页。

[2] 最高人民法院民事审判第二庭、研究室编著：《最高人民法院民法典合同编通则司法解释理解与适用》，人民法院出版社2023年版，第140页。

知和判断。例如,《民通意见》第 5 条就曾规定:"精神病人(包括痴呆症人)如果没有判断能力和自我保护能力,不知其行为后果的,可以认定为不能辨认自己行为的人;对于比较复杂的事物或者比较重大的行为缺乏判断能力和自我保护能力,并且不能预见其行为后果的,可以认定为不能完全辨认自己行为的人。"那么,是否可以认为,凡是民事主体具备了从事相关民事法律行为所要求的民事行为能力,便具备了判断能力而不再出现"缺乏判断能力"的情形?答案显然是否定的。

显失公平制度中行为人所缺乏的"判断能力",是比民事行为能力制度中的辨认能力更高、更具体的要求。民事行为能力制度中的辨认能力只是一般性地要求自然人对其所从事的行为的性质和后果有基本的认识能力,而显失公平制度中的判断能力,则要求行为人能够对具体交易的复杂程度、合同性质、法律后果、特定风险等具有必要的认知能力。可以说,如果行为人不具备必要的民事行为能力,那么其肯定也"缺乏判断能力"。但是,在此种情形下,无须适用显失公平制度来保障行为人的合法权益,因为其只需要依据《民法典》第 144 条规定的"无民事行为能力人实施的民事法律行为无效",或者《民法典》第 145 条第 1 款规定的"限制民事行为能力人实施的纯获利益的民事法律行为或者与其年龄、智力、精神健康状况相适应的民事法律行为有效;实施的其他民事法律行为经法定代理人同意或者追认后有效",即可保障其合法权益。行为人主张自己不具备相应民事行为能力所负担的举证责任,要远轻于其在显失公平制度中所负担的举证责任。

相反,行为人如果具备必要的民事行为能力,当然,这也是交易中的正常形态,依然可能会由于"缺乏判断能力"而适用显失公平制度。因为,即便是完全民事行为能力人,在具体交易中也可能因为缺乏交易经验或者行业知识,而对交易的复杂程度、重大程度估计不足、预料不足,从而对所从事交易的性质和后果及违约风险等缺乏应有的认知能力。如果行为人的这一缺陷被相对人利用,从而出现了明显不公平的局面,那么行为人便可以通过显失公平制度来主张撤销民事法律行为。

当然,如果行为人属于限制民事行为能力人,其所从事的民事法律行为尚且在与其年龄、智力、精神健康状况总体相适应的范围内,但是由于其缺乏必要的交易知识和交易经验,所以对民事法律行为的具体性质、风险及后果等缺乏必要认知,从而使权利义务失衡,对其显然不公平的,就属于"缺乏判断能力",此时也可以通过显失公平制度来进行救济。此即学者所言,"限制民事行为能力人虽经法定代理人允许,可以独自实施超出其行为能力范围的法律行为,但仍欠缺足够的判断能力，如果相对人利用其此项缺陷达成对价明显失衡的法律行为，则显失公平规则有适用之余地"①。

总体而言，民事行为能力制度与显失公平制度是两个不同的民事制度，不能以行为人具备相应的民事行为能力来判定其不"缺乏判断能力"。具备相应民事行为能力的行为人，在具体交易中同样可能由于年龄、智力、知识、经验等方面的短板而"缺乏判断能力"。

(二)"缺乏判断能力"的认定因素

依据《合同编通则解释》第 11 条的规定，对于当事人一方是自然人时"缺乏判断能力"的认定，是在分别考虑两方面因素，即当事人自身的因素和所涉交易的因素之后，再将两者进行结合来进行具体认定。当事人自身的因素主要考虑当事人的年龄、智力、知识、经验这四个方面的情况，所涉交易的因素主要考虑交易的复杂程度，然后将两者结合起来，具体判断当事人对交易的性质、合同订立的法律后果、交易中的特定风险是否具有应有的认知能力。

可见，对于"缺乏判断能力"的认定具有动态系统论适用的特征：其并非对特定构成要件"全有或全无"式的适用，而是对诸多法律因素进行逐一考量，这些因素还具有一定的"相互比较"的个性，对于"缺乏判断能力"的认定，取决于各个因素相比较后的综合权衡。如此一来，"通过规定法官需要考虑的具体因素，法律在很大程度上实现了确定性，并且更为关键地限制了法官的裁量权，使判决具有了可预见性，同时在一种可控制的方式下实现了对不同案件事实多样性的考量"②。

1. 当事人自身的因素

依据《合同编通则解释》第 11 条的规定，当事人一方是自然人时，认定当事人是否属于"缺乏判断能力"，在其自身因素上，需要考虑年龄、智力、知识、经验四个方面的因素。

第一，年龄。适用显失公平制度的自然人，一般都是完全民事行为能力人，因此已经年满十八周岁。限制民事行为能力人所参与的民事法律行为的效力，本身就要受到"与其年龄、智力相适应"的审查，所以适用显失公平制度的空间并不太大。但是，即便年满十八周岁，参与民事法律行为的当事人仍然会存在年龄相对较小的问题，因为二十来岁的年轻人，如果此前一直在校园环境中生活，或者刚参加工作、涉世未深，既往的生活环境相对单纯，那么其年龄便成为认定其

---

① 杨代雄：《法律行为论》，北京大学出版社 2021 年版，第 460 页。
② ［奥］海尔穆特·库齐奥：《动态系统论导论》，张玉东译，载《甘肃政法学院学报》2013 年第 4 期。

是否"缺乏判断能力"的一个标准。一般而言，行为人的年龄越大，其往往累积的生活经验和人生阅历就越丰富，判断能力也就越强。但是，对于年龄过大者，这一法则却又失效。因为在社会生活发展较快的时代，老人又容易与社会生活脱节，加上其因为年老而出现的体力衰减、行动迟缓、思维能力下降等问题，会使其对一些涉及新技术、新事物的交易缺乏判断能力。因此，年龄因素主要是针对年龄较小和年龄较大这两端的情形发挥作用。例如，在"李某某诉阳林府（北京）物业管理有限责任公司确认合同无效纠纷"案中，法院指出："原告为一级重度失能老人，长期居家，与社会存在一定的脱节。被告系当地物业服务公司，对当地二手房屋的市场价格应有一定了解。鉴于原告的身体及生活状况，被告在涉案房屋价格的认知上明显优于原告。涉诉房屋经评估机构评估，评估结论为843.31万元，而双方实际成交价格为500万元，实际成交价格明显低于市场价格，致使原、被告间就购买涉诉房屋上利益严重失衡。原、被告就涉案房屋的买卖行为应认定为显失公平，应予撤销。"

第二，智力。智力（intelligence）是指个体一般性的精神能力，是个体适应环境、认识和理解客观事物、学习新知识、运用知识和经验去解决问题的能力。智力是包括记忆力、观察力、想象力、思维能力（如分析、判断、推理）、理解力、创造力以及适应新情境的能力等方面的综合认知能力。智力在自然人的学习、语言表达、抽象思维、人际交往与沟通、生活适应性、解决问题等方面发挥着重要作用。但是，智力并非个体取得成功的唯一因素，诸如努力程度、机遇、情商、性格、动机等因素同样重要，并且不同类型的智力在个体所涉及的不同领域的学习生活工作中发挥着不同的作用，不可一概而论。在司法实践中，一般不会单独基于行为人的智力高低来对其是否具备判断能力进行认定。一方面，智力的高低固然可以通过智商测试来进行区分，但此种测试属于行为人自主决定的范畴，属于隐私事项，相对方和法院均无权对行为人进行智商测试。另一方面，基于智力高低来对行为人从事民事法律行为的效力进行判断，可能涉嫌歧视，有违人人平等原则。因此，智力因素的认定，往往需要和行为人的其他自身因素以及具体的交易性质等相结合来进行，且只宜以通常人的标准来进行大致判断。例如，涉及不动产、期货、基金投资、金融理财产品、互联网金融产品等的较为复杂、风险较大、标的较大的交易，对于缺乏相关经验的一般人，如在校大学生、老人等而言，便属于超出其智力范围的、较难理解的交易，因而他们可能"缺乏判断能力"。

第三，知识。知识是一个含义非常丰富的概念。在显失公平制度中，涉及行为人自身因素判断的知识，主要是指行为人对于交易所涉及领域的专业知识。在一般性的交易中，人们通过自身的生活经验便可以对交易的性质和风险情况有较为准确的理解和把握，但是在一些专业性较强的交易领域，当事人是否具备该领域必要的知识，便决定着其能否理解交易的性质、预估交易的风险等情况。例如，在涉及字画等艺术品交易、文玩古董交易等特定领域，行为人是否具备相应的知识，便关系到对其是否具备相关判断能力的认定。此外，在一些标的较大、交易环节较为复杂、法律风险较高的交易领域，行为人是否具备必要的金融知识、法律知识、理赔知识等，同样关系到对其是否具备相关判断能力的认定。例如，在"孟某某、张某某诉厦门象屿航运有限公司等确认合同效力纠纷"案中，法院指出："事故发生后，三被告第一时间指派律师全程介入处理并负责起草了《和解协议书》，该协议条款措辞十分严谨。二原告作为普通人，虽有其他成年亲属陪同参与其中的协商，但对于人身意外险、雇主责任险及人身损害赔偿等专业法律问题，实难能够充分理解。可见，三被告在签订《和解协议书》的过程中具有明显优势，而二原告显然缺乏足够的经验、专业知识以及判断能力。"最终，法院认为："鉴于案涉《和解协议书》主观上意思表示不真实，客观上双方当事人的利益严重失衡，依法足以构成显失公平。"当然，在涉及金融产品的交易领域，一般的金融消费者难以具备较为专业的金融知识，此时，销售金融产品的一方就负有适当性义务，应当对金融消费者进行相关金融产品必要知识的提示、说明乃至培训。《九民会纪要》第72条中就规定，"卖方机构承担适当性义务的目的是为了确保金融消费者能够在充分了解相关金融产品、投资活动的性质及风险的基础上作出自主决定，并承受由此产生的收益和风险"。中国银保监会2018年颁布的《商业银行理财业务监督管理办法》第26条第1、2款也规定："商业银行销售理财产品，应当加强投资者适当性管理，向投资者充分披露信息和揭示风险，不得宣传或承诺保本保收益，不得误导投资者购买与其风险承受能力不相匹配的理财产品。商业银行理财产品宣传销售文本应当全面、如实、客观地反映理财产品的重要特性，充分披露理财产品类型、投资组合、估值方法、托管安排、风险和收费等重要信息，所使用的语言表述必须真实、准确和清晰。"金融服务提供者未尽适当性义务，导致金融消费者在接受金融服务后参与高风险等级投资活动遭受损失的，金融消费者可以请求金融服务提供者承担赔偿责任。

第四，经验。经验是指人们从既往事件中所获取的信息。与通过学习获得的知识有所不同，经验往往是行为人亲身经历而获得的体验。在显失公平制度中，当事人的经验往往是指当事人所应当具备的一般生活经验或者特定交易经验。如果当事人曾经处理过相关事务，经历过相关情景，或者在特定领域具有从业经历等，那么就可以推定当事人的此种既往经历在出现类似情况时能够为其提供解决问题的参考方案。例如，行为人曾经签订过某类合同，便可以认为其在这方面具有一定的经验。在具有一定专业性的特定交易领域，当事人要想具备该领域业务的判断能力，要么其具备相关的专门知识，要么其具有该领域的交易经验。缺乏相关经验，就会使当事人在交易中显得轻信、轻率，难以具备必要的审慎和注意，从而容易出现对其不公平的局面。例如，在"李某诉王某、保险公司合同纠纷"案中，在交通事故发生后，受害人李某与责任人王某及其保险公司达成了交通事故调解协议书，保险公司一次性赔偿李某各项损失 25 000 余元。但此后李某又到医院住院治疗，被诊断为胸椎骨折，并被鉴定为九级伤残。李某认为其签订的交通事故调解协议书显失公平，应当撤销。法院认为，李某在与王某、保险公司签订协议时，对自身伤情是否构成伤残等情况缺乏判断能力，协议所约定的赔偿金额远低于李某因本起交通事故所造成的损失赔偿额。故李某认为该协议显失公平要求撤销，有事实和法律依据，应当予以支持。本案中，保险公司有专业人士来专门处理相关的理赔业务，而当事人却毫无这方面的经验，以至于轻率地签订了对其十分不利的协议书，法院认为构成显失公平。

2. 所涉交易的复杂程度

依据《合同编通则解释》第 11 条的规定，在认定当事人是否属于"缺乏判断能力"时，除了当事人自身的因素之外，还需要考虑所涉交易的复杂程度。交易的复杂程度，是指在进行的商业活动、金融交易、贸易往来中，所涉及的专业程度、交易结构、法律条款、参与者数量、风险评估、监管要求等方面的难易度和复杂性。交易越简单，完成交易所需要的注意程度就越低；交易越复杂，完成交易所需要的注意程度就越高，因为复杂交易意味着需要进行更多的协商、规划、审核、风险防控、纠纷解决等工作，才能实现交易目标的顺利达成。例如，相对于一般性的日常交易，诸如购买生活学习用品、家具家电等的简单交易，涉及公司并购、股权代持、对赌协议、融资租赁、结构性金融产品、信托投资计划、跨国贸易等形态的交易，其复杂程度更高，对当事人的认知能力和判断能力的要求也就更高。

涉及一般的交易时，当事人只要尽到了普通人的注意，采取了一般人通常会采取的措施，便可以被认定为具备了相关的判断能力。而涉及较为复杂的交易时，则应当用更高的标准去衡量，只有在当事人的所作所为符合该项交易对参与方的基本要求时，才能认定其具备相应的判断能力。例如，在"祝某、王某股权转让纠纷"案中，最高人民法院针对案涉股权转让协议书是否存在显失公平的问题审理后指出："本案中，案涉股权转让价款涉及 1.5 亿元，作为理性投资经营者，祝某、王某、郑某应当对标的公司及相应行业进行充分的了解，并且作出理性的选择。从案涉股权转让协议书的签订过程来看，祝某、王某、郑某实际上已经对标的公司进行了充分的背景调查及资料分析，亦聘请专业的机构进行了调查分析，甚至提前派驻王某担任标的公司顾问，故其在此基础上作出签订案涉协议的商业选择，并非缺乏判断能力而签订该协议。因此，祝某、王某、郑某主张其缺乏经验甚至处于危困状态，从而导致双方利益存在严重失衡，显然不能成立。"[1] 本案中的交易属于标的额巨大的股权转让交易，属于较为复杂的交易，而当事人聘请专业人士对目标公司进行充分尽调，提前派驻人员，等等，表明其尽到了与该交易相匹配的注意义务，具备相关的判断能力，从而不能适用显失公平制度。

3. 具体认定要点

如前所述，当事人一方是自然人时，首先应当考虑当事人自身的因素，然后将之与所涉交易的复杂程度结合起来进行考虑，最后在此基础上判断当事人对于合同的性质、合同订立的法律后果或者交易中存在的特定风险等要点是否具备了应有的认知能力，从而得出当事人是否具备判断能力的结论。

合同的性质是此合同有别于彼合同的关键之所在，往往通过决定合同类型的关键条款来认定。例如，保管合同与借用合同、租赁合同与融资租赁合同、保证合同与债务加入合同等等，均由一些关键条款来决定合同的类型。合同的性质不同，就意味着合同的权利义务关系不同，法律的适用也不同，因此对当事人具有重要影响。在判断当事人对于合同性质的认识程度时，还应当结合《合同编通则解释》第 15 条的规定，不应当拘泥于合同使用的名称，而应当根据合同约定的内容来认定合同的性质；当事人主张的权利义务关系与根据合同内容认定的权利义务关系不一致的，则应当结合缔约背景、交易目的、交易结构、履行行为以及当事人是否存在虚构交易标的等事实认定当事人之间的实际民事法律关系，从而判定合同的真实性质。

合同订立的法律后果，主要是指合同订立后当事人一方根据合同约定所负担的履行义务以及违反该义务之后可能承担的违约责任等后果。合同成立后，便对当事人双方产生法律约束力，依法成立的合同，自成立时生效。因此，合同一旦订立，便意味着约定的条款开始产生法律效力，当事人须按照合同约定来履行义务，当义务不履行时，便面临着违约责任的承担。即便是预约合同，在其生效之后，如果当事人一方不履行订立本约合同的义务，对方也有权请求其赔偿因此造成的损失。因此，合同当事人对于合同条款的含义应当具有基本的认识，对于违

---

[1]　最高人民法院（2020）最高法民申 4426 号民事裁定书。

反合同约定之后的责任，应当有较为明确的认知和了解。当然，合同条款的效力，也要受到民法典及合同编通则解释有关格式条款效力规定的调整。此外，如果合同约定的违约金畸高，当事人有权申请法院进行调整，适当予以减少。

交易中存在的特定风险，是指与具体交易相关的、可能造成交易方损失的某种可能性。风险的发生具有不确定性，发生的概率根据风险程度的高低而有所不同，风险越高，发生的可能性就越大。交易中存在的特定风险，往往因交易的性质、交易结构、交易的参与方、外部环境等因素而有所不同。一方面，交易中存在的特定风险可能主要来自交易所处的外部环境，例如市场价格波动带来的市场风险、资产变现困难带来的流动性风险、上下游厂商行为带来的供应链风险、法律和监管政策修改调整带来的合规与监管风险，以及技术更新换代风险或者行业周期带来的特定行业或企业的风险等等。另一方面，交易中存在的特定风险也可能主要来自交易双方当事人的履行行为，例如合同相对方无法按时履行合同义务带来的信用风险、公司管理流程或者雇员行为带来的操作风险，等等。合同当事人，尤其是义务方应当对交易所处行业的特点以及合同履行中可能出现的问题有所预料和预判，否则就会陷入盲目乐观、过度高估自己、轻率决定的局面，从而签订对其十分不利的合同。例如，金融消费者在购买银行理财产品、保险投资产品、信托理财产品、券商集合理财计划、杠杆基金份额、期权及其他场外衍生品等高风险等级金融产品时，就应当对这些产品是否保本、预期收益情况、管理费的支付等风险有较为清楚的认知。又如，当事人在签订附回购义务条款的合同或者含对赌条款的协议时，应当对触发相关条款的可能性及其后果有较为清楚的认识，否则就存在"缺乏判断能力"的情况。

总之，在具体交易中，根据当事人的年龄、智力、知识、经验并结合交易的复杂程度，发现当事人对于合同的性质、合同订立的法律后果或者交易中存在的特定风险缺乏应有的认知能力的，并且另一方当事人知悉该方当事人的此种"缺乏判断能力"的状况，并有意加以利用，从而致使双方之间的民事法律行为在成立时就显失公平、双方权利义务失衡的，受损害一方就有权请求人民法院或者仲裁机构对该民事法律行为予以撤销。

（本条撰写人：孟　强）

批准生效合同的法律适用

合同依法成立后，负有报批义务的当事人不履行报批义务或者履行报批义务不符合合同的约定或者法律、行政法规的规定，对方请求其继续履行报批义务的，人民法院应予支持；对方主张解除合同并请求其承担违反报批义务的赔偿责任的，人民法院应予支持。

人民法院判决当事人一方履行报批义务后，其仍不履行，对方主张解除合同并参照违反合同的违约责任请求其承担赔偿责任的，人民法院应予支持。

合同获得批准前，当事人一方起诉请求对方履行合同约定的主要义务，经释明后拒绝变更诉讼请求的，人民法院应当判决驳回其诉讼请求，但是不影响其另行提起诉讼。

负有报批义务的当事人已经办理申请批准等手续或者已经履行生效判决确定的报批义务，批准机关决定不予批准，对方请求其承担赔偿责任的，人民法院不予支持。但是，因迟延履行报批义务等可归责于当事人的原因导致合同未获批准，对方请求赔偿因此受到的损失的，人民法院应当依据民法典第一百五十七条的规定处理。

【本条主旨】

本条规定批准生效合同的法律适用，具体如下：第1款前段规定报批义务的继续履行，第1款后段规定违反报批义务的赔偿责任；第2款规定违反报批义务的违约损害赔偿责任；第3款规定在合同获得批准前，对于非违约方诉请履行合同主给付义务的请求的处理；第4款规定合同未获得批准后的法律后果。

【关联规定】

1.《民法典》第 502 条　依法成立的合同，自成立时生效，但是法律另有规定或者当事人另有约定的除外。

依照法律、行政法规的规定，合同应当办理批准等手续的，依照其规定。未办理批准等手续影响合同生效的，不影响合同中履行报批等义务条款以及相关条款的效力。应当办理申请批准等手续的当事人未履行义务的，对方可以请求其承担违反该义务的责任。

依照法律、行政法规的规定，合同的变更、转让、解除等情形应当办理批准等手续的，适用前款规定。

2.《最高人民法院关于审理外商投资企业纠纷案件若干问题的规定（一）》第 1 条　当事人在外商投资企业设立、变更等过程中订立的合同，依法律、行政法规的规定应当经外商投资企业审批机关批准后才生效的，自批准之日起生效；未经批准的，人民法院应当认定该合同未生效。当事人请求确认该合同无效的，人民法院不予支持。

前款所述合同因未经批准而被认定未生效的，不影响合同中当事人履行报批义务条款及因该报批义务而设定的相关条款的效力。

3.《最高人民法院关于审理外商投资企业纠纷案件若干问题的规定（一）》第 5 条　外商投资企业股权转让合同成立后，转让方和外商投资企业不履行报批义务，经受让方催告后在合理的期限内仍未履行，受让方请求解除合同并由转让方返还其已支付的转让款、赔偿因未履行报批义务而造成的实际损失的，人民法院应予支持。

4.《最高人民法院关于审理外商投资企业纠纷案件若干问题的规定（一）》第 6 条　外商投资企业股权转让合同成立后，转让方和外商投资企业不履行报批义务，受让方以转让方为被告、以外商投资企业为第三人提起诉讼，请求转让方与外商投资企业在一定期限内共同履行报批义务的，人民法院应予支持。受让方同时请求在转让方和外商投资企业于生效判决确定的期限内不履行报批义务时自行报批的，人民法院应予支持。

转让方和外商投资企业拒不根据人民法院生效判决确定的期限履行报批义务，受让方另行起诉，请求解除合同并赔偿损失的，人民法院应予支持。赔偿损失的范围可以包括股权的差价损失、股权收益及其他合理损失。

5.《最高人民法院关于审理外商投资企业纠纷案件若干问题的规定（一）》第 7 条　转让方、外商投资企业或者受让方根据本规定第六条第一款的规定就外商投资企业股权转让合同报批，未获外商投资企业审批机关批准，受让方另行起诉，请求转让方返还其已支付的转让款的，人民法院应予支持。受让方请求转让方赔偿因此造成的损失的，人民法院应根据转让方是否存在过错以及过错大小认定其是否承担赔偿责任及具体赔偿数额。

6.《最高人民法院关于审理矿业权纠纷案件适用法律若干问题的解释》第6条　矿业权转让合同自依法成立之日起具有法律约束力。矿业权转让申请未经自然资源主管部门批准，受让人请求转让人办理矿业权变更登记手续的，人民法院不予支持。

当事人仅以矿业权转让申请未经自然资源主管部门批准为由请求确认转让合同无效的，人民法院不予支持。

7.《最高人民法院关于审理矿业权纠纷案件适用法律若干问题的解释》第7条　矿业权转让合同依法成立后，在不具有法定无效情形下，受让人请求转让人履行报批义务或者转让人请求受让人履行协助报批义务的，人民法院应予支持，但法律上或者事实上不具备履行条件的除外。

人民法院可以依据案件事实和受让人的请求，判决受让人代为办理报批手续，转让人应当履行协助义务，并承担由此产生的费用。

8.《最高人民法院关于审理矿业权纠纷案件适用法律若干问题的解释》第8条　矿业权转让合同依法成立后，转让人无正当理由拒不履行报批义务，受让人请求解除合同、返还已付转让款及利息，并由转让人承担违约责任的，人民法院应予支持。

9.《最高人民法院关于审理矿业权纠纷案件适用法律若干问题的解释》第10条　自然资源主管部门不予批准矿业权转让申请致使矿业权转让合同被解除，受让人请求返还已付转让款及利息，采矿权人请求受让人返还获得的矿产品及收益，或者探矿权人请求受让人返还勘查资料和勘查中回收的矿产品及收益的，人民法院应予支持，但受让人可请求扣除相关的成本费用。

当事人一方对矿业权转让申请未获批准有过错的，应赔偿对方因此受到的损失；双方均有过错的，应当各自承担相应的责任。

10.《最高人民法院关于审理矿业权纠纷案件适用法律若干问题的解释》第11条　矿业权转让合同依法成立后、自然资源主管部门批准前，矿业权人又将矿业权转让给第三人并经自然资源主管部门批准、登记，受让人请求解除转让合同、返还已付转让款及利息，并由矿业权人承担违约责任的，人民法院应予支持。

11.《全国法院民商事审判工作会议纪要》37.　【未经批准合同的效力】法律、行政法规规定某类合同应当办理批准手续生效的，如商业银行法、证券法、保险法等法律规定购买商业银行、证券公司、保险公司 5% 以上股权须经相关主管部门批准，依据《合同法》第 44 条第 2 款的规定，批准是合同的法定生效条件，未经批准的合同因欠缺法律规定的特别生效条件而未生效。实践中的一个突出问题是，把未生效合同认定为无效合同，或者虽认定为未生效，却按无效合同处理。无效合同从本质上来说是欠缺合同的有效要件，或者具有合同无效的法定事由，自始不发生法律效力。而未生效合同已具备合同的有效要件，对双方具有一定的拘束力，任何一方不得擅自撤回、解除、变更，但因欠缺法律、行政法规规定或当事人约定的特别生效条件，在该生效条件成就前，不能产生请求对方履行合同主要权利义务的法律效力。

12.《全国法院民商事审判工作会议纪要》38.　**【报批义务及相关违约条款独立生效】**须经行政机关批准生效的合同，对报批义务及未履行报批义务的违约责任等相关内容作出专门约定的，该约定独立生效。一方因另一方不履行报批义务，请求解除合同并请求其承担合同约定的相应违约责任的，人民法院依法予以支持。

13.《全国法院民商事审判工作会议纪要》39.　**【报批义务的释明】**须经行政机关批准生效的合同，一方请求另一方履行合同主要权利义务的，人民法院应当向其释明，将诉讼请求变更为请求履行报批义务。一方变更诉讼请求的，人民法院依法予以支持；经释明后当事人拒绝变更的，应当驳回其诉讼请求，但不影响其另行提起诉讼。

14.《全国法院民商事审判工作会议纪要》40.　**【判决履行报批义务后的处理】**人民法院判决一方履行报批义务后，该当事人拒绝履行，经人民法院强制执行仍未履行，对方请求其承担合同违约责任的，人民法院依法予以支持。一方依据判决履行报批义务，行政机关予以批准，合同发生完全的法律效力，其请求对方履行合同的，人民法院依法予以支持；行政机关没有批准，合同不具有法律上的可履行性，一方请求解除合同的，人民法院依法予以支持。

【理解与适用】

《合同编通则解释》第 12 条在《民法典》第 502 条第 2 款基础上进一步规定了批准生效合同的法律适用①，现行其他司法解释对批准生效合同的规定与本司

---

①　《最高人民法院关于适用〈中华人民共和国民法典〉合同编通则若干问题的解释》第 12 条关于批准生效合同的法律适用，对《民法典》第 502 条第 2 款中的"应当办理申请批准等手续的当事人未履行义务的，对方可以请求其承担违反该义务的责任"予以细化。参见王利明、朱虎：《〈民法典〉合同编通则司法解释的亮点与创新》，载《法学家》2024 年第 1 期。

法解释不一致的，以本司法解释为准。批准后生效合同在获得批准前，属于法定未生效合同。法定未生效合同不同于无效合同，也不同于生效合同。法定未生效合同的报批义务条款生效，合同约定的主要义务条款和整个合同未生效。报批义务条款具有相对独立性、可履行性。报批义务具有可强制执行性。义务人不履行或者不完全履行报批义务时，非违约方享有法定解除权并可请求义务人承担赔偿责任。

一、批准后生效合同的具体类型

鉴于《民法典》第 502 条第 2 款引致规范的规范属性，在法律适用过程中就必须寻找完全法条，这也就提出了对法定未生效合同进行类型化的要求。《民法典》第 502 条第 2 款在构成要件上并不具体明确，需要到"法律、行政法规"中具体找寻，以发现该款适用的具体案件类型并明确相应的构成要件。在类型化的过程中需要做到两个区分：一是区分对具体交易行为本身的审批和对市场准入资格的审批，二是区分对引起物权变动的债权合同的审批与对物权变动本身的批准登记。

对具体交易行为本身的审批，需市场主体每从事一次交易行为都去办理一次审批手续，其对应强行性规范中的强制性规范；至于对市场准入资格的审批，市场主体在取得该资格后，每次交易行为便不用再审批，其对应以管理为目的的禁止性规范。只有法律、行政法规对具体交易行为本身的审批才可能涉及《民法典》第 502 条第 2 款所规定的法定未生效合同。举例如下：

第一，探矿权、采矿权转让须经批准的规定。《矿产资源法》第 6 条第 1 款规定："除按下列规定可以转让外，探矿权、采矿权不得转让：（一）探矿权人有权在划定的勘查作业区内进行规定的勘查作业，有权优先取得勘查作业区内矿产资源的采矿权。探矿权人在完成规定的最低勘查投入后，经依法批准，可以将探矿权转让他人。（二）已取得采矿权的矿山企业，因企业合并、分立，与他人合资、合作经营，或者因企业资产出售以及有其他变更企业资产产权的情形而需要变更采矿权主体的，经依法批准可以将采矿权转让他人采矿。"《探矿权采矿权转让管理办法》第 10 条规定："申请转让探矿权、采矿权的，审批管理机关应当自收到转让申请之日起 40 日内，作出准予转让或者不准转让的决定，并通知转让人和受让人。""准予转让的，转让人和受让人应当自收到批准转让通知之日起 60 日内，到原发证机关办理变更登记手续；受让人按照国家规定缴纳有关费用后，领取勘查许可证或者采矿许可证，成为探矿权人或者采矿权人。""批准转让的，转让合同自批准之日起生效。""不准转让的，审批管理机关应当说明理由。"

第二，关于须经许可的技术进、出口合同的规定。《技术进出口管理条例》第16条规定："技术进口经许可的，由国务院外经贸主管部门颁发技术进口许可证。技术进口合同自技术进口许可证颁发之日起生效。"第35条规定："技术出口经许可的，由国务院外经贸主管部门颁发技术出口许可证。技术出口合同自技术出口许可证颁发之日起生效。"

第三，企业国有资产法领域对特定国有资产转让、国有小型企业出售、成批国有企业产权交易、企业改制中的兼并合同需要经过相应行政机关审核批准方可生效的规定。如《企业国有资产法》第53条规定："国有资产转让由履行出资人职责的机构决定。履行出资人职责的机构决定转让全部国有资产的，或者转让部分国有资产致使国家对该企业不再具有控股地位的，应当报请本级人民政府批准。"《企业国有资产监督管理暂行条例》第23条规定："国有资产监督管理机构决定其所出资企业的国有股权转让。其中，转让全部国有股权或者转让部分国有股权致使国家不再拥有控股地位的，报本级人民政府批准。"《国务院办公厅关于加强国有企业产权交易管理的通知》第1条规定："省、自治区、直辖市人民政府组织成批国有企业产权交易活动，必须报国务院审批。未履行报批手续的，要立即停止交易活动，补办报批手续。地级市以下人民政府不准组织成批国有企业产权交易活动。"《最高人民法院关于审理与企业改制相关的民事纠纷案件若干问题的规定》第17条规定："以协议转让形式出售企业，企业出售合同未经有审批权的地方人民政府或其授权的职能部门审批的，人民法院在审理相关的民事纠纷案件时，应当确认该企业出售合同不生效。"第30条规定："企业兼并协议自当事人签字盖章之日起生效。需经政府主管部门批准的，兼并协议自批准之日起生效；未经批准的，企业兼并协议不生效。但当事人在一审法庭辩论终结前补办报批手续的，人民法院应当确认该兼并协议有效。"

第四，商业银行法、保险法等法律对购买商业银行、保险公司5％以上股权须经相关主管部门批准的规定。《商业银行法》第28条规定："任何单位和个人购买商业银行股份总额百分之五以上的，应当事先经国务院银行业监督管理机构批准。"《保险法》第84条第7项规定："保险公司有下列情形之一的，应当经保险监督管理机构批准：……（七）变更出资额占有限责任公司资本总额百分之五以上的股东，或者变更持有股份有限公司股份百分之五以上的股东；……"

上述法定批准手续对应法定未生效合同的常见类型，但并非完全列举，此种关于法定批准手续的规定主要服务于国家利益的保护，特别是对国家经济主权的维护，也体现了对当事人合同自由的国家管制。

二、法定未生效合同不同于无效合同

未生效合同是指合同的部分条款已经生效，部分条款还没有生效。未生效合同处于一部分生效、一部分还未生效的状态，已经生效的部分常常是为了推动整个合同以后完全生效而出现的。未生效合同可以分为法定未生效合同和约定未生效合同。

未生效合同的理论和实务问题主要包括：未生效合同在合同效力制度中的体系位置、未生效合同适用范围的类型化，以及未生效合同的法律责任与其他合同责任之间关系的体系化。

《合同法》第 44 条第 2 款所调整的内容属于法定未生效合同，第 45 条和第 46 条所规定的附条件、附期限合同所调整的内容属于约定未生效合同。《合同法》第 44 条第 2 款所规定的"法律、行政法规规定应当办理批准、登记等手续"对应法定未生效合同的生效要件，此种关于批准、登记生效手续的规定就属于强制性规范。法定未生效合同体现了国家管制与私法自治的平衡。法定报批义务不同于公司内部签约报批流程。法定未生效合同的法定条件更多地体现了国家管制的需要。《合同法》第 44 条第 2 款属于引致规范，其作为强制性规范对合同效力进行控制，与转介条款一样，此种引致规范也提供了一条公法规范进入私法领域的"管道"①。

我国《合同法》之后的司法实践不断推进和完善了法定未生效合同及其法律后果制度。《合同法》实施后颁行的一系列司法解释提出并逐渐完善了未生效合同制度，改变了此前司法实践中无效合同制度"一尊独大"的状态，丰富了合同效力制度的类型体系。"采纳未生效合同的概念，有利于尽量促成合同的生效，符合合同法鼓励交易的精神。"②

在合同效力制度体系中，应该区分法定未生效合同与无效合同。《合同法解释一》第 9 条第 1 款首次提出"合同未生效"制度，将法定批准、登记手续解释为法定生效条件，避免将未满足此类法定条件的合同认定为无效。此前，人民法院将法律、行政法规规定需经行政审批而未予审批的合同一般认定为无效，且否定该种情形下合同任何条款的可履行性，各方当事人仅承担无效合同的后果，赔偿责任有极大的局限性。

---

① 苏永钦：《从动态法规范体系的角度看公私法的调和》，载苏永钦：《民事立法与公私法的接轨》，北京大学出版社 2005 年版，第 83～87 页。

② 王利明：《合同法通则》，北京大学出版社 2022 年版，第 226 页。

《合同法解释二》第 8 条之后的司法实践对未生效合同与无效合同作了更有意识的区分，如在最高人民法院公报案例中就体现出如下裁判思维："合作者一方转让其在中外合作企业合同中的权利、义务，转让合同成立后未报审批机关批准的，合同效力应确定为未生效，而非无效。"[①]《最高人民法院关于审理外商投资企业纠纷案件若干问题的规定（一）》（法释〔2010〕9 号，已修正）第 1 条第 1 款明确提出未生效合同与无效合同的区分。法定未生效合同与无效合同的区分属于民法价值判断问题，二者在法律效果的终局性上有所差异，"无效的行为则因为行为本身具有反社会性而不能见容于法律秩序，也不可能借转换而继续生效。因此只有因为不具特别生效要件的行为，有转换生效的可能。……只有已成立而因欠缺特别生效要件未生效的行为，当该要件可经由当事人、第三人或国家为一定行为而嗣后具备时，有补正的问题"[②]。将法定未生效合同从传统的无效合同中分离出来，是对合同当事人私法自治的维护，减少了国家管制对私法自治的干预。

区分未生效合同与无效合同已成为共识。《全国法院民商事审判工作会议纪要》（法〔2019〕254 号，"九民会议纪要"）第 37 条指出：依据《合同法》第 44 条第 2 款的规定，批准是合同的法定生效条件，未经批准的合同因欠缺法律规定的特别生效条件而未生效。实践中的一个突出问题是，把未生效合同认定为无效合同，或者虽认定为未生效，却按无效合同处理。未生效合同已具备合同的有效要件，对双方具有一定的拘束力，在其生效条件成就前，不能产生请求对方履行合同主要权利义务的法律效力。

法定未生效合同与无效合同区别如下：

第一，法律约束力不同。法定未生效合同已经成立，虽然在批准前尚不能发生当事人意图的法律效力，但仍具有法律约束力。无效合同自始没有法律约束力。

第二，是否是对合同效力的终局判断不同。法定未生效合同不是对合同效力的终局判断，而仅是中间的、过渡的合同效力状态。"合同未生效不是终局的状态，而是中间的、过渡的形式，会继续发展变化。"[③] 法定未生效合同并不是一种终局的合同效力状态，在效力状态的暂时性上，法定未生效合同与效力待定合同具有类似性。无效是对合同效力的确定终局判断。

---

① "广州市仙源房地产股份有限公司与广东中大中鑫投资策划有限公司、广州远兴房产有限公司、中国投资集团国际理财有限公司股权转让纠纷案"，载《最高人民法院公报》2010 年第 8 期。

② 苏永钦：《私法自治中的国家强制》，中国法制出版社 2005 年版，第 42～43 页。

③ 崔建远：《合同法》，北京大学出版社 2012 年版，第 77 页。

第三，能否转化为生效合同不同。法定未生效合同取得批准等手续后可以转化为生效合同。无效合同自始无效、确定无效，无法向生效合同转化。

第四，是否存在违约责任不同。法定未生效合同中负有办理批准等手续的当事人不履行报批义务，符合《合同编通则解释》第 12 条第 2 款规定情形时，须承担违反报批义务的责任。无效合同不存在违约责任承担问题，存在缔约过失责任。

第五，法律依据不同。法定未生效合同的法律依据是《民法典》第 502 条。无效合同的法律依据主要是《民法典》第 153 条、第 154 条等。

三、法定未生效合同不同于生效合同

与生效合同不同，未生效合同属于部分条款生效的合同；与可撤销合同不同，未生效合同在生效前属于暂时的无效，而前者在被撤销前则属于有效；与效力待定合同不同，法定未生效合同的生效要件取决于公法上的批准，而非私法上他人的同意或者追认。此外，附生效条件合同的相关法律制度在法定未生效合同问题上具有比照价值。[①]

需要区分对引起物权变动的合同之审批与对物权变动本身的批准登记。法定未生效合同的审批手续不能替代物权变动公示方法，法院判令合同义务人须履行报批义务并不等同于《民法典》第 229 条规定的直接引发物权变动的法律文书。例如，最高人民法院发布的指导案例 123 号指出："生效判决认定采矿权转让合同依法成立但尚未生效，判令转让方按照合同约定办理采矿权转让手续，并非对采矿权归属的确定，执行法院依此向相关主管机关发出协助办理采矿权转让手续通知书，只具有启动主管机关审批采矿权转让手续的作用，采矿权能否转让应由相关主管机关依法决定。"[②] "要把合同行为本身违反禁止性规范与履行合同义务的行为违反禁止性规范严格区分开来。"[③] 在德国民法典评注中，有学者也主张区分负担行为/基础行为须经批准与履行行为须经批准，并分别其法律效力。[④] "未经行政审批的合同虽然不具有履行的效力，即一方当事人不得请求另一方当

[①] 参见汤文平：《德国法上的批准生效合同研究》，载《清华法学》2010 年第 6 期；万鄂湘主编：《最高人民法院关于审理外商投资企业纠纷案件若干问题的规定（一）条文理解与适用》，中国法制出版社 2010 年版，第 87~88 页。

[②] "于某岩与锡林郭勒盟隆兴矿业有限责任公司执行监督案"，最高人民法院指导案例 123 号。

[③] 王轶：《合同效力认定的若干问题》，载《国家检察官学院学报》2010 年第 5 期。

[④] Palandt, *Bürgerliches Gesetzbuch*, 63. Auflage, C. H. Beck München 2004, §275, Rn. 35 - 42. Harm Peter Westermann, *Erman Bürgerliches Gesetzbuch*, 11 Auflage 2004, §275, Rn. 7 - 9.

事人履行合同所约定的义务，但却具有约束当事人并使其承担报批义务的效力。"①

法定未生效合同不同于生效合同。需要区分法定未生效合同中的报批义务和合同约定的主要义务。在当事人履行报批义务，合同获得批准后，合同约定的主要义务方可履行。依据《合同编通则解释》第 12 条第 3 款的规定，合同获得批准前，当事人一方起诉请求对方履行合同约定的主要义务，经释明后拒绝变更诉讼请求的，人民法院应当判决驳回其诉讼请求，但是不影响其另行提起诉讼。"合同在获得批准前，当事人之间的主要权利义务是围绕报批义务而非合同约定的主要义务展开的。"②

四、报批义务的相对独立性和可履行性

依据《民法典》第 502 条第 2 款，依照法律、行政法规的规定，合同应当办理批准等手续的，依照其规定。未办理批准等手续影响合同生效的，不影响合同中履行报批等义务条款以及相关条款的效力。应当办理申请批准等手续的当事人未履行义务的，对方可以请求其承担违反该义务的责任。《民法典》第 502 条第 2 款中的"未办理批准等手续影响合同生效的"，就是指某项合同行为需要获得行政许可，才能生效。行政许可的对象，就是该项合同行为，此处的行政许可属于准予实施某项民事法律行为的情形。③《合同编通则解释》第 12 条进一步规定了法定未生效合同中当事人违反报批义务的法律后果，细化了《民法典》第 502 条第 2 款第三句"应当办理申请批准等手续的当事人未履行义务的，对方可以请求其承担违反该义务的责任"的规定。

法定报批义务属于合同生效要件还是普通合同义务？对此，有法院曾在判决中认为："办理股权转让的审批手续在此并非合同的生效要件，而是缔约一方应当履行的合同义务。"④《合同法解释二》第 8 条曾将义务人违反法定报批义务的行为作为"其他违背诚实信用原则的行为"，将法定报批义务作为先合同义务来定位，但在义务人违反此种报批义务的法律责任上，《合同法解释二》第 8 条又

---

① 刘贵祥：《论行政审批与合同效力——以外商投资企业股权转让为线索》，载《中国法学》2011 年第 2 期。另参见吴光荣：《行政审批对合同效力的影响：理论与实践》，载《法学家》2013 年第 1 期；蔡立东：《行政审批与权利转让合同的效力》，载《中国法学》2013 年第 1 期。

② 最高人民法院民事审判第二庭、研究室编著：《最高人民法院民法典合同编通则司法解释理解与适用》，人民法院出版社 2023 年版，第 147 页。

③ 参见王轶：《行政许可的民法意义》，载《中国社会科学》2020 年第 5 期。

④ "广州市仙源房地产股份有限公司与广东中大中鑫投资策划有限公司、广州远兴房产有限公司、中国投资集团国际理财有限公司股权转让纠纷案"，载《最高人民法院公报》2010 年第 8 期。

未简单采取赔偿损失的缔约过失责任方式。《合同法解释二》第 8 条体系定位不清，该条一方面将报批义务界定为先合同义务，另一方面又在违反此种义务的法律责任方面参考"继续履行"这一违约责任方式。通说观点肯定法定报批义务既作为合同义务又作为合同的特别生效要件，而对于法定报批义务究竟属于何种类型的合同义务，则存在从给付义务说①与附随义务说②等不同观点。

关于法定报批义务的法律性质，笔者认为：首先，法定报批义务不属于先合同义务，其为合同成立之后当事人的义务，而非合同订立过程中的义务。其次，法定报批义务的可诉请履行性使得其不同于附随义务。最后，法定报批义务也不同于决定合同类型的主给付义务，从合同义务体系化的角度看，将法定报批义务归类于促进主给付义务实现的合同从给付义务更为顺畅。

批准后生效合同中的报批义务条款可以单独生效，报批义务具有可履行性。合同因未经批准而被认定未生效的，不影响合同中当事人履行报批义务条款及因该报批义务而设定的相关条款（例如违反报批义务时须支付一定数额违约金的合同条款）的效力。因此，《合同编通则解释》第 12 条第 1 款第一分句规定，合同依法成立后，负有报批义务的当事人不履行报批义务或者履行报批义务不符合合同的约定或者法律、行政法规的规定，对方请求其继续履行报批义务的，人民法院应予支持。将法定未生效合同从无效合同中独立出来，认可法定未生效合同中法定报批义务的可履行性，也就明确了当事人通过履行报批义务使法定未生效合同向生效合同转化的可能性，这符合合同的法律约束力原则。法定报批义务人履行报批义务既是合同约束力的体现，也是合同诚信原则的要求。法定未生效合同的法律约束力（预先效力）包括报批义务人报批义务的可履行性，义务人应当按照合同的约定或者法律、行政法规的规定履行报批义务。③ 已经成立但尚未生效的合同并非不发生任何法律效力，只是不发生履行效力。④ 法定未生效合同既会产生合同当事人的消极不作为义务，也会派生出当事人完成合同报批手续等积极作为义务⑤，这些同为此类合同法律约束力的体现。否定法定报批义务的可履行

---

① 参见刘贵祥：《论行政审批与合同效力——以外商投资企业股权转让为线索》，载《中国法学》2011 年第 2 期。

② Harm Peter Westermann, *Erman Bürgerliches Gesetzbuch*，11 Auflage 2004，§ 275，Rn. 7. 另参见汪洋：《批准生效合同责任承担的体系构造——〈民法典合同编通则解释〉第 12 条评释》，载《法治研究》2024 年第 1 期。

③ 参见王雷：《批准、登记手续与法定未生效合同——合同法第 44 条第 2 款评注》，载王利明主编：《判解研究》（2015 年第 2 辑·总第 72 辑），人民法院出版社 2016 年版。

④ 参见崔建远、吴光荣：《中国法语境下的合同效力：理论与实践》，载《法律适用》2012 年第 7 期。

⑤ 参见赵旭东：《论合同的法律约束力与效力及合同的成立与生效》，载《中国法学》2000 年第 1 期。

性，就有可能出现当事人悖于诚信的恶性循环现象："没办批准手续的合同就无效，合同无效就不能办批准的手续，批准手续办不下来合同就无效，无效就不能去办批准的手续，陷入恶性循环而无法自拔。"①

负有报批义务的当事人不履行报批义务时应当承担何种法律责任？合同另一方当事人有何救济措施？《民法典》第502条第2款未作出回答。《合同编通则解释》第12条第1款第二分句规定，对方主张解除合同并请求其承担违反报批义务的赔偿责任的，人民法院应予支持。

五、报批义务的可强制执行性

合同报批义务是否具有可强制执行性？合同报批义务如何强制执行？是否要在合同报批义务强制执行无果后，非违约方方可请求解除合同并请求承担违约责任？这些都是《合同编通则解释》第12条的解释论难题。

报批是获得批准的前提，对合同效力的行政审批是依申请的行政行为。故意不办理或者不协助办理报批手续是合同订立过程中违背诚信原则的行为。不能因为合同未生效而认为法定报批义务不存在，未生效合同制度的配置有助于解决合同报批义务的履行和合同效力之间的逻辑悖论关系，"即使转让合同未经批准，仍应认定'报批'义务在合同成立时即已产生，否则当事人可通过肆意不办理或不协助办理'报批'手续而恶意阻止合同生效，有悖于诚实信用原则"②。

针对义务人违反法定报批义务的行为，《合同法解释二》第8条未简单采取赔偿损失的责任方式，而是首创"判决相对人自己办理有关手续"的间接履行之责任方式。当然，法定报批义务涉及国家管制目的，人民法院不能以判决的形式强制进行批准，以免不适当地代行行政权力。人民法院在判决请求方自行办理相关报批手续时，应基于该请求方的请求，且按照法律规定并未限制该合同当事人办理报批手续的能力。为避免由于请求方无法实际办理报批手续而重新就损害赔偿责任进行处理，人民法院可以考虑在判决中将赔偿损失作为办理报批手续的备用执行判项。③ 有学者则指出："我们说办理审批手续的条款无需批准就已生效，不履行该义务当然应当承担违约责任。尚未完全生效的合同具有这样的

---

① 王轶：《合同效力认定的若干问题》，载《国家检察官学院学报》2010年第5期。

② "广州市仙源房地产股份有限公司与广东中大中鑫投资策划有限公司、广州远兴房产有限公司、中国投资集团国际理财有限公司股权转让纠纷案"，载《最高人民法院公报》2010年第8期；另参见杨永清：《批准生效合同若干问题探讨》，载《中国法学》2013年第6期。

③ 参见最高人民法院研究室编著：《最高人民法院关于合同法司法解释（二）理解与适用》，人民法院出版社2009年版，第75～76页。

功能。"①

合同法定报批义务属于从给付义务，具有相对独立性和可履行性。法定报批义务属于行为义务，可以适用对行为的强制执行规则。《合同编通则解释》（征求意见稿）第12条第2款规定："人民法院判决当事人一方履行报批义务后，其拒绝履行，经强制执行仍未履行，对方请求解除合同并请求其承担违反合同的违约责任的，人民法院依法予以支持。"正式颁行的《合同编通则解释》第12条第2款虽删除"经强制执行仍未履行"这一前置要件，但合同法定报批义务仍具有可强制执行性，具体如下。

第一，如果合同法定报批义务可由他人完成，非违约方可以选择向人民法院申请自己代为履行合同法定报批义务，由此产生的费用和给非违约方带来的损失，均由报批义务人承担。《民事诉讼法解释》第501条规定："被执行人不履行生效法律文书确定的行为义务，该义务可由他人完成的，人民法院可以选定代履行人；法律、行政法规对履行该行为义务有资格限制的，应当从有资格的人中选定。必要时，可以通过招标的方式确定代履行人。""申请执行人可以在符合条件的人中推荐代履行人，也可以申请自己代为履行，是否准许，由人民法院决定。"

第二，如果合同法定报批义务只能由义务人完成，义务人不履行人民法院判决要求其履行的报批义务，人民法院可以根据情节轻重依法采取司法强制措施。《民事诉讼法》第114条第1款规定："诉讼参与人或者其他人有下列行为之一的，人民法院可以根据情节轻重予以罚款、拘留；构成犯罪的，依法追究刑事责任：……（六）拒不履行人民法院已经发生法律效力的判决、裁定的。"《民事诉讼法解释》第503条规定："被执行人不履行法律文书指定的行为，且该项行为只能由被执行人完成的，人民法院可以依照民事诉讼法第一百一十四条第一款第六项规定处理。""被执行人在人民法院确定的履行期间内仍不履行的，人民法院可以依照民事诉讼法第一百一十四条第一款第六项规定再次处理。"

第三，义务人未按判决、裁定和其他法律文书指定的期间履行合同法定报批义务的，无论是否已给对方当事人造成损失，都应当支付迟延履行金。已经造成损失的，双倍补偿对方当事人已经受到的损失；没有造成损失的，迟延履行金可以由人民法院根据具体案件情况决定。《民事诉讼法解释》第505条规定："被执行人未按判决、裁定和其他法律文书指定的期间履行非金钱给付义务的，无论是否已给申请执行人造成损失，都应当支付迟延履行金。已经造成损失的，双倍补偿申请执行人已经受到的损失；没有造成损失的，迟延履行金可以由人民法院根

---

① 王轶：《合同效力认定的若干问题》，载《国家检察官学院学报》2010年第5期。

据具体案件情况决定。"须注意第 505 条和《合同编通则解释》第 12 条第 2 款的适用衔接，前者规定的强制执行中的双倍补偿规则比《合同编通则解释》第 12 条第 2 款规定的"参照违反合同的违约责任请求其承担赔偿责任"的力度更大，且可直接强制执行债务人的财产，在实现纠纷解决目标上更加经济。

六、违反报批义务时非违约方的法定解除权

当事人履行报批义务，合同获得批准，法定未生效合同转变为生效合同，"合同约定的主要义务"方可履行。《合同编通则解释》第 12 条第 3 款中的"合同约定的主要义务"决定合同的性质和目的，当事人一方迟延履行"合同约定的主要义务"，经催告后在合理期限内仍未履行，会导致合同目的不能实现，构成根本违约。对此，可以适用《民法典》第 563 条第 1 款第 3 项："有下列情形之一的，当事人可以解除合同：……（三）当事人一方迟延履行主要债务，经催告后在合理期限内仍未履行；……"

当事人不履行报批义务，法定未生效合同无法转变为生效合同，致使"合同约定的主要义务"因合同未生效而无法履行，同样构成根本违约。对此，可以适用《民法典》第 563 条第 1 款第 4 项："有下列情形之一的，当事人可以解除合同：……（四）当事人一方迟延履行债务或者有其他违约行为致使不能实现合同目的；……"当事人一方迟延履行"合同约定的主要义务"或者"主要债务"，经催告后在合理期限内仍未履行的，构成根本违约。但根本违约不见得只与"合同约定的主要义务"或者"主要债务"对应，关键看违约行为是否"致使不能实现合同目的"。

需要将批准生效合同中的法定解除权体系化，依据《合同编通则解释》第 12 条，违反报批义务时非违约方的法定解除权主要对应如下两种情形：

第一，合同依法成立后，负有报批义务的当事人不履行报批义务或者履行报批义务不符合合同的约定或者法律、行政法规的规定，非违约方可以选择请求其继续履行报批义务或者主张解除合同并请求其承担违反报批义务的赔偿责任。因为报批义务条款及其相关条款在报批前已经生效，这里所谓的"解除合同"实质上是解除已经生效的报批义务条款及其相关条款，并使未生效的其他条款确定不生效力。

第二，人民法院判决当事人一方履行报批义务后，其仍不履行，非违约方可以主张解除合同并参照违反合同的违约责任请求其承担赔偿责任。

以上两种法定解除权的适用情形都可被解释进《民法典》第 563 条第 1 款第 4 项中的当事人一方"有其他违约行为致使不能实现合同目的"这一类型中。以

上两种法定解除权的适用情形都不需要"经催告后在合理期限内仍未履行"这一前提条件，都聚焦报批义务的不履行，而非合同主要债务的迟延履行，不属于《民法典》第563条第1款第3项这一类型。

当事人不履行报批义务，未生效合同的目的不能实现，未生效合同能被解除，此时解除的不仅是报批义务条款，而是整个未生效合同。

需要注意的是，《最高人民法院关于审理外商投资企业纠纷案件若干问题的规定（一）》第5条与《合同编通则解释》第12条在法定解除权问题上存在不一致。依据《最高人民法院关于审理外商投资企业纠纷案件若干问题的规定（一）》第5条，外商投资企业股权转让合同成立后，转让方和外商投资企业不履行报批义务，经受让方催告后在合理的期限内仍未履行，受让方可以请求解除合同并由转让方返还其已支付的转让款、赔偿因未履行报批义务而造成的实际损失，该条将不履行报批义务对应到了《合同法》第94条第3项（《民法典》第563条第1款第3项），混淆了报批义务与"合同约定的主要义务""主要债务"。《合同编通则解释》第12条在法定解除权问题上不以经非违约方"催告后在合理的期限内仍未履行"为必要，将不履行报批义务的违约行为准确对应到《民法典》第563条第1款第4项。新的司法解释和旧的司法解释对同一事项规定不一致的，应该以新的司法解释的规定为准。《最高人民法院关于审理外商投资企业纠纷案件若干问题的规定（一）》第5条与《合同编通则解释》第12条在法定解除权问题上存在不一致，应该以后者为准。

七、义务人违反报批义务时须承担的赔偿责任

不同的违约行为对应不同的违约救济，不同的违约行为对应不同的赔偿责任。义务人违反报批义务时，非违约方的救济方式主要包括请求继续履行报批义务、行使对合同的法定解除权、请求违约方承担赔偿责任等。对违反报批义务时非违约方的法定解除权、义务人违反报批义务时须承担的赔偿责任，均需作类型化和体系化解读。

法定未生效合同的法律后果方面更复杂的是相关损害赔偿责任的法律定性和范围确定问题，比较妥当的做法是权衡案件情形，区分损害原因和当事人的过错程度，使损害赔偿责任相应地在信赖利益损害和履行利益损害之间"游走"。有学者主张对未生效合同中的损害赔偿责任作精细考量："法定未生效合同下的损害赔偿责任范围并不是固定的，而至少应该是在这三种类型（信赖利益损害；履行利益损害中的所受损失；履行利益损害中的所得利益等）范围内'游走'的。根据个案的具体情况，当事人所应承担的损害赔偿责任范围应该和当事人的过错

有关。当事人的过错越小，赔偿范围越接近第一种类型，主观恶意越大，赔偿范围越接近第三种类型。所以，根据个案中当事人的过错程度不同，其具体的赔偿责任范围则'游走'于最小范围信赖损害和最大范围履行损害之间。"① 抛开概念法学的严格概念归属思维，法定未生效合同的法律责任最终介于传统缔约过失责任和违约责任之间，其既"保持着缔约过失的弹性，但又汲取了违约责任的评价因子"②。

法定未生效合同中义务人违反报批义务时须承担赔偿责任。报批义务属于行为义务，而非结果义务。根据《合同编通则解释》第 12 条第 4 款第一句，负有报批义务的当事人已经办理申请批准等手续或者已经履行生效判决确定的报批义务，批准机关决定不予批准，义务人不需要向合同对方当事人承担赔偿责任。笔者认为，报批义务属于行为义务，而非结果义务，但当事人可以将报批义务约定为结果义务，并针对可能出现的报批无果情形约定违约责任条款。

义务人违反报批义务的违约行为主要有三种：一是义务人不履行报批义务，二是义务人履行报批义务不符合合同的约定或者法律、行政法规的规定，三是义务人迟延履行报批义务。义务人违反报批义务时，不同的违约行为对应的赔偿责任不同，但总体都发生在整个合同未获批准的情形下，属于缔约过失责任，"即便认为违反报批义务承担的是违约责任，相对于整个合同来说，仍然属于缔约过失责任的范畴"③。具体如下。

第一，合同依法成立后，负有报批义务的当事人不履行报批义务或者履行报批义务不符合合同的约定或者法律、行政法规的规定，依据《合同编通则解释》第 12 条第 1 款，对方可以请求其继续履行报批义务，也可以主张解除合同并请求其承担违反报批义务的赔偿责任。

《合同编通则解释》对违反报批义务的赔偿责任根据违反报批义务行为的发生时间（人民法院判决履行报批义务之前或者之后），区分为缔约过失赔偿责任与违约赔偿责任。

第二，如果对方请求报批义务违反方继续履行报批义务，法院判决对方胜诉后，报批义务方应当履行报批义务，但是报批义务方仍不履行报批义务，对方主

---

① 李陈婷：《法定未生效合同及其法律责任研究》，载梁慧星主编：《民商法论丛》（第 54 卷），法律出版社 2013 年版。

② 汤文平：《批准（登记）生效合同、"申请义务"与"缔约过失"：〈合同法解释（二）〉第 8 条评注》，载《中外法学》2011 年第 2 期。

③ 最高人民法院民事审判第二庭、研究室编著：《最高人民法院民法典合同编通则司法解释理解与适用》，人民法院出版社 2023 年版，第 161 页。

张解除合同并参照违反合同的违约责任请求其承担赔偿责任的，人民法院应予支持。

人民法院判决当事人一方履行报批义务后，其仍不履行，构成不正当地阻止条件成就，依据《民法典》第159条法律拟制规定，"视为条件已经成就"。有法院认为，法定报批义务人拒绝配合其他各方完成审批手续，这种故意促成合同不生效的行为客观上使得合同产生了视为生效的类似法律效果。[①] 当然，《合同编通则解释》第12条第2款只是在赔偿责任承担上，规定了类似于生效合同的违约损害赔偿，本质上是通过加重赔偿责任间接督促应当履行报批义务的当事人积极履行报批义务，并不意味着"人民法院判决当事人一方履行报批义务"就可以产生替代批准手续的效果。

《合同法解释二》第8条规定："依照法律、行政法规的规定经批准或者登记才能生效的合同成立后，有义务办理申请批准或者申请登记等手续的一方当事人未按照法律规定或者合同约定办理申请批准或者未申请登记的，属于合同法第四十二条第（三）项规定的'其他违背诚实信用原则的行为'，人民法院可以根据案件的具体情况和相对人的请求，判决相对人自己办理有关手续；对方当事人对由此产生的费用和给相对人造成的实际损失，应当承担损害赔偿责任。"有学者在相关释义著作中将该条规定的损害赔偿责任界定为缔约过失损害赔偿责任，赔偿范围限于信赖利益损失。[②] 也有学者认为，课加未履行报批义务的当事人以违约责任更有利于合同的生效和履行，有利于全面保护守约方的利益。[③]《合同编通则解释》第12条第2款参照违约损害赔偿责任的做法，最早源于《最高人民法院关于审理外商投资企业纠纷案件若干问题的规定（一）》第6条第2款："转让方和外商投资企业拒不根据人民法院生效判决确定的期限履行报批义务，受让方另行起诉，请求解除合同并赔偿损失的，人民法院应予支持。赔偿损失的范围可以包括股权的差价损失、股权收益及其他合理损失。"依据《最高人民法院关于审理外商投资企业纠纷案件若干问题的规定（一）》第6条第2款，此时，不履行报批义务的一方当事人所承担的责任与让对方拿到股权几乎是一样的，违约

[①]　参见"广州市仙源房地产股份有限公司与广东中大中鑫投资策划有限公司、广州远兴房产有限公司、中国投资集团国际理财有限公司股权转让纠纷案"，载《最高人民法院公报》2010年第8期。

[②]　参见最高人民法院研究室编著：《最高人民法院关于合同法司法解释（二）理解与适用》，人民法院出版社2009年版，第72～77页；曹守晔：《〈关于适用合同法若干问题的解释（二）〉的理解与适用》，载《人民司法》2009年第13期。

[③]　参见刘贵祥：《合同效力研究》，人民法院出版社2012年版，第20页以下；王轶：《合同效力认定的若干问题》，载《国家检察官学院学报》2010年第5期。

行为人占不到什么便宜，此种赔偿试图达到违约责任的效果。①

《合同编通则解释》第 12 条第 2 款规定参照违反合同的违约责任承担赔偿责任，属于法律效果参照适用条款。② 虽然参照适用不是直接适用，但是考虑到在法院判决报批义务方履行报批义务后，其仍不履行报批义务，原因往往在于其不履行报批义务的收益大于其损失，因此，为了避免违反义务方获利，消除违反义务的动机，此时让报批义务方承担如同合同已经生效之后的违约责任，有助于实现当事人之间的公平。

因此，在报批义务方不履行报批义务时，对方有两种选择：其一，对方直接解除合同并请求赔偿损失，此时确定赔偿的范围需着重考量义务人履行报批义务后合同获得批准的可能性、义务人不履行生效判决所确定的报批义务的过错情况、义务人从不诚信履约行为中的获益情况、非违约方推进合同履行的程度、双方在交易中的相互信赖程度、合同获得批准后非违约方获得可得利益的可能性、可得利益损失与违约方不履行报批义务之间的因果关系等因素，因此具有不确定性，且赔偿数额少于违反已生效合同义务的赔偿数额，但此时的优势在于时间成本较低。其二，对方可以请求报批义务方继续履行报批义务，待法院判决报批义务方履行报批义务后，报批义务方仍不履行的，对方可以参照已生效合同的违约赔偿责任请求赔偿，此时可能导致程序的时间成本增加，但优势在于赔偿数额较多。这两种选择交由对方决定，更为体现了意思自治。

第三，负有报批义务的当事人已经办理申请批准等手续或者已经履行生效判决确定的报批义务，批准机关决定不予批准，对方请求其承担赔偿责任的，人民法院不予支持。此时，如果报批义务方已经按照约定办理了申请批准等手续，但批准机关基于自己的职权决定不予批准，合同确定不生效的原因并非报批义务方违反报批义务，故报批义务方自然不需要承担任何责任。如果报批义务方虽然未按照约定申请批准，但在法院判决生效后，已经按照生效判决履行了报批义务，但批准机关基于自己的职权决定不予批准，只要不批准的原因并非报批义务方迟延履行报批义务等可归责于当事人的原因，此时合同确定不生效的原因就并非报批义务方违反报批义务，故报批义务方也不需要承担责任。

第四，因迟延履行报批义务等可归责于当事人的原因导致合同未获批准，合同确定不发生效力，义务人须依据《民法典》第 157 条承担财产返还、折价补偿、赔偿损失等责任。

---

① 参见刘贵祥：《外商投资纠纷中的疑难问题》，载《法学杂志》2010 年第 3 期。
② 参见王雷：《民法典中参照适用条款的方法论意义》，载《现代法学》2023 年第 2 期。

如上所述，因迟延履行报批义务等可归责于当事人的原因导致合同未获批准，对方请求赔偿因此受到的损失的，人民法院应当依据《民法典》第157条的规定处理，本质上这是缔约过失赔偿责任。

迟延履行报批义务导致本可获得批准的合同未获批准，这属于可归责于报批义务人的原因导致合同确定不发生效力。"因一方当事人未履行报批义务导致合同无法发生效力的，应当构成缔约过失，对方当事人有权依法主张其承担缔约过失责任。"① 问题是，因可归责于报批义务人的原因导致合同未生效对应的情形不限于迟延履行报批义务。《合同编通则解释》第12条第4款第二句对可归责于报批义务人的原因作了例示规定："迟延履行报批义务等可归责于当事人的原因"。有学者认为，除了因为当事人迟延履行报批义务而导致合同未获批准，还可能是因为负有报批义务的当事人故意不按照要求准备申请材料，如遗漏材料、准备错误的材料等。故此，在合同没有得到批准时报批义务人的责任应当是过错责任，即突出是可归责于报批义务人的原因导致合同未获批准；倘若纯粹是国家政策调整、国际形势变化等因素使审批政策发生改变，则不能要求报批义务人赔偿。②

八、法定未生效合同对应的典型案例评析

"深圳市标榜投资发展有限公司与鞍山市财政局股权转让纠纷案"③ 有助于解释说明违反法定报批义务导致合同确定不发生效力时，义务人需要承担何种赔偿责任的问题。

（一）基本案情

2012年4月17日，转让方鞍山市财政局（甲方）与受让方深圳市标榜投资发展有限公司（简称"标榜公司"）（乙方）签订股份转让合同书，该合同主要约定的内容为：甲方转让其合法持有的标的企业鞍山银行9.998 6%即22 500万股股份，乙方收购甲方转让的上述股份，该项资产转让的价格为每股2元。股份转让合同书第16条约定："本合同自甲乙双方法定代表人或授权委托人签字及盖章，并依法律、行政法规规定获得有权审批机关批准后生效。"

2013年3月25日，鞍山市国资委以标榜公司、宏运集团等四户企业存在关

---

① 王利明：《合同法通则》，北京大学出版社2022年版，第227页。
② 参见程啸：《对〈最高人民法院关于适用〈中华人民共和国民法典〉合同编通则部分的解释（征求意见稿）〉的若干意见》，载微信公众号"中国民商法律网"，2022年11月15日。
③ "深圳市标榜投资发展有限公司与鞍山市财政局股权转让纠纷案"，载《最高人民法院公报》2017年第12期。

联交易，不会通过审批为由，向标榜公司、宏运集团等四户企业发出鞍国资函〔2013〕13号函，提出终止交易（包括标榜公司所收购的标的企业鞍山银行9.998 6%即22 500万股股份）。2013年3月27日，鞍山市国资委向沈阳联合产权交易所（简称"沈交所"）发出鞍国资函〔2013〕15号函，要求终止交易。2013年4月11日，宏运集团等四家公司针对鞍国资函〔2013〕13号函提出异议，要求继续履行合同。鞍山市国资委针对宏运集团等四家公司提出的异议，委托会计师事务所对四家企业提供的报批资料进行审计。在未出审计结果的情况下，2013年6月6日，鞍山市财政局以国有资产明显增值为由，向沈交所发出鞍财债〔2013〕137号终止鞍山银行国有股权转让函，再次提出终止转让。2013年6月14日，沈交所根据鞍山市财政局终止转让函件，向标榜公司、宏运集团等四家挂牌公司发出终止鞍山银行国有股权转让的通知。2013年10月11日，宏运集团代表四家挂牌公司向鞍山市财政局发出《关于要求返还交易保证金的函》。

2013年12月31日，鞍山市财政局在北京金融资产交易所将上述股权重新挂牌转让。2014年1月16日，标榜公司向一审法院提起诉讼，请求判令鞍山市财政局继续履行合同，并承担全部诉讼费用。2014年7月24日，鞍山市财政局将案涉股权以每股高于协议0.5元的价格，即每股2.5元转让给了中国华阳投资有限公司。2014年12月23日，一审法院裁定驳回标榜公司的起诉。2015年5月20日，标榜公司向鞍山市财政局提出损失赔偿要求，要求赔偿交易费用、应得利益、摘牌保证金利息等损失。2015年9月1日，标榜公司向一审法院提起本案诉讼。

（二）争议焦点

第一，鞍山市财政局与标榜公司签订的股份转让合同书是否成立未生效；第二，鞍山市财政局与标榜公司签订的股份转让合同书是否已解除；第三，本案是否已超过诉讼时效；第四，鞍山市财政局应否赔偿标榜公司交易费、保证金利息及交易可得利益损失。

（三）裁判结果

本案中，鞍山市财政局转让其持有的鞍山银行国有股权，股份转让合同应经有批准权的政府及金融行业监督管理部门批准方产生法律效力。涉案的股份转让合同书未经有权机关审批，该合同成立但未生效。

2013年10月11日，宏运集团代表四家挂牌公司向鞍山市财政局发出《关于要求返还交易保证金的函》。该函虽未明示同意解除合同，但并未主张继续履行合同，反而对合同解除后如何处理提出要求，即要求返还交易保证金及支付交易费，该函应认定为表示同意解除合同。从鞍山市国资委提出终止合同，宏运集团代表四家挂牌公司提出异议，到鞍山市国资委再次提出终止合同退还保证金，宏运集团代表四家挂牌公司提出退还交易保证金及支付交易费的要求的过程，可以证明宏运集团代表四家挂牌公司同意解除合同，可以认定双方签订的股份转让合同书已于 2013 年 10 月 11 日约定解除。

涉案合同已于 2013 年 10 月 11 日约定解除。2015 年 5 月 20 日，标榜公司向鞍山市财政局提出损失赔偿要求，2015 年 9 月 1 日，标榜公司提起本案诉讼，本案未超过诉讼时效。

鞍山市财政局未将涉案合同报送批准，存在缔约过失。合同已成立，合同中关于股权转让的相关约定虽然需经有权机关批准方产生法律效力，但合同中关于报批义务的约定自合同成立后即对当事人具有法律约束力。当事人应按约履行报批义务，积极促成合同生效。鞍山市财政局违反合同约定，未履行报批义务，亦未按照有权机关要求补充报送相关材料。鞍山市财政局关于标榜公司因存在关联关系等原因不具有涉案股权受让资格的抗辩理由，证据不足，不能成立。鞍山市财政局拒不报送审批材料无合法依据。在鞍山市财政局已与标榜公司签订涉案合同的情况下，应视为其认可标榜公司具有合同主体资格。涉案股份转让合同书是否批准，应由政府及金融行业监管部门决定，鞍山市财政局作为合同一方当事人，不具有审批权力，不能以其自身判断而违反合同约定免除其报送审批的义务。鞍山市财政局关于涉案合同因标榜公司等不具有受让资格而无须报批的理由，无事实和法律依据，不能成立。

（四）评析

本案法律适用的最大疑难点是如何确定鞍山市财政局缔约过失赔偿责任的赔偿范围，此判项及裁判理由对如何落实《合同编通则解释》第 12 条第 1 款关于"承担违反报批义务的赔偿责任"的规定具有重要参考价值。

鞍山市财政局对标榜公司在缔约过程中支付的交易费及利息、保证金（诉讼前已返还）及利息等直接损失应予赔偿。

鞍山市财政局对标榜公司所主张的交易机会损失应予适当赔偿。"既有的信赖利益的损害赔偿的设计目的及功能定位有待反思，不足以排除机会利益的损害赔偿。在缔约过失的场合，机会利益的损失是否超出当事人的合理预期应当具体判断，不可一概而论。"[1] 当事人客观合理的交易机会损失应属于缔约过失责任赔偿范围。通常情况下，缔约过失责任人对善意相对人缔约过程中支出的直接费用等直接损失予以赔偿，即可使善意相对人的利益得到恢复。但如果善意相对人

---

[1]　崔建远：《论机会利益的损害赔偿》，载《法学家》2023 年第 1 期。

确实因缔约过失责任人的行为遭受交易机会损失等间接损失，则缔约过失责任人也应当予以适当赔偿。交易机会本身存在的不确定性对相应损害赔偿数额的认定存在影响，应当根据具体案情予以确定，但不应因此而一概免除缔约过失责任人的间接损失赔偿责任。

双方已经达成合意并签订合同，在合同生效要件具备前，双方相互信赖的程度已经达到较高程度，因信赖对方诚实守信履行相关义务从而获取特定利益的机会也具有相当的可能性。鞍山市财政局拒不将涉案合同报批，继而还将涉案股权另行高价出售，其不诚信行为直接导致标榜公司获得涉案股权的可能性完全丧失，导致标榜公司因此而获得相关利益的现实性完全丧失。标榜公司因鞍山市财政局的不诚信行为存在客观现实的交易机会损失。

对标榜公司的交易机会损失，法院结合违约方获益情况、非违约方交易成本支出情况、股份转让合同书对涉案股权再转让期限限制情况等，酌定按鞍山市财政局转售涉案股权价差的 10% 予以确定。

（本条撰写人：王　雷）

备案合同或者已批准合同的效力

合同存在无效或者可撤销的情形，当事人以该合同已在有关行政管理部门办理备案、已经批准机关批准或者已依据该合同办理财产权利的变更登记、移转登记等为由主张合同有效的，人民法院不予支持。

【本条主旨】

本条从民行交叉角度规定合同备案、批准或者办理财产权利登记不影响合同无效或者可撤销的效力状态。合同无效或者可撤销的瑕疵不会因合同备案、批准或者办理财产权利登记而补正。

【关联规定】

1.《民法典》第 706 条　当事人未依照法律、行政法规规定办理租赁合同登记备案手续的，不影响合同的效力。

2.《民法典》第 738 条　依照法律、行政法规的规定，对于租赁物的经营使用应当取得行政许可的，出租人未取得行政许可不影响融资租赁合同的效力。

3.《城市房地产管理法》第 45 条第 2 款　商品房预售人应当按照国家有关规定将预售合同报县级以上人民政府房产管理部门和土地管理部门登记备案。

4.《城市房地产管理法》第 54 条　房屋租赁，出租人和承租人应当签订书面租赁合同，约定租赁期限、租赁用途、租赁价格、修缮责任等条款，以及双方的其他权利和义务，并向房产管理部门登记备案。

5.《商品房屋租赁管理办法》第 14 条第 1 款　房屋租赁合同订立后三十日

内，房屋租赁当事人应当到租赁房屋所在地直辖市、市、县人民政府建设（房地产）主管部门办理房屋租赁登记备案。

6.《最高人民法院关于审理外商投资企业纠纷案件若干问题的规定（一）》第3条 人民法院在审理案件中，发现经外商投资企业审批机关批准的外商投资企业合同具有法律、行政法规规定的无效情形的，应当认定合同无效；该合同具有法律、行政法规规定的可撤销情形，当事人请求撤销的，人民法院应予支持。

【理解与适用】

《民法典》是一部基础性法律，《民法典》中包含大量公权力运行规范。公权力运行须遵循"法无授权不可为""法定职责必须为"原则，这里的"法"当然包括《民法典》。"国家机关履行职责、行使职权必须清楚自身行为和活动的范围和界限。"[①]《民法典》中不少条文涉及行政备案、行政批准、登记等具体行政行为，《民法典》中使用了1次"备案"、13次"批准"、2次"行政许可"、183次"登记"，形成了民法和行政法的关联交叉。《民法典》成为行政决策、行政许可、行政管理、行政监督的重要标尺。本着鼓励交易的立法宗旨，需要厘清行政权力运行对合同效力的影响，避免行政权力过度介入民事活动，避免行政机关随意作出减损民事主体合法权益或者增加其义务的决定。也不能混淆行政权与司法权的边界，行政权的行使不能替代司法权对合同效力的审查判断。人民法院和仲裁机构有权对合同效力作出最终判断。合同已经在有关行政管理部门办理备案不意味着合同必然有效，合同已经获得批准机关批准不意味着合同必然有效，依据合同办理财产权利登记也不意味着合同必然有效。

一、合同已经在有关行政管理部门办理备案不意味着合同必然有效

当事人未依照法律、行政法规规定办理合同登记备案手续的，不影响合同的效力，不导致合同无效。当事人依照法律、行政法规规定办理合同登记备案手续的，不意味着合同必然有效，不意味着合同不存在无效或者可撤销等瑕疵情形。

《合同编通则解释》第13条中规定的合同在有关行政管理部门办理备案，不同于市场主体就市场准入资格办理的备案，也不同于行政管理部门之外的其他主体办理的备案。

合同在有关行政管理部门办理备案，不同于市场主体就市场准入资格办理的

---

① 习近平：《充分认识颁布实施民法典重大意义 依法更好保障人民合法权益》，载《求是》2020年第12期。

备案。例如，《城市房地产管理法》第 30 条第 4 款规定："房地产开发企业在领取营业执照后的一个月内，应当到登记机关所在地的县级以上地方人民政府规定的部门备案。"该款规定的并非对具体合同的备案，不属于《合同编通则解释》第 13 条对应的情形。类似地，《证券法》第 160 条第 2 款规定："从事证券投资咨询服务业务，应当经国务院证券监督管理机构核准；未经核准，不得为证券的交易及相关活动提供服务。从事其他证券服务业务，应当报国务院证券监督管理机构和国务院有关主管部门备案。"从事证券投资咨询服务业务以外的其他证券服务业务，应当报国务院证券监督管理机构和国务院有关主管部门备案，此种备案也是对市场主体准入资格的备案，而非对具体合同的备案。《证券法》第 213 条针对证券投资咨询机构违反《证券法》第 160 条第 2 款的规定擅自从事证券服务业务的行为，规定了行政处罚责任，未对从事证券投资咨询服务业务以外的其他证券服务业务，应当报国务院证券监督管理机构和国务院有关主管部门备案而未备案的行为，设置行政处罚规定。

合同在有关行政管理部门办理备案，不同于行政管理部门之外的其他主体办理的备案。例如，《农村土地承包法》第 36 条规定："承包方可以自主决定依法采取出租（转包）、入股或者其他方式向他人流转土地经营权，并向发包方备案。"第 46 条规定："经承包方书面同意，并向本集体经济组织备案，受让方可以再流转土地经营权。"向发包方备案、向本集体经济组织备案，并非《合同编通则解释》第 13 条对应的"在有关行政管理部门办理备案"。

（一）租赁合同登记备案与合同效力

2023 年 12 月 5 日，最高人民法院民二庭、研究室负责人就民法典合同编通则司法解释答记者问时指出：《合同编通则解释》第 16 条第 1 款具体列举了违反强制性规定不影响合同效力的五种情形，其中第五种是"法律、司法解释规定的其他情形"，例如当事人订立房屋租赁合同后，未依法办理备案登记，依据《民法典》第 706 条的规定，不应影响房屋租赁合同的效力。[①] 也有学者认为，《民法典》第 706 条"强调了登记备案的非强制性，进一步表明租赁不以特定的形式或手续为必要"[②]。

城镇房屋租赁合同备案的私法效果不是影响租赁合同的效力，而是可能影响一房数租时多个承租人的权利实现顺位。《最高人民法院关于审理城镇房屋租赁

---

① 参见《最高人民法院民二庭、研究室负责人就民法典合同编通则司法解释答记者问》，网址 https://www.court.gov.cn/zixun/xiangqing/419402.html。

② 周江洪：《典型合同原理》，法律出版社 2023 年版，第 197 页。

合同纠纷案件具体应用法律若干问题的解释》第 5 条第 1 款规定："出租人就同一房屋订立数份租赁合同，在合同均有效的情况下，承租人均主张履行合同的，人民法院按照下列顺序确定履行合同的承租人：（一）已经合法占有租赁房屋的；（二）已经办理登记备案手续的；（三）合同成立在先的。"

"《民法典》第 706 条关于未办理租赁合同登记备案手续不影响合同效力的规定，源于城镇房屋租赁合同的司法解释第 4 条，现在的适用范围扩张到全部租赁合同，而不限于房屋租赁。"[①] 《民法典》第 706 条规定："当事人未依照法律、行政法规规定办理租赁合同登记备案手续的，不影响合同的效力。"该条源于《最高人民法院关于审理城镇房屋租赁合同纠纷案件具体应用法律若干问题的解释》（法释〔2009〕11 号，已修正）第 4 条："当事人以房屋租赁合同未按照法律、行政法规规定办理登记备案手续为由，请求确认合同无效的，人民法院不予支持。""当事人约定以办理登记备案手续为房屋租赁合同生效条件的，从其约定。但当事人一方已经履行主要义务，对方接受的除外。"

城镇房屋租赁合同登记备案的主要功能是信息管理（见《商品房屋租赁管理办法》第 24 条），而非对租赁合同进行合法性审查。房屋租赁当事人提交的办理房屋租赁登记备案的材料应当真实、合法、有效。行政管理部门在对城镇房屋租赁登记备案时只作形式审查，经过登记备案的房屋租赁合同不见得没有任何效力瑕疵。《商品房屋租赁管理办法》第 15 条规定："办理房屋租赁登记备案，房屋租赁当事人应当提交下列材料：（一）房屋租赁合同；（二）房屋租赁当事人身份证明；（三）房屋所有权证书或者其他合法权属证明；（四）直辖市、市、县人民政府建设（房地产）主管部门规定的其他材料。""房屋租赁当事人提交的材料应当真实、合法、有效，不得隐瞒真实情况或者提供虚假材料。"第 16 条规定："对符合下列要求的，直辖市、市、县人民政府建设（房地产）主管部门应当在三个工作日内办理房屋租赁登记备案，向租赁当事人开具房屋租赁登记备案证明：（一）申请人提交的申请材料齐全并且符合法定形式；（二）出租人与房屋所有权证书或者其他合法权属证明记载的主体一致；（三）不属于本办法第六条规定不得出租的房屋。""申请人提交的申请材料不齐全或者不符合法定形式的，直辖市、市、县人民政府建设（房地产）主管部门应当告知房屋租赁当事人需要补正的内容。"

城镇房屋租赁合同登记备案在信息管理这一主要功能外，还有行政监管审查功能。直辖市、市、县人民政府建设（房地产）主管部门办理房屋租赁登记备

---

① 杨震、孙毅：《我国民法典的时代价值》，载《求是学刊》2021 年第 5 期。

案，应当向租赁当事人开具房屋租赁登记备案证明，依据《商品房屋租赁管理办法》第16条，开具房屋租赁登记备案证明时，该登记备案证明包含的内容之一是"不属于本办法第六条规定不得出租的房屋"。《商品房屋租赁管理办法》第6条规定："有下列情形之一的房屋不得出租：（一）属于违法建筑的；（二）不符合安全、防灾等工程建设强制性标准的；（三）违反规定改变房屋使用性质的；（四）法律、法规规定禁止出租的其他情形。"第21条规定："违反本办法第六条规定的，由直辖市、市、县人民政府建设（房地产）主管部门责令限期改正，对没有违法所得的，可处以五千元以下罚款；对有违法所得的，可以处以违法所得一倍以上三倍以下，但不超过三万元的罚款。"

行政管理部门对合同办理备案登记，服务于信息管理和行政监管审查，并不对合同效力进行评价。行政管理部门发现租赁房屋存在《商品房屋租赁管理办法》第6条规定的不得出租的情形时，也只能依法行使公法监管职责，不能对租赁合同效力进行评价。依据《民法典》第724条，租赁物具有违反法律、行政法规关于使用条件的强制性规定情形，非因承租人原因致使租赁物无法使用的，承租人可以解除合同。依据《民法典》第731条，租赁物危及承租人的安全或者健康的，即使承租人订立合同时明知该租赁物质量不合格，承租人仍然可以随时解除合同。

已经办理登记备案手续的房屋租赁合同，如果存在《最高人民法院关于审理城镇房屋租赁合同纠纷案件具体应用法律若干问题的解释》第2条、第3条等规定的情形，则该房屋租赁合同无效：出租人就未取得建设工程规划许可证或者未按照建设工程规划许可证的规定建设的房屋，与承租人订立的租赁合同无效。出租人就未经批准或者未按照批准内容建设的临时建筑，与承租人订立的租赁合同无效。租赁期限超过临时建筑的使用期限，超过部分无效。

（二）商品房预售合同登记备案与合同效力

《城市房地产管理法》第45条第2款规定："商品房预售人应当按照国家有关规定将预售合同报县级以上人民政府房产管理部门和土地管理部门登记备案。"该法并未对商品房预售合同未办理登记备案的公法效果作出规定，其第68条仅针对第45条第1款设置罚则："违反本法第四十五条第一款的规定预售商品房的，由县级以上人民政府房产管理部门责令停止预售活动，没收违法所得，可以并处罚款。"

《最高人民法院关于审理商品房买卖合同纠纷案件适用法律若干问题的解释》第2条规定了商品房预售许可证明对商品房预售合同效力的影响："出卖人未取得商品房预售许可证明，与买受人订立的商品房预售合同，应当认定无效，但是在起诉前取得商品房预售许可证明的，可以认定有效。"该条未涉及商品房预售合同登记备案对商品房预售合同效力的影响。

不能混淆商品房预售合同登记备案与商品房预售许可证明。商品房预售合同登记备案与否不影响商品房预售合同效力。即便商品房预售合同办理了登记备案，也不意味着商品房预售合同必然有效，商品房预售合同仍有可能存在无效或者可撤销的情形。依据《最高人民法院关于审理商品房买卖合同纠纷案件适用法律若干问题的解释》第2条前段，出卖人未取得商品房预售许可证明，与买受人订立的商品房预售合同，应当认定无效。从立法论上看，出卖人未取得商品房预售许可证明，不应该影响商品房预售合同的效力。[1]

二、合同已经获得批准机关批准不意味着合同必然有效

依照法律、行政法规的规定，合同应当办理批准等手续生效的，当事人办理合同批准手续，合同获得批准后生效。当事人依照法律、行政法规的规定办理合同批准手续，合同获得批准，不意味着合同不存在无效或者可撤销等瑕疵情形。

行政机关依法对合同进行批准，服务于行政监管需要，主要审查合同是否符合行政审批对应的公法管制要件，例如是否符合产业政策等国家宏观调控，是否可能危害金融安全，等等，并不对合同是否有效作出评价。行政机关对合同的批准不能代替法院对合同效力的审查判断。需厘清行政权和司法权的边界，行政的归行政，司法的归司法。在实践中，"存在当事人以为只要经过行政审批，合同就一定有效的误解"[2]。

合同已经获得批准机关批准不意味着合同必然有效。一方面，已经获得批准机关批准的合同仍有可能无效，批准机关的批准不能补正无效合同的效力瑕疵。批准机关并不对合同效力进行终局判断，法院和仲裁机构才可以作终局判断。"未生效与无效并不在同一层级，即便未生效的法律行为满足了批准这样的公法管制要件，也不意味着它就确定有效，还要看它是否存在无效事由。"[3] 另一方面，已经获得批准机关批准的合同也有可能可撤销，批准机关的批准不能替代可撤销合同中当事人一方的撤销权，批准机关进行行政审批不能代替撤销权人的意思自治。撤销权人才可以决定可撤销合同的终局命运。因此，《最高人民法院关于审理外商投资企业纠纷案件若干问题的规定（一）》第3条规定："人民法院在

---

[1] 参见王轶：《论商品房预售许可证明对合同效力的影响》，载《比较法研究》2018年第6期。

[2] 吴光荣：《行政审批对合同效力的影响：理论与实践》，载《法学家》2013年第1期。

[3] 常鹏翱：《等同论否定说：法律行为的可撤销与相对无效的关系辨析——以〈民法通则〉到〈民法典〉的规范发展为基点》，载《法学家》2020年第5期。

审理案件中，发现经外商投资企业审批机关批准的外商投资企业合同具有法律、行政法规规定的无效情形的，应当认定合同无效；该合同具有法律、行政法规规定的可撤销情形，当事人请求撤销的，人民法院应予支持。"

三、依据合同办理财产权利登记不意味着合同必然有效

合同引发物权等财产权利变动时，办理财产权利登记不意味着合同必然有效。以合同引发不动产物权变动为例，相关不动产物权登记只是不动产物权变动生效要件，并非合同生效要件。不动产物权登记，不意味着引发不动产物权变动的合同必然有效，该合同存在无效或者可撤销瑕疵情形的，仍会影响合同效力。

根据物权变动的区分原则，基于合同行为引发的物权变动应当区分合同效力与物权变动的效力，物权是否变动对于合同效力不发生影响。物权变动是合同履行的结果，不能倒果为因，不能因为物权未变动反过来认定合同无效。《民法典》第 215 条规定："当事人之间订立有关设立、变更、转让和消灭不动产物权的合同，除法律另有规定或者当事人另有约定外，自合同成立时生效；未办理物权登记的，不影响合同效力。"

物权变动因债权合同效力而生。物权变动与引发物权变动的债权合同同命运，当引发物权变动的合同行为无效、被撤销或者确定不发生效力后，物权变动的结果也不能发生，须返还财产、折价补偿、赔偿损失。"区分原则确认了合同效力对物权变动的影响。"[1]《民法典》第 157 条规定："民事法律行为无效、被撤销或者确定不发生效力后，行为人因该行为取得的财产，应当予以返还；不能返还或者没有必要返还的，应当折价补偿。有过错的一方应当赔偿对方由此所受到的损失；各方都有过错的，应当各自承担相应的责任。法律另有规定的，依照其规定。"

四、"合同已经获得批准机关批准不意味着合同必然有效"对应的典型案例评析

"江苏中汇储物流有限公司诉永辉滨江港建设（南京）有限公司与公司有关的纠纷案"[2] 有助于解释说明合同已经获得批准机关批准不意味着合同必然有效。

---

① 王利明：《论债权形式主义下的区分原则——以〈民法典〉第 215 条为中心》，载《清华法学》2022 年第 3 期。

② 参见江苏省南京市中级人民法院（2012）宁商外初字第 27 号民事判决书。

（一）基本案情

2010 年 10 月 11 日，原告江苏中汇储物流有限公司（简称"中汇储公司"）与被告外商独资企业永辉滨江港建设（南京）有限公司（简称"永辉滨江港公司"）原股东孙某丽、香港永辉公司分别签订股权转让协议书，约定孙某丽将其拥有的被告公司 20％的股权转让于原告，香港永辉公司将其拥有的被告公司 30％的股权转让于原告。同日，被告公司股东会和董事会就股权转让事宜分别形成决议，并通过了修改后的公司章程及合同。之后，原告与孙某丽及香港永辉公司之间的上述股权转让事宜，于 2010 年 12 月 23 日经南京市江宁区投资促进局批准同意。同意投资方孙某丽、香港永辉公司股权转让，同意永辉滨江港公司的公司类型由外资企业变更为中外合资企业。被告一直拒绝为原告办理股权转让变更登记手续，原告诉请法院判令被告限期为原告办理 50％股权转让工商变更登记手续。孙某丽、香港永辉公司为本案第三人，香港永辉公司系在香港特别行政区注册的公司，孙某丽系香港居民。

被告永辉滨江港公司及第三人孙某丽、香港永辉公司主张，原告中汇储公司提交的 2010 年 10 月 11 日签订的股权转让协议，仅是为了申请审批之用，并非转让方与受让方的真实意思表示。

（二）争议焦点

本案涉及股权转让中的"阴阳合同"问题。本案中，报请审批机关审批的 2010 年 10 月 11 日签订的孙某丽股权转让协议、香港永辉公司股权转让协议是否有效？

（三）裁判结果

法院认为，从在案证据看，当事人实际履行的股权转让协议并非提交审批的 2010 年 10 月 11 日签订的股权转让协议。提交审批的股权转让协议不是转让方与受让方的真实意思表示，其中约定的股权转让款与实际履行的股权转让款数额相差巨大。股权转让双方当事人恶意串通，目的在于逃避有关部门的监管和少交税款，损害国家利益。依据《最高人民法院关于审理外商投资企业纠纷案件若干问题的规定（一）》第 3 条的规定，原告提交的 2010 年 10 月 11 日签订的两份股权转让协议虽然已经行政审批，但由于存在法律、行政法规规定的无效情形，该股权转让协议应当认定无效。被告抗辩和原告主张的其他两份实际履行的协议均未经过行政审批，不具备办理股权转让工商变更登记的条件。

原告中汇储公司于 2010 年 10 月 11 日与第三人分别签订的孙某丽股权转让协议、香港永辉公司股权转让协议无效，此两份股权转让协议不能证明原告已依法继受取得股权，其要求被告办理股权转让工商变更登记缺乏前提和基础，因此，原告的诉讼请求不应得到支持。

（四）评析

根据1997年《外商投资企业投资者股权变更的若干规定》，外资企业的投资者向其他受让人转让股权，"应遵守中国有关法律、法规，并按照本规定经审批机关批准和登记机关变更登记"。本案法院判决两份股权转让协议无效时所援引的裁判依据之一是《合同法》第52条第2项：恶意串通，损害国家、集体或者第三人利益的合同无效。

本案中两份股权转让协议即便已经获得批准机关批准，也不必然有效。合同存在无效情形时，仍须认定其无效。《最高人民法院关于审理外商投资企业纠纷案件若干问题的规定（一）》第3条是法院裁判本案时援引的另一裁判依据："人民法院在审理案件中，发现经外商投资企业审批机关批准的外商投资企业合同具有法律、行政法规规定的无效情形的，应当认定合同无效；该合同具有法律、行政法规规定的可撤销情形，当事人请求撤销的，人民法院应予支持。"

本案存在"阴阳合同"问题，报请审批机关审批的2010年10月11日签订的孙某丽股权转让协议、香港永辉公司股权转让协议属于阳合同，是以虚假意思表示订立的合同，依据《合同编通则解释》第14条，两份股权转让协议无效。其他两份实际履行的股权转让协议，属于被隐藏的合同，被隐藏的合同须依法经审批机关批准方可生效。本案中两份股权转让协议属于以虚假意思表示订立的合同，为无效合同，依据《合同编通则解释》第13条，即便两份股权转让协议已经获得批准机关批准，也不必然有效。协议存在无效情形时，仍须认定其无效。

（本条撰写人：王　雷）

同一交易多份合同的效力认定

当事人之间就同一交易订立多份合同，人民法院应当认定其中以虚假意思表示订立的合同无效。当事人为规避法律、行政法规的强制性规定，以虚假意思表示隐藏真实意思表示的，人民法院应当依据民法典第一百五十三条第一款的规定认定被隐藏合同的效力；当事人为规避法律、行政法规关于合同应当办理批准等手续的规定，以虚假意思表示隐藏真实意思表示的，人民法院应当依据民法典第五百零二条第二款的规定认定被隐藏合同的效力。

依据前款规定认定被隐藏合同无效或者确定不发生效力的，人民法院应当以被隐藏合同为事实基础，依据民法典第一百五十七条的规定确定当事人的民事责任。但是，法律另有规定的除外。

当事人就同一交易订立的多份合同均系真实意思表示，且不存在其他影响合同效力情形的，人民法院应当在查明各合同成立先后顺序和实际履行情况的基础上，认定合同内容是否发生变更。法律、行政法规禁止变更合同内容的，人民法院应当认定合同的相应变更无效。

【本条主旨】

本条是关于当合同双方当事人之间就同一交易订立了多份合同时，各个合同效力的认定标准的规定。

【关联规定】

1. 《民法典》第 146 条　行为人与相对人以虚假的意思表示实施的民事法律

行为无效。

以虚假的意思表示隐藏的民事法律行为的效力，依照有关法律规定处理。

2.《民法典》第153条第1款　违反法律、行政法规的强制性规定的民事法律行为无效。但是，该强制性规定不导致该民事法律行为无效的除外。

3.《民法典》第157条　民事法律行为无效、被撤销或者确定不发生效力后，行为人因该行为取得的财产，应当予以返还；不能返还或者没有必要返还的，应当折价补偿。有过错的一方应当赔偿对方由此所受到的损失；各方都有过错的，应当各自承担相应的责任。法律另有规定的，依照其规定。

4.《民法典》第502条第2款　依照法律、行政法规的规定，合同应当办理批准等手续的，依照其规定。未办理批准等手续影响合同生效的，不影响合同中履行报批等义务条款以及相关条款的效力。应当办理申请批准等手续的当事人未履行义务的，对方可以请求其承担违反该义务的责任。

5.《民法典》第543条　当事人协商一致，可以变更合同。

6.《民法典》第544条　当事人对合同变更的内容约定不明确的，推定为未变更。

【理解与适用】

一、以虚假意思表示订立合同的效力认定

在商业交易中，合同双方当事人有时会就同一交易事项订立两份或者两份以上的合同，其中有些是当事人之间对合同进行变更，但有些则是双方当事人以某些合同作为形式，以另一些合同作为实质，通过表面的合同来隐藏真实的交易目的。当事人之间就同一交易订立多份合同的，一旦发生纠纷，不同的当事人方就会选择对自己更为有利的合同主张权利，此时就面临对多份合同效力进行认定的问题。

依据我国民法典的规定，意思表示真实是民事法律行为有效的基本要件之一。在当事人之间签订的多份合同中，被作为形式来掩盖其他合同的合同，必然是出于虚假的意思表示，因为真实的意思表示体现在被掩盖的合同之中。法律不保护虚假的意思表示，依据《民法典》第146条的规定，行为人与相对人以虚假的意思表示实施的民事法律行为无效。因此，双方当事人以虚假的意思表示订立的合同为无效合同。

合同双方以虚假的意思表示订立合同，此种合意也被称为虚假表示、伪装行为或通谋的虚伪意思表示。在此情况下，双方当事人在订立合同时，均并未表达

真实的意图，而是通过表面的、非真实的约定来掩盖和隐藏双方实际达成的合同。由于此种表面上的虚伪意思表示不能反映双方当事人的真实意思表示，因此双方并未达成合意，故此种合同不产生法律约束力，属于无效合同。当然，如果虚伪意思表示背后，还隐藏着体现双方真实的交易目的和内容的其他合同，那么其他合同的效力应当依据相关法律法规去另行判断。例如，在"包头市南郊农村信用联社股份有限公司、恒丰银行股份有限公司南通分行票据追索权纠纷"案中，最高人民法院指出："本案票据交易中存在着不符合正常转贴现交易顺序的倒打款情形，双方当事人在前案及本案诉讼过程均认可本案票据系通过倒打款方式进行交易……本案各参与银行之间虽然在形式上存在票据贴现背书行为，但无论是直贴行、过桥行，还是出资行，从资金流转的情况均可以认识到本案系'倒打款'，亦可以明确认识到各行收取的利息费用或者通道费用均是由实际用资人负担。基于本案各参与银行明知案涉票据交易系通道业务而非正常票据转贴现的情况，可以认定本案票据间的转贴现协议是当事人之间通谋实施的虚伪意思表示，出资银行即便持有票据，也不能据此主张其享有票据权利。"① 可见，本案中形式上的票据关系并非双方的真实意思表示，因此票据间的转贴现协议无效，当事人不得基于该无效协议而主张合同权利。

在司法实践中，名为买卖、实为借贷的合同关系较为常见，双方当事人签订了买卖合同，但其真实意思表示并非买卖交易，而是从事借贷的资金融通。在此类交易中，如果能够证明双方在买卖合同之外存在着其他的真实交易目的，那么买卖合同便因为属于虚假意思表示而无效。例如，在"上海云峰（集团）有限公司贸易二部、阳泉煤业集团国际贸易有限公司等买卖合同纠纷"案中，一审法院认为："根据交易安排及实际操作，可认定上海云峰公司和宁波大用公司的真实意思是融资（借贷），上海云峰公司是提供资金一方，宁波大用公司是使用资金一方……如前所述，本案中形成闭合性贸易链条的各买卖合同并非各当事人的真实意思表示，因此，案涉买卖合同均无效。"② 二审法院最高人民法院也认为："综合上述分析，可以认定上海云峰公司主张的煤炭买卖合同关系为各方当事人之间虚假的意思表示，上海云峰公司和宁波大用公司之间实际为借款合同关系，上海云峰公司为出资方，宁波大用公司为用资方，资金使用的成本即体现在合同约定的价差上……一审判决认定案涉《煤炭采购合同》和《煤炭销售合同》均无

---

① 最高人民法院（2019）最高法民终 1826 号民事裁定书。
② 山西省高级人民法院（2018）晋民初 506 号民事判决书。

效并无不当，上海云峰公司关于该点的上诉理由不能成立。"①

又如，在"平顶山交通建设投资有限公司、远东宏信（天津）融资租赁有限公司等企业借贷纠纷"案中，最高人民法院认为："一、二审判决认定案涉《售后回租赁合同》并非融资租赁合同关系而系借款合同关系……平顶山交投公司主张其没有对民间借款的本息偿还提供连带担保责任的意思表示。但案涉《保证合同》约定，无论租赁合同最终被认定为何种法律关系，保证人对于在该法律关系项下的债务人的任何支付义务也承担担保责任。《保证合同》还约定，如果承租人未能按期足额支付其在租赁合同项下应付的任何款项，保证人应在受益人提出付款要求后 7 天内立即向受益人支付该被担保款项。因此，平顶山交投公司对案涉款项无论属于'租金'还是'借款'都愿意承担连带担保责任的意思表示是明确的。"② 可见，本案中双方之间的租赁合同是基于虚假意思表示而订立的合同，双方之间的担保合同才是真实的意思表示，因此法院根据担保合同而非租赁合同来界定双方的权利义务关系。

二、被隐藏合同的效力认定

当事人之间就同一交易订立了多份合同，其中以虚假意思表示订立的合同无效，而被隐藏合同效力的认定则较为复杂，并不能也一并被认定为无效，而是应当对其效力依法进行具体判断。因为被隐藏的合同系出于双方当事人的真实意思表示，能够体现双方的真意，所以其效力也并不会仅因被隐藏在虚假意思表示订立的合同之下而无效。《民法典》第 146 条第 2 款明确规定："以虚假的意思表示隐藏的民事法律行为的效力，依照有关法律规定处理。"因此，对于被隐藏合同的效力认定，应当根据民法典等法律的具体规定来进行。例如，在"江西腾荣实业有限公司、江西银行股份有限公司南昌高新支行债权转让合同纠纷"案中，最高人民法院认为双方之间的合同关系，名为债权转让和资产委托管理协议，实为借款合同，进而指出："本案中腾荣公司与江西银行南昌高新支行以虚假的意思表示所实施的债权转让及资产委托管理行为应为无效；双方以该虚假的意思表示所隐藏的支付 10 620 439.51 元借款利息的行为，实际系双方订立本金为 5 400 万元的借款合同这一民事法律行为的组成部分，对该行为的效力应依照有关法律规定处理。鉴于本案中腾荣公司并未就双方订立的本金为 5 400 万元的借款合同

---

① 最高人民法院（2021）最高法民终 435 号民事判决书。
② 最高人民法院（2021）最高法民申 6744 号民事裁定书。

提出相应的诉讼请求，故本院对该借款合同的效力不作审查和认定。"①

当事人之间就同一交易行为签订的多份合同，往往被称为"黑白合同""阴阳合同""抽屉协议"等。《合同编通则解释》（草案）（2022 年 11 月 4 日公开征求意见稿）第 14 条，就曾直接将该条定义为"阴阳合同与合同变更的效力认定"。《合同编通则解释》起草者认为，"'阴阳合同'和'名实不符'的认定与处理，则要求法官在民商事审判过程中要做到透过现象看本质"②。对于"本质"的处理，就是对被隐藏合同效力的认定和处理。民法典中涉及被隐藏合同效力的规定，基于被隐藏合同的订立目的的不同，可以分为两类：一类是被隐藏合同的订立是为了规避法律、行政法规的强制性规定，另一类是被隐藏合同的订立是为了规避办理批准等手续。

（一）为规避法律、行政法规强制性规定而订立隐藏合同的效力

如果当事人之间之所以就同一交易订立多份合同，其目的正在于将违反法律、行政法规强制性规定的合同进行隐藏，此时对被隐藏合同的效力，应当依据《民法典》第 153 条第 1 款的规定来认定。《民法典》第 153 条第 1 款规定："违反法律、行政法规的强制性规定的民事法律行为无效。但是，该强制性规定不导致该民事法律行为无效的除外。"有观点认为，"这一规定用了但书或除外的立法技术，应当解读为民事法律行为违反法律、行政法规的强制性规定一般应认定无效，认定有效为例外"③。可见，当事人隐藏真实意思表示的目的在于规避法律、行政法规的强制性规定的，被隐藏的合同既可能是无效，也可能是有效，不能一概而论，而应当结合《合同编通则解释》第 16 条和第 18 条的规定来具体判断。《合同编通则解释》（草案）（2022 年 11 月 4 日公开征求意见稿）中还曾规定："当事人仅以被隐藏合同系为规避法律、行政法规而订立为由主张无效的，人民法院不予支持。"虽然在正式发布的司法解释中基于行文简洁的需要去掉了该句表述，但至少表明，对于被隐藏合同的效力判断，不能仅从当事人的动机和目的出发，而应当根据合同涉及的法律法规的具体规定与合同效力的关系来进行判断和认定。

1999 年《合同法》第 52 条曾规定，违反法律、行政法规的强制性规定的，合同无效。有学者认为，"《合同法》第 52 条第 5 项的真正含义应当通过被其引致的具体规范来理解。这里被引致的规范主要是民法外的刑法、行政法上的强制

---

① 最高人民法院（2020）最高法民申 7094 号民事裁定书。

② 《最高人民法院民二庭、研究室负责人就民法典合同编通则司法解释答记者问》，网址：https://www.court.gov.cn/zixun/xiangqing/419402.html，最后访问日期：2023 年 12 月 15 日。

③ 刘贵祥：《民法典适用的几个重大问题》，载《人民司法》2021 年第 1 期，第 15 页。

规范，但也不排除对于民法内部的强制规范的援引"[1]。但违反强制性规定，哪些情形下导致合同无效，哪些情形下合同仍然有效，却一直是困扰司法实践的疑难问题。对此，于 2009 年 4 月发布的《合同法解释二》第 14 条解释为："合同法第五十二条第（五）项规定的'强制性规定'，是指效力性强制性规定。"于同年 7 月发布的《最高人民法院关于当前形势下审理民商事合同纠纷案件若干问题的指导意见》第 15 条规定："正确理解、识别和适用合同法第五十二条第（五）项中的'违反法律、行政法规的强制性规定'，关系到民商事合同的效力维护以及市场交易的安全和稳定。人民法院应当注意根据《合同法解释二》第十四条之规定，注意区分效力性强制规定和管理性强制规定。违反效力性强制规定的，人民法院应当认定合同无效；违反管理性强制规定的，人民法院应当根据具体情形认定其效力。"该解释提出了管理性强制性规定的概念，指出违反管理性强制性规定的，人民法院应当根据具体情形认定合同效力。由此，最高人民法院开创了将法律法规的强制性规定区分为效力性强制性规定和管理性强制性规定的二分法时代。

这一划分是一种进步，是对法律的精细化解释，"这对于确立违反法律、行政法规的强制性规定并不必然导致合同无效的观念具有重要意义"[2]。但是，在《民法总则》起草过程中，立法者没有采用效力性强制性规定的表述，而是在规定法律行为因违反法律、行政法规的强制性规定而无效的同时，明确规定"但是该强制性规定不导致该民事法律行为无效的除外"。立法机关将法律规范分为强制性规范和任意性规范，但是并未将强制性规范继续细分为效力性和管理性两类。立法机关认为，法律行为违反法律法规的强制性规定的，一般情况下应当归于无效，但是有一种例外情形，即该强制性规定并不导致该民事法律行为无效，"这里实际上涉及到对具体强制性规定的性质判断问题。某些强制性规定尽管要求民事主体不得违反，但其并不导致民事法律行为无效。违反该法律规定的后果应由违法一方承担，对没有违法的当事人不应承受一方违法的后果"[3]。

在《合同编通则解释》的起草过程中，有观点认为应当继续将效力性强制性规定作为判断合同是否因违反强制性规定而无效的标准，《合同编通则解释》（草案）（2022 年 11 月 4 日公开征求意见稿）第 17 条第 1 款就曾明确规定："合同违反法律、行政法规的效力性强制性规定的，人民法院应当依据民法典第一百五十

① 黄忠：《违法合同的效力判定路径之辨识》，载《法学家》2010 年第 5 期，第 70 页。

② 《最高人民法院民二庭、研究室负责人就民法典合同编通则司法解释答记者问》，网址：https://www.court.gov.cn/zixun/xiangqing/419402.html，最后访问日期：2023 年 12 月 15 日。

③ 黄薇主编：《中华人民共和国民法典总则编解读》，中国法制出版社 2020 年版，第 465 页。

三条第一款认定无效。在判断法律、行政法规的强制性规定是否为效力性强制性规定时，人民法院应当综合考量强制性规定的目的、当事人是否属于强制性规定保护的范围、强制性规定规制的是一方当事人还是双方当事人、违反强制性规定的社会后果等因素。"但是，最高人民法院经过反复研究并征求各方面的意见，最终未采纳这一意见，在最终公布的司法解释中，也没有采用"效力性强制性规定"的概念术语。

最高人民法院不再采用"效力性强制性规定"这一概念，"一是因为，虽然有的强制性规定究竟是效力性强制性规定还是管理性强制性规定十分清楚，但是有的强制性规定的性质却很难区分。问题出在区分的标准不清晰，没有形成共识，特别是没有形成简便易行、务实管用的可操作标准，导致审判实践中有时裁判尺度不统一。二是因为，在有的场合，合同有效还是无效，是裁判者根据一定的因素综合进行分析的结果，而不是其作出判决的原因。三是因为，自效力性强制性规定的概念提出以来，审判实践中出现了望文生义的现象，即大量公法上的强制性规定被认为属于管理性强制性规定，不是效力性强制性规定"①。应当说，效力性强制性规定与管理性强制性规定究竟如何区分，确实缺乏一个清晰的标准，因此也给司法实践的法律适用带来了困难和混乱，所以司法解释不再继续采用这一概念，而是完全与民法典保持一致，采用"该强制性规定不导致该民事法律行为无效"这一更为冗长也更为抽象的表述。正如有学者所言，"绝大多数强制性规定都没有明确规定违反该规定之法律行为的效力，一条强制性规定究竟是否属于效力性强制性规定，从该规定的文义中通常得不到答案。实践中，裁判者难免先入为主地预判系争法律行为应否生效，然后根据需要给相关的强制性规定，贴上管理性强制性规定或者效力性强制性规定之标签"②。

但是，在司法实践中，仍然会遇到大量的、对违反法律法规强制性规定的合同效力的判断问题，因为我国现行有效的法律已经达到 300 部，行政法规近千部，其中的很多规定都属于强制性规定，对当事人的交易会产生直接的影响。所以对"该强制性规定不导致该民事法律行为无效"进行解释，是司法解释难以回避的问题。对此，《合同编通则解释》作出了正面回应。《合同编通则解释》第16 条规定了合同虽然违反法律、行政法规的强制性规定但并不因此而无效的例外情形，第18 条则规定了违反法律、行政法规的强制性规定会构成无权处分、

---

① 《最高人民法院民二庭、研究室负责人就民法典合同编通则司法解释答记者问》，网址：https://www.court.gov.cn/zixun/xiangqing/419402.html，最后访问日期：2023 年 12 月 15 日。

② 杨代雄：《法律行为论》，北京大学出版社 2021 年版，第 397 页。

无权代理、越权代表而并不必然导致合同无效的情形。

第一，为规避法律、行政法规的强制性规定而订立的隐藏合同有效。如果当事人隐藏真实意思表示的目的在于规避法律、行政法规的强制性规定，但是被规避的强制性规定并不直接影响合同的效力，或者虽直接影响合同效力但法官基于比例原则、利益衡量可以保全合同效力的，那么，此种规避行为下的隐藏合同仍可以有效，当事人之间应当根据被隐藏合同的约定来履行义务并享有权利。

判断强制性规定是否涉及合同效力、违反之后是否将导致合同无效，应采取综合性、动态体系的判断基准，"经权衡该规定之立法精神、规范目的及法规之实效性，并斟酌其规范伦理性质之强弱、法益冲突之情形、缔约相对人之期待、信赖保护之利益与交易之安全，暨当事人间之诚信及公平，足认该规定仅在于禁遏当事人为一定行为，而非否认该行为之私法效力时，性质上应仅属取缔规定而非效力规定，当事人间本于自由意思所成立之法律行为，纵违反该项禁止规定，亦仍应赋予私法上之法律效果，以合理兼顾行政管制之目的及契约自由之保护"[1]。

其中，典型的情形即为《合同编通则解释》第16条所规定的几类例外情形，如：强制性规定虽然旨在维护社会公共秩序，但是合同的实际履行对社会公共秩序造成的影响显著轻微，认定合同无效将导致案件处理结果有失公平公正的；强制性规定旨在维护政府的税收、土地出让金等国家利益或者其他民事主体的合法利益而非合同当事人的民事权益，认定合同有效不会影响该规范目的的实现的；强制性规定旨在要求当事人一方加强风险控制、内部管理等，对方无能力或者无义务审查合同是否违反强制性规定，认定合同无效将使其承担不利后果的；当事人一方虽然在订立合同时违反强制性规定，但是在合同订立后其已经具备补正违反强制性规定的条件却违背诚信原则不予补正的；等等。有学者认为，"强制性规定具有一定的规制目的，倘若为了实现这一规制目的，并不一定使合同无效，也可以通过诸如行政处罚等手段得到规制目的。也就是说，强制性规定本身已经明确规定了一定的行政责任，通过行政责任即可实现规制目的，此时就不一定要借助于宣告合同无效的方式来实现规制目的。这也是比例原则的具体体现，因为使合同无效可能导致财富的更大损失和浪费"[2]。在这些情形下，被隐藏合同虽然违反了法律法规的强制性规定，但合同本身仍得以有效，这就需要法官对案件

---

① 王泽鉴：《民法总则》（2022年重排版），北京大学出版社2022年版，第286页。

② 王利明：《论效力性和非效力性强制性规定的区分——以〈民法典〉第153条为中心》，载《法学评论》2023年第2期，第27页。

所涉及的法律法规和案件事实进行具体对照和衡量。

例如,在"上海东穗现代农业发展有限公司大丰分公司(简称'东穗大丰分公司')、南充深龙泉房地产开发有限责任公司(简称'泽龙泉公司')等房屋买卖合同纠纷"案中,其基本案情是:金威公司因欠付东穗大丰分公司货款,委托深龙泉公司向东穗大丰分公司支付 1 450 万元,并约定将深龙泉公司开发的案涉商品房登记在东穗大丰分公司指定人名下,由深龙泉公司在一定时间内回购,如深龙泉公司未能回购则东穗大丰分公司可以处置上述商品房。之后,东穗大丰分公司委托贾某波与深龙泉公司签订 2 份协议书及 36 份商品房买卖合同,将案涉 36 套商品房通过预售备案登记的形式登记在贾某波名下,并约定深龙泉公司在一定时间内回购,如未回购,则贾某波可以处置案涉商品房,并依据 1 450 万元的总额,按一定期间内的网签价格进行结算。对此,最高人民法院认为:"上述事实可以看出,双方签订《商品房买卖合同》的目的并非真实的买卖商品房,而是为深龙泉公司偿还 1 450 万元债务提供担保。深龙泉公司的担保行为不违反法律法规的禁止性规定,合法有效。故东穗大丰分公司与深龙泉公司之间应按双方真实意思表示认定法律关系,双方仅有担保合同关系,并无商品房买卖合同关系。"①

第二,为规避法律、行政法规的强制性规定而订立的隐藏合同无效。如果当事人隐藏真实意思表示的目的在于规避法律、行政法规的强制性规定,并且被规避的强制性规定属于直接影响合同效力的规定,那么,此种规避行为下的隐藏合同则自然归于无效。当然,在具体案件的裁判中,仍然有赖于法官对案件的事实进行查明,并结合所涉及的法律法规的具体规定来进行甄别、筛选、权衡,并最终得出结论。例如,《合同编通则解释》第 16 条规定了不导致合同无效的几类例外情形,如果违反法律法规的强制性规定,并且是这些情形之外的其他情形,那么就有可能导致合同无效。总之,"实际适用时,效力性规定与非效力性规定并非泾渭分明,须探究规范目的,权衡法益与制裁,遵循比例原则,经由类型化与体系化,始能确立妥当的判断标准"②。

正是由于难以得出清晰无异议、整齐划一的界分标准,《合同编通则解释》才弃用"效力性强制性规定"的概念术语,而交由法官在具体个案中实现并完成对于法律法规强制性规定对合同效力影响的具体判断。这对从事民商事审判工作的法官无疑是一项新的挑战和较为困难的任务,但应当对此抱有信心。最高人民

---

① 最高人民法院(2021)最高法民申 7954 号民事裁定书。

② 梁慧星:《民法总论》(第六版),法律出版社 2021 年版,第 210 页。

法院的法官认为："法官在判断某一强制性规定究竟是管理性强制性规定还是效力性强制性规定时，由于涉及对强制性规定的规范目的进行认定，必然带有很强烈的价值判断（主观性），因此很难保证裁判的统一性，这在各个国家或者地区都是难以完全避免的。但尽管如此，只要法官在裁判文书中从强制性规定所保护的法益类型、违法行为的法律后果以及交易安全保护等方面进行充分说理，就能在一定程度上形成共识，进而有效防止法官裁量权的滥用。"①

对于法律法规的强制性规定是否将导致被隐藏合同无效，应当从该强制性规定的立法目的、保护对象、制度内容以及当事人的行为动机、手段、后果等方面进行综合考虑。以招投标为例，《招标投标法》第 3 条规定了必须进行招标的几类典型项目，还有多个条文规定了必须进行招标的项目而不招标的行政处罚责任，该法第 59 条还规定："招标人与中标人不按照招标文件和中标人的投标文件订立合同的，或者招标人、中标人订立背离合同实质性内容的协议的，责令改正；可以处中标项目金额千分之五以上千分之十以下的罚款。"但该法并未作出类似"必须进行招标而未进行招标的合同无效"或者"在招投标合同之外另行签订的同一交易的合同无效"的明确规定，但是通过对该法的立法目的，以及对相关法律条文的体系解释，均能够得出明确的结论：违反招标投标法将必须招标的项目不通过招标而订立的合同，或者在招标合同之外订立"阴合同"的，均属无效。所以违反招标投标法的强制性规定的，就会导致被隐藏的合同无效。

例如，在"贵州发展建设工程有限公司、兴义市威舍镇人民政府建设工程施工合同纠纷"案中，最高人民法院认为："根据本案认定的事实，威舍政府与发展公司之间虽然在形式上签订了 BT 合同，但在事实上则形成了威舍政府为发包人、发展公司为承包人的建设工程施工合同关系……因此，威舍政府与发展公司签订的《'BT'合同书》《（BT 模式）协议书》系名为 BT 合同实为建设工程施工合同，双方之间关于投资回报的约定因此无效，对于双方当事人之间的权利义务应当按照建设工程施工合同关系加以认定……本案中，案涉项目为兴义市威舍工业园区路网建设项目，关系社会公共利益、公众安全，属于必须进行招投标的项目……本案中，在案涉工程竣工验收一年多之后，威舍政府才向发展公司发出中标通知书，事实上双方在进行招投标之前，已经将案涉工程的承包达成合意，即将发展公司预先内定为威舍政府的中标人，当事人的行为显然违反了上述法律的强制性规定，根据《中华人民共和国合同法》第五十二条第五项的规定，中标

---

① 刘贵祥、吴光荣：《关于合同效力的几个问题》，载《中国应用法学》2021 年第 6 期，第 12 页。

应为无效。"①

又如,违反反垄断法的强制性规定也可能导致合同无效。在"上海华明电力设备制造有限公司、武汉泰普变压器开关有限公司垄断协议纠纷"案中,最高人民法院指出:"反垄断法的立法宗旨为预防和制止垄断行为,保护市场公平竞争,提高经济运行效率,维护消费者利益和社会公共利益。基于上述立法宗旨,反垄断法关于禁止垄断行为的规定原则上应当属于效力性强制性规定。其次,关于涉案调解协议效力问题的具体分析……上述三个条款为涉案调解协议的核心条款,其他条款均属于围绕上述三个条款对双方相关权利义务的约定,其根本目的在于通过对无载分接开关市场排除、限制竞争,以实现垄断利益,故涉案调解协议在剥离上述三个条款后缺乏独立存在的意义,应当认定全部无效……综上所述,涉案调解协议因违反反垄断法强制性规定应认定为全部无效。"②

(二)为规避应当办理批准等手续而订立的隐藏合同的效力

在社会主义市场经济中,合同是当事人意思自治的产物,也是私法自治的体现。合同的订立和生效均可以由当事人进行协商。但也有一些合同并非完全能够由当事人自行协商决定,此类合同就是依法需要办理批准等手续的合同。合同是否需要经过批准等手续才能生效,主要取决于合同的内容、涉及的领域以及相关的法律和行政法规规定。常见的应当办理批准或取得许可后才能生效的合同,主要是因为合同涉及社会公共利益或国家利益,或者合同的标的具有特殊性而需要进行特别管制。例如,涉及国有资产转让的合同,通常就需要按照《企业国有资产法》等相关法律法规的规定而经过国有资产监督管理机构的批准。《企业国有资产法》第 53 条就规定:"国有资产转让由履行出资人职责的机构决定。履行出资人职责的机构决定转让全部国有资产的,或者转让部分国有资产致使国家对该企业不再具有控股地位的,应当报请本级人民政府批准。"此外,建设用地使用权出让合同、大型基础设施建设工程施工合同、特许经营合同、一些金融交易合同等,往往都需要以批准等手续作为合同生效的前置条件。

如果当事人为了规避本应办理的批准等手续而订立多份合同,其中以虚假意思表示订立的合同自然无效,无须赘述;而对于被隐藏合同的效力,则应当按照《民法典》第 502 条第 2 款的规定来处理。《民法典》第 502 条第 2 款规定:"依照法律、行政法规的规定,合同应当办理批准等手续的,依照其规定。未办理批准等手续影响合同生效的,不影响合同中履行报批等义务条款以及相关条款的效

---

① 最高人民法院(2019)最高法民申 5692 号民事裁定书。
② 最高人民法院(2021)最高法知民终 1298 号民事判决书。

力。应当办理申请批准等手续的当事人未履行义务的，对方可以请求其承担违反该义务的责任。"该条并未直接规定未办理批准等手续的合同为有效或无效，而是规定合同的效力取决于法律法规规定的办理批准等手续的要求是否影响合同的效力，因此应当依照法律、行政法规关于合同应当办理批准等手续的相关规定来认定被隐藏合同的效力。

第一，如果法律、行政法规规定，合同必须办理批准等手续才能生效，那么当事人规避批准等手续订立的隐藏合同，就会因为未办理批准等手续而无效。

例如，《证券法》第122条规定："证券公司变更证券业务范围，变更主要股东或者公司的实际控制人，合并、分立、停业、解散、破产，应当经国务院证券监督管理机构核准。"因此，监管机构的核准，就是相关业务的前提要求。

又如，《商业银行法》第28条规定："任何单位和个人购买商业银行股份总额百分之五以上的，应当事先经国务院银行业监督管理机构批准。"因此，购买商业银行股份达一定比例的交易合同，应当事先经过主管机关的批准。

再如，《探矿权采矿权转让管理办法》第3条规定，"探矿权人在完成规定的最低勘查投入后，经依法批准，可以将探矿权转让他人"，"需要变更采矿权主体的，经依法批准，可以将采矿权转让他人采矿"。其第10条还规定："申请转让探矿权、采矿权的，审批管理机关应当自收到转让申请之日起40日内，作出准予转让或者不准转让的决定，并通知转让人和受让人……批准转让的，转让合同自批准之日起生效。不准转让的，审批管理机关应当说明理由。"因此，涉及探矿权采矿权转让的交易，相关合同需要经过批准才能生效，如果被隐藏的合同违反了此种义务，则依法无效。

第二，如果法律、行政法规虽然规定相关合同应当办理批准等手续，但并未规定办理手续合同才能生效，并且也不能得出违反该规定将会导致合同无效的结论，那么当事人规避批准等手续而订立的被隐藏合同并不因未办理批准等手续而无效。

例如，《担保制度解释》第50条第1款就规定："抵押人以划拨建设用地上的建筑物抵押，当事人以该建设用地使用权不能抵押或者未办理批准手续为由主张抵押合同无效或者不生效的，人民法院不予支持……"因此，建设用地使用权抵押未办理批准手续的，并不影响抵押合同的效力。

由于法律、行政法规中关于要求办理批准等手续的规定一般都是强制性规定，因此违反这些强制性规定之后如何判断其对合同效力的影响，应当适用《民法典》第153条和《合同编通则解释》第16条和第18条的规定，由法官进行具体判断。例如，在"本溪北方煤化工有限公司、攀海国际有限公司股东出资纠纷"案中，最高人民法院认为："本案中，双方的真实意思是'乙方以设备作价出资 12 865 万元'，该真实意思被虚假的意思表示所隐藏。双方明知经报批的《合资经营合同》《合资经营章程》中'以国家进出口商品检验检疫局认定的价格为准'的意思表示虚假，其并无追求'以国家进出口商品检验检疫局认定的价格为准'确认出资数额法律效果的真意，对上述虚假意思法律不应予以保护。鉴于双方真实意思并未违反法律、行政法规的强制性规定，双方关于'乙方以设备作价出资12 865 万元'的约定仍为有效。"①

此处应当注意的是，关于影响合同效力的批准等手续的规定仅限于"法律、行政法规"的立法层面，如果部门规章、地方政府规章等规定合同必须办理批准等手续，则其并不能作为判断被隐藏合同效力的依据。并且，即便当事人规避批准等手续订立的被隐藏合同并不因未办理批准等手续而无效，法律、行政法规规定的批准等手续仍然会对合同当事人的权利义务发生影响。因为，"批准手续虽然不影响合同的效力，但当事人是否办理批准手续，可能会影响登记机构是否办理登记，从而影响到物权的变动"②。

另外，依据民法典的规定，未办理批准等手续影响合同生效的，不影响合同中履行报批等义务条款以及相关条款的效力，应当办理申请批准等手续的当事人未履行义务的，对方可以请求其承担违反该义务的责任。《九民会纪要》第 38 条中也规定："一方因另一方不履行报批义务，请求解除合同并请求其承担合同约定的相应违约责任的，人民法院依法予以支持。"

三、被隐藏合同无效或者确定不生效的责任承担

当事人之间就同一交易订立多份合同的，以虚假意思表示订立的合同自然无效，而被隐藏的合同如果被认定有效，那么双方当事人就应当按照被隐藏合同的约定来履行义务、享受权利，如果一方违反被隐藏合同的约定，则另一方有权要求其承担违约责任。但如果被隐藏的合同因违反法律、行政法规的强制性规定或违背公序良俗而被认定为无效或者不生效，此时便涉及合同无效之后的责任承担问题。

依据《合同编通则解释》第 14 条第 2 款的规定，被隐藏合同无效或者确定不发生效力的，人民法院应当以被隐藏合同为事实基础，依据《民法典》第 157 条的规定来确定当事人的民事责任。合同无效之后，双方当事人失去了合同基础，受有对方给付的，构成不当得利，应当予以返还；对于合同无效具有过错

---

① 最高人民法院（2016）最高法民终 745 号民事判决书。
② 刘贵祥、吴光荣：《关于合同效力的几个问题》，载《中国应用法学》2021 年第 6 期。

的，还应当承担损害赔偿责任。对此，《民法典》第 157 条规定："民事法律行为无效、被撤销或者确定不发生效力后，行为人因该行为取得的财产，应当予以返还；不能返还或者没有必要返还的，应当折价补偿。有过错的一方应当赔偿对方由此所受到的损失；各方都有过错的，应当各自承担相应的责任。法律另有规定的，依照其规定。"因此，被隐藏合同无效或者确定不生效之后，双方当事人之间应当承担返还财产、折价补偿、赔偿损失的责任。

第一，返还财产。由于在当事人就同一交易订立的多份合同中，只有被隐藏的合同才是双方当事人的真实意思表示，因此双方当事人往往会履行被隐藏的合同。如果被隐藏合同被人民法院认定无效或者确定不生效，且双方已经履行了该合同中的义务，那么受领给付的一方便应当将所受领的给付返还给另一方。例如在名为买卖、实为借贷的法律关系中，一方已经向另一方提供了借贷的资金，那么受领资金一方就应当将借贷资金返还给对方当事人。在确定被隐藏合同无效或确定不生效之后的财产返还或者折价补偿的范围时，要根据诚实信用原则的要求，在当事人之间合理分配，不能使不诚信的当事人因此而获益。如果双方互为给付，则应当互相返还财产。也就是说，被隐藏合同为双务合同的，标的物返还与价款返还应当互为对待给付，双方当事人应当同时返还。

关于应否支付利息的问题，只要一方对标的物有使用情形，一般就应当支付使用费，该费用可与占有价款一方应当支付的资金占用费相互抵销，故在一方返还原物前，另一方仅须支付本金，而无须支付利息。当然，在受领期间，财产发生了增值或者贬值的，依据《九民会纪要》第 33 条的规定，应予返还的股权、房屋等财产相对于合同约定价款出现增值或者贬值的，人民法院要综合考虑市场因素、受让人的经营或者添附等行为与财产增值或者贬值之间的关联性，在当事人之间合理分配或者分担，避免一方因合同不成立、无效或者被撤销而获益。

第二，折价补偿。如果返还财产在法律上或者事实上不能实现，那么受领一方便只能对给付一方进行折价补偿。在标的物已经灭失、转售他人或者其他无法返还的情况下，当事人主张返还原物的诉求无法得到实现，因此也只能主张折价补偿。折价时，人民法院应当以当事人交易时约定的价款为基础，同时考虑当事人在标的物灭失或者转售时的获益情况综合确定补偿标准。标的物灭失时当事人获得的保险金或者其他赔偿金，转售时取得的对价，均属于当事人因标的物而获得的利益。对获益高于或者低于价款的部分，也应当在当事人之间合理分配或者分担。

第三，赔偿损失。对于被隐藏合同的无效之结局，有过错的一方应当赔偿对方由此所受到的损失，如果各方对此都有过错，则应当各自承担相应的责任。也就是说，当被隐藏的合同被认定为无效或确定不生效，仅通过返还财产或者折价补偿不足以弥补当事人一方的损失的，该方当事人还可以向有过错的另一方请求损害赔偿。当然，如果双方都有过错，则应当根据过错来分配彼此的责任。此外，在确定损害赔偿范围时，人民法院既要根据当事人的过错程度合理确定责任，又要考虑在确定财产返还范围时已经考虑过的财产增值或者贬值的因素，避免双重获利或者双重受损的现象发生。

四、合同变更的认定

在当事人就同一交易订有多份合同时，当事人之间既有可能是通过虚假意思表示订立的合同来隐藏真实意思表示订立的合同，也有可能是全部的意思表示均为真实，而只是对合同进行了变更。变更合同是合同双方当事人的一项权利，是合同自由的一种体现。民法典规定，当事人协商一致，可以变更合同。那么在当事人之间存在多份合同时，如果在履行中产生了纠纷，就有可能出现一方当事人主张双方订立的是"阴阳合同"，应当以被隐藏的合同为准，而另一方则主张并非"阴阳合同"而是合同的变更，应当以最后一份合同为准的情况。此时，司法机关便应当对究竟是构成"阴阳合同"还是"合同变更"来进行甄别和认定。

当事人就同一交易订立了多份合同，如果各份合同都出于双方的真实意思表示，并且各份合同都有效成立，那么就构成合同的变更，而非以虚假意思表示隐藏真实意思表示。合同的变更是同一交易的双方当事人，针对同一交易订立了多份合同，并非一方当事人与不同当事人就同一标的物订立多份合同。在同一交易上存在的多份合同中，要区分通谋虚伪意思表示与合同变更，关键就在于判断当事人是否达成了变更合同的合意，以及双方当事人在合同中的意思表示是否真实。

首先，合同一旦成立，便对双方当事人具有法律拘束力，除非依法或依约定，否则一方当事人无权对合同进行变更。《民法典》第136条第2款规定："行为人非依法律规定或者未经对方同意，不得擅自变更或者解除民事法律行为。"依法成立的合同，对当事人具有法律约束力，因此，合同一旦成立，即便尚未生效，也对双方当事人产生拘束力，一方不得擅自对合同进行变更。除非是当事人协商一致，才可以变更合同。所以判断合同是否进行了变更，首先就应当判断当事人之间是否就合同的变更协商一致、具备变更合同的合意。

其次，当事人之间前后变更合同的，要判断每一次的变更是否均具有真实意思表示。合同的变更也有可能是为了规避法律法规的强制性规定或者规避批准等程序，但其都是出于双方的真实意思表示，这也是合同变更与通谋虚伪意思表示的最大区别。也就是说，"与'阴阳合同'或'黑白合同'不同的是，在'阴阳合同'或'黑白合同'中，当事人是通过一个虚伪意思表示订立的合同来隐藏真实意思表示订立的合同，而合同变更则是通过对一个有效合同进行变更来实现规避法律的目的，二者不可同日而语"①。

再次，在就同一交易订立多份合同的场合，如果多份合同均为当事人真实意思表示，并且这些合同均已经成立并生效，那么法院应当根据各个合同的成立先后顺序和实际履行情况进行审查，以判断合同内容是否发生了变更，并确定当事人之间的权利义务。法院在认定合同是否发生变更时，首先应当查明各合同成立的先后顺序。成立在先的合同，代表着当事人在前的意思表示，所以只有成立在后的合同才是当事人的最新意思表示，才能对在先的合同进行变更，而不能颠倒先后顺序。然后，法院还应当查明各合同的实际履行情况。因为在先的合同可能会被多份在后的合同进行变更，那么在多份合同中，如果双方当事人选择某一份合同进行了实际履行，则往往能够表明该份合同更符合双方当事人对彼此权利义务关系的安排。因此，法院应当在合同成立顺序和实际履行情况的基础上，对合同内容是否发生变更进行综合认定，确定双方的合同权利义务关系。

最后，合同的变更必须合法，违法的合同变更无效。如果法律、行政法规明确禁止当事人在合同成立后变更合同内容，那么当事人事后进行的合同变更无效，合同视为未变更。这主要体现在招投标领域，例如，《招标投标法》规定，中标人应当按照合同约定履行义务，完成中标项目，除非按照合同约定或者经招标人同意，否则中标人不得进行分包。《最高人民法院关于审理建设工程施工合同纠纷案件适用法律问题的解释（一）》第 2 条还规定："招标人和中标人另行签订的建设工程施工合同约定的工程范围、建设工期、工程质量、工程价款等实质性内容，与中标合同不一致，一方当事人请求按照中标合同确定权利义务的，人民法院应予支持。招标人和中标人在中标合同之外就明显高于市场价格购买承建房产、无偿建设住房配套设施、让利、向建设单位捐赠财物等另行签订合同，变相降低工程价款，一方当事人以该合同背离中标合同实质性内容为由请求确认无效的，人民法院应予支持。"因此，在依法不得变更合同的情形下，当事人双方对合同进行变更的，变更无效，合同视为未变更，当事人双方仍然应当根据在先合同的约定来确定权利义务关系。

（本条撰写人：孟　强）

① 刘贵祥、吴光荣：《关于合同效力的几个问题》，载《中国应用法学》2021 年第 6 期。

名实不符与合同效力

人民法院认定当事人之间的权利义务关系，不应当拘泥于合同使用的名称，而应当根据合同约定的内容。当事人主张的权利义务关系与根据合同内容认定的权利义务关系不一致的，人民法院应当结合缔约背景、交易目的、交易结构、履行行为以及当事人是否存在虚构交易标的等事实认定当事人之间的实际民事法律关系。

【本条主旨】

本条是关于当事人所使用的合同名称与合同内容不一致时，对合同内容认定标准的规定。

【关联规定】

1. 《民法典》第 142 条　有相对人的意思表示的解释，应当按照所使用的词句，结合相关条款、行为的性质和目的、习惯以及诚信原则，确定意思表示的含义。

无相对人的意思表示的解释，不能完全拘泥于所使用的词句，而应当结合相关条款、行为的性质和目的、习惯以及诚信原则，确定行为人的真实意思。

2. 《民法典》第 143 条　具备下列条件的民事法律行为有效：

（一）行为人具有相应的民事行为能力；

（二）意思表示真实；

（三）不违反法律、行政法规的强制性规定，不违背公序良俗。

3.《民法典》第 146 条　行为人与相对人以虚假的意思表示实施的民事法律行为无效。

以虚假的意思表示隐藏的民事法律行为的效力，依照有关法律规定处理。

4.《民法典》第 147 条　基于重大误解实施的民事法律行为，行为人有权请求人民法院或者仲裁机构予以撤销。

5.《民法典》第 148 条　一方以欺诈手段，使对方在违背真实意思的情况下实施的民事法律行为，受欺诈方有权请求人民法院或者仲裁机构予以撤销。

6.《民法典》第 577 条　当事人一方不履行合同义务或者履行合同义务不符合约定的，应当承担继续履行、采取补救措施或者赔偿损失等违约责任。

【理解与适用】

一、合同名称与合同内容的关系

《民法典》第 470 条第 1 款列举了合同的典型条款，包括当事人信息，标的，数量，质量，价款或者报酬，履行期限、地点和方式，违约责任，解决争议的方法等。合同的名称虽然不属于合同的条款，但是在生活实践中，双方当事人在订立合同时，一般首先会在标题中写明合同的名称，因为合同的名称相当重要，其通常能够直观地反映出合同的基本性质和主要目的。合同的名称通常意味着合同的类型，确定了合同的类型，也就确定了合同的法律适用。如果属于民法典所规定的 19 种有名合同，就可以直接适用相关的规定，这能够带来法律适用上的巨大便利。因为有名合同的成立要件、当事人的权利义务、履行方式等主要规则，都已经得到了法律的明确规定，当事人在订立合同时，就无须对所有合同条款进行详尽约定，只需根据法律规定，结合实际情况稍作补充或修改即可，如此便大大减少了缔约过程中的协商成本和法律风险。此外，有名合同对于各方当事人的权益具有清晰的界定，尤其是关于违约责任、损害赔偿等方面的规定，因此能够有效保护弱势方的利益，防止因信息不对称导致的权利失衡，预防和解决合同纠纷，维护市场交易秩序的稳定。

但是在实践中，经常有当事人图方便省事，在拟定合同标题时不重视标题的作用，或者缺乏法律意识，在拟定合同标题时不能使标题准确体现合同的性质和内容，甚至为了规避法律法规的强制性规定而有意给合同拟定不准确的标题以掩人耳目。这些都会导致合同的名称与合同内容不一致，在合同履行中一旦产生分歧，就容易引发纠纷和诉讼。此时一方就可能根据合同的名称来认定合同的性质，并主张相应的权利，而另一方则会根据合同的内容来认定合同的性质并主张权利。在此情况下，法院或仲裁机构在处理纠纷时，就需要准确判断合同的性质、界定双方的权利义务关系。

合同名称与合同内容之间的关系在于：合同名称应当尽可能准确地反映合同的主要内容和特征，但最终决定合同性质和双方权利义务的，是合同的具体约定。如果合同名称与实际内容存在不一致的情况，合同的效力并不完全取决于其名称，而是需要更多地依据实际内容和交易事实来进行综合判断。例如，在"松原双胞胎猪业有限公司与初某某、于某某养殖回收合同纠纷"案中，一审法院认为："松原双胞胎猪业有限公司与养殖户初某某签订的《松原双胞胎猪业有限公司委托养殖合同》是双方真实意思的表现……合同名称与合同内容不一致的，应以合同内容确定合同的性质，从合同内容约定'双方本着优势互补、成果共享、风险共担的原则，在自愿、平等、互信和互利的基础上，经充分协商，就甲方委托乙方养猪事宜订立本合同'，该合同第二条物料供应约定及第七条第3项、第4项的内容来讲，既不符合委托合同的特点，又不同于买卖合同，也不同于技术合同，但包含有合作的内容，符合养殖回收合同特性，养殖回收合同是指一方提供技术指导、技术或种苗产品，甚至养殖饲料，保证成品达到一定标准，另一方负责喂养，成品由提供技术方保价回收的合同。应认定双方属于养殖回收合同关系，被告抗辩双方签订的系委托合同关系不成立。"[1]

二、名实不符时合同权利义务的认定

当合同名称与合同内容不一致而发生纠纷时，我国司法实践向来注重合同的具体内容约定，而非简单地根据合同的名称来判断当事人的权利义务关系。早在1996年，《最高人民法院关于经济合同的名称与内容不一致时如何确定管辖权问题的批复》（法复〔1996〕16号）第1条就规定："当事人签订的经济合同虽具有明确、规范的名称，但合同约定的权利义务内容与名称不一致的，应当以该合同约定的权利义务内容确定合同的性质，从而确定合同的履行地和法院的管辖权。"该司法解释强调，合同名实不符时，应当以合同内容而非合同的名称来确定权利义务关系。

此后，于2001年6月发布的《全国法院知识产权审判工作会议关于审理技术合同纠纷案件若干问题的纪要》第33条规定："技术合同名称与合同约定的权利义务关系不一致的，应当按照合同约定的权利义务内容，确定合同的类型和案由，适用相应的法律、法规。"于2013年通过、2020年修正的《最高人民法院

---

[1] 吉林省扶余市人民法院（2020）吉0781民初702号民事判决书。

关于审理融资租赁合同纠纷案件适用法律问题的解释》第 1 条也规定："人民法院应当根据民法典第七百三十五条的规定，结合标的物的性质、价值、租金的构成以及当事人的合同权利和义务，对是否构成融资租赁法律关系作出认定。对名为融资租赁合同，但实际不构成融资租赁法律关系的，人民法院应按照其实际构成的法律关系处理。"可见，对于名为融资租赁合同，而根据合同具体内容却不构成融资租赁法律关系的，按照其实际构成的法律关系来认定合同的性质，并以此确定当事人的权利义务关系。

可见，在司法实践中，我国向来注重实质主义，当合同名称与合同内容不一致而发生纠纷时，对于合同性质的认定并不仅凭合同名称确定，而是根据合同的内容、特征、标的物的性质、合同对价等主要条款体现的当事人之间的权利义务关系来进行综合认定。例如，在"黄某某与王某某房屋买卖合同纠纷"案中，二审法院指出："民事活动中，经常发生合同名称与合同内容不一致从而引起合同性质争议的情形。司法实践中，确定合同性质的通常方法是既要考察合同名称，又要考察合同所涉及的民事法律关系、合同订立过程、合同内容、签订合同的目的以及合同的履行情况等因素。就本案而言，双方当事人所签合同虽标明为《房屋买卖合同》，但合同签订过程、合同内容及合同履行情况均与民间借贷的担保具有高度的可能性。"①

因此，当合同名实不符而发生争议时，法院或者仲裁机构应当将审查重点放在合同的具体条款及各方履行情况上，包括参考缔约背景、交易目的、交易结构、履行行为以及当事人是否存在虚构交易标的等事实，去综合认定当事人之间的实际民事法律关系，厘清各方的权利义务关系，从而准确认定合同责任及其承担。例如，双方当事人的履行行为与合同的约定明显不一致，根据该履行行为足以认定形式上订立的合同并非当事人的真实意思的，就应当根据当事人的履行情况来认定双方的真实法律关系。例如，在"山东泰山变压器有限公司、刘某某劳动争议"案中，二审法院就指出："合同性质的认定不能仅凭合同名称而定，当合同名称与合同内容不一致时，应当根据合同的内容、特征、主要条款所涉法律关系，即通过合同双方当事人设立的权利义务关系进行全面理解和准确判定。从该劳务合同双方责任、权利和义务以及劳务争议解决条款进行分析，具有劳动合同的性质，可以认定该合同名为劳务合同，实为劳动合同。"②

在综合各种因素考察认定当事人之间的实际民事法律关系之后，可以确定此

---

① 江苏省南京市中级人民法院（2020）苏 01 民终 11765 号民事判决书。
② 山东省泰安市中级人民法院（2022）鲁 09 民终 1899 号民事判决书。

种法律关系属于民法典所规定的某种有名合同的，就可以结合当事人在合同中的约定，并根据民法典合同编的相关规定，去认定双方当事人各自的权利和义务。如果当事人之间的实际民事法律关系并不属于有名合同，而是属于无名合同，此时法院就可以根据无名合同中所涉及的具体权利义务关系，参照适用最相类似的有名合同，对合同中不明确或者未约定的内容进行解释和补充，从而确定双方的权利义务关系。例如，在"南充新好农牧有限公司、中国人民财产保险股份有限公司南充市分公司保险纠纷"案中，二审法院认为："关于案涉《肉猪委托养殖合同》性质的认定。《中华人民共和国合同法》中关于有名合同中没有委托养殖合同，合同名称与合同内容不一致的，应以合同内容确定合同的性质。从《肉猪委托养殖合同》的内容分析，双方实际是坚持以优势互补、共担风险的原则进行委托养殖，新好农牧公司提供猪苗、饲料、药品、运费等给何明雪合作社、恺隆合作社、六旺合作社，由各合作社出具借条，各合作社收到猪苗、饲料、药品、运费后将猪养殖到一定斤数后，由新好农牧公司按一定价格收回。该合同既不符合委托合同的特点，又不同于买卖合同，也不同于技术合同，但根据合同包含有合作的内容，其符合养殖回收合同的法律特征，故本案合同应认定养殖回收合同关系。"①

三、名实不符与合同效力

《合同编通则解释》第 15 条所规定的名实不符时的合同关系，并非当事人就同一交易订立多份合同中的以虚假意思表示隐藏真实意思表示的合同关系，因为前者仅存在一份合同，对于合同效力的认定和解释，均是针对该份合同进行的。当然，任何合同进入司法程序后，都首先面临效力审查的问题。因此，当事人之间订立的合同存在名称与内容不相一致的情形时，也存在合同效力的认定问题。

对此，在合同名实不符时，首先，应当审查合同的订立是否出于双方当事人的真实意思表示，是否为双方意思表示一致而达成的协议。其次，审查订立合同的双方是否具备合法且必要的主体资格，合同的标的是否合法，合同签订的方式是否符合法定或约定的要式，合同所约定的权利义务是否清晰，等等。最后，还应审查合同的内容是否符合法律、行政法规的强制性规定，当事人是否存在规避相关规定或批准等义务的情形，是否存在违背公序良俗的情形，等等。对此，可以依据《合同编通则解释》第 16～18 条的规定进行合同的效力认定。

如果经法院认定的双方实际的法律关系存在违反法律法规的强制性规定且会

---

① 四川省南充市中级人民法院（2020）川 13 民终 2390 号民事判决书。

导致合同无效的情形，则该名实不符的合同应当归于无效。例如，在"王甲、王乙合同纠纷"案中，山东省高级人民法院认为："第一个争议焦点问题，合同名称与合同内容不一致的，应以当事人订立合同的目的及合同约定的权利义务确定合同性质。本案王甲订立合同的目的不但是转让合同标的物、收取价款，还要拆除旧设备及清理场地、重新上马新的生产线。从当事人签订的《买卖合同书》及《焦炉生产线拆除补充协议》约定来看，王甲不直接向王乙、邹丙履行交付标的物的义务，而是由王乙、邹丙拆除焦炉生产线及配电设备、烟筒、地面罐体、建筑物等部分设备，故《买卖合同书》及《焦炉生产线拆除补充协议》不能相互独立，不能完全将本案定性为买卖合同……订立拆除工程的合同主体应为建筑单位和具有相应拆除工程资质等级的施工单位，王乙、邹丙作为自然人没有拆除工程资质，不具备订立合同的主体资格。因此，一审法院确认王甲与王乙、邹丙订立的《买卖合同书》及《焦炉生产线拆除补充协议》无效是正确的。"[①] 本案中，双方订立的合同名为买卖合同，但法院经审查发现，双方的实际法律关系是带有一定承揽性质的、由一方为另一方提供拆除工程服务的合同，但是从事此种拆除工程的行为人，依法需要具备相应的资质，而本案中的当事人并不具备此种资质，因此该合同被法院认定为无效。

　　当被隐藏的合同也被认定为无效之后，还涉及双方当事人对于无效合同的责任承担问题。在最高人民法院发布的民法典合同编通则司法解释相关典型案例的案例三"甲银行和乙银行合同纠纷案"中，票据中介王某与甲银行票据部员工姚某等联系以开展票据回购交易的方式进行融资。2015年3月至12月间，双方共完成60笔交易。交易的模式是：在姚某与王某达成票据融资的合意后，姚某与王某分别联系为两者之间的交易提供资金划转服务的银行，即过桥行，包括乙银行、丙银行、丁银行等。所有的交易资金最终通过过桥行流入由王某控制的企业账户中；在票据的交付上，王某从持票企业收购票据后，通过其控制的村镇银行完成票据贴现，并直接向甲银行交付。资金通道或过桥的特点是，过桥行不需要见票、验票、垫资，没有资金风险，仅收取利差。票据回购到期后，王某与姚某等人串通以虚假票据入库，致使甲银行遭受资金损失，王某与姚某等人亦因票据诈骗、挪用资金等行为被判处承担刑事责任。之后，甲银行以其与乙银行签订的《银行承兑汇票回购合同》（以下简称《回购合同》）为据，以其与乙银行开展票据回购交易而乙银行未能如期交付票据为由提起诉讼，要求乙银行承担回购合同约定的违约责任。该案的生效判决认为：回购合同系双方虚假合意，该虚假合意

---

① 山东省高级人民法院（2016）鲁民终1811号民事判决书。

隐藏的真实合意是由乙银行为甲银行提供资金通道服务，故双方之间的法律关系为资金通道合同法律关系。回购合同表面约定的票据回购系双方的虚假意思，因而无效，而隐藏的资金通道合同违反了金融机构审慎经营原则，且扰乱了票据市场交易秩序，引发金融风险，因此双方当事人基于真实意思表示形成的资金通道合同属于违背公序良俗、损害社会公共利益的合同，同样归于无效。在回购合同无效的情形下，甲银行请求乙银行履行合同约定的义务并承担违约责任，缺乏法律依据，但乙银行应根据其过错对甲银行的损失承担相应的赔偿责任。

（本条撰写人：孟　强）

不导致合同无效的强制性规定

合同违反法律、行政法规的强制性规定，有下列情形之一，由行为人承担行政责任或者刑事责任能够实现强制性规定的立法目的的，人民法院可以依据民法典第一百五十三条第一款关于"该强制性规定不导致该民事法律行为无效的除外"的规定认定该合同不因违反强制性规定无效：

（一）强制性规定虽然旨在维护社会公共秩序，但是合同的实际履行对社会公共秩序造成的影响显著轻微，认定合同无效将导致案件处理结果有失公平公正；

（二）强制性规定旨在维护政府的税收、土地出让金等国家利益或者其他民事主体的合法利益而非合同当事人的民事权益，认定合同有效不会影响该规范目的的实现；

（三）强制性规定旨在要求当事人一方加强风险控制、内部管理等，对方无能力或者无义务审查合同是否违反强制性规定，认定合同无效将使其承担不利后果；

（四）当事人一方虽然在订立合同时违反强制性规定，但是在合同订立后其已经具备补正违反强制性规定的条件却违背诚信原则不予补正；

（五）法律、司法解释规定的其他情形。

法律、行政法规的强制性规定旨在规制合同订立后的履行行为，当事人以合同违反强制性规定为由请求认定合同无效的，人民法院不予支持。但是，合同履行必然导致违反强制性规定或者法律、司法解释另有规定的除外。

依据前两款认定合同有效，但是当事人的违法行为未经处理的，人民法院应当向有关行政管理部门提出司法建议。当事人的行为涉嫌犯罪的，应当将案件线索移送刑事侦查机关；属于刑事自诉案件的，应当告知当事人可以向有管辖权的人民法院另行提起诉讼。

【本条主旨】

本条是关于违反法律、行政法规的强制性规定但不导致合同无效的具体情形及其法律后果的规定。

【关联规定】

《民法典》第 153 条第 1 款　违反法律、行政法规的强制性规定的民事法律行为无效。但是，该强制性规定不导致该民事法律行为无效的除外。

【理解与适用】

一、违反法律、行政法规的强制性规定与合同效力的关系

（一）司法解释对强制性规范的分类

按照法律规范的内容和效力的不同，一般将法律规范分为强制性规范和任意性规范，前者也称为义务性规范，后者也称为授权性规范。强制性规范明确规定当事人必须从事特定行为或者不得从事特定的行为，如果违反此类规范，将会产生法律责任。强制性规范明确要求当事人必须遵守或不得违反，没有给予当事人任何选择的余地和意思自治的空间，一旦违反，将面临法律责任的承担。强制性规范在公法中较为集中和常见，在私法中也并不少见。任意性规范则给予当事人一定的意思自治空间，允许当事人自行决定是否进行特定的行为。任意性规范给予当事人一定的选择空间，当事人可以根据自己的意愿自主决定是否采用以及如何采用这些规范。

在私法领域，强制性规范体现了立法机关对国家利益、社会公共利益、社会秩序等方面的考量，而对意思自治领域施加了限制。民事主体在从事民事法律行为时，必须服从强制性规范对行为自由和意思自治的限制，否则就会对国家利益、社会公共利益、社会秩序等构成违反、形成侵害。而制定私法上的任意性规范，立法机关的目的主要是引导和规范民事主体的行为，在私域中对当事人之间的利益关系进行引导性调整，对民事主体实施民事法律行为进行指引，所以当事人可以选择适用或者不适用任意性规范。我国《合同法》曾规定违反法律、行政法规强制性规定的合同一律无效，但随着社会经济的发展，此种将违反强制性规

定的合同"一刀切"地认定为无效的做法，过于简单化，难以适应复杂的实际情况。

因此，正如本书对《合同编通则解释》第 14 条的阐释部分所言，最高人民法院随后在合同法的司法解释中开创了将法律法规的强制性规定区分为效力性强制性规定和管理性强制性规定的二分法时代，认为违反法律法规的效力性强制性规定的合同无效，而违反法律法规的管理性强制性规定的合同则未必无效。例如，在"深圳英迈思信息技术有限公司、广州球讯科技有限公司计算机软件开发合同纠纷"案中，最高人民法院就认为："法律、行政法规的强制性规定分为效力性强制性规定和管理性强制性规定，只有效力性强制性规定才会导致民事法律行为无效。本案中，涉及互联网销售彩票的相关规定为管理性强制性规定，并非效力性强制性规定，不应据此认定双方签订的合同为无效合同。其次，涉案合同系双方当事人真实意思表示，球讯公司订立合同的目的在于获得软件系统并通过该系统提供彩票相关资讯及销售彩票；英迈思公司订立合同的目的在于通过向球讯公司提供涉案软件获得对应价款。《彩票管理条例实施细则》等规制的是互联网销售彩票的行为，而涉案合同系计算机软件开发合同，合同本身并不违反相关规定。原审法院认定涉案合同无效属于适用法律错误，本院予以纠正。"① 又如，在"海口卫海典当有限责任公司、李某申请执行人执行异议之诉"中，二审法院指出："卫海公司主张李某与韦某签订《房屋买卖合同》违反了《中华人民共和国城市房地产管理法》第三十八条规定与海南省房地产交易政策和限购政策，故上述《房屋买卖合同》是无效的。对此，本院认为……根据《中华人民共和国民法典》第一百五十三条关于'违反法律、行政法规的强制性规定的民事法律行为无效。但是，该强制规定不导致该民事法律行为无效的除外'的规定，合同的内容只有在违反法律、行政法规的效力性强制性规定的情形下，才能被认定为无效。《中华人民共和国城市房地产管理法》第三十八条规定属于管理性强制性规定，不属于效力性强制性规定，故虽然李某与韦某签订的《房屋买卖合同》违反了前述法律规定，但不能据此就认定该合同无效。"②

但是，效力性强制性规定和管理性强制性规定的分类也存在着较为明显的缺陷，因为效力性强制性规定和管理性强制性规定，同样缺乏明确的标准，并且容易导致司法实践中的简单化处理的倾向，即将大量的公法上的强制性规范均视为管理性强制性规定，从而影响公法对相应私法领域应有的调整作用。最高人民法

---

① 最高人民法院（2021）最高法知民终 250 号民事判决书。
② 海南省高级人民法院（2022）琼民终 329 号民事判决书。

院也意识到了审判实践中的这一问题，即有的人民法院认为凡是行政管理性质的强制性规定都属于管理性强制性规定，不影响合同效力。这种望文生义的认定方法，应予纠正。因此，在《九民会纪要》中，最高人民法院对"效力性强制性规定"进行了一定的列举："强制性规定涉及金融安全、市场秩序、国家宏观政策等公序良俗的；交易标的禁止买卖的，如禁止人体器官、毒品、枪支等买卖；违反特许经营规定的，如场外配资合同；交易方式严重违法的，如违反招投标等竞争性缔约方式订立的合同；交易场所违法的，如在批准的交易场所之外进行期货交易。"认为涉及这些内容的强制性规定就属于效力性强制性规定，合同一旦违反这些规定，就应当被认定为无效。

例如，在"郗某某、浙江茂润疏浚工程有限公司债权人代位权纠纷"案中，二审法院认为："本案中，胜春船务为使用'胜春浚'轮施工，与郗某某签订了《供油协议书》，约定由郗某某向'胜春浚'轮供应国标＋5号柴油或燃料油。但成品油系我国重要的生产资料，国家根据经济发展和维护国家、社会和公共利益需要，明确规定成品油经营实行许可制度，无证无照经营属于被禁止行为。《国务院对确需保留的行政审批项目设定行政许可的决定》第三条和商务部《成品油市场管理办法》第三十八条以及海关总署、发展改革委、公安部、商务部、工商总局、国务院法制办联合发布的《关于严格查禁非法运输、储存、买卖成品油的通知》均明确规定：'任何单位和个人运输、储存、买卖成品油，应当经过有关主管部门的批准，并具备合法、齐全的经营手续'。因此，原判认定国家对于成品油的销售具有强制性规定，且该规定属于'效力性强制性规定'并无不妥。"[①]

同时，最高人民法院还认为，"关于经营范围、交易时间、交易数量等行政管理性质的强制性规定"，一般应当认定为"管理性强制性规定"。但是这些划分仍然较为抽象，一旦与具体的法律法规条文对应起来，仍然依赖于法官的具体认定，效果仍然有限。对此，有学者认为，"自原《合同法》颁布以来，我国实践中采纳了效力性强制性规定和管理性强制性规定，以明确合同效力的判断依据。但是，无论是何种强制性规定，都具有一定的管理目的，具有管理目的的强制性规定也可能会影响到合同效力，且区分标准不清晰。"[②]

（二）民法典及合同编通则解释对涉合同效力强制性规范的表述

在民法典分则编纂过程中，立法机关并未直接吸收合同法司法解释对强制性

[①] 辽宁省高级人民法院（2020）辽民终 917 号民事判决书。

[②] 王利明、朱虎：《〈民法典〉合同编通则司法解释的亮点与创新》，载《法学家》2024 年第 1 期。

规范的分类这一实践经验，表明立法机关已经认识到了司法实践中这一划分存在的缺陷，于是在民法典中并未采纳效力性强制性规定和管理性强制性规定的划分方法，而是更为概括性地表述为，当该强制性规定本身并不导致民事法律行为无效时，民事法律行为并不无效。立法机关认识到，法律法规中的一些强制性规定尽管要求民事主体不得违反，但在民事主体违反之后，违反该法律规定的后果应由违法一方承担，没有违法的当事人不应承受违法的后果，因此并不适合将该种民事法律行为宣布为无效。例如，经营"黑车"的行为违法无效，但是"黑车"经营者与乘客的客运合同如果也认定无效则显然并不妥当；没有经营种子资质的水果店出售种子，其违法经营种子的行为违法，其应当承担相应的责任，但如果将其与农民之间的种子买卖合同也认定为无效，要求互相返还，则同样并不妥当。

《合同编通则解释》在草案中也曾继续采用过效力性强制性规定的概念，但最终公布的正文中则未曾出现这一概念，而是选择与民法典保持一致的表述，围绕"该强制性规定不导致该民事法律行为无效的除外"展开解释。

二、承担公法责任能够实现立法目的与合同效力的保全

改革开放四十多年来，我国立法事业取得巨大进展，无论是在行政管理类、刑事犯罪类的公法领域，还是在民商事法律等私法领域，均制定了数量庞大的法律和行政法规，此外还有数倍于此数量的部门规章、地方性法规和地方政府规章。无论是公法还是私法，在许多情形下，其调整范围存在交叉，保护的对象具有重合性。这就导致在现代社会中，人们的某项行为可能既归属于私法调整，也归属于公法调整；一个人的行为可能既违反民法，又违反行政法，甚至还违反刑法。

长期以来，司法实践中普遍存在"刑事优于民事""刑事先行"等观念，如果当事人的合同涉嫌行政违法甚至犯罪，那么该合同自然也就会被认为是无效合同。此种观念将行为人的公法责任与双方当事人之间合同的效力混为一谈，将涉嫌违反公法的合同一概认定为无效，其处理方式过于简单粗暴。一些人民法院动辄以违反法律、行政法规的强制性规定为由认定合同无效，不当扩大了无效合同的范围，对民事法律的适用产生了不良影响，如此非常不利于对合同另一方当事人的权益保障，容易引发大量的后续民事纠纷，同时也极大地削弱了民事法律对民事法律行为的调整作用。

这一现象受到最高人民法院的高度关注，也成为《合同编通则解释》起草中的一个重点问题，草案中对这一问题进行了专门规定。最高人民法院认为，应当

对合同当事人的公法责任与合同本身的效力进行区别对待，不能简单地因为合同违反公法就将其认定为无效。例如，《合同编通则解释》（草案）（2022年11月4日公开征求意见稿）第18条就直接规定："合同违反法律、行政法规的强制性规定，由行为人承担行政责任足以实现该强制性规定的目的，人民法院可以认定合同不因违反强制性规定无效。行为人在订立合同时涉嫌犯罪，或者已经生效的裁判认定构成犯罪，当事人或者第三人提起民事诉讼的，合同并不当然无效。人民法院应当结合犯罪主体是一方当事人还是双方当事人、合同内容与犯罪行为的关系、当事人意思表示是否真实等因素，依据民法典的有关规定认定合同效力。"当然，此种规定虽然直接，但是仅有一般规定而无具体列举，对于全国各级法院法官的理解与适用仍然有一定的障碍。因此，最高人民法院进一步总结司法实践中可认定合同有效的具体例外情形，采取了一般规定加具体列举的方式，对违反法律法规强制性规定而并不导致合同无效的情形作出了更为具体的规定，使条文更具有指导性。

《合同编通则解释》第16条首先就区分了合同当事人所应当承担的公法责任与合同本身的民法效力，认为合同即便违反了法律、行政法规的强制性规定，导致行为人需要承担行政责任或者刑事责任，只要此种公法责任的承担能够实现强制性规定的立法目的，且符合该条所列举的几类典型情形，当事人之间的合同就并不因此而无效。对此，有学者认为，《合同编通则解释》"第16条第1款规定，在判断合同效力是否因违反强制性规定而无效时，如果由行为人承担行政责任或者刑事责任能够实现强制性规定的立法目的的，结合具体情形，可以不认定合同无效，这就在合同效力问题上确定了鼓励交易的最基本价值取向"[①]。

除了鼓励交易之外，这一规定还考虑了比例原则的运用。一般来说，公法上的强制性规范也会对私域内行为人的行为产生影响，否则，违反公法规范的私法行为有效，就会导致公法与私法的割裂、公法效果与私法效果的分离，进而影响我国法律体系的总体效力和实施效果。但是，在例外情形下，如果违反公法规范同时将私法行为评判为无效并不符合比例原则或者不利于守法方的利益保护等情形，便可能需要作出例外规定。比例原则要求目的和手段应成比例，如果对违反公法上强制性规定的行为人课以公法责任，就能够实现该强制性规定的立法目的，那么就没有必要再去将当事人之间的合同认定为无效，否则，对行为人违法行为的处理就过重，且影响了守法一方的合法权益。因此，《合同编通则解释》第16条首先就强调，如果违法行为人承担公法责任能够实现立法目的，则可以

---

① 王利明、朱虎：《〈民法典〉合同编通则司法解释的亮点与创新》，载《法学家》2024年第1期。

保全合同的效力。对此，该解释的起草工作组指出："在行为违法的情节和后果显著轻微，由行为人承担行政责任或者刑事责任能够实现强制性规定的规范目的，且否定合同效力将导致有失公平公正时，自然不能轻易否定合同效力。"[①]

当然，"由行为人承担行政责任或者刑事责任能够实现强制性规定的立法目的"，仍然属于概括性规定，能否实现强制性规定的立法目的，不仅要和《合同编通则解释》第16条所列举的几类具体情形结合起来进行判断，而且要在个案中根据行为的方式、性质和后果等各方面进行综合判断。例如，在涉及违反刑法强制性规定的行为中，应当区分该行为涉及的是合同的订立方式还是合同本身的内容，如果合同的内容违反刑法的强制性规定，将该合同评判为有效，将显然难以实现该刑法规定的目的，因此不属于此类情形。对此，有学者指出，"如果是合同的内容违反强制性规定导致当事人须承担刑事责任（例如当事人订立买卖枪支的合同），则所订立的合同自应被认定无效，从而实现评价上的一致。但是，如果合同内容并不违反强制性规定，而是当事人在订立合同的过程中实施的其他行为违反强制性规定导致其应承担刑事责任（例如当事人一方在订立合同的过程中实施了诈骗行为），则不能简单地认为合同因违反强制性而无效。"[②]

三、违反强制性规定却不导致合同无效的例外情形

依据《合同编通则解释》第16条的规定，虽然合同违反了法律、行政法规的强制性规定，但是由行为人承担行政责任或者刑事责任就能够实现强制性规定的立法目的，并且属于该条所列举的几类具体情形的，行为人承担行政责任或者刑事责任即可，当事人之间的合同并不因违反强制性规定而无效。以下对几种具体情形进行阐释。

（一）基于比例原则认定合同有效

比例原则（proportionality principle）原本是行政法中的一项基本原则，在大陆法系国家的公法体系中占有重要地位。这一原则要求行政机关在采取任何可能影响公民权利和自由的措施时，必须确保这种措施对于实现所追求的合法目标而言是必要的，并且在行政干预的程度上与所要达成的目的之间保持适当的比例关系。比例原则具体可以分为三项子原则：一是适当性原则，指行政机关采取的措施必须能够有效地达到预期的法律目的，措施与目标间存在因果联系；二是必

---

① 《民法典合同编通则解释》起草工作组：《〈最高人民法院关于适用〈中华人民共和国民法典〉合同编通则若干问题的解释〉重点问题解读》，载《法律适用》2024年第1期。

② 吴光荣：《违反强制性规定的合同效力——以〈民法典合同编通则解释〉的相关规定为中心》，载《法律适用》2023年第12期。

要性原则，指行政机关在众多可供选择的手段中应当选择对个人权利限制最少、最温和的方式来实现其行政目标，因此也被称为最小侵害原则；三是相称性原则，指行政干预的负面影响应当与其所追求的合法利益之间保持适度平衡，干预的程度不应超过实现行政目标所需要的必要程度。比例原则能够进一步在微观层面上约束行政公权力，促使行政机关提高行政决策的合理性和科学性，防止公权力滥用，从而起到更好地保护公民基本权利不受过度行政干预的作用。

现代法治国家中，公法领域和私法领域绝非泾渭分明，公法规范往往能够影响到私法行为的效力和责任，而私法中也有不少公法性质的规范。因此，近些年来，私法学者开始借鉴公法领域的比例原则，认为比例原则在私法领域同样具有很高的运用价值和很大的适用空间。正如有学者指出："比例原则完全可以扩展到公法与私法交接的领域，也可以扩展到私法领域。在认定违反强行法的法律行为是否有效时，应严格适用比例原则。因为这一领域往往涉及交易秩序和安全，而不仅仅是针对单个人的利益。认定公法规范的目的是使法律行为无效必须有正当理由；如果可以通过一定的措施排除违法状态，国家就不能追求公法的威慑力，要求积极实现公法的目的。此外，在认定违反私法强行规范的效力时，这一原则也有适用的空间，如违反物权法定、违反法律行为形式要件的法律行为，不能认定一概不发生法律效力。"①

依据《合同编通则解释》第 16 条第 1 款的规定，"强制性规定虽然旨在维护社会公共秩序，但是合同的实际履行对社会公共秩序造成的影响显著轻微，认定合同无效将导致案件处理结果有失公平公正"的，该合同不因违反强制性规定而无效。这一规定，根据最高人民法院的解释，"这是比例原则在民法上的适用，也与刑法第 13 条关于'情节显著轻微危害不大的，不认为是犯罪'的规定具有内在的一致性"②。可见，这一规定不仅是对行政法上比例原则的借鉴运用，也是对刑法上"轻微违法行为的非犯罪化处理"原则的参考。

《刑法》第 13 条规定："一切危害国家主权、领土完整和安全，分裂国家、颠覆人民民主专政的政权和推翻社会主义制度，破坏社会秩序和经济秩序，侵犯国有财产或者劳动群众集体所有的财产，侵犯公民私人所有的财产，侵犯公民的人身权利、民主权利和其他权利，以及其他危害社会的行为，依照法律应当受刑罚处罚的，都是犯罪，但是情节显著轻微危害不大的，不认为是犯罪。"根据这

---

① 谢鸿飞：《论法律行为生效的"适法规范"——公法对法律行为效力的影响及其限度》，载《中国社会科学》2007 年第 6 期，第 133 页。

② 《最高人民法院民二庭、研究室负责人就民法典合同编通则司法解释答记者问》，网址：https://www.court.gov.cn/zixun/xiangqing/419402.html，最后访问日期：2023 年 12 月 15 日。

一规定，偷拿或者敲诈勒索家庭成员或者近亲属的财物，获得谅解的，一般不认为是犯罪；近亲属间非法侵入住宅的，一般也不宜轻易认定构成犯罪；不以牟利为目的，为留作纪念而走私珍贵动物制品进境，情节显著轻微的，不作为犯罪处理；以个人真实信息伪造居民身份证，供自己在日常生活中使用的，不构成犯罪；驯养繁殖动物属人工种源，驯养繁殖技术成熟、数量规模较大，非法收购、出售行为没有对野生动物种群造成实质危害的，属于情节显著轻微，社会危害性不大，不构成犯罪。

正如有学者所言，"比例原则要求行为要合比例、适度，着眼于相关主体利益的均衡，比例原则的精神在于反对极端，实现均衡，既不能'过'，也不能'不及'"[1]。合同虽然违反了法律法规的强制性规定，但是对于公共利益的损害微乎其微，而对于当事人则利益相关，此时就应当根据比例原则进行权衡，不宜宣告合同无效，否则牺牲当事人的利益也并未保全更大的公共利益。此外，根据举重以明轻的原则，既然违反了刑法但只要"情节显著轻微、危害不大的"，都可以不作为犯罪处理，那么双方当事人之间的合同虽然违反了法律法规的强制性规定，但是合同的实际履行对社会公共秩序造成的影响显著轻微，并且认定合同无效将导致案件处理结果有失公平公正的，自然不应当将合同按照无效来处理。当然，如何判断合同的实际履行对社会公共秩序造成的影响显著轻微，如何判断认定合同无效将导致案件处理结果有失公平公正，仍然有赖于法官在个案中结合具体案情和所涉法律规范进行综合判断。

（二）仅维护国家利益或者第三人利益的强制性规定不影响合同效力

如果法律、行政法规的强制性规定与当事人之间合同的效力并无直接关联，而是针对当事人的行为来实现公法上的目的，其保护的仅为国家利益或者第三人利益而非合同当事人利益，无论合同是否有效，均不影响该强制性规定目的的实现，在这种情形下，就应当让负有公法义务的合同当事人承担公法上的责任，而对于合同的效力则并不予以否定。这种情形主要是针对涉及旨在维护政府的税收、土地出让金等国家利益的强制性规定的合同。

例如，《城市房地产管理法》第 39 条第 1 款规定了以出让方式取得土地使用权转让房地产的前提条件，其中第 1 项为："按照出让合同约定已经支付全部土地使用权出让金，并取得土地使用权证书"。如果开发商尚未支付全部土地使用权出让金，就与他人签订建设用地使用权转让合同，此时合同的效力应当如何认

---

[1]　王利明：《论效力性和非效力性强制性规定的区分——以〈民法典〉第 153 条为中心》，载《法学评论》2023 年第 2 期，第 32 页。

定？显然，《城市房地产管理法》第 39 条的规定并非为了保护受让方的利益，而是为了保障国家利益，避免土地使用权出让金落空。但无论土地使用权人是否转让土地使用权，其所负担的按照出让合同约定支付土地使用权出让金的义务都应当履行，否则依据《城市房地产管理法》第 16 条的规定，未按照出让合同约定支付土地使用权出让金的，土地管理部门有权解除合同，并可以请求违约赔偿。显然《城市房地产管理法》第 39 条只是为了强化保护国家获得土地使用权出让金的权利，而如果宣告土地使用权转让合同无效，只会让双方当事人之间失去合同基础，并不会增加国家利益，而承认土地使用权转让合同有效，亦不会妨害国家利益的实现。在此种情况下，承认合同并不因违反该强制性规定而无效，显然是更优的选择，"一是因为在转让方缺少资金的情况下，承认合同的有效性更有利于国有土地使用权的流通，更能发挥其价值；二是因为即使承认合同有效，国家利益的实现也还可以通过办理登记手续予以保障"①。

在涉及维护政府的税收的强制性规定对合同效力的判断上，如果当事人之间签订合同的履行并不影响税收征缴目的的实现，那么即便当事人之间存在规避税收征缴的"阴阳合同"，也不能仅以被隐藏合同违反相关强制性规定而宣告其无效。此外，有大量的公法规范主要是为了维护政府机关的行政管理职权、维护国家利益，而与当事人之间的私益并无直接关联，对此，均应当适用《合同编通则解释》第 16 条第 1 款第 2 项的规定而承认合同有效。

当然，除了政府的税收、土地出让金之外，一些涉及许可制度、审批制度的强制性规定也可能是为了维护国家利益而非合同当事人的民事权益，因此也有适用第 16 条第 1 款第 2 项规定的空间。例如，在"北京银行股份有限公司新源支行与北京天润诚泽房地产开发有限公司等申请执行人执行异议之诉"中，一审法院和二审法院均认为："商品房预售实行预售许可制度，属于行政管理举措，系管理性强制性规定，开发商没有取得预售许可证应当受到行政处罚，但不影响民事合同的效力。因此，无论天润诚泽公司的商品房预售许可证是否过期，均不影响天润诚泽公司与吴某霞所签署的《认购协议》的效力，该协议合法有效。"②

在《合同编通则解释》（草案）（2021 年 9 月 18 日人民大学讨论稿）第 33 条"违反强制性规定的合同效力的一般规则"中，还曾规定不导致合同无效的情形包括："强制性规定的规范目的是未经许可不得从事某类事实行为，当事人之间

---

① 最高人民法院民事审判第二庭、研究室编著：《最高人民法院民法典合同编通则司法解释理解与适用》，人民法院出版社 2023 年版，第 196 页。

② 北京市第四中级人民法院（2020）京 04 民初 800 号民事判决书，北京市高级人民法院（2021）京民终 469 号民事判决书。

的合同不可能违反该强制性规定的，如出租人就尚未取得建设工程规划许可证或者未按照建设工程规划许可证的规定建设房屋，与承租人订立的租赁合同。"此种情形同样可以纳入正式发布的《合同编通则解释》第 16 条第 1 款第 2 项规定之中，因为办理相关规划许可、取得相关审批同样是为了维护国家利益，认定合同有效不会影响该规范目的实现，因此不宜认定合同无效。例如，在"陈某鹏、林某某建设用地使用权转让合同纠纷"案中，二审法院就指出："陈某瑞主张的《土地转让协议书》无效的理由及依据，主要涉及自建房的建造技术指标需符合规划和建设主管部门的要求，以及分割转让案涉土地需经前置审批，而本案尚未审批或许可，违背了法律、行政法规的强制性规定。但是否符合规划或经审批并不涉及合同内容本身，而是仅影响《土地转让协议书》约定内容能否履行或实现的问题。"①

（三）规定当事人一方义务的强制性规定不影响合同效力

在一些涉及特定行业或者特定领域管理的行政类、经济类法律法规中，经常会对被管理对象的业务操作进行管理，设置一定的强制性规定。如果被管理对象与他人订立的合同存在违反这些规定的情形，那么被管理对象的行为违法自不待言，但合同是否因此而归于无效，则不无争议。对此，《合同编通则解释》第 16 条第 1 款第 3 项明确规定，如果法律法规的强制性规定旨在要求当事人一方加强风险控制、内部管理等，而合同相对方并无能力或者无义务审查合同是否违反了此类强制性规定，并且认定合同无效将使其承担不利后果，则该合同不因违反强制性规定而无效。

依据该规定，在涉及此类案件时，首先，应当对相关的法律法规的规范意旨进行查明，明确该规范是否主要是对合同一方当事人的义务性规定，例如主要是为了强调、督促当事人一方加强其风险控制、内部管理等；其次，要根据合同的性质看相对方是否负有审查义务，即相对方是否有义务、有能力对合同是否违反相关强制性规定的情况进行审查，例如，是否存在相关的法律法规要求相对方在交易时负有此种审查义务，相对方是否可能具备审查的专业知识，或者是否可能对另一方当事人的业务流程、经营状况等事项进行审查；最后，要根据合同的内容，来判断如果认定合同无效是否会让合同相对方承担一定的不利后果。总之，不能对合同相对方课以过重的责任，不能让合同相对方来承担行为人违法的后果。

例如，《商业银行法》第 39 条第 1 款规定："商业银行贷款，应当遵守下列资产负债比例管理的规定：（一）资本充足率不得低于百分之八；（二）流动性资

---

① 福建省高级人民法院（2020）闽民终 441 号民事判决书。

产余额与流动性负债余额的比例不得低于百分之二十五；（三）对同一借款人的贷款余额与商业银行资本余额的比例不得超过百分之十；（四）国务院银行业监督管理机构对资产负债比例管理的其他规定。"该项规定主要是对于商业银行经营风险的管控，避免商业银行发生流动性危机而出现兑付困难、产生金融风险。这一规定显然是针对商业银行的内部管理和风险控制规定，借款合同的相对方并无审查商业银行在与其签订借款合同时是否违反该规定的义务，更没有能力去了解商业银行的流动性资产余额等情况。如果因商业银行违反该规定而宣告借款合同无效，则将导致借款人获取借款的目的落空，给其造成不利影响。由此，商业银行违反该规定的，其与借款人的借款合同并不因此而无效。

又如，《城市房地产管理法》第 45 条要求开发商进行商品房预售，必须"按提供预售的商品房计算，投入开发建设的资金达到工程建设总投资的百分之二十五以上，并已经确定施工进度和竣工交付日期"。此种规定同样是对开发商一方的风险控制和内部管理规定，对于开发商是否满足这一要求，购房人并无审查的义务和能力。因此，不能因开发商违反这一规定就宣告其与购房人之间的购房合同无效，否则将严重损害购房人的合法权益，并且影响市场交易秩序。

此种旨在"要求当事人一方加强风险控制、内部管理等"的强制性规定，在单行法律法规中相当普遍。在判断涉及违反此类规范的合同效力时，人民法院应当结合案件实际情况进行综合认定，保护交易相对方的合法权益和合理期待，维护交易秩序。例如，《海商法》第 150 条规定："在光船租赁期间，未经出租人书面同意，承租人不得转让合同的权利和义务或者以光船租赁的方式将船舶进行转租。"那么光船租赁未经出租人书面同意而进行转租的，其转租合同效力如何？在"朱某某、余某某光船租赁合同纠纷"案中，二审法院对于该问题认为："关于案涉光船租赁合同的效力……本案中首先应当确定《海商法》第一百五十条的规定是否属于强制性法律规定。《海商法》上述规定系关于光船租赁合同下承租人和出租人双方权利义务的界定，但对于未经出租人书面同意的转租合同的效力并未作出明确规定。结合《民法典》第七百一十六条第二款'承租人未经出租人同意转租的，出租人可以解除合同'的规定，《海商法》的该条规定应当理解为，未经出租人书面同意而擅自转租的，属于承租人违反合同的行为，出租人可以解除合同，但不涉及转租合同的效力。因此，该条不属于效力性的强制性规定。故余某某以转租合同未经原出租人书面同意为由，主张案涉合同无效的理由不能成立。"[1]

---

[1] 浙江省高级人民法院（2021）浙民终 1754 号民事判决书。

（四）违背诚信原则违反强制性规定的不影响合同效力

我国法律、行政法规乃至司法解释中有不少是对于特定主体在资质、报批、许可、办证等方面的强制性规定，此种规定主要是对合同一方当事人的义务性规定，但受制于此前的立法技术，不少法律规范在术语上使用了强制性规范的概念，甚至直接规定相关合同无效。然而，此种义务是否履行，主要取决于合同一方当事人的行为，另一方当事人并不具有主动性，甚至对此难以知情。如果负有相关义务的一方当事人能履行却有意不履行相关义务，甚至以此为由主张合同无效而获得不当利益，合同的效力究竟应该如何处理？在此前"管理性强制性规定"与"效力性强制性规定"二分法的时代，这确实是一个难题，因为只有将相关强制性规定认定为管理性强制性规定才能实现将合同认定为有效的目的；但是让法官来完成对法律和行政法规的规范进行定性的任务，显然要求过高，并且二分法本身也缺乏明确标准，很多强制性规定难以简单地进行管理性或者效力性的区分界定。

对于这一问题，《合同编通则解释》第 16 条第 1 款第 4 项规定，当事人一方虽然在订立合同时违反强制性规定，但是在合同订立后其已经具备补正违反强制性规定的条件却违背诚信原则不予补正的，合同并不因此无效。这就针对一方当事人负有某项义务但违背诚信原则不履行该义务，以至于影响合同效力的情形，作出了明确的规定，即此种情形下违反相关的强制性规定乃是一方当事人的不诚信不作为所导致，另一方当事人的合法权益应当得到保护，因此合同并不因为违反了相关强制性规定而无效。这一规定避免了对强制性规定进行效力性或者管理性的区分，法官只需判断当事人一方是否依法负有某项义务、是否在合同订立后已经具备补正违反强制性规定的条件、是否违背诚信原则不予补正即可。

例如，在建筑工程领域，涉及规划许可等事项的，便属于本项规定的情形。当然，在 2020 年发布的《最高人民法院关于审理建设工程施工合同纠纷案件适用法律问题的解释（一）》第 3 条就规定："当事人以发包人未取得建设工程规划许可证等规划审批手续为由，请求确认建设工程施工合同无效的，人民法院应予支持，但发包人在起诉前取得建设工程规划许可证等规划审批手续的除外。发包人能够办理审批手续而未办理，并以未办理审批手续为由请求确认建设工程施工合同无效的，人民法院不予支持。"这一规定已经包含了不诚信一方不得以自身的违法事实来主张合同无效的思想。

在社会经济生活中，此种"补正条件"的要求，还较为集中地体现在开发商取得商品房预售许可证明上。但是此前在 2003 年制定、2020 年修正的《商品房买卖合同解释》第 2 条规定："出卖人未取得商品房预售许可证明，与买受人订立的商品房预售合同，应当认定无效，但是在起诉前取得商品房预售许可证明的，可以认定有效。"这一规定虽然将开发商取得商品房预售许可证的时间推迟到最晚起诉前，然而，有些开发商在起诉后才取得商品房预售许可证，甚至在裁判前都没有取得商品房预售许可证，这就给法院出具了难题：如果要认定开发商与买受人之间的合同有效，就不得不对相关法律法规和司法解释的规定进行某种变通性的解释。

例如，在"西安闻天科技实业集团有限公司（简称'闻天公司'）与李某某确认合同无效纠纷"案中，开发商闻天公司与李某某于 2016 年 4 月 25 日签订认购合同一份，由李某某认购闻天公司开发建设的"紫杉庄园"项目商品房。合同签订当日，李某某即向闻天公司缴纳 1 204 000 元购房款，闻天公司向李某某出具收据。2016 年 8 月 3 日，长安房管局对案涉项目进行检查，发现该项目未办理销售手续，涉嫌无证销售，遂责令整改。但闻天公司仍未办理商品房预售许可证。2018 年 2 月 12 日，闻天公司以案涉房屋未取得商品房预售许可证为由将李某某起诉至法院，请求确认双方签订的认购合同无效。直到 2018 年 6 月 8 日，闻天公司才取得商品房预售许可证。一审法院认为，闻天公司与李某某签订的《紫杉庄园内部认购合同》违反了《商品房买卖合同解释》第 2 条、《商品房销售管理办法》第 16 条的规定，"因原告闻天公司在本案起诉前仍未取得商品房预售许可证，故原、被告双方签订的该合同应为无效合同"①。对此，二审法院则认为合同有效："首先，李某某在签订认购合同当日即支付了全额购房款，闻天公司在自身合同目的已经实现情形下，非但不积极履行应尽的合同义务，面对房地产市场出现价格大幅上涨，反而主张合同无效的做法，显然违背诚实信用原则。其次，闻天公司作为房地产开发企业，对房屋预售所需符合的条件应当是清楚的，对自身不办理商品房预售许可证即预售商品房行为的违法性应当是明知的。现闻天公司以自身原因造成的违法事实为由提起本案诉讼，真正目的在于获取超出合同预期的更大利益，闻天公司的行为显然与社会价值导向和公众认知相悖。为弘扬社会主义核心价值观，彰显司法公正，对此种行为不应予以支持。最后，闻天公司签约时未取得商品房预售许可证，虽然违反了有关'商品房预售应当取得商品房预售许可证明'的规定，但是并不必然导致其签订认购合同的民事法律行为无效。"② 该案二审判决虽然将开发商与买受人之间的房屋预售合同改判为有效合同，但是对于合同有效的理由，却语焉不详，"虽然违反了有关'商品房

---

① 陕西省西安市长安区人民法院（2018）陕 0116 民初 2519 号民事判决书。
② 陕西省西安市中级人民法院（2018）陕 01 民终 8145 号民事判决书。

预售应当取得商品房预售许可证明’的规定，但是并不必然导致其签订认购合同的民事法律行为无效”的结论，显然缺乏请求权基础，因此在论证过程中不得不诉诸诚实信用原则和社会主义核心价值观这些抽象的原则。

在另一起由同一开发商提起的类似案件——"西安闻天科技实业集团有限公司与陈某某确认合同效力纠纷"案中，针对《城市房地产管理法》第 45 条要求商品房预售应当办理预售登记，取得商品房预售许可证明的规定，法院作了更为详细的论证："该法规制的是无预售许可证的预售行为本身，因为无预售许可证的销售行为的发生势必会对国家利益或者社会公共利益造成损害，尤其是在消费者被欺诈或者蒙蔽时，甚至会引发社会稳定问题，该条款理应理解为效力性强制性规范……预售许可制度是为了规范商品房开发销售秩序，从而充分保护购房者的合法权益，最终目的是确保购房者能够取得房地产权属证书，能够顺利取得所购买房产的物权……本案原告在诉讼中已取得涉案房产的商品房预售许可证，通过其申领预售许可证的行为，使法律或者司法解释中规定的合同无效情形得以补正和消除。原告闻天公司在收到被告陈某某全额购房款近两年后，在诉讼期间涉案房产已经取得预售许可证情况下，仍坚持认为合同无效，恶意明显；其诉讼行为目的是使买房人入住预期落空并蒙受损失，显然有悖公序良俗和诚信原则。"[①]因此，法院判决驳回闻天公司主张认购合同无效的诉讼请求。在该案中，法院实际上改变了司法解释的规定，把"起诉前"取得商品房预售许可证明的合同有效条件，放宽到了诉讼期间取得商品房预售许可证明即可。

如果开发商在合同订立后，已经具备申请预售许可证明的条件却违背诚信原则不向行政管理部门提交申请，导致一直未取得预售许可证明，后因房价上涨，受到利益的驱动提起诉讼而主张合同无效，此时就更加难以突破《商品房买卖合同解释》的规定了。此种困境在很大程度上推动了《合同编通则解释》第 16 条第 1 款第 4 项的产生，依据该规定，遭遇此类案件时，无论是开发商在起诉前还是在判决前才具备补正违反强制性规定的条件，都不影响合同的效力。只要其在合同订立后具备补正违反强制性规定的条件却违背诚信原则不予补正的，均不影响合同效力。这一规定有助于惩戒不诚信的当事人，使其受到合同的约束，不能摆脱合同而获取房价上涨带来的利益。

（五）其他情形

当事人之间的合同违反了法律、行政法规的强制性规定，但是根据法律、司法解释的规定，由行为人承担行政责任或者刑事责任能够实现强制性规定的立法

[①]　陕西省西安市莲湖区人民法院（2018）陕 0104 民初 2071 号民事判决书。

目的的，该合同不因违反强制性规定无效。这一规定是兜底性规定，例如，合同违反了有关报批义务或者办理备案登记的规定，便可以结合民法典和《合同编通则解释》的其他规定，与本项规定一起，作为并不导致合同无效的理由。

此外，如果在未来出现上述四种情形之外的其他情形而需要认定合同有效时，法官就可以将本项规定作为依据，对合同效力作出肯定性裁判，从而使《合同编通则解释》具有更大的弹性和更广的适用空间。

四、合同不因履行违法而无效

依据民法典的规定，在一般情形下，承诺生效时合同成立，对当事人具有法律约束力。依法成立的合同自成立时生效，当事人应当按照约定全面履行自己的义务。在法律、行政法规的强制性规定中，有些是针对合同的订立本身作出的规定，如果合同在订立时违反了这些强制性规定，就可能导致合同无效。例如，《民法典》第 737 条规定："当事人以虚构租赁物方式订立的融资租赁合同无效。"又如，《民法典》第 850 条规定："非法垄断技术或者侵害他人技术成果的技术合同无效。"那么，当事人之间订立的合同，在成立时就违反了此类强制性规定而具备无效情形的，合同自成立时便因为违反强制性规定而无效。

但是，也有一些法律、行政法规的强制性规定所设置的要求，并非针对合同订立本身，而是针对合同成立后的履行行为，后者才会受到相关强制性规定的约束。如果违反此类规定，就不宜倒推认定合同无效，因为合同一旦被认定为无效，就自始无效、当然无效、绝对无效，当事人之间便失去了合同基础，只能通过不当得利来处理权利义务关系，这显然不利于促进交易、维护意思自治。对此，《合同编通则解释》第 16 条第 2 款明确规定，法律、行政法规的强制性规定旨在规制合同订立后的履行行为，当事人以合同违反强制性规定为由请求认定合同无效的，人民法院不予支持。

例如，《民法典》第 706 条规定："当事人未依照法律、行政法规规定办理租赁合同登记备案手续的，不影响合同的效力。"可见，办理租赁合同登记备案，是在租赁合同订立后的履行中所产生的义务，不履行此种义务，并不导致租赁合同无效。又如，《道路交通安全法》第 42 条第 1 款规定："机动车上道路行驶，不得超过限速标志标明的最高时速。在没有限速标志的路段，应当保持安全车速。"第 48 条第 1 款规定："机动车载物应当符合核定的载质量，严禁超载；载物的长、宽、高不得违反装载要求，不得遗洒、飘散载运物。"那么承运人在履行货运合同时存在超速、超载情形的，便违反了法律的强制性规定，但如果因此认定货运合同无效，则显然并不妥当。

当然，如果合同的履行必然会导致违反强制性规定的情形出现，那么就表明合同的订立与合同的履行之区分并无实益，因为当事人应当知道合同如欲得到履行必然以违法为前提，合同自订立时便注定要违反相关法律法规的强制性规定，并且此种强制性规定会导致合同无效，故合同自始无效。另外，法律或司法解释另有规定的，依照其规定。

五、合同有效中违法犯罪行为的处理

《合同编通则解释》第16条第3款规定了民事审判中对于违法犯罪行为的处理。依据该条款所列举的例外情形，合同违反法律、行政法规的强制性规定并不因此而无效，但是当事人确实存在违法行为且未经处理的，人民法院应当向有关行政管理部门提出司法建议；当事人的行为涉嫌犯罪的，人民法院应当将案件线索移送刑事侦查机关；属于刑事自诉案件的，人民法院应当告知当事人可以向有管辖权的人民法院另行提起诉讼。这一规定是对民事诉讼程序和其他司法程序的衔接性规定，也是民事诉讼中司法机关能动性的体现，能够发挥司法机关的主观能动性，节约司法资源，惩治违法犯罪行为，保护当事人合法权益。依据该规定，合同有效中司法机关对违法犯罪行为的处理方式包括以下三种。

（一）提出司法建议

依据2012年最高人民法院《关于加强司法建议工作的意见》第1条的规定，司法建议是法律赋予人民法院的重要职责，是人民法院工作的重要组成部分，是充分发挥审判职能作用的重要方式。该意见第7条规定了人民法院在审判和执行工作中，可以向相关党政机关、企事业单位、社会团体及其他社会组织提出司法建议的具体情形，包括：（1）涉及经济社会发展重大问题需要相关方面积极加以应对的；（2）相关行业或者部门工作中存在的普遍性问题，需要有关单位采取措施的；（3）相关单位的规章制度、工作管理中存在严重漏洞或者重大风险的；（4）国家利益、社会公共利益受到损害或者威胁，需要有关单位采取措施的；（5）涉及劳动者权益、消费者权益保护等民生问题，需要有关单位采取措施的；（6）法律规定的有义务协助调查、执行的单位拒绝或者妨碍人民法院调查、执行，需要有关单位对其依法进行处理的；（7）拒不履行人民法院生效的判决、裁定，需要有关单位对其依法进行处理的；（8）发现违法犯罪行为，需要有关单位对其依法进行处理的；（9）诉讼程序结束后，当事人之间的纠纷尚未彻底解决，或者有其他问题需要有关部门继续关注的；（10）其他确有必要提出司法建议的情形。

2023年《最高人民法院关于综合治理类司法建议工作若干问题的规定》第8

条第 1 款进一步规定了被建议单位的答复义务:"人民法院提出司法建议时,应当告知被建议单位就建议采纳落实情况等予以书面答复。答复期限根据具体情况确定,一般不超过两个月;法律、司法解释另有规定的,依照其规定。"可见,最高人民法院越来越重视司法建议工作,并且不断完善细化相关工作流程和文书样本。

虽然《民事诉讼法》仅规定人民法院对于有义务协助调查、执行的单位拒不履行协助义务的,可以向监察机关或者有关机关提出予以纪律处分的司法建议,但在最高人民法院制定的多部司法解释中,均规定了人民法院可以在民事审判中提出司法建议的情形。例如,《合同编通则解释》第 24 条第 3 款就规定,合同不成立、无效、被撤销或者确定不发生效力,当事人的行为涉嫌违法且未经处理,可能导致一方或者双方通过违法行为获得不当利益的,人民法院应当向有关行政管理部门提出司法建议。《最高人民法院关于审理矿业权纠纷案件适用法律若干问题的解释》第 22 条规定,人民法院在审理案件中,发现无证勘查开采,勘查资质、地质资料造假,或者勘查开采未履行生态环境修复义务等违法情形的,可以向有关行政主管部门提出司法建议,由其依法处理。《最高人民法院关于审理环境民事公益诉讼案件适用法律若干问题的解释》第 34 条第 2 款规定,社会组织通过诉讼牟取经济利益的,人民法院应当向登记管理机关或者有关机关发送司法建议,由其依法处理。《最高人民法院关于审理消费民事公益诉讼案件适用法律若干问题的解释》第 14 条规定,消费民事公益诉讼案件裁判生效后,人民法院应当在十日内书面告知相关行政主管部门,并可发出司法建议。《最高人民法院关于审理海上货运代理纠纷案件若干问题的规定》第 14 条规定,人民法院在案件审理过程中,发现不具有无船承运业务经营资格的货运代理企业违反《中华人民共和国国际海运条例》的规定,以自己的名义签发提单、海运单或者其他运输单证的,应当向有关交通主管部门发出司法建议,建议交通主管部门予以处罚。

可见,在合同被人民法院认定为有效时,当事人存在上述违法行为未经处理的,人民法院向有关自然资源主管部门、生态环境主管部门、市场监督管理部门、交通运输主管部门等行政管理部门提出司法建议,有助于依法追究相关主体的违法责任。这体现了民事责任与行政责任既相互区分又紧密联系的关系。

(二)向刑事侦查机关移送犯罪案件线索

在处理合同效力案件时,人民法院发现合同当事人的行为涉嫌犯罪的,应当将案件线索移送刑事侦查机关,由刑事侦查机关启动侦查程序,对涉嫌犯罪的行为或犯罪嫌疑人进行立案侦查。对于犯罪事实清楚,证据确实、充分的,侦查之后应当移送人民检察院审查决定。侦查过程中发现不应对犯罪嫌疑人追究刑事责任的，则应当撤销案件，释放犯罪嫌疑人并且通知原批准逮捕的人民检察院。

对于人民法院在民事审判中发现犯罪线索，向刑事侦查机关移交案件线索的义务，最高人民法院在多部司法解释中都作出了规定。例如，《最高人民法院关于在审理经济纠纷案件中涉及经济犯罪嫌疑若干问题的规定》第 10 条就概括规定，人民法院在审理经济纠纷案件中，发现与本案有牵连，但与本案不是同一法律关系的经济犯罪嫌疑线索、材料，应将犯罪嫌疑线索、材料移送有关公安机关或检察机关查处，经济纠纷案件继续审理。《合同编通则解释》第 24 条第 3 款规定，合同不成立、无效、被撤销或者确定不发生效力，当事人的行为涉嫌犯罪的，应当将案件线索移送刑事侦查机关。《最高人民法院关于审理矿业权纠纷案件适用法律若干问题的解释》第 22 条规定，人民法院在审理案件中，发现无证勘查开采、勘查资质、地质资料造假，或者勘查开采未履行生态环境修复义务等违法情形的，可以向有关行政主管部门提出司法建议，由其依法处理；涉嫌犯罪的，依法移送侦查机关处理。《最高人民法院关于审理环境民事公益诉讼案件适用法律若干问题的解释》第 34 条第 1 款规定，社会组织有通过诉讼违法收受财物等牟取经济利益行为，涉嫌犯罪的，依法移送有关机关处理。《最高人民法院关于审理民间借贷案件适用法律若干问题的规定》第 5 条第 1 款规定，人民法院立案后，发现民间借贷行为本身涉嫌非法集资等犯罪的，应当裁定驳回起诉，并将涉嫌非法集资等犯罪的线索、材料移送公安或者检察机关。第 6 条规定，人民法院立案后，发现与民间借贷纠纷案件虽有关联但不是同一事实的涉嫌非法集资等犯罪的线索、材料的，人民法院应当继续审理民间借贷纠纷案件，并将涉嫌非法集资等犯罪的线索、材料移送公安或者检察机关。《最高人民法院关于审理存单纠纷案件的若干规定》第 9 条规定，在存单纠纷案件的审理中发现犯罪线索的，人民法院应及时书面告知公安或检察机关，并将有关材料及时移送公安或检察机关。

在民事审判程序中，在有关合同效力的认定中发现当事人涉嫌犯罪的，将案件线索移送刑事侦查机关，实现了民事程序与刑事程序的有机衔接，能够最大限度地发现犯罪嫌疑，节约司法资源，尽快启动刑事侦查和刑事诉讼程序，惩治犯罪行为，保护国家利益、社会公共利益和当事人合法权益。

（三）告知刑事自诉案件当事人另行起诉

自诉罪，又称告诉才处理的犯罪，是指由被害人或者其法定代理人直接向人民法院提起诉讼，请求追究刑事责任的一类犯罪。对于这类案件，除非被害人在一定期限内向法院提出告诉，否则司法机关一般不会主动启动刑事追诉程序。我国《刑法》第 98 条规定："本法所称告诉才处理，是指被害人告诉才处理。如果被害人因受强制、威吓无法告诉的，人民检察院和被害人的近亲属也可以告诉。"

《刑法》第 246 条规定的以暴力或者其他方法公然侮辱他人或者捏造事实诽谤他人的，第 257 条规定的以暴力干涉他人婚姻自由的，第 260 条规定的虐待家庭成员情节恶劣的，第 270 条规定的将代为保管的他人财物、他人的遗忘物或者埋藏物非法占为己有的，都属于告诉才处理的犯罪类型。

在审理合同效力的过程中，人民法院发现当事人的行为涉嫌犯罪，但是此种犯罪又属于刑事自诉案件的，人民法院就不应将案件线索移送刑事侦查机关，而是应当直接告知当事人可以向有管辖权的人民法院另行提起诉讼，由当事人决定是否启动刑事诉讼程序。

（本条撰写人：孟　强）

合同违背公序良俗的认定

合同虽然不违反法律、行政法规的强制性规定，但是有下列情形之一，人民法院应当依据民法典第一百五十三条第二款的规定认定合同无效：

（一）合同影响政治安全、经济安全、军事安全等国家安全的；

（二）合同影响社会稳定、公平竞争秩序或者损害社会公共利益等违背社会公共秩序的；

（三）合同背离社会公德、家庭伦理或者有损人格尊严等违背善良风俗的。

人民法院在认定合同是否违背公序良俗时，应当以社会主义核心价值观为导向，综合考虑当事人的主观动机和交易目的、政府部门的监管强度、一定期限内当事人从事类似交易的频次、行为的社会后果等因素，并在裁判文书中充分说理。当事人确因生活需要进行交易，未给社会公共秩序造成重大影响，且不影响国家安全，也不违背善良风俗的，人民法院不应当认定合同无效。

【本条主旨】

本条的规范意旨在于确定合同因违背公序良俗而无效的具体认定规则与衡量因素。

【关联规定】

1.《民法典》第 8 条　民事主体从事民事活动，不得违反法律，不得违背公序良俗。

2.《民法典》第 10 条　处理民事纠纷，应当依照法律；法律没有规定的，可以适用习惯，但是不得违背公序良俗。

3.《民法典》第 153 条第 2 款 违背公序良俗的民事法律行为无效。

【理解与适用】

一、公序良俗的含义及其类型化

（一）公序良俗的含义及其意义

所谓公序良俗，指的是国家、社会一般利益或社会一般的道德观念。公序良俗可以具体体现为公共秩序与善良风俗两个面向。二者的界分标准在于：公共秩序是法律本身的价值体系，指向国家与社会的一般利益；而善良风俗属于法律外的伦理秩序，指向社会一般道德观念。尽管有时公共秩序与善良风俗存在难以清晰界定的模糊地带，但是其指涉的范围并不完全一致，具有相对清晰的界定标准，并且彼此之间具有相辅相成的作用。[①]

本条规定对于公序良俗的含义予以进一步明确，本条第 1 款明确了公序良俗包含公共秩序与善良风俗两个面向，并且本条第 1 款第 1 项、第 2 项将公共秩序进一步区分为政治安全、经济安全、军事安全等国家安全，以及社会稳定、公平竞争秩序或者社会公共利益等社会公共秩序。也就是说，公共秩序又进一步可以分为国家层面的国家安全与社会层面的社会公共秩序。本条第 1 款第 3 项则进一步明确了善良风俗主要包含社会公德、家庭伦理或者人格尊严等内容。

公序良俗作为《民法典》第 8 条所明确规定的民法原则之一，本身属于法律上的一般条款。其意义在于：一方面，公序良俗为道德化的价值判断提供了进入法律的管道，具有通过公序良俗这一弹性条款来补充强行法的不足的功能[②]；另一方面，公序良俗又框定了私法自治与道德进入法律领域的界限，对私法自治的自由界限作出了必要限制[③]，并使得法律能够适应价值理念的发展及社会伦理的变迁与演变。司法实践在适用公序良俗条款确定合同效力时需要通过具体化与类型化的方式来明确"公序良俗"这一不确定法律概念的内涵与外延，从而对其进行价值补充。[④]

[①] 参见王泽鉴：《民法总则》（2022 年重排版），北京大学出版社 2022 年版，第 295 页。

[②] 参见王利明：《论公序良俗原则与诚实信用原则的界分》，载《江汉论坛》2019 年第 3 期，第 131 页。

[③] Vgl. Jauernig/Mansel, 19. Aufl. 2023, BGB § 138 Rn. 1.

[④] 参见王利明：《论效力性和非效力性强制性规定的区分——以〈民法典〉第 153 条为中心》，载《法学评论》2023 年第 2 期，第 31 页。

（二）公序良俗概括条款的具体化与类型化

依据本条第 1 款的规定，公序良俗可以进一步具体化为公共秩序（包含国家安全与社会公共秩序）与善良风俗，并且根据司法实践经验可以总结公序良俗的基本案例类型。按照本条第 1 款的规定，合同违反公序良俗可以具体包括合同影响国家安全、合同影响社会公共秩序与合同违背善良风俗三个方面，具体包括如下内容。

1. 合同影响国家安全

维护国家安全是国家、社会与公民的重要任务，也是公共秩序的重要内容。当事人之间签订的合同违反国家安全的，合同应当确定、自始、当然无效。《国家安全法》第 2 条规定："国家安全是指国家政权、主权、统一和领土完整、人民福祉、经济社会可持续发展和国家其他重大利益相对处于没有危险和不受内外威胁的状态，以及保障持续安全状态的能力。"我国国家安全主要包括政治安全、国土安全、军事安全、经济安全、文化安全、社会安全、科技安全、网络安全、生态安全、资源安全、核安全、海外利益安全、太空安全、深海安全、极地安全和生物安全等领域。因此，本条第 1 款第 1 项对于国家安全的主要内容采取了列举方式，除条文中所明确列举的政治安全、经济安全、军事安全之外，影响上述国土安全、文化安全、网络安全等领域国家安全的合同，都应当因违反公序良俗而无效。因此本条第 1 款第 1 项中的"等"字意味着，"合同影响国家安全"不限于条文中列举的政治安全、经济安全与军事安全领域，同时也包括其他涉及国家安全的领域。

究竟什么样的合同会影响国家安全？对此问题，需要结合危害国家安全的行为来理解。因为在实践中，许多危害国家安全的行为往往会通过签订合同的方式来进行，而这些合同本身都会因为影响国家安全而无效。《反间谍法》第 4 条规定："本法所称间谍行为，是指下列行为：（一）间谍组织及其代理人实施或者指使、资助他人实施，或者境内外机构、组织、个人与其相勾结实施的危害中华人民共和国国家安全的活动；（二）参加间谍组织或者接受间谍组织及其代理人的任务，或者投靠间谍组织及其代理人；（三）间谍组织及其代理人以外的其他境外机构、组织、个人实施或者指使、资助他人实施，或者境内机构、组织、个人与其相勾结实施的窃取、刺探、收买、非法提供国家秘密、情报以及其他关系国家安全和利益的文件、数据、资料、物品，或者策动、引诱、胁迫、收买国家工作人员叛变的活动；（四）间谍组织及其代理人实施或者指使、资助他人实施，或者境内外机构、组织、个人与其相勾结实施针对国家机关、涉密单位或者关键信息基础设施等的网络攻击、侵入、干扰、控制、破坏等活动；（五）为敌人指示攻击目标；（六）进行其他间谍活动。间谍组织及其代理人在中华人民共和国领域内，或者利用中华人民共和国的公民、组织或者其他条件，从事针对第三国的间谍活动，危害中华人民共和国国家安全的，适用本法。"① 因此，如果当事人之间签订实质内容为背叛或分裂国家，颠覆国家政权或煽动颠覆国家政权，为境外窃取、刺探、收买、非法提供国家秘密、情报等危害国家安全的合同，这些合同一律因违反公序良俗而无效。例如，间谍组织及其代理人与行为人以窃取、刺探、收买、非法提供国家秘密为目的签订从事间谍行为的合同，除合同当事人构成《刑法》分则第一章所规定的危害国家安全罪之外，当事人之间签订的合同也因为影响国家安全而无效。

2. 合同影响社会公共秩序

社会公共秩序并不完全等同于国家安全，二者可以进行区分。国家安全指的是国家存在与发展所必须维护的一般性秩序，而社会公共秩序指的是社会与公众生活作为公共领域所形成的秩序。因为社会秩序的形成与维护需要管理，一定的社会秩序总是依赖于一定的管理活动②，因此，一个社会是否构成良序社会，取决于社会公共秩序的形成、管理与维护是否良善。从私法的角度来看，基于私法自治的要求，当事人之间签订的合同内容本身是可以自主决定并自我负责的，但是如果当事人之间订立的合同是违反社会公共秩序的，则有违合同正义的要求，此时法官应当基于对社会公共秩序的维护，认定合同无效。从此角度出发，法官认定私人之间的合同因影响社会公共秩序而无效，本身也是基于社会公共秩序的管理需要，因为这样的合同已经影响到了社会中不特定多数人的利益。两相比较，私法自治应让位于公共秩序与公共利益，因此，影响社会公共秩序的合同不应当受到法律保护，也不应当在效力上得到民法的承认。

社会公共秩序主要包括社会公共安全、生产与工作秩序、社会管理秩序等。如果合同当事人之间签订一份破坏公共交通设施的雇佣合同，则此份合同因危害社会公共安全而无效。如果当事人之间签订一份代替参加法律规定的国家级考试的协议，并约定事成之后给予丰厚报酬，该份协议也应当因影响社会管理秩序而

---

① 关于危害国家安全的行为，可以参照 2009 年修正的《国家安全法》第 4 条（该条目前已失效）："任何组织和个人进行危害中华人民共和国国家安全的行为都必须受到法律追究。本法所称危害国家安全的行为，是指境外机构、组织、个人实施或者指使、资助他人实施的，或者境内组织、个人与境外机构、组织、个人相勾结实施的下列危害中华人民共和国国家安全的行为：（一）阴谋颠覆政府，分裂国家，推翻社会主义制度的；（二）参加间谍组织或者接受间谍组织及其代理人的任务的；（三）窃取、刺探、收买、非法提供国家秘密的；（四）策动、勾引、收买国家工作人员叛变的；（五）进行危害国家安全的其他破坏活动的。"

② 参见张明楷：《刑法学》（第五版）（下），法律出版社 2016 年版，第 1030 页。

无效。

随着社会的发展，社会公共秩序与公共利益也会涉及一些新兴领域，在国家还没有对这些新兴领域进行全面监管与规制的情况下，公序良俗对判断这些新兴领域的交易类型与合同类型的效力起到了很好的调节与补充实证法的作用。例如，司法实践的裁判观点认为，私人之间的干细胞买卖合同应当因违反公共利益与社会公共秩序而无效。因为干细胞作为一种新型的生物医疗技术，具有特殊的管理属性，我国相关法律法规对于干细胞临床研究机构和项目确立了双重备案的管理机制。同时，与干细胞相关的管理规范具有公共利益的属性，医疗卫生技术的进步和有序发展、干细胞应用的安全性和有效性、药品市场的管理秩序、公众用药安全和生命健康等均涉及社会公共利益。如果私人主体之间擅自进行干细胞买卖，并直接用于人体回输，除了违反《干细胞临床研究管理办法（试行）》第52条关于禁止干细胞直接进入临床应用的规定，也严重违背了伦理规范，破坏了国家医疗监管制度，并危及不特定个体的生命健康安全，进而损害社会公共利益。[①]

除此之外，实践中也用公序良俗来规制比特币等虚拟货币的"挖矿"行为，并认为这种合同因影响社会公共秩序而无效。在国家发布明确禁止比特币等虚拟货币的"挖矿"活动的监管政策后，当事人签订的比特币"矿机"买卖合同因为违反国家的金融管理政策而无效。因为比特币等虚拟货币并非法定货币，虚拟货币生产、交易环节衍生的虚假资产、经营失败、投资炒作等金融风险与法律风险突出，甚至可能会危害公民财产安全与国家金融安全，从而有损于社会公共秩序与公共利益。因此对于这种基于新型虚拟货币所产生的新兴交易类型订立的合同，司法实践采取了因合同违反公序良俗而无效的处理方式，理由正是在于合同影响社会公共秩序。[②]

相比国家安全，社会公共秩序具有范围广、涉及面宽泛、内容复杂多样的特性。因此，法官在认定合同是否因违反社会公共秩序而无效的时候，需要保持谦抑性[③]，把握好合同自由与合同正义的关系。当事人之间的合同行为并没有严重影响社会公共秩序的，不应当轻易认定合同无效，因为此时仍未逸出当事人合同

---

① 参见"吴某澜诉上海聚仁生物科技有限公司买卖合同纠纷案"，载《最高人民法院公报》2021年第6期。

② 参见最高人民法院发布2022年全国法院十大商事案件之三：胡某瑞诉王某买卖合同纠纷案——国家发布明确禁止"挖矿"活动的监管政策后，当事人签订的比特币"矿机"买卖合同应被认定为违背公序良俗的无效合同。

③ 参见于飞：《〈民法典〉公序良俗概括条款司法适用的谦抑性》，载《中国法律评论》2022年第4期，第53页。

自由的范畴；但是，在当事人之间的合同行为明显影响社会公共秩序的情形下，法官应当认定合同无效。

3. 合同违背善良风俗

善良风俗表征的是社会的底线性伦理与一般道德观念，属于法律之外的伦理秩序，这种底线性伦理可能会体现在风俗习惯之中，例如习惯本身虽然不是善良风俗，但有可能成为公序良俗法律标准的来源之一。[①] 善良风俗体现为社会基本价值的最低限度，它指的并非观念伦理上的道德性，而是法律交往中道德行为方式的最低要求。如果缺少此种最低限度标准，则法律共同体难以存在。例如，为了保护经济上的决定自由，防止利用经济上的优势地位，给付与对待给付之间的等价关系产生严重失衡状态的，应当予以矫正。[②]

因为公序良俗作为概括条款缺乏明确的构成要件，因此需要加以具体化，需要通过司法案例的类型化与比较等方式来进一步明确其判断基准与衡量要素。具体而言，结合我国司法实践中公序良俗原则的演变与发展，可以将违反善良风俗的行为作如下类型化处理。

（1）违反社会伦理的行为，主要包括违反姓名伦理、生命伦理、医学伦理、家族与亲情伦理等行为。例如，公民选取或创设姓氏应当符合传统文化和伦理观念，符合善良风俗的要求。如果当事人仅凭个人喜好和愿望在父姓、母姓之外选取其他姓氏或者创设新的姓氏，则属于违反善良风俗的行为，不符合一般的道德要求。因为在中国传统文化中，"姓名"中的"姓"，即姓氏，主要来源于客观上的承袭，系先祖所传，承载了对先祖的敬重、对家庭的热爱等，体现着血缘传承、伦理秩序和文化传统。[③] 又如，司法实践中保障祖父母与外祖父母的"隔代探望权"，因为按照我国风俗习惯，隔代近亲属探望（外）孙子女符合社会广泛认可的人伦情理[④]，这属于家族伦理与亲情伦理等中国传统文化中善良风俗的要求。再如，进行人类胚胎基因编辑活动的实验人员或者医疗人员如果与基因编辑婴儿的父母签署相关合同，则此合同因为有违科学伦理和医学伦理而无效。

（2）违反正义观念的行为，例如约定分赃或者销赃的行为。

（3）剥夺个人自由或者限制自由过甚的行为，尤其是对人身自由的不当限

---

① 参见朱庆育：《民法总论》（第二版），北京大学出版社 2016 年版，第 300 页；于飞：《〈民法典〉公序良俗概括条款司法适用的谦抑性》，载《中国法律评论》2022 年第 4 期，第 57 页。

② MüKoBGB/Armbrüster, 9. Aufl. 2021, BGB §138, Rn. 22.

③ 参见"'北雁云依'诉济南市公安局历下区分局燕山派出所公安行政登记案"，最高人民法院指导案例 89 号。

④ 参见最高人民法院发布第二批 16 起人民法院贯彻实施民法典典型案例之十一：马某臣、段某娥诉于某艳探望权纠纷案。

制，例如人身买卖合同，或者约定限制他人人身自由的合同。

（4）限制经济自由的行为，例如限制市场主体进行自由营业的垄断协议，或者利用一方的优势地位来对他人进行盘剥的暴利行为（Wuchergeschäft）等等。[1]

（5）射幸行为，如赌博行为、买空卖空交易等。当然，需要注意的是，并非所有的射幸行为都因违反公序良俗而无效。例如，彩票也是典型的射幸行为，但是因为其是国家为筹集社会公益资金，促进社会公益事业发展而特许发行、依法销售，自然人自愿购买，并按照特定规则获得中奖机会的集证券（国务院《彩票管理条例》第2条），并且发行彩票必须经由国务院批准等一系列严格的特许经营程序与批准程序，因此彩票这种射幸行为受法律保护。

（6）性交易行为，例如嫖娼行为有违善良风俗，同时性交易行为在我国也是违反《治安管理处罚法》的行政法意义上的违法行为。

（7）因贿赂行为而作成的合同，等等。

二、违背公序良俗与违反强制性规定的关系

（一）一般法与特别法的关系

关于违背公序良俗与违反强制性规定的关系，比较法上存在违反强制性规定导致合同无效的条款是违反公序良俗导致合同无效条款的特别法（lex specialis）的观点。[2]

关于违反公序良俗条款的一般法属性与违反强制性规定的特别法属性的关系，可以具体体现为如下三个方面。

第一，基于特别法优先于一般法的属性，即便一个合同同时构成违背公序良俗与违反强制性规定，也应当适用因违反强制性规定而导致合同无效的特别法，而不应当适用违背公序良俗导致合同无效的一般法。此时，《民法典》第153条第1款应当优先于《民法典》第153条第2款适用。

第二，适用《民法典》第153条第1款"强制性规定不导致该民事法律行为无效"的例外情形的，仍不适用公序良俗条款。在强制性规定基于规范目的保留（Normzweckvorbehalt）的考虑，使该强制性规定基于规范目的不导致民事法律行为无效的，应当适用《民法典》第153条第1款的但书的规定，也就是符合《合同编通则解释》第16条第1款所规定的"有下列情形之一，由行为人承担行政责任或者刑事责任能够实现强制性规定的立法目的的，人民法院可以依据民法

---

[1]　Vgl. Jauernig/Mansel，19. Aufl. 2023，BGB § 138, Rn. 19.

[2]　Staudinger/Fischinger（2021）BGB § 138, Rn. 17.

典第一百五十三条第一款关于'该强制性规定不导致该民事法律行为无效的除外'的规定认定该合同不因违反强制性规定无效"的情形，从而认定合同并不因为违反法律、行政法规的强制性规定而无效。这是基于违反强制性规定的规范目的保留使得合同采取有效处理，仍应适用特别法优先于一般法的规定，优先适用《民法典》第153条第1款的但书规定，例外承认违反强制性规定合同的有效性，《民法典》第153条第2款作为一般法仍然没有适用空间。

第三，只有在法律行为虽然违反了强制性规定，但并不符合《民法典》第153条第1款的构成要件的情况下，例如该强制性规定在法律位阶上尚达不到法律、行政法规的位阶的情形，才有通过公序良俗判断合同效力的适用空间，此时公序良俗承担一般法功能。这种广义的"违法合同"虽然不符合《民法典》第153条第1款的构成要件，但仍然需要受到公序良俗的评价，使得借由公序良俗对合同进行无效制裁也具有正当性，此时应当适用《民法典》第153条第2款的规定，而不再适用第153条第1款。[1] 事实上，从《民法典》第153条的条款编排顺序中也可以解读出这层一般法与特别法的关系，将违反公序良俗的条款置于第153条第2款对于违反强制性规定的条款具有兜底与补充的作用。[2]

在我国司法实践中，在违背公序良俗与违反强制性规定的关系方面存在的适用争议主要集中于上述第三种情形，多表现为违反地方性法规、行政规章的合同效力问题。因为此问题兼具重要性与复杂性，笔者将于下文进行专门论述。

(二)违反地方性法规、行政规章的合同效力

《民法典》第153条第1款以及《合同编通则解释》第16条明确将导致合同无效的强制性规定限制在法律与行政法规的层面。司法实践中常遇到的难题是：如果合同违反的是地方性法规或者行政规章的强制性规定，合同效力是否不受影响？对此问题，最高人民法院指导案例170号认为："违反行政规章一般不影响合同效力，但违反行政规章签订租赁合同，约定将经鉴定机构鉴定存在严重结构隐患，或将造成重大安全事故的应当尽快拆除的危房出租用于经营酒店，危及不特定公众人身及财产安全，属于损害社会公共利益、违背公序良俗的行为，应当依法认定租赁合同无效，按照合同双方的过错大小确定各自应当承担的法律责任。"[3] 由上述裁判意见可见，尽管合同违反地方性法规或者行政规章的强制性规定不能基于《民法典》第153条第1款的规定而认定为无效，但如果合同违反

---

① Staudinger/Fischinger（2021）BGB §138，Rn. 17.
② 类似观点可参见王利明：《论效力性和非效力性强制性规定的区分——以〈民法典〉第153条为中心》，载《法学评论》2023年第2期，第30页。该文也对二者的不同点作了梳理。
③ "饶某礼诉某物资供应站等房屋租赁合同纠纷案"，最高人民法院指导案例170号。

公序良俗，仍然可以依据《民法典》第 153 条第 2 款的规定而认定为无效。

合同违反地方性法规、行政规章的强制性规定，是否应当认定为无效，或是依照违反《民法典》第 153 条第 1 款而无效，还是因违反公序良俗而无效，仍然要视上位法（法律、行政法规）与下位法（地方性法规、行政规章）、公序良俗尤其是公共秩序的关系而定，具体可以区分为如下三种情形。

第一种情形是下位法的规定仅仅是对上位法的重申或是为了使上位法具有可操作性而具体化。此时，地方性法规、行政规章的强制性规定的规范目的仍然是贯彻法律、行政法规的强制性规定的规范目的，因此如果合同违反此类地方性法规、行政规章的强制性规定，其必然也已经违反了作为上位法的法律、行政法规的强制性规定。此时，法官判定合同是否无效，应当依据《民法典》第 153 条第 1 款的规定，而没有《民法典》第 153 条第 2 款的适用空间。

第二种情形是下位法的强制性规定是为了填补上位法的空白，在法律、行政法规没有明确的强制性规定的情况下，作为下位法的地方性法规、行政规章规定了相应的强制性规定。在此种情况下，原则上违反地方性法规、行政规章的强制性规定的合同不应当认定为无效，法官应当认定合同有效。此时，法官在进行司法裁判时，不能因为地方性法规或者行政规章的强制性规定符合或者体现上位法的精神而认定合同违反法律、行政法规的强制性规定而无效。[①] 但是，在前述合同违反地方性法规、行政规章的强制性规定的场合，虽然合同并不因违反法律、行政法规的强制性规定而无效，但是合同违反地方性法规、行政规章的强制性规定，可能同时构成违反公序良俗，严重损害社会公共利益，此时法官应当认定违反地方性法规、行政规章的强制性规定的合同因违反公序良俗而无效。

第三种情形是地方性法规、行政规章的强制性规定并不与公序良俗存在对应关系。并非所有的地方性法规、行政规章的强制性规定的规范目的都是保护公序良俗，实践中也会存在合同虽然违反了地方性法规、行政规章的强制性规定，但是并不违反公序良俗，或者没有严重损害社会公共利益的情形，此时法官既不能认定合同因违反强制性规定而无效，亦不能认定合同因违反公序良俗而无效。

三、违背公序良俗认定合同效力的动态系统论

本条第 2 款确立了法官在基于违背公序良俗认定合同效力时的动态系统论，

---

① 参见吴光荣：《违反强制性规定的合同效力——以〈民法典合同编通则解释〉的相关规定为中心》，载《法律适用》2023 年第 12 期，第 36 页。

为法官提供了在社会主义核心价值观引导下进行动态衡量的各种因素。动态系统论强调各因素的相互作用与共同作用。动态系统论认为，在判断责任时，应当对所有的构成要件发挥的不同作用进行评价，针对影响因素的不同程度，来综合考量认定责任。这实际上是一种在量上分层的认定方法。同时，动态系统论强调各因素排列上的位阶，引导法官考量这些因素是否满足。但在个案中，并不要求每一个因素满足到特定程度，甚至不要求一定具备全部因素；而是要求考量不同的因素，确定这些因素满足到什么程度，根据案件的具体情况对各个因素进行综合考量。① 本条第 2 款规定的动态系统论具体展开如下。

首先，法官在认定合同是否因违反公序良俗而归于无效时，按照本条第 2 款的规定，必须以社会主义核心价值观为导向。原因在于，社会主义核心价值观本身就对公序良俗起到了导向与指引的作用，因此，法官在认定合同是否违反公序良俗时，首先要看合同是否违反社会主义核心价值观。最高人民法院《关于深入推进社会主义核心价值观融入裁判文书释法说理的指导意见》第 4 条第 4 项规定："下列案件的裁判文书，应当强化运用社会主义核心价值观释法说理：……（四）涉及公序良俗、风俗习惯、权利平等、民族宗教等，诉讼各方存在较大争议且可能引发社会广泛关注的案件……"由此可见，在涉及公序良俗的案件中，法官在裁判文书中应当强化运用社会主义核心价值观来释法说理，切实发挥司法裁判在国家治理、社会治理中的规范、评价、教育、引领等功能，以公正裁判树立行为规则，培育和弘扬社会主义核心价值观。

其次，人民法院在认定合同是否违背公序良俗时，需要按照动态系统论的指导思想，着重考虑下列因素：（1）当事人签订合同的主观动机与交易目的。如果当事人签订合同的主观动机与交易目的本身就是为了违反公共秩序或者善良风俗，那么就容易认定合同因违反公序良俗而无效。（2）政府部门的监管强度。人民法院需要考量政府部门对合同涉及的交易类型的监管强度，例如，对于人体干细胞的买卖合同，政府部门的监管力度较大，但是有可能尚未出台相关法律、行政法规的强制性规定进行监管，此时法官更应当衡量这类合同是否应当因违反公序良俗而无效。（3）一定期限内当事人从事类似交易的频次。如果一定期限内当事人从事可能违反公序良俗的行为具有偶发性，则认定合同不违反公序良俗的概率相对大一些。（4）行为的社会后果。如果合同所导致的社

---

① 参见［日］山本敬三：《民法中的动态系统论——有关法评价及方法的绪论性考察》，解亘译，载梁慧星主编：《民商法论丛》（第 23 卷），法律出版社 2002 年版，第 207～208 页；王利明：《民法典人格权编中动态系统论的采纳与运用》，载《法学家》2020 年第 4 期，第 2 页。

会后果比较严重，例如可能严重影响社会公共利益，则法官应当考虑该合同因违反公序良俗而无效。当然，上述的衡量因素具有综合性与动态性的特点，它们为法官提供了进行自由裁量时的裁判基准，法官可以根据具体的案件情形进行综合性考量①并能够以上述因素作为指导原则，从上述因素之间的相互作用中得出相应的法律结论。②

需要注意的是，法官将上述因素适用于公序良俗时，应在考量各个因素的权重及其相互作用的基础上进行综合判断，从而实现对当事人利益的最大化满足，并由此获得解决纠纷的最佳途径。③

最后，依据本条第 2 款的规定，在综合考量上述因素后，法官还负有详尽说理义务。在认定合同违反公序良俗时，法官在裁判文书中进行法律说理时必须说明合同违反了哪些基于公序良俗保护需要的相较于私法自治更值得保护的上位价值，如果私法自治在价值理念上应当让位于公共利益的保护，需要进行充分论证。此外，法官需要详尽说明为何该违反公序良俗的合同足以达到不能接受其效力的严重程度，因为合同是否因违背公序良俗而无效，有一个从量变到质变的过程。④ 法官一定要对基于公序良俗认定合同无效采取谨慎与克制的态度，因为合同无效罚则是对私法自治的突破，也是在合同效力层面对合同当事人最为严苛的私法惩罚与意志否定。即便法官在动态考量各种因素之后，仍不得不认定合同因违反公序良俗而无效的，如果能够认定合同存在部分无效的空间，也应当尽可能判决合同部分无效，而非全部无效。⑤

本条第 2 款作上述规定的原因，仍然是考虑到公序良俗作为法律原则、概括条款与不确定法律概念，容易导致实践中法官过度行使自由裁量权，要避免法官动辄通过公序良俗原则来判决合同无效，避免法官向一般条款逃逸。因为合同无效是私法秩序对于当事人自主决定与意思自由的否定，因此需要通过价值导向、衡量因素限制、充分说理义务、违反公序良俗的程度性限制四个方面来限制法官

① 比较法上在认定合同违反公序良俗时，亦采取类似动态衡量的标准，认为法官要考虑订立合同时的客观情况、合同行为所产生的影响以及主观特性，例如合同当事人所追求的目的及其内在动机等，进行综合判断。Jauernig/Mansel，19. Aufl. 2023，BGB § 138，Rn. 9.

② Vgl. Wilburg，Entwicklung eines beweglichen Systems im Bürgerlichen Recht，Graz：Verlag Jos. A. Kienreich，1950，S. 4.

③ 参见［奥］海尔穆特·库齐奥：《动态系统论导论》，张玉东译，载《甘肃政法学院学报》2013 年第 4 期，第 40 页。

④ 参见吴光荣：《违反强制性规定的合同效力——以〈民法典合同编通则解释〉的相关规定为中心》，载《法律适用》2023 年第 12 期，第 36 页。

⑤ 参见陆家豪：《论法律行为的部分无效与全部无效》，载《东方法学》2022 年第 1 期，第 169 页。

的自由裁量权，从而确保法官在进行司法裁判时，既能够谨慎地作出合同因违反公序良俗而无效的判决，又能够准确地适用公序良俗条款，做好私法自治的"守门人"。

（本条撰写人：陆家豪）

违反限权性或赋权性
规定的合同的效力

法律、行政法规的规定虽然有"应当""必须"或者"不得"等表述，但是该规定旨在限制或者赋予民事权利，行为人违反该规定将构成无权处分、无权代理、越权代表等，或者导致合同相对人、第三人因此获得撤销权、解除权等民事权利的，人民法院应当依据法律、行政法规规定的关于违反该规定的民事法律后果认定合同效力。

【本条主旨】

本条是关于合同违反限权性或赋权性的强制性规定之后，对其效力进行认定的具体规定。

【关联规定】

1. 《民法典》第153条第1款　违反法律、行政法规的强制性规定的民事法律行为无效。但是，该强制性规定不导致该民事法律行为无效的除外。违背公序良俗的民事法律行为无效。

2. 《民法典》第157条　民事法律行为无效、被撤销或者确定不发生效力后，行为人因该行为取得的财产，应当予以返还；不能返还或者没有必要返还的，应当折价补偿。有过错的一方应当赔偿对方由此所受到的损失；各方都有过错的，应当各自承担相应的责任。法律另有规定的，依照其规定。

3. 《民法典》第170条　执行法人或者非法人组织工作任务的人员，就其职权范围内的事项，以法人或者非法人组织的名义实施的民事法律行为，对法人或者非法人组织发生效力。

法人或者非法人组织对执行其工作任务的人员职权范围的限制，不得对抗善意相对人。

4.《民法典》第171条　行为人没有代理权、超越代理权或者代理权终止后，仍然实施代理行为，未经被代理人追认的，对被代理人不发生效力。

相对人可以催告被代理人自收到通知之日起三十日内予以追认。被代理人未作表示的，视为拒绝追认。行为人实施的行为被追认前，善意相对人有撤销的权利。撤销应当以通知的方式作出。

行为人实施的行为未被追认的，善意相对人有权请求行为人履行债务或者就其受到的损害请求行为人赔偿。但是，赔偿的范围不得超过被代理人追认时相对人所能获得的利益。

相对人知道或者应当知道行为人无权代理的，相对人和行为人按照各自的过错承担责任。

5.《民法典》第172条　行为人没有代理权、超越代理权或者代理权终止后，仍然实施代理行为，相对人有理由相信行为人有代理权的，代理行为有效。

6.《最高人民法院关于当前形势下审理民商事合同纠纷案件若干问题的指导意见》12.　当前在国家重大项目和承包租赁行业等受到全球性金融危机冲击和国内宏观经济形势变化影响比较明显的行业领域，由于合同当事人采用转包、分包、转租方式，出现了大量以单位部门、项目经理乃至个人名义签订或实际履行合同的情形，并因合同主体和效力认定问题引发表见代理纠纷案件。对此，人民法院应当正确适用合同法第四十九条关于表见代理制度的规定，严格认定表见代理行为。

7.《最高人民法院关于当前形势下审理民商事合同纠纷案件若干问题的指导意见》13.　合同法第四十九条规定的表见代理制度不仅要求代理人的无权代理行为在客观上形成具有代理权的表象，而且要求相对人在主观上善意且无过失地相信行为人有代理权。合同相对人主张构成表见代理的，应当承担举证责任，不仅应当举证证明代理行为存在诸如合同书、公章、印鉴等有权代理的客观表象形式要素，而且应当证明其善意且无过失地相信行为人具有代理权。

8.《最高人民法院关于当前形势下审理民商事合同纠纷案件若干问题的指导意见》14.　人民法院在判断合同相对人主观上是否属于善意且无过失时，应当结合合同缔结与履行过程中的各种因素综合判断合同相对人是否尽到合理注意义务，此外还要考虑合同的缔结时间、以谁的名义签字、是否盖有相关印章及印章真伪、标的物的交付方式与地点、购买的材料、租赁的器材、所借款项的用途、建筑单位是否知道项目经理的行为、是否参与合同履行等各种因素，作出综合分析判断。

【理解与适用】

一、限权性、赋权性规定不属于《民法典》第 153 条第 1 款中的"强制性规定"

《民法典》第 153 条第 1 款规定了违反强制性规定的民事法律行为的效力，该款规定："违反法律、行政法规的强制性规定的民事法律行为无效。但是，该强制性规定不导致该民事法律行为无效的除外。"依据该规定，民事法律行为违反法律、行政法规的强制性规定的，应当被认定为无效，但如果相关的强制性规定不导致该民事法律行为无效，则该民事法律行为并不无效。但问题在于：如何认定在某些情形下，相关的强制性规定并不导致民事法律行为无效？换言之，如何识别此类强制性规定？

《合同编通则解释》第 18 条规定了限权性、赋权性规定不属于《民法典》第 153 条第 1 款中的"强制性规定"。从该条规定来看：

第一，在合同违反法律、行政法规的规定时，不能仅以法条包含"应当"、"必须"或者"不得"等表述为由，否定合同的效力。从我国现行立法规定来看，某些法条可能包含"应当"、"必须"或者"不得"等表述，但法条包含此类表述，并不当然意味着违反此类规定将导致合同无效，因为其可能是如下规定：一是限权性规定，即相关法律规则的目的在于限定民事主体实施相关民事法律行为的权利。[①] 二是赋权性规定，即相关的法律规则旨在赋予民事主体实施相关民事法律行为的权利。从《合同编通则解释》第 18 条的规定来看，合同违反限权性规定和赋权性规定的，应当依据法律、行政法规规定的关于违反该规定的民事法律后果认定合同效力，而通常不能直接依据《民法典》第 153 条第 1 款宣告合同无效。

---

① 有观点认为，《合同编通则解释》第 18 条对限权性规定作出规定，目的就在于区分强制性规定与限权性规定，即强制性规定仅指法律、行政法规关于行为人应当实施或者禁止实施特定行为的规定，而不包括法律、行政法规关于行为人无权实施特定行为的规定。参见吴光荣：《违反强制性规定的合同效力——以〈民法典合同编通则解释〉的相关规定为中心》，载《法律适用》2023 年第 12 期，第 24 页。此种观点具有一定的合理性，即《合同编通则解释》第 18 条专门规定限权性规定，的确具有区分限权性规定与其他强制性规定的作用，但不宜将限权性规定完全排除在强制性规定范围之外；同时，依据《民法典》第 153 条第 1 款但书的规定，民事法律行为违反强制性规定也并不当然无效，因此，即便将限权性规定纳入强制性规定的范畴，违反限权性规定也并不当然会导致合同无效。

在法律、行政法规的规定包含"应当"、"必须"或者"不得"等表述时，合同违反此类规定，也不能当然认定合同有效。如果法律、行政法规对违反相关规则的民事法律后果作出了规定，则应当依据该特别规定认定合同的效力。当然，如果法律、行政法规并未对违反相关规则的民事法律后果作出规定，则需要结合该规则的规范目的、规范对象以及所涉及的利益关系等因素①，具体认定合同违反该规则的法律效力。换言之，在法律、行政法规的规则包含"应当"、"必须"或者"不得"等表述时，除法律、行政法规对合同违反该规则的法律后果作出明确规定外，法官在具体认定合同的效力时，不论是否定合同的效力，还是肯定合同的效力，都应当进行一定的说理论证。

第二，规定了合同违反限权性规定、赋权性规定的典型情形。虽然如前所述，《民法典》第153条第1款规定了违反法律、行政法规的强制性规定的民事法律行为无效，并通过但书规定了不导致民事法律行为无效的例外规则，但该但书中的强制性规定究竟包括哪些情形，以及违反此类强制性规定的典型情形有哪些，《民法典》并未作出明确规定。《合同编通则解释》第18条一方面列举了限权性规定和赋权性规定，另一方面又明确列举了合同违反限权性规定和赋权性规定的典型情形，即可能构成无权处分、无权代理、越权代表等，或者导致合同相对人、第三人因此获得撤销权、解除权等民事权利。这一方面可以为法官识别限权性规定与赋权性规定提供指引，另一方面也可以为准确认定相关合同的效力提供依据。

第三，明确了违反限权性规定与赋权性规定的合同效力认定规则。从《合同编通则解释》第18条的规定来看，在合同违反限权性规定或者赋权性规定的情形下，如果构成无权处分、无权代理、越权代表等，或者导致合同相对人、第三人因此获得撤销权、解除权等民事权利，则人民法院应当依据法律、行政法规规定的关于违反该规定的民事法律后果认定合同效力。这就明确了合同违反限权性规定与赋权性规定的法律后果，由此也可以防止法院适用《民法典》第153条第1款的规定宣告合同无效，从而尽可能维持合同的效力，实现鼓励交易的目的。

二、合同违反限权性规定与赋权性规定的效力认定

从《合同编通则解释》第18条的规定来看，如果法律、行政法规对合同违反限权性规定或者赋权性规定的法律后果作出了规定，则应当依据法律、行政法规的相关规定认定合同的效力。据此，可以将合同违反限权性规定与赋权性规定区分为

---

① 参见最高人民法院民法典贯彻实施工作领导小组主编：《中华人民共和国民法典总则编理解与适用》，人民法院出版社2020年版，第758～760页。

法律、行政法规规定了其民事法律后果的情形与未规定其民事法律后果的情形，分别认定合同的效力。

（一）法律、行政法规规定了合同违反相关规定的民事法律后果时合同效力的认定

从《合同编通则解释》第18条的规定来看，在合同违反法律、行政法规的限权性规定或者赋权性规定时，如果法律、行政法规规定行为人违反该规定将构成无权处分、无权代理、越权代表等，或者导致合同相对人、第三人因此获得撤销权、解除权等民事权利，则应当依据法律、行政法规所规定的民事法律后果认定合同的效力。这就为此种情形下认定合同效力提供了明确的法律依据，即在此种情形下，应当适用法律、行政法规的特别规定，而不能直接适用《民法典》第153条第1款宣告合同无效。

依据《合同编通则解释》第18条的规定，法律、行政法规的限权性规定或者赋权性规定包含"应当"、"必须"或者"不得"等表述时，行为人违反该规定可能构成如下情形，并进而依据法律、行政法规的相关规定具体认定合同的效力：

一是成立无权处分。例如，《民法典》第443条第2款规定："基金份额、股权出质后，不得转让，但是出质人与质权人协商同意的除外。出质人转让基金份额、股权所得的价款，应当向质权人提前清偿债务或者提存。"依据该规定，基金份额、股权在出质后，除出质人与质权人协商同意以外，不得转让，出质人擅自转让的，即成立无权处分。

二是成立无权代理。例如，《民法典》第168条规定："代理人不得以被代理人的名义与自己实施民事法律行为，但是被代理人同意或者追认的除外。代理人不得以被代理人的名义与自己同时代理的其他人实施民事法律行为，但是被代理的双方同意或者追认的除外。"依据该规定，除被代理人同意或者追认以外，代理人不得实施自己代理行为，否则将构成无权代理；同时，除被代理的双方同意或者追认以外，代理人也不得实施双方代理行为，否则也将成立无权代理。

三是成立越权代表。例如，《公司法》第135条规定："上市公司在一年内购买、出售重大资产或者向他人提供担保的金额超过公司资产总额百分之三十的，应当由股东会作出决议，并经出席会议的股东所持表决权的三分之二以上通过。"该条对上市公司购买、出售重大资产或者向他人提供担保的规则作出了规定，如果公司的法定代表人违反该规定实施代表行为，即构成越权代表。

四是导致相对人或者第三人享有撤销权或者解除权。例如，《民法典》第867条规定："专利实施许可合同的被许可人应当按照约定实施专利，不得许可约定以外的第三人实施该专利，并按照约定支付使用费。"依据该规定，在专利实施许可

合同中，被许可人不得许可约定以外的第三人实施专利，否则许可人有权依法解除合同。

在当事人订立的合同违反法律、行政法规的限权性、赋权性规定的情形下，如果成立无权处分、无权代理、越权代表等，或者导致合同相对人、第三人因此获得撤销权、解除权等民事权利，则人民法院在认定相关合同的效力时，应当依据法律、行政法规的规定予以认定，而不宜直接适用《民法典》第153条第1款。这是因为：一方面，在行为人违反法律、行政法规的限权性、赋权性规定且构成无权处分、无权代理等情形时，法律、行政法规已经对相关行为的后果作出了规定，与《民法典》第153条第1款相比，这些规定属于特别规定，人民法院应当依据该特别规定认定合同的效力。① 另一方面，在法律、行政法规已经对合同违反限权性或者赋权性规定的法律效力作出规定的情形下，如果仍然直接适用《民法典》第153条第1款来认定其效力，将使法律、行政法规中有关无权处分、越权代表等的规定被架空。因此，在合同违反法律、行政法规的限权性、赋权性规定构成无权处分、无权代理等情形时，人民法院应当依据法律、行政法律关于违反该规定的民事法律后果来认定合同的效力，而不得直接适用《民法典》第153条第1款宣告合同无效。

（二）法律、行政法规并未规定合同违反相关规定的民事法律后果时合同效力的认定

在合同违反法律、行政法规的限权性或者赋权性规定的情形下，如果不构成无权处分等情形，相关的法律、行政法规并未对其民事法律后果作出规定的，此时应当如何认定其效力？有观点认为，《民法典》第153条第1款"违反强制性规定导致合同无效"中的强制性规定并不包括限权性规定与赋权性规定。② 笔者认为，此种观点值得商榷，因为从《合同编通则解释》第18条的规定来看，在合同违反限权性规定或者赋权性规定的情形下，只有在其构成无权处分、无权代理等且法律、行政法规对其效力作出规定时，才能依据法律、行政法规的规定认定其效力，而在法律、行政法规未对其效力作出规定时，难以直接依据法律、行政法规的相关规定认定其效力。在后一情形下，仍然需要依据民事法律行为效力的一般规则认定相关合同的效力。据此，在合同违反法律、行政法规中的限权性规定与赋权性规定的情形下，仍有可能认定合同无效。因此，在法律、行政法规并未规定合同违反相关规

① 参见最高人民法院民事审判第二庭、研究室编著：《最高人民法院民法典合同编通则司法解释理解与适用》，人民法院出版社2023年版，第218页。
② 参见最高人民法院民事审判第二庭、研究室编著：《最高人民法院民法典合同编通则司法解释理解与适用》，人民法院出版社2023年版，第229页。

214

定的民事法律后果时，应当依据《民法典》第 153 条第 1 款的规定认定其效力，即原则上应当认定该合同无效，但如果相关的强制性规定并不导致民事法律行为无效，则不应当宣告合同无效。在此情形下，具体认定合同效力时，需要综合考虑相关法律规则的规范目的、承认合同有效的后果以及所涉各种利益关系等因素，具体认定合同的效力。

（本条撰写人：王叶刚）

无权处分的合同效力

以转让或者设定财产权利为目的订立的合同，当事人或者真正权利人仅以让与人在订立合同时对标的物没有所有权或者处分权为由主张合同无效的，人民法院不予支持；因未取得真正权利人事后同意或者让与人事后未取得处分权导致合同不能履行，受让人主张解除合同并请求让与人承担违反合同的赔偿责任的，人民法院依法予以支持。

前款规定的合同被认定有效，且让与人已经将财产交付或者移转登记至受让人，真正权利人请求认定财产权利未发生变动或者请求返还财产的，人民法院应予支持。但是，受让人依据民法典第三百一十一条等规定善意取得财产权利的除外。

【本条主旨】

本条的规范意旨在于确定无权处分合同的效力、对受让人的权利救济以及财产权利的归属等法律后果。

【关联规定】

1.《民法典》第 215 条　当事人之间订立有关设立、变更、转让和消灭不动产物权的合同，除法律另有规定或者当事人另有约定外，自合同成立时生效；未办理物权登记的，不影响合同效力。

2.《民法典》第 311 条　无处分权人将不动产或者动产转让给受让人的，所有权人有权追回；除法律另有规定外，符合下列情形的，受让人取得该不动产或者动产的所有权：

（一）受让人受让该不动产或者动产时是善意；

（二）以合理的价格转让；

（三）转让的不动产或者动产依照法律规定应当登记的已经登记，不需要登记的已经交付给受让人。

受让人依据前款规定取得不动产或者动产的所有权的，原所有权人有权向无处分权人请求损害赔偿。

当事人善意取得其他物权的，参照适用前两款规定。

3.《民法典》第 597 条　因出卖人未取得处分权致使标的物所有权不能转移的，买受人可以解除合同并请求出卖人承担违约责任。

法律、行政法规禁止或者限制转让的标的物，依照其规定。

4.《最高人民法院关于适用〈中华人民共和国民法典〉物权编的解释（一）》第 20 条　具有下列情形之一，受让人主张依据民法典第三百一十一条规定取得所有权的，不予支持：

（一）转让合同被认定无效；

（二）转让合同被撤销。

5.《合同法》第 51 条　无处分权的人处分他人财产，经权利人追认或者无处分权的人订立合同后取得处分权的，该合同有效。

6.《合同法》第 132 条　出卖的标的物，应当属于出卖人所有或者出卖人有权处分。法律、行政法规禁止或者限制转让的标的物，依照其规定。

7.《最高人民法院关于审理买卖合同纠纷案件适用法律问题的解释》第 3 条（2012 年，已失效）　当事人一方以出卖人在缔约时对标的物没有所有权或者处分权为由主张合同无效的，人民法院不予支持。

出卖人因未取得所有权或者处分权致使标的物所有权不能转移，买受人要求出卖人承担违约责任或者要求解除合同并主张损害赔偿的，人民法院应予支持。

8.《最高人民法院关于适用〈中华人民共和国民法典〉合同编通则部分的解释》（征求意见稿）第 20 条【无权处分的合同效力】　转让他人的不动产或者动产订立的合同，当事人或者真正权利人仅以让与人在订立合同时对标的物没有所有权或者处分权为由主张合同无效的，人民法院不予支持。

无权处分订立的合同被认定有效，除真正权利人事后同意或者让与人事后取得处分权外，受让人请求让与人履行合同的，人民法院不予支持；受让人主张解除合同并请求让与人赔偿损失的，人民法院依法予以支持。

无权处分订立的合同被认定有效后，让与人根据合同约定将动产交付给受让人或者将不动产变更登记至受让人，真正权利人请求认定财产权利未发生变动或者请求返还财产的，人民法院应予支持，但是受让人依据民法典第三百一十一条等取得财产权利的除外。

转让他人的其他财产权利或者在他人财产上设定用益物权、担保物权订立的合同，适用前三款规定。

【理解与适用】

一、区分原则下无权处分合同的效力

无权处分合同的效力及法律后果，一直是我国民法学界一个争论颇多的问题。这个争论从《合同法》单行法时代一直延伸到《民法典》时代，成为困扰理论界与司法实务界的一个难题。本条针对理论上与实务中的争议，试图确立无权处分合同的效力及法律后果的一般性规则，用两个条款规定了无权处分合同的效力、对受让人的权利救济以及财产权利的归属问题，来指引司法实践更好地对无权处分合同的效力等问题进行裁判。

（一）区分原则下债权形式主义的物权变动模式

无权处分合同是物权变动模式问题在合同法领域的延伸，因此对此问题的讨论，不得不涉及我国法上的物权变动模式。首先需要明确的是，《民法典》第215条确立了区分原则，区分原则是我国物权法的基本原则，也是物权变动的基本指导原则。[1] 按照区分原则，对于基于法律行为的物权变动，应当区分合同效力与物权变动的效力。在区分原则下，我国的物权变动模式是遵循债权形式主义的物权变动模式，在此模式下，当事人之间订立的设立、变更、转让或者消灭物权的合同依法成立，即可生效。采用法定的公示方法交付动产或者办理不动产物权登记，并非合同的法定特别生效条件，而是履行合同义务的行为，是发生物权变动法律效果的条件，从而合同效力发生的条件与物权变动法律效果发生的条件有所区分。[2]

债权形式主义的物权变动模式与以德国法为代表的物权形式主义的物权变动模式的一个重要区别体现于：在物权形式主义的物权变动模式下，交付动产或者进行不动产登记必须具有一个独立的物权合意，变动物权的行为（处分行为）与设定债法义务的法律行为（负担行为）相互分离、彼此独立，各自具有不同的构

---

[1] 参见王利明：《论债权形式主义下的区分原则——以〈民法典〉第215条为中心》，载《清华法学》2022年第3期，第5页。

[2] 参见王轶：《区分原则：区分什么?》，载《东方法学》2022年第4期，第183～184页。

成要件与法律效果。① 由此，德国法上肯认物权行为的独立性，并在此基础上确立了物权行为的无因性。尽管理论上一直存在争议，但是我国民法通说并不承认物权行为②，从我国立法的历史来看亦是如此。③ 笔者认为：并无绝对必要再通过一个处分行为或者物权行为来体现物权变动的合意，因为物权变动的合意已经在本条第 1 款的"以转让或者设定财产权利为目的订立的合同"中得到体现。因此，在债权形式主义的物权变动模式之下，交付行为与登记行为都是事实行为，其效果依法律规定直接产生，并不依虚构或者拟制出来的当事人的物权合意而发生。在债权形式主义模式之下，当事人之间要完成基于法律行为的物权变动，必须有效的转让/设定财产权利的合同＋公示（交付/登记）相结合才能完成物权变动。所谓区分原则，区分的并不是负担行为或处分行为，区分的是合同的效力与物权变动的效力。区分原则不等同于德国法意义上对负担行为和处分行为的要件与效果进行分别观察的分离原则（物权行为的独立性），在区分原则的框架与本土语境下，物权行为理论既没有存在空间，亦没有肯认的必要。

（二）无权处分行为中"处分"的理解

早在多年之前，王泽鉴教授在其著作《民法学说与判例研究》中就多次论述无权处分与出卖他人之物的问题，并借由对德国法学说的继受，明确认定，无权处分中的"处分"，指的应当是处分行为（Verfügungsgeschäft）意义上的"处分"，而非广义上的处分。④ 这一观点一经引入中文世界，对我国法的解释也产生了深远影响。⑤ 早在《合同法》单行法时期，对于如何解释《合同法》第 51 条与《买卖合同解释》第 3 条的适用关系时，就有学者曾经提出类似的解释方

---

① Vgl. Brehm/Berger, Sachenrecht, 2. Aufl., 2006, § 1 Rn. 19.

② 参见王利明：《论无权处分》，载《中国法学》2001 年第 3 期，第 84～85 页；王利明：《论债权形式主义下的区分原则——以〈民法典〉第 215 条为中心》，载《清华法学》2022 年第 3 期，第 11～15 页；崔建远：《无权处分辨——合同法第 51 条规定的解释与适用》，载《法学研究》2003 年第 1 期，第 3～9 页；王轶：《民法学如何讲道理？——以物权变动模式的立法选择为例》，载《中外法学》2023 年第 1 期，第 14～18 页。

③ 参见王胜明：《物权法制定过程中的几个重要问题》，载《法学杂志》2006 年第 1 期，第 37 页；王轶、高圣平、石佳友、朱虎、熊丙万、王叶刚：《中国民法典释评·合同编·典型合同》（上卷），中国人民大学出版社 2020 年版，第 8 页。

④ 参见王泽鉴：《出卖他人之物与无权处分》《再论"出卖他人之物与无权处分"》《三论"出卖他人之物与无权处分"》，载王泽鉴：《民法学说与判例研究》（重排合订本），北京大学出版社 2015 年版，第 311～334 页。

⑤ 其中较有代表性者，可参见朱庆育：《民法总论》，北京大学出版社 2016 年版，第 153～187 页；葛云松：《物权行为理论研究》，载《中外法学》2004 年第 6 期，第 702～741 页；葛云松：《物权行为：传说中的不死鸟——〈物权法〉上的物权变动模式研究》，载《华东政法大学学报》2007 年第 6 期，第 102～118 页。

案，即：《合同法》第51条所规定的"无处分权的人处分他人财产，经权利人追认或者无处分权的人订立合同后取得处分权的，该合同有效"中的"处分"指的是处分行为，因此，权利人追认或者无处分权的人订立合同后取得处分权的，也是处分行为效力待定，而并非处分行为的原因即买卖合同效力待定。而《买卖合同解释》第3条意义上的"合同"有效，指的是负担行为意义上的合同有效，因此无权处分不影响负担行为的效力，而只是使处分行为效力待定。① 物权行为理论由此再一次在我国民法理论中"死而复生"。

在区分原则之下，对我国法的解释并不能采取上述方案。前已论及，我国法并不承认物权行为理论，区分原则也并不等同于负担行为与处分行为的分离原则。因此，德国法确立分离原则，并不代表我国法要对此原则亦步亦趋。既然我国法上并没有独立的处分行为，那么也就更没有无权处分合同中的"处分"所指的仅仅是处分行为这样的理解。司法解释本条所指的无权处分，指的仅仅是行为人对合同所规定的标的物是否享有处分权。对这种处分权不应当作狭义的处分行为的理解，而应当认为只要可能引起权利得丧变更，而且无权处分人并没有法律上所肯认的此种能够引起权利得丧变更的处分权，都构成无权处分。但并不能因此将这种处分权理解为在合同之外，还存在一个独立的处分行为，而只能理解为当事人订立的合同的履行行为而已。处分权，实践中主要来源于所有权，还有可能来源于抵押权、质权等担保物权的设定，或者用益物权的设定、债权转让等等。

（三）无权处分不影响合同的效力

在区分原则下，合同的效力与物权变动的效力应当得到区分。因此，对合同是否生效，应当依照《民法典》第502条的规定进行判断，第502条第1款规定："依法成立的合同，自成立时生效，但是法律另有规定或者当事人另有约定的除外。"因此，原则上，合同自成立时即生效，并不会因为当事人之间的无权处分行为而受到影响。本条第1款规定："以转让或者设定财产权利为目的订立的合同，当事人或者真正权利人仅以让与人在订立合同时对标的物没有所有权或者处分权为由主张合同无效的，人民法院不予支持……"对于该规定应作如下理解。

1. 无权处分针对的须是以转让或者设定财产权利为目的订立的合同

无权处分所针对的必须是以转让或者设定财产权利为目的的合同，如何理解"以转让或者设定财产权利为目的订立的合同"？《买卖合同解释》第3条只将无

---

① 参见韩世远：《合同法总论》（第四版），法律出版社2018年版，第318~319页。

权处分合同的效力问题局限于无权处分买卖合同的效力不受无权处分行为的影响，并没有对于买卖合同之外的其他类别的合同予以规定。虽然买卖合同在典型合同中居于范式地位与中心地位，其他有偿合同可参照适用买卖合同的规定（《民法典》第 646 条）[①]，因此其适用可辐射到买卖合同外的有偿合同，从而不限于买卖合同，但这并不意味着买卖合同中的无权处分规定当然、直接适用于各种不同类型的无权处分作为一般规则。[②] 因此，本次司法解释在制定过程中，在充分研究、讨论的基础上，特别确立了无权处分的一般规则，本条第 1 款将无权处分的合同的范围扩张至"以转让或者设定财产权利为目的订立的合同"，而不再局限于买卖合同。《民法典》第 595 条规定："买卖合同是出卖人转移标的物的所有权于买受人，买受人支付价款的合同。"买卖合同当然是最典型的以移转标的物所有权为目的的合同，所有权也是最为重要的财产权利。同时，从债法上义务群的视角出发，所有权移转义务作为买卖合同中出卖人的主给付义务，决定了买卖合同的目的。因此，即便司法解释已经不将无权处分合同局限于买卖合同，但在可预见的将来，买卖合同仍然为实务中最常见，也是最有可能产生无权处分合同的典型合同。

此外，如果比较本条前身《合同编通则解释》（征求意见稿）第 20 条与本条的规定，就能看出，征求意见稿第 20 条前 3 款仍然是以买卖合同为预设交易模型进行本条的条款设计的，只是在第 4 款规定了"转让他人的其他财产权利或者在他人财产上设定用益物权、担保物权订立的合同，适用前三款规定"。正式稿相较于征求意见稿更为直接、凝练，因为征求意见稿第 20 条第 4 款所用的表述是"适用"而非"参照适用"，因此应当理解为"转让其他财产权利或者在他人财产上设定用益物权、担保物权订立的合同"，直接适用前 3 款的相关规定。在方法论技术上既然并非"参照适用"，自然也没有必要将之置于第 4 款来专款规定，因此本条对上述合同类型进行了整合，从而确立了无权处分的一般规则。

从类型化的视角来看，对以转让或者设定财产权利为目的而订立的合同，可以进一步区分为转让财产权利型合同与设定财产权利型合同：前者侧重于客观上，交易本身已经有财产权利存在，而只是约定财产权利的移转的合同，后者则

[①] 已有学者指出，在参照适用过程中，类似性，即参照对象相互之间的类似或相异程度，决定了参照适用的具体范围和具体规则。因此，买卖之外的其他有偿合同若为一时性合同、财产性合同、移转财产所有权合同，无须变通即可适用买卖合同规定的可能性较大。反之，若这些合同为继续性合同、劳务性合同、移转财产使用权合同，则往往需要对作为原因的买卖合同规定中的构成要件或法律效果加以调整。参见周江洪：《典型合同原理》，法律出版社 2023 年版，第 29 页。

[②] 易军：《无权处分一般规则之"回归"——以〈合同编通则解释〉（征求意见稿）第 20 条为中心》，载《四川大学学报（哲学社会科学版）》2023 年第 5 期，第 86 页。

更强调本来客观上并无财产权利存在，而是约定在他人之物上设定一种财产权利。这两种情形下都有可能成立无权处分合同。转让财产权利型合同主要针对转让所有权及其他财产权益的合同，其他财产权益包括物的使用权、债权等一切具有可转让性的财产性质的权益。因此，除最典型的出卖他人之物之外，出租他人之物、互易他人之物、赠与他人之物、转让他人债权等等，都构成转让财产权利型合同，从而都可能构成无权处分合同。设定财产权利型合同则主要包括设定用益物权、担保物权等财产权利的合同，例如，以他人之物为第三人设定抵押权，所订立的抵押合同亦属于无权处分合同。

2. 区分原则下无权处分不影响合同效力的理解

如何理解本条第 1 款所规定的"当事人或者真正权利人仅以让与人在订立合同时对标的物没有所有权或者处分权为由主张合同无效的，人民法院不予支持"？由此是否可以得出无权处分合同必然有效的结论？笔者认为，所谓无权处分不影响合同效力，并不意味着合同当然有效。关于合同是否有效，仍然要按照民法典合同编所规定的关于合同生效的具体规则来进行判断。所谓无权处分不影响合同效力，指的是仅仅欠缺处分权不再影响合同效力而已，并不意味着无权处分合同必然有效。这是两个层面的问题，也是区分原则的应有之义。

这规定仅仅表明，欠缺处分权本身不成为阻碍合同生效的理由，原因在于，在区分原则之下，合同当事人欠缺处分权仅仅影响物权变动效力（在合同履行阶段），而不影响合同本身的效力（在合同成立与生效阶段）。但这并不意味着合同必然有效，因为合同本身可能存在其他的效力瑕疵事由，例如合同因为违反强制性规定而被宣告无效，因为欺诈、胁迫而被撤销，等等。如果无权处分合同基于效力瑕疵而不成立、无效或可撤销，则应当适用《民法典》第 157 条的规定："行为人因该行为取得的财产，应当予以返还；不能返还或者没有必要返还的，应当折价补偿。有过错的一方应当赔偿对方由此所受到的损失；各方都有过错的，应当各自承担相应的责任。法律另有规定的，依照其规定。"而不适用本条第 2 款的规定。这也是本条第 2 款采取"前款规定的合同被认定有效"的表述的原因。此处所指的合同被认定有效，并不意味着合同会因为无权处分而存在效力瑕疵。这是因为合同可能基于自身的效力瑕疵事由而无法被认定为有效的合同。此时如果无权处分合同基于其他效力瑕疵事由而不成立、无效或者被撤销，那么权利人主张返还财产的依据为《民法典》第 157 条与本司法解释第 24 条，而非本条第 2 款。尽管此两种情形下请求返还财产的请求权基础可能均是原物返还请求权，但是此两种情形下请求返还财产的理论基础并不相同。当合同基于效力瑕疵事由而不成立、无效或被撤销时，因为不再存在有效的合同，物权变动不发生效力，因此物权人仍有权利基于《民法典》第157条来请求返还原物。但是本条第2款所规定情形下无权处分合同是有效的，但只是由于欠缺处分权，物权变动不发生效力，故而真正的权利人仍然可以请求返还财产，当然例外是受让人符合善意取得的条件。

因此，如果无权处分合同自身并不存在效力瑕疵事由，那么此时合同应当是有效的。因为合同是有效的，所以无论是合同当事人还是真正的权利人，如果仅仅以让与人在订立合同时，对标的物没有所有权或者处分权为由主张合同无效，则人民法院不予支持。

需要注意的是，判断让与人是否构成无权处分的时点应当是订立合同时，即让与人在与受让人订立合同时如果仍然欠缺所有权或者处分权，即构成无权处分。依据区分原则，处分权仅仅影响物权变动，而不影响转让合同（买卖合同）的效力。由于让与人无权处分，无法基于转让合同实现物权变动，因此，让与人对标的物是否有处分权，只能导致最终能否发生物权变动，并不能导致转让合同无效。[①] 如果让与人事后获得了真正权利人的同意或者事后取得了标的物的所有权或者处分权，则处分权欠缺的瑕疵得到补正，此时仍可以产生物权变动的效力。但无论如何，合同本身的效力不受无权处分的影响。

无权处分不影响合同效力，具有以下几个方面的积极意义。

第一，能够最大限度尊重当事人的私法自治。在区分原则下，无权处分不影响合同效力，在合同没有法律规定的其他效力瑕疵事由时，无权处分合同原则上应被认定为有效。这能在最大限度上维护当事人的私法自治。合同是当事人之间的"圣经"，基于契约严守与契约神圣原则，法院要尽可能尊重当事人自愿成立的合同关系，在认定导致合同无效、可撤销等的效力瑕疵事由时需要谨慎，应尽可能尊重和维护当事人的合同效力，从而使他人不能轻易介入私人之间的合同关系。因此，即便是无权处分合同，法官也应认定无权处分不影响合同效力。相较于无权处分合同效力待定说与无效说，认定无权处分不影响合同效力更能体现对私法自治的尊重与维护。

第二，有利于保护交易安全，从而平衡交易各方当事人的利益，更符合经济效率的要求。认定无权处分仅仅影响物权变动，而不影响合同效力，能够更好地平衡交易各方当事人的利益。对于无权处分合同，通常受让人都相信让与人对标的物享有处分权，而这种交易信赖有时候又因为没有达到《民法典》第311条所

---

① 参见韩世远：《法典化的合同法：新进展、新问题及新对策》，载《法治研究》2021年第6期，第13页。

规定的构成善意取得的标准（例如可能没有具备"合理的价格"要件）。此时如果认定合同无效或效力待定，则不利于维护受让人的交易安全。认定无权处分合同无效或者效力待定，会提高受让人的调查成本，因为受让人必须尽可能去调查清楚让与人是否对标的物享有处分权，或者让与人背后可能存在一个真正的权利人，不然此种交易在合同效力层面就有可能受到无效评价，或者效力待定的评价。然而，在多数情况下，真正权利人和让与人之间的债之关系具有相对性，受让人很难或者根本不可能调查清楚真正权利人与让与人之间的交易关系，从而陷入被动。若获得无效评价，不仅受让人无法终局获得转让财产，合同也被认定无效。受让人无论是通过无效后的返还效果去向让与人主张权利救济，还是通过主张让与人的行为构成侵权行为向其主张权利，由于已经没有有效的合同可以主张权利，受让人都会存在较大的举证困难，也较大概率难以全面弥补其损失。如果认定无权处分合同的效力待定，则有可能使受让人对交易的信赖处于一个他决的不确定状态，受让人签订的合同是不是一个有效的合同，完全取决于真正权利人的意志，而一旦真正权利人不予以追认或者不同意交易，则合同归于自始无效，受让人同样会面临前述救济困难的问题。

相反，如果认定无权处分合同原则上有效，则一方面，可以保护受让人的交易信赖与交易安全，因为即便受让人无法获得无权处分合同所约定的财产或权利，但是因为受让人与让与人之间存在有效的合同，受让人可以通过请求让与人承担违约责任的方式来寻求救济。[1] 因为存在有效的合同关系，无权处分合同中合同当事人在订立合同时往往约定了违约责任或违约金条款，受让人可以要求让与人按照有效的合同约定承担违约责任。此外，因为存在足够的救济保障，同时没有科以受让人订立合同时过高的调查成本与交易成本，实践中受让人在签订合同也相对而言更无后顾之忧，从而更有利于促进交易，提升经济效率。另一方面，认定无权处分不影响合同效力，结合区分原则也能更好平衡当事人各方的利益。在无权处分交易中，无权处分人大多是交易的"始作俑者"，除非受让人与无权处分人恶意串通或者受让人存在其他恶意订约的情形，否则应当尽可能通过规则设计与解释，达成让与人与受让人的利益平衡。本条通过无权处分不影响合同效力的规则设计，能够尽可能保护受让人的交易安全，同时在区分原则下，由于无权处分仍会影响物权变动的效力，所以除非受让人构成善意取得，否则真正权利人仍然对标的物享有所有权或其他财产权利。即便在受让人构成善意取得的

---

① 参见王利明：《论债权形式主义下的区分原则——以〈民法典〉第 215 条为中心》，载《清华法学》2022 年第 3 期，第 19 页。

情形中，对真正权利人也有相应的救济方式。因此，规定无权处分不影响合同效力，结合区分原则，能够更好平衡无权处分交易当事人各方的利益。

二、无权处分导致合同不能履行场合下对受让人的救济

按照本条第 1 款的规定，如果无权处分合同中，让与人事后没有取得真正权利人的同意，或者让与人事后也没有取得处分权，那么此时，由于无权处分合同终局性地不能履行，终局性地无法完成物权变动，让与人没有履行自己的合同义务，其需要向受让人承担违约责任，正是规定让与人的违约责任的问题。

这里的规定是对《民法典》第 597 条第 1 款（"因出卖人未取得处分权致使标的物所有权不能转移的，买受人可以解除合同并请求出卖人承担违约责任。"）的重申与细化。以买卖合同为例：根据债权形式主义的物权变动模式，买受人取得标的物的所有权属于出卖人履行合同义务的法律效果，而非买卖合同生效的法律效果。买受人不能取得标的物的所有权，源于出卖人未能履行自己的合同义务。出卖人未取得处分权致使标的物所有权不能移转的，买受人可以解除合同并请求出卖人承担违约责任。[1]

比较法上通常认为，出卖他人之物的合同或者无权处分合同构成主观不能（Unvermögen），主观不能的合同并不归于无效，即使债务人不能获得标的物，其仍然负担义务；并认为这种做法的实践意义在于使债务人承担损害赔偿责任。[2] 德国也通过债法现代化淡化了自始客观不能与自始主观不能的区别，并认为履行不能不会影响合同效力。有观点认为，这种分类的残留意义仅在于，两者在债务人免责的参照点上可能存在不同。[3] 如果按照传统民法理论与比较法上的做法，无权处分合同构成主观不能，那么此处所谓"合同不能履行"是否可以被认为是履行不能（Unmöglichkeit）意义上的不能履行？本书认为并不能作这样的理解。事实上，在我国法上狭义的履行不能，在立法上只有《民法典》第 580 条第 1 款第 1 项关于"法律上或者事实上不能履行"的规定，除此之外，《民法典》所指的"合同不能履行"指的是合同出现了广义的履行障碍，而并非狭义的履行不能。本条所指的"合同不能履行"，亦应被理解为广义的合同履行障碍。此时，由于让与人已经终局、确定地无法履行自己移转财产权利的合同义务，其

① 参见王轶、高圣平、石佳友、朱虎、熊丙万、王叶刚：《中国民法典释评·合同编·典型合同》（上卷），中国人民大学出版社 2020 年版，第 9 页。

② Larenz, Lehrbuch des Schuldrechts, Band Ⅰ, Allgemeiner Teil, 14. Aufl., 1987, S. 98.

③ Vgl. *Simonida Cekovic-Vuletic*, Haftung wegen Unmöglichkeit nach dem Schuldrechtsmodernisierungsgesetz, C. H. Beck, München, 2003, S. 10.

不履行构成一般的合同履行障碍（违约），此时转让人不能履行合同，已经达到了根本违约的地步。以买卖合同为例：在买卖合同中，移转标的物所有权的义务是合同的主给付义务，买受人订立买卖合同就是为了获得标的物的所有权，因此，当出卖人无权处分，使买受人终局无法取得标的物所有权时，买卖合同目的已经不能实现，成立根本违约，因此买受人有权解除合同。应当认为，买受人解除合同的根本性基础在于《民法典》第563条第1款第4项合同法定解除的根本违约条款。无论是《民法典》第597条中的解除合同还是本条中的"解除合同"，都来源于《民法典》第563条第1款第4项。

如果受让人选择了解除无权处分合同，则应当适用《民法典》第566条与第567条规定的合同解除的法律效果。目前，《民法典》主要采取了折中说的观点[1]，该观点认为，合同解除和违约损害赔偿都是违约的救济措施，两者并行不悖，合同解除后，仍然可以请求违约损害赔偿、赔偿履行利益，可以同时主张违约损害赔偿与合同解除；并认为因违约而解除合同的，合同中的违约责任条款继续有效，因为其属于合同中清理结算的条款，合同解除后进入清算阶段，适用当事人关于违约责任清算的约定条款，符合私法自治原则，能够减轻当事人诉累，提高司法效率。[2] 因此，本条第1款所指"……受让人主张解除合同并请求让与人承担违反合同的赔偿责任……"中的"违反合同的赔偿责任"，并不指的是合同有效场合下违约方所需要承担的违约损害赔偿责任（《民法典》第584条），而指的是合同解除之后违约方所需承担的违约损害赔偿责任（《民法典》第566条第1款中的"赔偿损失"），虽然二者在性质上与赔偿范围上可能并不存在差别。在因违约而解除合同的情况下，受让人原则上可以主张履行利益的损害赔偿，但如果当事人仅主张信赖利益，要求违约方承担因未履行所产生的"徒劳费用"，则依然可以获得支持。[3]

三、对真正权利人的救济手段及其限制

（一）对真正权利人的救济手段

本条第2款确立了对真正权利人的救济手段。需要说明的是，本条第2款适用的前提条件是无权处分合同已经被认定有效。但前已论及，这并不意味着真正

---

[1] 参见黄薇主编：《中华人民共和国民法典合同编解读》（上册），中国法制出版社2020年版，第364～369页。

[2] 具体可参见韩世远：《合同法总论》（第四版），法律出版社2018年版，第668～691页；陆青：《合同解除论》，法律出版社2022年版，第187～191页。

[3] 参见陆青：《合同解除论》，法律出版社2022年版，第202页。

权利人仍可以基于所有物返还请求权的规定请求受让人返还财产。这是因为由于没有有效的合同存在，受让人不可能善意取得标的物。

在合同已经被认定有效，并且让与人已经将财产交付或者移转登记至受让人的情况下，为什么真正权利人仍然可以请求认定财产权利未发生变动或者请求返还财产？主要原因在于：即便让与人已经完成了财产的交付或者转移登记的公示要件，让与人从始至终处于欠缺处分权的状态，由于欠缺处分权，物权变动仍然不发生效力，因此，真正的权利人仍然就标的物享有所有权或者其他财产权利。

（二）对真正权利人的救济手段受到善意取得的限制

根据本条第 2 款第二句的规定，对真正权利人的救济手段受到受让人善意取得的限制，详言之：在受让人依照《民法典》第 311 条等的规定构成善意取得的情况下，基于交易安全与信赖保护的需要，受让人能够基于善意取得的保护终局取得所有权等财产权利，此时，真正权利人不能直接向受让人请求认定财产权利未发生变动或者请求返还财产。这也是我国司法实践很早就在践行的规则，如《最高人民法院公报》刊载案例的裁判要旨认为，无处分权人将他人所有的财产转让给受让人，原权利人原则上有权追回。但为了保护交易安全，民法上设置了善意取得制度，即在前述情形下，受让人受让该财产构成善意取得的，受让人可以依法取得该财产的所有权等财产权利，原权利人无权向受让人追回该财产。善意取得制度中的"善意"，主要是指受让人不知让与人无所有权或处分权的事实。这是受让人取得财产所有权或其他权利的法律前提。善意取得应当符合以下条件：受让人受让该不动产或者动产时是善意的；以合理的价格转让；转让的不动产或者动产依照法律规定应当登记的已经登记，不需要登记的已经交付。明知让与人无处分权而仍受让该财产，以及无权处分人违反权利人意志转让财产的行为，都属于故意侵犯他人权利的行为，不能被认定为善意取得。①

但肯认受让人善意取得，并不意味着真正的权利人失去财产权利后没有任何救济手段。依照《民法典》第 311 条第 2 款的规定，受让人善意取得不动产或者动产所有权或者其他物权的，真正权利人仍有权向无权处分人请求损害赔偿。此时受让人善意取得的前提仍然是存在有效的转让合同，因为如果转让合同被认定无效或者被撤销，按照《最高人民法院关于适用〈中华人民共和国民法典〉物权编的解释（一）》第 20 条的规定，受让人不能主张善意取得。此时，真正权利人的损害赔偿请求权的基础，可能是无权处分人对真正权利人违约（例如真正权利人与无权处分人订立了无偿保管合同，要求无权处分人妥善保管标的物，结果无

① 参见《最高人民法院公报》2008 年第 2 期。

权处分人将其保管的标的物直接出卖给了受让人），也可能是无权处分人的行为构成侵权。在无权处分人的行为既构成侵权又构成违约的竞合情况下，由真正权利人自行选择请求无权处分人承担违约责任或者侵权责任（《民法典》第 186 条）。

需要注意的是，本条第 2 款采取的表述是"受让人依据民法典第三百一十一条等规定善意取得财产权利的除外"。这里的"等"字意味着受让人不仅仅可以依据《民法典》第 311 条善意取得财产权利。除依据《民法典》第 311 条之外，受让人尚可依据《民法典》第 312 条、第 313 条，《最高人民法院、最高人民检察院、公安部、国家工商行政管理局关于依法查处盗窃、抢劫机动车案件的规定》第 12 条①，《最高人民法院、最高人民检察院关于办理诈骗刑事案件具体应用法律若干问题的解释》第 10 条②，《最高人民法院关于刑事裁判涉财产部分执行的若干规定》第 11 条③等的相关规定善意取得财产权利。④

（本条撰写人：陆家豪）

---

① 该条规定："对明知是赃车而购买的，应将车辆无偿追缴；对违反国家规定购买车辆，经查证是赃车的，公安机关可以根据《刑事诉讼法》第一百一十条和第一百一十四条规定进行追缴和扣押。对不明知是赃车而购买的，结案后予以退还买主。"

② 该条规定："行为人已将诈骗财物用于清偿债务或者转让给他人，具有下列情形之一的，应当依法追缴：（一）对方明知是诈骗财物而收取的；（二）对方无偿取得诈骗财物的；（三）对方以明显低于市场的价格取得诈骗财物的；（四）对方取得诈骗财物系源于非法债务或者违法犯罪活动的。他人善意取得诈骗财物的，不予追缴。"

③ 该条规定："被执行人将刑事裁判认定为赃款赃物的涉案财物用于清偿债务、转让或者设置其他权利负担，具有下列情形之一的，人民法院应予追缴：（一）第三人明知是涉案财物而接受的；（二）第三人无偿或者以明显低于市场的价格取得涉案财物的；（三）第三人通过非法债务清偿或者违法犯罪活动取得涉案财物的；（四）第三人通过其他恶意方式取得涉案财物的。第三人善意取得涉案财物的，执行程序中不予追缴。作为原所有人的被害人对该涉案财物主张权利的，人民法院应当告知其通过诉讼程序处理。"

④ 参见最高人民法院民事审判第二庭、研究室编著：《最高人民法院〈民法典合同编通则司法解释〉理解与适用》，人民法院出版社 2023 年版，第 241 页。

越权代表的合同效力

　　法律、行政法规为限制法人的法定代表人或者非法人组织的负责人的代表权，规定合同所涉事项应当由法人、非法人组织的权力机构或者决策机构决议，或者应当由法人、非法人组织的执行机构决定，法定代表人、负责人未取得授权而以法人、非法人组织的名义订立合同，未尽到合理审查义务的相对人主张该合同对法人、非法人组织发生效力并由其承担违约责任的，人民法院不予支持，但是法人、非法人组织有过错的，可以参照民法典第一百五十七条的规定判决其承担相应的赔偿责任。相对人已尽到合理审查义务，构成表见代表的，人民法院应当依据民法典第五百零四条的规定处理。

　　合同所涉事项未超越法律、行政法规规定的法定代表人或者负责人的代表权限，但是超越法人、非法人组织的章程或者权力机构等对代表权的限制，相对人主张该合同对法人、非法人组织发生效力并由其承担违约责任的，人民法院依法予以支持。但是，法人、非法人组织举证证明相对人知道或者应当知道该限制的除外。

　　法人、非法人组织承担民事责任后，向有过错的法定代表人、负责人追偿因越权代表行为造成的损失的，人民法院依法予以支持。法律、司法解释对法定代表人、负责人的民事责任另有规定的，依照其规定。

【本条主旨】

　　本条对法人的法定代表人或者非法人组织的负责人超越法定限制、意定限制订立合同的法律效果作出规定。

【关联规定】

1.《民法典》第61条　依照法律或者法人章程的规定，代表法人从事民事活动的负责人，为法人的法定代表人。

法定代表人以法人名义从事的民事活动，其法律后果由法人承受。

法人章程或者法人权力机构对法定代表人代表权的限制，不得对抗善意相对人。

2.《民法典》第65条　法人的实际情况与登记的事项不一致的，不得对抗善意相对人。

3.《民法典》第504条　法人的法定代表人或者非法人组织的负责人超越权限订立的合同，除相对人知道或者应当知道其超越权限外，该代表行为有效，订立的合同对法人或者非法人组织发生效力。

4.《最高人民法院关于适用〈中华人民共和国民法典〉有关担保制度的解释》第7条　公司的法定代表人违反公司法关于公司对外担保决议程序的规定，超越权限代表公司与相对人订立担保合同，人民法院应当依照民法典第六十一条和第五百零四条等规定处理：

（一）相对人善意的，担保合同对公司发生效力；相对人请求公司承担担保责任的，人民法院应予支持。

（二）相对人非善意的，担保合同对公司不发生效力；相对人请求公司承担赔偿责任的，参照适用本解释第十七条的有关规定。

法定代表人超越权限提供担保造成公司损失，公司请求法定代表人承担赔偿责任的，人民法院应予支持。

第一款所称善意，是指相对人在订立担保合同时不知道且不应当知道法定代表人超越权限。相对人有证据证明已对公司决议进行了合理审查，人民法院应当认定其构成善意，但是公司有证据证明相对人知道或者应当知道决议系伪造、变造的除外。

5.《最高人民法院关于适用〈中华人民共和国公司法〉若干问题的规定(四)》第6条　股东会或者股东大会、董事会决议被人民法院判决确认无效或者撤销的，公司依据该决议与善意相对人形成的民事法律关系不受影响。

6.《全国法院民商事审判工作会议纪要》17.　为防止法定代表人随意代表公司为他人提供担保给公司造成损失，损害中小股东利益，《公司法》第16条对法定代表人的代表权进行了限制。根据该条规定，担保行为不是法定代表人所能单独决定的事项，而必须以公司股东（大）会、董事会等公司机关的决议作为授权的基础和来源。法定代表人未经授权擅自为他人提供担保的，构成越权代表，人民法院应当根据《合同法》第 50 条关于法定代表人越权代表的规定，区分订立合同时债权人是否善意分别认定合同效力：债权人善意的，合同有效；反之，合同无效。

7.《全国法院民商事审判工作会议纪要》18.　前条所称的善意，是指债权人不知道或者不应当知道法定代表人超越权限订立担保合同。《公司法》第 16 条对关联担保和非关联担保的决议机关作出了区别规定，相应地，在善意的判断标准上也应当有所区别。一种情形是，为公司股东或者实际控制人提供关联担保，《公司法》第 16 条明确规定必须由股东（大）会决议，未经股东（大）会决议，构成越权代表。在此情况下，债权人主张担保合同有效，应当提供证据证明其在订立合同时对股东（大）会决议进行了审查，决议的表决程序符合《公司法》第 16 条的规定，即在排除被担保股东表决权的情况下，该项表决由出席会议的其他股东所持表决权的过半数通过，签字人员也符合公司章程的规定。另一种情形是，公司为公司股东或者实际控制人以外的人提供非关联担保，根据《公司法》第 16 条的规定，此时由公司章程规定是由董事会决议还是股东（大）会决议。无论章程是否对决议机关作出规定，也无论章程规定决议机关为董事会还是股东（大）会，根据《民法总则》第 61 条第 3 款关于"法人章程或者法人权力机构对法定代表人代表权的限制，不得对抗善意相对人"的规定，只要债权人能够证明其在订立担保合同时对董事会决议或者股东（大）会决议进行了审查，同意决议的人数及签字人员符合公司章程的规定，就应当认定其构成善意，但公司能够证明债权人明知公司章程对决议机关有明确规定的除外。

【理解与适用】

一、代表权及其限制

（一）代表权

法人的法定代表人是指依照法律或者法人章程的规定，代表法人从事民事活动的负责人（《民法典》第 61 条第 1 款）；非法人组织的负责人是指非法人组织所确定的代表该组织从事民事活动的一人或者数人（《民法典》第 105 条和第 504 条）。本解释第 20 条没有区分法定代表人或者负责人的法律地位，统一规定法定代表人或者负责人超越法定限制或者意定限制的法律效果。为行文方便，下文将以法人及其法定代表人（或称代表人）为主展开阐释，只在必要时提及非法人组织或其负责人。

法人的法定代表人通常享有全面的代表权限。依据《民法典》第 61 条第 2 款的规定，法定代表人以法人名义从事的任何法律行为，其法律后果均由法人承受。由此可知，法人的法定代表人享有的代表权具有全面性、概括性。法人的法定代表人享有的法定代表权的性质，理论上存在代表说和代理说之争。鉴于《民法典》第 57 条的规定表明我国现行法采取了法人实在说的立场[①]，关于代表人的代表权应当采取代表说的立场。依此说，代表人是法人的机关，法人的意志通过法定代表人实现，法定代表人以法人名义实施的法律行为就是法人自身的行为。

(二) 代表权的限制

代表人的代表权可能受到法律的限制（法定限制），也可能受到法人章程或者非法人组织的内部文件的限制（意定限制）。《民法典》第 61 条第 3 款规定："法人章程或者法人权力机构对法定代表人代表权的限制，不得对抗善意相对人"。《公司法》第 11 条第 2 款规定："公司章程或者股东会对法定代表人职权的限制，不得对抗善意相对人。"这些条款规定的是代表权的意定限制。《民法典》第 504 条规定："法人的法定代表人或者非法人组织的负责人超越权限订立的合同，除相对人知道或者应当知道其超越权限外，该代表行为有效，订立的合同对法人或者非法人组织发生效力。"这一条款中的"超越权限"可能是超越意定限制，也可能是超越法定限制。本解释第 20 条第 1 款和第 2 款区分了代表人超越法定限制和意定限制，分别规定，因此有必要循此区分分别讨论。

1. 法定限制

法定代表人原则上享有概括的、全面的代表权，可以就任何事项以法人的名义与他人订立合同或者实施其他法律行为。但就特定事项，法律特别规定了代表权的构成要件或者行使条件时，只有该要件或条件得到满足，法定代表人才能行使特定事项的代表权。

例如，《公司法》第 15 条通过对公司担保意思形成的程序控制来限制法定代表人的代表权。[②] 详言之，一方面，《公司法》第 15 条第 2 款属于代表权的法定限制。该款规定，公司为公司股东或者实际控制人提供担保的（关联担保），应当经股东会决议。据此，法定代表人就关联担保事项之代表权的构成要件或者行

---

① 参见王利明：《民法总则研究》，中国人民大学出版社 2018 年版，第 266 页。

② 参见高圣平：《论相对人审查义务视角下的公司担保决议》，载《法制与社会发展》2022 年第 6 期，第 58 页。

使条件是取得股东会的决议。这一规定给代表权施加的限制具有强制性和固定性，没有授权公司通过章程对此进行约定，故本书将此称为"直接的法定限制"①。另一方面，《公司法》第 16 条第 1 款也属于代表权的法定限制，只不过该款规定将公司为他人提供担保（非关联担保）或者向其他企业投资的代表权的限制条件，交由公司章程规定。公司章程可以规定公司提供非关联担保或者向其他企业投资应当由董事会或者股东会决议，也可以规定投资或者担保的总额及单项投资或者担保的数额的限额。这一规定虽然给代表权施加了法定限制，但是授权公司通过章程对如何限制进行约定，故本书将此称为"授权的法定限制"。之所以区分直接的法定限制和授权的法定限制，是因为在授权的法定限制下，相对人的信赖情况更加复杂（详见下文）。

代表权的法定限制改变了针对特定事项的代表权的构成。当公司的法定代表人与他人订立担保合同，但是没有出具相关决议，或者相关决议存在效力瑕疵的，该法定代表人欠缺订立这一担保合同的代表权（或者不符合行使订立担保合同代表权的条件）。因此，就代表权存在法定限制的特定事项而言，只有同时满足"法定代表人的职务"与"适格的公司担保决议"（或者其他条件得到满足的证据）两个条件②，法定代表人才享有这些事项的代表权。

2. 意定限制

意定限制，又称"约定的限制""议定的限制""内部限制"，是指法人章程、法人权力机关作出的决议，或者非法人组织的内部约定对代表权的限制。依据《民法典》第 61 条第 3 款，法人章程或者法人权力机构对法定代表人代表权的限制，不得对抗善意相对人。该规定体现了私法上的信赖保护原则。③

代表权的意定限制原则上不改变代表权作为一项权力的构成；只有在相对人恶意即知道或者应当知道代表权意定限制的存在，意定限制才会改变代表权的构成。代表权的意定限制，只涉及法人的内部治理规则，调整的是法人和担任法定

---

① 关于直接的法定限制与授权的法定限制的区分，参见刘贵祥：《公司担保与合同效力》，载《法律适用》2012 年第 7 期，第 20～21 页。

② 参见高圣平：《论相对人审查义务视角下的公司担保决议》，载《法制与社会发展》2022 年第 6 期，第 61 页。

③ 参见杨代雄：《民法总论》，北京大学出版社 2022 年版，第 196 页。有的学者认为，《民法典》第 61 条第 3 款体现了代表权的无因性原则，根据这一原则，法人对法定代表人的意定限制原则上不对相对人发生效力。参见迟颖：《法定代表人越权行为的效力与责任承担》，载《清华法学》2021 年第 4 期，第 128 页。有的学者将代表人区分为两个面相：一是组织体内的职责，即"业务执行权"；二是组织体外的权力，即"与执行法人经营业务相关的一切权力"，对该权力的行使只是为了完成法人分配给法定代表人的职责。参见朱广新：《法定代表人的越权代表行为》，载《中外法学》2012 年第 3 期，第 497 页。

代表人的自然人（两个民事主体）之间的权利义务关系。易言之，代表权的意定限制只涉及担任法定代表人的自然人在行使代表权时应当对法人承担的义务，不涉及法定代表人以法人名义实施法律行为的权力及其范围。例如，某一公司的章程可能约定法定代表人订立超过 500 万元的合同时应当取得董事会的决议。这一意定限制给担任法定代表人的自然人施加了一项义务，后者若是违反这一义务，就要对法人承担违约责任。但是，法定代表人的代表权范围没有发生变化，仍然具有全面性和概括性。① 故此，在相对人为善意的场景中，尽管存在意定限制，法定代表人行使的仍然是全面的、概括的代表权，只不过他是"受到拘束地"行使全面的、概括的代表权。

依据《民法典》第 61 条第 3 款的规定，代表权的意定限制是否改变代表权的权力范围，取决于相对人是否善意。所谓相对人善意，是指相对人不知道且不应当知道；相应的，相对人恶意就是相对人知道或者应当知道。相对人知道或者不知道属于事实问题，通常不会引发疑难的理论问题，只引发举证责任分配的问题；但是相对人是否应当知道意定限制的存在，则属于评价问题，需要根据意定限制是否已经登记，以及相对人与法定代表人的交易习惯等因素进行判断（详见下文）。

二、代表人超越法定限制订立合同

《合同编通则解释》第 20 条第 1 款规定的是代表人超越法定限制订立合同的情形，该款区分了相对人为恶意的情形和相对人为善意的情形，分别进行规定。

（一）相对人为恶意的情形

《合同编通则解释》第 20 条第 1 款第一句规定的是代表人超越法定限制订立合同，并且相对人为恶意的情形，即"法律、行政法规为限制法人的法定代表人或者非法人组织的负责人的代表权，规定合同所涉事项应当由法人、非法人组织的权力机构或者决策机构决议，或者应当由法人、非法人组织的执行机构决定，法定代表人、负责人未取得授权而以法人、非法人组织的名义订立合同，未尽到

---

① 若以霍菲尔德的概念矩阵进行分析，意定限制只涉及一阶的要求权（claim-right）和义务（duty）、特权（privilege）和无权利（no-right），不涉及二阶的权力（power）和责任（liability）、豁免（immunity）和无能力（disability）。但是，若是相对人知道或者应当知道意定限制的存在，那么意定限制将会改变代表权的权力范围，即涉及二阶的权力和责任、豁免和无能力。关于霍菲尔德的概念矩阵，参见〔美〕韦斯利·霍菲尔德：《司法推理中应用的基本法律概念》（修订译本），张书友译，商务印书馆 2022 年版，第 54 页以下。

合理审查义务的相对人主张该合同对法人、非法人组织发生效力并由其承担违约责任的，人民法院不予支持，但是法人、非法人组织有过错的，可以参照民法典第一百五十七条的规定判决其承担相应的赔偿责任"。根据这一规定，相对人未尽合理审查义务（具有恶意）的，该合同对法人、非法人组织不发生效力；但是，法人、非法人组织存在过错的，其与相对人按照自己的过错承担责任。相对人恶意，是指相对人知道或者应当知道代表人实施的代表行为超越法定限制。以《公司法》第 15 条的规定为例，相对人恶意是指相对人知道或者应当知道代表人提供的公司担保决议存在效力瑕疵，或者不符合法律或者章程的规定。详述如下。

1. 合同不对法人、非法人组织发生效力

根据《民法典》第 504 条的规定，相对人知道或者应当知道代表人超越权限的，该代表行为不对法人或者非法人组织发生效力，即不发生效果归属。

问题在于：法人、非法人组织是否有权对代表人越权实施的代表行为进行追认？这涉及代表人实施的法律行为本身的命运如何的问题，就此存在不同见解：一是效力待定说。该学说认为，越权代表订立的合同应被视为效力待定的合同，法人或者非法人组织可以依据无权代理的规定进行追认。[①] 二是无效说。该学说之内又分为不同的观点。一种观点认为，对代表权施加法定限制的规定属于效力性强制性规定，例如《公司法》第 15 条的规定属于"刚性的效力性强制性规定"，代表人越权签署的合同一概无效。[②] 另一种观点认为，在《公司法》第 15 条已经明确规定法定代表人对外担保需要获得公司决议特别授权的情况下，相对人未能对公司决议履行合理审查义务，法律没有必要对其予以特殊保护，结合《公司法》第 15 条保护公司股东和债权人之立法目的，同时虑及商事交易对法律关系稳定性和可预测性的要求，法定代表人越权担保合同在相对人非为善意时应为无效，而非效力待定。[③]

笔者认为，就代表人超越法定限制签订的合同而言，应当类推适用无权代理规定，属于效力待定的合同，法人或者非法人组织可以进行追认。理由在于：第一，若将对代表权施加法定限制的规定（如《公司法》第 15 条）认定为效力性

---

① 参见杨代雄：《民法总论》，北京大学出版社 2022 年版，第 481 页；朱广新：《法定代表人的越权代表行为》，载《中外法学》2012 年第 3 期，第 494 页。

② 参见刘俊海：《公司法定代表人越权签署的担保合同效力规则的反思与重构》，载《中国法学》2020 年第 5 期，第 225 页；李金泽：《〈公司法〉有关公司对外担保新规定的质疑》，载《现代法学》2007 年第 1 期，第 85 页。

③ 参见迟颖：《法定代表人越权行为的效力与责任承担》，载《清华法学》2021 年第 4 期，第 131 页。

强制性规定，那么不管相对人是否善意，代表人实施的越权代表行为均将无效，对善意相对人的保护有所不足。第二，将代表人越权实施的代表行为认定为效力待定，不会出现对恶意相对人进行"特殊保护"的问题，因为该代表行为是否对法人或者非法人组织发生效力，完全取决于法人或者非法人组织的自主决定。使恶意相对人参与的合同的效力悬于法人或者非法人组织之手，既可保护法人或者非法人组织之利益，也可使恶意相对人处于不确定的地位之中，实际上具有"惩戒"恶意相对人的效果。第三，代表人超越法定限制实施的越权代表，与无权代理具有制度上的实质相似性[①]，因此，对代表人超越法定限制签订的合同应当类推适用无权代理规定，应当评价为效力待定的合同。

2. 合同不对法人、非法人组织发生效力的民事责任

假设法人、非法人组织不予追认，并且相对人为恶意，那么代表人越权订立的合同终局地不对法人、非法人组织发生效力。代表人的越权行为可能给法人、非法人组织或者相对人造成损害，故有必要进一步讨论合同不对法人、非法人组织发生效力的民事责任。对此问题，应当区分两组法律关系分别讨论：一是法人、非法人组织与相对人的法律关系，二是代表人与相对人之间的法律关系。具体而言：

其一，就法人、非法人组织与相对人的法律关系而言，由于法人或者非法人组织不予追认，并且相对人为恶意，因此代表人与相对人订立的合同不对法人或者非法人组织发生效力，法人或者非法人组织没有义务向相对人履行合同约定的债务。《合同编通则解释》第 20 条第 1 款第一句规定："……法定代表人、负责人未取得授权而以法人、非法人组织的名义订立合同，未尽到合理审查义务的相对人主张该合同对法人、非法人组织发生效力并由其承担违约责任的，人民法院不予支持……"

尽管法人、非法人组织不需要承担违约责任，但是法人、非法人组织存在过错的，根据《合同编通则解释》第 20 条第 1 款第一句的规定，人民法院可以参照适用《民法典》第 157 条的规定判决法人、非法人组织承担相应的赔偿责任。《民法典》第 157 条规定"各方都有过错的，应当各自承担相应的责任"，即人民法院应当按照法人、非法人组织和相对人的过错，判决法人、非法人组织承担相应的赔偿责任。

---

① 参见高圣平、范佳慧：《公司法定代表人越权担保效力判断的解释基础》，载《比较法研究》2019年第 1 期，第 81 页；周伦军：《公司对外提供担保的合同效力判断规则》，载《法律适用》2014 年第 8 期，第 3 页。

需要注意的是，《担保制度解释》第 7 条对公司的法定代表人越权订立的担保合同不发生效力时的赔偿责任作出了具体规定。根据该条规定，公司的法定代表人违反《公司法》关于公司对外担保决议程序的规定，超越权限代表公司与相对人订立担保合同，相对人非善意的，担保合同对公司不发生效力；相对人请求公司承担赔偿责任的，参照适用该解释第 17 条的规定。根据《担保制度解释》第 17 条的规定，担保人（公司）与债权人（相对人）均有过错的，担保人（公司）承担的赔偿责任不应超过债务人不能清偿部分的二分之一；担保人（公司）有过错而债权人（相对人）无过错的，担保人对债务人不能清偿的部分承担赔偿责任；债权人（相对人）有过错而担保人（公司）无过错的，担保人（公司）不承担赔偿责任。《担保制度解释》第 7 条是特殊规定，在处理代表人越权担保引发的纠纷时，应当优先适用。

其二，代表人和相对人之间的法律关系中，代表人和相对人也应当按照各自的过错承担责任。《合同编通则解释》第 20 条没有对此作出直接规定。不过，鉴于对代表人超越法定限制订立的合同应当类推适用无权代理规定，倘若法人或者非法人组织不予追认并且相对人为恶意，那么应当参照适用《民法典》第 171 条第 4 款的规定处理，即"相对人知道或者应当知道行为人无权代理的，相对人和行为人按照各自的过错承担责任"。

（二）相对人为善意的情形

《合同编通则解释》第 20 条第 1 款第二句规定的是代表人超越法定限制订立合同，并且相对人为恶意的情形，即"相对人已尽到合理审查义务，构成表见代表的，人民法院应当依据民法典第五百零四条的规定处理"。

主流观点认为，代表人超越法定限制实施代表行为，相对人不知道并且不应当知道代表人超越权限的，构成表见代表，该代表行为对法人或者非法人组织发生效力。[1]

表见代表的构成要件通常包括：

第一，代表人没有代表权。

若是法律在特定事项中直接对代表权施加限制，或者授权法人或者非法人组织对代表权施加限制，那么行为人若是不满足这些法定限制施加的条件，则该行为人就没有代表权。

---

[1]　参见高圣平、范佳慧：《公司法定代表人越权担保效力判断的解释基础》，载《比较法研究》2019 年第 1 期，第 80 页；刘俊海：《公司法定代表人越权签署的担保合同效力规则的反思与重构》，载《中国法学》2020 年第 5 期，第 235 页；李建华、许中缘：《表见代表及其适用——兼评〈合同法〉第 50 条》，载《法律科学》2000 年第 6 期，第 75 页。

第二，存在代表权外观。

代表权外观是指，尽管行为人没有代表权，但在外部形成了一种表象，使相对人有理由相信行为人享有代表权，即行为人具备代表权外观。具体而言：一方面，在直接的法定限制中，代表人在与相对人订立合同时，没有提供证据证明其符合法定限制施加的条件的，不足以形成代表权外观。例如，法定代表人以公司名义为公司股东或者实际控制人提供担保时，没有出具股东会决议的，不足以形成代表权外观。另一方面，在授权的法定限制中，代表人没有提供证据证明其符合章程或者其他文件施加的条件的，也不足以形成代表权外观。例如《公司法》第15条第1款规定，公司为他人提供非关联担保的，公司章程可以规定由股东会或者董事会作出决议，倘若法定代表人既没有提供股东会的决议，也没有提供董事会的决议，那就不足以形成代表权外观。

存在疑问的是：其一，倘若公司章程没有规定公司为他人提供担保的决议机构，那么法定代表人没有提供公司的决议时，是否足以形成代表权外观呢？笔者认为，公司章程没有规定公司担保决议机构的，应当认为股东只是没有通过公司章程授权董事会对公司担保问题进行决议，公司担保事项仍应由股东会进行决议。[1] 此时，若是法定代表人没有提供股东会决议，则不足以形成代表权外观。其二，倘若公司章程规定的决议机构是股东会，而法定代表人出具的是董事会的决议，则也不足以形成代表权外观。或者说，相对人对此应当进行合理审查，即相对人应当审查决议主体是不是符合公司章程所规定的机构。相对人没有作此审查，或者虽然作了审查但未发现决议主体不适格，或者发现了仍然签订担保合同的，该相对人为恶意。其三，倘若公司章程规定的决议机构是董事会，而法定代表人出具的是股东会的决议，由于股东会是公司的最高权力机关，因此股东会的决议足以授予法定代表人订立担保合同的代表权。[2] 此时，出具股东会的决议足以形成代表权外观。

第三，法人具有可归责性。

法人具有可归责性是指，法人对代表权外观的形成具有可归责性。这里的可归责性不限于过错归责，还包括风险归责。所谓过错归责，是指若代表人的代表权外观系法人的过错造成的，那么该法人具有可归责性。所谓风险归责，是指在风险控制方面，若法人更有能力控制风险，防范代表人实施越权行为，那么该法

① 参见高圣平：《公司担保相关法律问题研究》，载《中国法学》2013年第2期，第112～113页；罗培新：《公司担保法律规则的价值冲突与司法考量》，载《中外法学》2012年第2期，第124页。
② 参见施天涛：《〈公司法〉第16条的规范目的：如何解读、如何适用?》，载《现代法学》2019年第3期，第121页。

人也具有可归责性。① 根据风险归责的理论，代表人的越权行为应当交由法人防范，而非交由相对人防范，因此，通常而言法人的可归责性要件不成问题。

第四，相对人须为善意。

相对人善意是指，相对人不知道并且不应当知道代表人实施的代表行为没有经过权力机构或者决策机构的决议或决定。需要注意的是，相对人善意不包括相对人不知道并且不应当知道法定限制的存在。这是因为，法律规定具有对世性，只要法律一经颁布，世人皆应知道法律规定的存在及内容。故此，相对人不得主张自己不知道并且不应当知道法定限制的存在而声称自己是善意的。

依据《合同编通则解释》第 20 条第 1 款的规定，相对人善意是指，相对人已尽合理审查义务，但是仍然不知道且不应当知道代表人实施代表行为没有经过权力机构或者决策机构决议或决定的情形。例如代表人提供了公司决议，然而该决议存在效力瑕疵，或者该决议系伪造、变造的，然而，相对人尽了合理审查义务也无法发现的，相对人即为善意。

相对人知道或者不知道属于事实问题，通常不会引发疑难的理论问题。

相对人是否应当知道代表人实施越权行为，则是评价问题，通常取决于相对人对代表人出具的决议或者其他材料是否尽到合理的审查义务。② 《担保制度解释》第 7 条规定，相对人有证据证明已对公司决议进行了合理审查，人民法院应当认定其构成善意，但是公司有证据证明相对人知道或者应当知道决议系伪造、变造的除外。《合同编通则解释》第 20 条第 1 款延续了前述规定：相对人需要对代表人是否取得权力机构、决策机构或者执行机构的决议或决定进行"合理审查"。

所谓"合理审查"既非宽松的"形式审查"，也非严苛的"实质审查"，而是"审慎的形式审查"③。注意义务过于宽松将纵容相对人疏忽懈怠，不利于维护交易安全与防范金融风险；过于严苛则会推高融资成本，降低授信效率，不利于金融服务于实体经济。④ 判断相对人是否尽到合理的审查义务，需要考察以下因素：

---

① 参见石一峰：《商事表见责任的类型与适用》，载《法律科学（西北政法大学学报）》2017 年第 6 期，第 141 页。

② 参见高圣平、范佳慧：《公司法定代表人越权担保效力判断的解释基础》，载《比较法研究》2019 年第 1 期，第 80 页；杨代雄：《公司为他人担保的效力》，载《吉林大学社会科学学报》2018 年第 1 期，第 41 页；高圣平：《公司担保中相对人的审查义务——基于最高人民法院裁判分歧的分析和展开》，载《政法论坛》2017 年第 5 期，第 145 页。

③ 高圣平：《再论公司法定代表人越权担保的法律效力》，载《现代法学》2021 年第 6 期，第 29 页。

④ 参见刘俊海：《公司法定代表人越权签署的担保合同效力规则的反思与重构》，载《中国法学》2020 年第 5 期，第 230 页。

（1）相对人审查的内容。相对人应当审查的内容包括：其一，主债务人是否为公司股东或者实际控制人。这是因为，倘若公司为之提供担保的主债务人是公司股东或者实际控制人，那么法定代表人应当出具的是股东会的决议，否则的话，法定代表人应当根据公司章程的规定出具董事会或者股东会的决议。① 其二，决议机构是否符合法律或者公司章程的规定。在关联担保中，适格的公司决议是由股东会作出的决议。倘若公司提供关联担保的决议是由董事会作出的，而非股东会作出的，则相对人（公司的股东或者实际控制人）没有对此进行审查，难谓善意。其三，决议程序是否符合法律或者公司章程的规定。《全国法院民商事审判工作会议纪要》第 18 条第 1 款指出，就关联担保而言，应审查"在排除被担保股东表决权的情况下，该项表决由出席会议的其他股东所持表决权的过半数通过，签字人员也符合公司章程的规定"。根据《最高人民法院关于适用〈中华人民共和国公司法〉若干问题的规定（四）》（法释〔2020〕18 号修正）第 5 条的规定，未召开股东会会议或者董事会会议，会议未对担保决议事项进行表决，出席会议的人数或者股东所持表决权未达到《公司法》或者公司章程规定的最低要求，表决结果未达到《公司法》或公司章程规定的通过比例，均将导致公司担保决议的不成立。同时，根据《民法典》第 85 条前句、《公司法》第 26 条的规定，股东会、董事会的会议召集程序、表决方式违反法律、行政法规或者公司章程的，股东可以请求人民法院撤销公司担保决议。故此，相对人也应当对决议程序进行合理审查。不过，对于决议上的签章是否真实，只要相对人根据公司章程或者股东名册上的记载进行形式审查即可，无法要求相对人委托专业机构鉴定签章的真实性。其四，决议内容是否违反法律法规的规定，或者违反公司章程的规定。根据《民法典》第 85 条前句的规定，决议内容违反公司章程的，股东可以请求人民法院撤销该决议。因此，相对人应当对决议内容是否违反法律或者公司章程的规定进行适当审查。

（2）相对人审查的对象。根据上述审查内容，相对人应当审查的对象包括：其一，法定代表人出具的公司决议；其二，公司章程；其三，其他相关文件。相对人应当审查公司决议自不待言，当相对人审查决议程序与决议内容是否符合公司章程的规定时，就要求相对人结合公司章程进行审查。《九民会议纪要》第 18 条第 2 款规定："债权人对公司机关决议内容的审查一般限于形式审查，只要求尽到必要的注意义务即可，标准不宜太过严苛。"《担保制度解释》第 7 条第 3 款

---

① 参见高圣平：《再论公司法定代表人越权担保的法律效力》，载《现代法学》2021 年第 6 期，第 25 页。

第二句规定："相对人有证据证明已对公司决议进行了合理审查，人民法院应当认定其构成善意，但是公司有证据证明相对人知道或者应当知道决议系伪造、变造的除外。"这些规定将相对人审查的对象限定于公司决议，恐怕有所不妥。判断公司决议是否适格，还需要结合公司章程和相关文件，否则，就降低了债权人对公司章程的审查义务，即不按公司章程规定接受担保的债权人仍可构成善意相对人，公司内部治理的有效运作将受到极大影响。①

关于就相对人善意的举证责任，应当注意的是："善意"乃是评价性要件，其评价根据事实包括"相对人不知道"并且"相对人不应当知道"法定代表人就特定事项没有代表权。② 具体而言：其一，就"相对人不知道"的举证责任而言，由于"相对人不知道"属于消极事实，相对人难以通过一一列举证据来证明自己确实不知道，因此应由法人或者非法人组织以本证的方式证明"相对人知道"，再由相对人进行反证。其二，就"相对人不应当知道"的举证责任而言，所谓"相对人不应当知道"是指相对人尽了合理审查义务后，仍然无法发现代表人实际上没有满足法定限制施加的条件。相对人应当对自己已经尽到合理审查义务承担证明责任。《合同编通则解释》第20条第1款明确了相对人应当对自己尽到合理审查义务承担证明责任。《担保制度解释》第7条第3款规定：第1款所称善意，是指相对人在订立担保合同时不知道且不应当知道法定代表人超越权限。相对人有证据证明已对公司决议进行了合理审查，人民法院应当认定其构成善意，但是公司有证据证明相对人知道或者应当知道决议系伪造、变造的除外。这一规定也要求相对人对自己已经尽到合理审查的义务承担证明责任。

根据《合同编通则解释》第20条第1款第二句的规定，相对人已尽合理审查义务，构成表见代表的，人民法院应当依据《民法典》第504条的规定处理。这一条款指向了《民法典》第504条规定的法律效果，没有对表见代表的法律效果再作进一步的细化规定。根据《民法典》第504条的规定，代表人订立合同的行为构成表见代表的，该合同对法人或者非法人组织发生效力。

三、代表人超越意定限制订立合同

《合同编通则解释》第20条第2款规定的是代表人超越意定限制订立合同的情形，即"合同所涉事项未超越法律、行政法规规定的法定代表人或者负责人的

---

① 参见蒋大兴：《超越商事交易裁判中的"普通民法逻辑"》，载《国家检察官学院学报》2021年第2期，第9～10页。

② 参见余亮亮：《论评价性要件的证明责任分配》，清华大学2023年博士学位论文。

代表权限，但是超越法人、非法人组织的章程或者权力机构等对代表权的限制……"的情形。根据该款规定，相对人对意定限制原则上不负有审查义务，即相对人原则上有权主张法人、非法人组织履行合同或者承担违约责任，除非法人、非法人组织可以证明相对人知道或者应当知道该限制。

（一）相对人不负有审查义务

代表人超越意定限制实施代表行为时，由于意定限制通常难以为第三人所知悉，且第三人信赖代表人通常享有全面的、概括的代表权，若允许法人或者非法人组织以内部的意定限制为由主张代表行为无效，将会妨碍交易安全。因此，《合同编通则解释》第 20 条第 2 款第一句规定，相对人不对意定限制负有审查义务。

首先，应当明确的是，在代表人超越意定限制实施代表行为时，相对人可能面临两项审查：一是审查代表人的代表权限是否受到意定限制；二是假设相对人已经知道意定限制的存在，则审查代表人出具相关材料是否存在效力瑕疵，或者相关材料是否伪造、变造。之所以区分这两项审查，是因为：通过对比《合同编通则解释》第 20 条第 2 款和第 1 款的规定可以发现，在第 2 款第二句中，相对人知道或者不应当知道的对象是"该限制"即意定限制的存在。而在第 1 款中，相对人应当进行合理审查的是法人或非法人组织的权力机构或者决策机构的决议或决定，而非法定限制的存在——毕竟法定限制的存在应世人皆知，相对人无法证明自己尽到合理注意义务仍然不知道法定限制的存在而声称自己是善意的。

其次，假设相对人已经知道意定限制的存在，那么相对人是否应当审查代表人出具的相关材料？《合同编通则解释》第 20 条第 2 款没有对此作出规定。笔者认为，既然相对人已经知道意定限制的存在，那么根据《民法典》第 61 条第 3 款的规定，这些意定限制可以对抗恶意的相对人，因此，既然相对人认识到代表人的代表权已经存在限制，那么该相对人就有义务进一步根据限制条件对相关材料进行审查。此时与对《合同编通则解释》第 20 条第 1 款的规定的理解相似，不予赘述。

最后，真正的问题是在于：相对人是否应当对意定限制的存在进行审查？《合同编通则解释》第 20 条第 2 款规定"……相对人主张该合同对法人、非法人组织发生效力并由其承担违约责任的，人民法院依法予以支持"。这一规定表明，相对人原则上不需要对是否存在意定限制进行审查。这是因为，章程或权力机构决议所作的限制，通常不具有公示性，相对人无从知悉它们的存在，因此，它们不属于相对人应当知道的事项。例如，股东会或者董事会的决议对代表人的权限进行意定限制，相对人通常无从查阅这些决议，因此其没有义务调查这些意定限制的存在。

（二）相对人知道或者应当知道意定限制的例外情形

《合同编通则解释》第 20 条第 2 款规定：……法人、非法人组织举证证明相对人知道或者应当知道该限制的除外。根据这一规定，相对人知道或者应当知道意定限制的存在时，该意定限制将会改变代表权的构造。具体而言：

《民法典》第 61 条第 3 款规定："法人章程或者法人权力机构对法定代表人代表权的限制，不得对抗善意相对人。"依反面解释，对代表人的意定限制可以对抗恶意相对人。根据这一规定，法定代表人通常享有全面的、概括的代表权；法人章程或者法人权力机构/决策机构对法定代表人代表权的限制（意定限制），不得对抗善意相对人。所谓不得对抗善意相对人，是指意定限制只涉及法人的内部治理，调整的是法人或非法人组织与担任代表人职务的自然人之间的权利义务关系，不涉及代表人以法人或非法人组织的名义实施法律行为的权力。当代表人超越意定限制与相对人订立合同时，若相对人不知道并且不应当知道意定限制的存在，则该意定限制不改变代表权的构造，代表人仍然享有全面的、概括的代表权，因此其与相对人签订合同仍属有权代表[1]，合同应当对法人或者非法人组织发生效力。相反，若相对人知道或者应当知道意定限制的存在，那么该相对人为恶意，依对《民法典》第 61 条第 3 款的反面解释，法人或者非法人组织可以根据意定限制对抗该恶意相对人，即代表人因违反意定限制而欠缺代表权，故代表人与恶意相对人签订的合同不对法人或者非法人组织发生效力。换句话说，法人或非法人组织对代表人的意定限制也将对相对人发生效力。据此，代表人超越意定限制与超越法定限制的情形是一致的（详见上文），应当类推适用无权代理规定，所订立的合同属于效力待定的合同，法人或者非法人组织可以进行追认。

由此可见，代表人超越意定限制与相对人订立的合同是否对法人或者非法人组织发生效力，全系于相对人是否知道或者应当知道意定限制的存在。其中，相对人是否知道意定限制的存在属于事实问题，而相对人是否应当知道意定限制的存在则属于法律评价的问题，通常需要根据就意定限制是否登记进行判断。具体而言：

一方面，未经登记的意定限制不具有公示性，相对人无从知悉它们的存在，因此未经登记的意定限制不属于相对人应当知道的事项。例如，股东会或者董事会的决议对代表人的权限进行意定限制，相对人通常无从查阅这些决议，因此其

---

① 持此观点的学者，参见崔建远：《论外观主义的运用边界》，载《清华法学》2019 年第 5 期，第 15 页；朱广新：《法定代表人的越权代表行为》，载《中外法学》2012 年第 3 期，第 497 页。

没有义务调查这些意定限制的存在。

另一方面，意定限制经过登记后，具有一定的公示性，关于相对人是否需要查询商事登记簿，存在不同观点。一种观点认为，即便意定限制被登记在商事登记簿上，例如通过公司章程对代表人的权限进行限制，该章程通常会被登记在商事登记簿上，相对人也没有义务以查询商事登记簿的方式审查公司章程。[1] 另一种观点认为，载有意定限制的公司章程一经登记，作为商人的相对人对此应当负有调查义务，而非商人的相对人则不负有调查义务。[2] 以上两种观点的争议在于，登记主体是否可援引登记事项对抗相对人（商事登记的积极对抗力）。[3]

对此，笔者认为，登记主体（法人或者非法人组织）可以援引登记事项对抗相对人，即商事登记应当具有积极对抗力。这是因为：首先，从现行法来看，《民法典》第65条只规定了善意相对人援引商事登记簿的记载事项对抗登记主体的情形，没有规定登记主体是否可以援引登记事项对抗相对人。其次，从比较法来看，《德国商法典》第15条第2款第一句规定"此项事实已经被登记和公告的，第三人必须承受此项事实的效力"。《意大利民法典》第2193条第2款规定"商事信息登记后，第三人不得以其不知而抗辩"。这些规定通常允许登记主体援引登记事项对抗相对人。也就是说，相对人应当知道商事登记簿上的登记事项。再次，在数字时代，登记机关可以高效地通过信息公示系统公示登记信息，相对人也可以较为便捷地查询登记信息，交易安全和交易效率不会因此受到影响。[4] 在这一时代背景下，赋予商事登记簿积极对抗力，即"一经登记即可对抗第三人"，具有现实可行性。最后，赋予商事登记簿积极对抗力还进一步授予法人或者非法人组织私法自治的能力。上文指出，意定限制通常不会改变代表权的构造，这意味着法人或者非法人组织限制代表权范围的"能力"是有限的，代表人虽然受到意定限制，仍然可以专断地以法人或者非法人组织的名义实施法律行为，这些法律行为的后果由法人或者非法人组织承担。若要将这一意定限制外部化、绝对化，就需要法人或者非法人组织向潜在的交易相对人进行告知，而这是不现实的。此时，若是允许法人或者非法人组织通过登记的方式，授予意定限制外部性，并且要求相对人对该登记事项进行查询和调查，则将最终实现法人或者非法人组织通过意定限制改变代表权的构造。如此一来，法人或者非法人组织享

---

[1] 参见周伦军：《公司对外提供担保的合同效力判断规则》，载《法律适用》2014年第8期，第4页。

[2] 参见袁碧华：《论法定代表人越权代表中善意相对人的认定》，载《社会科学》2019年第7期，第87页。

[3] 参见石一峰：《论商事登记第三人效力》，载《法商研究》2018年第6期，第53页。

[4] 参见迟颖：《法定代表人越权行为的效力与责任承担》，载《清华法学》2021年第4期，第133页。

有更强的私法自治的能力，它们可以自主决定是否对代表权施加意定限制，还可以进一步决定是否通过登记将该意定限制外部化，从而改变代表权的构造。基于以上几项理由，本书认为相对人应当商事登记的记载事项，对于已经登记的对代表权限的限制，相对人"应当知道"。

（三）举证责任

《合同编通则解释》第 20 条第 2 款规定，"相对人知道或者应当知道"的举证责任由法人、非法人组织承担。换句话说，应当推定相对人不知道并且不应当知道意定限制的存在，再由法人或者非法人组织以本证的方式证明相对人知道或者应当知道意定限制的存在。例如，法人或者非法人组织可以提供证据证明在代表人与相对人磋商过程中，代表人曾向相对人说明该法人或者非法人组织存在意定限制；也可以提供证据表明涉案意定限制已经被登记在商事登记簿上，因此相对人应当知道意定限制的存在。

四、法人或者非法人组织的追偿权

《合同编通则解释》第 20 条第 3 款规定："法人、非法人组织承担民事责任后，向有过错的法定代表人、负责人追偿因越权代表行为造成的损失的，人民法院依法予以支持。法律、司法解释对法定代表人、负责人的民事责任另有规定的，依照其规定。"这一条款规定了法人或者非法人组织的追偿权。这一追偿权的构成要件包括：

第一，代表人实施了越权代表行为。这里的越权代表行为，既可以超越了法定限制，也可以超越了意定限制。其中，意定限制若对代表人实施越权代表行为的赔偿责任作出了约定，那么追偿权的请求权基础就是这一约定，人民法院应当结合当事人约定的具体内容，判断代表人的赔偿责任。

第二，法人、非法人组织承担了民事责任。法人、非法人组织承担民事责任可能包括两种情况：其一，相对人为善意时，代表人越权代表订立的合同对法人、非法人组织发生效力，法人、非法人组织按照合同约定承担了义务。倘若法人、非法人组织因为按照合同约定承担义务而遭受损失，则其对有过错的代表人享有追偿权。其二，相对人为恶意时，代表人越权代表订立的合同虽然不对法人、非法人组织发生效力，但是法人、非法人组织因代表人的越权代表行为而承担了缔约过失责任或者侵权责任。此时，该法人、非法人组织也对代表人享有追偿权。

第三，法人或者非法人组织因承担民事责任而遭受损失。当相对人为善意时，代表人实施越权代表订立的合同对法人或者非法人组织发生效力，该合同可能存在对价、履行期限或者履行方式方面存在不合理之处，法人或者非法人组织履行这一合同后可能遭受了损失。就此损失而言，法人或者非法人组织可以向代表人进行追偿，不过，法人或者非法人组织须对损失的存在和数额承担举证责任。当相对人为恶意时，代表人越权订立的合同不对法人或者非法人组织发生效力，但是法人或者非法人组织需要为代表人的越权行为承担缔约过失责任。此时，只要法人或者非法人组织实际承担了民事责任，那么就可推定其存在损失，其就可以向代表人追偿因承担民事责任所遭受的损失。

第四，代表人存在过错。笔者认为，代表人实施越权行为不能等同于代表人存在过错，这是因为在实践中代表人可能基于商业考虑而实施越权行为，其初衷是为法人或者非法人组织争取更多利益。因此，关于代表人是否存在过错，应当按照"商业判断规则"来衡量、判断。申言之，关于代表人是否存在过错的判断可采理性商人标准，通过理性人知识和能力的具体化，构建出理性商人形象，并重构行为作出之商业背景，进而判断具体化的理性商人在重构的商业背景下作出所谓代表行为时是否有过失。[①]

若以上四个要件得到满足，那么法人或非法人组织可以向代表人主张追偿权，其法律效果是代表人须向法人或非法人组织承担损害赔偿的民事责任。

（本条撰写人：阮神裕）

---

① 参见叶金强：《董事违反勤勉义务判断标准的具体化》，载《比较法研究》2018 年第 6 期，第 79～88 页。

职务代理与合同效力

法人、非法人组织的工作人员就超越其职权范围的事项以法人、非法人组织的名义订立合同，相对人主张该合同对法人、非法人组织发生效力并由其承担违约责任的，人民法院不予支持。但是，法人、非法人组织有过错的，人民法院可以参照民法典第一百五十七条的规定判决其承担相应的赔偿责任。前述情形，构成表见代理的，人民法院应当依据民法典第一百七十二条的规定处理。

合同所涉事项有下列情形之一的，人民法院应当认定法人、非法人组织的工作人员在订立合同时超越其职权范围：

（一）依法应当由法人、非法人组织的权力机构或者决策机构决议的事项；

（二）依法应当由法人、非法人组织的执行机构决定的事项；

（三）依法应当由法定代表人、负责人代表法人、非法人组织实施的事项；

（四）不属于通常情形下依其职权可以处理的事项。

合同所涉事项未超越依据前款确定的职权范围，但是超越法人、非法人组织对工作人员职权范围的限制，相对人主张该合同对法人、非法人组织发生效力并由其承担违约责任的，人民法院应予支持。但是，法人、非法人组织举证证明相对人知道或者应当知道该限制的除外。

法人、非法人组织承担民事责任后，向故意或者有重大过失的工作人员追偿的，人民法院依法予以支持。

【本条主旨】

本条针对执行法人、非法人组织工作任务的人员超越职权范围的代理行为的效力，是否超越职权范围的认定标准，以及法人、非法人组织向故意或者有重大过失的工作人员的追偿权作出规定。

【关联规定】

1. 《民法典》第 170 条　执行法人或者非法人组织工作任务的人员，就其职权范围内的事项，以法人或者非法人组织的名义实施的民事法律行为，对法人或者非法人组织发生效力。

法人或者非法人组织对执行其工作任务的人员职权范围的限制，不得对抗善意相对人。

2. 《民法典》第 171 条　代理人没有代理权、超越代理权或者代理权终止后，仍然实施代理行为，未经被代理人追认的，对被代理人不发生效力。

相对人可以催告被代理人自收到通知日起三十年内予以追认。被代理人未作表示的，视为拒绝追认。行为人实施的行为被追认前，善意相对人有撤销的权利。撤销应当以通知的方式作出。

行为人实施的行为未被追认的，善意相对人有权请求行为人履行债务或者就其受到的损害请求行为人赔偿。但是，赔偿的范围不得超过被代理人追认时相对人所能获得的利益。

相对人知道或者应当知道行为人无权代理的，相对人和行为人按照各自的过错承担责任。

3. 《民法典》第 172 条　行为人没有代理权、超越代理权或者代理权终止后，仍然实施代理行为，相对人有理由相信行为人代理权的，代理行为有效。

4. 《最高人民法院关于适用〈中华人民共和国民法典〉总则编若干问题的解释》第 27 条　无权代理行为未被追认，相对人请求行为人履行债务或者赔偿损失的，由行为人就相对人知道或者应当知道行为人无权代理承担举证责任。行为人不能证明的，人民法院依法支持相对人的相应诉讼请求；行为人能够证明的，人民法院应当按照各自的过错认定行为人与相对人的责任。

5. 《最高人民法院关于适用〈中华人民共和国民法典〉总则编若干问题的解释》第 28 条　同时符合下列条件的，人民法院可以认定为民法典第一百七十二条规定的相对人有理由相信行为人有代理权：

（一）存在代理权的外观；

（二）相对人不知道行为人行为时没有代理权，且无过失。

因是否构成表见代理发生争议的，相对人应当就无权代理符合前款第一项规定的条件承担举证责任；被代理人应当就相对人不符合前款第二项规定的条件承担举证责任。

【理解与适用】

一、职务代理概述

（一）职务代理的概念

职务代理，是指执行法人或者非法人组织工作任务的人员，就其职权范围内的事项，以法人或者非法人组织的名义实施的民事法律行为（《民法典》第170条第1款）。

在制定法上，《民法典》区分了职务代理行为与代表行为：《民法典》第61条第2款规定了代表行为，即法定代表人以法人名义从事的民事活动。与此类似的还有《民法典》第105条规定非法人组织可以确定一人或者数人代表该组织从事民事活动。《民法典》第170条规定了职务代理行为，即法人或者非法人组织的法定代表人之外的人员（以下简称"工作人员"，或称"职务代理人"）以法人或者非法人组织的名义事实的民事法律行为。在理论上，也有观点认为商事职务代理与代表的结构和功能完全相同，均系伴随一定组织上的地位（职务）而生，应当将二者纳入一体化的商事职务代理概念之中。[1] 这一观点系从教义学体系的建构角度而言，对职务代理行为或者代表行为的法律解释与法律适用均无实质性影响。本书依循《民法典》以及本解释的规定，区分职务代理行为与代表行为，分别论述。

（二）职务代理权的性质

关于职务代理权的性质存在意定说、法定说和结合说三种观点。

意定说认为，职务代理权来自法人或者非法人组织的默示授权，即由于工作人员与法人或者非法人组织之间存在内部基础关系，只要法人或者非法人组织没有明确的相反意思，排除工作人员的代理权限，就可以推断出法人或者非法人组织意图使其工作人员在职权范围内享有代理权限。[2]

法定说认为，职务代理权来自法律规定。[3]

结合说认为，职务代理权的性质兼具法定与意定的要素。本书采结合说，这是因为：第一，就工作人员的代理权范围而言，其通常是由法律、行政法规、交

---

[1]　参见冉克平：《论商事职务代理及其体系构造》，载《法商研究》2021年第1期，第139页。

[2]　参见［德］迪特尔·梅迪库斯：《德国民法总论》，邵建东译，法律出版社2013年版，第708页。

[3]　参见杨秋宇：《融贯民商：职务代理的构造逻辑与规范表达》，载《法律科学》2020年第1期，第102页。

易习惯等决定的，这体现了法定的要素；但在某些情况下，公司章程、合伙协议或者其他内部决议可能限制或扩张工作人员的职权范围，这体现了意定的要素。就工作人员的代理权来源而言，由谁、于何时取得代理权，通常是由法人或者非法人组织自由决定的，这体现了意定的要素。第二，《民法典》第 163 条第 1 款规定代理包括委托代理和法定代理，并且将职务代理规定在"委托代理"一节，这表明职务代理不同于典型的法定代理，具有意定的要素。

（三）职务代理权的范围

对于执行法人或者非法人组织工作任务的人员的职权范围，即职务代理权的范围，应当区分法定与意定两个层次加以判断：一是根据法律、行政法规、交易习惯加以判断（职权范围的法定限制）；二是进一步结合相对人知悉的公司章程或合伙协议，以及法人或者非法人组织的内部文件进行判断（职权范围的意定限制）。

1. 职权范围的法定限制

职权范围的法定限制，是指法律、行政法规对工作人员的职权范围的限制。法律、行政法规通常规定了专门由权力机构或者决策机构、执行机构、法定代表人或者非法人组织的负责人处理的事项，法人、非法人组织的工作人员不得越权实施与此有关的法律行为。

就职权范围的法定限制而言，相对人可以根据法律、行政法规、交易习惯，依据工作人员的职务类型来判断其职权范围。在大陆法系职务代理人在商事组织中的职务地位被类型化为经理权、代办权以及其他商事辅助人的代理权。尽管我国现行法没有作此规定，但在商业实践中，职务代理权可能包含以下类型：其一，经理权。《公司法》第 74 条和第 126 条所规定的"经理"即为一例。根据《公司法》第 49 条第 1 款第 1 项的规定，经理主持公司的生产经营管理工作。学说上通常认为，在商事交易领域，应从设置或者选任经理人的目的探求其代理权的界限，原则上包括所有与达成商业经营的目的可能有关的事项。[①] 其二，分管经理权，或代办权。除经理人之外，实践中还有各种类型的分管经理，如部门经理、业务经理、销售经理、客户经理、项目经理、分店经理等。分管经理的职权范围通常与特定职务结合在一起，通常情况下分管经理应当享有与其特定职务相适应的代理权限。故此，不管是经理权还是分管经理权（或代办权），均应"客观化"[②]。只要确定了工作人员的职务，相对人就可以通过法律、行政法规、交

---

① 参见冉克平：《论商事职务代理及其体系构造》，载《法商研究》2021 年第 1 期，第 141 页。
② 徐深澄：《〈民法总则〉职务代理规则的体系化阐释》，载《法学家》2019 年第 2 期，第 109 页。

易习惯来判断该工作人员是否拥有相应的代理权外观。

《合同编通则解释》第 21 条第 2 款对职权范围的法定限制作出了进一步的规定。根据该款的规定，工作人员就下列事项与相对人订立合同的，构成对职权范围的超越：

其一，应由法人、非法人组织的权力机构或者决策机构决议的事项。例如，《公司法》第 15 条第 1 款规定，公司向其他企业投资或者为他人提供担保，依照公司章程的规定，由董事会或者股东会决议；该条第 2 款规定，公司为公司股东或者实际控制人提供担保的，应当经股东会决议。《公司法》第 59 条和第 112 条规定的股东会的职权，例如选举和更换董事、监事，决定有关董事、监事的报酬事项，对公司增加或者减少注册资本作出决议，对发行公司债券作出决议，对公司合并、分立、解散、清算或者变更公司形式作出决议等，属于股东会的职权范围，应由股东会作出决议，不属于法人、非法人组织的工作人员的职权范围。又如，根据《合伙企业法》第 31 条的规定，处分合伙企业的不动产，转让或者处分合伙企业的知识产权和其他财产权利，以合伙企业名义为他人提供担保，聘任合伙人以外的人担任合伙企业的经营管理人员，应当经全体合伙人一致同意，因此职务代理人不得就此事项订立合同。

其二，应由法人、非法人组织的执行机构决定的事项。例如，《公司法》第 67 条第 2 款规定了董事会的职权，故决定公司的经营计划和投资方案，制订公司的利润分配方案和弥补亏损方案，制定公司增加或者减少注册资本以及发行公司债券的方案，制定公司合并、分立、解散或者变更公司形式的方案，决定公司内部管理机构的设置，决定聘任或者解聘公司经理及其报酬事项并根据经理的提名决定聘任或者解聘公司副经理、财务负责人及其报酬事项，等等，均属于董事会的职权范围，职务代理人不得擅自就此事项订立合同。

其三，应由法人的法定代表人或者非法人组织的负责人代表法人或者非法人组织实施的事项。例如《公司法》第 196 条规定："公司以纸面形式发行公司债券的，应当在债券上载明公司名称、债券票面金额、利率、偿还期限等事项，并由法定代表人签名，公司盖章。"又如《民事诉讼法》第 51 条第 2 款规定："法人由其法定代表人进行诉讼。其他组织由其主要负责人进行诉讼。"根据这一规定，诉讼应当由法定代表人或者负责人实施；除了诉讼以外，调解、和解原则上也应当由法定代表人或者负责人实施，法人、非法人组织的其他工作人员原则上不享有实施调解、和解的权限。

其四，不属于通常情形下依其职权应当处理的事项。该项规定属于兜底条款，授权法官根据个案进行衡量。在进行个案衡量时，可以考虑以下因素进行判断：首先，应当结合商业习惯进行判断。由于《民法典》第 170 条没有像诸如《德国商法典》一样区分总经理、代办人或者店铺职员等工作人员的职务并分别予以规定，因此在判断法人、非法人组织的工作人员的职权范围时，应当结合商业习惯进行判断。例如，商铺经理通常享有签订店铺租赁合同的权限；又如，公司总部的办公室主任通常享有签订采购日常办公用品的买卖合同的权限，但是不享有签订出售办公大楼的买卖合同的权限。[①] 其次，应当考虑工作人员签订合同的事项是否与法人、非法人组织的经营范围或者经营业务有关。工作人员的职权范围必须与法人、非法人组织的经营业务相关。《公司法》第 59 条和第 112 条规定的股东会的职权，该法第 67 条第 2 款规定的董事会的职权，以及该法第 135 条规定的重大资产处分和巨额担保，均与公司的经营业务无关，不属于营业上的事项，因此通常不属于法人、非法人组织的工作人员的职权范围。最后，还应当考虑工作人员签订的合同的标的物是否涉及法人、非法人组织的重大资产。在各国商法典中，即便是获得概括授权的经理人，也不得处分法人或者非法人组织的重大资产。例如《德国商法典》第 49 条第 2 款规定："除非特别授权，全权代理人不得出售或负担不动产。"《瑞士债法典》第 459 条第 2 款规定："如未获得明确之授权，授权代理人不得转让或抵押不动产。"随着现代商事主体的财产结构越来越多元，核心财产不再仅仅是土地，还可能是技术专利、股权、商标权等权利型财产。《公司法》第 135 条规定：上市公司在一年内购买、出售重大资产或者向他人提供担保的金额超过公司资产总额百分之三十的，应当由股东会作出决议，并经出席会议的股东所持表决权的三分之二以上通过。尽管这一条款是专门针对上市公司的，但是也可以说明，重大资产的买卖或者向他人提供担保的权限，未经特别授权，职务代理人不应当享有。

2. 职权范围的意定限制

职权范围的意定限制，又称"内部限制"，是指法人、非法人组织的章程或其他文件对其工作人员的职权范围的限制。对工作人员的职权范围的限制可能来自公司章程、董事会决议、合伙协议、合伙人的共同决定，以及法人或者非法人组织与工作人员订立的劳动合同等。

就此而言，法人或者非法人组织的章程或合伙协议，以及其他内部文件可能对工作人员的职权范围作出限制。于此情形，相对人往往无从知晓法人、非法人组织对工作人员的职权范围的内部限制。例如，相对人根据工作人员为 4S 店销

[①] 参见李建伟、李欢：《论商事职务代理的代理权来源》，载《云南大学学报（社会科学版）》2022 年第 5 期，第 124 页。

售经理这一事实，合理信赖该工作人员享有代理公司订立汽车销售合同的权限；但是，相对人无从知悉 4S 店对该工作人员作出的只能订立 50 万元以下汽车销售合同的限制。此时，工作人员的职务产生的代理权外观就与工作人员实际的职权范围产生冲突。

为了保护相对人的合理信赖，《民法典》第 170 条第 2 款规定"法人或者非法人组织对执行其工作任务的人员职权范围的限制，不得对抗善意相对人"。《合同编通则解释》第 21 条第 1 款第三句规定"前述情形，构成表见代理的，人民法院应当依据民法典第一百七十二条的规定处理"；本条第 3 款规定"合同所涉事项未超越依据前款确定的职权范围，但是超越法人、非法人组织对工作人员职权范围的限制，相对人主张该合同对法人、非法人组织发生效力并由其承担违约责任的，人民法院应予支持。但是，法人、非法人组织举证证明相对人知道或者应当知道该限制的除外"。以上两款体现了对相对人合理信赖的保护。

二、超越法定限制订立合同

《合同编通则解释》第 21 条第 1 款对工作人员超越职权范围的法定限制签订的合同的效力以及其民事责任作出了具体规定。该款第一句和第二句规定了工作人员订立合同构成无权代理及其民事责任，该款第三句规定了工作人员订立合同构成表见代理的处理。

（一）构成无权代理

1. 合同不对法人、非法人组织发生效力

《合同编通则解释》第 21 条第 1 款第一句进一步明确规定：法人、非法人组织的工作人员就超越其职权范围的事项以法人、非法人组织的名义订立合同，相对人主张该合同对法人、非法人组织发生效力并由其承担违约责任的，人民法院不予支持。根据这一规定，工作人员超越职权范围以法人、非法人组织名义订立的合同，原则上不对法人、非法人组织发生效力。《民法典》第 170 条第 1 款仅规定工作人员就其职权范围内的事项，以法人或者非法人组织的名义实施的民事法律行为，对法人或者非法人组织发生效力。依反面解释可知，工作人员超越其职权范围实施的民事法律行为，不对法人或者非法人组织发生效力。

问题在于：法人、非法人组织是否有权对工作人员超越职权范围订立的合同进行追认？笔者认为，基于与代表人超越法定限制订立合同的处理相同的理由（见对第 20 条的释义），对工作人员超越职权范围订立的合同应当适用无权代理规定，即应当将该合同评价为效力待定的合同，故此法人、非法人组织可以予以追认。

2. 合同不对法人、非法人组织发生效力的民事责任

假设法人、非法人组织不予追认，并且相对人为恶意，那么工作人员超越职权范围订立的合同终局地不对法人、非法人组织发生效力。但工作人员超越职权范围实施行为可能给法人、非法人组织和相对人造成损害，故仍有必要进一步讨论合同不对法人、非法人组织发生效力的民事责任。对此问题，与司法解释第20条的释义的逻辑一致，应当区分两组法律关系，分别讨论：一是法人、非法人组织与相对人的法律关系，二是工作人员与相对人之间的法律关系。简述如下：

其一，就法人、非法人组织与相对人的法律关系而言，首先，可以明确法人、非法人组织不需要对相对人承担违约责任；其次，法人、非法人组织存在过错的，可以参照适用《民法典》第157条的规定判决法人、非法人组织承担相应的赔偿责任。

其二，就工作人员和相对人之间的法律关系而言，《合同编通则解释》第21条没有作出直接规定。鉴于工作人员超越职权范围订立合同应当类推适用无权代理规定，应当参照适用《民法典》第171条第4款的规定来处理，即"相对人知道或者应当知道行为人无权代理的，相对人和行为人按照各自的过错承担责任。"

（二）构成表见代理

《民法典》第170条第2款规定："法人或者非法人组织对执行其工作任务的人员职权范围的限制，不得对抗善意相对人。"对这一款的性质应当如何理解，在学说上存在争议。一种观点认为该款是关于表见代理的特别规定。[①] 另一种观点认为该款并非关于表见代理的特别规定[②]，而是关于职务代理人滥用代理权时对相对人的信赖保护之规定。[③]

以上两款规定的内容基本相同，均是工作人员超越限制订立合同构成表见代理的，该合同对法人或者非法人组织发生效力。简言之，《民法典》第170条第2款与《合同编通则解释》第21条第1款第三句是对职务代理行为构成表见代理的特别规定。

1. 构成要件

通常认为，表见代理的构成要件包括：其一，行为人无权代理；其二，存在

---

① 参见王利明主编：《中国民法典释评·总则编》，中国人民大学出版社2020年版，第421页。

② 参见杨秋宇：《融贯民商：职务代理的构造逻辑与规范表达》，载《法律科学》2020年第1期，第106～107页。

③ 参见徐深澄：《〈民法总则〉职务代理规则的体系化阐释》，载《法学家》2019年第2期，第109页。

代理权外观；其三，相对人善意无过失；其四，被代理人具有可归责性。[①] 在职务代理中，表见代理的构成存在一定的特殊之处。具体而言：

（1）工作人员无权代理。

根据《合同编通则解释》第21条第2款和第3款的规定，工作人员的职权范围可能受到两个方面的限制：一是法定限制，二是意定限制。工作人员订立合同所涉事项超越任何一项限制，均构成无权代理。

（2）工作人员存在代理权外观。

职务代理人的代理权外观来自职务，而非被代理人的代理权授予行为。相对人往往通过法律、行政法规、商事登记以及交易习惯，根据工作人员的职务判断其职权范围。因此，可以产生代理权外观的，实际上是工作人员担任特定职务的事实，具体包括：1）工作人员在商事登记系统上被登记公示的商事职务。2）工作人员掌握法人或者非法人组织的重要权力凭证，如公章、财务章、合同专业章等。3）法人或者非法人组织的法定住所或营业机构所在地，以及董事长、经理等高级管理人员的办公室，业务人员的对外窗口、服装以及标牌等。[②]

（3）相对人善意。

依据《民法典》第172条的规定，虽然工作人员的代理权限受到限制，但是相对人有理由相信其有代理权的，应当由法人或者非法人组织承担交易行为的法律效果。所谓"相对人有理由相信"，是指相对人对代理权外观的信赖具有正当性与合理性，即相对人是善意的。[③] 我国民法学说中的"善意"存在广义与狭义之分。狭义的"善意"仅指不知情，通常与"无过失"并列，称"善意且无过失"。广义的"善意"本身包含了"无过失"的含义。[④] 我国《民法典》在广义上使用"善意"一词，本书从之。

在工作人员超越职权范围的法定限制的情形中，由于法律规定应当由法人、非法人组织的权力机构或者决策机构决议的事项，或者法律规定应当由法人、非法人组织的执行机构决定的事项，法律规定由法定代表人、负责人实施的事项，以及通常不属于工作人员依其职权可以处理的事项，均属于相对人必须知道的事项，因此相对人不存在善意的可能性。相对人善意的情形是指，工作人员提供的

---

① 参见崔建远等编著：《民法总论》（第三版），清华大学出版社2019年版，第256页。

② 参见冉克平：《论商事职务代理及其体系构造》，载《法商研究》2021年第1期，第147页。

③ 参见叶金强：《表见代理中信赖和理性的判断模式》，载《比较法研究》2014年第1期；杨代雄：《表见代理的特别构成要件》，载《法学》2013年第2期，第65页。

④ 参见崔建远等：《民法总论》（第三版），清华大学出版社2019年版，第256页；杨代雄：《表见代理的特别构成要件》，载《法学》2013年第2期，第66页。

相关资料表明，该工作人员享有职务代理权，但该相关资料存在效力瑕疵，或者该相关资料系伪造、变造的。倘若相对人对相关资料的缺陷不知道，或者不应该知道，那么该相对人为善意。

相对人是否知道工作人员超越职权范围的限制，属于事实问题，只要当事人提供证据加以证明即可（由被代理人证明相对人为恶意，详见下文），通常不会引发理论难题。

相对人是否应该知道工作人员超越职权范围的限制，也即相对人是否存在过失，属于评价问题，需要详加讨论：

一方面，关于相对人无过失的含义存在不同见解。一种观点认为，判断表见代理相对人的善意应当与判断善意取得受让人的善意适用同一标准，即《最高人民法院关于适用〈中华人民共和国民法典〉物权编的解释（一）》第 14 条所规定的不知情且无重大过失。① 另一种观点认为，表见代理相对人的善意程度应当高于善意取得受让人的善意程度，即相对人的善意是指不知情且无抽象轻过失。这是因为：较之善意取得，在表见代理中，行为人必须以被代理人的名义作出代理行为，因此相对人至少知道被代理人的存在，获知行为人无代理权的信息成本要低一些。②

笔者认为，《总则编解释》第 28 条第 1 款第 2 项规定的是"相对人不知道行为人行为时没有代理权，且无过失"，并未明确是重大过失、一般过失还是轻过失。在解释论上，也不宜将相对人的无过失确定为单一的无重大过失或者无轻过失，而是应当结合代理权外观的强度不同，对相对人的注意义务作不同的要求。③ 在职务代理中，相对人基于商事登记记载的职务信息相信职务代理人享有代理权时，其所应负的注意义务应当较低；相对人基于职务代理人的名片等相信其享有代理权时，其所应负的注意义务应当较高。

另一方面，关于相对人是否存在过失，需要结合不同因素，依理性人标准进行综合分析判断。④《最高人民法院关于当前形势下审理民商事合同纠纷案件若干问题的指导意见》第 14 条和上海市高级人民法院《商事合同案件适用表见代理要件指引（试行）》第 7 条列举了若干考量因素，可供参考。

在职务代理中，判断相对人是否存在过失，可以考虑以下几个方面的因素：1）代理权外观的强度。代理权外观的强度越大，相对人的注意义务就越低，越

---

① 参见陈甦主编：《民法总则评注》（下册），法律出版社 2017 年版，第 1208 页。
② 参见王利明主编：《中国民法典释评·总则编》，中国人民大学出版社 2020 年版，第 433 页。
③ 参见石一峰：《私法中善意认定的规则体系》，载《法学研究》2020 年第 4 期，第 144 页以下。
④ 参见叶金强：《表见代理中信赖合理性的判断模式》，载《比较法研究》2014 年第 1 期，第 91 页。

容易构成善意。职务代理中代理权外观来自职务，据以判断工作人员职务的表征越是可靠，那么代理权外观的强度也就越大。例如，商事登记系统记载的职务信息，优于工作人员掌握的公章等权力凭证，进一步优于工作人员执行工作任务时的场所、服装或标牌等。2) 工作人员职权范围所受限制的公示性程度。职权范围所受限制的公示性程度越高，相对人的注意义务也就越高，越不容易构成善意。《合同编通则解释》第 21 条第 2 款规定的是工作人员职权范围的法定限制，第 3 款规定的是工作人员职权范围的内部限制。这一有意区分表明职权范围所受限制的公示性强度将会影响对相对人善意与否的判断。具体而言，首先，法律对职权范围之限制的公示性程度最高，相对人不得以自己不知道法律规定为由主张自己是善意的。其次，公司章程或合伙协议对工作人员职权范围之限制的公示性程度次之。《市场主体登记管理条例》第 9 条第 1 项规定，市场主体的章程或者合伙协议应当向登记机关办理备案，相对人可以在登记机关查询到公司章程或者合伙协议对工作人员之职权范围的限制。然而，这并不意味着相对人总是需要查询登记机关记载的公司章程或者合伙协议，只有在相对人与工作人员的熟识程度、拟达成的交易规模、查询核实成本等要素要求相对人查询公司章程或者合伙协议时，相对人才负有此项义务。最后，内部决议对工作人员职权范围之限制的公示性程度最低。在通常情况下相对人无须查证法人或者非法人组织的内部决议对工作人员职权范围之限制，然而，若具体个案的情况表明工作人员的职权范围可能受到限制，则相对人也有义务查询法人或者非法人组织的内部决议。

（4）被代理人（法人或者非法人组织）具有可归责性。

被代理人具有可归责性，是指法人、非法人组织对代理权外观的形成具有可归责性。就本人可归责性而言，职务代理也存在特殊之处。倘若工作人员的职责在于管理代理权外观证明，则因为行为人是基于被代理人的意思而占有代理权外观证明的，故而无权代理发生时被代理人具有可归责性。倘若工作人员的职责并非基于被代理人的意思而占有代理权外观证明，则工作人员超越职权范围实施无权代理行为的事实，应当被认为系法人或者非法人组织的组织缺陷所致，因而法人或者非法人组织同样具有可归责性。[1]

2. 法律效果

根据《民法典》第 170 条第 2 款的规定，法人或者非法人组织对执行其工作任务的人员职权范围的限制，不得对抗善意相对人。其中"不得对抗善意相对人"的含义较为模糊。本解释第 21 条进一步细化了法律效果。

---

[1] 参见王利明主编：《中国民法典释评·总则编》，中国人民大学出版社 2020 年版，第 434 页。

《合同编通则解释》第 21 条第 1 款但书规定，超越职权范围实施的无权代理行为可能构成表见代理。结合《民法典》第 172 条可知，工作人员实施的无权代理构成表见代理的，该代理行为有效，即对法人或者非法人组织发生效力。《合同编通则解释》第 21 条第 3 款更是明确规定，合同所涉事项超越法人、非法人组织对执行其工作任务的人员职权范围的限制，法人、非法人组织不能证明相对人知道或者应当知道该限制的，合同对法人、非法人组织发生效力。

3. 举证责任

相对人若是主张工作人员实施的无权代理构成表见代理，因而向法人或者非法人组织请求履行合同的，相对人应当对表见代理的以下要件事实承担证明责任：其一，工作人员无权代理。由于被代理人（法人或者非法人组织）通常希望证立代理人无权代理，从而主张代理人实施的代理行为不对被代理人发生效力，因此这一要件事实在相对人与被代理人之间通常不引发争议。其二，工作人员具有代理权外观。根据《总则编解释》第 28 条第 2 款的规定，因是否构成表见代理发生争议的，相对人应当就无权代理存在代理权的外观承担举证责任。在职务代理中，相对人可通过提供工作人员担任特定职务这一事实，证明该工作人员具有代理权外观。

在一般的表见代理中，应当由被代理人证明相对人恶意。[①] 根据《总则编解释》第 28 条第 2 款的规定，被代理人应当就相对人不符合"相对人不知道行为人行为时没有代理权，且无过失"的条件承担举证责任。

在职务代理的表见代理中，《合同编通则解释》第 21 条第 2 款和第 3 款似乎有意区分了工作人员超越法定限制和超越意定限制两种情形。其中，第 21 条第 3 款第二句明确规定，合同所涉限制虽然没有超越法定限制，但是超越限制的，该合同原则上对法人、非法人组织发生效力。但是，"法人、非法人组织举证证明相对人知道或者应当知道该限制的除外"。这意味着：在工作人员超越意定限制订立合同的情形中，法人或者非法人组织应当对相对人的恶意承担证明责任。

但是，《合同编通则解释》第 21 条第 1 款没有对工作人员超越法定限制的情形的举证责任分配作出特别规定。上文指出，相对人不得以自己不知道法律规定为由主张自己是善意的。因此，工作人员超越法定限制订立合同的情形，似乎应当得到特别规定。《合同编通则解释》第 20 条第 1 款对法定代表人或者负责人超越法定限制订立合同的情形进行了特别规定，即由相对人证明自己尽到合理审查义务。也就是说，相对人应当对自己无过失承担证明责任。在民商合一的私法体

---

① 参见杨代雄：《表见代理的特别构成要件》，载《法学》2013 年第 2 期，第 69 页。

系中，工作人员超越职权范围的法定限制与法定代表人或负责人超越法定限制，应当受到同等对待。因此，就工作人员超越职权范围的法定限制订立合同而言，相对人应当对自己无过失承担证明责任。

同样，被代理人具有可归责性也应当由被代理人承担证明责任。因为被代理人是否具有可归责性取决于被代理人一方的因素，以及被代理人与行为人之间的关系，故被代理人较之相对人更具有举证可能性。[1]

三、超越意定限制订立合同

《合同编通则解释》第 21 条第 3 款对工作人员超越职权范围的意定限制订立的合同的效力作出规定。这一条款的法理与代表人超越意定限制订立合同情形下的法理相同（详见本书第 20 条的释义），因此简述如下。

第一，由于职权范围的意定限制通常不为相对人所知悉，并且要求相对人对此进行审查将会极大地增加交易成本，因此应当推定相对人为善意，即不知道工作人员职权范围意定限制的存在。《合同编通则解释》第 21 条第 3 款第一句规定：合同所涉事项未超越依据前款确定的职权范围，但是超越法人、非法人组织对工作人员职权范围的限制，相对人主张该合同对法人、非法人组织发生效力并由其承担违约责任的，人民法院应予支持。

第二，法人、非法人组织证明相对人为恶意，即相对人知道或者应当知道职权范围意定限制的存在的，该合同应当对法人、非法人组织发生效力。

四、法人、非法人组织的追偿权

《合同编通则解释》第 21 条第 4 款规定：法人、非法人组织承担民事责任后，向故意或者有重大过失的工作人员追偿的，人民法院依法予以支持。这一条款规定了法人或者非法人组织的追偿权。

根据《民法典》第 172 条和本解释第 21 条第 1 款、第 3 款的规定，工作人员实施的无权代理构成表见代理的，工作人员订立的合同对法人或者非法人组织发生效力。法人或者非法人组织成为合同当事人。若是合同有效，那么法人或者非法人组织享有合同权利、承担合同义务。若是合同存在无效事由，或者因欺诈、重大误解等事由而被撤销，法人或者非法人组织承受的并非合同权利与合同义务，而是合同无效或者被撤销时的返还义务与损害赔偿的民事责任（《民法典》

---

[1]　参见王利明主编：《中国民法典释评·总则编》，中国人民大学出版社 2020 年版，第 437 页。

第157条）。①《合同编通则解释》第21条第4款规定的"承担民事责任"的表述过窄，有所不妥。

法人或者非法人组织承担代理行为的后果之后，有权依据其与工作人员的内部基础关系或者侵权关系向工作人员追偿。② 在法人或者非法人组织与工作人员存在内部关系的场合，法人或者非法人组织在什么情况下享有追偿权，取决于内部关系的具体约定，并不以本条第4款规定的"故意或者有重大过失"为限。在法人或非法人组织与工作人员不存在内部关系，或者内部关系没有对追偿权作出约定或约定不明，或者法人或非法人组织依法向工作人员进行追偿时，应当适用本条第4款所规定的"故意或者有重大过失"的构成要件。

（本条撰写人：阮神裕）

---

① 参见杨代雄：《民法总论》，北京大学出版社2022年版，第479页。
② 参见王利明主编：《中国民法典释评·总则编》，中国人民大学出版社2020年版，第437页。

第二十二条

印章与合同效力

法定代表人、负责人或者工作人员以法人、非法人组织的名义订立合同且未超越权限，法人、非法人组织仅以合同加盖的印章不是备案印章或者系伪造的印章为由主张该合同对其不发生效力的，人民法院不予支持。

合同系以法人、非法人组织的名义订立，但是仅有法定代表人、负责人或者工作人员签名或者按指印而未加盖法人、非法人组织的印章，相对人能够证明法定代表人、负责人或者工作人员在订立合同时未超越权限的，人民法院应当认定合同对法人、非法人组织发生效力。但是，当事人约定以加盖印章作为合同成立条件的除外。

合同仅加盖法人、非法人组织的印章而无人员签名或者按指印，相对人能够证明合同系法定代表人、负责人或者工作人员在其权限范围内订立的，人民法院应当认定该合同对法人、非法人组织发生效力。

在前三款规定的情形下，法定代表人、负责人或者工作人员在订立合同时虽然超越代表或者代理权限，但是依据民法典第五百零四条的规定构成表见代表，或者依据民法典第一百七十二条的规定构成表见代理的，人民法院应当认定合同对法人、非法人组织发生效力。

【本条主旨】

本条针对法人印章于法人订立合同的规范意义作出规定。依据本条规定，印章不能单独决定合同是否对法人发生效力。在判断加盖法人或非法人组织印章的合同是否对法人或非法人组织发生效力时，应当以实际签订合同的法定代表人、负责人或者工作人员的代表权限或者代理权限为依据。

【关联规定】

1.《民法典》第 165 条 委托代理授权采用书面形式的，授权委托书应当载明代理人的姓名或者名称、代理事项、权限和期限，并由被代理人签名或者盖章。

2.《民法典》第 490 条 当事人采用合同书形式订立合同的，自当事人均签名、盖章或者按指印时合同成立。在签名、盖章或者按指印之前，当事人一方已经履行主要义务，对方接受时，该合同成立。

法律、行政法规规定或者当事人约定合同应当采用书面形式订立，当事人未采用书面形式但是一方已经履行主要义务，对方接受时，该合同成立。

3.《民法典》第 493 条 当事人采用合同书形式订立合同的，最后签名、盖章或者按指印的地点为合同成立的地点，但是当事人另有约定的除外。

4.《全国法院民商事审判工作会议纪要》41. 【盖章行为的法律效力】

司法实践中，有些公司有意刻制两套甚至多套公章，有的法定代表人或者代理人甚至私刻公章，订立合同时恶意加盖非备案的公章或者假公章，发生纠纷后法人以加盖的是假公章为由否定合同效力的情形并不鲜见。人民法院在审理案件时，应当主要审查签约人于盖章之时有无代表权或者代理权，从而根据代表或者代理的相关规则来确定合同的效力。

法定代表人或者其授权之人在合同上加盖法人公章的行为，表明其是以法人名义签订合同，除《公司法》第 16 条等法律对其职权有特别规定的情形外，应当由法人承担相应的法律后果。法人以法定代表人事后已无代表权、加盖的是假章、所盖之章与备案公章不一致等为由否定合同效力的，人民法院不予支持。

代理人以被代理人名义签订合同，要取得合法授权。代理人取得合法授权后，以被代理人名义签订的合同，应当由被代理人承担责任。被代理人以代理人事后已无代理权、加盖的是假章、所盖之章与备案公章不一致等为由否定合同效力的，人民法院不予支持。

5.《最高人民法院关于当前形势下审理民商事合同纠纷案件若干问题的指导意见》13. 合同法第四十九条规定的表见代理制度不仅要求代理人的无权代理行为在客观上形成具有代理权的表象，而且要求相对人在主观上善意且无过失地相信行为人有代理权。合同相对人主张构成表见代理的，应当承担举证责任，不仅应当举证证明代理行为存在诸如合同书、公章、印鉴等有权代理的客观表象形式要素，而且应当证明其善意且无过失地相信行为人具有代理权。

6.《最高人民法院关于当前形势下审理民商事合同纠纷案件若干问题的指导意见》14. 人民法院在判断合同相对人主观上是否属于善意且无过失时，应当结合合同缔结与履行过程中的各种因素综合判断合同相对人是否尽到合理注意义务，此外还要考虑合同的缔结时间、以谁的名义签字、是否盖有相关印章及印章真伪、标的物的交付方式与地点、购买的材料、租赁的器材、所借款项的用途、建筑单位是否知道项目经理的行为、是否参与合同履行等各种因素，作出综合分析判断。

【理解与适用】

一、印章的法律效力

在我国商业实践中，印章（包括公章、合同专用章、签章等）在法人、非法人组织从事的民事活动中占有重要地位。凡是书面形式之处，从合同到各类单据，皆可见印章。印章显示着特定意思表示所归属的表意者、受领者，同时彰显着、影响着该特定意思表示的状况①，因此印章在合同的解释、效力评价和效果归属方面发挥着重要作用。

自然人签订合同时，只要在合同上签字，那么即可证明该合同系自然人的真实意思表示，并且自然人应当承受该合同约定的权利义务。然而，法人、非法人组织作为组织体，没有能力在合同上签字，因此需要通过某一个人实施代表行为或者代理行为，才能与他人缔结合同。由此就会出现法定代表人、负责人或者代理人（以下简称"行为人"）与法人、非法人组织发生分离的情况。通常来讲，行为人需要在合同上加盖法人、非法人组织的印章，用以表明该合同系法人、非法人组织的真实意思表示，并且该合同的法律效果由法人、非法人组织承受。《民法典》没有专门针对印章于法律行为的规范意义作出特别规定，仅在第490条和第493条规定，当事人采用合同书形式订立合同的，自当事人均签名、盖章或者按指印时合同成立，并且最后签名、盖章或者按指印的地点为合同成立的地点。根据这些规定，印章将会产生以下两项法律效力：第一，法人、非法人组织通过加盖印章使合同成立，合同成立的时间和地点应当根据加盖印章的时间和地点确定。第二，法人、非法人组织通过加盖印章确定谁是合同当事人。加盖印章表明，法人、非法人组织是合同当事人，而非具体签订合同的某一个人。

---

① 参见崔建远：《合同解释语境中的印章及其意义》，载《清华法学》2018年第4期，第168页。

二、判断合同效力不应当仅以有否印章为依据

在司法实践中，存在异常的"人章关系"，具体包括：其一，"真人假章"，如行为人享有代表权或者代理权，然而其使用的印章不是备案的印章或者系伪造的印章；其二，"有人无章"，即行为人签字了但是没有加盖印章；其三"有章无人"，即行为人加盖了公章但是没有签字。在实践中，甚至有的法人、非法人组织故意使用伪造的印章签订合同，倘若该合同对自己有利，那么将来就承认印章的真实性；倘若该合同对自己不利，则将来会提出鉴定要求，否定印章的真实性，从而摆脱合同的拘束力。这种类型的行为极大地违背了契约精神，威胁了交易安全。

对于这些异常的"人章关系"引发的纠纷，大体上存在两种不同的裁判思路：一是"认章不认人"或"重视印章"，二是"认人不认章"或"不重视印章"①。具体而言：

第一，所谓"认章不认人"或"重视印章"，是指将印章作为法人、非法人组织从事民事活动的充分必要条件，只要加盖了法人、非法人组织的印章，那么该法律行为就是有效的，并且可以归属于法人、非法人组织；只要没有加盖法人、非法人组织印章，那么该法律行为就是无效的，或者不可归属于法人、非法人组织。在司法实践中，有的法院倾向于认为，印章在法律行为的效力、代理行为或代表行为的效果归属方面发挥着非常重要的作用。例如，对于合同具有法定代表人签名但是没有加盖法人印章的，有的法院直接认为此类合同不生效力②；对于合同加盖了法人印章但是没有法定代表人签名的，有的法院直接认为只要双方当事人对印章的真实性没有异议，合同就可以发生法律效力。③又如，有的法院认为，只要合同加盖的印章为真实的，那么合同权利义务应当由印章所体现的主体承受。④再如，在无权或越权代理的场合，只要行为人加盖的法人印章是真实的，法院就会倾向于认为"相对人有理由相信行为人有代理权"⑤。

第二，所谓"认人不认章"，是指印章作为一个普通的案件事实，与其他事实相比并无特殊之处，一项法律行为是否归属于法人、非法人组织，还是取决于行为人就合同事项是否享有代理权或者代表权。

---

① 殷秋实：《民法体系中的法人印章定位》，载《清华法学》2021年第4期，第144页。
② 参见上海市第二中级人民法院（2013）沪二中民四（商）终字第1385号民事判决书。
③ 参见最高人民法院（2013）民一终字第187号民事判决书。
④ 参见最高人民法院（2013）民提字248号民事判决书。
⑤ 最高人民法院（2016）最高法民再字第194号民事判决书。

最高人民法院颁布的司法解释或者司法解释性质的文件，倾向"认人不认章"的裁判思路，也即将印章作为一个普通的案件事实。例如《最高人民法院关于当前形势下审理民商事合同纠纷案件若干问题的指导意见》第 13 条规定，就代理权外观而言，印章与合同书、印鉴等均属于判断因素。该意见第 14 条规定，就相对人是否尽到合理注意义务而言，合同的缔结时间、以谁的名义签字、是否盖有相关印章及印章真伪、标的物的交付方式与地点、购买的材料、租赁的器材、所借款项的用途、建筑单位是否知道项目经理的行为、是否参与合同履行等，均属于判断因素。简要而言，印章的有无与真假，只是证立"相对人有理由相信行为人有代理权"的基础事实之一。

又如《九民会议纪要》，首先，其第 41 条第 1 款规定：实践中有些公司有意刻制两套或者多套公章，发生纠纷后以加盖的是假公章为由否定合同效力。就此而言，人民法院应当审查行为人是否享有代表权或代理权，从而适用代表或者代理规则。其次，其第 41 条第 2 款规定，法定代表人或者其授权之人在合同上加盖非法人公章的行为，表明其实以法人名义签订合同，此时原则上应当由法人承担法律后果，除非法定代表人的权限受到《公司法》第 15 条的法定限制。这一规定的理念总体上值得肯定，即法定代表人原本就享有全面的、概括的代表权，只要是法定代表人以法人名义实施的法律行为，不管是否加盖法人印章，也不管加盖的法人印章是真是假，原则上均应当构成有权代表行为，除非法定代表人的代表权受到限制。上述第 41 条第 2 款的规定只规定了法定代表人的代表权受到《公司法》第 15 条的法定限制的情形，没有规定《民法典》第 61 条第 3 款和第 504 条所规定的意定限制并且相对人为恶意的情形，于此情形，由于法定代表人的代表权限受到意定限制，因此其实施的代表行为同样不对法人发生效力。至于法定代表人加盖的印章如何，同样无关紧要。最后，其第 41 条第 3 款对代理人以被代理人的名义签订合同的情形加以规定，其规范要点同样在于，须根据代理人是否享有代理权来判断代理行为是否对被代理人发生效力，至于代理人是否加盖了被代理人的印章，同样无关紧要。

以上司法解释均体现了"认人不认章"或者"不重视印章"的裁判思路，只是将印章作为一个普通的案件事实。[①] 判断行为人实施的法律行为是否对法人、非法人组织发生效力，最终取决于代理规则或者代表规则。

《合同编通则解释》第 22 条在以上司法解释的基础上，进一步明确了"认人

不认章"的裁判思路,换句话说:行为人以法人、非法人组织的名义订立合同的,判断该合同的法律效力和效果归属,不应当仅以印章为依据。之所以作此规定,是因为:首先,相对人在从事交易时,应当有理由相信行为人使用的印章是真实的,否则要求相对人对该印章的真实性进行查证,将会极大地增加交易成本。其次,在越权代表或者越权代理的情况下,若相对人尽到了合理审查义务,都应当由法人、非法人组织承担合同责任,那么根据举重以明轻的解释方法,只要行为人是在职权范围之内订立合同,该合同当然应当对该法人、非法人组织发生效力,至于印章是否存在缺陷,无关紧要。最后,在印章存在缺陷的情况下,由法人、非法人组织承担合同责任,也不违背公平原则。毕竟法人、非法人组织对其印章具有保管义务,因此应当由法人、非法人组织承担其印章存在缺陷产生的不利后果。综上,在异常的"人章关系"纠纷中,应当首先审查具体实施法律行为的法定代表人、负责人或者工作人员是否享有相应的权限,至于印章是否存在缺陷,则是次要因素。

三、印章的法律效力的类型化

根据上文所述,《合同编通则解释》第 22 条同样采取了"认人不认章"的思路,即行为人实施的代表行为或代理行为是否对法人、非法人组织发生效力,取决于行为人是否就合同事项享有代表权或代理权。具体而言包括以下几种情形。

(一)"真人假章"

《合同编通则解释》第 22 条第 1 款规定的是:行为人没有超越权限,以法人、非法人组织的名义订立合同,即便合同加盖的印章不是备案印章,或者系伪造的印章的,该合同也应该对法人、非法人组织发生效力。本条第 1 款的适用,以行为人实施的是有权代表或有权代理为前提条件,若这一条件得到满足,那么按照《民法典》第 61 条第 2 款、第 105 条和第 108 条、第 170 条第 1 款的规定,代表行为或者代理行为应当对法人、非法人组织发生效力。至于印章不是备案印章,甚至是伪造的印章,均与代表规则或代理规则中的效果归属无关。因此,本条第 1 款的法律适用,关键在于是否可以查明行为人就合同事项是否享有代表权或者代理权。

(二)"有人无章"

《合同编通则解释》第 22 条第 2 款规定的是,合同系以法人、非法人组织的名义订立,但是仅有行为人签名或者按指印而未加盖法人、非法人组织的印章,相对人能够证明行为人在订立合同时未超越权限的,该合同对法人、非法人组织发生效力,除非当事人约定合同成立的条件是加盖印章。本款规定的是"有人无章"的情形。这一条款具有以下几层含义：（1）相对人主张行为人以法人、非法人组织的名义订立的合同对法人、非法人组织发生效力的，应当对行为人享有代表权或代理权承担客观证明责任。此乃《民法典》第 61 条第 2 款、第 105 条和第 108 条、第 170 条第 1 款的应有之义。（2）只要能够证明行为人就合同事项享有代表权或代理权，那么该合同就对法人、非法人组织发生效力。（3）法人、非法人组织可能提出一个抗辩，即合同仅有行为人签名或者按指印，没有加盖法人、非法人组织的印章。本条第 2 款规定这一抗辩不足以否定合同对法人、非法人组织发生效力的法律评价。这是因为：一方面，在已经证明行为人就合同事项享有代表权或代理权的情况下，加盖法人、非法人组织的印章，只具有显示法人、非法人组织名义的功能，但是这一功能无须通过印章这一工具实现，如在营业场所进行行为、表明自己的职位和代理人身份、出示授权或者委托证明等，均可显示法人、非法人组织名义。[①] 甚至可以说，只要在合同书中载明了合同当事人为法人、非法人组织，就足以表明该合同是以法人、非法人组织的名义订立的。另一方面，就行为人是否对合同事项享有代表权或代理权而言，是否加盖法人、非法人组织的印章也不是决定性的，因为加盖印章不足以证明行为人享有代表权或代理权，没有加盖印章也不必然表明行为人没有代表权或代理权，行为人是否享有代表权或代理权，最终取决于授权关系。[②]（4）本款但书规定，若当事人约定以加盖印章为合同成立条件的，那么应当按照当事人的约定进行法律评价，自不待言。总体而言，本款的规范重心在于法人、非法人组织可能提出的抗辩，即合同没有加盖法人、非法人组织的印章。这一事实对于该合同是否归属于法人、非法人组织不具有决定性意义。

（三）"有章无人"

《合同编通则解释》第 22 条第 3 款规定的是，合同仅加盖法人、非法人组织的印章而无人员签名或者按指印，相对人能够证明合同系行为人在其权限范围内签订的，该合同对法人、非法人组织发生效力。本款规定的是"有章无人"的情形。本款包含以下几个方面的含义：（1）相对人主张行为人订立的合同对法人、非法人组织发生效力的，前者应当证明后者享有代表权或者代理权。（2）只要（1）可以得到证明，那么该合同就对法人、非法人组织发生效力。（3）法人、非法人组织可能提出的抗辩是，合同仅加盖了法人、非法人组织的印章而无人员签名或者按指印。这一抗辩的言下之意是，行为人究竟是代表人、代理人还是没有

---

① 参见殷秋实：《民法体系中的法人印章定位》，载《清华法学》2021 年第 4 期，第 148 页。

② 参见娄爱华：《私刻公章与被代理人责任》，载《法学家》2020 年第 3 期，第 110 页。

权限之人，没有体现在合同书上。根据本款规定，这一抗辩也不足以否定该合同对法人、非法人组织发生效力。这是因为，本款的适用条件是相对人可以证明行为人实施的是有权代表或者有权代理，在这样的前提条件下，行为人是否在合同书上表明身份是无关紧要的。

（四）印章与代表或代理

《合同编通则解释》第22条第4款规定的是，行为人超越权限与相对人订立合同时，只要构成表见代表或者表见代理，那么该合同也对法人、非法人组织发生效力。本款规定没有比《民法典》第172条或者第504条提供更多的信息，本款只是对后二者的注意规定。从《最高人民法院关于当前形势下审理民商事合同纠纷案件若干问题的指导意见》第13条和第14条以及《九民会议纪要》第41条的规定来看，"印章"可以作为证成"相对人有理由相信行为人有代理权"或者相对人善意的基础事实之一。本款没有对此作出进一步的细化规定。因此在理解本款规定时，还是应当回到《最高人民法院关于当前形势下审理民商事合同纠纷案件若干问题的指导意见》和《九民会议纪要》。根据这些规定，印章不是证明行为人享有代理权/代表权外观的充分条件，不能仅仅因行为人加盖了伪造的他人印章而认定该行为人存在享有代理权/代表权外观。至少应当依行为人与相对人之间进行数次交易，并且行为人先后数次使用同一印章，来认定使相对人产生了合理信赖。①

综上，在我国商业实践中，印章发挥着标示法人、非法人组织的名义，并将法律行为归属于法人、非法人组织的功能，与此相应，我国司法实践中也一度形成了"重视印章"的裁判思路，将印章作为法人、非法人组织的"化身"，形成了"人章合一"的实践规则。② 尽管《合同编通则解释》第22条实质上是对《民法典》既有规则的重复，但是这一条款作为注意规定，其积极意义在于，提醒法官不要过分重视印章的意义，而应将印章作为一项普通的案件事实放置在代表规则或代理规则中进行法律评价。

（本条撰写人：阮神裕）

---

① 参见崔建远：《论外观主义的运用边界》，载《清华法学》2019年第5期，第12页。
② 参见殷秋实：《民法体系中的法人印章定位》，载《清华法学》2021年第4期，第153页。

代表人或者代理人与相对人恶意串通

法定代表人、负责人或者代理人与相对人恶意串通，以法人、非法人组织的名义订立合同，损害法人、非法人组织的合法权益，法人、非法人组织主张不承担民事责任的，人民法院应予支持。

法人、非法人组织请求法定代表人、负责人或者代理人与相对人对因此受到的损失承担连带赔偿责任的，人民法院应予支持。

根据法人、非法人组织的举证，综合考虑当事人之间的交易习惯、合同在订立时是否显失公平、相关人员是否获取了不正当利益、合同的履行情况等因素，人民法院能够认定法定代表人、负责人或者代理人与相对人存在恶意串通的高度可能性的，可以要求前述人员就合同订立、履行的过程等相关事实作出陈述或者提供相应的证据。其无正当理由拒绝作出陈述，或者所作陈述不具合理性又不能提供相应证据的，人民法院可以认定恶意串通的事实成立。

【本条主旨】

本条对法定代表人、负责人或者代理人与相对人恶意串通订立的合同的效力、行为人的民事责任以及恶意串通的证明问题作出规定。

【关联规定】

1. 《民法典》第 154 条　行为人与相对人恶意串通，损害他人合法权益的民事法律行为无效。

2. 《民法典》第 164 条第 2 款　代理人和相对人恶意串通，损害被代理人合法权益的，代理人和相对人应当承担连带责任。

3.《最高人民法院关于适用〈中华人民共和国民事诉讼法〉的解释》第 109 条 当事人对欺诈、胁迫、恶意串通事实的证明，以及对口头遗嘱或者赠与事实的证明，人民法院确信该待证事实存在的可能性能够排除合理怀疑的，应当认定该事实存在。

【理解与适用】

一、代理人[①]与相对人恶意串通订立的合同应当被评价为效力待定

《民法典》第 164 条第 2 款规定："代理人和相对人恶意串通，损害被代理人合法权益的，代理人和相对人应当承担连带责任。"这一条款只规定了代理人和相对人应当承担连带责任，而没有规定代理人实施法律行为的效力如何。对此问题，学界存在两种不同的观点。一种观点认为，代理人与相对人的恶意串通属于行为人与相对人恶意串通的子类型，故前者应当同后者一样被评价为无效。[②] 类似观点认为恶意串通的代理行为因违背善良风俗而无效。[③] 这一观点由来已久，在《民法通则》颁布前后就有学者认为，代理人和相对人恶意串通乃是恶意串通的典型情形。[④] 另一种观点认为：代理人与相对人恶意串通，不同于行为人与相对人恶意串通，二者之间不存在种属关系。代理人与相对人恶意串通属于典型的代理权滥用，应当适用代理制度中的效果归属规则，而不应当适用法律行为制度中的无效规则。申言之，代理人与相对人恶意串通并不导致代理人实施的法律行为无效，而是构成代理权滥用，代理人因此丧失代理权，其实施的代理行为属于无权代理，应当被评价为效力待定。[⑤] 此外，从利益衡量的角度考量，既然《民法典》第 164 条第 2 款的规范目的在于保护被代理人的利益，那么由被代理人决

---

① 为行文方便，本章统一使用"代理人"这一概念，若无特别说明，法定代表人和负责人的情况与代理人相同。

② 参见韩世远：《合同法总论》，法律出版社 2018 年版，第 223 页；陈甦主编：《民法总则评注》，法律出版社 2017 年版，第 1163 页；李适时主编：《中华人民共和国民法总则释义》，法律出版社 2017 年版，第 483 页。

③ 参见陈华彬：《民法总则》，中国政法大学出版社 2017 年版，第 600 页；龙卫球、刘保玉主编：《中华人民共和国民法总则释义与适用指导》，中国法制出版社 2017 年版，第 519 页。

④ 参见佟柔主编：《民法》，法律出版社 1986 年版，第 43 页；江平、张佩霖编著：《民法教程》，中国政法大学出版社 1986 年版，第 81 页。

⑤ 参见殷秋实：《论代理人和相对人恶意串通》，载《法商研究》2020 年第 3 期，第 103 页；胡东海：《论恶意串通型代理权滥用》，载《法商研究》2019 年第 5 期，第 143 页。

定恶意串通的代理行为的效力，才能最大限度地维护被代理人的利益。①

《合同编通则解释》第 23 条第 1 款明确了代理人与相对人恶意串通订立的合同应当被评价为效力待定，而非无效。这是因为：根据文义解释，《合同编通则解释》第 23 条第 1 款之规定（"法定代表人、负责人或者代理人与相对人恶意串通，以法人、非法人组织的名义订立合同，损害法人、非法人组织的合法权益，法人、非法人组织主张不承担民事责任的，人民法院应予支持。"）中"法人、非法人组织主张不承担民事责任"的表述表明了，法人、非法人组织不仅可以表示愿意承担民事责任，也可以主张不承担民事责任。因此，这一条款实质上赋予法人、非法人组织追认权。由此可以推知，《合同编通则解释》第 23 条第 1 款规定了代理人与相对人恶意串通订立的合同应当被评价为效力待定。

二、法人、非法人组织不追认则不承担民事责任

由于《合同编通则解释》第 23 条第 1 款规定代理人与相对人恶意串通订立的合同为效力待定，因此法人、非法人组织对该合同不予追认时，该法人、非法人组织不承担合同责任，即"法人、非法人组织主张不承担民事责任的，人民法院应予支持"。

所谓法人、非法人组织不承担民事责任，首先是指代理人实施的法律行为的效果不归属于法人、非法人组织。一种观点认为，代理人与相对人恶意串通实施代理行为，损害法人或者非法人组织的合法权益的，构成代理权滥用，代理人丧失代理权。代理人与相对人恶意串通之所以构成代表权或代理权滥用而丧失代表权或代理权，存在两个方面的原因，一是代理人违反了基础关系施加的义务，二是相对人丧失了信赖保护利益。② 申言之：一方面，基于法人、非法人组织与代理人之间的基础关系，代理人应当为法人、非法人组织的利益考虑实施代理行为，例如委托合同、雇佣合同等基础关系明确约定了代理人在行使代理权时负有若干义务，或者基于诚信原则要求代理人在行使代理权时应当努力促使法人、非法人组织的利益最大化。当代理人实施的代理行为"损害法人、非法人组织的合法权益"时，该行为就违反了基础关系施加给代理人的义务。另一方面，代理人与相对人恶意串通的，不管对"恶意"是解释为"知道或者应当知道"，还是解释为带有道德评价的"加害故意"，均可得出相对人知道或者应当知道代理人滥

① 参见胡东海：《论恶意串通型代理权滥用》，载《法商研究》2019 年第 5 期，第 142 页。
② 参见胡东海：《论恶意串通型代理权滥用》，载《法商研究》2019 年第 5 期，第 141 页。

用代理权。① 就此而言，相对人丧失了信赖保护利益。

由于代理人与相对人恶意串通时丧失了代理权，因此代理人实施的代理行为效力待定，法人或者非法人组织对此享有追认权。若是法人或者非法人组织予以追认，那么代理行为有效；若是不予追认，那么代理行为无效。尽管《合同编通则解释》第23条第1款没有规定法人或者非法人组织的追认权，但是该条采取的措辞是"法人、非法人组织主张不承担民事责任的，人民法院予以支持"，这就表明法人、非法人组织享有选择不同主张的权限，既可以选择追认，从而主张相对人履行合同，也可以选择不予追认，从而主张其不承担民事责任。

存在疑问的是：法定代表人、负责人或者代理人与相对人恶意串通签订合同，并且法人、非法人组织不予追认的，法人、非法人组织是否需要对此承担缔约过失责任？尤其是法定代表人、负责人是法人、非法人组织的机关（法人实在说），法定代表人、负责人的行为即为法人、非法人组织的行为。因此，法定代表人、负责人实施越权行为，造成恶意相对人遭受损失的，法定代表人、负责人的过错等同于法人、非法人组织的过错②，法人、非法人组织是否应当为该越权行为承担缔约过失责任？

对此问题，本书认为，法人、非法人组织不必为法定代表人、负责人与相对人的恶意串通承担缔约过失责任。根据《合同编通则解释》第23条第1款的规定，法人、非法人组织不承担民事责任，其中的"民事责任"依其语义涵盖了缔约过失责任。也就是说，法人、非法人组织不必为法定代表人、负责人滥用代表权实施的代表行为承担缔约过失责任。这一规定的合理之处在于：在越权代表中，代表人的过错之所以等同于法人、非法人组织的过错，是因为代表人的地位、权力决定了其有机会故意实施越权代表，而且法人、非法人组织也非无辜的受害者。③ 但在代表人与相对人恶意串通的场合，代表人不再对法人、非法人组织的利益加以考虑，而是以损害法人、非法人组织合法权益的目的与相对人签订合同，此时仍然让法人、非法人组织为代表人实施的、具有加害故意的代表行为承担缔约过失责任，显然不妥。因此，本条明确规定法人、非法人组织不承担民事责任，从而排除了法人、非法人组织在代表人实施恶意串通时仍然承担缔约过失责任的可能性。

---

① 参见殷秋实：《论代理人和相对人恶意串通》，载《法商研究》2020年第3期，第100页。
② 参见杨代雄：《越权代表中的法人责任》，载《比较法研究》2020年第4期，第44~46页。
③ 参见杨代雄：《越权代表中的法人责任》，载《比较法研究》2020年第4期，第45页。

三、代表人或代理人与相对人承担连带责任

根据《民法典》第 164 条第 2 款和《合同编通则解释》第 23 条第 2 款的规定，法人、非法人组织可以请求代理人与相对人承担连带赔偿责任。

关于这一连带责任的法理基础为何，理论上存在不同见解。一种观点认为，该连带责任乃是代理权滥用产生的法定连带之债。[①] 另一种观点认为，该连带责任乃是代理人与相对人的共同侵权责任，因而《民法典》第 164 条第 2 款没有独立规定的价值，充其量为注意规定。[②] 将代理人与相对人恶意串通的连带责任定性为共同侵权责任的观点有一定的道理，但是不能据此否认《民法典》第 164 条第 2 款作为一项独立法律规则的意义。这是因为：法官根据《民法典》第 1168 条的规定认定代理人与相对人是否构成共同侵权时，"恶意串通"这一事实或许可以满足"共同加害的故意"要件。但是共同侵权的成立还需要满足《民法典》第 1165 条规定的"侵害他人民事权益"要件，恶意串通的代理行为是否满足这一要件，往往需要以"以违背善良风俗方式侵害债权"为媒介加以判断。[③] 这样一来，恶意串通的代理行为是否当然构成背俗侵害债权，是法官可以根据具体个案进行裁量的问题，由此就产生了法律适用的不确定性。《民法典》第 164 条第 2 款的意义在于，以规则（rule）的方式规定了代理人与相对人恶意串通损害被代理人合法权益的连带责任[④]，由此避免了个案裁量的不确定性。在这个意义上，《民法典》第 164 条第 2 款具有独立的意义。因此，即便该款体现了共同侵权的法理，也应当被看作是共同侵权责任的特别规定。不过，该款究竟是法定连带之债还是共同侵权责任的特别规定，这一争论没有实益。

《民法典》第 164 条第 2 款规定的连带责任的成立，是否以恶意串通的代理行为因不被追认而归于无效为前提条件？有的观点认为，《民法典》第 164 条第 2

[①] 参见龙卫球：《民法总论》，中国法制出版社 2002 年版，第 592 页。

[②] 参见殷秋实：《论代理人和相对人恶意串通》，载《法商研究》2020 年第 3 期，第 112 页；徐涤宇：《代理制度如何贯彻私法自治——〈民法总则〉代理制度评述》，载《中外法学》2017 年第 3 期，第 693 页。

[③] 参见朱庆育：《民法总论》（第二版），北京大学出版社 2016 年版，第 352 页。

[④] 《民法典》第 164 条第 2 款创设了一项"排他性理由"（exclusionary reason），即由于这一法律规则的存在，那些反对将恶意串通的代理行为认定为背俗侵害债权的理由被排除了，从而避免了法官个案裁量的劳动成本，也避免了由此产生的不确定性。关于"规范作为排他性理由"的论述，参见［以］约瑟夫·拉兹：《实践理性与规范》，朱学平译，中国法制出版社 2011 年版，第 58、76 页。

款所规定连带责任的成立条件，是被代理人（法人或者非法人组织）不追认代理人与相对人恶意串通实施的代理行为，也即连带责任的成立条件是代理行为无效。① 这一观点值得商榷。笔者认为，即便法人、非法人组织追认代理人与相对人恶意串通实施的代理行为，也即该代理行为的法律效果归属于法人、非法人组织，法人、非法人组织因此遭受损害时，也可以向代理人和相对人请求承担连带赔偿责任。这是因为：第一，依文义解释，《民法典》第 164 条第 2 款的规定没有将代理行为归于无效作为代理人和相对人承担连带责任的前提条件。同样《合同编通则解释》第 23 条第 2 款也没有明确规定承担连带赔偿责任的前提条件是代理行为归于无效。当然，该条第 2 款规定的是法人、非法人组织请求代理人与相对人对"因此受到的损失"承担连带赔偿责任，而第 1 款又规定了"……法人、非法人组织主张不承担民事责任的，人民法院应予支持"，即规定了法人、非法人组织不予追认的情形。这似乎给人一种"因此受到的损失"是指因为法人、非法人组织不予追认而代理行为归于无效所遭受的损失。然而，"因此受到的损失"还可以被宽泛地解释为因为代理人与相对人恶意串通而遭受的损失。可见，单从文义解释无法得出确切的结论。第二，依体系解释，《合同编通则解释》第 20 条第 3 款在规定越权代表时，并未将法人、非法人组织向代表人行使追偿权的前提条件确定为越权代表行为最终归于无效。在法人、非法人组织承担越权代表订立的合同的法律后果，因而遭受损害时，其可以向有过错的代表人进行追偿。同样，在解决法人、非法人组织是否可以向恶意串通的代理人进行追偿的问题时，也不必以恶意串通的代理行为最终归于无效为前提条件。第三，从利益衡量的角度考量，既然《民法典》第 164 条第 2 款和《合同编通则解释》第 23 条第 1 款的规范目的是保护被代理人（法人、非法人组织）的利益，而且主张恶意串通的代理行为效力待定的观点也认为，为了保护被代理人的利益，应当赋予被代理人选择追认或者不予追认的权限，那么，同样基于合目的性考量，为了保护被代理人的利益，应当赋予被代理人选择追认并且要求损害赔偿，或者选择不予追认并进一步主张损害赔偿的权利。唯有如此，赋予被代理人追认权才是有实益的，否则恐怕鲜有被代理人愿意追认一个代理人与相对人恶意串通意图损害被代理人合法权益的行为。

由此可见，法人、非法人组织请求恶意串通的代理人与相对人承担连带赔偿责任包括两种不同的情形：一是法人、非法人组织予以追认，但是其在承受该法

---

① 参见胡东海：《论恶意串通型代理权滥用》，载《法商研究》2019 年第 5 期，第 144 页。

律行为的法律后果时遭受了损失，其可以就此损失要求代理人与相对人承担连带责任。在法人、非法人组织对恶意串通的代理行为予以追认的情况下，代理人与相对人订立的合同归属于法人、非法人组织。若法人、非法人组织可以提供证据证明合同履行给其造成了损失，则其可以就此损失向代理人与相对人主张连带赔偿责任。二是法人、非法人组织不予追认，其因代理人与相对人恶意串通而遭受了损失的，此时其也可以要求代理人与相对人承担连带责任。申言之，该合同因法人、非法人组织不予追认而归于无效，法人、非法人组织因此遭受的损失主要指信赖利益损失。[①] 法人、非法人组织可以按照《民法典》第157条的规定，要求代表人、代理人或相对人返还财产；不能返还或者没有必要返还的，可以要求代理人或相对人折价补偿，也可以要求代理人或相对人赔偿损失。代理人与相对人对此承担连带责任。

四、代理人与相对人"恶意串通"的证明

代理人与相对人究竟是否存在恶意串通，在举证上存在一定的困难。《民事诉讼法解释》第109条规定"恶意串通"须达到"人民法院确信该待证事实存在的可能性能够排除合理怀疑"的证明标准，无疑加大了对恶意串通的举证难度。《合同编通则解释》第23条第3款对恶意串通的证明责任作了进一步的规定，详言之：

第一，本条所规定的"恶意串通"乃评价性要件，而非事实性要件。所谓评价性要件，又称"评价性构成要件要素"，是指法律规范中蕴含价值判断的构成要件。诸如恶意串通、过错、有理由相信等不确定法律概念，均属于评价性要件。所谓事实性要件，是指通过形式逻辑的方法就可以将案件事实涵摄于其下的构成要件。[②] 例如《民法典》第17条规定18周岁以上的自然人为成年人，那么只要有证据表明当事人的年龄为18周岁以上，其就是该条规定的"成年人"。这一涵摄作业只涉及形式逻辑，而并不涉及价值判断。

"恶意串通"并非纯粹的事实性要件。代理人与相对人是否存在"串通"，这一外部事实或许可以通过直接证据（例如代理人或相对人磋商过程的录音）得到证明。但是，代理人与相对人是否存在损害法人、非法人组织的"恶意"这一要

① 参见胡东海：《论恶意串通型代理权滥用》，载《法商研究》2019年第5期，第146页。
② 参见曹志勋：《论民事诉讼中事实的证明方式》，载《苏州大学学报（法学版）》2020年第4期，第129~130页；余亮亮：《论评价性要件的证明责任分配》，清华大学2023年博士学位论文。

件是否成立就相对复杂。一方面，"恶意"这一评价性要件可能存在多种评价根据事实。例如，代理人与相对人故意加损害于法人、非法人组织的故意可以被评价为"恶意"；又如，代理人虽然没有加损害于法人、非法人组织的故意，但是意图剥夺本该归属于后者的交易机会，因而与相对人串通，这一情形亦可被评价为"恶意"。在诉讼过程中，法人、非法人组织可以根据案件事实情况提出不同的评价根据事实，据以证立"恶意串通"这一评价性要件。另一方面，"恶意"的评价根据事实大多为内部事实（当事人的目的或意图等主观意思），对这些内部事实很难通过直接证据加以证明（代表人、代理人或相对人通常不会在陈述中袒露自己的主观意思），往往只能通过间接证据加以证明。因此，就"恶意串通"这一要件的认定而言，法官应当遵循"间接事实—评价根据事实—评价性要件"的推论逻辑。

第二，本条第 3 款对恶意串通的间接事实作了列举性规定。本条第 3 款没有进一步详细规定"恶意串通"这一评价性要件的评价根据事实包括哪些。通常来讲，"恶意串通"的评价根据事实是代理人与相对人具有损害法人、非法人组织合法权益的故意。只要法人、非法人组织举证的间接事实可以证明这一评价根据事实的成立，那么即可认定"恶意串通"这一要件成立。可见，本条第 3 款的规范重心不是"评价根据事实—评价性要件"之间的推论，而是"间接事实—评价根据事实"之间的推论。故此，本条第 3 款的规范重心是哪些间接事实可以证明"恶意串通"的成立。就此而言，本条第 3 款规定，法官在认定代理人和相对人是否存在"恶意串通"时，应当综合考虑当事人之间的交易习惯、合同在订立时是否显失公平、相关人员是否获取了不正当利益、合同的履行情况等因素。这些因素均属于可证明"恶意串通"的间接事实。通过这些间接事实形成的证据链条，可以证明代理人与相对人"恶意串通"的成立。

第三，本条第 3 款对"恶意串通"的证明过程作了进一步的规定，即法人、非法人组织应当举证证明若干间接事实，法官根据这些间接事实形成的证据链条，以"临时心证"的方式认定"恶意串通"之评价根据事实达到了高度可能性的程度。此时，法官通过心证公开与积极释明，告知代理人与相对人此时享有就"恶意串通"这一评价性要件提出异议的防御机会。倘若代理人与相对人成功提出异议，那么法人、非法人组织就无法证明"恶意串通"成立。相反，倘若代理人与相对人没有提出异议，或者虽然提出异议但是无正当理由拒绝对合同订立、履行的过程作出陈述，或者所作陈述不合理又不能提供相应证据，那么就可以认定法人、非法人组织提出的证据足以证明"恶意串通"成立。

需要检讨的是，本条规定采取了"高度可能性"的表述方式，似乎不同于《民事诉讼法解释》第 109 条规定的"排除合理怀疑"。这两个条文之间是否存在规范冲突？本书认为，这两个条文之间不存在规范冲突。这是因为，本条的规范意旨在于，在法人、非法人组织举证的间接事实证明"恶意串通"达到了高度可能性的程度后，应当由代表人、代理人与相对人提出这些间接事实可能蕴含的其他可能性（如不存在"恶意串通"），也就是由代理人与相对人提出"合理怀疑"。若是代理人与相对人无法提出这些"合理怀疑"，那么法官就可以确信法人、非法人组织举证的间接事实使"恶意串通"这一要件满足了"排除合理怀疑"的证明标准。可见，本条规定与《民事诉讼法解释》第 109 条并不冲突，本条仍然遵循"排除合理怀疑"的证明标准，只不过在此基础上，对"恶意串通"这一要件证明过程中的主观证明责任作了更加细致的规定，即法人、非法人组织对"恶意串通"的证明达到高度可能性时，就应当由代理人与相对人承担主观证明责任。

第四，代理人和相对人可以就合同的订立、履行的过程等相关事实作出陈述或提供相应的证据，具体包括：

一是附理由的否认。法人、非法人组织提供证据证明的若干间接事实，共同证明了"恶意串通"之评价根据事实的存在的，据此可得出作为评价性要件之"恶意串通"成立。对于法人、非法人组织举证的间接事实，代理人与相对人可以加以否认或者附理由地否认。本条第 3 款所规定的应当"就合同订立、履行的过程等相关事实作出陈述或者提供相应的证据"就表明代理人与相对人在加以否认时应当附上理由和证据。代理人与相对人进行附理由的否认时，不需要达到"本证"的程度，即不需要证明不存在"恶意串通"的事实具有高度可能性，只要以"反证"的方式降低存在"恶意串通"的可能性，使之无法达到"排除合理怀疑"的程度即可。

二是提出评价妨碍事实予以抗辩。上文指出，"恶意串通"乃是评价性要件，评价性要件基于评价根据事实而被推定成立，也可能基于评价妨碍事实而被推翻。[1] 申言之，即便基于法人、非法人组织的举证，间接事实足以证明评价根据事实，从而推定"恶意串通"的成立，代理人与相对人也还可以提出评价妨碍事

---

① 参见［日］伊藤滋夫：《要件事实的基础》，许可、［日］小林正弘译，法律出版社 2022 年版，第 314~336 页。

实，推翻"恶意串通"的成立。例如，代理人与相对人以本证的方式证明，法人、非法人组织（的其他机关）不仅在缔约阶段知道代理人与相对人恶意串通，而且积极履行了合同内容，在履行合同后法人、非法人组织因故请求法院认定代表人、代理人与相对人恶意串通。基于对诚信原则的考虑，应当认定法人、非法人组织明知和放任"恶意串通"代理行为这一评价妨碍事实足以推翻"恶意串通"的成立。

（本条撰写人：阮神裕）

合同不成立、无效、被撤销或者
确定不发生效力的法律后果

合同不成立、无效、被撤销或者确定不发生效力，当事人请求返还财产，经审查财产能够返还的，人民法院应当根据案件具体情况，单独或者合并适用返还占有的标的物、更正登记簿册记载等方式；经审查财产不能返还或者没有必要返还的，人民法院应当以认定合同不成立、无效、被撤销或者确定不发生效力之日该财产的市场价值或者以其他合理方式计算的价值为基准判决折价补偿。

除前款规定的情形外，当事人还请求赔偿损失的，人民法院应当结合财产返还或者折价补偿的情况，综合考虑财产增值收益和贬值损失、交易成本的支出等事实，按照双方当事人的过错程度及原因力大小，根据诚信原则和公平原则，合理确定损失赔偿额。

合同不成立、无效、被撤销或者确定不发生效力，当事人的行为涉嫌违法且未经处理，可能导致一方或者双方通过违法行为获得不当利益的，人民法院应当向有关行政管理部门提出司法建议。当事人的行为涉嫌犯罪的，应当将案件线索移送刑事侦查机关；属于刑事自诉案件的，应当告知当事人可以向有管辖权的人民法院另行提起诉讼。

【本条主旨】

本条是关于合同不成立、无效、被撤销或者确定不发生效力后返还财产、折价补偿、损害赔偿以及与公法责任衔接的规定。

【关联规定】

1.《民法典》第 157 条 民事法律行为无效、被撤销或者确定不发生效力后，行为人因该行为取得的财产，应当予以返还；不能返还或者没有必要返还的，应当折价补偿。有过错的一方应当赔偿对方由此所受到的损失；各方都有过错的，应当各自承担相应的责任。法律另有规定的，依照其规定。

2.《全国法院民商事审判工作会议纪要》32. 【合同不成立、无效或者被撤销的法律后果】《合同法》第 58 条就合同无效或者被撤销时的财产返还责任和损害赔偿责任作了规定，但未规定合同不成立的法律后果。考虑到合同不成立时也可能发生财产返还和损害赔偿责任问题，故应当参照适用该条的规定。

在确定合同不成立、无效或者被撤销后财产返还或者折价补偿范围时，要根据诚实信用原则的要求，在当事人之间合理分配，不能使不诚信的当事人因合同不成立、无效或者被撤销而获益。合同不成立、无效或者被撤销情况下，当事人所承担的缔约过失责任不应超过合同履行利益。比如，依据《最高人民法院关于审理建设工程施工合同纠纷案件适用法律问题的解释》第 2 条规定，建设工程施工合同无效，在建设工程经竣工验收合格情况下，可以参照合同约定支付工程款，但除非增加了合同约定之外新的工程项目，一般不应超出合同约定支付工程款。

《全国法院民商事审判工作会议纪要》33. 【财产返还与折价补偿】合同不成立、无效或者被撤销后，在确定财产返还时，要充分考虑财产增值或者贬值的因素。双务合同不成立、无效或者被撤销后，双方因该合同取得财产的，应当相互返还。应予返还的股权、房屋等财产相对于合同约定价款出现增值或者贬值的，人民法院要综合考虑市场因素、受让人的经营或者添附等行为与财产增值或者贬值之间的关联性，在当事人之间合理分配或者分担，避免一方因合同不成立、无效或者被撤销而获益。在标的物已经灭失、转售他人或者其他无法返还的情况下，当事人主张返还原物的，人民法院不予支持，但其主张折价补偿的，人民法院依法予以支持。折价时，应当以当事人交易时约定的价款为基础，同时考虑当事人在标的物灭失或者转售时的获益情况综合确定补偿标准。标的物灭失时当事人获得的保险金或者其他赔偿金，转售时取得的对价，均属于当事人因标的物而获得的利益。对获益高于或者低于价款的部分，也应当在当事人之间合理分配或者分担。

《全国法院民商事审判工作会议纪要》35. 【损害赔偿】合同不成立、无效或者被撤销时，仅返还财产或者折价补偿不足以弥补损失，一方还可以向有过错的另一方请求损害赔偿。在确定损害赔偿范围时，既要根据当事人的过错程度合理确定责任，又要考虑在确定财产返还范围时已经考虑过的财产增值或者贬值因素，避免双重获利或者双重受损的现象发生。

【理解与适用】

一、适用范围

《合同编通则解释》第 24 条是对《民法典》第 157 条的具体化，但在适用范围上扩张至合同不成立、无效、被撤销或者确定不发生效力四种情形。《民法典》第 157 条仅规定了合同无效、被撤销两种情形下的财产关系清算，未规定合同不成立的法律后果。当合同不成立时，由于双方尚未达成合意，通常不会直接引发财产变动，但会产生磋商成本或履约准备成本，因而有可能产生损害赔偿。此外，已签订的合同也可能存在"隐藏的不合意"，即在履行后发现合同实际并未成立。此时也存在财产返还问题。由于合同不成立与无效、被撤销均是自始不发生任何效力，因此《总则编解释》第 23 条规定"民事法律行为不成立，当事人请求返还财产、折价补偿或者赔偿损失的，参照适用民法典第一百五十七条的规定"。《合同编通则解释》对此予以延续。

确定不发生效力的合同则较为特殊，其专指《民法典》第 502 条第 2 款所称"未办理批准等手续影响合同生效"的情形。此类"未生效"合同应以法律、行政法规明确规定不批准即不生效为前提。不过，《民法典》第 502 条第 2 款使合同中履行报批等义务的条款独立于未生效合同而独立生效，使违反报批义务的法律后果成为我国法上一个争议问题。[①]《合同编通则解释》第 12 条对此作出了明确规定，应优先适用。仅在报批方生效的合同最终未被有权机关批准时本条才有适用空间。

二、返还财产

(一) 返还财产请求权的性质

返还财产请求权的定性问题并非纯粹的理论之争，而有其重要实益，特别是诉讼时效制度的适用以及确定财产权的归属，进而影响强制执行、破产以及程序法上的安排，因而有必要予以厘清。

---

① 参见朱广新：《论不履行报批义务的法律后果》，载《法治研究》2022 年第 2 期；刘贵祥、吴光荣：《关于合同效力的几个问题》，载《中国应用法学》2021 年第 6 期。

合同不成立、无效、被撤销以及不发生效力时返还财产请求权的性质与物权变动模式直接相关。在采物权行为无因性理论的法律框架中，直接导致物权变动的是物权行为，债权行为本身的效力瑕疵不影响物权行为的效力，除非二者具有"瑕疵同一性"。因此，债权行为的无效、被撤销原则上不影响物权变动的效力，当事人仅得主张不当得利返还请求权。但在"瑕疵同一性"的情形中，物权行为与债权行为具有同样的效力瑕疵，物权行为无效、被撤销则直接导致物权变动不发生效力。① 因此，何时具备"瑕疵同一性"在理论上更值得关注，如果采取宽松标准，扩充其适用空间，则"有因"和"无因"所导致的最终结果差别不大。如在德国法上，行为能力欠缺、欺诈、胁迫、错误、违法无效以及违反格式条款规制均导致"瑕疵同一性"，其影响同样延伸至让与合意的形成。以欺诈为例：受欺诈的出让方可以直接主张物的返还请求权，排除欺诈方债权人对该财产的执行，该财产亦不属于欺诈方的破产财产。②

对于物权变动模式，我国法与上述德国法具有显著差异。我国法采债权形式主义，虽然形式上区分合同效力与物权变动的效力，但未承认独立于债权合同之外的物权合同（让与合意），债权合同的效力仍直接影响物权变动。因此，合同不成立、无效、被撤销以及确定不发生效力时，物权变动同样不发生效力。③ 在买卖等移转标的物所有权的交易类型中，出卖人仍保有标的物所有权时，其返还请求权性质上为物权请求权；但标的物已被再次转让于第三人且符合善意取得条件时，出卖人的所有权已消灭，仅能主张不当得利返还请求权。由于金钱不具有特定性，原则上"占有即所有"，故价款的返还性质上仅为不当得利返还。④ 在移转标的物占有的交易类型，如租赁、动产质押中，因承租人、质押人已丧失占有依据，所有权人自可依其所有权请求返还。

争议在于，假设买卖合同被撤销，由于其效果为自始无效，出卖人始终为标的物的所有权人，倘若买受人的债权人已对标的物申请强制执行，则此时出卖人是否可以通过第三人异议之诉排除执行。有裁判观点认为，出卖人虽然享有物权性质的返还请求权，但以先返还价款为前提。出卖人未返还价款，则不能排除执行。其理由在于，如果允许其排除金钱债权的执行，将会使买受人的债权人既无

---

① 参见〔德〕鲍尔、施蒂尔纳：《德国物权法》（上册），张双根译，法律出版社 2004 年版，第 96 页。

② Vgl. Grigoleit, Vorvertragliche Informationshaftung, S. 141.

③ 参见王利明：《论债权形式主义下的区分原则——以〈民法典〉第 215 条为中心》，载《清华法学》2022 年第 3 期。

④ 参见王利明：《合同法研究》，中国人民大学出版社 2015 年版，第 727 页。

法执行买卖物，又无法执行本应返还给买受人的价款，有失公允。① 笔者认为，即使出卖人未返还价款，买受人对出卖人的价款返还债权仍属于其责任财产，债权人仍可对债权申请强制执行，故以上理由难以成立。价款返还与原物返还之间，的确存在同时履行的问题（下文将对此予以详述）但这仅为抗辩权安排，并不影响财产的权属，因此不宜否定出卖人在执行程序中的权利和地位。

（二）对物权请求权不适用诉讼时效制度

关于返还财产请求权是否适用诉讼时效制度，我国现行法规定并不明确，理论上也有所争议。《民法典》第 196 条是关于不适用诉讼时效的请求权的规定，其第 2 项仅明确"不动产物权和登记的动产物权的权利人请求返还财产"。对于其他非登记动产的返还请求权是否适用诉讼时效，该条并未明确。对此，理论上有肯定和否定两说。肯定说认为对非登记动产的返还请求权应适用诉讼时效，理由在于，第一，因权利人长期不行使权利，第三人已产生合理信赖；第二，此类财产权欠缺公示，举证困难；第三，此类动产无论是否为易耗品，一般不会形成物权归属与实际支配状态的长久分离。② 否定说则仍坚持对物权请求权不适用诉讼时效制度的法理，认为作为物权效力的体现，返还原物请求权为保障对物支配所必需，不宜与停止侵害、排除妨害、消除危险请求权受到区别对待。此外，现行法也并无长期时效期间、取得时效等的规定。③ 笔者采否定说，理由在于：登记并非动产物权变动的生效要件，不宜赋予其过强的法律效力，将其作为是否适用诉讼时效的标准更是欠缺理论依据；此外，第三人的合理信赖、欠缺公示等问题已由动产善意取得制度予以回应，不宜在诉讼时效制度中重复考虑。

最高人民法院《关于审理民事案件适用诉讼时效制度若干问题的规定》（2020 年修正）第 1 条明确将诉讼时效抗辩的对象界定为"债权请求权"；但其第 5 条第 2 款转而规定"合同被撤销，返还财产、赔偿损失请求权的诉讼时效期间从合同被撤销之日起计算"。从文义来看其似认为对返还财产请求权，无论其是物权还是债权性质，均适用诉讼时效制度。但该规定起草机关的释义书指出，该款的"返还财产"主要指不能返还原物情形下的"折价补偿"请求权，其性质上为不当得利返还请求权，因而才适用诉讼时效，而合同被撤销后具备返还原物

---

① 参见最高人民法院民事审判第二庭、研究室编著：《最高人民法院民法典合同编通则司法解释理解与适用》，人民法院出版社 2023 年版，第 291 页。

② 参见陈甦主编：《民法总则评注》，法律出版社 2017 年版，第 1418～1419 页；石冠彬：《论出卖人返还财产请求权的属性及限制——以合同被撤销为切入点》，载《政治与法律》2021 年第 1 期。

③ 参见杨巍：《〈民法典〉第 196 条（不适用诉讼时效的请求权）评注》，载《南大法学》2022 年第 2 期。

条件的，返还财产的性质即为物权请求权，不适用诉讼时效。①

（三）返还财产的范围和方式

对于物权性质的返还财产请求权，《民法典》第 460 条规定了返还范围："不动产或者动产被占有人占有的，权利人可以请求返还原物及其孳息；但是，应当支付善意占有人因维护该不动产或者动产支出的必要费用"。据此，返还财产既包括返还原物，也包括返还其孳息。这与返还义务人占有物时的善意或恶意无关。无论善意或恶意，返还义务人的占有均属无权占有，因而其无权受领物的孳息。但在占有人的个人劳动或添附行为使返还财产增值时，由于善意占有人在主观上认为自己的占有属"自主占有"，其使财产增值的行为均应构成"支出的必要费用"，故仅善意占有人得主张适用或类推适用《民法典》第 460 条，主张相关费用的偿还。

在返还方式上，首先是移转物的占有；其次，对于可得登记的不动产、特殊动产或股权、知识产权等财产权，由于登记簿记载的情况与物权的事实归属不同，出卖人得向登记机关请求更正登记。

价款的返还基础为不当得利返还请求权，其范围除了价款本身，还包括价款的资金占用费。《合同编通则解释》第 25 条对此有专门规定，下文再作详述。

（四）对返还财产请求权的限制

由于返还财产仅以恢复财产的占有为目的，不考虑财产的价值变动、双方当事人的过错，因此返还财产请求权的适用应特别受诚信原则的制约。

限制一在于市场风险的公平分配，即标的物的市场价格发生了较大程度的波动时，当事人有动力通过否定合同效力和返还财产转嫁风险。《九民会议纪要》第 33 条前段规定，"合同不成立、无效或者被撤销后，在确定财产返还时，要充分考虑财产增值或者贬值的因素。双务合同不成立、无效或者被撤销后，双方因该合同取得财产的，应当相互返还。应予返还的股权、房屋等财产相对于合同约定价款出现增值或者贬值的，人民法院要综合考虑市场因素、受让人的经营或者添附等行为与财产增值或者贬值之间的关联性，在当事人之间合理分配或者分担，避免一方因合同不成立、无效或者被撤销而获益"。尽管《合同编通则解释》第 24 条最终未纳入该规则，有裁判观点认为：应延续该条的精神，若财产增值属于市场因素，要将增值部分在当事人间合理分配，特别是考虑当事人各自对合同无效的过错程度以及是否从合同无效中获益，对试图利用合同无效制度获益的

---

① 参见最高人民法院民事审判第二庭编著：《最高人民法院关于民事案件诉讼时效司法解释理解与适用》，人民法院出版社 2015 年版，第 56 页。

一方可以考虑少分甚至不分。① 反对观点认为：原物返还与物的价值变化无关。增值部分的分配并非财产返还问题，而是折价补偿问题。"公平的返还规则"忽略了原物返还、不当得利以及缔约过失等不同法律制度的功能，无限扩大了"财产返还"的外延，明显逾越了法条文义。② 此种反对观点值得赞同。除以上理由外，从实践角度看，通过返还原物进行增值部分的"公平分配"亦难以实现，特别是当标的物的增值或减损并不反映在物理上、不导致物的分割，返还本身无法剔除增值部分或补足减损部分时。可能的替代方法有两种：一种是在市场价格发生大幅波动时以折价补偿代替返还财产，并在折价补偿时考虑公平分配。其法律依据是，当事人通过否定合同效力并请求返还财产来转嫁市场风险的行为违反了诚信原则，构成《民法典》第3条规定的权利滥用行为。③ 此时裁判者才可限制返还财产请求权的行使。另一种则是在允许当事人相互返还后，通过损害赔偿规则调整财产价值的增益与减损。此种方案在我国法上也有实践，下文"四、损害赔偿"部分对此有专门论述。

限制二在于双务合同相互返还的牵连性。为了防止一方（特别是支付价款的一方）在返还财产后无法收回价款，《合同编通则解释》第25条专门规定了双方的同时履行抗辩。

限制三在于合同因违法而无效时，是否基于管制目标排除当事人的返还请求权，我国法尚未明确。有观点认为：返还有违导致合同无效的禁止性规定的目的与意义，因而应予以排除。④ 理论上也将该制度称为"不法原因给付制度"⑤。否定一方的返还请求意味着另一方可以保有该利益，此种制度安排为另一方的"背信"行为提供了诱因，其反而从违法行为中获利，因而有观点认为，应平衡管制目的和诚信原则，合同违法而无效时原则上不得返还，例外情形下（另一方背信时）允许返还。⑥ 在合同违法而无效情形中双方通常均有过错，在缔约后以合同违法为由主张合同无效并拒绝返还属矛盾行为，违背了诚信原则，此时由其保留该利益反而更不合理。也即不适宜返还的利益同样不适宜保留在对方手中。此

① 参见最高人民法院民事审判第二庭、研究室等编著：《最高人民法院民法典合同编通则司法解释理解与适用》，人民法院出版社2023年版，第280页。

② 参见叶名怡：《〈民法典〉第157条（法律行为无效之法律后果）评注》，载《法学家》2022年第1期，第179～180页。

③ 参见王利明：《论禁止滥用权利——兼评〈总则编解释〉第3条》，载《中国法律评论》2022年第3期。

④ 参见王洪亮：《〈民法典〉中得利返还请求权基础的体系与适用》，载《法学家》2021年第3期。

⑤ 谭启平：《不法原因给付及其制度构建》，载《现代法学》2004年第3期，第140页。

⑥ 参见许德风：《论合同违法无效后的获益返还》，载《清华法学》2016年第2期，第80页。

外，我国法上有大量禁止性规定，所涉事项严重程度不一，且未辅之以刑事或行政罚没的禁止性规定，似无必要排除其返还请求权，人为制造另一方的违法"获益"。对此，《合同编通则解释》第 24 条第 3 款专门规定了与公法责任的衔接，对此下文将予以详述。在极端背俗的个案中，法院也可借助禁止权利滥用原则予以个别论证和适用。①

三、折价补偿

《合同编通则解释》第 24 条第 1 款后半句系对折价补偿的规定。折价补偿指合同不成立、无效、被撤销或者确定不发生效力后，对于应返还财产不能返还或者没有必要返还时，按照财产价值进行折算，以金钱方式对对方当事人进行补偿以替代返还。② 折价补偿与返还财产均为恢复原状的方式，二者为同一层次的择一关系，且后者优先于前者适用。③

"经审查财产不能返还或者没有必要返还的，人民法院应当以认定合同不成立、无效、被撤销或者确定不发生效力之日该财产的市场价值或者以其他合理方式计算的价值为基准判决折价补偿"的规定，明确了折价补偿的条件与计算标准。

（一）折价补偿的性质以及其特殊性

折价补偿性质上为不当得利返还：由于合同不成立、无效、被撤销或确定不发生效力均是自始不成立、无效或不生效，当事人依此取得财产均无法律上原因，因而构成不当得利。因此，折价补偿不是损害赔偿，其成立不以过错为要件；作为债权性质的请求权，其适用诉讼时效。

不过，折价补偿有其特殊性：折价补偿多发生于应返还的财产事实上已灭失或法律上已失权的情形，在返还义务发生时返还义务人取得的利益已不存在。由此产生的问题是，《民法典》第 986 条之规定"得利人不知道且不应当知道取得的利益没有法律根据，取得的利益已经不存在的，不承担返还该利益的义务"（此即"得利丧失抗辩"）是否可以适用于合同不成立、无效、被撤销或确定不发生效力的情形。

在双务合同不成立、无效、被撤销或确定不发生效力时，若双方当事人均已

---

① 参见叶名怡：《〈民法典〉第 157 条（法律行为无效之法律后果）评注》，载《法学家》2022 年第 1 期，第 178 页。

② 参见王利明：《合同法研究》，中国人民大学出版社 2015 年版，第 727～728 页。

③ 参见叶名怡：《〈民法典〉第 157 条（法律行为无效之法律后果）评注》，载《法学家》2022 年第 1 期，第 182 页。

履行，则双方间给付和对待给付应相互返还，双方各自享有一个不当得利请求权，两个请求权各自独立。以买卖为例：买卖标的物毁损、灭失或被转售，而买受人尚不知或不应知合同不成立、无效、被撤销或确定不发生效力事由的，如果《民法典》第 986 条得以适用，买受人即可因善意而主张免除返还义务，但出卖人仍负价款返还的义务。这无异于让出卖人承担了标的物毁损灭失的全部风险。然而在移转标的物的占有时其毁损灭失风险就已经发生了移转，在占有移转后标的物也不在出卖人的控制范围内，因而该观点不仅与风险负担规则形成了评价矛盾，在利益衡量上也并不妥当。传统民法理论为限制得利丧失抗辩于双务合同效力灭失时的适用，产生了多项解释方案，以德国法为例：其学说历经了古典差额说、修正差额说（中间又有几次变迁），再到弗卢梅的财产决定说、卡纳里斯的对待给付返还说，再到目前的与解除协调说的演进。①

　　我国法上的新近观点则多认为对于合同不成立、无效、被撤销或确定不发生效力时的相互返还关系不应适用《民法典》第 986 条规定的得利丧失抗辩，理由主要有以下几点：其一，得利丧失抗辩是针对非债清偿型不当得利制定的，而非针对合同无效情况下的双方返还。在双务合同无效情况下是否返还得利，应当根据《民法典》第 157 条规定的规则处理。② 其二，强调合同清算的独立性，"至少在契约给付之返还方面，无论返还之要件或效果，均无须仰赖不当得利法提供的养分，反而须吸取契约法的价值判断，此类利得返还（在）法律体系上应该属于契约法"③。其三，合同无效后清算关系自成一体已成为比较法上的新趋势，我国法传统与司法实践也一直将合同无效后的清算作为一种独立的制度。④ 以上观点为《合同编通则解释》的起草机关所接受，其指出：传统民法上的不当得利制度，区分善意与恶意而异其处理规则，当现存利益不存在时，善意当事人不负返还责任，恶意当事人仍应负返还责任。而折价补偿规则基本不考虑善意恶意，仅在财产增值分配时考虑当事人的过错或者善意，且此处的善意恶意仅指当事人对合同无效有无过错以及是否有从合同无效中获益的动机。⑤

---

　　① Vgl. Schwab, in：Münchener Kommentar BGB, 9. Aufl.，2022，§818 Rn. 302. 相关评析，参见赵文杰：《论不当得利与法定解除中的价值偿还——以〈合同法〉第 58 条和第 97 条后段为中心》，载《中外法学》2015 年第 5 期，第 1171 页。

　　② 参见王洪亮：《〈民法典〉中得利返还请求权基础的体系与适用》，载《法学家》2021 年第 3 期。

　　③ 陈自强：《不当得利法体系之再构成——围绕〈民法典〉展开》，载《北方法学》2020 年第 5 期，第 12 页。

　　④ 参见叶名怡：《折价补偿与不当得利》，载《清华法学》2022 年第 3 期。

　　⑤ 参见最高人民法院民事审判第二庭、研究室编著：《最高人民法院民法典合同编通则司法解释理解与适用》，人民法院出版社 2023 年版，第 281 页。

（二）折价补偿的适用情形

不能返还原物而折价补偿的情形主要有以下三种：第一，事实上不能返还，如劳务、服务等给付依其性质无法返还，消费品已被消耗，标的物发生毁损、灭失或混同、附合于他物等情形。第二，法律上不能返还，即物理上标的物仍可被返还，但由于权属或法律法规的限制而不能返还，如第三人已依善意取得制度取得了物之所有权或设定了其他权利负担，使原物难以以原状返还。第三，没有必要返还，也称"经济上"不能返还，即返还原物并无事实或法律上障碍，但双方同意不返还或返还成本畸高的情形。对返还权利人而言，非自愿的"以补偿代返还"属于权利限制，应仅限于与"拆屋还地"等相似的严重浪费资源的行为，在裁判时应基于诚信原则具体认定，仅发生常规的返还成本，不能被认定为"没有必要返还"。

（三）折价补偿的标准和方法

在理论上，折价补偿额的计算主要有三种标准：主观标准（双方当事人的合同约定价）、客观标准（市场价）、转售价。这三种标准各有其优势与局限。

主观标准尊重了双方当事人的自主估价，更有效率，但必须强调的是，导致合同被撤销的情形大多是一方损害另一方决定自由的情形，亦即约定价本身受欺诈、胁迫或不当利用不利情势的影响，此时再采主观标准有违合同撤销制度的初衷。

客观标准则通常以替代物的市场价、评估价为基础，在市场经济的背景下，对于社会生活中常规的种类物而言，市场价为最透明、简便的标准，但对于特定物、高价值物或复杂的组合交易（如企业的买卖）而言，客观标准的适用较为困难。同时，客观标准不关注双方当事人对对价关系的主观认识。在返还物的市场价值发生较大波动时，应特别防止一方借助折价补偿转嫁风险的行为。

第三种标准则涉及返还物的"代位物"，即返还义务人对外转让标的物的转售价金，标的物毁损、灭失后的保险金、赔偿金。转售价亦属当事人自主估价的产物，但问题在于转售物的价值可能被刻意低估，或者忽视了转售者为转售价溢价部分付出的劳动和成本。

在折价补偿的标准和方法上，《合同编通则解释》作出了与《九民会议纪要》不同的选择，应予以特别关注。《九民会议纪要》第33条以"当事人交易时约定的价款"为折价补偿的基础，然后与标的物毁损、灭失时所得的价值补偿或者转售时可得的价款进行比较，将高于或者低于转让款的部分在当事人之间进行合理分配或者分担。[1] 但这种方法的问题在于：其一，当无价值补偿或转售价款可兹

---

[1] 参见最高人民法院民事审判第二庭编著：《〈全国法院民商事审判工作会议纪要〉理解与适用》，人民法院出版社2019年版，第265页。

比较时，当事人的合同约定价成了唯一的标准，在一方民事行为能力欠缺或受欺诈、胁迫或被不当利用时，主观对价关系亦受到意思瑕疵的影响；同时，无论合同无效还是被撤销，效果上均为自始、全部以及绝对无效，法律对合同被撤销、无效和合同解除有不同的评价。其二，在有价值补偿或转售价款时，只要与主观约定价不一致，就要对差额部分进行分担，这使仅应适用于例外情况的分担被频繁地适用，由于二者不一致的情况太过常见，合同约定价也难以被认为是原则和标准。

《合同编通则解释》第 24 条第 1 款原则上改采"市场价"，仅在无法在公开市场上找到替代物时才考虑以当事人的约定价为折价补偿的基础。不过，在建设工程领域，由于合同无效事由大多为违法，不涉及欺诈、胁迫等意思瑕疵，故如果工程已依约定经验收合格，则采合同约定价款比采所谓第三方评估价更有效率，也更符合双方的意愿。因而《民法典》第 793 条第 1 款规定，建设工程施工合同无效，但是建设工程经验收合格的，可以参照合同关于工程价款的约定折价补偿承包人。

不过，对于保险金、赔偿金或转售价，《合同编通则解释》延续了《九民会议纪要》的立场：对其高于或低于约定价款的部分仍要在双方当事人间合理分配或分担，以实现利益平衡。在分配时要考虑各方对合同无效的过错程度以及是否有从合同无效中获益的动机。[①] 分配或分担机制主要用于有共益或共同风险的情形，在外部市场条件发生变动、影响市场价格的公允性时，分配或分担固无问题；但在外部市场相对稳定时，转售价高于或低于市场价则可归因于转售者个人而非市场的因素，不宜引入分配或分担机制。笔者认为，不妨对该种方案予以简化，发挥诚信原则在折价标准上的个案矫正功能：若市场价格未发生波动且转售价高于市场价，则应依返还义务人的主观状态加以判断。若返还义务人对合同无效或效力瑕疵有过错，应以转售价为折价补偿的标准；相反，若返还义务人无过错，转售价是因其个人努力而产生的增益，则此时并无必要采取分配方式，只需要采行一个折价标准即可。市场价格存在波动时，才有采用风险分担或获益分配机制的必要，并将当事人的主观过错、动机作为分担或分配比例的考虑要素。这种区分思路相对而言更加简明。

同时，在采取市场价标准时，也会面临时点的问题。《合同编通则解释》第 24 条第 1 款以裁判"认定合同不成立、无效、被撤销或者确定不发生效力之日"

---

① 参见最高人民法院民事审判第二庭、研究室编著：《最高人民法院民法典合同编通则司法解释理解与适用》，人民法院出版社 2023 年版，第 281 页。

为效力裁判时点。采这一标准的原因是，在对合同作出效力认定时即会产生对应的返还义务，而且，在合同已被裁判认定不成立、无效、被撤销或者确定不发生效力时，依诚信原则，受损害方也有减损义务，双方应及时采取措施避免损失的扩大。拖延返还也并不会影响折价赔偿的标准。

四、损害赔偿

《合同编通则解释》第24条第2款对损害赔偿的范围作出了具体规定："除前款规定的情形外，当事人还请求赔偿损失的，人民法院应当结合财产返还或者折价补偿的情况，综合考虑财产增值收益和贬值损失、交易成本的支出等事实，按照双方当事人的过错程度及原因力大小，根据诚信原则和公平原则，合理确定损失赔偿额。"该款系对《民法典》第157条规定的"有过错的一方应当赔偿对方由此所受到的损失；各方都有过错的，应当各自承担相应的责任"的具体化，性质上属于缔约过失责任。

（一）损害赔偿的归责原则

关于对缔约过失责任是否统一采过失为归责原则在我国理论上有所争议，代表性的观点如王泽鉴教授认为缔约上过失结合了信赖责任原则与过失责任原则，是损害赔偿之归责原则交互作用、协力合作的典型。[1] 韩世远教授认为，"缔约上过失责任，在中国法上，整体仍受过错责任原则支配，唯在个别场合，可有无过错责任的情形。作为归责事由，过错占据主导地位；而信赖观念也发挥一定的作用，或对过错原则发生影响甚至修正，甚至个别场合取而代之而成为独立的归责事由"[2]。朱广新教授也主张将缔约责任区分为"故意或过失责任"与"信赖责任"[3]。

以上讨论主要针对的就是合同不成立、无效、被撤销或确定不发生效力的情形，其理论渊源来自德国法上的信赖责任理论。德国法上的缔约过失责任包含两种类型：一种是《德国民法典》第122条规定的意思表示因错误而被撤销时表意人的缔约过失责任，另一种则是《德国民法典》第311条规定的缔约过失责任的一般规则。二者的区别在于于前一种责任不要求过错归责、不适用与有过失；于后者以过错为必要、适用与有过失。根据德国学者卡纳里斯的观点，二者在归责原则上有所区别的原因在于：前一种情况下存在相当强的、更值得保护的信赖状

---

① 参见王泽鉴：《民法学说与判例研究》，北京大学出版社2015年版，第1325页。
② 韩世远：《合同法总论》，法律出版社2018年版，第170页。
③ 朱广新：《合同法总则研究》，中国人民大学出版社2018年版，第206页。关于支持该学说的观点，参见朱广新、谢鸿飞主编：《民法典评注·合同编通则》，中国法制出版社2020年版，第289页。

态，故应当设置更为严格的信赖责任。这表现在：第一，表意人的内心真意（内部错误）完全无法为相对人所辨识，如果相对人可以从客观上认识到错误的存在，其损害赔偿请求权即直接被《德国民法典》第 122 条第 2 款完全排除。第二，该条的适用要求对信赖产生有决定性作用的情况完全来自表意人的影响或控制领域，不能与相对人有关，因而不存在适用与有过失规则的可能。相反，在后一种情况（缔约过失的一般规则）下，评价的对象是先合同义务的违反，信赖状态本身相对弱，需要过错作为额外的正当性基础；此外，责任成立也不要求导致效力瑕疵的事由完全在表意人的领域内。此时与有过失规则与损害赔偿兼容，相对人有过错不排除表意人的损害赔偿责任。此时，通过诚实信用原则确定各自法律义务的范围与程度，并结合与有过失规则，可以实现法律效果的灵活性，促进个案正义的实现。

不过，针对同一问题，我国《民法典》第 157 条规定，民事法律行为无效、被撤销或者确定不发生效力后"有过错的一方应当赔偿对方由此所受到的损失"，也即明确坚持过错原则。德国法上的信赖责任理论有其实体法上的依据，而这种依据在我国法上并不存在，故不宜将其引入我国法的解释论中。同时，至于《德国民法典》第 122 条所针对的内部错误的撤销问题，因此时表意人通常有过失，过失或风险归责在实践中差别不大。此外，该条在对表意人采风险归责的同时，又以相对人的任何过失（无论大小）表意人的排除损害赔偿责任，这对相对人而言反而不利。如果我国法对内部错误的撤销权进行比德国法上更为严格的限制，则坚持此种过失原则也不会产生信赖保护不足的疑虑。

（二）损害赔偿的范围

作为缔约过失责任的一种典型类型，《合同编通则解释》第 24 条第 2 款所规定的损害赔偿范围亦应符合损害赔偿的一般原则，即"恢复至使赔偿发生之情事未发生时的状态"。在合同未成立、无效或被撤销这一类型中，受损害人的损失主要表现为浪费的磋商、履约成本以及与第三人的缔约机会，这也被称为信赖利益（消极利益）损失。[①] 与之相对，（未成立、无效、被撤销或者确定不发生效力的）合同生效后当事人能从该合同中获得的利益则被称为履行利益（积极利益）。

损害赔偿具有补充性，是返还财产或折价补偿下一位阶的救济，故对于已经由返还财产或折价补偿弥补的损失，不能再通过损害赔偿重复主张。然返还原物仅为财产归属的变动，不能像折价补偿一样灵活考虑财产增值或贬值因素，而损害赔偿可以发挥相应的调整功能。

---

① Vgl. Emmerich, in：Münchener Kommentar BGB, 9. Aufl., 2022，§ 311 Rn. 232.

我国司法实践中的一则案例直观地反映了财产增值收益损失、过错程度与原因力以及诚信原则在损害赔偿中的结合适用。该案涉及买卖不符合上市交易条件的经济适用房，合同订立数年后，由于房价大幅上涨，出卖人"反悔"，主张合同无效。出卖人的行为属典型的"矛盾行为"，违反了诚信原则。此时允许其通过返还财产独吞房屋增值利益无异于鼓励背信。法院遵循诚信原则，在双方相互返还后，又支持了买受人主张的赔偿"房屋升值损失"。该损害赔偿性质上应属机会（信赖利益）损失，但在客观上发挥了根据诚信原则调整财产增值分配关系的功能。在损害赔偿额的酌定中，法院综合考虑了时间因素、市场因素、房屋性质以及当事人的过错程度：在损害计算的时点上，案涉合同被确认无效的时间为2016年，买卖双方本应就合同无效的法律后果积极协商，虽本案起诉时间为2019年，但将合同被确认无效之时作为认定损失的时间点为宜；在损失范围上，保障性住房的交易成本与成交价格不同于商品房，故应以购房当时的成交价与当年市场均价的比例关系确定2016年合同无效时的房屋价值，从而确定升值损失；在过错程度上，出卖人明知案涉房屋的性质还以商品房出售，应当承担主要责任（80%），买受人不够审慎，对于房屋的性质未予以充分核实，承担次要责任（20%）。①

同样，在合同无效、被撤销的情形下，双方的过错程度及原因力也有明显差别：合同因一方欺诈、胁迫而被撤销时，由于欺诈、胁迫属主观恶意极强、严重损害对方决定自由的行为，其在过错程度和原因力上可以盖过受欺诈、胁迫方的过失，故原则上应由恶意欺诈方、胁迫方承担全部责任。② 合同因显失公平而被撤销时，由利用不利情势的一方承担全部或主要责任，被利用一方若有过失，承担次要责任。在合同因违法而无效时，当事人的身份通常对过错程度的判断有影响，例如双方签订"船舶买卖合同"、对"三无"船舶进行改建，由于双方均从事与船舶相关的业务，对"三无"船舶属于被执法部门清理和取缔范围的事实应当明知，因该船舶买卖合同包含了改建内容，对于改建部分的损失（无益的成本浪费）法院酌定双方各半承担。③ 当违法的原因发生于一方时，该方负全部或主要责任，如：发包方未取得案涉工程规划许可证等规划审批手续导致合同无效、工程未能实际施工，合同无效的法律后果应主要由其承担；承包方作为专业的建筑施工企业，在签订施工合同以及交纳履约保证金时对能否办理案涉工程规划许

---

① 参见北京市第二中级人民法院（2021）京02民终1985号民事判决书、北京市高级人民法院（2021）京民申6398号民事裁定书。

② 参见许德风：《欺诈的民法规制》，载《政法论坛》2020年第2期。

③ 参见浙江省高级人民法院（2022）浙民终1086号民事判决书。

可证等规划审批手续未尽到合理的审查和注意义务，对施工合同无效后果亦应承担次要责任。[①]

五、与公法责任的衔接

合同不成立、无效、被撤销或者确定不发生效力，特别是合同因违反法律强制性规定而无效时，当事人除承担民事责任外，还可能依法承担行政或刑事责任。

我国《民法通则》第 134 条关于民事责任承担方式的规定中，第 3 款规定"人民法院审理民事案件，除适用上述规定外，还可以予以训诫、责令具结悔过，收缴进行非法活动的财物和非法所得，并可以依照法律规定处以罚款、拘留"。这些措施不同于诉讼程序中的司法罚款、拘留，后者仅是针对干扰诉讼的行为作出处罚，是法院正常开展诉讼活动的保障。但《民法通则》第 134 条第 3 款规定的各项措施则是针对当事人的实体违法行为作出直接的强制或处罚，已超出司法属性，属于应受行政法规制的行政处罚和强制行为。此外，《民法通则》第 61 条第 2 款规定"双方恶意串通，实施民事行为损害国家的、集体的或者第三人的利益的，应当追缴双方取得的财产，收归国家、集体所有或者返还第三人"，《合同法》第 59 条也规定"当事人恶意串通，损害国家、集体或者第三人利益的，因此取得的财产收归国家所有或者返还集体、第三人"。由此可以发现，在国家、集体利益受损时，民法上的"返还"与行政法上的"收归""追缴"也有待清晰地区分。因此，《民法典》在民事责任章中未保留相关规定。

作为替代，《合同编通则解释》第 24 条第 3 款明确了合同效力制度与公法责任的衔接方式：对于涉嫌行政违法、可能导致获得违法利益的情况，衔接方式是依职权向有关行政管理部门发出司法建议；对于涉嫌犯罪，于公诉案件人民法院应当将案件线索移送刑事侦查机关，于自诉案件应当告知相关当事人。这一规定，既强化了人民法院与行政机关、刑事侦查机关的合作，也守住了司法机关的职权分工，是妥当的制度安排。

（本条撰写人：李潇洋）

[①]　参见内蒙古自治区高级人民法院（2020）内民终 436 号民事判决书。

第二十五条

价款返还及其利息计算

合同不成立、无效、被撤销或者确定不发生效力，有权请求返还价款或者报酬的当事人一方请求对方支付资金占用费的，人民法院应当在当事人请求的范围内按照中国人民银行授权全国银行间同业拆借中心公布的一年期贷款市场报价利率（LPR）计算。但是，占用资金的当事人对于合同不成立、无效、被撤销或者确定不发生效力没有过错的，应当以中国人民银行公布的同期同类存款基准利率计算。

双方互负返还义务，当事人主张同时履行的，人民法院应予支持；占有标的物的一方对标的物存在使用或者依法可以使用的情形，对方请求将其应支付的资金占用费与应收取的标的物使用费相互抵销的，人民法院应予支持，但是法律另有规定的除外。

【本条主旨】

本条是关于合同不成立、无效、被撤销或者确定不发生效力后资金占用费的计算标准，双方互负返还义务适用同时履行抗辩，以及资金占用费与标的物使用费相互抵销的规定。

【关联规定】

1.《民法典》第 157 条 民事法律行为无效、被撤销或者确定不发生效力后，行为人因该行为取得的财产，应当予以返还；不能返还或者没有必要返还的，应当折价补偿。有过错的一方应当赔偿对方由此所受到的损失；各方都有过错的，应当各自承担相应的责任。法律另有规定的，依照其规定。

2.《全国法院民商事审判工作会议纪要》34.　【价款返还】双务合同不成立、无效或者被撤销时，标的物返还与价款返还互为对待给付，双方应当同时返还。关于应否支付利息问题，只要一方对标的物有使用情形的，一般应当支付使用费，该费用可与占有价款一方应当支付的资金占用费相互抵销，故在一方返还原物前，另一方仅须支付本金，而无须支付利息。

3.《全国法院民商事审判工作会议纪要》36.　【合同无效时的释明问题】在双务合同中，原告起诉请求确认合同有效并请求继续履行合同，被告主张合同无效的，或者原告起诉请求确认合同无效并返还财产，而被告主张合同有效的，都要防止机械适用"不告不理"原则，仅就当事人的诉讼请求进行审理，而应向原告释明变更或者增加诉讼请求，或者向被告释明提出同时履行抗辩，尽可能一次性解决纠纷。例如，基于合同有给付行为的原告请求确认合同无效，但并未提出返还原物或者折价补偿、赔偿损失等请求的，人民法院应当向其释明，告知其一并提出相应诉讼请求；原告请求确认合同无效并要求被告返还原物或者赔偿损失，被告基于合同也有给付行为的，人民法院同样应当向被告释明，告知其也可以提出返还请求；人民法院经审理认定合同无效的，除了要在判决书"本院认为"部分对同时返还作出认定外，还应当在判项中作出明确表述，避免因判令单方返还而出现不公平的结果。

第一审人民法院未予释明，第二审人民法院认为应当对合同不成立、无效或者被撤销的法律后果作出判决的，可以直接释明并改判。当然，如果返还财产或者赔偿损失的范围确实难以确定或者双方争议较大的，也可以告知当事人通过另行起诉等方式解决，并在裁判文书中予以明确。

当事人按照释明变更诉讼请求或者提出抗辩的，人民法院应当将其归纳为案件争议焦点，组织当事人充分举证、质证、辩论。

【理解与适用】

一、双方互负返还义务时的同时履行抗辩

《合同编通则解释》第25条第2款前半句规定"双方互负返还义务，当事人主张同时履行的，人民法院应予支持"。该规定明确《民法典》第525条规定的同时履行抗辩权准用于双务合同不成立、无效、被撤销或者确定不发生效力（以下简称合同无效）时的返还关系中。该规定在司法实践中具有重要意义。

在返还关系中引入同时履行抗辩有助于实现公平合理的返还秩序，以买卖合

同为例：出卖人主张的返还财产请求权属物权请求权，具有对世效力，而买受人主张的价款返还仅为债权性质的不当得利返还请求权，与其他债权平等受偿。在出卖人资力欠佳时，买卖合同的标的物可被其他债权人申请查封、变价或在破产程序中被破产管理人取回，而买受人的价金无优先受偿的可能。此时买受人可能陷入"双输"的困境：既要交出标的物，又难以收回价款。《九民会议纪要》第34条（价款返还）考虑了这一问题，该条第一句规定"双务合同不成立、无效或者被撤销时，标的物返还与价款返还互为对待给付，双方应当同时返还"。不过，依民事诉讼处分原则，当一方起诉请求返还时，法院仅能就此作出判决，不能未经对方反诉就依职权判决该方同时向对方返还。此外，法院也不能主动援引同时履行抗辩权，非经对方援引，亦不能将同时返还作为判决和行使返还请求权的条件。① 因此，相较于《九民会议纪要》所称的"双方应当同时返还"，《合同编通则解释》第25条第2款中的"当事人主张""人民法院应予支持"等表述，更符合同时履行抗辩的程序法理。

不过，双方当事人间的返还请求往往伴随着对合同效力的争议，对方当事人不提起对待给付返还的反诉或不主张同时返还的抗辩，有时可能仅因其认为合同仍然有效，或不了解相关诉讼程序或实体权利。因此，法院的及时释明至关重要。《九民会议纪要》第36条（合同无效时的释明问题）对此作出了专门规定，以防止裁判实践中机械适用"不告不理"原则：当原告请求确认合同无效并要求被告返还原物或者赔偿损失，被告基于合同也有给付行为的，人民法院应当向被告释明，告知其也可以提出返还请求（反诉），亦可"向被告释明提出同时履行抗辩"。但经释明后，被告仍然不提起反诉或提出同时履行抗辩的，法院不能在判决书中为原告的返还请求权设定其他限制。不过，《九民会议纪要》第36条第1款后部分则要求"人民法院经审理认定合同无效的，除了要在判决书'本院认为'部分对同时返还作出认定外，还应当在判项中作出明确表述，避免因判令单方返还而出现不公平的结果"。这一结论与处分原则不符，法院积极、充分地予以释明即足以实现对当事人的保护。《九民会议纪要》要求在判项中写明同时返还，是一道"双保险"，以防止法院未妥善履行其释明职责。

针对同时履行抗辩的判决和执行问题，《合同编通则解释》第31条第2款也作出了一般性规定，该规定同样适用于相互返还情形。

第一，被告仅提出同时履行抗辩且抗辩成立，但未提起反诉的，法院应当判

---

① 参见叶名怡：《〈民法典〉第157条（法律行为无效之法律后果）评注》，载《法学家》2022年第1期；肖建国、张苏平：《附对待给付义务的诉讼表达与执行法构造》，载《北方法学》2020年第1期。

决被告在原告履行债务的同时履行自己的债务，并在判项中明确原告申请强制执行的，法院应当在原告履行自己的债务后对被告采取执行行为。此种判决书属附条件判决，原告向被告返还是其申请强制执行该判决的前提，但被告不能依该判决申请对原告强制执行。

第二，被告提起反诉时，法院应当判决双方同时履行自己的债务，并在判项中明确任何一方申请强制执行的，法院应当在该当事人履行自己的债务后对对方采取执行行为。该判决实际上是法院对两个各自独立但又相互牵连的诉讼作出的合并判决，从而一次性解决双方间的返还纠纷。[①]

二、资金占用费的计算标准

《民法典》第 157 条并未明确规定收取价款或应支付报酬一方应就价款或报酬支付利息或资金占用费。《合同编通则解释》第 25 条第 1 款不仅明确承认实际占用资金一方应支付资金占用费，也明确了其计算标准。不过，由于该条第 2 款承认资金占用费可以与标的物使用费相抵销，因而为价款支付资金占用费的情形相对有限。

该条以收取价款一方对于合同不成立、无效、被撤销或者确定不发生效力有无过错为界：有过错，应当在当事人请求的范围内按照中国人民银行授权全国银行间同业拆借中心公布的一年期贷款市场报价利率（LPR）计算，在当事人请求和 LPR 二者中取低者；无过错，则应当以中国人民银行公布的同期同类存款基准利率计算。贷款市场报价利率（LPR）是我国利率市场化的产物，中国人民银行授权全国银行间同业拆借中心于每月 20 日公布。截至本部分写作时最近一次（2023 年 12 月 20 日）公布的一年期 LPR 为 3.45%[②]，而一年期存款基准利率（整存整取）仅为 1.5%。[③] 如此规定，显然是使对合同不成立、无效、被撤销或确定不发生效力有过错且占用资金的一方支付更高的费用。裁判机关认为"参照贷款利率的法理依据为：一方需要向银行贷款以获得同等资金，故应参照贷款利率。而参照存款利率的法理依据是：资金方并不需要向银行借钱，因此，其损失的不过是同期存款利息"[④]。但这无法解释为何以过错为标准区分适用 LPR 或存

[①] 参见王利明：《对待给付判决：同时履行抗辩的程序保障——以〈民法典合同编通则解释〉第 31 条第 2 款为中心》，载《比较法研究》2024 年第 1 期。

[②] 参见《2023 年 12 月 20 日全国银行间同业拆借中心受权公布贷款市场报价利率（LPR）公告》，https://www.chinamoney.com.cn/chinese/rdgz/20231220/2775511.html#cp=bklprmkn2.

[③] https://www.shibor.org/chinese/sddsint/.

[④] 最高人民法院民事审判第二庭、研究室编著：《最高人民法院民法典合同编通则司法解释理解与适用》，人民法院出版社 2023 年版，第 293 页。

款基准利率。实际上，这与前文提到的折价补偿中获利分配或风险分担机制一脉相承，体现了过错因素对不当得利返还的影响。

三、资金占用费与标的物使用费相互抵销

《合同编通则解释》第 25 条第 2 款后半句规定："占有标的物的一方对标的物存在使用或者依法可以使用的情形，对方请求将其应支付的资金占用费与应收取的标的物使用费相互抵销的，人民法院应予支持，但是法律另有规定的除外。"该规定明确了资金占用费与标的物使用费相互抵销的规则。

《合同编通则解释》第 25 条第 2 款系对《九民会议纪要》第 34 条第二句（"关于应否支付利息问题，只要一方对标的物有使用情形的，一般应当支付使用费，该费用可与占有价款一方应当支付的资金占用费相互抵销，故在一方返还原物前，另一方仅须支付本金，而无须支付利息"）的延续。相互抵销的立场、实际需要支付资金占用费的情形较为有限，但该第 25 条第 1 款还是规定了资金占用费的计算标准。

不过，《合同编通则解释》第 25 条第 2 款规定的抵销规则与《民法典》第 568 条规定的法定抵销规则并不完全一致。该款实际上是概括清算和抵销两个不同环节的结合，理由在于，只有确定两个债权各自的数额后才有在重叠部分抵销的空间。原则上，无论资金占用费还是标的物使用费，都有各自的计算标准，资金占用费的计算标准已由《合同编通则解释》第 25 条第 1 款所明定，标的物使用费原则上也应根据标的物占有或使用的价值（租金）加以确定。例如《最高人民法院关于审理城镇房屋租赁合同纠纷案件具体应用法律若干问题的解释》第 4 条第 1 款规定"房屋租赁合同无效，当事人请求参照合同约定的租金标准支付房屋占有使用费的，人民法院一般应予支持"。而《合同编通则解释》第 25 条第 2 款最重要的意义在于，只要存在根据双务合同移转占有或许可使用的情况，资金占用费和标的物使用费都不需要单独计算，而是概括地拟制其数额相等并予以抵销。

（本条撰写人：李潇洋）

四、合同的履行

违反从给付义务的救济

当事人一方未根据法律规定或者合同约定履行开具发票、提供证明文件等非主要债务，对方请求继续履行该债务并赔偿因怠于履行该债务造成的损失的，人民法院依法予以支持；对方请求解除合同的，人民法院不予支持，但是不履行该债务致使不能实现合同目的或者当事人另有约定的除外。

【本条主旨】

本条是对一方当事人违反从给付义务的法律后果的规定。

【关联规定】

1. 《民法典》第 577 条规定　当事人一方不履行合同义务或者履行合同义务不符合约定的，应当承担继续履行、采取补救措施或者赔偿损失等违约责任。

2. 《民法典》第 563 条规定　有下列情形之一的，当事人可以解除合同：……（四）当事人一方迟延履行债务或者有其他违约行为致使不能实现合同目的。

【理解与适用】

一、从给付义务的内涵

（一）主给付义务与从给付义务

根据给付义务对债的关系的影响，可以将之分为主给付义务与从给付义务。《民法典》第 118 条第 2 款将债权界定为"权利人请求特定义务人为或者不为一定行为的权利"。这就明确把债的客体界定为给付，即债务人的特定行为，包括作为和不作为。

所谓主给付义务，是指债的关系（尤其是合同关系）所固有、必备，并用以决定债的关系（合同）类型的基本义务。所谓从给付义务，是指主给付义务之外的给付义务。从给付义务不能决定合同的类型，其效用在于补充主给付义务，以确保债权人的利益获得最大满足。因此，从给付义务的欠缺并不影响合同的成立。

《民法典》第528条、第563条都提及了"主要债务"的概念，解释上应当是指主给付义务。相应地，在《合同编通则解释》中，也使用了"非主要债务"的表述。通常而言，非主要债务包括了从给付义务和附随义务。但就该司法解释第26条而言，其所称的"非主要债务"应当限于从给付义务，因为：一方面，其列举的开具发票、提供证明文件等情形均系从给付义务而非附随义务。另一方面，该条以继续履行为主要责任承担方式。不履行从给付义务，相对人可以请求继续履行，而附随义务的不履行只能导致损害赔偿的后果，不能适用继续履行的责任承担方式，因此，第26条所称的"非主要债务"应当被限于从给付义务。

欠缺主给付义务，则合同类型不能确定，合同不能成立。换言之，《民法典》第472条对要约"内容具体确定"的要求，实际上就是要求要约中应当明确未来合同中的主给付义务。这里所说的具体，就是说主给付义务应当是具体的某一给付类型；这里所言的确定，就是说给付的内容应当是确定的或者可得确定的。在此情况下，才可能构成要约，从而合同成立。如果某一合同中无法确定当事人双方的主给付义务，则合同不能成立。

从给付义务不同于从义务。从给付义务与主给付义务属于同一个合同中，共同构成同一合同的给付义务。而所谓从义务，是与主义务相对而言的，是根据义务之间的从属关系来确定的。主义务是能够独立存在的义务，从义务只能从属于主义务而存在。从义务与主义务分属不同的合同关系。例如，保证责任相对于主债务而言，属于从义务。但其系基于保证合同而产生，而主债务是基于主合同而产生，二者并非同一合同关系中给付义务的不同组成部分。

（二）主给付义务与从给付义务的区分标准

对主给付义务是依据合同类型来具体判断的。在法律没有作出规定且当事人也没有特别约定的情况下，应当依据合同的性质来确定该合同的主给付义务。

《民法典》合同编典型合同分编对各类有名合同均进行了定义性的规定，这种定义实际上是依赖对合同的主给付义务的规定来作出的，换言之，法律对有名合同的界定实际上就意味着对合同主给付义务的规定。具体来说，典型合同分编实际上是针对社会生活中各类典型的交易类型，将其一方当事人的主给付义务按照交付标的物转移所有权、交付标的物转移使用权、提交工作成果、提供劳务等典型的给付义务加以具体化，从而确定为各类有名合同中一方当事人的主给付义务，而将其相对人的主给付义务（除单务合同外）统一规定为给付金钱，从而实现了对各类有名合同的定义性规范。因此对于各类有名合同的主给付义务可以直接依据法律的相关定义性规范来确定。例如，《民法典》第595条规定，买卖合同是出卖人转移标的物的所有权于买受人，买受人支付价款的合同。显然，出卖人转移标的物的所有权于买受人、买受人支付价款即分别为买卖合同双方当事人的主给付义务。再如，《民法典》第961条规定，中介合同是中介人向委托人报告订立合同的机会或者提供订立合同的媒介服务，委托人支付报酬的合同。这里，中介人向委托人报告订立合同的机会或者提供订立合同的媒介服务的给付义务，直接决定了该合同的类型为中介合同，因此，其为主给付义务。当然，此类合同中，委托人一方给付金钱的主给付义务被具体化为支付报酬的给付义务。还如，出租人将租赁物交付承租人使用、收益，承租人支付租金，则分别为租赁合同双方当事人的主给付义务（《民法典》第703条）；承揽人按照定作人的要求完成工作并交付工作成果，定作人给付报酬，为承揽合同双方当事人的主给付义务（《民法典》第770条），等等。

主给付义务之外的给付义务，即为从给付义务。

二、从给付义务的渊源

依据司法解释本条，从给付义务可以根据法律规定或者合同约定而发生，故从给付义务的渊源包括如下情形：

第一，当事人的约定。例如，在买卖合同中，当事人之间可以约定在交付标的物时一并交付提取标的物单证以外的有关单证和资料，出卖人应当按照约定进行交付（《民法典》第599条）。此种约定也可以是不作为的义务，例如，甲将其套房中的一间租给小提琴手乙，并约定每日22：00以后乙不得在房间中练琴。

第二，合同漏洞补充规则。《民法典》第510条和第511条对合同补充规则进行了规定：在合同没有约定或约定不明且不能达成补充协议的情况下，应当按照合同有关条款或者交易习惯确定合同权利义务。例如，根据《不动产登记暂行条例实施细则》，在商品房买卖时，特定情况下不动产登记可以由买受人单方申请，但其必须提交房屋权属证书以及相关的证明等文件。而这些文件最初往往在出卖人手中。因此，即便当事人没有在买卖合同中约定，但从合同目的以及交易习惯出发，出卖人也负有交付这些文件的义务。

第三，法律的任意性规定。《民法典》合同编典型合同分编中规定了大量补充性规定，在当事人未作相反约定的情况下，这些规定被直接订入合同，成为合同内容的一部分。其中不少义务不能直接决定合同性质，应当认为是从给付义务，例如，货运合同中托运人对货物的包装义务（《民法典》第827条），委托合同中受托人对委托事务的报告义务（《民法典》第924条）等。

三、违反从给付义务的违约责任

《民法典》第577条规定："当事人一方不履行合同义务或者履行合同义务不符合约定的，应当承担继续履行、采取补救措施或者赔偿损失等违约责任"。这是对违约责任形态的一般性规定。在违约造成损失的情况下，违约方应当承担违约损害赔偿责任。对此，理论上并无争议。但实践中，对于继续履行的适用范围则存在不同认识。从给付义务在内容上仍然是给付，对方当然能够要求继续履行，故为避免实践中的争议，司法解释在本条中明确，在怠于履行从给付义务的情况下，对方请求继续履行该债务并赔偿因怠于履行该债务造成的损失的，人民法院依法予以支持。

这里所言的"依法予以支持"是指：一方面，一方当事人违反从给付义务依法应当承担违约责任。违约责任通常采严格责任，故违反从给付义务当然构成违约，但在存在不可抗力等法定免责事由或者免责条款的情况下，自然不能追究行为人的违约责任。另一方面，违反从给付义务的行为不属于法定不得要求继续履行的行为。从给付义务并非金钱债务，解释上，本条中继续履行请求权的行使仍然要受到《民法典》第580条的限制，即在从给付义务法律上或者事实上不能履行、从给付义务的标的不适于强制履行、履行费用过高，以及债权人在合理期限内未请求履行的情况下，对方当事人请求继续履行该债务的，人民法院不能予以支持。

四、从给付义务与违约解除

在判断合同解除时，也涉及主给付义务，如预期违约和默示拒绝的情况下的合同解除权。按照《民法典》第563条，在履行期限届满之前，当事人一方明确表示或者以自己的行为表明不履行主要债务的；当事人一方迟延履行主要债务或者主给付义务，经催告后在合理期限内仍未履行的，对方当事人有权解除合同。这就将预期违约和默示拒绝时的合同解除限于违反主给付义务的情形。

从给付义务通常不影响当事人订约目的的实现，因此，不履行或不完全履行从给付义务通常不会构成根本违约，守约方也不能借此解除合同，而只能要求继续履行或损害赔偿。故本条明确原则上不得以违反从给付义务为由主张解除合同。

但在特殊情况下，违反从给付义务也可能导致一方享有解除权。本条对此进行了规定。这包括：一方面，从给付义务也可能直接影响当事人订约目的的实现。例如，买卖小狗时，交付血统证明是从给付义务（《民法典》第599条），如无血统证明的交付，相对人的订约目的可能无法实现。此时，相对人可以依据《民法典》第563条第4项所规定的"当事人一方迟延履行债务或者有其他违约行为致使不能实现合同目的"而主张解除合同。另一方面，《民法典》第562条第2款规定，"当事人可以约定一方解除合同的事由。解除合同的事由发生时，解除权人可以解除合同"。故当事人也可以约定一方违反某一从给付义务时，另一方享有解除权。在一方违反该从给付义务的情况下，对方当事人可以行使约定解除权。

（本条撰写人：尹　飞）

清偿型以物抵债协议的法律适用

债务人或者第三人与债权人在债务履行期限届满后达成以物抵债协议，不存在影响合同效力情形的，人民法院应当认定该协议自当事人意思表示一致时生效。

债务人或者第三人履行以物抵债协议后，人民法院应当认定相应的原债务同时消灭；债务人或者第三人未按照约定履行以物抵债协议，经催告后在合理期限内仍不履行，债权人选择请求履行原债务或者以物抵债协议的，人民法院应予支持，但是法律另有规定或者当事人另有约定的除外。

前款规定的以物抵债协议经人民法院确认或者人民法院根据当事人达成的以物抵债协议制作成调解书，债权人主张财产权利自确认书、调解书生效时发生变动或者具有对抗善意第三人效力的，人民法院不予支持。

债务人或者第三人以自己不享有所有权或者处分权的财产权利订立以物抵债协议的，依据本解释第十九条的规定处理。

【本条主旨】

本条是关于清偿型以物抵债协议的法律适用的规定。

【关联规定】

1.《民法典》第 229 条 因人民法院、仲裁机构的法律文书或者人民政府的征收决定等，导致物权设立、变更、转让或者消灭的，自法律文书或者征收决定等生效时发生效力。

2.《民法典》第 543 条 当事人协商一致，可以变更合同。

3.《民法典》第 563 条 有下列情形之一的，当事人可以解除合同：

（一）因不可抗力致使不能实现合同目的；

（二）在履行期限届满前，当事人一方明确表示或者以自己的行为表明不履行主要债务；

（三）当事人一方迟延履行主要债务，经催告后在合理期限内仍未履行；

（四）当事人一方迟延履行债务或者有其他违约行为致使不能实现合同目的；

（五）法律规定的其他情形。

以持续履行的债务为内容的不定期合同，当事人可以随时解除合同，但是应当在合理期限之前通知对方。

4.《最高人民法院关于适用〈中华人民共和国民法典〉合同编通则若干问题的解释》第 43 条 债务人以明显不合理的价格，实施互易财产、以物抵债、出租或者承租财产、知识产权许可使用等行为，影响债权人的债权实现，债务人的相对人知道或者应当知道该情形，债权人请求撤销债务人的行为的，人民法院应当依据民法典第五百三十九条的规定予以支持。

5.《最高人民法院关于适用〈中华人民共和国民法典〉物权编的解释（一）》第 7 条 人民法院、仲裁机构在分割共有不动产或者动产等案件中作出并依法生效的改变原有物权关系的判决书、裁决书、调解书，以及人民法院在执行程序中作出的拍卖成交裁定书、变卖成交裁定书、以物抵债裁定书，应当认定为民法典第二百二十九条所称导致物权设立、变更、转让或者消灭的人民法院、仲裁机构的法律文书。

6.《最高人民法院关于人民法院民事执行中拍卖、变卖财产的规定》第 16 条 拍卖时无人竞买或者竞买人的最高应价低于保留价，到场的申请执行人或者其他执行债权人申请或者同意以该次拍卖所定的保留价接受拍卖财产的，应当将该财产交其抵债。

有两个以上执行债权人申请以拍卖财产抵债的，由法定受偿顺位在先的债权人优先承受；受偿顺位相同的，以抽签方式决定承受人。承受人应受清偿的债权额低于抵债财产的价额的，人民法院应当责令其在指定的期间内补交差额。

7.《最高人民法院关于人民法院民事执行中拍卖、变卖财产的规定》第 24 条 对于第二次拍卖仍流拍的动产，人民法院可以依照本规定第十六条的规定将其作价交申请执行人或者其他执行债权人抵债。申请执行人或者其他执行债权人拒绝接受或者依法不能交付其抵债的，人民法院应当解除查封、扣押，并将该动产退还被执行人。

8.《最高人民法院关于人民法院民事执行中拍卖、变卖财产的规定》第25条 对于第二次拍卖仍流拍的不动产或者其他财产权，人民法院可以依照本规定第十六条的规定将其作价交申请执行人或者其他执行债权人抵债。申请执行人或者其他执行债权人拒绝接受或者依法不能交付其抵债的，应当在六十日内进行第三次拍卖。

第三次拍卖流拍且申请执行人或者其他执行债权人拒绝接受或者依法不能接受该不动产或者其他财产权抵债的，人民法院应当于第三次拍卖终结之日起七日内发出变卖公告。自公告之日起六十日内没有买受人愿意以第三次拍卖的保留价买受该财产，且申请执行人、其他执行债权人仍不表示接受该财产抵债的，应当解除查封、冻结，将该财产退还被执行人，但对该财产可以采取其他执行措施的除外。

9.《全国法院民商事审判工作会议纪要》44.【履行期届满后达成的以物抵债协议】 当事人在债务履行期限届满后达成以物抵债协议，抵债物尚未交付债权人，债权人请求债务人交付的，人民法院要着重审查以物抵债协议是否存在恶意损害第三人合法权益等情形，避免虚假诉讼的发生。经审查，不存在以上情况，且无其他无效事由的，人民法院依法予以支持。

当事人在一审程序中因达成以物抵债协议申请撤回起诉的，人民法院可予准许。当事人在二审程序中申请撤回上诉的，人民法院应当告知其申请撤回起诉。当事人申请撤回起诉，经审查不损害国家利益、社会公共利益、他人合法权益的，人民法院可予准许。当事人不申请撤回起诉，请求人民法院出具调解书对以物抵债协议予以确认的，因债务人完全可以立即履行该协议，没有必要由人民法院出具调解书，故人民法院不应准许，同时应当继续对原债权债务关系进行审理。

10.《江苏省高级人民法院关于以物抵债若干法律适用问题的审理纪要》

一、关于以物抵债行为的界定

会议认为，"以物抵债"是指债务人与债权人约定以债务人或经第三人同意的第三人所有的财产折价归债权人所有，用以清偿债务的行为。

人民法院应当根据当事人设定以物抵债的不同时间、约定的具体内容、履行的具体情况等情形来判断以物抵债不同的法律性质，进而正确认定其效力。

⋯⋯⋯⋯

三、关于债务清偿期届满之后以物抵债行为的性质及效力认定

会议认为，对当事人在债务清偿期届满后的以物抵债协议，应区分两种情况进行认定与处理：

（一）债务清偿期届满后当事人达成以物抵债协议，在尚未办理物权转移手

续前，债务人反悔不履行抵债协议，债权人要求继续履行抵债协议或要求确认所抵之物的所有权归自己的，人民法院应驳回其诉讼请求。但经释明，当事人要求继续履行原债权债务合同的，人民法院应当继续审理。

（二）当事人在债务清偿期届满后达成以物抵债协议并已经办理了物权转移手续后，一方反悔，要求认定以物抵债协议无效的，人民法院不予支持。但如当事人一方认为抵债行为具有《中华人民共和国合同法》第五十四条规定的可变更、可撤销情形的，可以依法请求人民法院或仲裁机构变更或撤销。

债权人在债务清偿期届满后通过以物抵债协议取得了所抵之物的所有权，后要求债务人承担标的物瑕疵担保责任的，人民法院可参照《中华人民共和国合同法》关于买卖合同的相关规定进行处理。

四、关于诉讼中当事人自愿以物抵债的处理

会议认为，在债权债务案件诉讼过程中，当事人自愿达成以物抵债协议，并要求法院制作调解书的，人民法院应建议当事人申请撤诉。当事人不申请撤诉而要求法院制作调解书的，人民法院应不予支持，对当事人之间债权债务法律关系继续审理。

当事人双方持人民调解组织主持达成的以物抵债调解协议，向人民法院申请司法确认的，经审查，当事人尚未完成物权转移手续的，人民法院应裁定驳回申请。

五、关于对当事人利用以物抵债进行虚假诉讼的防范和制裁

会议认为，对当事人进行虚假诉讼，利用以物抵债损害其他债权人利益的，人民法院应从以下方面严格审查并加大制裁力度：

（一）加强对债权债务关系真实性的审查力度，严防虚假诉讼。

（二）对当事人在以物抵债协议中约定的管辖法院与所抵不动产的所在地非同一地的，应按民事诉讼法专属管辖的规定认定协议管辖的效力。

（三）发现当事人通过以物抵债的方式恶意转移责任财产、损害其他债权人利益或者规避国家房产限购政策、转移限制转让的车牌号码等恶意诉讼或虚假诉讼行为的，应根据《中华人民共和国民事诉讼法》第一百一十二条的规定驳回诉讼请求，同时可根据情节轻重予以罚款、拘留；构成犯罪的，依法追究刑事责任。

【理解与适用】

一、清偿型以物抵债协议的性质：从实践性到诺成性

本条第 1 款规定："债务人或者第三人与债权人在债务履行期限届满后达成

以物抵债协议，不存在影响合同效力情形的，人民法院应当认定该协议自当事人意思表示一致时生效。"这里明确了清偿型以物抵债协议的诺成性。

从法律行为视角观察，以物抵债是指当事人双方达成以他种给付替代原定给付的协议。① 以物抵债的完成意味着债权得到实现，当事人之间的债权债务归于消灭，在债法理论体系上可定位于"债之消灭"部分。作为债权人与债务人的合意，以物抵债本质上属于合同，可作为合同类型对待。然而，《合同法》未在"合同的权利义务终止"或分则部分规定以物抵债的相关内容，《民法典》亦未增补。具有指导意义的司法态度出现在 2011 年的"武侯国土局案"中。② 该案中，债务人与次债务人约定将案涉土地使用权以评估价抵偿给债务人，但尚未办理物权变动手续。在判决理由部分，最高人民法院借用大陆法系的"代物清偿"概念指出，上述约定构成代物清偿法律关系，随后又以公报案例的形式在"裁判摘要"部分明确"代物清偿协议系实践性合同"。该案影响了部分地方法院的裁判观点，如 2014 年《江苏省高级人民法院关于以物抵债若干法律适用问题的审理纪要》（以下简称《江苏高院以物抵债纪要》）第 3 条，同时引发了学界的广泛讨论，其中多以质疑与批评为主。③ 此前，最高人民法院仅在个案中处理以物抵债协议是否有效，而未就以物抵债的法律构成等问题作出分析。④

在债的消灭制度中，清偿固然是最为常见的债之消灭方式，但当清偿不能时，债务人可以替代清偿消灭债务，如抵销、混同等，代物清偿亦为其中之一。理论上多认为，代物清偿之成立，仅有当事人之合意尚且不足，须代替原定给付并现实为他种之给付，如仅决定将来为他种给付以代原定给付，则属债之标的变更。⑤ 以"代物清偿"定性当事人关于以物抵债的安排，抵债财产未经交付债权人的，当事人的合意不具有约束力，债务人在交付抵债财产前得以反悔，如此明显为替代给付增添了不必要的障碍。自价值判断的角度来看，代物清偿的实践性旨在保护债务人和第三人利益，但认定为诺成性的以物抵债协议更能实现当事人

---

① 参见崔建远：《以物抵债的理论与实践》，载《河北法学》2012 年第 3 期。

② 参见"成都市国土资源局武侯分局与招商（蛇口）成都房地产开发有限责任公司、成都港招实业开发有限责任公司、海南民丰科技实业开发总公司债权人代位权纠纷案"，最高人民法院（2011）民提字第 210 号民事判决书，载《最高人民法院公报》2012 年第 6 期（总第 188 期）。

③ 参见周江洪：《债权人代位权与未现实受领之"代物清偿"——"武侯国土局与招商局公司、成都港招公司、海南民丰公司债权人代位权纠纷案"评释》，载《交大法学》2013 年第 1 期；其木提：《代物清偿协议的效力——最高人民法院（2011）民提字第 210 号民事判决评释》，载《交大法学》2013 年第 3 期。

④ 如最高人民法院（2001）民二终字第 179 号民事判决书，最高人民法院（2004）民二终字第 168 号民事判决书。

⑤ 参见史尚宽：《债法总论》，中国政法大学出版社 2000 年版，第 815 页；郑玉波：《债法总论》，陈荣隆修订，中国政法大学出版社 2003 年版，第 484～485 页。

及第三人利益的动态平衡，且可融贯民法内部价值体系。① 而僵化地坚持当事人代替清偿的实践性，不仅与实践性合同日渐式微的发展趋势不符，也不利于发扬契约自由原则。实际上，从私法史上代物清偿制度的发展变迁观察，代物清偿的实践性要求不过是强调实际履行才产生清偿债务的效果，不能望文生义地被认为是通常意义上的"物的交付"或者"物的占有的移转"②。如果坚持用实践性的代物清偿制度来分析当事人的以物抵债安排，则债务人实际履行前的代物清偿合意将无法得到妥适认定。受日本学说的影响，有观点以"代物清偿预约"或"附停止条件的代物清偿协议"等概念应对。③ 但就"预约"的本意来看，债权人可在代物清偿预约生效后请求对方当事人订立代物清偿本约，在后者的实践性要求下，债务人应立即为他种给付的履行，如此"代物清偿预约"与单纯合意并无轩轾。④ 不论是预约还是本约，当事人替代清偿的意思是一致的，代物清偿预约的提出本质上是坚持代物清偿实践性下的迂回之举，难有实益。⑤ 而"附停止条件的代物清偿协议"本身就昭示了代物清偿实践性的内在张力，盖因依前者代物清偿协议在条件成就前即已生效，而依后者仅在实际交付后方生效力。

或许是意识到了以代物清偿制度处理以物抵债纠纷的不足，最高人民法院逐渐放弃了"武侯国土局案"传达的司法态度。在 2014 年的公报案例"朱某芳案"中，最高人民法院认为当事人以买卖合同标的房屋抵顶债务的约定不违反"禁止流押"的规定，间接否定了以物抵债的实践性。⑥ 此后的一系列纪要文件中，最高人民法院虽然没有直接对以物抵债的性质作出规定，但在关于以物抵债合同纠纷案件的审理问题上传达了"不能对以物抵债约定轻易否定"的倾向。⑦ 在指导案例 72 号中，借款合同双方当事人经协商一致，终止借款合同关系，建立商品房买卖合同关系，将借款本金及利息转化为已付购房款并经对账清算，该商品房

---

① 参见姚辉、阚梓冰：《从逻辑到价值：以物抵债协议性质的探究》，载《学术研究》2020 年第 8 期。

② 肖俊：《代物清偿中的合意基础与清偿效果研究》，载《中外法学》2015 年第 1 期。

③ 参见史尚宽：《债法总论》，中国政法大学出版社 2000 年版，第 815 页；孙森焱：《民法债编总论》，三民书局 1980 年版，第 773 页。

④ 参见陈自强：《无因债权契约论》，中国政法大学出版社 2002 年版，第 327 页。

⑤ 参见高治：《代物清偿预约研究——兼论流担保制度的立法选择》，载《法律适用》2006 年第 7 期。

⑥ 参见"朱某芳与山西嘉和泰房地产开发有限公司商品房买卖合同纠纷案"，最高人民法院（2011）民提字第 344 号民事判决书，载《最高人民法院公报》2014 年第 12 期（总第 218 期）。

⑦ 如 2015 年《全国民事审判工作会议纪要》第 31～33 条，2015 年《最高人民法院关于当前商事审判工作中的若干具体问题》第 9 项，2015 年《第八次全国法院民事商事审判工作会议（民事部分）纪要》第 16、17 条。

买卖合同具有法律效力。① 在不违反法律强制性规定的情况下，当事人债务履行期届满后达成的"以房抵债"协议应当认为有效。及至 2017 年，最高人民法院最终在公报案例"通州建总案"中明确了以物抵债协议的诺成性，并首次提出了较为系统的以物抵债裁判规则。与"武侯国土局案"相似，该案当事人也存在以房屋抵偿工程款的合意。最高人民法院在"裁判摘要"中首先指出，对以物抵债协议的效力、履行等问题的认定，应以尊重当事人的意思自治为基本原则。只要双方当事人的意思表示真实，合同内容不违反法律、行政法规的强制性规定，合同即为有效，而不以债权人现实地受领抵债财产，或取得抵债财产所有权、使用权等财产权利，为成立或生效要件。② 由此可见，最高人民法院从尊重当事人真意、维护契约自由原则的角度出发，最终确认了以物抵债协议的诺成性。但实践中依旧有部分法院固守代物清偿实践性的要求。③

二、清偿型以物抵债中新旧给付的关系

本条第 2 款规定："债务人或者第三人履行以物抵债协议后，人民法院应当认定相应的原债务同时消灭；债务人或者第三人未按照约定履行以物抵债协议，经催告后在合理期限内仍不履行，债权人选择请求履行原债务或者以物抵债协议的，人民法院应予支持，但是法律另有规定或者当事人另有约定的除外。"

在诺成性的认识下，以物抵债合意仅产生新的替代清偿方式，即在原有的清偿方式之外增设实现债权的路径。逻辑上看，新旧给付的关系无外乎以下情况：其一，旧给付消灭而仅有新给付存在，此时履行新给付成为债权实现的唯一方式。其二，旧给付不消灭，新旧给付并存，当事人一方享有选择履行的权利，二者没有履行顺序。其三，新旧给付并存，且二者存在履行先后顺序。

第一种情况下，旧给付因以物抵债协议的生效而消灭，法律效果至为严格，要求当事人对此具有明晰的意思表示。如果当事人在以物抵债协议中明确约定，债权人只能请求债务人履行新的给付而丧失请求原有给付，此时构成《民法典》第 543 条规定的当事人协议变更合同。当事人之间的债权债务关系以新给付为唯一内容，债权人只能通过受领抵债财产实现债权。在此之下，由于合同标的发生

---

① 参见指导案例 72 号"汤某、刘某龙、马某太、王某刚诉新疆鄂尔多斯彦海房地产开发有限公司商品房买卖合同纠纷案"，最高人民法院（2015）民一终字第 180 号民事判决书。

② 参见"通州建总集团有限公司与内蒙古兴华房地产有限责任公司建设工程施工合同纠纷案"，最高人民法院（2016）最高法民终字第 484 号民事判决书，载《最高人民法院公报》2017 年第 9 期（总第 251 期）。

③ 如湖北省高级人民法院（2017）鄂民终 229 号民事判决书，福建省高级人民法院（2017）闽民终 111 号民事判决书。

变化，合同的基本权利义务也发生实质变化，原合同关系实际上已经结束，债权人只能通过新的合同关系寻求救济，即根据以物抵债协议要求债务人承担违约责任。①

实践中更为常见的情况在于，以物抵债协议仅就债务人履行新的给付消灭债务有所约定，未对原定给付作出安排。当事人约定新的给付方式，目的可能多样，应当以当事人的意思表示为准认定以物抵债协议的解释结论。从当事人的具体利益出发，如果推定当事人具有替代旧给付的合意，新给付的成立与旧给付的消灭互为因果，担保原给付的措施一并消灭，对债权人利益影响甚巨。② 而清偿型以物抵债是以债务人预期或已经陷于债务履行障碍为前提，合意达成替代清偿的方式不仅可提高债权人实现债权的机会，债务人也可借此规避发生实际违约之情事。保留旧给付的清偿效果，符合当事人最初的缔约目的，还预留了债务人恢复履行能力后依原定交易安排清偿债务的空间，旧给付继续存在对当事人而言并无不利，新旧给付并存。在理论上，债务人负担新的给付债务作为清偿旧给付债务的方法被称为"新债清偿"，其与新债务代替旧债务不同，旧债务只有在新债务履行后方才消灭，新债务未履行时旧债务之上的担保依然存在。③ 不过，新债清偿要求债权人在受领抵债财产后对其进行变价，并由变价所得清偿原债。④ 很明显，"抵债"的文义难以解读出债权人的变价义务，而是强调直接移转抵债财产的所有权以消灭债务，当中没有变价与清算程序除非协议中有专门约定。2015年《最高人民法院关于当前商事审判工作中的若干具体问题》（以下简称《商事审判纪要》）也在是否设置清算程序的问题上倾向债权人直接就抵债财产受偿的立场。《合同编通则解释》延续了上述立场，在本条第 2 款前段规定，"债务人或者第三人履行以物抵债协议后，人民法院应当认定相应的原债务同时消灭"。原债务在以物抵债协议履行前继续存在，"同时消灭"表明没有变价与清算程序。

如果当事人就新旧给付履行的选择权利或者履行顺序作出约定，则应当尊重当事人的交易安排，自无疑问。但在缺乏此类约定时，有的司法裁判认为债权人有选择履行的权利。⑤ 但参照选择之债中选择权默认归于债务人的法理，虽然以物抵债协议意在实现债权，但新旧给付的履行皆可达致合同目的，而债务人另对

① 参见谢怀栻等：《合同法原理》，法律出版社 2000 年版，第 203 页。

② 参见麻锦亮：《以物抵债协议的性质与效力》，载贺小荣主编：《最高人民法院民事审判第二庭法官会议纪要》，人民法院出版社 2018 年版，第 11 页。

③ 参见林诚二：《民法债编总论——体系化解说》，中国人民大学出版社 2003 年版，第 539~541 页。

④ 参见［德］迪尔克·罗歇尔德斯：《德国债法总论》（第 7 版），沈小军、张金海译，中国人民大学出版社 2014 年版，第 143 页。

⑤ 参见最高人民法院（2015）民二终字第 42 号民事判决书。

履行新给付享有期待利益。而且，在抵债人为债务人的情况下，债权人享有选择权意味着债务人需要同时准备新旧两种给付债务的履行，有失公平。① 针对这一点，最高人民法院在"通州建总案"中没有给出明确的司法态度，但从其裁判摘要中的"若新债务届期不履行，致使以物抵债协议目的不能实现的，债权人有权请求债务人履行旧债务"表述来看，似乎是认可新给付的先行履行。而在随后对2019年《九民会议纪要》第 44 条的解读中，最高人民法院认为，"债权人原则上应当先请求履行新债"②。在解释上，如果认为此时新旧给付单纯为并存关系，新债清偿将失其意义，新给付债务产生使旧给付债务暂时停止作用，新给付债务到期时债权人应先请求履行。③ 如此也符合当事人订立以物抵债协议的动机：债务人履行原给付存在障碍，于此情形下，当事人专门就替代清偿达成合意表明其优先追求的意图。本条第 2 款后段规定："债务人或者第三人未按照约定履行以物抵债协议，经催告后在合理期限内仍不履行，债权人选择请求履行原债务或者以物抵债协议的，人民法院应予支持，但是法律另有规定或者当事人另有约定的除外。"可见，在缺乏专门约定的情况下，以物抵债协议应当被优先履行，债权人只有在债务人经催告后合理期限内仍不履行新债时，才有选择履行的权利。

值得讨论的是，债务人能否选择履行旧给付债务进行清偿？特别是在债务履行期届满前，债务人预先与债权人订立以物抵债协议避免违约，事后又恢复了履行能力的情况下，债务人履行原债务似无不可。对于债权人而言，受领新旧给付都能实现债权人的最终目的，符合债权人的利益预期，毕竟在债务人未按约履行以物抵债协议时，债权人还可以请求恢复旧债务的履行。而在此基础上赋予债务人以选择权，不仅无损债权人的利益，还给予债务人选择履行的自由，有助于其根据自身履行能力的发展情况作出选择，是一种帕累托改进。在解释上，原债务并未消灭，债务人当然可以通过履行旧给付消灭其与债权人的债权债务关系，立基于原债务的以物抵债协议自然归于消灭。另一种可能的解释方案在于，债务人履行旧给付意味着以物抵债的安排失败，债权人应依据旧债权债务关系行使债权请求权。④

---

① 参见房绍坤：《论新债清偿》，载《广东社会科学》2014 年第 5 期。

② 最高人民法院民事审判第二庭编著：《〈全国法院民商事审判工作会议纪要〉理解与适用》，人民法院出版社 2019 年版，第 303 页。

③ 参见邱聪智：《新订民法债编通则》（下），中国人民大学出版社 2004 年版，第 454 页。

④ 参见司伟：《债务清偿期届满后的以物抵债纠纷裁判若干疑难问题思考》，载《法律适用》2017 年第 17 期。

三、清偿型以物抵债中的债权人保护

本条第 2 款后段明确，债务人或者第三人未按照约定履行以物抵债协议，经催告后在合理期限内仍不履行，债权人选择请求履行原债务或者以物抵债协议的，人民法院应予支持。单以新旧给付的履行作为对债权人的保护显然不足，还应当考虑违约责任的救济。在解释上，债权人可以根据原合同或以物抵债协议向抵债人主张违约责任。

一般来说，债权人寻求救济主要出现在债务人给付的抵债财产存在瑕疵的语境。如果以物抵债协议中约定了抵债财产的瑕疵问题，债权人根据协议本身主张违约责任即可。但当无此约定时，有观点认为以物抵债协议不是有偿契约，因而不能适用瑕疵担保责任的规则。[1] 另有观点指出，此时债权人可以将瑕疵抵债财产交还，转而寻求原合同的违约责任救济，不必令抵债人承担瑕疵担保责任。[2] 将以物抵债协议视为有偿合同，实质上是将替代清偿的履行作为债权人免除原债务的对价，但如此拟制色彩过于浓烈，而且履行以物抵债协议后不能立即消灭原债务，逻辑上还需债权人免除的意思表示。实际上，以物抵债协议是对原合同的替代清偿，新给付的履行在性质上应当同于旧给付。而退还抵债财产相当于解除以物抵债协议，但依《民法典》563 条的规定，只有抵债财产的瑕疵达到不能实现合同目的之程度才产生法定解除权。

《江苏高院以物抵债纪要》指出，抵债财产的瑕疵可以参照买卖合同的瑕疵担保责任处理。然而，买卖合同是典型的有偿、双务合同，以物抵债协议对应的原合同却不当然同此性质，无偿、单务的赠与合同中的债务也可以通过以物抵债的形式消灭，此时一律参照买卖合同的瑕疵担保责任规则处理将会造成评价矛盾。[3] 因此，应当根据原合同的性质决定债权人抵债财产瑕疵的救济，参照适用《民法典》第 617 条或第 662 条。对于权利瑕疵担保问题，本条第 4 款规定："债务人或者第三人以自己不享有所有权或者处分权的财产权利订立以物抵债协议的，依据本解释第十九条的规定处理。"

如果债务人不履行新旧给付，或是延迟给付新的给付，债权人有权寻求违约责任救济。实践中有观点认为，债务人不履行以物抵债协议的，债权人只能就原

---

① 参见黄立：《民法债编总论》，中国政法大学出版社 2002 年版，第 673 页。

② 参见［德］迪尔克·罗歇尔德斯：《德国债法总论》（第 7 版），沈小军、张金海译，中国人民大学出版社 2014 年版，第 144 页。

③ 参见陈自强：《无因债权契约论》，中国政法大学出版社 2002 年版，第 286 页。

合同主张违约责任。① 但以物抵债协议属于无名合同的一种，也可适用《民法典》合同编通则关于违约责任的规定，没有理由否认债权人依据以物抵债协议主张违约责任救济的权利。正因如此，《合同编通则解释》第 27 条第 2 款后段允许债权人在新旧合同中选择寻求救济的权利。结合"通州建总案"提出的裁判规则来看，抵债财产的瑕疵只有达到"致使以物抵债协议目的不能实现"的程度，债权人才能够请求债务人恢复旧债务的履行。以物抵债协议的目的在于实现债权，抵债财产的瑕疵势必影响自身的抵债价值，债权人对其变价也将受到影响，但如果抵债财产可以通过修理、更换等形式修复，或通过减少价款的形式间接满足债权实现的目的，债权人不必恢复履行旧债务。因此，轻微违约行为之下债权人不能直接请求债务人履行旧债务，而应根据以物抵债协议主张违约责任。而当债务人在以物抵债协议中的违约行为达到影响债权实现的程度时，以物抵债协议的法定解除条件成就，债权人可以选择解除以物抵债协议，也可以径直主张恢复旧债务的履行。② 在解释上，债权人根据《合同编通则解释》第 27 条第 2 款后段主张"请求履行原债务"的权利应受限制，只有在债务人的违约行为影响债权实现时才能主张。

本条第 2 款前段规定，"债务人或者第三人履行以物抵债协议后，人民法院应当认定相应的原债务同时消灭。"在以物抵债协议中，当事人可能约定以抵债财产抵偿全部债务，也可能只用于抵偿部分债务，因此该款的"相应的原债务"应当根据约定的抵偿债务数额来认定。如果抵债财产仅抵偿部分债务，债权人当然有权继续向债务人请求清偿剩余部分债权，基于担保物权的不可分性，原债权之上的担保措施及于剩余债权。

四、司法程序中的以物抵债

本条第 3 款规定："前款规定的以物抵债协议经人民法院确认或者人民法院根据当事人达成的以物抵债协议制作成调解书，债权人主张财产权利自确认书、调解书生效时发生变动或者具有对抗善意第三人效力的，人民法院不予支持。"

如果当事人在诉讼过程中达成以物抵债协议的，《民商事审判纪要》第 44 条第 2 款倾向于不宜出具调解书予以确认的立场。与此同时，即便是在出具了调解书的场合，对以物抵债协议进行确认的调解书并非《民法典》第 229 条规定的能

---

① 参见崔军：《代物清偿的基本规则及实务运用》，载《法律适用》2006 年第 7 期。
② 参见最高人民法院（2016）最高法民终 484 号民事判决书。

够直接导致物权变动的法律文书，不能直接发生物权变动的效果。① 本条第 3 款继承了这一认识，对债权人关于抵债财产的物权自确认书、调解书生效时移转至债权人的主张不予支持。如果债权人向法院起诉债务人或第三人履行以物抵债协议并获得胜诉裁决，该裁决在性质上属于给付裁决，而非《民法典》第 229 条中的形成裁决，抵债财产不因该裁决生效而转移，仍然须履行物权转移的形式要件。②

在执行程序中，依据《最高人民法院关于人民法院民事执行中拍卖、变卖财产的规定》第 16 条、第 24 条、第 25 条等规定，人民法院可以将拍卖不成的财产交付于债权人抵债。如果法院在执行程序中作出以物抵债裁定，该裁定具有形成效力，抵债财产的所有权自抵债裁定送达债权人时转移。《强制执行法》（草案）第 128 条第 1 款规定："不动产拍卖、变卖成交或者抵债的，不动产权利自拍卖、变卖成交或者抵债裁定送达买受人或者承受人时起转移。"该规定可参照适用于对动产与股权等其他财产权的执行。某些特殊类型的财产转移需要履行审批手续，此时不宜认可法院以物抵债的裁定转让，如《银行业监督管理法》第 17 条及《非银行金融机构行政许可事项实施办法》第 109 条规定的非银行金融机构变更股权或调整股权结构。

五、以物抵债协议的效力瑕疵

以物抵债协议属于无名合同，在效力问题方面应当适用《民法典》总则编关于民事法律行为效力的一般规定。通常来说，清偿型以物抵债协议订立在债务履行期届满后，债务人已经处于违约状态，此时当事人寻求以债务人其他财产抵偿债务，债权人利用债务人急需资金的窘迫情事谋取远超债权数额财产的风险较小，债务人可以选择以大致相当于债权数额的财产用于替代清偿。真正需要警惕的是，当事人双方合意将远高于债权数额的财产抵偿债务，债务人的责任财产不当减少，由此对债务人的其他债权人造成不利影响。在此情况下，债务人相当于以不合理的低价转让财产，债权人的其他债权人可以根据《民法典》第 539 条的规定请求人民法院撤销以物抵债协议。《合同编通则解释》第 43 条对此予以明确。至于"不合理的低价"的认定，《合同编通则解释》第 42 条明确了具体的认定标准。

---

① 参见最高人民法院民事审判第二庭编著：《〈全国法院民商事审判工作会议纪要〉理解与适用》，人民法院出版社 2019 年版，第 304～305 页。

② 参见崔建远：《以物抵债的理论与实践》，载《河北法学》2012 年第 3 期。

由于绝大多数的以物抵债未有法院的参与和监督，即使是调解阶段也系以当事人的意愿为主，债权人与债务人在以抵债财产抵偿债务时往往没有进行评估手续，存在着利用以物抵债的形式，虚构债权债务关系转移责任财产，或将在价值上远超真实债务数额的抵债财产转移给债权人，进而损害债务人的其他债权人利益的风险。[①] 2015 年《全国民事审判工作会议纪要》（以下简称为《民事审判纪要》）第 31 条规定："在债权债务案件诉讼过程中，当事人自愿达成以房抵债协议，并要求法院制作调解书的，人民法院应当严格审查，防止当事人利用虚假诉讼，损害其他债权人利益。一经发现属于虚假诉讼的，要严格按照民事诉讼法第一百一十二条的规定处理。"《商事审判纪要》也指出，"有的以物抵债则是为了达到其他非法目的，恶意逃避债务，损害第三人的合法权益"，因此在以物抵债案件审理中"要严格审查当事人缔结以物抵债的真实目的，对借以物抵债损害相对人、第三人利益的行为应予以否定"。《民商事审判纪要》第 44 条规定："当事人在债务履行期限届满后达成以物抵债协议，抵债物尚未交付债权人，债权人请求债务人交付的，人民法院要着重审查以物抵债协议是否存在恶意损害第三人合法权益等情形，避免虚假诉讼的发生。经审查，不存在以上情况，且无其他无效事由的，人民法院依法予以支持。"值得注意的是，该条第 2 款针对当事人在诉讼中达成的以物抵债协议，鉴于法院难以审查该协议是否存在恶意串通损害他人合法权益的情形，为慎重起见，法院不宜出具调解书予以确认，此时应建议当事人通过撤诉方式终结诉讼。[②]

（本条撰写人：高圣平）

[①] 参见夏正芳、潘军锋：《以物抵债的性质及法律规制——兼论虚假诉讼的防范》，载《人民司法》2013 年第 21 期。

[②] 参见最高人民法院民事审判第二庭编著：《〈全国法院民商事审判工作会议纪要〉理解与适用》，人民法院出版社 2019 年版，第 303～304 页。

担保型以物抵债协议的法律适用

债务人或者第三人与债权人在债务履行期限届满前达成以物抵债协议的，人民法院应当在审理债权债务关系的基础上认定该协议的效力。

当事人约定债务人到期没有清偿债务，债权人可以对抵债财产拍卖、变卖、折价以实现债权的，人民法院应当认定该约定有效。当事人约定债务人到期没有清偿债务，抵债财产归债权人所有的，人民法院应当认定该约定无效，但是不影响其他部分的效力；债权人请求对抵债财产拍卖、变卖、折价以实现债权的，人民法院应予支持。

当事人订立前款规定的以物抵债协议后，债务人或者第三人未将财产权利转移至债权人名下，债权人主张优先受偿的，人民法院不予支持；债务人或者第三人已将财产权利转移至债权人名下的，依据《最高人民法院关于适用〈中华人民共和国民法典〉有关担保制度的解释》第六十八条的规定处理。

【本条主旨】

本条是关于担保型以物抵债协议的法律适用的规定。

【关联规定】

1.《民法典》第 388 条　设立担保物权，应当依照本法和其他法律的规定订立担保合同。担保合同包括抵押合同、质押合同和其他具有担保功能的合同。担保合同是主债权债务合同的从合同。主债权债务合同无效的，担保合同无效，但是法律另有规定的除外。

担保合同被确认无效后，债务人、担保人、债权人有过错的，应当根据其过错各自承担相应的民事责任。

2. 《最高人民法院关于审理民间借贷案件适用法律若干问题的规定》第 23 条 当事人以订立买卖合同作为民间借贷合同的担保，借款到期后借款人不能还款，出借人请求履行买卖合同的，人民法院应当按照民间借贷法律关系审理。当事人根据法庭审理情况变更诉讼请求的，人民法院应当准许。

按照民间借贷法律关系审理作出的判决生效后，借款人不履行生效判决确定的金钱债务，出借人可以申请拍卖买卖合同标的物，以偿还债务。就拍卖所得的价款与应偿还借款本息之间的差额，借款人或者出借人有权主张返还或者补偿。

3. 《最高人民法院关于适用〈中华人民共和国民法典〉有关担保制度的解释》第 68 条 债务人或者第三人与债权人约定将财产形式上转移至债权人名下，债务人不履行到期债务，债权人有权对财产折价或者以拍卖、变卖该财产所得价款偿还债务的，人民法院应当认定该约定有效。当事人已经完成财产权利变动的公示，债务人不履行到期债务，债权人请求参照民法典关于担保物权的有关规定就该财产优先受偿的，人民法院应予支持。

债务人或者第三人与债权人约定将财产形式上转移至债权人名下，债务人不履行到期债务，财产归债权人所有的，人民法院应当认定该约定无效，但是不影响当事人有关提供担保的意思表示的效力。当事人已经完成财产权利变动的公示，债务人不履行到期债务，债权人请求对该财产享有所有权的，人民法院不予支持；债权人请求参照民法典关于担保物权的规定对财产折价或者以拍卖、变卖该财产所得的价款优先受偿的，人民法院应予支持；债务人履行债务后请求返还财产，或者请求对财产折价或者以拍卖、变卖所得的价款清偿债务的，人民法院应予支持。

债务人与债权人约定将财产转移至债权人名下，在一定期间后再由债务人或者其指定的第三人以交易本金加上溢价款回购，债务人到期不履行回购义务，财产归债权人所有的，人民法院应当参照第二款规定处理。回购对象自始不存在的，人民法院应当依照民法典第一百四十六条第二款的规定，按照其实际构成的法律关系处理。

4. 《全国法院民商事审判工作会议纪要》45. 【履行期届满前达成的以物抵债协议】当事人在债务履行期届满前达成以物抵债协议，抵债物尚未交付债权人，债权人请求债务人交付的，因此种情况不同于本纪要第 71 条规定的让与担保，人民法院应当向其释明，其应当根据原债权债务关系提起诉讼。经释明后当事人仍拒绝变更诉讼请求的，应当驳回其诉讼请求，但不影响其根据原债权债务关系另行提起诉讼。

5.《江苏省高级人民法院关于以物抵债若干法律适用问题的审理纪要》

二、关于债务未届清偿期之前以物抵债行为的性质及效力认定

会议认为，对当事人在债务未届清偿期之前达成的以物抵债协议，应区分不同情形进行认定与处理：

（一）当事人在债务未届清偿期之前达成的以物抵债协议，该协议具有担保债权实现的目的，如债权人以债务人违反以物抵债的约定而要求继续履行以物抵债协议或对所抵之物主张所有权的，人民法院应驳回其诉讼请求。但经人民法院释明，当事人变更诉请要求继续履行原债权债务合同的，人民法院应当继续审理。

（二）当事人在债务未届清偿期之前达成以物抵债的协议，同时明确约定在债务清偿期届满时应进行清算，该以物抵债协议在当事人之间具有法律效力，但该约定不具有对抗其他债权人的效力。

（三）当事人在债务未届清偿期之前约定以房屋或土地等不动产进行抵债，并明确在债务清偿后可以回赎，债务人或第三人根据约定已办理了物权转移手续的，该行为符合让与担保的特征，因违反物权法定原则，不产生物权转移效力。债权人如根据抵债协议及物权转移凭证要求原物权人迁让的，人民法院应不予支持。

【理解与适用】

一、以物抵债的目的发现：从清偿债务到担保债务

作为对经济活动中某种行为的描述，以物抵债在不同的具体场景下可能有不同的含义，客观上表现出的行为目的也有所不同。通过异种给付的履行消灭既存的债务是以物抵债的共性，但不能简单地据此将"抵债"视为当事人所欲实现的目的，毋宁说其是以物抵债实际履行后的法律后果。因此，"抵债"虽有清偿债务的功能，但以物抵债本身对交易产生的影响，尤其是债务人丧失抵债财产的压力与风险也值得重视。

以物抵债具有消灭既有债务的效力，其作为替代清偿制度的重要部分在清偿债务方面的目的至为明显。除此之外，以物抵债还可在债务人获取融资方面发挥积极作用。当事人在债务履行期届满前预先达成以物抵债协议的，特别是在融资发放前，对债权人而言意味着债权实现方式的增加，同时激励债务人尽力按约履行债务，避免丧失抵债财产的所有权。在房地产开发实践中，囿于适格担保财产

的缺乏以及典型担保形式的不足，开发商为寻求资金支持常与对方同时订立房屋买卖合同与借款合同，约定如果借款到期债务人不能偿还借款的，则履行房屋买卖合同，以标的房屋抵顶借款债务。鉴于债权人在此类交易中的典型目的在于顺利回收融资款项并获取利息收益，取得房屋所有权用于抵债具有备位性，此种交易形式多被称为"买卖型担保"①。"朱某芳案"即为著例。② 由此，以物抵债的目的从清偿拓展到了担保债务履行，并且以担保为目的的以物抵债逐渐成为规制的重点。2015 年《关于审理民间借贷案件适用法律若干问题的规定》（以下简称为《民间借贷解释》）第 24 条规定，当事人以签订买卖合同作为民间借贷合同的担保，借款到期后借款人不能还款，出借人请求履行买卖合同的，人民法院应当按照民间借贷法律关系审理。在此基础上，出借人可以申请拍卖买卖合同标的物以偿还债务，并负有强制清算义务。同年颁布的《民事审判纪要》第 32 条与《商事审判纪要》第 9 项更是直接就债务履行期届满前达成的以物抵债效力作出规定，对于可能引发利益失衡的以物抵债协议而言，以担保制度中的清算义务、禁止流押/质规则进行效力控制。这些规定无一不将此种以物抵债作为一种担保形式加以对待。《民商事审判纪要》第 45 条更是将履行期届满前达成的以物抵债协议直接认定为让与担保。③

值得注意的是，虽然债务履行期届满前的以物抵债协议通常以担保为目的，抵债财产的价值亦多大于债务数额，但不能排除当事人纯粹以预先安排替代给付进而实现清偿债务为合同目的，即在某些情况下当事人作出以物抵债的安排仅在于简化债务实现的程序。此种替代给付的预先安排可以为债务人创造回旋余地，同时将债务人违约后再行磋商的交易成本并入缔约阶段，具有商业上的合理性。事实上，最高人民法院也在上述规则中强调对当事人在债务履行期届满前达成的以物抵债协议中体现的真实意思进行识别，如《商事审判纪要》在第 9 项中就强调要"严格审查当事人缔结以物抵债的真实目的"。《民间借贷解释》第 24 条为2021 年《最高人民法院关于审理民间借贷案件适用法律若干问题的规定》（以下简称为《新民间借贷解释》）第 23 条所继承，后者在第 1 款中删去了人民法院释明当事人变更诉讼请求的内容。在对该条的解读中，最高人民法院虽然在 2015

---

① 自不同角度观察此种交易模式会有不同的称谓，如置重于买卖合同关系者称之为"担保性买卖"，试图明确此种交易所属担保类型者称之为"后让与担保"等。聚焦于以物抵债的目的，并与清偿债务之目的相区分，本文在此称之为"买卖型担保"。

② 参见"朱某芳与山西嘉和泰房地产开发有限公司商品房买卖合同纠纷案"，最高人民法院（2011）民提字第 344 号民事判决书，载《最高人民法院公报》2014 年第 12 期（总第 218 期）。

③ 参见最高人民法院民事审判第二庭编著：《〈全国法院民商事审判工作会议纪要〉理解与适用》，人民法院出版社 2019 年版，第 308 页。

年明确了双方的真实意思是处理此类纠纷的基础，但旋即又将买卖合同限定在为民间借贷合同提供担保的单一目的，造成了自相矛盾的局面。① 幸得 2021 年最高人民法院将其纠正，若"双方当事人之间虽然同时存在民间借贷合同和买卖合同，但是买卖合同并不是民间借贷合同的担保的，则不属于本条规定的情形"，坚持考察双方订立买卖合同的真实意思，严格实施认定的原则。②

由此可见，在以物抵债的行为外观下，当事人可能蕴含有多元化的法律目的，以物抵债甚至可被用于变相抽逃出资。③ 但清偿债务与担保债务无疑是当事人欲通过以物抵债实现的典型目的。

只有订立在债务履行期届满前的以物抵债协议才能主要发挥担保债务履行的功能。即使当事人在债务履行期届满后订立以物抵债协议，并约定债务人在一定期限内未履行以物抵债协议就恢复旧债务履行的，在解释上相当于延长了债务履行期，以物抵债协议仍是在债务履行期届满前所订立。本条第 1 款规定："债务人或者第三人与债权人在债务履行期限届满前达成以物抵债协议的，人民法院应当在审理债权债务关系的基础上认定该协议的效力。"结合《新民间借贷解释》第 23 条的理解，"在审理债权债务关系的基础上认定该协议的效力"旨在强调当事人订立以物抵债协议的真实意思，在解释上，只有当事人的真实目的是担保债务履行时，才能适用《合同编通则解释》第 28 条第 2、3 款的规定。④

以物抵债协议生效后，债权人对债务人或第三人享有请求交付抵债财产的权利，但以债务人未按时清偿债务为前提。只有在抵债财产实际交付给债权人后，才能导致债务消灭的法律后果。在此之前，旨在向债务人施加履约压力、担保债务履行的以物抵债协议，当中发挥担保功能的也只是债权人享有的债权性质的请求权。

观诸《民法典》之前我国法上的担保制度，已被典型化的物上担保类型仅有抵押、质押与留置三种，而担保型以物抵债则未被纳入其中，缺乏适用担保规则的规范基础。考虑到担保型以物抵债的广泛应用以及由此产生的纠纷不断涌现，最高人民法院将"买卖型担保"选作典型规制对象，在肯认这种以物抵债协议担保功能（《民间借贷解释》第 24 条）的基础上，将这种非典型的担保形式与让与

---

① 参见最高人民法院民事审判第一庭编著：《最高人民法院民间借贷司法解释理解与适用》，人民法院出版社 2015 年版，第 411～412 页。

② 参见最高人民法院民事审判第一庭编著：《最高人民法院新民间借贷司法解释理解与适用》，人民法院出版社 2021 年版，第 343～347 页。

③ 参见最高人民法院（2013）民提字第 226 号民事判决书。

④ 参见最高人民法院民事审判第一庭编著：《最高人民法院新民间借贷司法解释理解与适用》，人民法院出版社 2021 年版，第 344 页。

担保关联，在担保从属性要求下坚持以民间借贷为基础法律关系进行审理，导入清算义务。① 但让与担保是指债务人或第三人为担保债务的履行，将担保物的所有权移转予担保权人，债务不获清偿时，担保权人得就该担保物受偿的一种担保形式。② 而在担保型以物抵债中，抵债财产的所有权并未发生移转。正因如此，《民商事审判纪要》第 45 条指出，债务履行期届满前达成以物抵债协议且抵债财产尚未交付债权人的，"此种情况不同于本纪要第 71 条规定的让与担保"。针对这一矛盾，理论上有观点创新性提出"后让与担保"的概念，将"买卖型担保"作为习惯法上的担保物权，试图规范这种非典型担保形式，但同时也面临学理上的挑战。③ 更有观点认为，以"买卖型担保"为典型的担保型以物抵债协议不具备令债权人就抵债财产优先受偿的法律效果，没有扩张清偿债务的责任财产，更缺乏担保所需的公示手段，不能构成民法上的狭义担保。④ 当事人不过是在依据一个无名合同调整双方的权利义务，债权人仅在债务人到期不履行债务时，享有要求债务人移转抵债财产所有权的请求权，此种以物抵债协议只不过是让与担保合同而已。⑤

对担保型以物抵债协议来说，真正的障碍在于债权人无法像典型担保物权人一般对抵债财产的交换价值进行支配，并以此担保债务的履行，债权人享有的债权性担保措施不具备"担保的保障债权切实实现性"⑥。债权人依据基础债权债务关系获得胜诉判决后，可以依据该判决申请执行抵债财产，但没有优先受偿权。⑦ 不过，在《民法典》担保制度吸收功能主义立法思路的背景下，担保型以物抵债协议的解释基础相应地发生改变，尤其是《民法典》第 388 条第 1 款"其他具有担保功能的合同"，为其适用担保规则奠定规范基础。

---

① 参见最高人民法院民事审判第一庭编著：《最高人民法院民间借贷司法解释理解与适用》，人民法院出版社 2015 年版，第 425～430 页。

② 参见王闯：《让与担保法律制度研究》，法律出版社 2000 年版，第 20 页；王利明：《物权法研究》（下卷）（第四版），中国人民大学出版社 2016 年版，第 1267 页。

③ 参见杨立新：《后让与担保：一个正在形成的习惯法担保物权》，载《中国法学》2013 年第 3 期。对"后让与担保"概念的挑战可参见董学立：《也论"后让与担保"——与杨立新教授商榷》，载《中国法学》2014 年第 3 期。

④ 参见吴昭军：《类型化界定涉"借"案件中的买卖合同性质——兼论法释〔2015〕18 号第 24 条之所指》，载《东方法学》2017 年第 4 期；许一君：《论履行期届满前达成的以物抵债协议——兼评〈九民纪要〉第 45 条》，载《私法》2020 年第 2 期。

⑤ 参见庄加园：《"买卖型担保"与流押条款的效力——〈民间借贷规定〉第 24 条的解读》，载《清华法学》2016 年第 3 期。

⑥ 崔建远：《"担保"辨——基于担保泛化弊端严重的思考》，载《政治与法律》2015 年第 11 期。

⑦ 参见最高人民法院民事审判第一庭编著：《最高人民法院民间借贷司法解释理解与适用》，人民法院出版社 2015 年版，第 430～431 页。

一方面，功能主义担保立法思路突破了狭义担保观对担保规则的垄断适用。《民法典》第 388 条第 1 款"其他具有担保功能的合同"这一规定"扩大担保合同的范围，明确融资租赁、保理、所有权保留等非典型担保合同的担保功能"[①]。这些非典型担保在《民法典》公布前并不能直接创设一项担保物权，原因在于这些非典型担保在形式上仅为一种债权关系，既未增加清偿债务的责任财产，也没有在特定财产上为债权人设定优先权，担保型以物抵债亦是如此。最高人民法院也承认，如果可以查明订立买卖合同的目的是为民间借贷合同做担保（在明确担保型以物抵债的基础上），当事人之间讼争的基础法律关系是民间借贷，买卖合同应当被视为类似于担保合同。[②] 经由"其他具有担保功能的合同"的转化，这些设定非典型担保措施的合同被定性为担保合同，为进一步适用《民法典》及《担保制度解释》的相关规则提供基础前提。

另一方面，在明确了担保合同的定性后，就担保型以物抵债协议的效力问题，《担保制度解释》第 63 条指出：其一，非典型物的担保合同不因违反物权法定原则而无效，但在物权公示原则之下，如未采取适当的公示手段将标的财产之上的担保负担向不特定的第三人周知，即未满足赋予其物权效力所应具备的公示要求，此际，债权人就标的财产尚未取得物权。其二，未以适当的公示方法就非典型担保权予以公示的，该非典型担保不具有物权效力。[③] 因此，如果要使债权人通过担保型以物抵债协议的安排取得物权效力，必须满足物权公示的要件，这与《民法典》消灭隐形担保的立法态度是一致的。[④] 对于常见的"买卖型担保"类型，有观点主张以物抵债协议的公示系统为预告登记[⑤]或备案登记。[⑥] 裁判实践亦多在当事人办理买卖合同备案登记后认可担保成立。[⑦]

[①] 王晨：《关于〈中华人民共和国民法典（草案）〉的说明——2020 年 5 月 22 日在第十三届全国人民代表大会第三次会议上》，载《民法典立法背景与观点全集》编写组：《民法典立法背景与观点全集》，法律出版社 2020 年版，第 11 页。

[②] 参见最高人民法院民事审判第一庭编著：《最高人民法院新民间借贷司法解释理解与适用》，人民法院出版社 2021 年版，第 346～347 页。

[③] 参见高圣平：《担保法前沿问题与判解研究（第五卷）——最高人民法院新担保制度司法解释条文释评》，人民法院出版社 2021 年版，第 458～459 页。

[④] 参见龙俊：《民法典中的动产和权利担保体系》，载《法学研究》2020 年第 6 期。

[⑤] 参见张海鹏：《担保性房屋买卖合同法律性质之探析——兼析〈民间借贷司法解释〉第 24 条》，载《东方法学》2016 年第 2 期。

[⑥] 参见张伟：《民法典时代非典型担保的逻辑追问与效力审视——以买卖型担保为分析视角》，载《社会科学战线》2022 年第 3 期。

[⑦] 参见许中缘、夏沁：《民法体系视角下〈民间借贷规定〉第 24 条的释意——兼论买卖合同担保入民法典》，载《中南大学学报（哲学社会科学版）》2018 年第 6 期。

二、担保制度规则的适用

与其他担保合同一样，如果不存在无效事由，担保型以物抵债协议自成立时生效。《担保制度解释》第1条后句规定："所有权保留买卖、融资租赁、保理等涉及担保功能发生的纠纷，适用本解释的有关规定。"在解释上，包括担保型以物抵债在内的非典型担保适用该解释的有关规定。该解释第四章专门规制非典型担保，除第63条是关于非典型担保效力的一般规定外，其余条文皆针对具体非典型担保类型。虽然以物抵债没有直接出现在其中，但却可以类推适用与之最相似的非典型担保类型的专门规则。担保型以物抵债的担保措施在于债权人主张获得抵债财产所有权的请求权，其在权利行使后的效果类似于让与担保之下债权人获得担保财产所有权，正因如此，才有"后让与担保"的创新，《合同编通则解释》第28条第3款也提示《担保制度解释》第68条的让与担保规则。

在直接适用的《担保制度解释》第63条之下，担保型以物抵债协议需在"法定的登记机构"完成登记公示，而预告登记或备案登记是否适格，尚有疑问。而依《合同编通则解释》第28条第3款以及《担保制度解释》第68条的规定，是否将财产权利移转至债权人名下是债权人能否主张优先受偿的关键。如果抵债财产为动产，动产融资担保的登记机构为动产融资统一登记公示系统，动产所有权变动的公示手段为交付，担保型的以动产抵债便倒向了动产抵押、动产质押与动产让与担保，当事人采用以物抵债形式进行担保的意义将大大缩减。[1] 如果抵债财产为不动产，不动产抵押登记与所有权转移登记均在统一不动产登记机构办理，应当将不动产所有权过户登记至债权人名下，担保型以物抵债即为不动产让与担保。[2] 由此可见，《合同编通则解释》延续了以让与担保为担保型以物抵债原型的态度，视抵债财产所有权是否转移至债权人名下而赋予债权人优先受偿的权利。在《民法典》及《担保制度解释》将让与担保纳入担保制度体系予以规制的背景下，此举或可理解为鼓励当事人采取让与担保的形式将担保措施公示，达到消灭隐形担保的目标。

以物抵债的实行表现为抵债财产所有权转移至债权人处，债务相应地归于消灭，与流质约款的生效法律后果异曲同工。当债务人或第三人没有其他债权人时，抵债财产径直归于债权人并无不妥，只要债务人或第三人是基于其真实意思

---

[1] 日本的经验显示，《日本预告登记担保合同法》的颁布反而抑制了"买卖预约＋登记"的实践，参见冯洁语：《民法典视野下非典型担保合同的教义学构造——以买卖型担保为例》，载《法学家》2020年第6期。

[2] 参见王泽鉴：《不动产让与担保——第一个习惯物权的创设》，载《荆楚法学》2022年第4期。

所为即可。但对作为非典型担保的担保型以物抵债而言，维护担保财产变价在债权人群体的公平分配是担保的本质要求，进而派生出禁止流质与清算法理。《民法典》第401条、第428条缓和了流质约款的效力，强制性地科以担保权人以清算义务，也为让与担保的合法化提供了解释前提。在担保法上，清算是担保权的实行方法。在让与担保中，清算是就标的物的价值与被担保债务余额之间进行评价，"多退少补"，其目的在于通过确定标的物的公正合理价格寻求当事人之间的利益平衡。《担保制度解释》第68条明确了让与担保权的公示、效力和实现自可准用担保物权的相关规定，经过公示的让与担保权人可以参照适用担保物权的有关规定享有优先受偿权。《合同编通则解释》第28条第2款秉持该法理规定，在债务人到期没有清偿债务的情况下，债权人不能直接取得抵债财产的所有权，但可以请求对抵债财产拍卖、变卖、折价以实现债权，而就变价款能否优先受偿，则交由该条第3款处理。在解释上，《合同编通则解释》第28条第2款只是限定了抵债财产的变价方式，在变价程序上应可适用典型担保物权的实现程序，如协议实现与庭外实现。如果债权人与债务人或第三人就抵债财产变价采取协议实现形式，应当类推适用《民法典》第410条的规定，协议损害债务人或第三人的其他债权人利益的，其他债权人可以请求人民法院撤销该协议。依据《民法典》第152条的规定，其他债权人应在知道或者应当知道撤销事由之日起1年内请求人民法院撤销该协议，否则撤销权消灭。在协议达成起5年内其他债权人没有行使撤销权的，撤销权也归于消灭。

在担保物权的实现上，清算方式包括变价清算与归属清算。在归属清算的情形中，将经清算超出担保债权数额部分的价款归还给抵押人，实际上就是优先受偿。相比变价清算而言，归属清算无疑更为更简单便捷，不需要当事人再进行诉讼，也不需要启动实现担保物权案件特别程序。因此，《民法典》第401条、第428条为流质约款规定的清算义务可以采取归属清算的方式。[1] 在解释上也可以认为，当事人之间的流质约款事实上已经就担保物权可得实行时的折价实现方式达成了协议。[2] 如此一来，《合同编通则解释》第28条第2款中债权人请求对抵债财产变价的权利也应当包含归属清算的方式。

（本条撰写人：高圣平）

---

[1]　参见最高人民法院民法典贯彻实施工作领导小组主编：《中华人民共和国民法典物权编理解与适用》（下），人民法院出版社2020年版，第1071~1072页。

[2]　参见高圣平：《民法典担保制度及其配套司法解释理解与适用》（上），中国法制出版社2021年版，第508页。

利他合同的效力

民法典第五百二十二条第二款规定的第三人请求债务人向自己履行债务的，人民法院应予支持；请求行使撤销权、解除权等民事权利的，人民法院不予支持，但是法律另有规定的除外。

合同依法被撤销或者被解除，债务人请求债权人返还财产的，人民法院应予支持。

债务人按照约定向第三人履行债务，第三人拒绝受领，债权人请求债务人向自己履行债务的，人民法院应予支持，但是债务人已经采取提存等方式消灭债务的除外。第三人拒绝受领或者受领迟延，债务人请求债权人赔偿因此造成的损失的，人民法院依法予以支持。

【本条主旨】

本条是对利他合同效力的具体规定。

【关联规定】

《民法典》第 522 条第 2 款　法律规定或者当事人约定第三人可以直接请求债务人向其履行债务，第三人未在合理期限内明确拒绝，债务人未向第三人履行债务或者履行债务不符合约定的，第三人可以请求债务人承担违约责任；债务人对债权人的抗辩，可以向第三人主张。

【理解与适用】

一、利他合同的内涵

（一）为自己利益合同与利他合同

《民法典》第 522 条第 1 款是对第三人代为受领一般规则的规定。在当事人特别约定由第三人代为受领的情况下，债务人的义务与债权人自行受领并无不同，其应当根据合同的约定或者法律的规定向第三人全面、适当履行其债务。较之于《合同法》，《民法典》第 522 条特别增设第 2 款，明确承认了利他合同。本条则对利他合同效力进行了具体规范，第 1 款对利他合同中利益第三人享有的权利进行了明确；第 2 款就利他合同依法被撤销或者被解除的情况下，返还财产请求权的权利人和义务人进行了规定；第 3 款对第三人拒绝受领的效果进行了规定。

根据订约人订立合同的目的是否为自己谋取利益，可以将合同分为为自己利益合同和利他合同或者说为第三人利益合同。通常情况下，合同当事人订立合同都是为了给自己设定权利和义务。

利他合同中，当事人并非为自己设定权利，而是为合同外第三人的利益订立合同，双方约定债务人向第三方履行义务，第三人由此取得直接请求债务人履行义务的权利。法律规定利他合同，有利于充分实现合同当事人尤其是债权人的意志和利益。债权人直接通过其与债务人之间的合同，向第三人提供某种利益，直接由债务人向第三人作出履行，而不是通过与债务人与第三人分别订立合同或分别作出履行的方式来完成。这就可以缩短给付过程、简化给付关系、减少交易费用，更好地实现债权人的意志和利益；相应地，也能减轻讼累，避免因不允许第三人对债务人起诉而导致第三人只能对债权人起诉、再由债权人对债务人起诉的问题。

（二）利他合同的特点

从《民法典》第 522 条第 2 款的规定来看，利他合同以法律的特别规定或者当事人的特别约定为前提。为自己利益合同是合同的常态，利他合同需要法律的特别规定或者当事人的特别约定方可成立。基于契约自由，当事人将债权人的给付请求权通过特别约定赋予第三人自不待言；法律亦可以就第三人对债务人的给付请求权直接作出规定。

法律对第三人享有给付请求权的特别规定，是指法律明确规定某一类债的关系当事人之外的第三人有权直接向债务人请求给付。例如，依据《保险法》第

10 条，投保人和保险人是保险合同的双方当事人。而该法第 12 条则规定了被保险人，"被保险人是指其财产或者人身受保险合同保障，享有保险金请求权的人。投保人可以为被保险人"。换言之，当投保人本身并非被保险人的情况下，被保险人显然是保险合同当事人之外的第三人，但其依据《保险法》第 12 条可以直接向保险人主张保险金请求权。

当事人的特别约定只能给第三人设定权利，而不得为其设定义务。根据私法自治的原理，任何人未经他人同意，不应为他人设定义务，擅自为第三人设定义务的合同，相关内容都不能对第三人发生拘束力。正是因为这一点，此类合同被称为"第三人利益合同""利他合同"，第三人也常常被称为"受益人""利益第三人"。当然，这并非意味着利他合同中第三人不承担任何义务，第三人在取得一定利益时，可能还需要履行一定的义务，例如在运输合同中，托运人为了收货人的利益而与承运人订立运输合同，但收货人在受领货物时也需要履行一定的义务，不过这种义务通常是与权利或利益的取得相关联的。

（三）第三人的给付请求权

1. "直接请求"的内涵

《民法典》第 522 条第 2 款强调利他合同的本质特点在于"第三人可以直接请求债务人向其履行债务"，这里所言的"直接请求"，就意味着第三人无须如行纪合同那样，先由债权人请求并受领之后，间接给付给自己；第三人在行使请求权时，也无须使用债权人的名义而是以自己的名义独立请求。

2. 诉讼上的请求

既然第三人依据法律规定或者合同约定享有给付请求权，故在第三人接受权利以后，其享有独立的请求权，有权以自己的名义请求债务人向自己进行给付。而在债务人未向第三人履行或者对第三人的履行不符合约定的情况下，享有给付请求权的第三人自然可以以自己名义通过诉讼方式来行使给付请求权，换言之，由给付请求权转化而成的违约责任请求权自然也应当由第三人享有。故《民法典》第 522 条第 2 款明定，第三人可以请求债务人承担违约责任。

依据《民法典》第 522 条第 2 款的规定，司法解释本条明确规定"第三人请求债务人向自己履行债务的，人民法院应予支持"。

值得注意的是，从《民法典》第 522 条来看，第三人不仅有权请求给付，还有权受领给付。申言之，依当然解释，第三人既然享有给付请求权，也当然享有给付受领权。从体系解释来看，该条第 1 款系对第三人代为受领的规定，第 2 款则进一步规定了利他合同。这就意味着，在第三人代为受领的情况下，第三人仅依据债权人的意思获得给付受领权，而并没有给付请求权；而在利他合同中，第三人依据法律的特别规定或者当事人的特别约定，获得的不仅是给付受领权，更获得了对债务人的给付请求权。司法解释中没有直接就第三人的给付受领权作出规定，但从本条第3款来看，实际上认可了第三人的给付受领权。

二、利他合同的撤销与解除后果的承担

(一) 利他合同第三人的法律地位

利他合同中，第三人虽然享有直接请求债务人履行债务的权利，但利他合同的当事人仍然是实际订立合同的双方当事人，作为受益人的第三人并不是利他合同的当事人。第三人不必参与缔约磋商，不必在缔约过程中作出意思表示，不必在合同书上签字。其给付请求权是依据利他合同双方当事人的意思或者法律的规定而取得的。为第三人设定利益的当事人也并非第三人的代理人，无须适用代理规则，在利他合同订立后，该当事人也并未退出合同关系。

利他合同当事人对第三人享有给付请求权的约定并非债权让与，并未改变债的关系的当事人，第三人并未因此取得债权成为债的关系的当事人，债权人也仍然是债权人。第三人依照当事人的意思和法律的规定享有给付请求权和受领权，债务人对其的给付不会构成非债清偿，第三人的受领可以发生清偿的效力。

(二) 撤销权与解除权的归属

既然第三人不是利他合同当事人，其虽然享有并独立行使给付请求权和受领权，但并不享有撤销、解除合同的权利。因为第三人的给付请求权和受领权来自利他合同本身，而撤销权、解除权的行使直接决定了合同效力的存续或者说权利义务的发生与终止，故撤销权、解除权只能由合同当事人专有，第三人不能享有。为避免实践中的分歧，司法解释本条对此进行了明确。

当然，利他合同中第三人给付请求权，不仅可以通过当事人的特别约定取得，也可以因法律的特别规定而取得，在法律特别规定第三人享有撤销权或者解除权的情况下，自然应当依据法律的规定，故本条将法律另有规定作为但书予以规定。

(三) 撤销与解除的法律后果承担

本条第2款规定："合同依法被撤销或者被解除，债务人请求债权人返还财产的，人民法院应予支持。"对这一规定，我们认为应当作如下理解。

其一，在当事人行使撤销权或者解除权、利他合同依法被撤销或者被解除的情况下，就第三人已受领且不存在法律上或者事实上不能返还情形的财产，债权人负有返还义务。利他合同中，第三人只是依据当事人的约定或者法律的规定而享有给付请求权，其并非合同当事人。基于债的相对性，在利他合同因违约或者

其他事由被解除的情况下，自然应当由债权人向债务人返还财产以及承担相应的违约责任。在利他合同被撤销的情况下，也应当由债权人向债务人返还财产以及承担相应的缔约过失责任。当然，对于违约责任和缔约过失责任应当由违约或者存在缔约过失的一方当事人承担，实践中并无争议，故司法解释并未特别提及，而是着重强调返还财产责任的承担人。

其二，前述返还财产的责任，性质上属于不当得利返还请求权。在利他合同被撤销或者被解除的情况下，依据该合同由第三人受领的给付已无法律上的依据，故债务人有权请求返还，但基于债的关系的相对性，该给付虽然由第三人受领，但相关利益应当归于债权人，故应当由债权人承担该返还责任。如前述，之所以是债权人向债务人承担返还财产的责任，是基于债的相对性。无论是基于不当得利请求返还财产，还是基于违约责任或者缔约过失责任请求承担损害赔偿责任，都是基于债的关系。

其三，本条第2款只是允许债务人基于债的关系向债权人提出返还财产的请求，并未排除债务人的其他请求权。换言之，债务人也可以基于物权请求权等绝对权请求权向受领给付的第三人请求返还财产。在利他合同被撤销的情况下，利他合同自始无效，如果不承认物权行为的独立性和无因性，则在不存在法律上或者事实上不能返还的情况下，作为所有权人或者其他绝对权权利人的债务人当然可以基于其所有权或者其他绝对权向无权占有该财产的第三人提出返还请求。在利他合同被解除的情况下，也会发生同样的效力。

债务人基于债的关系向债权人提出返还财产的请求与基于其他请求权向第三人提出返还财产的请求，性质上构成不真正连带债权，只要实现其一，另一请求权即应当消灭。至于承担返还责任后债权人与第三人之间如何分担，应当依据债权人与第三人之间的内部关系另行处理。

三、第三人拒绝受领与受领迟延

（一）第三人拒绝的权利

利他合同的订立，事先无须通知或征得第三人的同意，合同一经成立，该第三人如不拒绝，便可获得给付请求权和给付受领权。合同当事人虽可以为第三人设定权利，但不应强迫该第三人接受此权利；对第三人设定的权利，该第三人可以接受，也可以拒绝。

（二）接受与拒绝的方式

第三人接受或者拒绝应当通过意思表示的方式为之。一般而言，意思表示的方式，可以是明示，也可以是默示。但鉴于利他合同系为第三人设定权利，法律推定当事人对此是乐于接受的，故而《民法典》第522条第2款强调，只要"第三人未在合理期限内明确拒绝"，就意味着其对该合同的接受。这是法律对于沉默视为意思表示的规定，换言之，第三人在合理期限内的沉默被法律推定为接受的意思表示。而如果第三人拒绝接受，则依据第522条第2款，需要第三人的"明确拒绝"，理解上，拒绝的意思表示应当是明示的，包括第三人以书面、口头以及行为的方式作出拒绝的意思表示。只要其拒绝的意思是明确的，都构成第三人的"明确拒绝"。

（三）接受或者拒绝意思表示的相对人

接受或者拒绝的意思表示应当对谁作出，《民法典》第522条未予规定。从本条第3款的规定来看，其明确了"第三人拒绝受领"的情形。故第三人可以通过向债务人发出拒绝受领的通知或者作出拒绝受领的行为来进行拒绝。

但拒绝和接受意思表示的相对人并不仅限于债务人。利他合同的债权人，实际上是意欲将自己的债权请求权允许第三人行使的当事人，第三人无论是愿意接受还是不愿意接受，其向作为施惠人的债权人作出此种意思表示都是合乎情理的。而利他合同的债务人则是将向第三人作出给付的一方，第三人直接对其作出接受或者拒绝的意思表示，有利于其履行，也是符合诚信原则的。尤其是《民法典》直接将第三人的沉默视为接受，这一推定对于债的关系双方当事人都是成立的。因此，利他合同任何一方都能够成为接受或者拒绝的意思表示的相对人。

（四）拒绝的效力

如果第三人拒绝接受利他合同赋予的权利，其法律后果如何，《民法典》第522条第2款并未明言。我们认为，在第三人明确拒绝的情况下，第三人应当是自始没有取得该权利，鉴于给付请求权本身系债权人所享有，故解释上应当认为合同为第三人所设定的权利应当继续由为第三人利益订约的债权人自己享有。本条第3款对此作出了明确。当然，在第三人没有正当理由拒绝受领的情况下，债务人可以进行提存；债务人也不妨以其对第三人的债权进行抵销。故本款明确，如果债务人已经采取提存等方式消灭债务，则债的关系已经消灭，自然，债权人不能再向债务人请求履行。

四、第三人拒绝受领或者迟延受领的违约责任

清偿以受领权人的受领为前提。如果因受领权人的原因而致使债权人难以履行其债务，则债务人无法完成清偿从而消灭债的关系。《民法典》第509条强调，当事人应当按照合同约定全面履行其义务。这就要求受领人也应当按照合同约定和诚信原则的要求履行及时受领给付的义务。故而，在利他合同第三人拒绝受领

或者迟延受领的情况下，就因此造成的损失，债务人自然有权主张违约损害赔偿责任。基于债的相对性，该违约责任应当由债权人而非第三人承担。故本条第 3 款规定，第三人拒绝受领或者受领迟延，债务人请求债权人赔偿因此造成的损失的，人民法院依法予以支持。

需要指出的是，在第三人无正当理由拒绝受领的情况下，债务人有权通过提存来消灭债务。故在第三人拒绝受领而债务人向债权人主张违约损害赔偿责任时，债权人可以依据《民法典》第 591 条的规定，以债务人违反减损义务为由就扩大的损失提出抗辩。

（本条撰写人：尹　飞）

第三人代为清偿的法律适用

下列民事主体，人民法院可以认定为民法典第五百二十四条第一款规定的对履行债务具有合法利益的第三人：

（一）保证人或者提供物的担保的第三人；

（二）担保财产的受让人、用益物权人、合法占有人；

（三）担保财产上的后顺位担保权人；

（四）对债务人的财产享有合法权益且该权益将因财产被强制执行而丧失的第三人；

（五）债务人为法人或者非法人组织的，其出资人或者设立人；

（六）债务人为自然人的，其近亲属；

（七）其他对履行债务具有合法利益的第三人。

第三人在其已经代为履行的范围内取得对债务人的债权，但是不得损害债权人的利益。

担保人代为履行债务取得债权后，向其他担保人主张担保权利的，依据《最高人民法院关于适用〈中华人民共和国民法典〉有关担保制度的解释》第十三条、第十四条、第十八条第二款等规定处理。

【本条主旨】

本条是关于第三人代为清偿的法律适用的规定。

【关联规定】

1.《民法典》第 524 条 债务人不履行债务，第三人对履行该债务具有合法利益的，第三人有权向债权人代为履行；但是，根据债务性质、按照当事人约定或者依照法律规定只能由债务人履行的除外。

债权人接受第三人履行后，其对债务人的债权转让给第三人，但是债务人和第三人另有约定的除外。

2.《民法典》第 519 条　连带债务人之间的份额难以确定的，视为份额相同。

实际承担债务超过自己份额的连带债务人，有权就超出部分在其他连带债务人未履行的份额范围内向其追偿，并相应地享有债权人的权利，但是不得损害债权人的利益。其他连带债务人对债权人的抗辩，可以向该债务人主张。

被追偿的连带债务人不能履行其应分担份额的，其他连带债务人应当在相应范围内按比例分担。

3.《民法典》第 547 条　债权人转让债权的，受让人取得与债权有关的从权利，但是该从权利专属于债权人自身的除外。

受让人取得从权利不因该从权利未办理转移登记手续或者未转移占有而受到影响。

4.《民法典》第 700 条　保证人承担保证责任后，除当事人另有约定外，有权在其承担保证责任的范围内向债务人追偿，享有债权人对债务人的权利，但是不得损害债权人的利益。

5.《最高人民法院关于适用〈中华人民共和国民法典〉有关担保制度的解释》第 13 条　同一债务有两个以上第三人提供担保，担保人之间约定相互追偿及分担份额，承担了担保责任的担保人请求其他担保人按照约定分担份额的，人民法院应予支持；担保人之间约定承担连带共同担保，或者约定相互追偿但是未约定分担份额的，各担保人按照比例分担向债务人不能追偿的部分。

同一债务有两个以上第三人提供担保，担保人之间未对相互追偿作出约定且未约定承担连带共同担保，但是各担保人在同一份合同书上签字、盖章或者按指印，承担了担保责任的担保人请求其他担保人按照比例分担向债务人不能追偿部分的，人民法院应予支持。

除前两款规定的情形外，承担了担保责任的担保人请求其他担保人分担向债务人不能追偿部分的，人民法院不予支持。

6.《最高人民法院关于适用〈中华人民共和国民法典〉有关担保制度的解释》第 14 条　同一债务有两个以上第三人提供担保，担保人受让债权的，人民法院应当认定该行为系承担担保责任。受让债权的担保人作为债权人请求其他担保人承担担保责任的，人民法院不予支持；该担保人请求其他担保人分担相应份额的，依照本解释第十三条的规定处理。

7.《最高人民法院关于适用〈中华人民共和国民法典〉有关担保制度的解释》第18条　承担了担保责任或者赔偿责任的担保人，在其承担责任的范围内向债务人追偿的，人民法院应予支持。

同一债权既有债务人自己提供的物的担保，又有第三人提供的担保，承担了担保责任或者赔偿责任的第三人，主张行使债权人对债务人享有的担保物权的，人民法院应予支持。

【理解与适用】

一、第三人代为清偿的规制逻辑

作为"法锁"，债之关系原则上只能约束债权人与债务人，债权人须向债务人请求履行债务。随着经济的活跃，生产要素的流动使民事主体之间的利益不断交织，债权债务从产生到消灭不可避免地涉及债权债务关系之外的第三人，后者开始谋求对债务履行过程的参与。承认当事人以外的第三人履行债务或者受领给付，对促进交易、推动债权实现有所助益，法律上相应地发展出系列涉及合同当事人以外第三人的规范，如《民法典》第522条规定的向第三人履行的合同、第523条规定的由第三人履行的合同以及第524条规定的第三人代为清偿等。

受"任何人不得为他人缔约"原则的约束，当事人只有在征得第三人同意的基础上才能为其设定义务，由第三人向债权人履行债务。与之不同，在没有法定义务的情形下，第三人主动代他人履行债务，本身系民事主体意思自治的产物，其背后存在个性化的考量因素。通常情况下，只要履行的内容符合当事人的约定，债权人不会挑拣实际的履行主体，债务人之外的第三人主动履行反而可能促进债权的实现，使债权人及时回收债权，无碍债权人后续的经济计划与交易安排，符合效率价值的要求。第三人之所以愿意主动代为履行债务，可能出于其与债务人的关系，如为消灭优先于自己的其他债权等种种经济上的原因。[①] 客观地讲，第三人代为履行债务大多有利于债务人。不过，即使第三人系主动承担债权不能实现的风险而履行债务，但第三人毕竟介入了他人的债权债务关系，影响了当事人之间的交易安排与既有秩序，债务人与债权人均有权予以拒绝。在此基础上，当第三人对履行债务不存在特殊的利益时，没有必要承认第三人代为清偿的有效性。相反，如果债务的履行对第三人的利益产生影响，履行与否与第三人具

---

① 参见［日］我妻荣：《新订债权总论》，王燚译，中国法制出版社2008年版，第216～217页。

有利害关系，当债务人不履行债务时，才有允许第三人代债务人履行债务以维护自身利益的必要，保障第三人强势干涉债务履行。换言之，第三人对履行债务是否存在利益关联，应是法律对待第三人代为清偿的重要考量因素。

更为复杂的情况在于，在债之关系内部，当事人对待第三人代为清偿的态度可能存在冲突。对于债权人而言，尤其是在金钱之债的情况下，债权人的利益诉求重心在于按时充分地受领金钱给付以实现债权，而为给付的一方是否为债务人则不甚重要。债权人通常对第三人代为清偿持积极态度。而在债务人一侧，除第三人出于赠与动机外，第三人代为履行债务后意味着债务人将面对新的债权人，债务人可能承受更加不利的局面，如第三人相较于债权人以更加激进的手段催收债权，或者债务人出于商业考量不愿对第三人负债。但实践中也可能存在债务人不排斥第三人代为清偿，甚至委托第三人及时代为清偿以避免即将产生的违约责任。如此一来，第三人对履行债务的利益便与债之关系当事人的意愿产生内在张力。

《民法典》第 524 条第 1 款前段规定，"债务人不履行债务，第三人对履行该债务具有合法利益的，第三人有权向债权人代为履行"。"有权"意味着立法者在此类情形下优先保障第三人代为清偿的利益，第三人可以依自身意愿决定是否代债务人履行债务，即使债权人与债务人不愿第三人参与其中。债权人拒绝受领第三人的履行将构成受领迟延。同时该款但书将"根据债务性质、按照当事人约定或者依照法律规定只能由债务人履行的"债务类型排除在代为清偿的范围之外，为当事人的意思自治留下了一定空间。基于契约自由原则，债权人与债务人可以事先在合同中约定禁止第三人代为履行债务，第三人当然不能有效履行。[①] 在解释上，当事人也可以约定仅接受债务人的履行。据此，有权代为履行债务的第三人应对履行该债务"具有合法利益"。本条第 1 款以"列举＋兜底"的方式例示对履行债务具有合法利益的第三人类型，其中第 7 项"其他对履行债务具有合法利益的第三人"保持了对具有合法利益第三人认定上的开放性。

《民法典》第 524 条第 2 款与比较法通例保持一致，规定债权人在接受第三人履行后，其对债务人的债权转让给第三人。除第三人基于纯粹的利他动机而向债务人赠与外，第三人代为清偿债务人的债务，本质上仍是为了维护自身的利益。虽然债权人受领第三人的履行后不得再向债务人为请求，但债务人的债务并未归于消灭，否则债务人将纯获有法律上的利益，正当性不足。为保障第三人的利益，法律基于公平的考量规定债权人对债务人的权利移转至第三人处，第三人

---

① 参见郑玉波：《民法债编总论》，中国政法大学出版社 2004 年版，第 475 页。

替代债权人享有并行使对债务人的权利。如此便将第三人的利益保护提升至与债权人实现债权的同等地位。不过，第三人在行使权利时受其与债务人基础关系的限制。如果第三人基于赠与、无偿委托或者与债务人专门约定第三人代为清偿后不得向债务人追偿，基于私法自治原则，应当尊重第三人与债务人的合意，第三人不得向债务人主张其自债权人处基于法定移转而取得的权利。正因为如此，《民法典》第 524 条第 2 款但书明确"债务人和第三人另有约定的除外"。但从法条结构来看，第 2 款但书构成对主文部分"债权转让"法律效果的排除，似乎是说在债务人和第三人另有约定的情况下，不发生债权的法定移转，第三人不取得债权人对债务人的权利。① 第三人代为清偿后的法律效果为法定债权移转，自债权人接受其履行后取得债权人对债务人的权利，第三人据此向债务人主张权利的，债务人得以引入基础关系中产生的抗辩对抗第三人。②

如前所述，对履行债务不具有合法利益的第三人能否代为履行债务端赖当事人的意思。在意定代为清偿的场合下，第三人取得债权人对债务人的权利是基于《民法典》第 545 条的意定债权转让。如果债权人仅受领第三人的履行而未将其对债务人的权利转让给第三人的，第三人的履行发生债务消灭的后果，债务人因此从债权债务关系中解脱，第三人可以基于无因管理或者不当得利请求权向债务人追偿。由于第三人是主动履行他人的债务，且对该债务的履行不存在值得保护的合法利益，故法律不必赋予第三人《民法典》第 524 条第 2 款强度的保护。

有观点主张，如果债权人与债务人在合同中已约定由第三人履行，应当适用《民法典》第 523 条的规定，而不适用第 524 条第三人代为清偿规则。③ 此种见解错误理解了两条规则的规范重心。《民法典》第 523 条规范的是当事人对合同履行方式的特殊约定，由债务人担保第三人的履行，在第三人不履行债务或者履行不符合约定时，由债务人向债权人承担违约责任。因第三人未参与合同的订立，当事人之间的约定不能当然约束第三人，后者不负有履行的义务，享有履行与否的自由。④ 当事人之所以约定由第三人履行债务，往往是因为债务人与第三人存在某种对价关系。⑤ 第三人对履行债务具有合法利益的，无论是基于第 523 条之

---

①　参见王利明主编：《中国民法典释评·合同编·通则》，中国人民大学出版社 2020 年版，第 312 页。

②　参见李潇洋：《论保证人清偿后对主债权的承受》，载《东方法学》2023 年第 1 期。

③　参见最高人民法院民法典贯彻实施工作领导小组主编：《中华人民共和国民法典合同编理解与适用》（一），人民法院出版社 2020 年版，第 421 页。

④　参见韩世远：《合同法总论》（第四版），法律出版社 2018 年版，第 375～378 页。

⑤　参见朱广新、谢鸿飞主编：《民法典评注：合同编通则 1》，中国法制出版社 2020 年版，第 484 页。

下合同的约定还是第 524 条的规定，债权人与债务人都不得拒绝第三人的履行，但第 524 条还有保障第三人合法利益的功能，第三人在代为清偿后依第 2 款规定享有债权人对债务人的权利。此外，当事人在合同中约定由第三人履行债务，意味着不存在第 524 条第 1 款的但书情形，除法律规定专属于债务人的债务类型外，第三人有权代为清偿。总而言之，无论当事人与对履行债务具有合法利益的第三人之间是否存在提供代为清偿的合意基础，都不影响对第三人代为清偿的认定，第三人都有权依照《民法典》第 524 条代为履行债务，取得债权人对债务人的权利。

二、有权代为清偿的第三人范围

第三人对履行债务是否具有需要法律特别保障的利益，决定着第三人能否行使代为清偿的权利。《民法典》第 524 条第 1 款使用"合法利益"作为控制第三人介入他人债权债务关系的阀门，对"合法利益"的理解决定着享有代为清偿权利的第三人范围大小，同时也会影响债权人与债务人的意思自治空间。考虑到《民法典》第 524 条第 2 款为第三人的利益保护规定了效力较强的法定债权移转，对债权人与债务人的利益影响较大，因此要注意考量三方利益的平衡问题。①

（一）"合法利益"的解释基准

第三人代为清偿制度的正当性系于第三人对履行债务的利益关联。《民法典》第 524 条规定的第三人代为清偿以其对履行债务具有"合法利益"为前提。从利益类型上看，第三人对履行债务可能存在法律上的利益或者其他现实利益，后者如经济利益、情感利益等。就第三人须对履行债务具备何种类型的利益，学界和司法实践中存在不同的观点。

第一种观点认为，第三人对履行债务应当具有法律上的直接利害关系。② 第三人须对履行该债务具有法律上的利害关系，或者因此受有法律上的利益，第三人与债务人之间仅有事实上利害关系尚不足够，亲属关系亦不属法律上的利害关系。③ 但也有主张认定夫妻之间或者父母与未成年子女之间存在法律上的利害关系。④ 这种观点以第三人的权利义务变动作为判断标准。

———————

① 参见黄薇主编：《中华人民共和国民法典合同编释义》，法律出版社 2020 年版，第 142～143 页。

② 参见於保不二雄：《日本民法债权总论》，庄胜荣校订，五南图书出版公司 1998 年版，第 335 页。

③ 参见黄立：《民法债总论》，元照出版有限公司 2006 年版，第 677～678 页；我妻荣：《新订债权总论》，王燚译，中国法制出版社 2008 年版，第 216 页；陈自强：《契约之内容与消灭》，元照出版公司 2018 年版，第 312 页。

④ 参见林诚二：《民法债总论——体系化解说》，中国人民大学出版社 2003 年版，第 528 页；郑玉波：《民法债编总论》，中国政法大学出版社 2004 年版，第 478～479 页。

第二种观点认为，只要第三人履行债务的目的合法，不违反法律法规或者规章中的禁止性规定，第三人就有权代为履行债务。① 这种观点实际上未就第三人对履行债务所具有的利益本身作出界定，而是在排除了履行债务的非法性后，推定主动代为清偿的第三人对此均具有利益。

第三种观点认为，第三人应当对债务的履行享有受法律保护的特殊利益，这种利益必须是合法的、正当的、合理的。② 如可能因债权人的强制执行而具有失去标的上的权利或者占有之危险的第三人，就被认为具有应予保护的特别利益。③ 第三人因债务不履行遭受利益上的损失，一般仅限于财产利益。④

即使立法者选定了某项概念作为判断标准，司法实践也会在个案中不断对既有的解释结论作出修正。从文义上看，传统民法所采"利害关系"与《民法典》第 524 条第 1 款"合法利益"相比，显然具有更加广泛的外延。"利害关系""合法利益"等本就是内涵模糊的不确定概念，尚须结合实践的发展进行判断，不断归纳总结出典型的形态。⑤ 无论采用抽象概念还是类型列举的立法技术，第三人与履行债务之间的利益关联及其紧密性是第三人代为清偿制度的核心所在，立法与司法都需要紧密围绕这一点制定规范、展开说理，指明第三人何以即使在违背当事人意志的情况下也有权代为清偿。实际上，《民法典》第 524 条第 1 款中只有"合法"起到了限定作用，将行贿等非法目的而代他人履行债务的情形排除在外，第三人对履行债务所具有的利益必须是合法的。⑥

（二）有权代为清偿的第三人类型化

为清晰指引司法实践，本条第 1 款将对履行债务具有合法利益的常见第三人类型加以列举。这里，没有采纳第三人对代为清偿债务具有法律上利益的狭义解释结论，而是扩充到了具有事实利益的情形，如自然人债务人的近亲属。

1. 保证人或者提供物的担保的第三人

《民法典》第 524 条第 1 款的"第三人"是针对债之关系当事人而言的，意

---

① 参见最高人民法院民法典贯彻实施工作领导小组主编：《中华人民共和国民法典合同编理解与适用》（一），第 422 页。案例可见江苏省常州市中级人民法院（2022）苏 04 执复 69 号执行裁定书。

② 参见王利明：《论第三人代为履行——以〈民法典〉第 524 条为中心》，载《法学杂志》2021 年第 8 期。

③ 参见［德］迪尔克·罗歇尔德斯：《德国债法总论》（第 7 版），沈小军、张金海译，中国人民大学出版社 2014 年版，第 98～99 页。

④ 参见朱广新、谢鸿飞主编：《民法典评注：合同编通则 1》，中国法制出版社 2020 年版，第 490 页。

⑤ 参见黄薇主编：《中华人民共和国民法典合同编释义》，法律出版社 2020 年版，第 142 页。

⑥ 参见最高人民法院民法典贯彻实施工作领导小组主编：《中华人民共和国民法典合同编理解与适用》（一），人民法院出版社 2020 年版，第 422 页。

味着第三人应当是债权人与债务人以外的其他民事主体。有权代为清偿的第三人应当包含连带债务人、担保人、担保物之第三取得人等。[①] 对于连带债务人和保证人而言，虽然这两种人自己对债权人也负有债务，但在履行之后也会产生承受债权人对债务人的权利的法律效果，《民法典》第519条、第700条与第524条的规范逻辑一脉相承，因此将其包含在"具有合法利益的第三人"中似无不可，如此亦能增强《民法典》内部相关条文之间的体系关联。[②]《民法典》第524条是实质上的债法总则规则，也是第三人代为清偿的一般规则，只要债务人之外的其他民事主体对履行债务具有合法利益，就应当被纳入有权代为清偿的"第三人"范畴。至于是否在具体案件中适用第524条，并不影响关于连带债务人、保证人对履行债务具有合法利益的认定。

2. 担保财产的受让人、用益物权人、合法占有人

担保人以其财产为债权人设立担保物权，但担保财产的所有权并不发生变动，担保人仍可处分该担保财产，如转让给第三人、为第三人设立用益物权，也可交由第三人占有使用，如出租给承租人等。如此一来，第三人以担保财产的受让人、用益物权人、合法占有人的身份出现。当债务人不履行债务时，债权人如行使担保物权，依担保物权实现规则将担保财产予以变价，并以变价所得优先实现债权，受让人将无法取得担保财产的所有权，用益物权人与合法占有人亦将失去对担保财产的使用或者占有。因此，担保财产的受让人、用益物权人、合法占有人对履行债务具有较为紧密的利益关联，应有权在担保财产有被变价可能之时，主动通过代为履行债务的方式保持对担保财产的权益。

实践中常见的情形是，担保财产的受让人为避免担保物权人就担保财产实现担保物权，主动代债务人履行债务。《民法典》第406条删去了《物权法》第191条关于抵押财产受让人涤除权的规定，但并不意味着受让人不能通过代为清偿的方式涤除财产上抵押权负担。[③] 在解释上，借助于体系解释，《民法典》第406条删除的涤除权规则实际上被包含在第524条第1款所确立的第三人代为清偿制度之中。[④] 即便认为抵押财产受让人代为清偿不是在行使涤除权，但也不妨碍抵

---

① 参见郑玉波：《民法债编总论》，中国政法大学出版社2004年版，第478页；我妻荣：《新订债权总论》，王燚译，中国法制出版社2008年版，第218页。

② 参见陆家豪：《民法典第三人清偿代位制度的解释论》载《华东政法大学学报》2021年第3期。

③ 参见最高人民法院民法典贯彻实施工作领导小组主编：《中华人民共和国民法典物权编理解与适用》（下），人民法院出版社2020年版，第1095页。

④ 参见王利明：《论〈民法典〉实施中的思维转化——从单行法思维到法典化思维》，载《中国社会科学》2022年第3期；刘家安：《〈民法典〉抵押物转让规则的体系解读——以第406条为中心》，载《山东大学学报（哲学社会科学版）》2020年第6期。

押财产受让人适用第 524 条摆脱不安定的状态。① 裁判实践中，有的受让人还没有取得担保财产的所有权，但即使未完成所有权变动，法院也认为受让人对取得担保所有权享有合法期待利益，可以代偿担保人对债权人的债务。②

担保财产的用益物权人或者合法占有人有权代为清偿，主要指的是担保财产之上同时存在担保物权与地役权、居住权等用益物权或者租赁权等债权性利用权负担。随着登记对抗主义物权之兴起，以及基于法政策而对特定债权赋予物权化的效力，竞存的物权之间、物权与债权之间的顺位规则均应作进一步的修正。结合《民法典》与《担保制度解释》关于担保物权效力的规定，特定财产之上的担保物权与利用权之间的顺位应当以公示时间确定，即"公示在先，顺位在先"③。如果担保财产的用益物权人或者合法占有人本就取得足以对抗担保物权人的地位，如《民法典》第 405 条房屋在设立抵押权之前就已经出租并转移占有等情形④，即使担保物权实现条件已经成就，用益物权人或者合法占有人的利益也不会受到影响，此时不宜认为其享有代为清偿的权利，但债权人可与其达成代为清偿的合意。值得注意的是，只有担保财产的合法占有人才有代为清偿的权利。《民法典》第 719 条第 1 款规定："承租人拖欠租金的，次承租人可以代承租人支付其欠付的租金和违约金，但是转租合同对出租人不具有法律约束力的除外。"该款但书意味着，在非法转租的场景下，承租人与次承租人之间的转租合同对出租人不具有约束力，次承租人不属于"对履行债务具有合法利益的第三人"，出租人有权拒绝次承租人的代为清偿请求。⑤

3. 担保财产上的后顺位担保权人

在认可余额担保与物尽其用的法政策之下，债务人可以在特定财产上为不同授信主体设立担保物权。依据《民法典》第 414 条的规定，同一财产上数个担保物权的优先顺位按照公示时间的先后排序。当担保财产的市场价值发生波动，或者在先顺位的担保权所担保的债务数额较小时，担保财产上的后顺位担保权人有动力主动代担保人履行在先顺位担保权所担保的债务，否则担保财产此时变价可

---

①　参见张尧：《抵押财产转让规则的适用》，载《政治与法律》2021 年第 8 期。

②　参见浙江省高级人民法院（2017）浙民再 112 号民事判决书；青海省高级人民法院（2016）青民初 118 号民事判决书；北京市第三中级人民法院（2022）京 03 民终 17314 号民事判决书；上海市第一中级人民法院（2022）沪 01 民终 1294 号民事判决书；北京市第一中级人民法院（2022）京 01 民终 2415 号民事判决书。

③　高圣平、范佳慧：《不动产上抵押权与利用权的冲突与协调》，载《山东大学学报（哲学社会科学版）》2020 年第 6 期。

④　参见龙俊：《"抵押不破租赁"规则的解释论》，载《南京社会科学》2023 年第 4 期。

⑤　参见黄薇主编：《中华人民共和国民法典合同编释义》，法律出版社 2020 年版，第 143 页；湖南省兴市人民法院（2021）湘 1081 民初 1107 号民事判决书；山东省淄博市临淄区人民法院（2022）鲁 0305 民初 5854 号民事判决书。

能影响充分实现其自身的债权。① 后顺位担保权人代为清偿之后，其自身的担保顺位向前升进，获得更优先的担保顺位。

4. 对债务人的财产享有合法权益且该权益将因财产被强制执行而丧失的第三人

当债务人不履行债务时，债权人需要通过强制执行程序就债务人的责任财产实现债权。债务人的责任财产被执行后可能会影响第三人的利益，如债务人与第三人签订买卖合同，但未交付或者办理所有权变更登记，此时第三人有权代为履行债务来避免无法取得标的物所有权。实践中，债权人通常先申请人民法院查封债务人的责任财产，而在买卖合同标的物被查封后，买受人有权依《民法典》第524 条代出卖人履行债务。②

关于符合本条第 1 款第 4 项的第三人范围，首先应包括《最高人民法院关于适用〈中华人民共和国民事诉讼法〉的解释》（2022 年修正）第 310 条第 1 款第 1 项规定的"就执行标的享有足以排除强制执行的民事权益的"第三人，如实际所有权人③、共有人④、租赁权人、用益物权人等。⑤ 此外，在债务人进入强制执行程序之前，第三人与债务人达成了以债务人的财产为标的物的交易，第三人对标的物存在使用、处分等需求，或者第三人对债务人的财产存在某种期待利益的，有权代债务人履行债务，但第三人应当就其对标的物的此种利益举证。例如，第三人居住在债务人的房屋内，之后债务人的房屋被申请强制执行的，第三人为保障自身的居住利益，可以代为履行债务人的债务。⑥ 实践中，第三人为避免房屋被强制执行后，居住在债务人房屋内的父母受到影响，法院也认可第三人有权主动代债务人履行。⑦ 再如第三人作为出卖人将标的物出卖给债务人，债务人将标的物抵押给债权人，而后第三人与债务人的买卖合同无效或者被撤销，债权人的抵押权依然有效，此时第三人为办理所有权转移登记以及避免债权人实现抵押权，第三人可以主动代为履行债务。⑧

---

① 参见江西省南昌市新建区人民法院（2021）赣 0112 民初 908 号民事判决书。

② 参见湖北省随州市中级人民法院（2021）鄂 13 民终 347 号民事判决书。

③ 参见江苏省淮安市中级人民法院（2021）苏 08 民终 1810 号民事判决书。

④ 参见广东省广州市中级人民法院（2021）粤 01 民终 31744 号民事判决书。

⑤ 关于"足以排除强制执行民事权益"的类型以及权利人范围的分析，可见汤维建、陈爱飞：《"足以排除强制执行民事权益"的类型化分析》，载《苏州大学学报（哲学社会科学版）》2018 年第 2 期；肖建国、庄诗岳：《论案外人异议之诉中足以排除强制执行的民事权益——以虚假登记财产的执行为中心》，载《法律适用》2018 年第 15 期。

⑥ 参见广东省广州市中级人民法院（2022）粤 01 民终 4434 号民事判决书。

⑦ 参见云南省文山壮族苗族自治州中级人民法院（2021）云 26 民终 573 号民事判决书。该案中，债务人曾承诺以房屋为第三人设立抵押权。

⑧ 参见上海市第二中级人民法院（2021）沪 02 民终 5897 号民事判决书，广东省广州市中级人民法院（2021）粤 01 民终 31295 号民事判决书。

5. 法人、非法人组织的出资人或者设立人

公司与公司股东、合伙企业与合伙人之间具有紧密的利益关联，公司或者合伙企业可能因债务不履行引发诉讼风险以及间接的声誉风险，公司或者合伙企业资产可能面临强制执行。股东或者合伙人的股权或者合伙份额价值可能受到影响。裁判实践通常认可公司股东或者合伙人对公司或者合伙企业存在推定的合法利益，允许股东或者合伙人主动代为履行债务。① 在公司法定代表人同时为公司股东的情形，如公司不履行债务，公司法定代表人极有可能被列入限制高消费名单，其作为自然人的日常生活将受有极大影响，此时应有权主动代公司履行债务。② 值得注意的是，当公司职工以个人名义对外借款被认定为职务行为时，公司作为债务人负有还款义务，此时公司股东有权代为还款。③

6. 自然人债务人的近亲属

第三人与债务人之间的近亲属关系可以表征第三人对履行债务的合法利益。《民法典》第1045条第2款规定："配偶、父母、子女、兄弟姐妹、祖父母、外祖父母、孙子女、外孙子女为近亲属。"债务人不履行债务将遭受法律上的负面评价，第三人作为债务人的近亲属对其具有情感利益，或为避免债务人征信下降，或为不忍债务人背负沉重债务。在《民法典》第1条"弘扬社会主义核心价值观"的指引下，考虑到我国重视家庭伦理观念的传统，应当认可债务人的近亲属有权代为履行债务，如此有利于家庭秩序的和谐与家庭成员关系的友善。退而言之，即使不认可债务人近亲属的代为清偿权，近亲属也完全可以通过向债务人借贷或者赠与而再由债务人亲自履行的形式使债务人摆脱债之关系。即便考虑到债务人可能基于自身考虑不希望近亲属干涉，但在一般意义上的利益衡量中，也应优先考虑近亲属代为清偿而产生的家庭和谐与稳定效益。实践中，法院在认定第三人与债务人具有近亲属关系后，确认第三人向债权人履行债务具有合法（身份）利益。④

7. 其他对履行该债务具有合法利益的第三人

法律规范难以穷举第三人对履行债务的合法利益类型，只能委诸兜底条款并

---

① 参见江西省高级人民法院（2019）赣民终148号民事判决书，广东省中山市中级人民法院（2022）粤20民终853号民事判决书，云南省红河哈尼族彝族自治州中级人民法院（2022）云25民终2139号民事判决书。

② 参见上海市第一中级人民法院（2021）沪01民终9763号民事判决书。

③ 参见山东省菏泽市中级人民法院（2021）鲁17民终4374号民事判决书。

④ 参见四川省西昌市人民法院（2021）川3401民初6176号民事判决书，陕西省西安市雁塔区人民法院（2021）陕0113民初37543号民事判决书，北京市大兴区人民法院（2021）京0115民初16422号民事判决书。

在实践中不断发掘较为典型的第三人利益主张,丰富"合法利益"的内涵。从裁判实践来看,法院倾向于宽泛认定第三人的合法利益。

其一,债务人不履行债务的,第三人可能因此承担经济上的损失或者其他不利。第三人往往是促成债权产生的业务人员或者中间人。实践中较为多发的情形是,当债权人的业务人员负责或者经手的贷款出现坏账风险时,业务人员为避免自己的绩效考核受到影响,主动代债务人归还借款,而后再向债务人提起追偿诉讼,法院认定第三人对履行该债务具有合法利益。① 债权人与业务人员内部存在将业务人员的绩效收入与其业务情况挂钩的约定,而债务人不按期履行债务无疑会导致业务人员的经济收入受到影响。② 与之类似的情形还如民间借贷的中间人或者经办人替债务人代偿借款③、房地产销售团队未完成业绩代购房者履行债务④、为避免承担违约责任代为履行债务⑤等。在票据实务中,贴现申请人为避免被追索,在汇票到期前向承兑人账户汇款的,法院认为其具有合法利益。⑥

其二,第三人与债务人之间存在合作关系或者商业交易上的往来,债务人因不履行债务承担法律责任可能会影响到二者之间的合作或者交易的进行,第三人主动代债务人履行债务,例如供应链核心企业为上下游企业的对外欠款垫付代偿。⑦ 长期合作的商业伙伴代为清偿的,通常也被法院认定为具有合法利益。⑧

其三,债务人不履行债务有碍第三人自身利益的实现,第三人对代为履行该债务应具有合法利益。例如承租人在实际居住期间欠付部分水电费,次承租人为正常居住不受影响,主动代承租人结清该部分欠款⑨。又如,出租人为保障出租房屋的拆迁工作顺利推进,主动替承租人履行已由生效判决确认的其对次承租人的退还房租费用债务⑩。实践中还存在发包方或者施工方为保障施工工作的正常

---

① 参见甘肃省张掖市中级人民法院(2022)甘07民再11号民事判决书,河南省洛阳市中级人民法院(2021)豫03民终6353号民事判决书,辽宁省阜新市中级人民法院(2021)辽09民终2076号民事判决书,山东省泰安市中级人民法院(2021)鲁09民终2521号民事判决书。

② 参见湖北省孝感市中级人民法院(2022)鄂09民终63号民事判决书。

③ 参见北京市第二中级人民法院(2022)京02民终6406号民事判决书,辽宁省鞍山市中级人民法院(2022)辽03民终3270号民事判决书。

④ 参见陕西省西安市中级人民法院(2021)陕01民初813号民事判决书。

⑤ 参见陕西省延安市中级人民法院(2022)陕06民再3号民事判决书。

⑥ 参见上海市第一中级人民法院(2020)沪01民终11359号民事判决书。

⑦ 参见最高人民法院(2021)最高法民申4971号民事裁定书,江西省信丰县人民法院(2021)赣0722民初3296号民事判决书。

⑧ 参见江苏省苏州市中级人民法院(2011)苏中商终字第0183号民事判决书。

⑨ 参见山东省济宁市中级人民法院(2022)鲁08民终2396号民事判决书。

⑩ 参见北京市第二中级人民法院(2023)京02民终42号民事判决书。

开展，主动代设备承租人支付租金或者履行原材料价款债务。① 此外在连环买卖中，买受人不履行对出卖人的债务将会影响次买受人的期待利益，次买受人有权代为清偿。②

其四，第三人代为履行债务无害于各方当事人，能够产生良好社会效应的，法院倾向于适用《民法典》第 524 条保障第三人的利益。在涉及工资报酬债务的情形，法院通常认为不具有法定先行垫付义务的用工组织者或者介绍人③、被挂靠人④、接受劳务的一方⑤（如《保障农民工工资支付条例》第 29 条第 2 款，第 30 条第 3、4 款规定的建设单位、施工总承包单位）在代为支付工资报酬后，有权依据《民法典》第 524 条向债务人主张权利。

此外，部分法院在裁判中表明了"合法利益"的认定，如"如果不代为清偿，将使自己受到损失"⑥、"债务人不履行债务，该不履行债务的行为有可能损害第三人的利益"⑦，均系较为宽泛的判断标准。

由此可见，"合法利益"已在实践中呈泛化认定之势。第三人主动提出代债务人履行债务后，债权人为避免债权不能实现的风险往往愿意接受第三人的履行，但如此便与《民法典》第 524 条的规范场景有所区别。其实，在上述大部分场景下，债权人系为实现债权主动接受第三人的履行，而非第三人基于其对履行债务有合法利益而行使代为清偿权的结果，鲜有债权人不愿受偿的裁判。法院在认定第三人代为清偿后适用《民法典》第 524 条第 2 款，支持第三人享有债权人对债务人的权利，实际上是默认债权人与第三人之间达成了债权转让的合意。当然，裁判实践的情况表明，第三人代为清偿的多为金钱债务，债权人对此有着强烈的动机和意愿受领来自债务人之外的第三人履行。如此看来，既有的司法处理虽有瑕疵，但并无大碍。

三、第三人代为清偿后的法律效果

《民法典》第 524 条第 2 款明确，除债务人与第三人另有约定外，第三人代为清偿后发生法定债权移转的法律效果，第三人取得债权人对债务人的权利。本

---

① 参见西藏自治区高级人民法院（2022）藏民申 60 号民事裁定书。
② 参见北京市第三中级人民法院（2019）京 03 民终 13802 号民事判决书；最高人民法院司法案例研究院编：《民法典新规则案例适用》，中国法制出版社 2020 年版，第 148～154 页。
③ 参见甘肃省平凉市（地区）中级人民法院（2021）甘 08 民终 743 号民事判决书。
④ 参见辽宁省盘锦市中级人民法院（2021）辽 11 民终 713 号民事判决书。
⑤ 参见重庆市渝北区人民法院（2021）渝 0112 民初 14485 号民事判决书。
⑥ 山西省运城市中级人民法院（2022）晋 08 民终 391 号民事判决书。
⑦ 辽宁省大连市中级人民法院（2023）辽 02 民终 1417 号民事判决书。

条第 2 款、第 3 款在此基础上细化完善，与《民法典》第 519 条、第 700 条以及《担保制度解释》第 13 条等规则相衔接。第三人取得债权人对债务人的权利后，不得损害债权人的利益。担保人代为清偿后对其他担保人的权利主张，适用担保制度共同担保人内部追偿权的规则。

（一）准用意定债权转让规则

就第三人代为清偿后的法律效果，《民法典》第 524 条第 2 款（债权人）"对债务人的债权转让给第三人"之表述明显采取了"债权移转说"。在第三人对履行债务享有合法利益的基础上，债权人不得拒绝受领。债权人接受第三人的履行后，债权债务关系相对于债权人与债务人之间消灭，同时发生法定的债权移转，而存续于第三人与债务人之间。

第三人代为清偿后的法定债权移转，与《民法典》第 545 条至第 550 条的意定债权转让，仅在原因基础方面有所不同，但均发生债权在不同民事主体之间移转的效果，对债权人（让与人）、第三人（受让人）以及债务人的影响亦无不同。如此，债权人与第三人之间的法定债权移转可以准用《民法典》第 545 条等意定债权转让规则。①

首先，在权利移转范围上，《民法典》第 547 条规定，除从权利专属于债权人自身的以外，债权转让时"与债权有关的从权利"随债权一并转让，且不以从权利办理转移登记手续或者转移占有为必要。"与债权有关的从权利"包括担保权、转让后因债务人违约产生的法定和约定损害赔偿请求权，以及债权在转让后所产生的利息、中奖奖金等孳息的请求权等。② 对于第三人（受让人）而言，担保权是最重要的从权利类型。第三人代为清偿后，保障债权实现的担保权一并移转，第三人成为新的担保权人，有权在担保权实现条件成就时行使。尚需注意的是，在意定债权转让交易中，让与人与受让人在依据《民法典》第 545 条订立的债权转让合同中约定转让债权的范围。而在第三人代为清偿引发的法定债权移转中，移转债权的范围取决于第三人代为清偿的债务范围。因此，《合同编通则解释》第 30 条第 2 款强调"第三人在其已经代为履行的范围内取得对债务人的债权"。这也意味着《民法典》第 524 条允许第三人的部分代为清偿，但也引发了如何调和第三人与债权人利益冲突的问题。

其次，在债务人保护机制方面，《民法典》第 546 条规定的通知不决定债权

① 参见陆家豪：《民法典第三人清偿代位制度的解释论》，载《华东政法大学学报》2021 年第 3 期；王利明：《论第三人代为履行——以〈民法典〉第 524 条为中心》，载《法学杂志》2021 年第 8 期。
② 参见朱虎：《债权转让中的受让人地位保障：民法典规则的体系整合》，载《法学家》2020 年第 4 期。

转让是否在让与人与受让人之间发生效力，但却是债权转让对债务人发生效力的要件，以此兼顾债权转让之安全与效率。第三人代为清偿后发生法定债权移转的，无须债务人同意，但既已发生债权的移转，债务人亦应知晓债权归属的变动，以便于履行，应当适用《民法典》第546条意定债权转让之通知规则。① 未经通知，对债务人不发生效力，债务人向债权人履行后债权归于消灭，第三人仅得向债权人请求不当得利返还。一般认为，通知主体原则上仅限于让与人，受让人通知容易给债务人增加审核难度与成本，但生效的法院判决或者仲裁裁决的终局确定效力不会给债务人带来不利。② 在第三人代为清偿后的法定债权移转中，原则也应由债权人通知债务人。

最后，《民法典》第548条以下规定了债务人的延续性保护，债务人可以向受让人主张其对债权人的对抗事由，包括抗辩权、抵销权等，无论受让人对此是否知晓。③ 第三人代为清偿后承受的是债权人对债务人的权利，债务人的抗辩与抵销权并未消灭，得以向第三人主张。债务人以其对债权人的反对债权向第三人主张抵销的，有观点认为溯及最初得为抵销时，债务人与债权人之债权按照抵销数额消减，第三人代为清偿转而失其法律上的原因，可以向债权人主张返还不当得利。④ 虽然《民法典》不承认抵销的溯及效力⑤，但并不妨碍在满足抵销权行使要件时，债务人主张抵销后抵销效果自此产生，债务人无须再为履行，第三人得向债权人请求不当得利返还。

（二）"不得损害债权人的利益"的含义

本条第2款规定："第三人在其已经代为履行的范围内取得对债务人的债权，但是不得损害债权人的利益。"该款但书表述与《民法典》第519条、第700条相衔接。基于前述所论连带债务人、保证人代为清偿的法理与《民法典》第524条一般规则一致，第519条、第700条中的"但是不得损害债权人的利益"的解释论可供斟酌损益。

在第三人部分代为清偿的场合，债权人对债务人的债权仅部分移转至第三

① 参见朱广新、谢鸿飞主编：《民法典评注：合同编通则1》，中国法制出版社2020年版，第492页。有观点认为，连带债务人和债权人相互通常知悉对方，在连带债务人代为履行后应当排除《民法典》第546条第1款的适用，参见谢鸿飞：《连带债务人追偿权与法定代位权的适用关系——以民法典第519条为分析对象》，载《东方法学》2020年第4期。

② 参见徐涤宇：《〈合同法〉第80条（债权让与通知）评注》，载《法学家》2019年第1期；朱虎：《债权转让中对债务人的程序性保护：债权转让通知》，载《当代法学》2020年第6期。

③ 参见朱虎：《债权转让中对债务人的延续性保护》，载《中国法学》2020年第5期。

④ 参见孙森焱：《民法债编总论》（下册），三民书局2010年版，第1014页。

⑤ 参见王利明：《罹于时效的主动债权可否抵销？》，载《现代法学》2023年第1期。

人，债权人就未履行部分仍保有债权，作为从权利的担保物权亦附于其上。结合法定债权移转的法律效果，第三人因承受债权也享有担保物权。如此一来，债权人与第三人均享有担保物权，且二者的优先顺位相同。在担保物权实现条件成就后，如果第三人单独行使担保物权，担保财产的变价所得将在债权人与第三人之间依所持比例分配。当担保财产的变价所得足以清偿主债务时，即便按照债权人与第三人的债权比例进行分配，也不会影响债权人剩余债权的实现。但在担保财产变价所得不足以覆盖主债权数额时，如果坚持按照比例分配，债权人剩余债权无法得到全部实现。在连带债务或者保证担保的情形下，此种情形可能有损债权人的利益。盖因连带债务人或者保证人本身就对债权人负有履行债务或者保证债务，在部分代为清偿的情形下，债权人剩余债权的效力仍及于二者。如果认可部分代为清偿的连带债务人或者保证人可与债权人共同行使担保物权，按照债权比例分享担保财产的变价所得，则其一方面导致担保财产不能优先满足于债权人的剩余债权，另一方面令仍负有履行义务的连带债务人或者保证人分得担保财产的变价所得，而后者作为债务人应当首先偿还债务，满足债权人的剩余债权。此外，连带债务人、保证人与债务人的关系属于内部关系，其与债权人的关系为外部关系，当内部关系与外部关系相冲突时，应当优先满足外部关系。[①] 比较法上亦多确立了连带债务人与保证人部分代为清偿后行使其所承受债权时不得有损债权人的规则。

严格以论，第三人部分承受债权本身不会损害债权人的利益，第三人行使所承受的部分债权及其上担保物权才有阻碍债权人剩余债权实现的可能，但这并非关键所在。对于一般意义的第三人代为清偿而言，第三人不必然对债权人负有债务，也不具有相对于债权人的债务人身份。而且，第三人对履行债务具有合法利益，与债务人之间关系存在多种可能，所谓"内部关系"显然无法准确描述，甚至债务人与第三人之间可能根本不构成"内部关系"。第三人代为清偿制度所定法定债权移转效果，目的是保障第三人向债务人的追偿，激励第三人主动代为清偿之善意，在价值判断上应不弱于债权人地位的维持，毕竟第三人本可以袖手旁观，而债权人已经实现了部分债权。

在债权没有其他担保的情况下，第三人部分代为清偿后法定承受的债权与债权人的剩余债权皆为无优先受偿效力的普通债权。有观点认为，在债权平等原则之下，两类债权应平等受偿。如果债权人的债权本就不具有优先受偿效力，不论

① 参见最高人民法院民法典贯彻实施工作领导小组主编：《中华人民共和国民法典合同编理解与适用》（二），人民法院出版社 2020 年版，第 1392 页。

部分代为清偿的第三人是否是连带债务人、保证人，代为清偿的部分债权已经得
到实现。当债务人责任财产不足以清偿债务人所负全部债务时，债权人的剩余财
产的确因与承受债权比例受偿而受到影响，但其利益状态仍相对于代为清偿发生
前有所满足。如此，确不宜承认承受债权的一般劣后性，否则有违债权平等原
则，过于优待债权人。① 这一观点有其合理性。但在第三人为保证人之时，保证
人部分代为清偿后，对债权人的剩余债权仍然承担担保责任，如令保证人法定承
受的债权与债权人的剩余债权平等受偿，在均未获足额清偿的情形之下，保证人
仍然对债权人未获清偿的债权承担担保责任，正当性不足。因此，保证人法定承
受的债权尚无法与债权人的剩余债权平等受偿，债务人的责任财产应当优先满足
债权人的剩余债权，以免害及债权人的利益。② 基于上述认识，在尊重既有规范
的立场上，宜对《合同编通则解释》第 30 条第 2 款后半句作限制性解释，将部
分情形排除于外。

（三）担保人代为清偿的特殊规则

当债权之上存在多个并存的担保物权或者保证时，担保人之一代为履行债务
的，担保人承受债权及其上的担保权，由此引发共同担保中担保人向其他担保人
主张分担请求权的问题。就此，学说与实务中历来存在分歧。③ 《民法典担保制
度解释》则旗帜鲜明地采取了否定的观点，担保人之间原则上不享有分担请求
权，但担保人明确约定或者因共同关系而形成连带债务关系的除外，如担保人约
定可以相互追偿，约定承担连带共同担保责任，或者虽未约定但在同一份合同书
上签字、盖章或者按指印。为保持现有规范的体系协调，本条第 3 款将代为履行
债务后担保人向其他担保人主张担保权利的法律效果转引至《担保制度解释》第
13 条、第 14 条、第 18 条第 2 款等规定。

本条第 1 款确认担保人有权主动代为履行债务，与债权人请求担保人承担担
保责任有所不同，前者可以在担保人承担担保责任之条件满足前发生。在法律效
果上，二者都发生债权的法定移转，而《担保制度解释》在后一问题上已有明确
立场。本条第 3 款旨在确保规则处理的一致性，避免担保人通过主动代为清偿的

① 参见李潇洋：《论保证人清偿后对主债权的承受》，载《东方法学》2023 年第 1 期。
② 参见邱聪智：《新订债法各论》（下），中国人民大学出版社 2006 年版，第 397 页；高圣平：《民法典担保制度体系研究》，中国人民大学出版社 2023 年版，第 214 页。
③ 《民法典》施行后的讨论，参见崔建远：《补论混合共同担保人相互间不享有追偿权》，载《清华法学》2021 年第 1 期；贺剑：《担保人内部追偿权之向死而生 一个法律和经济分析》，载《中外法学》2021 年第 1 期；杨代雄：《〈民法典〉共同担保人相互追偿权解释论》，载《法学》2021 年第 5 期；叶金强：《〈民法典〉共同担保制度的法教义学构造》，载《吉林大学社会科学学报》2021 年第 6 期；李宇：《〈民法典〉体系下共同担保人分担责任之实质理据》，载《法学》2023 年第 2 期。

方式而规避《担保制度解释》相关规则的适用。由此看来，第三人代为清偿后发生法定债权移转的法律效果在担保人为第三人时有所限制，虽然保持了现有民法典相关司法解释规范的协调，但也因第三人身份不同而人为地割裂了第三人代为清偿的法律效果。

（本条撰写人：高圣平、陶鑫明）

同时履行抗辩权
与对待给付判决、先履行判决

当事人互负债务，一方以对方没有履行非主要债务为由拒绝履行自己的主要债务的，人民法院不予支持。但是，对方不履行非主要债务致使不能实现合同目的或者当事人另有约定的除外。

当事人一方起诉请求对方履行债务，被告依据民法典第五百二十五条的规定主张双方同时履行的抗辩且抗辩成立，被告未提起反诉的，人民法院应当判决被告在原告履行债务的同时履行自己的债务，并在判项中明确原告申请强制执行的，人民法院应当在原告履行自己的债务后对被告采取执行行为；被告提起反诉的，人民法院应当判决双方同时履行自己的债务，并在判项中明确任何一方申请强制执行的，人民法院应当在该当事人履行自己的债务后对对方采取执行行为。

当事人一方起诉请求对方履行债务，被告依据民法典第五百二十六条的规定主张原告应先履行的抗辩且抗辩成立的，人民法院应当驳回原告的诉讼请求，但是不影响原告履行债务后另行提起诉讼。

【本条主旨】

本条包含五层含义：一是规定了行使同时履行抗辩权要求两个债务之间必须具有相应性；二是针对同时履行抗辩规定了对待给付判决制度，即将原告作出对待给付作为被告履行债务的条件，判决双方同时履行；三是区分了被告仅行使同时履行抗辩权与被告提起反诉的情形，如果被告不仅主张同时履行抗辩权，而且提起反诉，法院应针对双方的请求作出同时履行的判决；四是明确规定了对待给付判决是强制执行的依据，法院应在判项中明确说明；五是规定了先履行判决。

【关联规定】

1. 《民法典》第525条　当事人互负债务，没有先后履行顺序的，应当同时履行。一方在对方履行之前有权拒绝其履行请求。一方在对方履行债务不符合约定时，有权拒绝其相应的履行请求。

2. 《民法典》第526条　当事人互负债务，有先后履行顺序，应当先履行债务一方未履行的，后履行一方有权拒绝其履行请求。先履行一方履行债务不符合约定的，后履行一方有权拒绝其相应的履行请求。

【理解与适用】

一、行使同时履行抗辩权要求两个债务之间必须具有相应性

抗辩权又称异议权，是指对抗对方的请求或否认对方的权利主张的权利。"因请求权之所行使权利，义务人有可能拒绝其应给付之权利者，此项权利谓之抗辩权。"[1] 抗辩权可以分为程序上的抗辩权和实体上的抗辩权，同时履行抗辩权是典型的实体上的抗辩权。

同时履行抗辩权，也称为履行合同的抗辩权，是指双务合同的当事人一方在他方未为对待履行以前，有权拒绝自己的履行。《民法典》第525条规定："当事人互负债务，没有先后履行顺序的，应当同时履行。一方在对方履行之前有权拒绝其履行请求。一方在对方履行债务不符合约定时，有权拒绝其相应的履行请求。"该条是对同时履行抗辩权概念和行使条件的规定。该抗辩权保障了交易的等价性，落实民法平等和公平的基本原则。

同时履行抗辩权发生的前提条件是在同一双务合同中双方互负债务，其构成要件具体包括：首先，须由同一双务合同产生债务，即指双方当事人之间的债务是根据一个合同产生的。其次，需双方当事人互负相互牵连的债务。所谓互负债务，是指双方根据同一双务合同互相承担债务。所谓牵连关系，是指双方所负的债务相互依存，不是相互独立的。再次，双方所负的债务之间具有相应性。在当事人互负债务的情形下，同时履行抗辩权的行使要求两个债务之间具有相应性，即双方当事人应当同时履行各自的给付义务，一方所负的给付义务与对方负担的给付义务是相对等的，一方在对方履行债务不符合约定时，有权拒绝其相应的履

---

① 洪逊欣：《民法总则》，1976年自版，第57页。

行请求。在金钱债务中，双方的债务之间具有对价关系。当然，对价问题原则上应根据当事人的意志决定，同时法律要求双方在财产的交换尤其是金钱的交易上公平合理，避免显失公平的后果，但这并不意味着价值与价格完全相等。按照学理上的一般观点，当事人取得的财产权与其履行的财产义务之间在价值上大致相当，即为"等价"①。同时履行抗辩权旨在保障当事人的互为对待给付，以实现交易公平和交换正义。

如何理解《民法典》第525条规定的"相应的履行请求"？《合同编通则解释》第31条第1款规定："当事人互负债务，一方以对方没有履行非主要债务为由拒绝履行自己的主要债务的，人民法院不予支持。但是，对方不履行非主要债务致使不能实现合同目的或者当事人另有约定的除外。"相应的要求实际上也是民法上平等和公平原则的体现。具体而言，该条包含以下几方面含义。

第一，在当事人互负债务的情形下，同时履行抗辩权的行使要求两个债务之间具有相应性，其通常都是合同的主要债务，即主给付义务，一方当事人不得以对方没有履行非主要债务为由主张拒绝履行自己的主要债务，因为二者之间并不具有相应性。例如，甲乙双方订立了价值100万元的买卖合同，此时买方支付货款、卖方交付货物应该就是主要债务，在卖方已经发货但是买方没有支付货款的情况下，如果买方以卖方未开具增值税发票为由主张同时履行抗辩权，就不能得到法院的支持，因为开具发票一般认为属于卖方的从给付义务，与交付货款之间不具有相应性。当然，依据司法解释的该规定，相对人虽然不能据此行使主要债务的同时履行抗辩权，但可行使非主要债务的同时履行抗辩权。② 如果一方不适当履行债务，如部分履行、履行有瑕疵等，另一方可援引我国《民法典》第525条的规定，拒绝对方相应的履行要求。

在双务合同中，经常引起争议的问题是主给付义务和附随义务之间是否具有对价和牵连关系，并能否适用同时履行抗辩权的问题。主给付义务和附随义务的关系表现有二：一是不履行主给付义务，另一方有权拒绝履行自己的义务。如出卖人在交付房屋以后，未应买受人要求而办理登记，此时买受人可否因对方未办理产权移转登记而拒绝支付价金？笔者认为，既然办理登记从而移转房屋所有权乃是出卖人的主给付义务，仅交付标的物则尚未履行其主给付义务，那么买受人可享有拒绝履行的抗辩权。二是一方单纯违反附随义务，但已履行了主给付义务

---

① 张新宝编著：《民事活动的基本原则》，法律出版社1986年版，第22页。

② 参见最高人民法院民事审判第二庭、研究室编著：《最高人民法院民法典合同编通则司法解释理解与适用》，人民法院出版社2023年版，第320页。

的，另一方不得援用同时履行抗辩权。不过，如果附随义务的履行与合同目的的实现具有密切关系，应认为该附随义务与对方的主给付义务之间具有牵连性和对价关系。①

除附随义务与主给付义务的关系以外，主债务与从债务之间也不具有相应性。主债务与从债务往往是联系在一起的，没有主债务就不发生从债务。一般来说，主债务与从债务之间不具有牵连关系，当然对此亦应作具体分析。如违约金条款是双务合同中的从债务，与主债务之间无对价关系，因此不能成立同时履行抗辩权。

第二，如果一方不履行非主要债务致使对方不能实现合同目的，则对方当事人有权主张不履行主要债务。也就是说，一方履行主要债务后，一般情况下合同相对人的合同目的就能得到实现，在此情况下其自然不能以此为由主张行使同时履行抗辩权。例如，如果债务人给付货物数量不足，但不足额甚微，对债权人未造成明显损害，债权人不得拒绝接受并援引同时履行抗辩权的规定拒付全部货款，而只能拒绝支付供货不足部分的对应价款。但是，如果非主要债务的不履行会导致对方"合同目的"的落空，此时相对人有权行使同时履行抗辩权；在前述供货数量不足的案例中，如果供货方所供货物是个完整不可分割的整体，部分供货的缺失或导致其余供货没有使用价值（比如大型机器设备的组成部分缺失），此时相对人自然可以主张履行抗辩权。再如，供货方不提供质量检验书，如果会导致标的物的品质难以确定，无法进行后续转让（比如未提供钻石、珠宝等的质量合格鉴定书），此时供货方不提供质量检验书也会致使对方不能实现合同目的，在此情形下，也应当认定双方的债务具有相应性，买方也能拒绝交付货款。

第三，当事人另有约定的除外。这就是说，同时履行抗辩权的行使一般要求债务之间具有相应性，但这一规定仍然属于任意性规定，当事人之间可对此进行特殊约定排除该规则的适用。仍以前述甲乙双方订立价值 100 万元的买卖合同为例，如果双方在合同中约定在卖方没有出具增值税发票的情况下，买方可以此为由拒绝支付货款，该约定就意味着买方可以此为由主张同时履行抗辩权。

《合同编通则解释》第 31 条第 1 款要求行使同时履行抗辩权时，两个债务之间具有相应性，其重要性在于：一方面，维护交换正义。这就是说，在双务合同中，当事人仅享有在自己履行义务后请求他方履行的权利，因此，一方必须证明其本身已履行其义务或不负有先行履行的义务，才能请求对方作出履行。其实，

---

① 参见林诚二：《论附随债务之不履行与契约之解除》，载郑玉波主编：《民法债编论文选辑》（中册），五南图书出版有限公司 1984 年版，第 866～867 页。

罗马法上就有"你给则我给"原则，其体现的就是交换正义，即一方当事人所负的给付义务，与对方的对待给付义务互为前提，如果一方不履行其义务，另一方就有权不履行。给付与对待给付的联系属于给付义务的内容，任何处于交换关系的债权自始就受到限制，当事人一方只能请求给付与对待给付同时履行。① 另一方面，维护诚信原则。同时履行抗辩权乃是由于双务合同履行上的牵连性，根据诚信原则所产生的制度。要求行使同时履行抗辩权时两个债务之间具有相应性，实际上就是要求合同当事人依据诚信原则履行义务。

二、针对同时履行抗辩规定了对待给付判决制度

虽然《民法典》第 525 条对同时履行抗辩权概念和行使条件作出了规定，但长期以来，在司法实践中，由于缺乏程序保障，同时履行抗辩权在诉讼中常常陷入困境。例如，在买卖合同中，一方起诉另一方要求其履行付款义务，另一方提出抗辩，要求对方作出履行，有的法院判决驳回原告的起诉；有的法院判决原告在判决生效后 15 天内，将 50 吨钢材交付给被告，被告应当在判决生效后 15 天内将货款支付给原告。长期以来，由于没有引入对待给付判决，法院的判决方式多样，却未能有效保护合同当事人的合法权益。为统一裁判规则，《合同编通则解释》第 31 条第 2 款引入对待给付判决，将原告作出对待给付作为被告履行债务的条件，判决双方同时履行，该款规定："当事人一方起诉请求对方履行债务，被告依据民法典第五百二十五条的规定主张双方同时履行的抗辩且抗辩成立，被告未提起反诉的，人民法院应当判决被告在原告履行债务的同时履行自己的债务，并在判项中明确原告申请强制执行的，人民法院应当在原告履行自己的债务后对被告采取执行行为；被告提起反诉的，人民法院应当判决双方同时履行自己的债务，并在判项中明确任何一方申请强制执行的，人民法院应当在该当事人履行自己的债务后对对方采取执行行为。"该款通过引入对待给付判决，为法院判决被告在原告履行义务的同时履行自己的义务提供了法律依据，为落实同时履行抗辩权制度提供了程序法保障。

对待给付判决（Verurteilung zur Leistung Zug-um-Zug），是指法院要求原告向被告提出对待给付后才可对被告进行强制执行的判决。此类判决一般表述为，"被告应在原告履行其义务时，向原告履行义务"②，其又被称为交换给付判

---

① 参见［德］迪尔克·罗歇尔德斯：《德国债法总论》（第 7 版），沈小军、张金海译，中国人民大学出版社 2014 年版，第 124 页。

② 刘海伟：《对待给付判决制度的理论证成与具体适用——兼论〈民法典合同编通则解释（征求意见稿）〉第 32 条第 2 款》，载《法律适用》2023 年第 11 期，第 72 页。

决、同时履行判决、附对待给付判决。① 在具体履行步骤上，对待给付判决要求提起诉讼的原告（债权人）首先作出给付，在其作出给付后，该判决就立刻产生了执行力，即被告必须在收到对方给付后，立即作出对等给付，如被告不作出给付，则原告即可申请强制执行。② 据此，在被告没有提出反诉时，法院在确认双方同时履行的前提下，可以直接判决将原告履行义务作为被告履行义务的条件。在被告提出反诉时，法院应当判决双方在履行自己的义务后同时履行。

（一）对待给付判决规则的内容

1. 对待给付判决规则否定了驳回原告诉讼请求的裁判方式

如前述，由于法律没有规定对待给付判决，且原告是在自己没有作出履行的情况下要求被告履行，因此，有的法院简单地驳回原告的所有诉讼请求。实证案例研究表明，被告在诉讼中针对原告的请求主张同时履行抗辩权，一旦抗辩成立，法院大多以驳回起诉的方式否定原告的诉讼请求。③ 驳回的理由在于，如果被告仅提出抗辩而没有提起反诉，只要被告行使同时履行抗辩权，且抗辩成立，法院就应当驳回原告的起诉；如果法院作出同时履行的判决，就违反了民事诉讼法上"不告不理"的诉讼法理。④ 应当看到，驳回原告诉讼请求的裁判方式虽然不无道理，但是同时带来了程序空转、加剧履行僵局等问题。因为一旦法院依照抗辩权成立驳回原告的诉讼请求，那么，原告不得不在履行义务之后重新起诉，这显然不利于解决纠纷。简单驳回之后，双方实际上又回到起诉前的状态，纠纷仍然存在，法院的判决并没有推动双方的纠纷解决，相反可能给纠纷的解决带来更大的麻烦。因为原告在诉讼请求被驳回之后，还需要再次提起诉讼，而在原告另行起诉后，因为此前已经存在驳回诉讼请求的判决，法院在审查是否应当受理其起诉时会遇到障碍，可能会以违反一事不再理的原则而拒绝受理原告的起诉。⑤《合同编通则解释》第 31 条就针对这一问题，引入对待给付判决，规定在此情形下，即使被告提出的抗辩成立，法院也应当判决被告在原告履行债务的同

---

① 参见肖建国、张苏平：《附对待给付义务的诉讼表达与执行法构造》，载《北方法学》2023 年第 1 期，第 17 页。

② Vgl. Emmerich, in: Münchener Kommentar zum BGB, 9. Aufl., 2022, § 322, Rn. 7; Wagner NJW, 2013, 198, 201f.

③ 参见刘文勇：《论同时履行抗辩权成立时对待给付判决之采用》，载《国家检察官学院学报》2020 年第 4 期，第 164 页。

④ 参见最高人民法院民事审判第二庭、研究室编著：《最高人民法院民法典合同编通则司法解释理解与适用》，人民法院出版社 2023 年版，第 361 页。

⑤ 参见肖建国、张苏平：《附对待给付义务的诉讼表达与执行法构造》，载《北方法学》2023 年第 1 期，第 22 页。

时履行自己的债务，而不是简单地驳回原告的诉讼请求。

为什么在被告提出抗辩且抗辩成立时，法院不能驳回原告请求，而应判决被告在原告履行债务的同时履行自己的债务？这是因为抗辩权又称为异议权，它是指对抗对方的请求的权利。① 同时履行抗辩只是针对对方的请求而行使，该抗辩权成功，导致提出请求的一方在自己没有提出请求时，不能要求对方履行，但是，在诉讼中提出同时履行抗辩，一旦成立，意味着法院不能在原告没有作出自己的履行时，判决要求被告作出履行。而对待给付判决要求被告在原告履行债务的同时履行自己的债务，这实际上意味着被告的抗辩已经产生效果。因此，该规定对于保障《民法典》规定的同时履行抗辩权的有效落实，促进合同履行、鼓励交易等，都具有重要的意义。

2. 对待给付判决规则否定了法院判决双方在特定时间内同时向对方履行的判决方式

由于长期以来对同时履行抗辩权缺乏程序保障，在司法实践中，有的法院判决双方应当在指定的时间段内同时作出履行。例如，在买卖合同中，法院判决在判决生效后的 15 天内，作为卖方的原告应当向被告交付货物，作为买方的被告应当向原告给付价款。这种判决虽然看起来有一定的道理，但是仍然存在几个方面的问题：一是不符合当事人的意愿。当事人的履行时间属于当事人的意思自治，应当在合同中约定或者双方协商处理，而不应当是法院通过裁判来决定的事项。如果由法院确定当事人的履行期间，有可能对当事人的商业安排带来不利影响。二是不当剥夺了原告的选择权。在被告没有提起反诉的情况下，原告实际上有选择履行时间的权利。虽然履行期限已经到来，但是原告仍然可以决定何时作出履行，以获得对待给付。有可能原告一时尚未准备交货，暂时不愿对被告作出履行。只要被告没有主动请求原告交付，原告的这一决定就是合理的。如果法院判决在某一期间内履行，就剥夺了原告这样一种选择权。三是不符合不告不理的原则。因为被告只是行使了同时履行抗辩权，并没有要求原告对自己进行对待给付。从原告的角度看，其也只是请求被告履行其义务，并没有主张在特定的期间内履行。因此，法院作出此种裁判既超出了原告主张的范围，也超出了被告主张的范围。四是容易引发新的争议。法院作出这种判决之后，如果原告和被告都没有为合同履行做好准备，法院要求其在半个月内履行，无疑会引发新的纠纷。②

① 参见郑玉波：《民法总则》，中国政法大学出版社 2003 年版，第 69 页。
② 参见最高人民法院民事审判第二庭、研究室编著：《最高人民法院民法典合同编通则司法解释理解与适用》，人民法院出版社 2023 年版，第 362 页。

例如，原告可能因为备货不足，无法在 15 天内交货，被告可能认为原告已经违反合同义务。此时，双方可能发生新的争议，反而不利于纠纷的最终解决。

3. 对待给付判决规则要求法院应当针对原告的请求作出对待给付判决

《合同编通则解释》第 31 条第 2 款采取了对待给付判决的裁判方式，即原告提起诉讼请求，被告履行，被告未行使同时履行抗辩权，且未提起反诉，法院应该作出对待给付判决，该判决既不能简单驳回原告的诉讼请求，也不能规定当事人在规定时间内履行债务，而是在判决内明确被告在原告履行债务的同时，履行自己的债务，在判项中明确原告有权申请强制执行；原告在履行自己的债务后，可主张对被告采取执行行为。对待给付判决可以避免法院简单驳回原告诉讼请求而造成的程序空转，有助于通过一次审判实质性解决纠纷。[①]

（二）规定对待给付判决的正当性

《合同编通则解释》第 31 条第 2 款所规定的对待给付判决规则的正当性主要表现在：

第一，为同时履行抗辩权的行使提供了有效的程序法保障。如前述，在被告行使同时履行抗辩权时，如果简单地驳回原告的诉讼请求，与同时履行抗辩权的初衷是不符的。因为同时履行抗辩作为双务合同履行中的抗辩，只是使原告的请求权发生障碍，而不是据此否定原告的请求。如果认为被告的抗辩成立就要驳回原告的诉讼请求，不仅不符合同时履行抗辩的意旨，且对原告的给付请求权没有提供必要的程序保障。因为驳回原告的诉讼请求会引发一系列问题，不少学者对于同时履行抗辩权的设计是否合理提出了质疑。[②] 其实，问题的关键在于，此种做法误解了同时履行抗辩成立的法律效果，抗辩成立意味着，法院应在对待给付判决中，要求原告在主张对方履行时，先履行自己的债务，这本身就是抗辩成立的效果，而并不意味着要通过驳回起诉方式体现这一效果；而且，该抗辩权的行使缺乏程序法上相应的配合，并不是同时履行抗辩权的设计本身存在问题。《合同编通则解释》第 31 条第 2 款便为同时履行抗辩提供了程序保障。

第二，有利于纠纷的一次性解决。在驳回原告诉讼请求之后，原告再次起诉不仅更为困难，而且因抗辩权成立，法院判决驳回原告诉讼请求，这相当于判决原告败诉，并由原告承担诉讼费用，因此，一旦被告抗辩成立，诉讼就会陷入僵局，法院无法继续推动诉讼程序，也无法最终解决当事人之间的纠纷。而引入对

[①] 参见刘海伟：《对待给付判决制度的理论证成与具体适用——兼论〈民法典合同编通则解释（征求意见稿）〉第 32 条第 2 款》，载《法律适用》2023 年第 11 期，第 73 页。

[②] 参见王洪亮：《〈合同法〉第 66 条（同时履行抗辩权）评注》，载《法学家》2017 年第 2 期，第 164 页。

待给付判决制度可以有效解决这一僵局。[①] 以货物买卖合同为例，法院作出对待给付判决之后，作为出卖人的原告为了获得被告的价款，完全可以将货物通过执行法院转交被告或者将货物放置于法院指定的地点交付被告，在作出履行之后，就可以要求法院直接执行对被告的债权。反过来，被告提出抗辩后又提出反诉的，作为买受人的被告就可以将货款打入法院指定的账户，从而要求法院强制执行原告的货物。可见，在法院的监督下，双方都可以依据对待给付判决履行各自的义务，从而推动纠纷的顺利解决。

第三，鼓励当事人主动提出请求、打破履行僵局。在简单驳回诉讼请求的情形下，交易实际上是被停止了，双方的履行处于一种僵局状态。任何一方都因为担心无法获得对待给付，而不敢履行自己的债务或向对方作出给付。如此一来，合同的履行就无法继续，除非有一方愿意承担无法获得对待给付的风险，而率先向对方作出履行。实践中，这种决定是不符合商业逻辑的，一个理性的商人并不会作出这样的选择。此外，如果简单地以被告享有同时履行抗辩权，驳回原告的诉讼请求，原告因为败诉要承担诉讼费用，反而对其造成了不公平结果。事实上，原告作为主动打破履行僵局的一方，率先提起诉请对方履行，应为法律所鼓励，却反而因法院驳回诉讼请求，而遭受不利后果，这就使得合同履行进一步陷入僵局。因此，《合同编通则解释》第31条的规定有利于促使对方履行合同并鼓励交易，结束悬而未决的状态。如果简单地驳回原告，将导致同时履行抗辩权实际上无法行使。

第四，有利于促进履行、鼓励交易。依据《合同编通则解释》第31条的规定，法院作出对待给付判决为结束履行僵局提供了程序保障。据此，法院作出判决之后，原告就可以主动在作出自己的履行之后对被告申请强制执行，反之，被告也可以通过提起反诉的方式，在自己履行之后，对原告申请强制执行。双方的履行都是在法院公权力的保障之下进行的，无须承担无法收到对待给付的风险，有助于交易的顺利进行。通过对待给付判决，保障当事人双方获得对待给付，为当事人实现缔约目的提供了程序保障。

总之，《合同编通则解释》第31条第2款引入对待给付判决，是打破履行僵局促进合同履行的有效方式，并将使《民法典》第525条规定的同时履行抗辩制度得以有效实施。

（三）对待给付判决与附条件判决的区分

所谓附条件判决，是指针对附条件的法律行为所作出的判决。此类判决通常

---

① 参见刘海伟：《对待给付判决制度的理论证成与具体适用——兼论〈民法典合同编通则解释（征求意见稿）〉第32条第2款》，载《法律适用》，第73页。

要求，只有在符合一定条件的情形下，才能够对被告采取执行行为。对待给付判决常常在判项中表明，"被告在原告履行债务的同时应当履行自己的债务"，对此，有学者认为它实际上就是附条件判决，理由在于，对待给付判决并非给付时间相同的两项判决，而是附原告同时履行条件的一项被告给付判决。[①] 有观点认为，对待给付判决是一个原告胜诉的判决，也是一个附条件的判决，因为原告起诉的目的，就是要让被告履行合同约定的给付义务，但是达成这一目的的前提，是原告先为给付。[②] 从法律上看，虽然对待给付判决要表明被告在原告履行债务的同时应当履行自己的债务，且与附条件的判决一样在广义上是执行力受到限制的判决，但两者还是存在明显区别。

第一，适用对象不同。附条件的判决主要是针对附条件的法律行为作出的判决，对待给付判决则主要是针对同时履行抗辩权作出的。附条件的判决中，在条件成就前，合同虽然已经成立，但并没有生效，当事人并不享有合同权利，因此，当事人一方主张合同权利时，其请求无法获得法院的支持。即便已经立案，法院在作出判决时，也只能判决在某项条件成就时，原告才能享有合法有效的债权。在条件成就前，法院应当驳回其请求，在此情形下，法院不能对被告采取执行措施，也不能采取扣押、查封等措施。但是对于对待给付判决而言，原告享有合法有效的合同债权，因此，在其请求被告履行债务时，法院应当予以立案，在符合法律规定的条件时，原告也可以申请强制执行。[③]

第二，是否属于条件不同。在附条件判决中，当事人所附的条件往往源于当事人约定，该条件实际上是当事人缔约动机的反映，旨在通过条件的成就与否，来决定法律行为或请求权是否发生效力，以防范未来的交易风险。而在对待给付判决中，"原告履行自己的债务"并非源于当事人约定所附的"条件"，而是属于法院作出对执行依据发生效力的法定限制。如果原告未作出履行，因"条件"未成就，此时不得申请强制执行。在被告提出同时履行抗辩后，如果原告申请强制执行，必须先满足法院所要求的"条件"，即原告应先履行自己的债务。如果被告没有提出同时履行抗辩，法院应当支持原告的诉讼请求，判决被告履行债务；但是，如果被告提出同时履行抗辩且抗辩成立，法院应当判决只有在原告履行对

---

① 参见申海恩：《抗辩权效力的体系构成》，载《环球法律评论》2020 年第 4 期，第 96 页。也有观点认为，应当明确区分附条件的执行依据和（附）对待给付的执行依据，参见肖建国、张苏平：《附对待给付义务的诉讼表达与执行法构造》，载《北方法学》2023 年第 1 期，第 25~28 页。

② 参见［德］迪特尔·梅迪库斯：《德国债法总论》，杜景林、卢谌译，法律出版社 2004 年版，第 352 页。

③ 参见刘海伟：《对待给付判决制度的理论证成与具体适用——兼论〈民法典合同编通则解释（征求意见稿）〉第 32 条第 2 款》，载《法律适用》2023 年第 11 期，第 73 页。

待给付义务之后，被告才应履行其债务。

第三，举证责任不同。对附条件的判决而言，在诉讼过程中，债权人须证明相应的事实已经成就，否则其并不享有合法有效的债权，其也无权对债务人提出请求。债权人在申请强制执行时，应当证明当事人约定的条件已经成就。而在对待给付判决的情形下，债权人在申请对债务人强制执行时，应当证明其已作出对待给付，或者债务人受领迟延。

第四，执行依据不同。附条件判决中，条件是否成就必须被明确记载在执行依据中，也是能否申请执行的关键。但是在对待给付判决中，审查的内容并非条件是否成就，而是原告请求被告履行后，自己是否作出了履行，否则，其无权对被告申请强制执行。[①]

总之，对待给付判决作为一种独特的制度设计，保障一方当事人在自己作出履行之后可以获得对方的对待履行，从而保障当事人互为给付的实现。

三、区分被告仅行使同时履行抗辩权与被告提起反诉的情形

如前所述，对待给付判决主要针对原告的诉讼请求，在被告提起同时履行抗辩之后，要求被告在原告履行债务后应履行自身债务。《合同编通则解释》第31条第2款首先规定了针对原告提出请求的对待给付判决，然后规定了被告提起反诉后的同时履行判决，这就从实体和程序两个方面区分了抗辩权行使与反诉的提起。

从法律上看，抗辩与反诉存在重大区别，抗辩作为实体法上的权利，是阻止请求权行使的权利，抗辩成功导致请求权的行使遇到障碍，其本身作为防御性手段，不同于提出请求。而反诉则是针对对方当事人在同一诉讼过程中提出的诉讼请求。如果说抗辩是盾，则反诉是矛；抗辩是防御，反诉是进攻，虽然反诉有时候确实会对对方当事人的请求起到一定的防御作用，但其本质上仍然是一种向对方提出请求的诉讼请求。这些原因导致对待给付判决与同时履行判决是存在明显区别的，具体表现在：

第一，既判力不同。在被告仅主张同时履行抗辩权时，只存在一个诉讼，不存在本诉与反诉的区别。而被告以反诉方式行使抗辩权并要求原告向其履行时，就产生了一个独立的诉讼。同时履行判决属于"双重的对待给付判决"，该判决的既判力及于双方当事人，判决生效后任何一方都可以申请强制执行，但不得就

---

① 参见肖建国、张苏平：《附对待给付义务的诉讼表达与执行法构造》，载《北方法学》2020年第1期，第28页。

该纠纷再行提起诉讼。[1] 如果被告提起反诉，法院将本诉和反诉一并审理、判决作出之后，原、被告双方都会受到"一事不再理"原则的限制，不得就这一债权债务关系再次起诉。[2] 在此情形下，法院是将本诉和反诉合并审理，作出了两份判决，而非仅仅针对原告的诉讼请求作出一份判决。因此，原、被告双方都会受到既判力的约束。

第二，执行力不同。在被告没有反诉的情况下，法院仅仅针对原告的给付请求权作出了判决，所以也只有原告可以依据这一判决申请强制执行，被告不能依据该判决强制执行原告的对待给付。但是，在被告提起反诉的情况下，法院对于被告主张的对待给付请求权也应当作出判决。这就形成了同时履行判决，原、被告双方都应当向对方作出履行。任何一方都有权申请强制执行，只不过申请强制执行时应当首先履行自己的债务。

第三，能否申请保全不同。被告在提出反诉之后，就享有独立的保全请求权，可以在诉前和诉中请求人民法院对原告的财产进行保全，以确保对待给付的实现。在被告没有提起反诉时，由于其只是提起了抗辩而没有积极地要求原告向自己履行，所以就无权向法院申请保全原告的财产。

第四，是否可以抵销不同。在被告提出反诉之后，如果本诉和反诉都是金钱之债，那么法院就可以依法对双方的请求进行抵销。但如果被告只是主张了同时履行抗辩权而没有提起反诉，那么就不得进行抵销。这尤其体现在金钱债务中，双方互负债务，在同等数额之内，法院可以判决双方债务予以相互抵销。

第五，判项中反映的情形不同。在被告只是主张同时履行抗辩权时，判项当中只需要展现原告的给付请求权的具体内容，而不需要反映原告对待给付的具体内容。而在被告提起反诉时，判项中应当同时反映双方给付的内容，即任何一方只有在自己作出履行时，才能申请强制执行对方的债务。

第六，诉讼时效的适用不同。如果被告只是主张同时履行抗辩权而不提起反诉，那么，被告的针对原告的对待给付请求权的时效仍然在继续计算，一旦超出了诉讼时效，被告的对待给付请求权就可能受到阻却，因为同时履行抗辩权本质上是一时性抗辩，产生阻碍原告请求权的效果，但时效仍然不发生中断。毕竟被告只是提出抗辩，而没有积极向原告主张权利，其并不符合《民法典》第195条所规定的诉讼时效中断的情形。与此不同的是，如果被告提起了反诉，则意味着

---

[1] 参见刘海伟：《对待给付判决制度的理论证成与具体适用——兼论〈民法典合同编通则解释（征求意见稿）〉第32条第2款》，载《法律适用》2023年第11期，第73页。

[2] 参见最高人民法院民事审判第二庭、研究室编著：《最高人民法院民法典合同编通则司法解释理解与适用》，人民法院出版社2023年版，第364页。

其也对原告提出了请求，其对待给付请求权的诉讼时效也应当因此发生中断，不存在超出诉讼时效的担忧。

第七，被告的举证责任不同。被告主张抗辩权时，只需要对债权人的主张提出抗辩即可，而不需要负担额外的举证责任。在举证责任上，应当由原告证明其已经履行或者证明被告负有先给付义务。被告无须证明其不具备先给付义务，因为双务合同中，同时履行是被推定的。① 而被告提起反诉时，应当证明债之关系存在且有效、原告未履行等要件，其负担更重的举证责任。

第八，能否针对双方请求作出判决并产生执行力不同。对待给付判决其实是针对双方的诉讼请求作出，并对双方产生执行力。如果提起反诉，法院针对反诉作出判决，因为其形成独立的诉讼，并可以申请强制执行；如果没有提起反诉，法院不能直接针对被告主张作出判决，因为其主张仅仅是抗辩，无法判决双方同时履行，相当于给被告的履行附加了一个条件。被告不能直接申请法院强制执行原告，只是可以在执行中提出抗辩。

如果法院针对原告的诉讼请求作出判决，即使被告主张同时履行抗辩且抗辩成立，法院也应当就原告的诉讼请求作出判决，判决被告履行债务，只不过应当是原告先履行自己的债务之后，才能请求被告履行债务。但问题在于，如何保障被告的利益，以及被告就原告履行债务如何申请强制执行。比较法上，有的国家允许法院作出同时履行判决，以解决这一问题。例如，在德国法中，法院作出同时履行的判决，既不需要以原告的特别请求为前提，也不需要以被告的特别请求为前提。② 它既不属于驳回原告诉讼请求的情形，也不属于直接判决被告实际履行的情形。③ 为了平衡双方利益，同时考虑到诉讼经济的目的，法院作出同时履行判决。这一做法有利于节省诉讼资源，我国《合同编通则解释》第 31 条实际上也是采取了此种做法，依据该规定，如果被告不仅主张同时履行抗辩权，而且提起反诉，一旦反诉成立，法院可以判决双方当事人同时履行自己的债务，并且只有在当事人一方履行自己的债务之后，才可以对对方当事人申请强制执行。这一规则并不意味着将模糊抗辩权行使与反诉的界限，相反，该条将当事人双方的对待给付联系起来，从而使互为对待给付义务落到实处。

---

① 参见王洪亮：《〈合同法〉第 66 条（同时履行抗辩权）评注》，载《法学家》2017 年第 2 期，第 173 页。

② Emmerich, in: Münchener Kommentar zum BGB, 9. Aufl., 2022, §322, Rn. 3.

③ 参见［德］迪尔克·罗歇尔德斯：《德国债法总论》（第 7 版），沈小军、张金海译，中国人民大学出版社 2014 年版，第 125 页。

四、对待给付判决为强制执行提供了法律依据

对待给付判决作出之后，即具有强制执行力。在此应区分诉讼外的权利行使与通过诉讼方式的权利行使。在一方向另一方提出请求后，另一方提出同时履行抗辩，虽然这种请求具有一定的法律效力（例如导致诉讼时效中断等），但其本身不得产生执行力，只有通过诉讼的方式，才可能通过判决获得执行力，进而当事人才能申请强制执行。但如前述，如果被告没有提起反诉而仅提起抗辩，法院只是针对原告的请求作出了判决，那么也只有原告才可以申请强制执行；如果被告提起了反诉，法院应当同时针对原告和被告的诉讼请求进行判决，那么原告和被告都可以申请强制执行，这就是同时履行判决。

判决在判项中没有反映的内容，不能由执行机构予以强制执行。在司法实践中，由于我国法律没有规定对待给付判决，有的法院即便在判决中明确要被告在原告履行后也要作出对待给付，但是仅在"本院认为"部分作为说理，而并非在判项中明确，因为判项才是强制执行力的直接根据，因此，判项中没有明确当事人的履行义务，很难据此申请执行。判决书中"本院认为"部分，是人民法院就认定的案件事实和判决理由所作的叙述，其本身并不构成判项的内容。法院强制执行只能依据生效判决的主文，生效判决中关于履行债务的判决，必须要在判项中明确，从而为法院强制执行的程序提供依据。如果判决主文中没有相应的判项，则"本院认为"部分所作的论述不能作为执行依据。① 为了解决这一问题，《合同编通则解释》第31条第2款明确要求，法院应当在判项中明确说明，一方要申请强制执行的，应当首先履行自己的债务，才能对另一方采取强制执行措施。该条规定了同时履行抗辩的情形下强制执行开始的条件，为执行法院作出了明确的指引，也为合同当事人的权益提供了程序保障。

五、先履行抗辩与先履行判决

所谓先履行抗辩，是指在双务合同中，如果双方当事人的债务有先后履行顺序，则在应当先履行债务一方未履行债务的情形下，负有后履行债务义务的一方有权拒绝其履行请求；同时，如果负有先履行义务的一方履行债务不符合约定，则后履行一方也有权拒绝其相应的履行请求。《合同编通则解释》第31条第3款

---

① 最高人民法院执行工作办公室（现执行局）在一则复函中明确指出：判决主文是人民法院就当事人的诉讼请求作出的结论。参见该执行办公室对辽宁省高级人民法院《关于营口市鲅鱼圈区海星建筑工程公司与营口东方外国语专修学校建筑工程欠款纠纷执行一案的疑请报告》的答复——《关于能否以判决主文或判决理由作为执行依据请示的复函》（〔2004〕执他字第19号）。

规定："当事人一方起诉请求对方履行债务，被告依据民法典第五百二十六条的规定主张原告应先履行的抗辩且抗辩成立的，人民法院应当驳回原告的诉讼请求，但是不影响原告履行债务后另行提起诉讼。"这就对先履行抗辩权的实现程序作出了规定。

先履行判决实际上是针对先履行抗辩权的一种确认，即在一方提出抗辩时，法院应当驳回对方当事人的诉讼请求。实践中，就同时履行抗辩权而言，双方当事人作出实际履行的时间存在一定的先后顺序，因此，有观点认为，对待给付判决中双方当事人的债务具有一定的履行顺序，人民法院也应当在判决中明确双方当事人的履行顺序，如果是原告主张被告履行债务，则原告应当先履行债务。因此，有人认为，对待给付判决与先履行判决具有相似之处。笔者认为，这实际上是对对待给付判决的一种误解。依据《合同编通则解释》第 31 条第 2 款的规定，对待给付判决是判决双方当事人负有同时履行的义务，虽然一方当事人在请求对对方采取执行措施时，其应当先履行自己的债务，但人民法院在判决书中应当明确双方负有同时履行的义务。换言之，对待给付判决中，双方当事人只能是同时履行，虽然依据司法解释的规定，一方在请求对对方采取执行措施时应当先履行自己的债务，但其在性质上只是一种执行措施，其也是同时履行抗辩的一种程序保障措施，人民法院在判决中不能确定双方当事人债务的履行顺序，而应当判决双方同时履行。先履行判决与此不同。

一方面，二者的适用对象不同。对待给付判决适用于当事人享有同时履行抗辩权的情形，其在性质上是同时履行抗辩的程序保障规则。当然，就对待给付判决而言，虽然在实际履行过程中，双方当事人的履行存在先后顺序，但在诉讼中，法院只能作出一方为对待给付时另一方应为给付的判决，而不应在判决中确定双方当事人履行的先后顺序，否则就违背了同时履行抗辩权设立的宗旨。[①] 与对待给付判决适用于双方同时履行的情形不同，先履行判决针对的是异时履行的情形。也正是因为这一原因，同时履行抗辩权是为双方当事人提供的，即只要有一方不履行或不适当履行债务，则另一方就有可能享有同时履行抗辩权；而先履行抗辩权乃是为后履行的一方所设定的抗辩权，也就是说，只有后履行一方才享有此种抗辩权。

另一方面，二者的法律效果不同。就对待给付判决而言，如果被告仅提出抗辩，法院应当判决只有原告履行时才能对被告采取执行行为；如果被告提出了反

---

① 参见刘文勇：《论同时履行抗辩权成立时对待给付判决之采用》，载《国家检察官学院学报》2020 年第 4 期，第 173 页。

诉，则任何一方只有在作出履行时才能申请对对方采取执行行为。并且，法院应当在判决书中明确双方应同时履行债务，而不得确定双方的债务履行顺序，这也符合同时履行抗辩权的基本原理。而对先履行判决来说，负有先履行义务的一方请求对方履行债务时，如果被告主张先履行抗辩权且该抗辩权成立，则法院应当驳回原告的请求，这也是先履行抗辩权的应有之义，因为负有先履行义务的一方未履行债务时，对方当事人有权对其主张先履行抗辩。当然，在负有先履行义务的一方的请求被法院驳回后，如果其后来履行了债务，则有权另行起诉。

（本条撰写人：王利明）

情势变更制度的适用

合同成立后，因政策调整或者市场供求关系异常变动等原因导致价格发生当事人在订立合同时无法预见的、不属于商业风险的涨跌，继续履行合同对于当事人一方明显不公平的，人民法院应当认定合同的基础条件发生了民法典第五百三十三条第一款规定的"重大变化"。但是，合同涉及市场属性活跃、长期以来价格波动较大的大宗商品以及股票、期货等风险投资型金融产品的除外。

合同的基础条件发生了民法典第五百三十三条第一款规定的重大变化，当事人请求变更合同的，人民法院不得解除合同；当事人一方请求变更合同，对方请求解除合同的，或者当事人一方请求解除合同，对方请求变更合同的，人民法院应当结合案件的实际情况，根据公平原则判决变更或者解除合同。

人民法院依据民法典第五百三十三条的规定判决变更或者解除合同的，应当综合考虑合同基础条件发生重大变化的时间、当事人重新协商的情况以及因合同变更或者解除给当事人造成的损失等因素，在判项中明确合同变更或者解除的时间。

当事人事先约定排除民法典第五百三十三条适用的，人民法院应当认定该约定无效。

【本条主旨】

本条第1款规定了《民法典》第533条情势变更制度的具体适用，对"基础条件"的重大变化作出了解释。具体说来，在原因上，是由于政策调整或者市场供求关系的异常变动，合同标的物的价格发生了常人所无法合理预见的涨跌幅度；在后果上，若当事人一方要求继续履行合同，会发生对另一方明显不公平的效果。不过，需排除市场属性活泼、长期以来价格波动较大的大宗商品以及股票、期货等风险投资型金融产品，原因在于大宗商品及投资型金融产品本身就具有价格经常发生大幅变动的特点，其价格涨跌并不具有不可预见的性质。

本条第 2 款具体规定了情势变更的法律后果。发生情势变更后，如果当事人请求变更合同（一般情况是受不利影响的一方，而未受影响的对方主张继续履行合同），则人民法院不能解除合同。如果双方当事人对于变更合同或解除合同存在不同意见（一方请求变更合同，对方请求解除合同的；或者一方请求解除合同，对方请求变更合同的），人民法院可以根据案件的具体情况（譬如合同履行的实际情况、价格涨跌的幅度、不利影响的范围和程度、损失的具体情况、双方协商的情况等），判决变更或解除合同。

本条第 3 款列明了人民法院判决变更或解除合同时，应综合考虑相关因素，包括：合同基础条件发生重大变化的时间、当事人重新协商的情况以及因合同变更或者解除给当事人造成的损失等，以具体明确合同变更或解除的时间。这就是说，法官可根据实际情况自主决定合同变更的时间，而并不必然以情势变更发生的时间或判决作出的时间为准。

本条第 4 款禁止当事人事前以约定排除情势变更制度的适用，其理由在于，与不可抗力一样，情势变更属于非因当事人主观原因所发生的客观履行不能事由，不可归责于当事人；情势变更的适用是基于维护公平原则和合同正义，具有公共秩序属性，因此，当事人不得以私人协议的方式予以事先排除。

【关联规定】

1. 《民法典》第 533 条 合同成立后，合同的基础条件发生了当事人在订立合同时无法预见的、不属于商业风险的重大变化，继续履行合同对于当事人一方明显不公平的，受不利影响的当事人可以与对方重新协商；在合理期限内协商不成的，当事人可以请求人民法院或者仲裁机构变更或者解除合同。

人民法院或者仲裁机构应当结合案件的实际情况，根据公平原则变更或者解除合同。

2. 《最高人民法院关于当前形势下审理民商事合同纠纷案件若干问题的指导意见》3. 人民法院要合理区分情势变更与商业风险。商业风险属于从事商业活动的固有风险，诸如尚未达到异常变动程度的供求关系变化、价格涨跌等。情势变更是当事人在缔约时无法预见的非市场系统固有的风险。人民法院在判断某种重大客观变化是否属于情势变更时，应当注意衡量风险类型是否属于社会一般观念上的事先无法预见、风险程度是否远远超出正常人的合理预期、风险是否可以防范和控制、交易性质是否属于通常的"高风险高收益"范围等因素，并结合市场的具体情况，在个案中识别情势变更和商业风险。

【理解与适用】

所谓情势变更，是指合同有效成立后，因不可归责于双方当事人的原因发生情势变化，致合同基础条件丧失或发生根本性变化，若继续维持合同原有效力则明显违反公平原则，因此法院或仲裁机构允许变更合同内容或者解除合同。情势变更原则的意义在于，通过司法权力的介入，强行变更合同已经确定的条款或解除合同，在合同双方当事人订约意志之外，重新分配交易双方在交易中应当获得的利益和承担的风险，其所追求的价值目标是公平和公正。

众所周知，"契约应当严守"（*pacta sunt servanda*）是合同法的基石，在罗马法及中世纪漫长的教会法时期，这一原则被视为忠诚价值的重要体现。但是，对于非即时清结的合同来说，从合同的订立到履行完毕需要历经一段时期，而在这段时期内，合同的履行条件可能发生根本性的改变，使得合同履行时的背景与订立时的背景相差巨大，与当事人当初设想的场景大相径庭。因此，欧洲大陆的法学家们发展出了"情势不变条款"（*Clausula rebus sic stanibus*）理论，以此为基础，潘德克顿学派的温德莎德等人提出了"交易基础丧失"（*Wegfall der Geschäftsgrundlage*）学说，这一理论的核心是：如合同基础发生根本变化，则当事人可拒绝履行原先所签订的合同。[①] 大陆法系德国、意大利、瑞士、法国、罗马尼亚等国家的民法典均规定了情势变更原则。

普通法上也存在类似的制度即合同受挫（frustration）。英国法将合同受挫与双方当事人共同错误进行区分（前者是情势变更发生在合同订立之后，后者是情势变更发生在合同订立之前），但两者均属于对造成履行艰难甚至履行不能的不可预见的事件带来的风险进行公平分担的规则。由于法院不愿意允许一方当事人以该原则为借口逃避亏本的交易；难以在合同受挫案件和严格的违约责任案件之间划清界限；商人倾向于通过对合同履行障碍作出明确约定来"排除"可能的合同受挫的原因；其他一些实际困难，包括并非解除合同而是进行合同调整也许是

---

① See Johanna Szekrényes, "Unforeseeable Changes in Circumstances in Contracts in the New Romanian Civil Code", in Attila Menyhárd, Emőd Veress (eds.,), *New Civil Codes in Hungary and Romania*, Springer, 2017, pp. 146 - 148.

更加合适的和并非自担损失而是进行损失分担是更加合适的（但是在英国法中法院的这项调整的权限是很有限的），英国法中的合同受挫规则适用的范围相当狭窄。就美国法而言，由于履行不能是建立在既有技术和履行费用上的一个相对的概念，因此美国法放弃了履行不能的概念转而采用了履行艰难（impracticability）的概念，这一概念的适用使得在美国法中因合同受挫而解除合同的规则（合同受挫规则）的范围被拓宽。在英国法中，价格完全非正常的上涨或下跌不构成合同受挫，但是在美国法上可能构成履行艰难。尽管有些案件看似是建立在履行艰难的基础之上，但其实是建立在其他基础之上，例如履行艰难＋履行不能、合同的约定、不定期合同、政府控制的行为等。

我国 1999 年《合同法》并未规定情势变更制度；2009 年《合同法解释二》首次引入了这一制度。以此为基础，并参考《法国民法典》等比较法的经验，2020 年《民法典》第 533 条对情势变更作出了重要的完善和修订。譬如，《民法典》第 533 条的规定与 2009 年《合同法解释二》不同，删除了后者中"不能实现合同目的"这一要件；因此，情势变更并不要求合同的继续履行不能实现合同目的。而值得注意的是，在《民法典》颁布实施之后，一些法院并未注意到这一重要变化，在其认定构成情势变更的判决中仍然出现了"不能实现合同目的"的表述。[①]《合同编通则解释》本条文对《民法典》第 533 条的适用条件作出了进一步细化。在具体的理解与适用方面，需注意以下问题。

一、正确区分情势变更与不可抗力

情势变更与不可抗力都属于客观的履行不能，是造成合同无法履行的客观障碍；而且二者均可能导致合同解除的后果，因此，实践中二者有时候难以准确区分。《国际商事合同通则》在关于情势变更（艰难情形）条文的官方注释中阐释了情势变更与不可抗力之间的关系。根据该条对艰难情形和第 7.1.7 条对不可抗力所作的定义，实践中可能会出现同时被视为艰难情形和不可抗力的事实情况。如果出现这种情形，应当由受到影响的一方当事人决定采取何种救济措施。如果该当事人援引不可抗力，那么其目的是为不履行合同免责；而如果该当事人援引的是艰难情形，其目的首先是要对合同条款作重新谈判，以便使合同按修改后的条款继续有效。因此，《国际商事合同通则》是根据当事人的所希望达到的目的来选择适用情势变更或不可抗力。

---

① 参见北京市第二中级人民法院（2022）京 02 民终 11538 号民事判决书。

就我国而言，如同有论者所指出的，作为一种严格依法构造的法律制度的情势变更，与作为一种被法律严格界定的客观情况的不可抗力，在规范意义上不属于同一层次。① 按照有论者形象的说法，比较不可抗力规则与情势变更制度，就是在驱使"关公"去战"秦琼"，二者不是一个维度上的问题。② 从民法典体系的角度来说，不可抗力是民事责任的法定免责事由，不仅适用于合同法，也适用于侵权法，属于总则的制度，而情势变更只是合同履行过程中关于履行障碍的特殊制度；二者并非同一逻辑层次。即使就合同法领域来说，二者的目标、适用标准和方式、后果等也都不相同。不可抗力制度适用的主要目的是免除受不利影响的一方不能履行合同义务的违约责任，而情势变更则强调合同履行的环境已经发生根本改观，继续按原合同履行将违反公平原则。另外，二者尽管都可能导致合同解除，但不可抗力解除合同属于法定解除权，依通知方式而解除；而情势变更属于司法解除，须由法院或仲裁机构宣告解除。就具体的判断标准而言，不可抗力解除须是导致合同履行不能的后果，而情势变更则须导致合同履行艰难，影响后果并不相同。③ 例如在梁某某、某商贸有限公司等、某房地产开发公司房屋租赁合同纠纷案中④，法院指出，本案中的情况属于当事人在订立合同时无法预见的、不属于商业风险的重大变化，其对商业行为的直接、间接影响，使得合同双方订立之初的权利义务关系失衡，继续按照原合同履行明显不公平，并且存在合同目的不能实现的风险。为权衡双方权利义务关系，维护经济社会持续稳定发展，应根据公平原则对合同约定进行变更。

2022 年 1 月最高人民法院印发《关于充分发挥司法职能作用助力中小微企业发展的指导意见》指出："对于受疫情等因素影响直接导致中小微企业合同履行不能或者继续履行合同对其明显不公的，依照民法典第五百九十条或者第五百三十三条的规定适用不可抗力或者情势变更规则妥善处理。"如同有观点所指出的："继续履行合同对于当事人一方明显不公平其实隐含了另一个前提条件，即合同是可以继续履行的"。这就是说，在情势变更的情况下，合同仍然可以履行，只是其履行成本极其高昂有违公平原则，当事人仍然可以通过重新协商达成新的公平交易条件；而在不可抗力的情况下，合同履行不能，其后

---

① 参见朱广新：《情势变更制度的体系性思考》，载《法学杂志》2022 年第 2 期，第 7 页。

② 参见王轶：《新冠肺炎疫情、不可抗力与情势变更》，载《法学》2020 年第 3 期，第 45 页。

③ 参见周恒宇：《关于〈民法典〉情势变更制度的若干重要问题》，载《中国应用法学》2022 年第 6 期，第 202 页。

④ 参见甘肃省庆阳市西峰区人民法院（2020）甘 1002 民初 5140 号民事判决书。

果只能是合同解除。另外，在发生情势变更后，双方还有所谓的再协商义务，旨在鼓励双方在新的环境下达成新的交易条件；而不可抗力制度则没有这样的内容。

就此而言，值得注意的是，个别法院的司法判决对此未能进行精准的厘清。例如，在辽宁同宏达国际经济技术合作有限公司（以下简称同宏达公司）与王某行委托合同纠纷案中①，一审法院认为，日本限制入境导致原告赴日入境延后达两年情形，非被告所致，属情势变更。二审法院则认为，王某行未能出行并非同宏达公司违约造成的，而是属于不能预见、不能避免并不能克服的不可抗力，符合《民法典》从第 563 条第 1 款第 1 项规定的因不可抗力致使不能实现合同目的当事人可以解除合同的情形。这里，二审法院的认定显然是准确的。在储某与倪某珂劳务合同纠纷中②，法院认定，倪某珂作为一般自然人，无法预见到该病毒疫情的发展趋势，后埃博拉病毒疫情一直持续并扩大，世界卫生组织及中国政府均发布了紧急通知，这种情况属于双方当事人均无法预见的客观情况；法院指出，原告坚持要求被告履行合同显然有失公平，故本院认为该种情形构成法律上的"情势变更"，双方均依法享有合同解除权。但突发疫情致使出国劳务合同无法履行，应属于不可抗力情形。

在赵某银与中国电信连云港分公司解除电信服务合同纠纷案中③，法院认为，赵某银与电信公司在订立案涉电信服务合同时，无法预见到之后因科技进步人民政府会出台小灵通清频退网政策，该客观情况变化使得案涉合同丧失履行基础，电信公司继续履行合同已经明显不公平，合同目的已经无法实现，且双方当事人均主张本案应适用情势变更原则，案涉合同已符合因情势变更而解除的法定条件，故电信公司依据国家政策解除案涉合同并无不当。至于不可抗力事由，因小灵通清频退网政策并非不可预见、不能避免并不能克服的客观情况，且适用该事由将导致双方当事人出现明显利益失衡，故本院对此辩解不予采纳。这里，法院解除合同是基于情势变更，但由于政策变化致使合同不能履行，应属于不可抗力事由。

二、准确认定基础条件发生重大变化

（1）变化须发生于合同成立后履行完毕之前。如果发生于合同订立之前，则

---

① 参见辽宁省大连市中级人民法院（2022）辽 02 民终 7911 号民事判决书。
② 参见江苏省南京市玄武区人民法院（2015）玄民初字第 1960 号民事判决书。
③ 参见江苏省连云港市中级人民法院（2016）苏 07 民终 272 号民事判决书。

显然可以被预见到，不发生无法预见的问题。如果发生于合同履行完毕之后，则对合同履行未产生任何影响，不存在所谓继续履行显失公平的问题。显然，上述两种情形下，均不发生情势变更的问题。

（2）因政策调整或者市场供求关系异常变动导致价格发生常人无法合理预见的涨跌。这里，对政策调整应作广义理解，既包括狭义上的监管政策，也包括法律环境。就监管政策而言，近年来已有多项司法判决确认其可以构成情势变更的事由。譬如，国家针对学科类培训所出台的"双减"措施，对教培行业造成严重影响。在不少司法判决中，法院都有这样的表述：国家"双减"政策明确规定不再审批新的面向义务教育阶段学生学科类的校外培训机构等，使这一类校外培训机构的外部制度环境发生了根本性变化，没有资质的不再审批，具备资质的校外培训机构也因为政策限制等，其业务与前景受到战略性影响；对于政策的根本性变化，当事人无法预知。由此，法院认为构成情势变更，允许当事人请求变更或解除合同。例如，在某置业公司、朱某某房屋租赁合同纠纷案中①，一审法院认为，因"双减"政策出台，无法取得办学许可、不能进行合法办学的后果不属于商业风险，符合情势变更原则的有关规定。被告以此为由解除合同，并不构成违约。二审法院亦认定，中共中央办公厅、国务院办公厅发布"双减"政策的行为属于政府行为，属于当事人在订立合同时无法预见的、不属于商业风险的重大变化，本案合同解除事由属于情势变更。同样在某教育科技发展公司等与支某合同纠纷案中②，法院认为，受"双减"政策影响，涉案协议的履行条件发生了变化，属于发生了不可归责于双方当事人的情势变更的情形，双方未能重新协商变更合同内容，合同涉及的华语作文课程、高分速读课程、幼教课程系学科类课程，故法院在"双减"政策导致合同目的不能实现的范围内，基于公平原则，确认协议解除。在吴某与某教育咨询公司房屋租赁合同纠纷案中法院也持这一观点③，认为某教育咨询公司利用涉案房屋从事学科类教育培训，因"双减"政策多次受到检查并被要求停止经营，该情况符合情势变更的相关要件。在某投资公司、某置业公司房屋租赁合同纠纷案中④，法院也指出"双减"作为国家新近出台的政策，其施行力度较大、准备期较短，确系双方在租赁合同签订时无法预见的重大变化，已经超过了一般商业风险的范畴。案涉租赁合同的解除

---

① 参见湖南省株洲市中级人民法院（2022）湘 02 民终 1978 号民事判决书。
② 参见北京市第二中级人民法院（2022）京 02 民终 11538 号民事判决书。
③ 参见北京市第二中级人民法院（2022）京 02 民终 9849 号民事判决书。
④ 参见浙江省宁波市中级人民法院（2022）浙 02 民终 3095 号民事判决书。

并非基于任何一方的违约或过错，故某置业公司应全额退还相应的租房保证金。

监管政策还包括楼市限购限贷政策的临时出台，导致合同的履行环境发生重大变化；譬如，由于限贷政策的变化导致买方丧失贷款资格，或者贷款额度大幅减少，使其筹资发生严重困难，从而在按照房屋买卖合同的约定如期支付房款方面面临重大障碍。另外，市场供求关系异常变动也可能构成情势变更的事由。譬如，进出口管制措施导致特定商品的供给或需求的数量发生大幅变化，或者由于特定事件的发生导致特定商品的市场需求发生大幅变化，如流行病暴发导致防疫物资（如口罩）、药品及其原材料变得极为紧俏。

（3）继续履行合同对于当事人一方明显不公平。基础条件的重大变化导致价格发生常人无法合理预见的涨跌，其结果是合同的继续履行会对一方当事人发生明显不公平的效果。情势变更与商业风险的本质区别，就在于客观事由的可预见性；构成情势变更，须要求价格涨跌超出平常可以正常预见到的幅度。也就是说，如果从以往的交易历史来看，价格的涨跌幅度并非完全意料不到，那么，就不能成立情势变更。作为价格异常涨跌的结果，合同的图景发生了根本的改观，合同的继续履行对于一方当事人来说构成无法承受的沉重负担，甚至会面临"生存毁灭"的灾难性后果。在这样的背景下，本来是合作共赢的合同本质已经发生了蜕变，成为一方获取利益的工具，而其代价是对方要付出巨大的成本甚至濒临破产；由此，合同的权利义务平衡被打破，合同的继续履行对于一方当事人将产生明显不公平的后果。在这样的情况下，合同的继续履行违反了公平、诚实信用等民法的基本原则；因此，法律允许法院或仲裁机构对合同进行变更或解除。在某煤业集团公司、某商贸公司买卖合同纠纷案[1]中，法院认为本案合同订立以后履行期间，受国家环保、去产能等政策影响，煤炭价格短期内急速上涨，以至于国家高层干预抑制煤炭价格，以煤电为主要成本的水泥价格大幅上涨，明显超过了正常的价格波动幅度，超出了某商贸公司订立合同时的预见能力，继续履行涉案合同将会出现对某商贸公司显失公平的后果。而在某建设公司、某房地产开发公司股东出资纠纷案[2]中，二审法院认为，根据某建设公司提交的一系列证据，即使确如某建设公司主张的须补缴 7 亿元以上的土地出让金，某建设公司提交的证据也不足以证明继续履行合同会造成其一方产生亏损、无履行利益，不符合

---

[1] 参见甘肃省平凉市中级人民法院（2022）甘 08 民终 1238 号民事判决书。
[2] 参见最高人民法院（2020）最高法民终 629 号民事判决书。

"对于当事人一方明显不公平"的法定情形。在某房地产开发公司不存在重大违约的实际情况下，解除案涉合同不符合公平原则和情势变更的适用原则，某建设公司以情势变更为由主张解除合同，法院不予支持。

（4）合同涉及市场属性活跃、长期以来价格波动较大的大宗商品以及股票、期货等风险投资型金融产品的除外。最高人民法院早在2009年《关于当前形势下审理民商事合同纠纷案件若干问题的指导意见》中，即已要求："人民法院应当依法把握情势变更原则的适用条件，严格审查当事人提出的'无法预见'的主张，对于涉及石油、焦炭、有色金属等市场属性活泼、长期以来价格波动较大的大宗商品标的物以及股票、期货等风险投资型金融产品标的物的合同，更要慎重适用情势变更原则。"[1] 其原因在于，大宗商品交易因为受国际国内等多种因素的复杂影响，本身就具有价格变动大的特点。这些特殊商品的价格涨跌，本身就是其交易的内在逻辑和利润来源，当事人不得主张其涨跌幅度的不可预见性。同理，对于股票、期货等风险投资型金融产品，其价格涨跌风险属于正常的商业风险，此类风险应由当事人自行负担，而不得主张构成不可归责于当事人的情势变更。

例如，在某实业投资公司、杨某某合资、合作开发房地产合同纠纷案中[2]，法院认为，双方当事人签订《合作协议》属正常市场交易行为，各方都有可能预见到市场行为存在的诸多变数和不确定性。某实业投资公司主张涉案土地成本大幅度增加、涉案《合作协议》不具有可行性，应属于商事主体从事商事行为的风险，不属于与协议约定有关的不可预见风险。在某国际货运代理公司与某电梯公司海上货物运输合同纠纷案中[3]，一审法院认为，某国际货运代理公司与某电梯公司签订固定运价协议的商业行为本身具有高风险性，价格的波动正是某国际货运代理公司的利润来源。具体到本案中，区分情势变更与商业风险的关键在于价格上涨的幅度和上涨的速度。二审法院认为，涉案协议签订时国际航运市场已出现价格波动，且某国际货运代理公司作为从事国际航运业务的企业，对国际航运市场价格的变化应具有一定的敏感度和预见性，本案所涉运价波动情况不属于订立合同时无法预见的情况。在某建工集团公司、某环保产业发展公司建设工程施工合同纠纷案中[4]，法院认为涉案《建设工程施工合同》专用条款约定，市场价

① 万方：《我国情势变更制度要件及定位模式之反思》，载《法学评论》2018年第6期，第59页。
② 参见最高人民法院（2020）最高法民申3282号民事裁定书。
③ 参见上海市高级人民法院（2022）沪民终525号民事判决书。
④ 参见最高人民法院（2019）最高法民申5829号民事裁定书。

格波动不调整合同价格，即市场价格上涨的风险由某建工集团公司承担。建筑材料价格上涨，应属于某建工集团公司在投标和签订合同时应合理预见的商业风险，且上涨幅度并未超过市场价峰值，因此不应适用情势变更调整工程价款。

三、适用效果及方式

《民法典》第533条中规定，"受不利影响的当事人可以与对方重新协商；在合理期限内协商不成的，当事人可以请求人民法院或者仲裁机构变更或者解除合同。人民法院或者仲裁机构应当结合案件的实际情况，根据公平原则变更或者解除合同"。可见，主张情势变更须通过诉讼或仲裁方式行使，依情势变更解除合同属于司法解除，与当事人依单方通知的法定解除不同；也正因为如此，主张情势变更被称为"形成诉权"①。根据前述规定，情势变更的法律效果通常表现在以下几个方面：

一是双方当事人进行重新协商，又称"再交涉义务"，即一方当事人可以要求对方就合同的内容重新协商；此非一项真正的法定义务，因为基于合同自由原则，若对方拒绝重新协商，并无相应的法律责任，合同自由包括不缔约的自由。如同有论者所指出的，"对重新协商所进行的任何'义务化'的做法都是违背私法自治的，因为以限制意思自治作为手段无法导向保护意思自治的目的，手段与目的二者之间存在内在矛盾"②。另外，再交涉期间不应中止合同义务的履行，因为在双方协商一致之前合同仍然存续，其效力也处于持续状态（参见《法国民法典》第1195条，PICC第6.2.3条）。

二是当事人诉请人民法院或仲裁机构变更或解除合同，法院或仲裁机构应当结合案件的实际情况，根据公平原则作出裁决。其中，变更合同就是在原合同的基础上，仅就合同不公正之点予以变更，使其双方的权利义务趋于平衡，如增减给付、延期或分期履行、拒绝先为履行、变更标的物等；而解除合同则是使合同关系归于消灭，合同发生终止效力。

---

① 徐冰：《情势变更原则的具体化构建——规范审判权行使视角下〈民法典〉第533条的准确适用》，载《法律适用》2022年第2期，第103页。

② 尚连杰：《风险分配视角下情事变更法效果的重塑——对〈民法典〉第533条的解读》，载《法制与社会发展》2021年第1期，第176页。但是，亦有观点认为：再交涉为一项形成权，双方均可享有，内容是要求对方进行实质性交涉。参见张素华、宁园：《论情势变更原则中的再交涉权利》，载《清华法学》2019年第3期，第151页。另有法官提出："重新协商当然成为当事人的一项义务，而且不仅仅是基于诚信原则的附随义务。"周恒宇：《关于〈民法典〉情势变更制度的若干重要问题》，载《中国应用法学》2022年第6期，第204页。

值得讨论的问题是，如果当事人仅请求变更或解除合同但未明确主张情势变更作为其请求权基础，法官或仲裁机构是否可以直接适用情势变更？在此情况下，法官或仲裁机构应进行必要的释明或提示，询问当事人的真实意图，确认其提出变更或解除合同请求的事实和法律依据；在当事人明确以情势变更作为依据后，法官即可以加以援引适用。

三是变更与请求的适用顺序与提出方式。在比较法上，若成立情势变更，当事人可主张变更或解除合同，在变更与解除之间并无适用的先后顺序，甚至合同解除应被视为优先于合同变更，因为立法充分尊重当事人的意愿和选择。以意大利法为例，"从立法者的角度来说，交由当事人来决定是否继续维持合同的效力这样的制度设计是尊重意思自治的结果。如果允许法官对当事人之间合同项下的权利义务径直进行调整，则有允许法官过度干预当事人意思之嫌。因此，情势变更在制度设计之初，并不当然包含合同变更的法律效果，甚至为了限制法官过度干预当事人之间的意思自治，而将法官的权力仅限制在对当事人之间的合同是否解除进行裁决的限度内"[①]。我国《民法典》第 533 条也是采取了这样的做法。不过，值得注意的是，司法实践中，有主张认为，从鼓励交易而非消灭交易的角度来说，若当事人之间能通过变更合同实现合同目的，则不应解除合同，因为解除合同毕竟是消灭交易。譬如，有观点提出："如果可以通过变更合同解决权利义务严重失衡问题，当事人请求主张解除合同的，人民法院应主动向当事人释明变更诉讼请求，否则对其解除合同主张一般不予支持"[②]。

此类观点亦有相关的司法判例指出。例如，在厦门滕王阁房地产开发有限公司与中铁二局集团有限公司股东出资纠纷二审民事判决书中[③]，最高人民法院指出："依照适用情势变更制度的相关法律规定，符合情势变更法定情形的，人民法院应结合案件的实际情况，根据公平原则变更或者解除合同。若中铁二局能够提交证据证明订立合同时确实无法预见政策调整、继续履行对其一方明显不公平，按照合同严守原则，人民法院应先予考虑变更合同，调整双方权利义务，非达到必要程度，应慎重对待解除合同。"正是基于这样的考虑，司法解释第 32 条第 2 款规定："当事人请求变更合同的，人民法院不得解除合同；当事人一方请

[①]　陈洁蕾：《〈民法典〉情势变更规则的教义学解释》，载《中国政法大学学报》2022 年第 3 期，第 207 页。

[②]　周恒宇：《关于〈民法典〉情势变更制度的若干重要问题》，载《中国应用法学》2022 年第 6 期，第 205 页。

[③]　参见最高人民法院（2020）最高法民终 629 号民事判决书。

求变更合同，对方请求解除合同的，或者当事人一方请求解除合同，对方请求变更合同的，人民法院应当结合案件的实际情况，根据公平原则判决变更或者解除合同。"据此，若当事人仅请求变更合同，则法院不得解除合同；若当事人双方对于解除合同与变更合同主张不一致时，法院可以根据实际情况判决变更合同或者解除合同。笔者认为，在当事人双方就变更合同与解除合同主张不一致时，变更合同被列为优先考虑的选项，仅在无法变更合同时才应考虑解除合同。就此而言，可参考《法国民法典》第 1195 条规定："如双方在合理期限内未能达成协议，基于一方当事人的请求法官可依据所确定的条件和日期变更或终止合同"。按照法国学者的解释，这一规定实际上创设了一种法官倒逼当事人达成协议的机制；如当事人无法协商变更合同，则法官可依职权变更合同；由此，"情势变更有预防作用，合同被法官终止或修订的风险必然促使当事人重新协商"①。在这个意义上，法官是以"合同的共同起草者"（corédacteur du contrat）或至少是"合同事后的修订者"（correcteur *ex post* du contrat）的身份介入合同纠纷；这是新法赋予法官的"全新角色"（rôle inédit）②。就我国的情况而言，结合本条司法解释的表述，似可认为该条暗含法官可依职权变更合同，授权法官可以超越当事人请求的范围（解除合同）；参考法国法的经验，司法解释本条的规定确有其合理性。不过，对于仲裁机构则可能需要更谨慎，尽量将仲裁裁决限定于当事人请求的范围以避免超裁风险。

发生情势变更后，默认的适用场景为：未受影响的一方请求履行合同，而受不利影响的一方以情势变更为由主张变更或解除合同。就变更或解除合同主张的提出方式（反诉或抗辩）而言，有观点认为，为避免超裁问题，当事人变更及解除合同的主张都必须以反诉（反请求）方式提出；也有观点指出，《民法典》已废除了可变更的法律行为，因此法官不得依职权主动变更合同，要避免"法官替当事人订立合同"；也有观点认为，变更可以抗辩形式提出，法官可以基于被告的变更抗辩作出变更裁决。笔者认为，应区分不同情况予以区别处理。首先，根据民事诉讼法的法理，变更合同或解除合同的主张均可以反诉（仲裁中为反请求）方式提出，此点应无问题，因为这是当事人行使其诉权的表现。其次，此类主张是否可以抗辩形式提出，值得探讨。就解除合同而言，因其后果为消灭合同，终结当事人之间的合同关系，宜以反诉方式提出。若当事人未明确以反诉方

① 李颖轶：《作为规则的合同情势变更》，载《探索与争鸣》2020 年第 5 期，第 153 页。
② François Terré，Philippe Simler，Yves Lequette et François Chénedé，Droit civil，Les obligations，12ᵉ éd.，Dalloz，2019，p. 721.

式提出解除合同，根据"不告不理"的民事处分原则，法官似不宜主动宣告合同解除。若被告方坚持解除合同但拒绝提起反诉，法官先应向被告方进行释明，建议以反诉方式提出解除合同的请求，若释明后当事人仍拒绝提起反诉，则基于"不告不理"原则对其解除请求不予审理。若法院在双方当事人均未主张适用情势变更原则的情况下，适用情势变更原则判决解除合同，即是对当事人的权利性质认定有误。① 至于变更合同的主张，若当事人以抗辩形式提出，基于法官在情势变更适用中必要的职权主义，法官可以对该主张进行审理。另外，如一概要求当事人就变更合同的请求必须采取反诉方式，似对当事人形成过重的负担。另外，基于民法典的体系化效应，对情势变更的处理须与不可抗力的处理保持体系的一致性，因为二者均属于合同履行的客观障碍。

综上，对于被告解除合同的请求，宜要求其以反诉的方式提出；若原告起诉要求履行合同，受不利影响的被告则以反诉方式要求解除合同，法官在审理后根据实际情况可以判决解除合同。对于变更合同的请求，可允许被告以抗辩方式提出；法官在审理后，根据情况如认为必要可以对合同进行变更调整。如双方均要求变更合同，但对具体变更的条件或幅度不能达成一致，则法官可以裁量决定以合适的条件来变更合同，此种情况下法官不得判决解除合同。当然，发生情势变更后，受不利影响的一方也可以主动起诉变更或解除合同；在此情况下，法官的处理方法与该方作为被告的情形有相通之处：对于变更合同的请求，法官在审理后可判决变更合同或者驳回起诉；对于解除合同的请求，法官在审理后，根据实际情况可以判决解除合同或者驳回起诉。另外，还有可能出现的情况是，当一方提出变更或解除合同的主张后，另一方则提出解除或变更合同的主张，此种情况下，人民法院应当结合案件的实际情况，根据公平原则判决变更或者解除合同。

四、依情势变更而变更或解除合同的具体时间确定

与一方当事人依单方通知而解除合同不同，情势变更是一种司法解除权，其本质是法官行使司法权介入当事人之间的私人协议，以重新回复为情势变更事由所扭曲的合同关系的平衡。因此，在前引比较法文献中，普遍均规定若法官依据情势变更裁决合同解除，则合同依据法官所确定的日期和条件发生终止。这显然

① 参见徐冰：《情势变更原则的具体化构建——规范审判权行使视角下〈民法典〉第533条的准确适用》，载《法律适用》2022年第2期，第104页。

381

区别于法定解除权之中解除通知到达的时间为合同解除时间的做法。基于比较法的经验，司法解释本条也规定，法官可以在判决中具体明确合同变更或解除的时间；为此，法官需要考虑的因素有：合同基础条件发生重大变化的时间、当事人重新协商的情况以及因合同变更或者解除给当事人造成的损失等。

（本条撰写人：石佳友）

五、合同的保全

怠于行使权利影响到
期债权实现的认定

债务人不履行其对债权人的到期债务，又不以诉讼或者仲裁方式向相对人主张其享有的债权或者与该债权有关的从权利，致使债权人的到期债权未能实现的，人民法院可以认定为民法典第五百三十五条规定的"债务人怠于行使其债权或者与该债权有关的从权利，影响债权人的到期债权实现"。

【本条主旨】

本条是对"债务人怠于行使其债权或者与该债权有关的从权利，影响债权人的到期债权实现"的解释，采取了较为客观清晰的判断标准。

【相关条文】

1. **《全国法院贯彻实施民法典工作会议纪要》8.** 民法典第五百三十五条规定的"债务人怠于行使其债权或者与该债权有关的从权利，影响债权人的到期债权实现的"，是指债务人不履行其对债权人的到期债务，又不以诉讼方式或者仲裁方式向相对人主张其享有的债权或者与该债权有关的从权利，致使债权人的到期债权未能实现。相对人不认为债务人有怠于行使其债权或者与该债权有关的从权利情况的，应当承担举证责任。

2. **《广东省高级人民法院关于民商事审判适用代位权制度若干问题的指导意见》第2条** 债权人的债权有担保，债权人在行使担保债权前提起代位权诉讼的，应认定不符合《最高人民法院关于适用〈中华人民共和国合同法〉若干问题的解释（一）》第十一条之规定，予以驳回。

3.《广东省高级人民法院关于民商事审判适用代位权制度若干问题的指导意见》第8条 债权人提起代位权诉讼后，债务人以放弃、转让等方式处分其对次债务人的债权的行为，未经法院或债权人认可的，应认定无效，不影响债权人行使代位权。但受让债权的善意第三人已向债务人支付合理对价的除外。

【理解与适用】

债权人代位权的规范目的在于防止债务人消极不行使权利，进而影响债权人的债权实现。根据《民法典》第535条的规定，债务人"怠于行使其债权或者与该债权有关的从权利"，并因此"影响债权人的到期债权实现"，是债权人行使代位权的前提条件。如何准确认定这两项要件，是债权人代位权制度适用的关键问题。本条对代位权作出了细化解释，明确以债务人是否"以诉讼或者仲裁方式向相对人主张其享有的债权或者与该债权有关的从权利"作为其是否"怠于行使"权利的主要判断标准。但是，这一判断标准的适用，仍有必要结合实践中的问题予以进一步的分类判断。

一、代位权的行使前提

（一）债务人对相对人享有债权或者与该债权有关的从权利

若债务人对相对人享有的权利性质不属于债权或者与该债权有关的从权利，而是其他请求权，原则上就不满足代位权行使条件。《民法典》第535条的规定是对债务人对相对人享有的权利类型之限制，即"债权或者与该债权有关的从权利"；而《合同编通则解释》第34条则是对该权利的限制，即并非所有债权都可以被代位行使。两者呈递进关系。

1. 物权请求权一般不得代位行使

一般来说，物权请求权不属于债权或者与该债权有关的从权利，不得代位行使。典型的类型如：

第一，共有物分割请求权。《最高人民法院关于人民法院民事执行中查封、扣押、冻结财产的规定》（2020年修正）第12条规定："对被执行人与其他人共有的财产，人民法院可以查封、扣押、冻结，并及时通知共有人……共有人提起析产诉讼或者申请执行人代位提起析产诉讼的，人民法院应当准许。诉讼期间中止对该财产的执行。"该条规定明确申请执行人有权代位被执行人提起析产诉讼，目的是促进执行财产变现，保障申请执行人执行利益实现。代位析产诉讼虽然使用了"代位"一词，但实质上并不符合代位权的条件，不是基于代位权提起的诉讼，仅是一种为了便于执行的诉讼安排。代位析产诉讼与代位权诉讼在法律性质与法律效果上均不相同。在法律性质上，债务人请求分割共有财产的权利在性质上是物权请求权，而代位权是债权的权能，其性质上属于债权请求权。在法律效果上，代位权的行使效果是"直接受偿"，而代位析产诉讼的效果实行的是"入库规则"[1]。对此，《民事强制执行法》（草案）第十三章对共有财产的执行也不再实行代位析产诉讼，可以进一步印证上述观点。

第二，确认物权请求权。在一起所有权确认纠纷案件中，因债务人无其他财产可供执行，债权人向法院提起诉讼，请求确认债务人对某房产隐名持有 15% 的份额。一审法院认为，"债权人对涉案房产并不具有物权法律关系，并非适格主体"[2]。二审法院则认为债权人具有提起诉讼的资格，指出本案中的债权人代位提起确权之诉，目的是通过法院审理确定债务人是否尚有可供执行的财产或财产权利。无论是代位析产之诉还是代位确权之诉，本质上均系申请执行人为查明被执行人财产而行使代位诉权，两者原理相通。如果不对此类案件进行审理，客观上可能会导致债务人隐匿财产的情形发生。[3] 因此，尽管此判决允许代位诉讼，但并不等于承认物权请求权属于代位权的客体，仅是为了实现财产的查明与执行而变通适用的结果，只是名为"代位"。其本质上属于一种确认之诉。

第三，排除妨害请求权。实践中，有债务人的车辆停于车库，但车库年久失修具有随时倒塌的风险，而债务人怠于向物业主张排除妨害、消除危险，即债务人的财产受他人的妨害，有毁损灭失的风险。此时，债权人并不具有代位请求妨害人排除妨害的权利，该权利是物权请求权，不是代位权的客体。只有当该妨害变为现实，转化为债务人对妨害人的现实债权时，债权人才具有提起代位诉讼之可能。

2. 其他不得代位行使的请求权

除物权请求权之外，其他类型的请求权，也可能不得代位行使，如基于股权享有的利润分配请求权、投票表决权、知情权（如查账权）等。股东对公司享有的利润分配请求权、投票表决权、知情权（如查账权）等并非债权，而是基于股

---

[1] 金殿军：《被执行人共有财产的执行路径——以申请执行人代位分割之诉为中心》，载《法律适用》2023 年第 1 期，第 186 页。

[2] "无锡市鑫茂房产建设有限公司与陈某良、徐某民等所有权确认纠纷案"，江苏省无锡市梁溪区人民法院（2020）苏 0213 民初 2061 号民事判决书。

[3] 参见"无锡市鑫茂房产建设有限公司与陈某良、徐某民等所有权确认纠纷案"，江苏省无锡市第一中级人民法院（2020）苏 02 民终 2920 号民事裁定书。

东身份而享有的权利，原则上不属于代位权的客体。代位权是为了债权人的财产权利实现而对相对性的突破，债权人代位行使的权利需为债权，其原因在于债权本身以财产给付为内容，能够满足债权人的债权。而其他权利，如投票表决权、知情权（如查账权）等并不具有直接的财产价值，且具有较强的人身性，不具有代位的意义。利润分配请求权则涉及公司的经营决策，其内容并不确定，通常情况下不适宜代位行使。例如，有的案件中，债权人提起代位权之诉，请求代位行使债务人对公司的利润分配请求权。法院认为，股东请求分配利润原则上应以股东会或股东大会作出利润分配决议为前提，除非存在股东滥用股东权利导致公司不分配利润给其他股东造成损失的例外情形。股东未提交载明具体分配方案的股东会或股东大会决议而请求公司分配利润的，人民法院应当驳回其诉讼请求。[①]

3. 债权必须是确已存在

如果债务人对相对人仅具有获得财产利益的可能，此时债权仍处于"或有"状态，则不符合代位权的条件。如上述利润分配请求权，在没有载明具体分配方案的股东会决议时，股东仅具有或有利益。但是，如果该债权内容已确定，只是需要经过特定程序方能变为现实而债务人不行使，此时债权人可以代位行使。不过，债权人主张代替债务人提请公司就是否分配作出决议，即代位行使此种或有利益的，理论上讲应当允许。毕竟，这并不损害公司及其他股东的利益。其他股东认为不适合分配利润的，可以在符合决议程序的情况下阻止作出相应的决议。

债权人提起代位权之诉，不以债务人与相对人之间的债权债务关系明确无争议为前提。例如，在一起保险纠纷案中，最高人民法院指出："债权人代位权的客体是债务人的到期债权，如果行使代位权需要以次债权确定为前提，在债务人怠于确定次债权的情况下，债权人就无法行使代位权，则代位权制度的目的将完全落空。"[②] 这也就是说，债权人可以针对此类债权行使代位权，但需要提供初步证据，来证明债务人对相对人享有非专属于其自身的到期债权且怠于行使。相对人提出抗辩的，则应在代位权诉讼中予以审查。[③]

（二）债务人有"提起诉讼或仲裁"之动力

债权人提起代位之诉的正当性前提之一，是债务人具有通过"提起诉讼或仲

---

① 参见"山东长辰建筑安装有限公司、寿光未来城置业有限公司等债权人代位权纠纷案"，江苏省无锡市梁溪区人民法院（2020）苏 0213 民初 2061 号民事判决书。

② "招商银行股份有限公司深圳泰然支行、中国人民财产保险股份有限公司南通市分公司等保险纠纷案"，最高人民法院（2022）最高法民再 16 号民事裁定书。

③ 参见"招商银行股份有限公司深圳泰然支行、中国人民财产保险股份有限公司南通市分公司等保险纠纷案"，最高人民法院（2022）最高法民再 16 号民事裁定书。

裁"增加责任财产、积极强化偿债能力的可能。换言之，如果债务人积极行使权利，仍不具有增加责任财产的可能或可能性很低，则出于经济考虑，其不行使权利具有合理性，应当尊重债务人的决策。当然，此时应当由债务人证明其具有不行使权利的正当理由。具体而言：

1. 相对人需有责任财产可供执行

在存在相对人已经被列入失信被执行人员、限制高消费人员等情形，从而能够证明相对人并无财产可供执行时，即便债务人采取"诉讼或仲裁"措施，也无增加责任财产的可能。债务人无动力采取相关措施，要求债务人提起"诉讼或仲裁"只会徒增成本而无实现债权的实际可能。

2. "提起诉讼或仲裁"不会影响到债权本身的存续

司法途径通常是最后的纠纷解决机制，具有终局性。一旦法院作出生效判决，则基本上意味着纠纷尘埃落定，败诉的一方需要承担债权不能实现的不利后果。因此，诉讼或仲裁虽然具有终局性解决纠纷和强制执行力等优点。然而，当事人也面临实质性的败诉风险。如果债务人缺乏充分的证据，"诉讼或仲裁"常常不是最优维权选择。实践中，债务人可能客观上确实对相对人享有债权，但可能因为缺乏证据而不敢贸然提起诉讼。此时，权利的行使方式将影响到债权本身的存续。[①] 债务人缺乏证据无法获得法院支持，从而不具备"提起诉讼或仲裁"的动力。在此情形下，其采取其他方式积极向相对人主张权利的，不应认定为怠于行使债权。

(三) 债务人有"提起诉讼或仲裁"之能力

如上所述，债权人代位权并非旨在介入债务人与相对人的债权债务关系，干涉债务人的自由，而是为了防止债务人恶意不行使债权逃避对债权人的清偿义务。因此，如果债务人不具备"提起诉讼或仲裁之能力"，则可以排除其恶意逃债的主观故意，则无适用代位权规则之需要。

即使债务人与相对人订有禁止诉讼、仲裁协议，债务人原则上仍具备"提起诉讼或仲裁"之能力。债务人没有提起诉讼或仲裁，仍属于"怠于行使债权"。有的案件中，债务人与相对人系同一集团的下设子公司，集团要求子公司间不得诉讼、仲裁，债务人便根据国有企业的行业惯例通过向信访局、政府部门反映的方式以期解决争议。法院认为该措施仍是"怠于行使债权"[②]。当事人间的不起

[①] 类似案件，参见"山东合力泰化工有限公司、盘化（济南）化工有限公司等债权人代位权纠纷案"，山东省济南市中级人民法院（2021）鲁 01 民终 8522 号民事判决书。

[②] "中州建设有限公司、本钢板材股份有限公司等债权人代位权纠纷案"，辽宁省本溪市平山区人民法院（2020）辽 0502 民初 3107 号民事判决书。

诉约定可能使部分债务人丧失提起诉讼的动力，如约定了高额的违约金，但并不当然使得其没有提起诉讼的能力。同时，诉权作为公认的基本权利之一，能否通过协议的方式放弃本身就存在较大的争议。对此，债务人须提起诉讼或仲裁，即便被法院以与相对人有不起诉协议为由驳回起诉。

债务人因客观原因无法行使债权，如被监禁、丧失行为能力尚未确定监护人等，则不具备"提起诉讼或仲裁"之能力。这是因为，代位权针对的对象是有行使债权能力却无行使意愿的债务人。例如，有的法院认为，债务人出示的刑满释放证明书可以证明其因被判处刑罚而无法在刑满释放前实际主张债权。其被释放之后，立即前往次债务人的住所索要欠款，但未找到被告，也未通过手机联系上被告。法院因此认为，这些证据表明，债务人并未怠于行使债权，原告提起代位权诉讼不符合基本要件要求。①

二、"提起诉讼或仲裁"并非认定"非怠于行使债权"的充分必要条件

关于"债务人怠于行使权利"的标准，存在争议。一种观点认为，债务人应行使其权利，且能行使而不行使，则属于"怠于行使权利"②。另一种观点认为，只要债务人能够通过诉讼或者仲裁的方式行使权利，但在客观上未行使权利，就属于怠于行使权利。③ 相比而言，前一种观点更为严格，不仅要求债务人客观不行使权利，还具有主观方面的要求。本司法解释采纳了后一种观点，更为简明。同时，为避免诉讼和仲裁外行使权利的方式难以查明、债务人及相对人恶意串通等弊端，将代位权的行使方式限定为诉讼或仲裁，沿袭了《合同法解释一》第13条的规定。只要债务人客观上以诉讼或者仲裁方式向相对人主张了其享有的债权或者与该债权有关的从权利，债权人就不能以"债务人怠于行使权利"为由向相对人提起代位权诉讼。④

然而，有观点指出，该规定有可能产生较大负面作用。一方面，《民法典》并未规定普通债权的行使必须采取诉讼或者仲裁的方式。一律要求债权人必须以诉讼或者仲裁的方式主张其权利，可能会无端增加债务人的维权成本，不尽符合效率原则。因此，对于债务人"怠于行使权利"的判断，应当重点关注债务人的

---

① 参见"杨某花、杨某勇等债权人代位权纠纷案"，新疆维吾尔自治区乌苏市人民法院（2021）新4202民初5407号民事判决书。

② 史尚宽：《债法总论》，中国政法大学出版社2008年版，第465页。

③ 参见曹守晔、张进先、尹鲁先等：《关于适用合同法若干问题的解释（一）的理解和适用》，载《人民司法》2000年3期，第9页。

④ 参见申卫星、傅雪婷：《论债权人代位权的构成要件与法律效果》，载《吉林大学社会科学学报》2022年第4期，第127页。

债权是否得以清偿，而非局限于债务人主张权利的具体方式。如果仅因债务人"未提起诉讼或仲裁"就认定其怠于行使权利，会使得债务人、相对人已经行使的权利丧失实际价值。[①] 并且，该标准对于债务人过于严苛，可能会不当扩大债权人代位权的行使范围。[②] 因此，对本条的规定应当作更为精细化的理解。

（一）"提起诉讼或仲裁"并非必要条件

"未提起诉讼或仲裁"是对"怠于行使债权"的解释，但不应限定于"诉讼或仲裁"，而应当回归到本质，即有动力和能力通过行使债权促进责任财产增加而未行使。"行使"是指旨在整体上增加财产价值的行为，采取其他措施能够促进责任财产增加的也是积极行使权利。债权作为一种财产权利，履行是最直接和完整实现债权价值的方式，但并非唯一方式，其他实现债权价值的方式亦是对债权的"行使"。

在某些情形中，"提起诉讼或仲裁"并非最有效地实现债权的途径，债务人通过其他途径有效地促进债权实现即符合积极行使债权的要求。例如，在相对人陷入破产时，与诉讼、仲裁相比，最便利、有效的行权方式是向管理人申报债权。申报行为具有易查明的特征，亦可以体现债务人主观积极行权的心态，应认定其具有与提起"诉讼或仲裁"相当的效果。因此，债务人及时申报债权的，应当认定其"未怠于行使债权"[③]。又如，债务人通过签订和解协议实质促进了债权实现，也应认定其"未怠于行使债权"[④]。再如，债务人将债权质押变现，也是对债权的行使。

此外，本条规定的"不以诉讼或者仲裁方式"中的"诉讼"可以作广义理解，即此处所称"诉讼"应属于广义概念，凡是我国《民事诉讼法》规定的通过法院审判方式实现的纠纷解决程序均属之，既包括《民事诉讼法》规定的诉讼程序，也包括《民事诉讼法》规定的确认调解协议、实现担保物权等特别程序和督促程序等非讼程序。[⑤]

（二）"提起诉讼或仲裁"并非充分条件

判断债务人是否怠于行使债权或者与该债权有关的从权利，不能仅仅将"债

---

① 参见崔建远：《论中国〈民法典〉上的债权人代位权》，载《社会科学》2020年第11期，第96页。

② 参见项斌斌：《代位执行与债权人代位权的立法冲突及其解决》，载《私法研究》2016年第1期，第278页。

③ 类似案件，参见"李某诉某房地产开发公司债权人代位权案"，云南省昆明市中级人民法院（2020）云01民终7449号民事裁定书。

④ 类似案件，参见"余某源与珠海市新恒润置业投资有限公司、贝某杰等债权人代位权纠纷案"，广东省珠海市香洲区人民法院（2021）粤0402民初17495号民事判决书。

⑤ 参见最高人民法院民事审判第二庭、研究室编著：《最高人民法院民法典合同编通则司法解释理解与适用》，人民法院出版社2023年版，第380页。

务人是否提起诉讼或者仲裁"作为唯一标准，而应结合主观意图、外在行为以及客观结果等方面综合判断。债务人虽然形式上提起诉讼或仲裁，但并未实质促进债权实现，仅是为了规避代位权行使的手段的，仍属于"怠于行使债权"。当然，在此种情形下，债务人证明自己已提起诉讼或仲裁后，应当由债权人对债务人消极诉讼等怠于行使权利的事实承担举证责任。

1. 提起诉讼，又撤诉

起诉后又撤诉，实质上并未开启诉讼，相当于未起诉。因此，债务人起诉后又撤诉的，债权人仍享有代位权。① 因为，判断"债务人是否怠于行使权利"不应流于形式，而已应当着重关注债务人是否有积极行使债权的主观意思及客观行动。如果债务人仅在形式上起诉，但并未促进债权实现，实质上仍然是对债权人利益的损害，其不得以已提起诉讼作为抗辩事由。因此，在实践中，人民法院需要审核债务人是否真正地有实现其债权的目的，以防止典型的"名义积极，实际怠于"的情况。

不过，需要注意的是，债务人提起诉讼本就对相对人具有一定震慑作用。如果在诉讼过程中能促进相对人履行债务，如签订和解协议等，因其实质促进了债权实现，应认可其起诉的积极效果。例如，在一起针对借款合同债权的代位权诉讼中，债务人起诉相对人后申请撤诉并获准许，债权人认为债务人撤诉系怠于行使到期债权，已经严重影响到原告到期债权的实现。但相对人主张，因为与债务人在借款合同效力、本金、利息的计算、还款抵扣、诉讼时效等认定债权的事实上存在重大争议，双方已经主动通过协商解决了纠纷。因此，债务人不存在怠于行使到期债权的情形。法院认为，债务人已经对相对人提起诉讼，要求其偿还借款本金及利息，后系因与相对人达成庭外和解才撤回起诉，所以债务人已经及时行使其对相对人的权利，并不构成怠于行使权利。② 这表明，应当注重甄别和解协议的实质目的和功能。其既可能更有效地促进债权利益实现，也可能是损害债权人利益的规避债务行为。对于不利于债权实现的如延长还款期限等行为，债权人可行使撤销权，同时不影响债权人提起代位权诉讼。在举证责任方面，应由债务人证明达成和解并撤诉的正当性。

2. 提起诉讼或者仲裁，又怠于推进诉讼或者仲裁

债务人进入诉讼或仲裁程序后，仍有怠于行使权利的可能，如采取消极应诉

---

① 参见"张某元与朱某星、马某海及彭某康债权人代位权纠纷案"，陕西省高级人民法院（2013）陕民二申字第 01949 号民事裁定书。

② 参见"余某源与珠海市新恒润置业投资有限公司、贝某杰等债权人代位权纠纷案"，广东省珠海市香洲区人民法院（2021）粤 0402 民初 17495 号民事判决书。

的方式，不举证或消极举证，不提交代理意见，承认对方的抗辩等。例如，债务人未能以善良管理人的态度积极举证抗辩，反而故意耗尽全部诉讼资源，使得债权丧失法律上救济可能的，应构成"怠于行使债权"①。再如，债务人虽然起诉了相对人，但因相对人提出管辖权异议而被驳回起诉，其后未向有管辖权的法院起诉的，也应当构成怠于行使其到期债权。②

3. 提起诉讼或者仲裁，又怠于推进执行

在司法实践中，有的债务人提起诉讼或者仲裁并取得胜诉判决或者裁决之后，怠于推进执行。对此，有的法院认为，债务人在法定的诉讼时效期间内就其与相对人之间的债权债务向人民法院提起诉讼，判决亦已经发生法律效力；债务人虽未在法定期限内申请执行，但这并非法律规定的怠于行使到期债权的情形，不符合代位权行使的条件。③但也有法院认为，债务人已经向相对人提起诉讼并取得生效裁判文书，债务人在执行阶段达成和解协议后，未积极行使和解协议权利且无法证明存在相对人刻意设置障碍等客观原因的，应当构成怠于行使债权，符合代位权行使的要件。④

有观点认为，债权人行使代位权是取代了债务人的地位而对相对人主张权利，因此代位权基础是债务人对相对人的诉权。如果债务人对相对人已经起诉并获得生效裁判，那么根据"一事不再理"的原则，债务人不能再次起诉，债权人也不得再次行使该诉权。这种说法不无道理。在债务人提起诉讼或者仲裁并取得胜诉判决或者裁决之后，怠于推进执行的，虽然其行为应当构成怠于行使权利，但债权人通过程序法上的安排代位申请执行，即可维护自己的利益。在相对人不履行债务的情况下，只有推进执行才能实现债权利益。若债务人不申请执行，其行为应当构成怠于行使权利，债权人有权代位申请执行。不过，债务人在执行阶段达成和解协议的，一般认为构成新债清偿，产生了一个新的债权债务关系。在此情形允许债权人行使代位权更为合理。

---

① "孙某、石某英债权人代位权纠纷案"，山东省淄博市中级人民法院（2018）鲁 03 民终 3678 号民事判决书，（2020）鲁 03 民再 63 号民事裁定书。

② 参见"大石桥市富城化工有限公司与贵州博宏冶金炉料有限责任公司债权人代位权纠纷案"，辽宁省大石桥市人民法院（2019）辽 0882 民初 4534 号民事判决书。

③ 参见"张某、曹某廷等东丰县横道河城市开发建设有限公司、东丰县东风建设有限责任公司债权人代位权纠纷案"，吉林省辽源市龙山区人民法院（2021）吉 0402 民初 1826 号民事判决书。

④ 参见"上海中祥（集团）与上海市闸北区经济委员会等代位权纠纷案"，上海市高级人民法院（2009）沪高民一（民）终字第 21 号民事判决书。

三、"与债权有关的从权利"的范围

代位权规则的核心功能是保全债务人的责任财产，防止债务人的消极行为致其责任财产减少，从而影响债权人所享债权的实现。① 关于代位权的客体，各法域立法规定较为宽泛，包括债权、物权、各种从权利以及诉讼法上的权利等，以利于实现该规则的保全功能。例如，《法国民法典》第 1166 条规定，代位权的客体是"债务人的一切权利和诉权"。《日本民法典》第 423 条则概括性地认为，"属于债务人之权利"，都属于代位权的客体。在理论和实践中，有观点将其解释为包括请求权、形成权、诉讼上有关权利等在内的丰富权利类型。甚至，那些不属于严格意义上的权利的，同样可能成为代位权的客体。②

相较而言，我国《合同法》第 73 条规定的代位权的客体范围为"到期债权"，窄于上述域外规定。某些从权利对主债权具有依附性，目的是保障主债权的实现。贸然将"与债权有关的从权利"排除于代位客体范围之外并不利于债权人的保护。基于上述考量，《民法典》第 535 条第 1 款将代位权的客体范围扩展至"债权或者与该债权有关的从权利"，以尽量实现债的保全功能与其他规则的协调。

至于"与债权有关的从权利"的范围，因相对人对债务人违约，而使债务人取得的违约金、定金、违约损害赔偿等请求权，以及主债权所生的利息债权，均为金钱债权，且基于其从属性原理，应作为代位权之客体，自无疑义。③ 但是，担保物权、形成权等是否可以代位行使，仍存争议。

对于担保权，有观点认为，"与该债权有关的从权利"主要指"担保性权利"④，包括担保物权和保证债权。债务人怠于行使为其债权设定的保证债权等担保性从权利，从而影响债权实现的，该项从权利构成代位权的客体应无疑义，可由债务人的债权人代位行使。⑤ 笔者赞同这一观点。因为，担保性权利的设立目的就在于保证主债权实现，其是从属于主债权的从权利，无论是从文义还是从立法目的上看都符合上述规定之含义，是最主要的从权利类型。当保证人为债务人与相对人的债权提供保证时，保证人并非当然地承担保证责任（或称保证债

---

① 参见王泽鉴：《债法原理》，北京大学出版社 2013 年版，第 76 页。
② 参见［日］我妻荣：《我妻荣民法讲义Ⅳ新订债权总论》，王燚译，中国法制出版社 2008 年版，第 149～150 页。
③ 参见王利明主编：《中国民法典评注：合同编》，人民法院出版社 2021 年版，第 297 页。
④ 黄薇主编：《中华人民共和国民法典合同编释义》，法律出版社 2020 年版，第 167 页。
⑤ 参见杨巍：《〈民法典〉债权人的代位权解释论研究》，载《江西社会科学》2020 年第 12 期，第 162 页。

务）。因为这需要债务人在保证期间内就其与次债务人间的债权债务要求保证人承担责任（连带保证）。债务人怠于向保证人主张保证责任可能影响债权人实现债权，债权人有权代位行使从权利，即请求保证人承担保证责任。当然，如果保证人的保证责任已经被确定，可以将保证债权作为债务人享有的主债权而行使代位权。

1）债务人尚未要求保证人承担保证责任　　　**2）债务人已要求保证人承担保证责任**

形成权的情况则有所不同。形成权在效果上具有无须相对方同意即可发生效力的强作用，对债务人意思自治的干预以及对相对人的影响更为直接且强有力。因此，对于撤销权、解除权等形式权能否构成代位权的客体存在分歧。对于形成权，应当采取谨慎的态度，一般情况下不允许债权人代位行使。理由是，债权人的目的只是获取财产利益，而债务人对是否解除合同、行使撤销权等具有更复杂的考量，债权人为了债权实现行使的解除权可能不利于各方利益的最大化。是否行使形成权，一般应交由债务人自己判断。为避免代位权扩张行使所可能带来的争议，应对其作出必要的限制。例如，如果债务人或者相对人有证据证明不行使解除权、撤销权更有利于增加债务人的责任财产，抑或不会导致债务人责任财产减少，就不能认定为影响债权人债权的实现，债权人不能行使代位权。反之，在因债务人怠于行使其对相对人的合同解除权、撤销权从而无法发生相应的财产返还或者损害赔偿的法律后果，进而导致债权人的债权实际上无法实现的情况下，如果符合代位权行使的其他构成要件，就有必要允许债权人行使相应的代位权。[①]

债务人享有的代位权不宜构成代位权的客体。有观点认为基于目的性扩张的适用路径，应当允许债权人代位行使债务人的代位权。[②] 但是，一方面，在此种情形下，债权人应当向相对人的债务人请求履行，而非相对人。而《民法典》第535条和第537条明确将债权人代位权的行使对象限定为"相对人"。另一方面，尽管代位权在一定程度上突破了合同相对性，但不应使其效力范围过于广泛。在这种"代位的代位"的情形下，代位权将实质上具备追及效力的功能，而在属性

[①]　参见最高人民法院民事审判第二庭、研究室编著：《最高人民法院民法典合同编通则司法解释理解与适用》，人民法院出版社2023年版，第385页。

[②]　参见申卫星、傅雪婷：《论债权人代位权的构成要件与法律效果》，载《吉林大学社会科学学报》，2022年第4期，第127页。

上接近支配权，可能导致人人都成为潜在的债务人，并不合理。①

四、"影响债权实现"的认定

影响债权人债权的实现是债权人代位权的要件之一，此即要求"债务人怠于行使其债权及与该债权有关的从权利"，与"债权人的到期债务未能实现"之间存在因果关系。对此，"无资力说"认为，只有当债务人除该债权外的其他责任财产不足以清偿债务时，才能认定具有因果关系；如果债务人的其他责任财产足以覆盖该债权，即便债务人怠于行使该债权，"怠于行使债权"也不是"债权未能实现"的原因。

笔者认为，该观点并不妥当。首先，其将会严格限缩代位权的行使范围，对于有资力的债务人，将无法适用代位权。其次，这将会减少债权人的救济筹码。债权人代位起诉相对人，除了能根据代位权关系获得直接清偿，也是对债务人施压的重要方式。最后，其还将增加当事人的诉讼成本和人民法院的审判压力。若采"无资力说"作为认定"影响债权实现"的标准，法院就需要将债务人的资力状态纳入调查范畴，当事人也需投入巨大精力进行资产状况检索。即使是将举证责任置于债务人由其证明自身有资力，法院也需对资产状况进行调查核实，这不符合诉讼经济和效率的价值取向。但是，如果债务人有其他责任财产可供债权人受偿，那么债务人或相对人可提供证据证明。在法院查实债务人确有其他财产后，债务人怠于行使债权将不满足"影响债权实现"的要件，从而债权人不得行使代位权。

代位权的正当性在于"债务人有能力增加责任财产还债，而故意不增加"，即便债务人有资力，只要其不积极履行债务，法律就应当给予债权人丰富债务人责任财产提高自己被清偿可能的机会，也给予债权人通过突破合同相对性将第三方卷入纠纷，提高纠纷解决可能性的机会。但是，如果该债权本身存在担保，则债权实现的背书不仅是债务人的责任财产，而且涵盖了担保财产或者保证人的责任财产。此时，如果担保能覆盖全部债权，那么作为优先级的债权保障方式，其效果应优于债的保全方式。

（本条撰写人：熊丙万）

---

① 参见杨巍：《〈民法典〉债权人的代位权解释论研究》，载《江西社会科学》2020 年第 12 期，第 163 页。

专属于债务人自身的权利

下列权利，人民法院可以认定为民法典第五百三十五条第一款规定的专属于债务人自身的权利：

（一）抚养费、赡养费或者扶养费请求权；

（二）人身损害赔偿请求权；

（三）劳动报酬请求权，但是超过债务人及其所扶养家属的生活必需费用的部分除外；

（四）请求支付基本养老保险金、失业保险金、最低生活保障金等保障当事人基本生活的权利；

（五）其他专属于债务人自身的权利。

【本条主旨】

本条是对"专属于债务人自身的权利"的规定。

【关联规定】

《民法典》第 535 条第 1 款　因债务人怠于行使其债权或者与该债权有关的从权利，影响债权人的到期债权实现的，债权人可以向人民法院请求以自己的名义代位行使债务人对相对人的权利，但是该权利专属于债务人自身的除外。

【理解与适用】

依据《民法典》第 535 条第 1 款但书的规定，"专属于债务人自身的权利"

不属于债权人代位权的客体。本条对"专属于债务人自身的权利"作出了细化，列举了四项专属于债务人自身的权利类型，为司法实践提供了较为明确的指引，并以"其他专属于债务人自身的权利"作为兜底规定，保持了规范适用的开放性。

一、从"专属于债务人自身的债权"到"专属于债务人自身的权利"

本条在《合同法解释一》第 12 条的基础上，将"专属于债务人自身的债权"修改为"专属于债务人自身的权利"。《合同法》第 73 条将代位权的客体限定为"债务人的到期债权"，同时规定"但该债权专属于债务人自身的除外"。在一些情况下，债务人债权的从权利亦专属于自身，与债务人之间有着不可分离的关系，此类从权利可基于法律的直接规定或者债务人与其相对人之间合同的约定而存在。[1] 为保持与《民法典》第 535 条第 1 款在文义上的一致性，同时考虑到债务人债权的某些从权利也具有人身专属性，本条最终采纳"专属于债务人自身的权利"的表述。

二、"专属于债务人自身的权利"的类型分析

根据《民法典》第 535 条的规定，如果债务人的债权专属于债务人自身，则构成债权人行使代位权的排除事由。本条是对《民法典》第 535 条第 1 款"专属于债务人自身的权利"的细化，目的在于保障债务人享有与身份关系、维持基本生活或生命健康相关的专属权利而不受他人代位。《合同编通则解释》对《合同法解释一》第 12 条作出了范围上的调整，删除"基于继承关系而享有的给付权""安置费"与"人寿保险"权利，并将"劳动报酬"添加了"债务人及其所扶养家属的生活必需费用的部分"的限定表述。需要注意的是，"专属于债务人自身的权利"不可代位之规定，根本在于保障债务人享有与身份关系、维持基本生活或生命健康相关的专属权利而不受他人影响。而关于何为"专属于债务人自身的权利"以及兜底性条款的范畴，不应当采取一刀切的判断思维，而应当具体情况具体分析。

根据本条规定，"专属于债务人自身的权利"主要包括以下几类。

（一）抚养费、赡养费或扶养费请求权

因赡养关系、扶养关系、抚养关系产生的给付请求权是基于身份关系产生的

---

[1]　参见中国法制出版社编：《中华人民共和国合同法配套解读与案例注释》，中国法制出版社 2015 年版，第 137 页。

给付请求权，此类权利因其具有人身专属性，通常不得由债权人代位行使。

根据《民法典》第 26 条，父母对未成年子女负有抚养、教育和保护的义务，成年子女对父母负有赡养、扶助和保护的义务。根据《民法典》第 1059 条与第 1075 条的规定，扶养是指在婚姻存续期间的夫妻双方与符合一定条件的兄弟姐妹等同辈之间在物质与生活上的扶持与帮助。基于父母、子女、夫妻与兄弟姐妹等家庭身份关系承担赡养、抚养或扶养的义务，是所有家庭成员对家庭和社会应尽的责任，从法律上倡导和落实了社会主义核心价值观。赡养义务、抚养义务或扶养义务系法定义务，具有强制性，若义务人拒不履行义务，权利人有权请求义务人给付相关费用。

上述义务虽然主要以财产给付为内容，但因其是以一定亲属身份的存在为前提的财产给付，故具有人身专属性。① 同时，从财产给付的目的看，此类财产给付请求权通常涉及受抚养、赡养或扶养人的基本生活保障。若允许债权人代位行使债务人对相对人的赡养费、扶养费或抚养费给付请求权，一方面可能导致债务人基于亲属身份关系而享有的财产权益受到侵害，从而破坏家庭内部权利义务的平衡；另一方面可能导致债务人的正常生活受到影响。因此，保障个人基于亲属身份关系享有在物质上获得扶助的权利而不被债权人代位行使，对维护家庭伦理和社会秩序具有重要意义。

（二）人身损害赔偿请求权

债务人因人身权益受损而享有的损害赔偿请求权，其赔偿权利人限于直接受害人或死亡受害人的近亲属，通常不允许债权人代位行使。此时的相对人为实施侵权行为造成债务人人身损害，从而应当向债务人承担人身损害赔偿责任的侵权责任人。《民法典》第 1179 条规定了人身损害赔偿制度，《消费者权益保护法》《产品质量法》等法律以及相关司法解释进一步对人身损害赔偿制度作出了补充。② 债务人的生命健康权益因侵权行为而陷入致伤、致残的危急状态，作为侵权责任人的相对人应当赔偿医疗费、护理费等为治疗和康复支出的合理费用与误工费。人身损害赔偿制度具有保护被侵权人的生命权与健康权的救济功能③，即尽可能救治被侵权人的生命健康，使其尽快脱离受伤、残疾甚至面临生命危险的人身损害状态。若侵权行为导致被侵权人残疾或死亡，人身损害赔偿还具有精神抚慰与保障被侵权人及其家属基本生活的功能。如果允许债权人代位行使人身损

① 参见余延满：《亲属法原论》，法律出版社 2007 年版，第 512 页。
② 参见黄薇主编：《中华人民共和国民法典侵权责任编释义》，法律出版社 2020 年版，第 43 页。
③ 参见张新宝：《侵权责任法》，中国人民大学出版社 2016 年版，第 104 页。

害赔偿请求权，可能导致赔偿金救济损害的目的落空。出于对生命健康权的保障和对人格尊严的尊重，债权人不可代位行使债务人的人身损害赔偿请求权。

然而，在人身损害赔偿的救治功能已然实现的特殊情形中，人身损害赔偿请求权不可代位的规定可作出一定变通。例如，在一起医疗服务合同纠纷案中，医院及时抢救和治疗了在人身伤害事故中受伤的无名氏，医院因无名氏陷入长期昏迷状态而无法向其及其亲属主张医疗费债权，而陷入昏迷状态的无名氏也无法向侵权责任人行使人身损害赔偿请求权。此时应当允许医院基于医疗服务合同关系和保护其债权的实现，代位向侵权责任人主张医疗费请求权。[1] 因为在该情形中，人身损害赔偿中医疗费用的救治功能已通过债权人与债务人之间的医疗服务合同法律关系得以实现。允许债权人代位行使医疗费用请求权，既契合了社会公平价值的追求，又有利于受害者的继续救治，并不违背本条保障专属于债务人自身权利免受代位的立法宗旨。

（三）债务人及其所扶养家属生活必需的劳动报酬请求权

本条在《合同法解释一》第 12 条的基础上，将"专属于债务人自身"的劳动报酬限定于"债务人及其所扶养家属的生活必需费用的部分"。这是因为，个人通过劳动所获得的工资、薪酬、业绩奖金等劳动报酬，通常构成个人财产的主要来源和重要组成部分。在债务人劳动报酬较高的情况下，若将劳动报酬全盘排除于代位行使的财产部分之外，一律不允许债权人行使代位权，将会对债权人过于不利，甚至可能导致债权人代位权的目的落空。

实际上，限制债权人对劳动报酬请求权的代位，其规范目的主要是保护债务人及其所扶养家属的基本生活保障，不能扩大到全部的劳动报酬请求权。因此，仅有涉及保障当事人及其扶养家属基本生活水平的劳动报酬请求权不可以代位。超出债务人及其所扶养家属生活必需的劳动报酬请求权，仍可作为债务人的责任财产被债权人代位行使。

需要注意的是，根据《劳动争议调解仲裁法》的规定，有关劳动报酬的争议需要适用仲裁前置程序。债权人代位行使劳动报酬请求权时，是参照本解释第 36 条处理，还是允许其代位提起诉讼，是一个比较疑难的问题。笔者认为，允许其代位提起诉讼更为妥当。其理由在于：虽然劳动争议仲裁是法定的争议解决程序，涉及劳动者权益保护中的特别程序利益，但它主要是保护劳动者利益的，而在债权人代位行使劳动报酬请求权时，被告通常是用人单位，这时即使不适用

---

[1] 参见"福州闽运公共交通有限责任公司诉福建医科大学附属协和医院医疗服务合同纠纷案"，福建省高级人民法院（2014）闽民申字第 620 号民事判决书。

劳动仲裁程序，也不会损害劳动者的利益。而且，劳动争议申请仲裁的时效期间为一年，从当事人知道或者应当知道其权利被侵害之日起计算。如果按照本解释第 36 条的逻辑，债务人或相对人能以法定的仲裁前置程序为由来对代位权诉讼提出异议，那么当超过一年的时效期间后，债权人既无法提起代位权诉讼，也无法按照劳动仲裁程序向相对人主张权利，这显然是不公平的。

此外，如果债务人与相对人不存在劳动关系，但债务人向他人提供了一定的有偿劳务，若对方未支付劳务费用，则该项劳务报酬请求权在保障当事人及其扶养家属基本生活需要之外的部分，也可以由债权人代位行使。

（四）涉及基本生计维持与最低生活水平保障的请求权

债务人向社会保障部门、民政部门等请求支付基本养老保险金、失业保险金、最低生活保障金等保障基本生活的请求权，债权人不得代位行使。

我国实行社会保障制度。个人享有从国家和社会获得物质保障的权利。养老保险与失业保险是社会保险的重要组成部分，旨在对于参加劳动关系的劳动者及其他公民在丧失劳动能力或失业时给予必要的物质帮助。[1] 最低生活保障是社会救助措施，其目标是扶危济贫、救助社会脆弱群体，其对象是社会的低收入人群和困难人群。[2] 社会保险与社会救助均为社会保障的下位概念，养老保险制度、失业保险制度与最低生活保障制度共同构成我国社会保障制度的重要内容。

相较于《合同法解释一》第 12 条，本条删去了"退休金""安置费""人寿保险"等表述，主要是基于以下考量。

一是关于"退休金"与"养老金"的并轨实施。退休金是指职工在退休后从单位获得的工资待遇，由国家财政或地方财政支出。养老金，是我国社会基本养老保险制度实施之后，给年满法定退休年龄的人员提供的养老待遇，也可以称为退休待遇。养老保险费用由社会保险资金列支。退休金通常情况下是由公务员、事业单位人员等群体享有的特殊退休待遇，是特殊历史产物。2014 年全面推广社会基本养老保险制度改革，全国统一的基本养老保险制度实行，养老金与退休金实施"并轨"，运行多年的养老金"双轨制"退出历史舞台。[3] 无论是政府公务人员、机关事业单位人员，还是企业职工，均需缴纳养老保险，并在退休后领取享受基本养老保险金。自此，退休金就逐渐改为基本养老保险金的退休待遇，本解释也相应删去"退休金"权利。

---

[1]　参见林嘉主编：《劳动法和社会保障法》，中国人民大学出版社 2016 年版，第 276 页。

[2]　参见林嘉主编：《劳动法和社会保障法》，中国人民大学出版社 2016 年版，第 277 页。

[3]　参见《养老金"并轨"方案落地 职业年金缴费率达 12%》，载中国政府网，https://www.gov.cn/zhengce/2015-01/15/content_2804513.htm，最后访问日期：2023 年 7 月 28 日。

二是有关"安置费"和"人寿保险"权利的删除。安置费是国家征收征用土地、房屋后，向被征收征用的土地、房屋的农民提供的一笔费用，包括土地房屋补偿费、搬迁补偿费、临时安置补助费等。此类补助性费用主要起到安置费的社会保障功能。然而，安置费通常还包括奖励费等奖励性费用，可能超出被征收、征用的农民的基本生活保障的水平。因此，安置费请求权能否代位行使，不能一概而论。原则上，债权人可以代位主张对安置费中超出基本生活保障部分的请求权。人寿保险是指投保人和保险人约定，当被保险人死亡或生存到一定年龄时，由保险人按照约定向受益人给付的保险金。人寿保险合同中，保险人承担的不是损失补偿责任，而是按照保险合同的约定给付保险金。因此，人寿保险合同属于定额给付型保险合同。[1] 此外，人寿保险的保险单在一定条件下具有现金价值，兼具有保险、储蓄与投资的多重功能。将投资性人寿保险一概认为是专属于债务人自身的权利，可能会导致债务人利用大额投资性人寿保险逃避债务。同时，也不宜一概否认债权人对保险金给付请求权的代位权，而需要结合保险金是否具有保障债务人基本生活功能予以认定。

（五）其他专属于债务人自身的权利

何谓"其他专属于债务人自身的权利"，需要比照前四项的情形与规范目的，从债务人享有的权利是否具有人身专属性、是否具有特定的救济目的、是否具有基本生活保障功能等方面进行灵活把握。从学理和实践角度出发，其他专属于债务人自身的权利包括但不限于：

（1）抚恤金请求权。抚恤金是国家社保机构、公民生前单位或所属集体经济组织在公民死亡后，依照法律法规的有关规定，向与死者生前存在紧密关系的近亲属发放的慰问金和生活补助费。此时，债务人为死者的近亲属，相对人为应当发放抚恤金的所在单位。抚恤金不属于遗产，不属于因继承关系而产生的给付请求权，但仍然参照法定继承的继承顺位和继承范围进行分割，死者的配偶、子女、父母共同共有抚恤金。由此可知，抚恤金是基于特定身份产生的财产权，一般由与死者之间存在扶养、抚养或赡养关系的近亲属享有抚恤金请求权。抚恤金同时具有精神抚慰与经济补偿之性质，不仅具有抚慰死者家属之作用，还特别用来优抚死者生前负有扶养、抚养或赡养义务而特别依赖死者生活的近亲属。本条虽未将抚恤金请求权予以保留，但基于抚恤金抚慰与补偿的社会功能较为特殊，仍应当将其列入"专属于债务人自身的权利"之范畴。

（2）工伤保险待遇请求权。工伤保险待遇请求权是职工因工作遭受事故伤害

---

[1] 参见温世扬主编：《保险法》，法律出版社 2016 年版，第 207 页。

或者患职业病进行治疗，基于《劳动法》和《工伤保险条例》等法律法规而享有的治疗费、伙食补助费、伤残补助金等的给付请求权。工伤保险的本质与人身损害赔偿具有相通之处，是为了保障因工作遭受事故伤害或者患职业病的职工获得医疗救治和经济补偿的救济性权利，因此也应当排除代位权的适用。

值得注意的是，本解释删去了《合同法解释一》第 12 条中基于"继承关系"产生的给付请求权。但债权人能否代位行使债务人基于继承关系享有的给付请求权，仍不能一概而论，而应当根据继承形式的不同，区分遗嘱继承与法定继承两种情形分别处理。在遗嘱继承中，根据《民法典》第 1141 条，遗嘱应当为缺乏劳动能力同时又不具备生活来源的继承人保留必要的遗产份额。继承制度发挥着遗产的扶养功能和维护基本的家庭伦理的功能。遗产的必留份额制度侧重于保障有特殊困难的继承人的基本生活需求，使遗产发挥对弱势群体扶养的功能。① 为了保障必留份额继承人的基本生活权益，债务人基于遗嘱继承所享有的必要的遗产份额不可被债权人代位主张。在法定继承中，若被继承人在生前对继承人负有扶养、抚养或赡养义务，则继承人基于继承关系所享有的基本生活权益保障范围内的遗产同样不能被代位行使。

三、专属于第三人的权利可否代位行使

"专属于债务人自身的权利"具有较强的人身专属性，该权利的最终受益主体只能是债务人自身。不能因为债务人享有的债权中包含专属于第三人的权利，就认为该债权属于本条规定的"专属于债务人自身的权利"。这是因为，非专属于债务人自身的权利，可以实现与债务人主体的分离，应当纳入债务人的责任财产范围之中。该债权中包含涉及第三人身份关系、维持基本生活所需或生命健康等相关的人身专属权利的，第三人对该专属权利享有独立的请求权。第三人可根据《民事诉讼法》第 59 条提起诉讼，或者根据《民事诉讼法》第 238 条提出执行异议，从而实现专属自身权利的优先保护。

以建设工程领域常见的代位权诉讼为例。实际施工人行使代位权应当适用《最高人民法院关于审理建设工程施工合同纠纷案件适用法律问题的解释（一）》的规定。如转包人或者违法分包人怠于向发包人行使到期债权或者与该债权有关的从权利，影响其到期债权实现，实际施工人有权提起代位权诉讼。由此可知，代位权关系在建设工程领域中的典型诉讼结构为"实际施工人——承包人——发包人"的三方关系。然而，在一些案件中，实际施工人怠于向发包人、承包人主

---

① 参见黄薇主编：《中华人民共和国民法典合同编释义》，法律出版社 2020 年版，第 96～97 页。

张债权，实际施工人的债权人主张行使代位权。此时，代位权诉讼结构为"实际施工人的债权人——实际施工人——承包人、发包人"，次债权为建设工程价款，可能因涉及实际施工人对其他建筑工人的工资债权而含有一定的劳动报酬色彩。有法院在判决书中指出，通常诉讼主张的建设工程价款因可能包含建筑工人工资而具有一定劳动报酬色彩，但该劳动报酬系承包人或实际施工人需要支付给建筑工人的工资，最终受益主体并非本案被代位的实际施工人。故不能因为建设工程价款中可能包含建筑工人工资，就得出其属于"专属于债务人自身的债权"的结论。实际施工人所享有的建设工程价款债权中，包含的法定优先保护的工人工资，可以在执行程序中另行妥善处理。[1]

此外，债务人对相对人享有的债权因继承等而发生主体的变更，但债权本身不具有人身专属性的，同样不构成"专属于债务人自身的权利"。例如，《民法典》第 1159 条是关于概括继承原则的规定，继承人接受继承，应当同时接受被继承人的财产权利和财产义务。[2] 被继承人生前向债权人负有的债务，与对相对人享有的债权，均在被继承人死亡之后基于继承关系发生了主体的移转。继承人基于继承关系，成为债权人的债务人与相对人的债权人。此时，若债务人对相对人的债权本身并不具有人身专属性，则并不涉及基于继承关系存在的继承给付请求权，故不是"专属于债务人自身的权利"。例如，债权人对债务人享有经人民法院判决确认的债权的，在债务人去世后，债权人提起代位权诉讼，主张原本由债务人享有的债权。法院指出，本案中涉及的是不当得利返还请求权，继承的也是该不当得利返还请求权，并不涉及基于继承关系存在的继承给付请求权，所涉权利并非人身专属债权。[3] 这是因为，次债权因人身关系发生债权转移的，并不意味着次债权本身就具有人身专属性的特性。

（本条撰写人：熊丙万）

---

① 参见"贵州新建业公司与陈某光等债权人代位权纠纷案"，最高人民法院（2020）最高法民再 231 号民事判决书。类型案件，参见"王某兵、含山新碧房地产开发有限公司等债权人代位权纠纷案"，安徽省马鞍山市中级人民法院（2022）皖 05 民终 1680 号民事裁定书。

② 参见最高人民法院民法典贯彻实施工作领导小组编：《中华人民共和国民法典婚姻家庭编继承编理解与适用》，人民法院出版社 2020 年版，第 691 页。

③ 参见"法库县市场监督管理局与姜某、沈阳市市场监督管理局债权人代位权纠纷案"，辽宁省沈阳市（2022）辽 01 民再 168 号民事判决书。

代位权诉讼的管辖

债权人依据民法典第五百三十五条的规定对债务人的相对人提起代位权诉讼的，由被告住所地人民法院管辖，但是依法应当适用专属管辖规定的除外。

债务人或者相对人以双方之间的债权债务关系订有管辖协议为由提出异议的，人民法院不予支持。

【本条主旨】

本条是关于债权人提起代位权诉讼的管辖问题的规定，不论债务人与相对人之间是否存在管辖协议，除专属管辖外，代位权诉讼均由被告住所地人民法院管辖。

【关联规定】

1.《民事诉讼法》第 22 条　对公民提起的民事诉讼，由被告住所地人民法院管辖；被告住所地与经常居住地不一致的，由经常居住地人民法院管辖。

对法人或者其他组织提起的民事诉讼，由被告住所地人民法院管辖。

同一诉讼的几个被告住所地、经常居住地在两个以上人民法院辖区的，各该人民法院都有管辖权。

2.《民事诉讼法》第 34 条　下列案件，由本条规定的人民法院专属管辖：

（一）因不动产纠纷提起的诉讼，由不动产所在地人民法院管辖；

（二）因港口作业中发生纠纷提起的诉讼，由港口所在地人民法院管辖；

（三）因继承遗产纠纷提起的诉讼，由被继承人死亡时住所地或者主要遗产所在地人民法院管辖。

3.《民事诉讼法》第 279 条 下列民事案件，由人民法院专属管辖：

（一）因在中华人民共和国领域内设立的法人或者其他组织的设立、解散、清算，以及该法人或者其他组织作出的决议的效力等纠纷提起的诉讼；

（二）因与在中华人民共和国领域内审查授予的知识产权的有效性有关的纠纷提起的诉讼；

（三）因在中华人民共和国领域内履行中外合资经营企业合同、中外合作经营企业合同、中外合作勘探开发自然资源合同发生纠纷提起的诉讼。

4.《最高人民法院关于适用〈中华人民共和国民事诉讼法〉的解释》（2022 年修正）第 28 条 民事诉讼法第三十四条第一项规定的不动产纠纷是指因不动产的权利确认、分割、相邻关系等引起的物权纠纷。

农村土地承包经营合同纠纷、房屋租赁合同纠纷、建设工程施工合同纠纷、政策性房屋买卖合同纠纷，按照不动产纠纷确定管辖。

不动产已登记的，以不动产登记簿记载的所在地为不动产所在地；不动产未登记的，以不动产实际所在地为不动产所在地。

5.《海事诉讼特别程序法》第 7 条 下列海事诉讼，由本条规定的海事法院专属管辖：

（一）因沿海港口作业纠纷提起的诉讼，由港口所在地海事法院管辖；

（二）因船舶排放、泄漏、倾倒油类或者其他有害物质，海上生产、作业或者拆船、修船作业造成海域污染损害提起的诉讼，由污染发生地、损害结果地或者采取预防污染措施地海事法院管辖；

（三）因在中华人民共和国领域和有管辖权的海域履行的海洋勘探开发合同纠纷提起的诉讼，由合同履行地海事法院管辖。

【理解与适用】

债权人代位权诉讼的管辖问题在实践中多有争议。本条对代位权诉讼管辖的争议问题予以了澄清，明确债权人代位权诉讼首先应当适用专属管辖的规定；如无专属管辖，原则上则应适用一般地域管辖"原告就被告"的规则确定管辖法院。同时，代位权诉讼的管辖具有法定性，不受债务人与相对人之间管辖协议的约束。

一、代位权诉讼管辖在性质上为一般地域管辖

本条沿用了《合同法解释一》第 14 条的相关规定。《合同法解释一》第 14

条规定："债权人依照《合同法》第七十三条的规定提起代位权诉讼的，由被告住所地人民法院管辖。"这不仅符合民事诉讼法中"原告就被告"的一般原则，以及合同纠纷由被告住所地或者合同履行地人民法院管辖的一般原则，还简便易行，极具可操作性，可以有效避免或者减少管辖争议和管辖异议。①

在确定具体案件的管辖法院时，应当优先适用专属管辖之规定，其次适用特殊地域管辖之规定，最后适用一般地域管辖之规定。② 显然，如果对本条规定的代位权诉讼管辖在理解上发生歧义，则在适用效果上就会迥然不同。

就本条第1款的规定应理解为一般地域管辖还是特殊地域管辖，存在争议。一种观点认为，代位权诉讼由被告（相对人）所在地人民法院管辖，故代位权诉讼管辖属于一般地域管辖。③ 最高人民法院民法典贯彻实施工作领导小组在其编写的《中华人民共和国民法典合同编理解与适用（一）》中也认为："按照《合同法解释（一）》的规定精神，代位权诉讼只能由相对人住所地法院管辖，即代位权诉讼适用一般地域管辖。"④ 另一种观点则认为，其属于特殊地域管辖。例如，有学者指出代位权诉讼之所以区别于其他类型的诉讼，很大程度上基于诉讼的代位性。代位权诉讼构成特殊类型的民事案件，因而，虽然代位权管辖在表述上同一般地域管辖，但应当认定为一种特殊地域管辖。⑤ 最高人民法院也曾认为，债权人代位权之诉的法院管辖是由司法解释规定的一种特殊地域管辖。⑥

《民事诉讼法》第22条规定，原告提起诉讼以被告所在地法院管辖为原则，由此确立了"原告就被告"的一般地域管辖规则。就此而言，本条第1款是对一般地域管辖规则的重申。特殊地域管辖主要规定于《民事诉讼法》第24条至第33条。从上述规定来看，特殊地域管辖主要是对"物"或者对"事"的管辖，是以诉讼标的物或者引起民事法律关系变动的法律事实所在地与法院辖区的隶属关系为标准来确定管辖。而在代位权诉讼中，债权人行使代位权是基于法律的规定，作为原告的债权人与作为被告的相对人之间不存在债权债务关系，亦不存在

① 参见庞景玉、何志：《最高人民法院合同法司法解释精释精解》，中国法制出版社2016年版，第275页。
② 严格来说，协议管辖优先于法定的特殊地域管辖和一般地域管辖。但是，关于代位权诉讼中可能出现的协议管辖的情形，将在后文作进一步讨论，此处暂且不表。
③ 参见王静：《代位权诉讼若干问题研究》，《法律适用》2001年第4期，第20页。
④ 最高人民法院民法典贯彻实施工作领导小组主编：《中华人民共和国民法典合同编理解与适用》，人民法院出版社2020年版，第504页。
⑤ 参见赵钢、刘学在：《论代位权诉讼》，载《法学研究》2000年第6期，第10~11页。
⑥ 参见"上海城开集团合肥置业有限公司、珠海华润银行股份有限公司债权人代位权纠纷案"，最高人民法院（2018）最高法民辖终107号民事裁定书。

固定的标的物或特定的事实行为，难以用"物"的所在地或"事"的发生地来确定管辖。更何况，简便高效、方便债权人提起代位权诉讼是代位权制度程序设计的重要考量，以"原告就被告"的一般地域管辖规则确定代位权管辖，更贴近当事人的实际需求。

需要注意的是，如遇到被告在我国境内没有住所时，不能机械地适用一般地域管辖中的"原告就被告"规则，而应当适用《民事诉讼法》第276条的规定确定管辖法院。

二、新增了"专属管辖"的除外规定

专属管辖则是指法律规定某些案件只能由特定的法院管辖，具有排他性，对具体案件来说应当优先适用。① 因此，若债务人与相对人之间的纠纷属于法定专属管辖的范围，则应当按照专属管辖规则确定代位权诉讼的管辖。此类专属管辖案件主要包括：

（一）《民事诉讼法》第34条规定的专属管辖

《民事诉讼法》第34条规定，不动产纠纷、港口作业中发生的纠纷和继承遗产纠纷适用专属管辖。《民事诉讼法解释》第28条第1款进一步将不动产专属管辖限定在物权纠纷，不动产债权纠纷则不适用专属管辖。基于物权变动的原因关系形成的具有债权性质的协议，因该部分履行发生的争议，并不当然都属于前述解释规定的不动产物权纠纷。根据物权变动原因和结果相区分的原则，若当事人的债权与不动产的权利确认、分割以及相邻关系无关，不属于物权变动结果关系方面的不动产物权纠纷，不应适用不动产专属管辖规定。②

《民事诉讼法解释》第28条第2款又以列举的方式将农村土地承包经营合同纠纷、房屋租赁合同纠纷、建设工程施工合同纠纷、政策性房屋买卖合同纠纷纳入不动产专属管辖的范畴。较有争议的是建设工程施工合同纠纷。建设工程施工合同纠纷是《民事案由》第三级案由"建设工程合同纠纷"项下的子案由，和建设工程施工合同纠纷并列的还有建设工程价款优先受偿权纠纷、建设工程分包合同纠纷等子案由。此类并列的子案由是否适用专属管辖，实务中存在不同的裁判观点。例如，有法院认为："对发包人提起的代位权诉讼涉及建设工程价款债权的，应由建设工程所在地人民法院管辖，不涉及建设工程价款债权的，应由发包

---

① 参见最高人民法院民法典贯彻实施工作领导小组主编：《中华人民共和国民法典合同编理解与适用》，人民法院出版社2020年版，第504～505页。
② 参见"中国石油天然气股份有限公司湖北销售分公司、深圳标典投资发展有限公司合同纠纷案"，湖北省高级人民法院（2019）鄂民辖终82号民事裁定书。

人住所地人民法院管辖。"①

通常情况下，专属管辖是排他性管辖，当其与代位权诉讼的一般地域管辖相冲突时，应优先适用专属管辖。然而，根据不动产专属管辖确定管辖法院可能与民事诉讼法倡导的"两便原则"相去甚远的，应重新审视有无适用不动产专属管辖的必要性。例如，在建设工程施工合同纠纷专属管辖争议中，若债务人与相对人之间存在的纠纷是针对债权本身的争议，并不涉及工程鉴定、需要考察工程本身等应由工程所在地法院管辖的事由，可以不适用专属管辖的规定。最高人民法院也曾认为：若相关工程已经竣工且完成结算，则债务人与相对人之间存在的仅是债的纠纷。法律之所以规定建设工程施工合同纠纷按照不动产纠纷确定管辖，原因在于建设工程施工合同纠纷案件往往涉及对工程的质量鉴定、造价鉴定以及执行程序中的拍卖等，由工程所在地法院管辖更便于调查取证和具体执行。因此，本案无适用不动产专属管辖的必要，不受专属管辖的限制。②

（二）《民事诉讼法》第 279 条规定的专属管辖

对于《民事诉讼法》第 279 条规定的三类专属管辖案件，我国法院享有绝对的管辖权，旨在排除其他国家法院的管辖。具体包括：（1）因在中华人民共和国领域内设立的法人或者其他组织的设立、解散、清算，以及该法人或者其他组织作出的决议的效力等纠纷提起的诉讼；（2）因与在中华人民共和国领域内审查授予的知识产权的有效性有关的纠纷提起的诉讼；（3）因在中华人民共和国领域内履行中外合资经营企业合同、中外合作经营企业合同、中外合作勘探开发自然资源合同发生纠纷提起的诉讼。其中，前两类是 2023 年《民事诉讼法》修订新增的两类专属管辖案件。

（三）《海事诉讼特别程序法》第 7 条规定的专属管辖

根据《海事诉讼特别程序法》第 7 条的规定，因沿海港口作业纠纷、倾倒有害物质或造成海域污染、在管辖海域内履行的海洋勘探开发合同纠纷提起的诉讼应当适用专属管辖。

三、代位权诉讼不受管辖协议的约束

本条第 2 款明确，即便债务人与相对人订有管辖协议，也不构成专属管辖及一般地域管辖的例外。如果债务人与相对人在债权人提起代位权诉讼之后达成管

---

① "中国石油天然气股份有限公司湖北销售分公司、深圳标典投资发展有限公司合同纠纷案"，湖北省高级人民法院（2019）鄂民辖终 82 号民事裁定书。

② 参见"陈某债权人纠纷案"，最高人民法院（2019）最高法民申 5252 号民事裁定书。

辖协议，该管辖协议不具有溯及力，因此不得约束债权人。然而，债务人与相对人在债权人提起代位权诉讼之前订立的管辖协议，是否影响代位权诉讼的管辖，理论上曾经存在不同观点。

"肯定说"认为，应当承认债务人与其相对人事先签订的管辖协议对债权人的约束力。根据《民法典》第537条，债权人有权请求相对人直接向其清偿，此时债权人系诉讼标的权利义务的归属主体、诉讼的直接利害关系人。因此，有必要类推适用债权移转时保护债务人的相对人的相关法律规则，基于法定移转的债权请求权确定管辖，即确认管辖协议对债权人具有扩张效力。[①]

"否定说"则认为：一方面，债务人的相对人怠于向债务人履行债务，而债务人怠于向债权人履行债务，债务人及其相对人显然有悖于诚实信用原则。此时，债权人利益存在受损的可能，如果仍令其受前两者管辖协议的约束，则显然不公平。同时，"原告就被告"作为一般地域管辖规则，已经包含了对被告管辖利益的考量，在一般情况下，不会给被告带来明显不便。因此，由被告住所地法院管辖最有利于平衡债权人和债务人的相对人之间的利益关系。[②]

另一方面，债务人及其相对人之间的管辖协议不能突破合同相对性的原则，难以将效力扩张至协议关系之外的债权人。例如，有法院认为，债权人基于法律的直接规定而取得对次债务人的请求权，债务人与相对人在借款合同中的协议管辖条款仅对合同双方具有约束力，对债权人的代位权诉讼没有约束力。[③] 最高人民法院也曾认为，因管辖协议存在于债务人与相对人之间，与债权人行使代位权起诉次债务人的案件并无关联性，亦不能约束并非合同主体的代位权人。[④] 此外，部分持"否定说"的学者进一步认为，在债权人提起代位权诉讼后，次债务人又依照管辖协议的规定对债务人提起诉讼，或者债务人依照管辖协议的规定对次债务人提起诉讼，而次债务人不进行妨诉抗辩的，应当例外确定协议管辖的法院对案件有管辖权。与此同时，受理代位权诉讼的法院将该诉讼移送给协议管辖的法院合并审理。[⑤]

---

① 参见申卫星、傅雪婷：《论债权人代位权的构成要件与法律效果》，载《吉林大学社会科学学报》2022年第4期，第129～130页。

② 参见最高人民法院民事审判第二庭、研究室编著：《最高人民法院民法典合同编通则司法解释理解与适用》，人民法院出版社2023年版，第401页。

③ 参见"广东永裕恒丰投资有限公司与梅州利贞实业有限公司、梅州望江楼大酒店债权人代位权纠纷案"，广东省广州中级人民法院（2016）粤民辖终707号民事裁定书。

④ 参见"广东振戎能源有限公司诉兴业银行股份有限公司广州中环支行等代位权纠纷案"，最高人民法院（2016）最高法民辖终62号民事裁定书。

⑤ 参见赵刚、刘学在：《论代位权诉讼》，载《法学研究》2000年第6期，第12页。

本条明确，债权人提起代位权诉讼，不受债务人与相对人之间的管辖协议的约束。本解释草案曾承认管辖协议对债权人的扩张效力，后于正式稿中予以删除。除了更倾向于"否定说"列举的缘由，也是出于保持与既往法律解释、司法适用一致性的考量。一方面，有观点认为："代位权诉讼只能由相对人住所地法院管辖，既排除其他法院的地域管辖，也排除债权人与债务人之间、债务人与相对人之间的管辖协议和仲裁协议，债务人、相对人不得以此进行管辖抗辩。"① 另一方面，不少法院依据《合同法解释一》第 14 条的规定，认为代位权诉讼由被告住所地法院管辖排斥了债务人和其相对人之间的协议管辖。② 若承认债务人与其相对人之间管辖协议的扩张效力，会对既往司法实践中形成的裁判惯例造成过大冲击。

有观点认为，由于协议管辖的效力优于特殊地域管辖的效力，代位权诉讼的管辖不能对抗债务人与相对人之间订立的管辖协议。③ 这类观点在司法实践中亦有体现。有法院认为，关于代位权诉讼的管辖规定应当属于特殊地域管辖，而非专属管辖，可以被当事人自行约定的协议管辖所排除。④ 此类观点并不妥当：首先，代位权诉讼的管辖在性质上属于一般地域管辖，而非特殊地域管辖，这一点在本条"理解与说明"的第一部分已进行详细论述。其次，其忽视了协议管辖的当事人与代位权诉讼管辖的当事人不同。代位权诉讼的管辖确定债权人与相对人之间法律关系的管辖，而管辖协议是由债务人与相对人订立达成的。

应当注意，尽管仲裁协议与管辖协议能否排除代位权纠纷司法管辖通常被视作同一问题，但债务人及其相对人的管辖利益和仲裁利益在具体情形中的保护力度其实应有所区别，故应当避免混为一谈。这也是本解释将第 35 条第 2 款与第 36 条分别规定的意义所在。在本解释第 36 条设定的情境中，债务人或相对人在首次开庭前就其之间的债权债务纠纷争议，主张应该根据仲裁程序解决的，应当保留其申请仲裁的权利。这是因为，仲裁与诉讼本就是平等并行的争议纠纷解决方式。然而，在本条所设定的情境中，代位权诉讼立案受理后，由于代位权诉讼系将债务人对相对人的债权收取权授予了债权人，在代位权诉讼审理期间，债务

---

① 最高人民法院民法典贯彻实施工作领导小组主编：《中华人民共和国民法典合同编理解与适用（一）》，人民法院出版社 2020 年版，第 504 页。

② 参见"上海城开集团合肥置业有限公司、珠海华润银行股份有限公司债权人代位权纠纷案"，最高人民法院（2018）最高法民辖终 107 号民事裁定书。

③ 参见张志祥、崔冠军：《浅析我国现行代位权制度（上）》，载《中国司法》2003 年第 1 期，第 45 页。

④ 参见"姬某娜、无锡市金禾创业投资有限公司等债权人代位权纠纷案"，江苏省无锡市中级人民法院（2023）苏 02 民辖终 97 号民事裁定书。

人的诉权应受限制。欲以协议管辖另行提起诉讼的，不仅违反民事诉讼法的一事不再理原则；更重要的是，当事人约定管辖法院的利益关切点，与约定仲裁的利益关切点并不一样。因为，约定仲裁的利益关切点在于争议解决的私密性和争议解决机构的专业性信赖，而不在于争议解决结构的物理距离问题。虽然当事人也可能对不同人民法院的专业性信赖有差异，但一般来说，在法律层面谈不上关于机构能力和专业性的区别问题，更不涉及保密利益的问题。

（本条撰写人：熊丙万）

代位权诉讼与仲裁协议

债权人提起代位权诉讼后，债务人或者相对人以双方之间的债权债务关系订有仲裁协议为由对法院主管提出异议的，人民法院不予支持。但是，债务人或者相对人在首次开庭前就债务人与相对人之间的债权债务关系申请仲裁的，人民法院可以依法中止代位权诉讼。

【本条主旨】

本条规定了在债权人提起代位权诉讼后，债务人或相对人以仲裁协议为由提出异议或申请仲裁时代位权诉讼程序的处理。

【关联规定】

1.《民事诉讼法》第 153 条　有下列情形之一的，中止诉讼：

（一）一方当事人死亡，需要等待继承人表明是否参加诉讼的；

（二）一方当事人丧失诉讼行为能力，尚未确定法定代理人的；

（三）作为一方当事人的法人或者其他组织终止，尚未确定权利义务承受人的；

（四）一方当事人因不可抗拒的事由，不能参加诉讼的；

（五）本案必须以另一案的审理结果为依据，而另一案尚未审结的；

（六）其他应当中止诉讼的情形。

中止诉讼的原因消除后，恢复诉讼。

2.《仲裁法》第 26 条　当事人达成仲裁协议，一方向人民法院起诉未声明有仲裁协议，人民法院受理后，另一方在首次开庭前提交仲裁协议的，人民法院应当驳回起诉，但仲裁协议无效的除外；另一方在首次开庭前未对人民法院受理该案提出异议的，视为放弃仲裁协议，人民法院应当继续审理。

3.《最高人民法院关于适用〈中华人民共和国仲裁法〉若干问题的解释》第9条 债权债务全部或者部分转让的，仲裁协议对受让人有效，但当事人另有约定、在受让债权债务时受让人明确反对或者不知有单独仲裁协议的除外。

4.《最高人民法院关于适用〈中华人民共和国民事诉讼法〉的解释》（2022年修正）第93条 下列事实，当事人无须举证证明：

（一）自然规律以及定理、定律；

（二）众所周知的事实；

（三）根据法律规定推定的事实；

（四）根据已知的事实和日常生活经验法则推定出的另一事实；

（五）已为人民法院发生法律效力的裁判所确认的事实；

（六）已为仲裁机构生效裁决所确认的事实；

（七）已为有效公证文书所证明的事实。

前款第二项至第四项规定的事实，当事人有相反证据足以反驳的除外；第五项至第七项规定的事实，当事人有相反证据足以推翻的除外。

5.《最高人民法院关于适用〈中华人民共和国民事诉讼法〉的解释》（2022年修正）第216条第1款 在人民法院首次开庭前，被告以有书面仲裁协议为由对受理民事案件提出异议的，人民法院应当进行审查。

6.《重庆市高级人民法院关于民事诉讼管辖若干问题的解答》16. 债权人提起代位权诉讼，是否受债务人与次债务人已有的仲裁约定或者管辖约定约束？代位权诉讼如何确定管辖？

答：代位权诉讼的提起系基于法律的特别规定。债权人提起代位权诉讼不受债务人与次债务人之间仲裁约定或者管辖约定的约束，由被告即次债务人住所地法院管辖；但债务人与次债务人之间的法律关系属于专属管辖、专门管辖、集中管辖范围的，应由相应法院管辖。

7.《广东省高级人民法院关于涉外商事审判若干问题的指导意见》92. 在合同权利义务主体发生变化的情况下，合同中的仲裁条款对新权利人或新义务人是否有约束力？

仲裁条款独立于合同的其他条款，它体现的是合同当事人关于争议解决方式的意思表示，因此，在合同的权利义务主体发生变化的情况下，除新权利人或新义务人依约定或法律规定概括地承受合同所有权利义务外，仲裁条款原则上对新权利人或新义务人没有约束力。据此可以认为：当事人在订立仲裁条款后合并或分立的，应认为合并或分立后的合同当事人依法概括地承受了包括仲裁条款在内的原合同所有权利义务，因而受仲裁条款约束；当事人转让债权或债务的，仲裁条款对债权或债务受让人没有约束力，但有充分证据证明当事人与受让人串通规避仲裁条款的除外；依法取得代位权的人行使代位权的，不受被代位人订立的仲裁条款的约束。

【理解与适用】

债权人行使代位权是否应当受到债务人与其相对人之间订立的仲裁协议的约束，涉及债权人利益维护与尊重仲裁意思自治的价值衡量，是实践中长期争议的疑难问题。考虑到《民法典》没有规定代位仲裁制度，本条明确即使债务人与其相对人间存在仲裁协议，债权人也可以提起代位权诉讼，旨在充分保障债权人代位权制度功能的实现，避免债务人消极不申请仲裁损害债权人利益。同时，基于最大限度尊重仲裁意思自治的原则，本条规定债务人或相对人在首次开庭前申请仲裁的，代位权诉讼可以依法中止审理，旨在鼓励债务人或相对人及时通过仲裁程序解决争议，妥当协调代位权诉讼与仲裁之间的关系。

一、债务人与相对人的仲裁协议不能排除法院对代位权诉讼的主管

仲裁协议是指当事人约定将纠纷提交仲裁机构裁决的书面协议，包括双方当事人在合同中订立的仲裁条款和以其他书面方式在纠纷发生前或者纠纷发生后达成的请求仲裁的协议。《仲裁法》第 5 条规定：当事人达成仲裁协议，一方向人民法院起诉的，人民法院不予受理。根据《民法典》第 535 条第 3 款的规定，相对人对债务人的抗辩，可以向债权人主张。由此产生的问题是，若债务人与相对人之间的债权债务关系订有仲裁协议，债务人或相对人可否以他们之间债权债务关系受仲裁管辖为由，对人民法院对代位权诉讼的主管提出异议。对此，理论上和实践中争议较大。

针对这一问题，过往的司法实践中，部分地方性司法指导意见中的观点经历了方向性转变。例如，广东省高级人民法院于 2003 年出台的《关于民商事审判适用代位权制度若干问题的指导意见》第 3 条曾明确："债权人提起代位权诉讼，如债务人与次债务人之间订立有效仲裁条款，法院应裁定不予受理。但该仲裁条款在债权人提起代位权诉讼后订立的或者次债务人放弃仲裁的除外。"然而，广东省高级人民法院于 2004 年出台的《关于涉外商事审判若干问题的指导意见》第 92 条推翻了上述观点，转而规定："……依法取得代位权的人行使代位权的，

不受被代位人订立的仲裁条款的约束。"《广东省高级人民法院关于涉外商事审判若干问题的指导意见》与《重庆市高级人民法院关于民事诉讼管辖若干问题的解答》中对相关问题的解答也持有相同观点。

为统一司法适用,本条明确,在债权人提起代位权诉讼后,债务人或者相对人不得以双方之间的债权债务关系订有仲裁协议为由,主张案件不属于人民法院受理案件范围。主要理由如下。

（一）相对人不得对债权人主张程序抗辩

在司法实践中,部分裁判认为,在代位权诉讼中,债务人的相对人有权向债权人提出仲裁主管抗辩。[①] 此外,还有观点认为,代位权本质上是代位行使属于债务人的债权,债权人的地位不应优于债务人,故债权人不应获得被代位的债权之外的更多利益。因此,相对人既然可以向债务人提出仲裁抗辩,自然也可以向债权人提出仲裁抗辩。可见,上述观点认为《民法典》第535条第3款中的"相对人对债务人的抗辩"包括程序抗辩。所谓程序抗辩,即诉讼抗辩,主要包括妨诉抗辩与证据抗辩。[②]

笔者认为,对于"相对人向债权人主张的抗辩"的理解,主要应限于实体抗辩。实体抗辩包括事实抗辩与权利抗辩,事实抗辩又可区分为权利障碍的抗辩和权利毁灭的抗辩。[③] 这一观点在相关立法资料及解读中有迹可循。有关解读明确指出,在债权转让的情况下,债务人向作为新债权人的受让人行使的抗辩包括一切实体抗辩以及程序抗辩。[④] 与债权转让诉讼不同的是,该解读认为,在代位权诉讼中,相对人可向债权人主张的抗辩仅限于各类实体抗辩,包括同时履行抗辩、后履行抗辩、时效届满的抗辩、虚假表示可撤销的抗辩等[⑤],从而将程序抗辩排除在外。本条也明确债务人或者相对人不得以双方之间的债权债务关系订有仲裁协议为由对人民法院的主管提出抗辩。

（二）仲裁协议原则上不应突破合同相对性原则

关于债务人与相对人订立的仲裁协议能否突破合同相对性原则,直接约束提起代位权诉讼的债权人,有待进一步讨论。

认为债务人与相对人之间的仲裁协议能约束债权人的学者,常根据《民法

---

① 参见"孙某刚与康飞控股有限公司债权人代位权纠纷管辖案",上海市高级人民法院（2017）沪民辖终29号民事裁定书。

② 参见杨立新、刘宗胜:《论抗辩与抗辩权》,载《河北法学》2004年第10期,第7页。

③ 参见杨立新、刘宗胜:《论抗辩与抗辩权》,载《河北法学》2004年第10期,第7页。

④ 参见黄薇主编:《中华人民共和国民法典合同编释义》,法律出版社2020年版,第196页。

⑤ 参见黄薇主编:《中华人民共和国民法典合同编释义》,法律出版社2020年版,第169页。

典》第 537 条确立的"直接清偿规则",即债权人有权直接请求相对人向自己清偿的规则,主张债权人已然成为诉讼标的权利义务的归属主体,即诉讼的直接利害关系人。该观点并进而认为,债权人行使代位权类似于法定的债权移转,有必要类推适用债权转让中保护债务人的相对人的有关规定,即《仲裁法解释》第 9 条的规定,承认管辖协议、仲裁协议对债权人的扩张效力。[①]

但是,笔者认为,债权转让与债权人行使代位权在适用条件上存在根本性的差异。债权人行使代位权并不意味着成为仲裁协议的当事人一方,从而受仲裁协议的约束。债权转让是债权的受让人和让与人在达成合意的基础上形成的,这意味着受让人接受了让与人与相对人之间的仲裁内容,仲裁条款对受让人当然产生约束力。[②] 而代位权是法律对权利保全的直接规定,债权人行使代位权则不要求知晓债务人与相对人合同中的仲裁内容,更不以接受债务人与相对人合同中的仲裁内容为前提。因此,代位权的立法目的、法律性质与当事人意思自治的体现程度均有别于债权转让。基于仲裁协议的相对性,即便债务人与其相对人约定债权人必须以提起仲裁的方式行使代位权,此种"代位仲裁协议"也不能当然对债权人产生拘束力。[③]

此外,在某些情形下,仲裁效力之所以可能扩张至第三方,是因为第三方与仲裁协议所依附的争议标的之间存在实质利害关系。而在代位权诉讼中,作为原告的债权人具有独立的法律地位,仍然独立于债务人与相对人之间的合同关系。

综上,仲裁协议不能突破合同相对性的原则,其对不属于仲裁协议当事人的债权人不产生约束力。

(三)放大仲裁协议的对抗效果不利于代位权诉讼保全功能的实现

根据本解释第 33 条,"债务人怠于行使其债权或者与该债权有关的从权利"是指"不履行其对债权人的到期债务,又不以诉讼或者仲裁方式向相对人主张其享有的债权或者与该债权有关的从权利"。由此,债务人不以仲裁的方式主张权利即可能构成"怠于行使其债权",从而满足债权人行使代位权的构成要件。典型情形如,债务人与相对人之间存在仲裁协议,而债务人怠于以仲裁的方式主张权利。因此,只要债务人怠于行使其权利致使债务人的到期债权未能实现的,债

[①] 参见申卫星、傅雪婷:《论债权人代位权的构成要件与法律效果》,载《吉林大学社会科学学报》,第 129～130 页。

[②] 参见曲昇霞、朱愈明:《仲裁协议抗辩能否对抗债权人代位权之诉?——以矛盾裁判为视角的分析》,载《扬州大学学报(人文社会科学版)》2018 年第 6 期,第 55 页。

[③] 参见王利明:《论仲裁协议对代位权行使的影响——兼评〈合同编通则解释〉第 36 条》,载《广东社会科学》2024 年第 1 期,第 222 页。

权人都有权提起代位权诉讼。

若扩张仲裁协议的约束力至债权人，则债务人不以仲裁的方式主张权利则可能不构成"怠于行使其债权"，从而限缩了代位权的适用空间，在实际效果上将削弱代位权诉讼的制度功能。此外，如果肯定仲裁协议的优先性，也可能出现债务人为规避仲裁协议故意不申请仲裁，甚至与相对人倒签仲裁协议来阻却代位权行使的道德风险。[1] 由此，仲裁协议不能对抗债权人代位权，本就是代位权制度债权保全功能的题中应有之义。

二、保障代位权制度功能和尊重仲裁协议效力的平衡

本条还致力于兼顾代位权法定保全功能和仲裁意思自治的保护。一方面，基于仲裁制度的发展渊源，仲裁协议在仲裁机构与仲裁规则的选择、仲裁程序的进行等方面无一不充分地体现了当事人私权自治的核心本质，是仲裁作为独立于民事诉讼以外的纠纷解决机制的基石。[2] 债务人和相对人基于意思自治达成了有效的仲裁协议，应当尊重债务人和相对人选择仲裁方式解决其债权债务纠纷。与债权人代位权诉讼管辖规定相冲突，并不能构成该仲裁协议无效之由。另一方面，为充分保障债权人的代位权行使利益，应当对债务人与相对人之间的仲裁协议实行适度的司法干预。这一干预的适度性体现在，"仲裁协议抗辩只能影响代位诉讼的进程，而不能排斥其权利的行使"[3]。

由于债务人与相对人之间订有仲裁协议，债权人行使代位权将会受到债务人与相对人之间仲裁协议的影响。具体而言，如果债务人或者相对人在首次开庭前，对债务人与相对人之间的债权债务关系申请仲裁，审理代位权诉讼的法院可以中止代位权诉讼的审理，待仲裁裁决发生法律效力后再行恢复审理。最高人民法院就该问题出具的答复中亦采取了这种思路，认为此种折中处理的方式能够较好地协调各方的利益。[4] 理由在于：第一，这充分尊重了当事人的意思自治，也凸显仲裁与诉讼两种争议解决方式的平等地位，没有随意地以代位权诉讼来否定仲裁协议的效力，避免相对人的地位陷入过度不利的境地。第二，在《民法典》

---

[1] 参见陈龙业：《代位权规则的细化完善与司法适用》，载《法律适用》2023年第12期，第11页。

[2] 参见肖建国、黎弘博：《仲裁协议默示放弃规则的重构——以〈仲裁法〉第26条后半部分为中心》，载《法律适用》2021年第8期，第24页。

[3] 曲昇霞、朱愈明：《仲裁协议抗辩能否对抗债权人代位权之诉？——以矛盾裁判为视角的分析》，载《扬州大学学报（人文社会科学版）》2018年第6期，第54页。

[4] 参见最高人民法院答复安徽省高级人民法院"关于原告交通银行股份有限公司宁波7分行与被告芜湖市国土资源局、第三人芜湖金隆置地有限公司代位权纠纷一案法律适用问题的请示报告"，(2013)民二他字第19号答复。

第 537 条确立的"直接清偿规则"下，债权人有权请求相对人直接向自己清偿。因此，相对人与债务人的债权债务是否得到确认以及确认的数额、范围等直接影响着债权人代位权行使的效果。尤其是在相对人与债务人之间的债权本身是否存在尚有争议，或者债权数额、范围难以确定等情形下，这一但书规定显得尤为必要。第三，这样规定也有利于增强债务人积极行使其债权利益之动力。如果允许债务人或相对人仅以存在仲裁协议为由，对代位权诉讼的管辖提出异议的，的确不利于债权人的利益保护。然而，如果债务人或相对人主张二者之间的债权债务纠纷争议应该根据仲裁程序解决①，则应当保留其申请仲裁的权利。这一点与本解释第 35 条中债务人与相对人之间订有管辖协议的情形有所差异。作为管辖协议双方当事人的债务人和相对人，在债权人提起代位权诉讼后，既不能提出管辖权异议，也不能另行起诉，否则可能构成重复起诉。若无此款针对仲裁协议存在情形特设的但书规定，债务人可能因缺乏及时启动仲裁程序向相对人主张债权的动力，而采取置身事外的消极态度，从而进一步损害债权人的利益。

至于债务人与相对人在债权人提起代位权诉讼后才订立仲裁协议的，是否会影响代位权诉讼的审理进程，主流观点认为，为了防止债务人与相对人之间恶意串通故意损害债权人的权益，应当排除债务人与相对人于起诉之后达成的仲裁协议对代位权诉讼施加影响。② 因此，本解释虽未强调此种情形为"人民法院可以依法中止代位权诉讼"的除外情形，但应当将"可以依法中止代位权诉讼"严格限定为"债务人与相对人订立仲裁协议在债权人提起代位权诉讼之前"的情形。

三、关于"在首次开庭前"和"可以依法中止代位权诉讼"的理解

首先，本条将债务人或相对人就其债权债务关系申请仲裁的时间点限定为代位权诉讼的"首次开庭前"。这主要是基于节省司法资源、提高司法效率，尽可能避免司法程序空转的考量。如前所述，仲裁机构针对相对人与债务人之间的债权本身是否存在或者债权数额、范围等作出的生效裁决，将对代位权诉讼的审理产生一定影响。若允许债务人或相对人在代位权诉讼进入实质审理阶段后申请仲裁，不仅拖延代位权诉讼的庭审程序，徒增诉累，更可能使诉讼当事人和审理法院围绕此前进行的庭审程序所付出的精力、资源等诉讼成本可能付诸东流。此外，本条充分借鉴了《民事诉讼法解释》第 216 条第 1 款与《仲裁法》第 26 条

---

① 参见郁琳：《代位权诉讼司法管辖与仲裁协议管辖冲突的解决》，载《商事审判指导：第 36 辑》，人民法院出版社第 2014 年版，第 46～54 页。

② 参见赵钢、刘学在：《论代位权诉讼》，载《法学研究》2000 年第 6 期，第 11 页。

的立法精神。《民事诉讼法解释》第 216 条第 1 款规定："在人民法院首次开庭前，被告以有书面仲裁协议为由对受理民事案件提出异议的，人民法院应当进行审查。"《仲裁法》第 26 条也将仲裁协议默示放弃规则的时间要件确定为"首次开庭前"，因此，本条中对"首次开庭前"的理解可参考《仲裁法解释》第 14 条的界定，即答辩期满后人民法院组织的第一次开庭审理，不包括审前程序中的各项活动。

其次，如果债务人或者相对人适时申请仲裁，则审理法院可以对代位权诉讼作出中止审理的处理。这主要是借鉴了《民事诉讼法》第 153 条的规定。《民事诉讼法》第 153 条规定，本案必须以另一案的审理结果为依据，而另一案尚未审结的，应当中止诉讼。尽管债务人与相对人之间的生效仲裁裁决对代位权诉讼不具有约束力，但依据《民事诉讼法解释》第 93 条的规定，生效仲裁裁决将有助于认定代位权诉讼的案件事实，事实上可能起到审理依据的作用。从实践来看，中止审理也有利于未来代位权诉讼的顺利进行。因此，采取"中止代位权诉讼"而非"驳回起诉"的处理方式更为恰当，待仲裁裁决生效后再恢复审理。

仲裁裁决的结果直接影响代位权诉讼的审理结果。第一，若仲裁裁决支持债务人的请求，此时代位权诉讼可以继续进行；第二，若仲裁裁决没有支持债务人的请求，甚至明确债权不存在，则代位权诉讼应当终止；第三，若仲裁裁决确定的债务人的权利小于债权人代位权诉讼所主张的权利，则按照《民法典》第 537 条的规定，对于尚未实现的债权，债权人仍然有权向债务人提出请求。[①]

值得注意的是，本条并未完全照搬《民事诉讼法》第 153 条的规定，即采纳的表述为"可以"而非"应当"中止审理，预留了灵活变通的空间。这主要是考虑到，若债权人利益保护情况十分紧迫，或者债务人与相对人之间就债权债务关系存在的纠纷并不影响相对人直接向债权人清偿，法院可以不中止审理，允许代位权诉讼与仲裁同时进行。

（本条撰写人：熊丙万）

---

① 参见王利明：《仲裁协议效力的若干问题》，载《法律适用》2023 年第 11 期，第 9～10 页。

代位权诉讼中债务人、
相对人的诉讼地位及合并审理

债权人以债务人的相对人为被告向人民法院提起代位权诉讼，未将债务人列为第三人的，人民法院应当追加债务人为第三人。

两个以上债权人以债务人的同一相对人为被告提起代位权诉讼的，人民法院可以合并审理。债务人对相对人享有的债权不足以清偿其对两个以上债权人负担的债务的，人民法院应当按照债权人享有的债权比例确定相对人的履行份额，但是法律另有规定的除外。

【本条主旨】

本条是关于代位权诉讼中债务人、相对人的诉讼地位以及两个以上债权人提起代位权诉讼时合并审理与债务清偿比例的规定。

【关联规定】

1. 《民事诉讼法》第 59 条第 1、2 款　对当事人双方的诉讼标的，第三人认为有独立请求权的，有权提起诉讼。

对当事人双方的诉讼标的，第三人虽然没有独立请求权，但案件处理结果同他有法律上的利害关系的，可以申请参加诉讼，或者由人民法院通知他参加诉讼。人民法院判决承担民事责任的第三人，有当事人的诉讼权利义务。

2. 《广东省高级人民法院关于民商事审判适用代位权制度若干问题的指导意见》第 5 条　债权人的债权未经法院判决或仲裁裁决确认，债权人提起代位权诉讼，债务人未参加诉讼的，法院应追加债务人作为第三人参加诉讼。债务人下落不明的，法院应审查债权人主张的债权是否合法、明确，并予判决。

3.《广东省高级人民法院关于民商事审判适用代位权制度若干问题的指导意见》第6条 两个或两个以上债权人对同一次债务人提起代位权诉讼，经审查，债权人的请求符合法定条件且债权均明确合法的，法院可直接判令次债务人分别向债权人清偿债务，次债务人履行债务后，次债务人与债务人之间、债务人与债权人之间相应的债权债务消灭。

4.《广东省高级人民法院关于民商事审判适用代位权制度若干问题的指导意见》第7条 在代位权诉讼中，债务人没有参加诉讼的，法院不应主持调解。

5.《广东省高级人民法院关于民商事审判适用代位权制度若干问题的指导意见》第10条 在代位权诉讼中，以第三人身份参加诉讼的债务人不服一审判决，依法提出上诉的，法院应予受理。

【理解与适用】

本条明确了代位权诉讼中各方主体的诉讼地位与两个以上债权人提起代位权诉讼时的程序与实体处理规则。首先，为便于查清事实、一次性解决纠纷，债务人应当参加代位权诉讼。债权人未将债务人列为第三人的，法院应当依职权主动追加债务人为第三人。其次，为了节约司法资源、提高诉讼效率，两个以上债权人以债务人的同一相对人为被告提起代位权诉讼时，人民法院可以合并审理。最后，《民法典》第537条对代位权成立的效果采取了"直接清偿"规则，但未对多个债权人同时行使代位权时的清偿顺位作出规定。基于债权平等原则，本条明确两个以上债权人同时行使代位权的，债务人的相对人原则上应按照债权比例向各个债权人履行义务，但法律另有规定的除外。

一、债务人的诉讼地位为无独立请求权第三人

代位权诉讼涉及三方主体，即债权人、债务人、相对人，涉及两重债权债务关系的认定。在代位权诉讼中，债权人应当以相对人为被告，已形成高度共识。但债务人是否应当参加诉讼以及诉讼地位如何，过去理论界和实务界争议较大，本条对此予以明确。

债权人提起代位权诉讼之后，债务人对相对人的程序权利业已被债权人行使，无法再就同一诉讼标的向相对人提起诉讼。并且，代位权诉讼的结果直接影响债务人的实体权利。如果债权人未将债务人列为第三人，法院也未追加债务人

为第三人，债务人本人可能对代位权诉讼并不知情，无法行使抗辩权来维护其对相对人的债权，其合法权益便无法得到程序法的有效保护。① 此外，从效率上看，债务人参与代位权诉讼，更加有利于法院查清事实，妥善解决相应"三角债""连环债"等纠纷。为此，《合同法解释一》第 16 条规定，法院"可以"追加债务人为第三人，但本条规定将其修改为法院"应当"追加债务人为第三人。这充分体现了使债务人参加代位权诉讼的重要性，也有助于化解过去司法实践中各地各级人民法院在这一问题上的分歧。

至于债务人的诉讼地位问题，理论上一直颇具争议。有观点认为，债务人属于证人。理由在于债务人是两层关系相互连接的纽带，对于当事人之间的纠纷具有清楚的认识，债务人可以帮助法官查明案件事实。但是，根据民事诉讼法的有关规定，证人不得与案件审理结果存在法律上的利害关系。但是，债务人的权利可能受代位权诉讼结果的影响。如果仅仅赋予债务人与证人相当的陈述事实的权利，而不允许其提出证据、进行法庭质证与辩论，有损于债务人合法利益。还有观点认为，债务人当作为共同原告或共同被告。理由是，债务人对"债权人是否满足代位权行使条件"这一事实存在异议时，将面临与债权人或相对人一起与相对方相抗衡的局面。然而，在司法实践中，债务人可能既不支持债权人，也未必支持相对人。因此，将其单纯划归为共同原告或共同被告，太过单一。

主流观点认为债务人应作为第三人参与诉讼。《合同法解释一》《广东省高级人民法院关于民商事审判适用代位权制度若干问题的指导意见》等司法文件均明确了这一点。但是，债务人到底属于有独立请求权的第三人，还是无独立请求权的第三人，仍然存在分歧。有观点认为，债务人属于有独立请求权的第三人，其参加诉讼后有权在对债权合法性及期限问题提出异议的同时诉求相对人向其本人履行全部债务。②

笔者认为，在债权人提起代位权诉讼后，由于债务人实体上和程序上的请求权均由债权人行使，因此债务人在代位诉讼中已丧失独立请求权，属于无独立请求权的第三人。司法实践中也普遍认为，债务人参加诉讼有助于法院查明案件事实，其诉讼地位应当为无独立请求权的第三人，无权提起反诉，无权提出管辖权

---

① 过去尚未规定人民法院"应当"追加债务人为第三人时，为了解决这一问题，有观点认为，当债权人未将债务人列为第三人，主审法院也未将债务人追加为第三人时，债权人行使代位权须通知债务人。通知的效果在于，债务人请求第三人向其清偿的，第三人有权抗辩。参见崔建远主编：《合同法》（第五版），法律出版社 2010 年版，第 155 页。

② 参见贾玉平：《论债权人代位权》，载《法学评论》2001 年第 4 期，第 25 页。

异议，未被判决承担责任时无权上诉。[①]

二、两个以上债权人以债务人的同一相对人为被告提起代位权诉讼的处理

代位权的制度目的在于保全债权，因此，各个符合法定条件的债权人均可以行使。根据《民法典》第537条，经法院审理认为代位权成立的，应当由相对人直接向债权人清偿债务。故在某一债权人提起代位权诉讼后，如果禁止其他债权人另行提起代位权诉讼，往往难以保障其他债权人的合法权益。因此，在多个债权人先后提起代位权诉讼时，即便各债权人所主张的债权总额超过债务人对相对人享有的债权额，也应当允许各债权人分别提起代位权诉讼。

出于提高诉讼效率，保持前后诉讼一致性的考虑，本条规定，多个债权人以债务人的同一相对人为被告提起代位权诉讼的，人民法院可以合并审理，理论上应当按照普通共同诉讼来处理。当事人不同意合并审理但没有正当事由的，法院可以继续合并审理。当然，如相对人已向在先提起代位权诉讼的债权人清偿了其对债务人负有的全部债务，其与债务人之间的债权债务关系已归于消灭。此时，基于"一事不再理"规则，其他债权人不得再基于该事实向相对人提起代位权诉讼。

此外，相比于《合同法解释一》第16条，本条增加了合并审理后债务人对相对人的债权不足以清偿全部债权人的债权时的实体处理规则，即按照债权人享有的债权比例确定相对人的履行份额。该规则符合债的平等性的精神，也符合参与分配规则的要求。[②] 实践中，也多按此规则予以处理。

三、按债权比例确定履行份额的除外情形

《民法典》第537条第二句规定："债务人对相对人的债权或者与该债权有关的从权利被采取保全、执行措施，或者债务人破产的，依照相关法律的规定处理。"该条是在沿袭了《合同法解释一》第20条的基础上特设规定，兼顾代位权人保护与债权平等法理。代位权的行使效果是，相对人的一次清偿同时消灭债权

---

① 参见"北京京华金律管理咨询中心、济宁泰和贸易有限责任公司等债权人代位权纠纷案"，山东省济宁市任城区人民法院（2021）鲁0811民初13204号民事裁定书；"石某群、蒋某军债权人代位权纠纷案"，辽宁省大连市中级人民法院（2020）辽02民终2829号民事裁定书；"廖某、广州市汇银涌小额贷款股份有限公司等债权人代位权纠纷案"，广东省肇庆市中级人民法院（2022）粤12民辖终22号民事裁定书；"广东振戎能源有限公司诉兴业银行股份有限公司广州中环支行等代位权纠纷案"，最高人民法院（2016）最高法民辖终62号民事裁定书。

② 参见曹守晔：《代位权的解释与适用》，载《法律适用》2000年第3期，第14页；张松美：《代位诉讼制度初探》，载《当代法学》2001年第8期，第58页。

人与债务人、债务人与相对人的两组债权债务关系。这简化了程序，有利于纠纷的一次性解决。然而，在债务人资不抵债时，如果罔顾债务人和其他债权人的利益，直接由相对人向债权人清偿，可能破坏债权平等原则。最高人民法院在一起代位权纠纷案例中指出，债务人为自然人时，不具备破产资格，但是当其财产不足以偿付全部债权时，由类似于破产程序的参与分配制度来保障债权的公平受偿，同样应按照参与分配制度的相关规定处理，以兼顾各类债权人的主体利益。① 因此，在债务人存在多个债权人且资不抵债时，应当将代位权的实现与执行参与分配制度、破产制度予以衔接，以实现代位权人与债务人的其他债权人的平衡保护。

基于此，本条确立了上述特殊情形中的处理规则：在多个债权人提起代位权诉讼或代位权债权人与其他债权人并存的情形中，存在法律规定的优先权的，应当按照相关规定执行，而非一概地按债权比例清偿。

首先是"保全执行优先受偿"规则。无论是提起代位权诉讼，还是直接起诉债务人再申请强制执行，都是债权人实现债权利益保护的路径。② 《民法典》第537条第二句规定的债权被采取执行措施，即《民事诉讼法解释》第499条规定的到期债权执行与第506条规定的执行程序。其中，《民事诉讼法解释》第506条规定："被执行人为公民或者其他组织，在执行程序开始后，被执行人的其他已经取得执行依据的债权人发现被执行人的财产不能清偿所有债权的，可以向人民法院申请参与分配。对人民法院查封、扣押、冻结的财产有优先权、担保物权的债权人，可以直接申请参与分配，主张优先受偿权。"债务人的部分债权人提起代位权诉讼、部分债权人对债务人的债权以及与债权相关的从权利采取了保全执行措施的，采取保全执行措施或采取保全执行措施在先的债权人的受偿顺位，优先于未采取保全执行措施或采取保全执行措施在后的代位权人的受偿顺位。

其次是"破产程序优先参与分配"规则。当债务人为企业法人时，应当适用《企业破产法》等法律所确定的破产分配程序规则：如债务人作为被执行人而尚未进入破产程序，债权人有权依据代位权诉讼胜诉判决书获得清偿，但仍应受到《企业破产法》第32条关于"破产撤销权"规定的限制。如债务人已进入破产程序，则不应直接向债权人清偿，而债权人应当根据《企业破产法》第48条在人民法院确定的债权申报期限内向破产管理人申报债权，适用破产程序中各类债权

---

① 参见"贵州新建业工程有限责任公司、陈某光债权人代位权纠纷案"，最高人民法院（2020）最高法民再231号民事裁定书。

② 参见黄薇主编：《中华人民共和国民法典合同编释义》，法律出版社2020年版，第175页。

的清偿顺位规则。

关于此时是否存在"担保物权优先受偿"的问题，有观点认为，代位权人对债务人的相对人的担保物权行使权利的，因其享有优先受偿权，可以优先于包括采取保全措施或者执行措施的债权人在内的普通债权人获得清偿。[①] 笔者认为，这种观点并不明确。应当说，债权人可以代位债务人行使对相对人的担保权。在数个债权人同时行使有担保的代位权时，如果有的债权人没有主张代位行使担保权，而其他债权人针对担保权行使代位权，则没有主张代位行使担保权的债权人不能主张就担保物变价款项受偿。毕竟，各债权人代位行使的权利内容和诉讼利益预期存在明显不同。当然，如果债权人是以其对债务人享有的建设工程价款等法定优先权为基础提起代位权，则应当优先于其他提起代位权诉讼的普通债权人优先受偿。

（本条撰写人：熊丙万）

[①] 参见最高人民法院民事审判第二庭、研究室编著：《最高人民法院民法典合同编通则司法解释理解与适用》，人民法院出版社 2023 年版，第 426 页。

第三十八条

起诉债务人后又提起代位权诉讼

债权人向人民法院起诉债务人后，又向同一人民法院对债务人的相对人提起代位权诉讼，属于该人民法院管辖的，可以合并审理。不属于该人民法院管辖的，应当告知其向有管辖权的人民法院另行起诉；在起诉债务人的诉讼终结前，代位权诉讼应当中止。

【本条主旨】

本条是关于债权人先行起诉债务人，后又向债务人的相对人提起代位权诉讼时管辖问题的规定。

【关联规定】

1.《合同编通则解释》第 35 条　债权人依据民法典第五百三十五条的规定对债务人的相对人提起代位权诉讼的，由被告住所地人民法院管辖，但是依法应当适用专属管辖规定的除外。

债务人或者相对人以双方之间的债权债务关系订有管辖协议为由提出异议的，人民法院不予支持。

2.《民事诉讼法》第 122 条　起诉必须符合下列条件：（一）原告是与本案有直接利害关系的公民、法人和其他组织；（二）有明确的被告；（三）有具体的诉讼请求和事实、理由；（四）属于人民法院受理民事诉讼的范围和受诉人民法院管辖。

3.《民事诉讼法》第 153 条　有下列情形之一的，中止诉讼：

（一）一方当事人死亡，需要等待继承人表明是否参加诉讼的；

（二）一方当事人丧失诉讼行为能力，尚未确定法定代理人的；

（三）作为一方当事人的法人或者其他组织终止，尚未确定权利义务承受人的；

（四）一方当事人因不可抗拒的事由，不能参加诉讼的；

（五）本案必须以另一案的审理结果为依据，而另一案尚未审结的；

（六）其他应当中止诉讼的情形。

中止诉讼的原因消除后，恢复诉讼。

4.《最高人民法院关于适用〈中华人民共和国民事诉讼法〉的解释》（2022年修正）第 221 条　基于同一事实发生的纠纷，当事人分别向同一人民法院起诉的，人民法院可以合并审理。

【理解与适用】

债权人在已经起诉债务人的情况下，有权以债务人的相对人为被告提起代位权诉讼。此种情形下，需要处理本诉与代位权诉讼的管辖关系问题。

一、本诉法院对代位权诉讼有管辖权时"可以合并审理"

从债权人代位权纠纷的请求权基础规范看，债权人可以同时向债务人提起普通的债权债务诉讼和向债务人的相对人提起代位权诉讼。本解释第 35 条规定，代位权诉讼应当由被告住所地人民法院管辖，但是依法应当适用专属管辖规定的除外。本条在此基础之上，对"债权人先行起诉债务人，后提起代位权之诉"这一场景中的管辖以及两诉之间的关系问题作出了进一步解释说明。债权人起诉债务人后，又向同一人民法院对债务人的相对人提起代位权诉讼的，此时应当依据《民事诉讼法》和本解释第 35 条的规定，判断该人民法院是否对代位权诉讼享有管辖权。若根据专属管辖确定的管辖地（有专属管辖的规定从而应当适用专属管辖时）或债务人的相对人的住所地（不存在专属管辖的规定从而无须适用专属管辖时）与受理债权人与债务人诉讼的法院所在地一致时，则该法院应当受理代位权诉讼，并且可以将两起诉讼合并审理。

《民事诉讼法解释》第 221 条规定了当事人基于同一事实先后提起诉讼情形下的诉的合并。"同一事实"主要体现为各诉所依据的法律关系或者事实关系具有一致性或者重叠性。[1] 尽管代位权法律关系有别于普通债权债务关系，债权人

---

[1]　参见最高人民法院民法典贯彻实施工作领导小组办公室编著：《最高人民法院新民事诉讼法司法解释理解与适用》（上），人民法院出版社 2022 年版，第 471 页。

向债务人提起的诉讼与向相对人提起的代位权诉讼请求权也不同，但均基于债权人与债务人之间存在某特定的债权债务关系这一基础性的事实而产生，故存在着共通的法律问题，具备合并审理的先天条件和自然构造。

然而，应当注意的是，本条中规定的法院"可以合并审理"在法律性质上与普通共同诉讼存在差别。一方面，普通共同诉讼在起诉上要求数个原告一同起诉或原告向数个被告提起诉讼，在本质上属于"在同一诉讼程序中一次性地提出了数诉"[①]。而债权人是"分别地"提起了普通债权诉讼与代位权诉讼。另一方面，根据《民事诉讼法》第 55 条的规定，合并审理普通共同诉讼应当取得当事人的同意，而本条并未明确当事人的同意要件。事实上，债务人或者其相对人很有可能基于拖延案件审理进程、损害债权人代位利益等违背诚实信用原则的目的而不同意合并审理。因此，对本条中的"合并审理"应当理解为：受理债权人与债务人诉讼的法院以独立的案件对代位权诉讼进行受理登记，认为有合并审理的必要时可适时作出合并审理的安排，从而呈现为"先分后合"的模式。[②]

债权人向人民法院起诉债务人以后，又向同一人民法院对债务人的相对人提起代位权诉讼，符合《民事诉讼法》第 122 条及本解释第 35 条规定的，法院应当立案受理，并且可以合并审理。对于债权人提出的合并审理诉求，也应当予以积极肯定。这一安排在客观上能够起到节约司法资源、提高审判效率、防止矛盾判决产生的作用，体现了诉讼经济的理念。

二、本诉法院对代位权诉讼无管辖权时的处理

根据本条的规定，依据专属管辖确定的管辖地（有专属管辖的规定从而应当适用专属管辖时）或债务人的相对人的住所地（不存在专属管辖的规定从而无须适用专属管辖时）与受理债权人与债务人诉讼的法院所在地不一致时，该法院对代位权诉讼无管辖权，其应当告知债权人向有管辖权的人民法院另行起诉。司法实践中，也有部分法院直接将代位权案件移送至有管辖权的人民法院审理。[③] 这一做法符合《民事诉讼法》第 37 条的规定，且能够减轻债权人的诉讼负担、简化程序流转，值得肯定。

[①] 赵志超：《基于同一事实的纠纷合并审理规则重述——以民诉解释第 221 条为中心》，载《法学评论》2023 年第 4 期，第 69 页。

[②] 参见赵志超：《基于同一事实的纠纷合并审理规则重述——以民诉解释第 221 条为中心》，载《法学评论》2023 年第 4 期，第 70 页.

[③] 类似案件，参见"刘某菊等诉聊城鑫泰克机械有限责任公司债权人代位权纠纷案"，山东省济南市中级人民法院（2017）鲁 01 民辖终 1177 号民事裁定书。

与《合同法解释一》第 15 条相比，除了将"次债务人"修改为"债务人的相对人"，本条作出的另一处改动为将"告知债权人向次债务人住所地人民法院另行起诉"修改为"告知其向有管辖权的人民法院另行起诉"。这一表述改动的目的是与本解释第 35 条第 1 款新增规定"但是依法应当适用专属管辖规定的除外"在内容上保持一致，即代位权诉讼的管辖法院可能是债务人相对人的住所地法院，也有可能是依照专属管辖确定的管辖地法院。

根据本解释第 40 条第 2 款的规定，代位权诉讼无须以债权人与债务人之间的债权债务关系已经生效法律文书确认为前提。代位权诉讼的立案与受理也无须以债权人起诉债务人的诉讼审理终结为前提。但是，如果债权人已经起诉债务人，后又提起代位权诉讼，且本诉法院与代位权诉讼的管辖法院不同，本诉法院与审理代位权诉讼纠纷的法院，可能在"债权人与债务人的债权债务关系"这一事实和法律问题的认定上产生矛盾。具体而言，债权人在代位权诉讼中的诉讼请求能否得到支持、在多大程度上得到支持，直接取决于债权人对债务人的债权是否得到法院的确认，以及确认的债权数额、范围。

基于此，代位权案件的审理必须以债务人和债权人之间债权纠纷案件的审理结果为依据。根据《民事诉讼法》第 153 条的规定，本案必须以另一案的审理结果为依据，而另一案尚未审结的，法院应当中止诉讼；中止诉讼的原因消除后，恢复诉讼。为了节约司法资源，避免受理本诉的法院与受理代位权诉讼的法院作出矛盾判决，起诉债务人的诉讼案件尚未审结应当构成代位权诉讼中止的事由。此外，一般认为，已经生效的前诉裁判才具有既判力，后诉不得作出与前诉相反的判断，故本条中的"诉讼终结"应当理解为本诉裁判生效。

（本条撰写人：熊丙万）

代位权诉讼中债务人起诉相对人

在代位权诉讼中，债务人对超过债权人代位请求数额的债权部分起诉相对人，属于同一人民法院管辖的，可以合并审理。不属于同一人民法院管辖的，应当告知其向有管辖权的人民法院另行起诉；在代位权诉讼终结前，债务人对相对人的诉讼应当中止。

【本条主旨】

本条是关于代位权诉讼中债务人另行起诉相对人的规定。

【关联规定】

1.《民法典》第 535 条 因债务人怠于行使其债权或者与该债权有关的从权利，影响债权人的到期债权实现的，债权人可以向人民法院请求以自己的名义代位行使债务人对相对人的权利，但是该权利专属于债务人自身的除外。

代位权的行使范围以债权人的到期债权为限。债权人行使代位权的必要费用，由债务人负担。

相对人对债务人的抗辩，可以向债权人主张。

2.《民法典》第 537 条 人民法院认定代位权成立的，由债务人的相对人向债权人履行义务，债权人接受履行后，债权人与债务人、债务人与相对人之间相应的权利义务终止。债务人对相对人的债权或者与该债权有关的从权利被采取保全、执行措施，或者债务人破产的，依照相关法律的规定处理。

3. **《民事诉讼法》第 22 条**   对公民提起的民事诉讼，由被告住所地人民法院管辖；被告住所地与经常居住地不一致的，由经常居住地人民法院管辖。

对法人或者其他组织提起的民事诉讼，由被告住所地人民法院管辖。

同一诉讼的几个被告住所地、经常居住地在两个以上人民法院辖区的，各该人民法院都有管辖权。

4. **《民事诉讼法》第 153 条第 1 款第 5 项**   有下列情形之一的，中止诉讼：

（五）本案必须以另一案的审理结果为依据，而另一案尚未审结的。

【理解与适用】

债权人提起代位权诉讼之后，债务人不得随意处分其对相对人的债权，而应受到一定限制。这种限制也包括提起诉讼的权利。[1] 换言之，债务人通常不得再就其对相对人享有的债权提起诉讼。这与本解释第 41 条的原理是内在一致的。其正当性基础在于，代位权的实质可以理解为将债权的收取权临时性地授予债权人，以便于充实债务人的责任财产。[2] 因此，当债务人对相对人的债权数额少于或者等于债权人对债务人的到期债权数额时，债权人提起的代位权诉讼已完全覆盖该数额，除债权人的代位权诉讼主张不成立等情形，债务人就不得再行起诉相对人。但是，根据《民法典》第 535 条第 2 款的规定，债权人行使代位权，应当以债权人的到期债权为限。当债务人对相对人的债权数额，超过债权人对债务人的到期债权数额时，债务人仍能对超过债权人代位请求数额的债权部分提起诉讼。本条明确了债务人就超过债权人代位请求以外的数额起诉相对人的，人民法院应予受理。不过，当债务人对相对人的债权不可分割时，如给付不可分的特定物之债，因其客观上无法分割，应当允许债权人就整个债权行使代位权，而不设数额限制。[3] 在此种情形下，债务人应当以第三人身份参加代位权诉讼，而不能另行提起诉讼。

由于代位权诉讼的被告与债务人起诉相对人的被告同一，根据民事诉讼"原告就被告"的基本规则，两个诉讼很可能属于同一人民法院管辖。在此种情形下，出于便利诉讼的考虑，债权人提起的代位权诉讼和债务人对相对人提起的诉讼可以合并审理。但是，当两个诉讼不属于同一法院管辖时，自应当分别审理，即债务人应当另行向有管辖权的法院起诉。不过，由于代位权诉讼起诉在先，且

---

[1]   参见崔建远主编：《合同法》（第五版），法律出版社 2010 年版，第 156 页。

[2]   参见许德风：《债务人的责任财产——债权人撤销权、代位权及公司债权人保护制度的共同基础》，载《清华法学》2024 年第 1 期，第 38 页。

[3]   参见韩世远：《合同法总论》（第四版），法律出版社 2018 年版，第 448 页。

债务人对相对人的诉讼在债权数额等问题上会受到债权人提起的代位权诉讼判决结果的影响，因此，根据《民事诉讼法》第153条第1款第5项的规定，在代位权诉讼终结前，债务人对相对人的诉讼应当中止审理。

（本条撰写人：熊丙万）

代位权不成立的处理

代位权诉讼中，人民法院经审理认为债权人的主张不符合代位权行使条件的，应当驳回诉讼请求，但是不影响债权人根据新的事实再次起诉。

债务人的相对人仅以债权人提起代位权诉讼时债权人与债务人之间的债权债务关系未经生效法律文书确认为由，主张债权人提起的诉讼不符合代位权行使条件的，人民法院不予支持。

【本条主旨】

本条是关于债权人不符合代位权行使条件的处理规则。

【关联规定】

1. 《民法典》第 535 条　因债务人怠于行使其债权或者与该债权有关的从权利，影响债权人的到期债权实现的，债权人可以向人民法院请求以自己的名义代位行使债务人对相对人的权利，但是该权利专属于债务人自身的除外。

代位权的行使范围以债权人的到期债权为限。债权人行使代位权的必要费用，由债务人负担。

相对人对债务人的抗辩，可以向债权人主张。

2. 《最高人民法院关于适用〈中华人民共和国民事诉讼法〉的解释》（2022年修正）第 208 条　人民法院接到当事人提交的民事起诉状时，对符合民事诉讼法第一百二十二条的规定，且不属于第一百二十七条规定情形的，应当登记立案；对当场不能判定是否符合起诉条件的，应当接收起诉材料，并出具注明收到日期的书面凭证。

需要补充必要相关材料的，人民法院应当及时告知当事人。在补齐相关材料后，应当在七日内决定是否立案。

立案后发现不符合起诉条件或者属于民事诉讼法第一百二十七条规定情形的，裁定驳回起诉。

3.《最高人民法院关于适用〈中华人民共和国民事诉讼法〉的解释》（2022年修正）第248条　裁判发生法律效力后，发生新的事实，当事人再次提起诉讼的，人民法院应当依法受理。

【理解与适用】

本条旨在防止实践中利用程序法的部分规定损害债权人代位权的情形。一方面，本条明确，债权人的主张是否符合代位权行使条件，应当通过实体审理确定，而不能简单地在案件受理阶段阻碍债权人代位权的落实。另一方面，本条还从反面细化了债权人行使代位权的条件，即债权人提起代位权诉讼不以其对债务人的债权经生效法律文书确认为必要。

一、债权人的主张不符合代位权行使条件时应判决驳回诉讼请求

当债权人的主张不符合《民法典》第535条规定的代位权行使条件时，人民法院应当裁定驳回起诉，还是判决驳回诉讼请求，存在争议。一种观点认为，债权人的主张不符合代位权行使条件，属于不满足案件受理条件，为诉讼程序问题，因此应当裁定驳回起诉。对于裁定驳回起诉的案件，当事人可以依据同一事实和理由再次起诉，而不受"一事不再理"规则的限制。相反观点则认为，债权人的主张是否符合代位权行使条件应当经过实体审理才能确定，经实体审理不符合该条件的，应当判决驳回诉讼请求。对于判决驳回诉讼请求的案件，由于已经过实体审理，如无新的事实和理由，在"一事不再理"规则下，当事人不可再次提起诉讼。《合同法解释一》第18条采第一种观点，但本条规定修改了该规定，最终决定采取第二种意见，同时明确"不影响债权人根据新的事实再次起诉"。这主要是考虑到，债权人代位权作为一种实体性权利[1]，应当谨慎对待。裁定驳回起诉，是指人民法院依据程序法的规定，对已经立案受理的案件在审理过程中，发现原告的起诉不符合法律规定的起诉条件，因而对原告的起诉予以拒绝的司法行为。裁定驳回起诉的条件是起诉不符合法律规定的起诉条件，而起诉条件通常是指原告与被告是否适格、案件是否经过仲裁等形式要件，而"债权人的主

---

[1]　参见王利明主编：《中国民法典释评·合同编·通则》，中国人民大学出版社2020年版，第363页。

张是否符合代位权的行使要件"显然已超出形式要件的范畴,而属于实体性要件,所以应当是裁定驳回诉讼请求。

二、提起代位权诉讼不以债权经生效法律文书确认为条件

债权人行使代位权,需以债权人对债务人的债权合法为前提。但何为"合法债权",司法实践中存在争议。一种观点严格限制"合法债权"的范围,认为只有经过法院或仲裁机构审理确认的债权,才能视为合法债权,进而作为提起代位权诉讼的前提。另一种观点则放松了这一要求,认为在债权人提起代位权诉讼时,只要其能初步证明债权存在且合法,人民法院就应该受理该案件。

本条明确,债务人的相对人以债权人提起代位权诉讼时债权人与债务人之间的债权债务关系尚未经生效法律文书确认为由,主张债权人提起的诉讼不符合代位权行使条件的,人民法院不予支持。因此提起代位权诉讼不以债权经生效法律文书确认为条件。这主要是因为:一方面,债权人对债务人享有的债权是否合法应该是法院在实体审理中应当审查的内容,而不应在立案受理阶段对其作严格要求。在立案受理阶段,法院只需对有关证据作形式审查。另一方面,这有利于为债权人节省诉讼成本,保障其代位权的实现。在实践中,经法院或仲裁机构的审理确认的债权毕竟不是多数。如果严格限定只有经过法院或仲裁机构确认的债权,其债权人才能提起代位权诉讼,则代位权的适用范围将大大限缩。并且,这还意味着,债权人必须先向法院或仲裁机构提起确认之诉对债权进行确认,之后才能提起代位权诉讼,这无疑会增加债权人的诉讼成本。因此,基于节约诉讼成本的考虑债权人提起代位权诉讼无须以债权经过法院或仲裁机构确认为前提。法院应当在债权人代位权诉讼中对主债权是否确定有效进行实体审理。①

不过,本条仅明确债务人的相对人不能以债权人与债务人之间的债权债务关系未经生效法律文书确认为由提出抗辩,但是根据《民法典》第535条第3款,相对人对债务人的其他实体抗辩仍可以向债权人主张。这类抗辩包括权利消灭的抗辩、抵销的抗辩、同时履行抗辩、后履行抗辩、时效届满的抗辩和虚假表示可撤销的抗辩等。②

(本条撰写人:熊丙万)

① 参见王静:《代位权诉讼若干问题研究》,载《法律适用》2001年第4期,第17页。
② 参见韩世远:《合同法总论》(第四版),法律出版社2018年版,第446页;黄薇主编:《中华人民共和国民法典合同编解读》(上册),中国法制出版社2020年版,第254页。

代位权诉讼中债务人处分行为的限制

　　债权人提起代位权诉讼后，债务人无正当理由减免相对人的债务或者延长相对人的履行期限，相对人以此向债权人抗辩的，人民法院不予支持。

【本条主旨】

　　本条是关于代位权诉讼提起后债务人对债权的处分权受限制的规定。

【关联规定】

　　1. 《民法典》第 535 条　因债务人怠于行使其债权或者与该债权有关的从权利，影响债权人的到期债权实现的，债权人可以向人民法院请求以自己的名义代位行使债务人对相对人的权利，但是该权利专属于债务人自身的除外。

　　代位权的行使范围以债权人的到期债权为限。债权人行使代位权的必要费用，由债务人负担。

　　相对人对债务人的抗辩，可以向债权人主张。

　　2. 《民法典》第 537 条　人民法院认定代位权成立的，由债务人的相对人向债权人履行义务，债权人接受履行后，债权人与债务人、债务人与相对人之间相应的权利义务终止。债务人对相对人的债权或者与该债权有关的从权利被采取保全、执行措施，或者债务人破产的，依照相关法律的规定处理。

【理解与适用】

　　债权人提起代位权诉讼后，是否应当限制债务人处分其对相对人的债权，理论上和实践中历来存在争议。反对限制债务人处分权的观点认为，代位权毕竟不是强制执行，债权人可以通过查封、扣押等保全措施事前防止债务人处分其债权，也可以通过撤销权制度事后撤销债务人的处分行为，因而没有必要限制债务人处分权。[①] 但考虑到如果允许债务人随意处分其债权，容易导致债权人代位权制度的目的落空[②]，目前多数观点认为债务人处分权应当受到限制，该观点在司法实践中亦有体现。[③] 本条明确规定，在债权人提起代位权诉讼后，若债务人无正当理由减免债务人的债务或者延长相对人的履行期限，这类行为对提起代位权诉讼的债权人不发生效力。本条是对于《民法典》第 535 条第 3 款的细化解释，即在前述情形下，相对人不能以此为由向债权人主张抗辩。这主要是为了避免债务人减免债务或延长债务履行期限的行为对债权人产生不利影响。在法律效果上，债务人无正当理由实施的上述处分行为，相对于债权人不发生效力。债权人仍可以就处分前的债权向债务人的相对人行使权利。

但是，对债务人处分自由的限制并非绝对，应当结合具体情形判断处分行为是否会实质上影响债权人实现其债权，以及处分行为是否具有正当事由。一方面，债务人的处分不会影响债权人的债权实现的，其处分行为应属有效。如根据本解释第 39 条的规定，债务人对超过债权人代位请求数额的债权部分仍享有充分的处分权。另一方面，只有"无正当理由"的处分行为才应受到限制。

从司法实践来看，常见的不正当处分行为包括减免相对人的债务和延长相对人的履行期限。减免相对人的债务，既包括免除全部债务，也包括减少部分债务。免除或者减少的既可能是到期债务，也可能是未到期债务。而延长相对人的债务履行期限，不仅包括延长到期债务的履行期限，还包括延长未到期债务的履行期限。[④] 但是，从债务人的责任财产整体来看，债务人实施的抵销、更改、让与等利益交换行为，或者依据法律规定行使撤销权、解除权等行为，在特定情形下可能是为了保全其责任财产，其不属于"无正当理由"的情形，通常亦无损于债权人债权的实现，可以允许债务人实施。[⑤] 此外，如果债务人与相对人协商变更债务清偿条件的行为属于真实合理的正常商业行为，且无阻碍代位权实现的主

---

① 参见黄立：《民法债编总论》，中国政法大学出版社 2002 年版，第 479～480 页。
② 参见崔建远主编：《合同法》（第五版），法律出版社 2010 年版，第 156 页。
③ 参见"中国农业银行汇金支行诉张家港涤纶厂代位权纠纷案"，载《最高人民法院公报》2004 年第 4 期。
④ 参见陈龙业：《代位权规则的细化完善与司法适用》，载《法律适用》2023 年第 12 期，第 13 页。
⑤ 参见韩世远：《合同法总论》（第四版），法律出版社 2018 年版，第 446～447 页。

观故意，即便其客观上阻碍了债权人代位权的行使，法律也不宜过度干预。[1] 在法律效果上，债务人无正当理由实施的上述处分行为，相对于债权人不发生效力，债权人仍可以就处分前的债权向债务人的相对人行使权利。但是，上述处分行为在债务人与相对人之间仍有效，如果债权人事后放弃行使代位权，相对人仍然可依此向债务人主张抗辩。

同时，在代位权诉讼中，相对人的清偿行为同样受到限制。根据《民法典》第 537 条的规定，债权人的代位权成立的，相对人应当向债权人履行债务，而非采"入库规则"，将相对人所为的给付直接归入债务人的责任财产。类似的，为了切实保障债权人代位权的实现，在债权人提起代位权诉讼后，即便实体审理尚未结束，债务人的相对人也不得向债务人清偿。其擅自向债务人履行债务的，不属于有效的清偿。此时，债权人仍有权向相对人主张权利。

值得注意的是，本条与债权人撤销权制度有一定功能相似性。本条所限制的债务人"减免相对人的债务""延长相对人的履行期限"等不当处分行为，同时也属于《民法典》第 538 条债权人撤销权制度的规制对象。因此，二者构成规范竞合关系。若无本条规定，对于债务人实施的不当减少其责任财产或者怠于行使权利的行为，债权人可能需要同时提起代位权诉讼和撤销权诉讼。本解释在起草过程中，曾经也拟定了一条关于代位权诉讼与撤销权诉讼合并提起的规定，但该条规定最终未能保留。根据本条的规定，如债务人无正当理由减免相对人的债务或者延长相对人的履行期限，债权人可以在代位权诉讼中径行主张该处分行为相对于自身无效的抗辩，而不必另行提起撤销权诉讼。这可以为债权人减少讼累，节省诉讼成本。当然，相对于债权人撤销权制度中规定的丰富情形，本条所列的"减免相对人的债务"和"延长相对人的履行期限"两种情形显得较为简单。在本条未列举的其他情形，债务人实施不当处分财产的行为的，债权人仍可以通过行使债权人撤销权以维护其权利。尤其是对于已因债务人特定作为或不作为而影响债权人债权实现的情形，更为妥当。

（本条撰写人：熊丙万）

---

[1]　参见最高人民法院民事审判第二庭、研究室编著：《最高人民法院民法典合同编通则司法解释理解与适用》，人民法院出版社 2023 年版，第 458 页。

债权人撤销权诉讼中明显不合理低价或者高价的认定

对于民法典第五百三十九条规定的"明显不合理"的低价或者高价，人民法院应当按照交易当地一般经营者的判断，并参考交易时交易地的市场交易价或者物价部门指导价予以认定。

转让价格未达到交易时交易地的市场交易价或者指导价百分之七十的，一般可以认定为"明显不合理的低价"；受让价格高于交易时交易地的市场交易价或者指导价百分之三十的，一般可以认定为"明显不合理的高价"。

债务人与相对人存在亲属关系、关联关系的，不受前款规定的百分之七十、百分之三十的限制。

【本条主旨】

本条是对《民法典》第 539 条关于债权人撤销权中不合理价格交易行为的判断规则。

【关联规定】

1.《民法典》第 539 条 债务人以明显不合理的低价转让财产、以明显不合理的高价受让他人财产或者为他人的债务提供担保，影响债权人的债权实现，债务人的相对人知道或者应当知道该情形的，债权人可以请求人民法院撤销债务人的行为。

2.《企业破产法》第31条　人民法院受理破产申请前一年内，涉及债务人财产的下列行为，管理人有权请求人民法院予以撤销：（一）无偿转让财产的；（二）以明显不合理的价格进行交易的；（三）对没有财产担保的债务提供财产担保的；（四）对未到期的债务提前清偿的；（五）放弃债权的。

3.《全国法院贯彻实施民法典工作会议纪要》9.　对于民法典第五百三十九条规定的明显不合理的低价或者高价，人民法院应当以交易当地一般经营者的判断，并参考交易当时交易地的物价部门指导价或者市场交易价，结合其他相关因素综合考虑予以认定。

转让价格达不到交易时交易地的指导价或者市场交易价百分之七十的，一般可以视为明显不合理的低价；对转让价格高于当地指导价或者市场交易价百分之三十的，一般可以视为明显不合理的高价。当事人对于其所主张的交易时交易地的指导价或者市场交易价承担举证责任。

【理解与适用】

《民法典》第539条规定："债务人以明显不合理的低价转让财产、以明显不合理的高价受让他人财产或者为他人的债务提供担保，影响债权人的债权实现，债务人的相对人知道或者应当知道该情形的，债权人可以请求人民法院撤销债务人的行为。"其中，明显不合理的低价或者高价，构成了不确定概念，实质是授予法官在具体案件中的自由裁量权。在不合理价格的认定上，考虑到债权人和债务人之间的利益冲突，在为债权人提供客观保护的同时，债务人也应当具有一定的处分自由，因此，债务人的行为只有严重脱离正当范围时，才会被撤销。为了规范自由裁量在裁判尺度上的相对统一，本条规定了认定不合理价格时的一般认定标准、一般参考示范标准和债务人与相对人存在内部关系时的例外。基于债权人撤销权和破产撤销权的相似性，在认定《企业破产法》第31条第2项中的"以明显不合理的价格进行交易"时，也可参照适用本条规定。

一、一般认定标准

本条第1款规定了明显不合理价格的一般认定标准，基本延续了《合同法解释二》第19条第1款，仅作了部分语词调整。

首先是认定标准。本条第1款未采取主观标准而是采取了客观标准，即"按照交易当地一般经营者的判断"。第一，是一般经营者。这意味着债务人认知程度、账面成本等主观的因素不能作为价格合理与否的认定依据。① 第二，是交易当地的一般经营者，而非其他地方的一般经营者。至于"交易当地"是哪一级行政区划所在地，应根据交易财产的性质、种类，结合市场流通、交易管理、关税区域等综合因素判定。② 同一交易可能存在合同签订地、合同履行地等不同的交易地，此时应当根据标的物的性质、交易习惯等确定交易地，一般而言，应当以标的物所在地作为交易地。③ 第三，是经营者，这排除了非经营者。第四，是一般经营者，而非特殊的经营者。

其次是首要考量因素。本条第 1 款规定为"交易时交易地的市场交易价或者物价部门指导价"。其中，第一，时空基准。空间基准是交易地。时间基准是交易时，避免"马后炮"地以最终结果作为依据。"交易时"一般应当理解为合同签订时，否则，相对人也难以构成恶意。但是，应当注意的是，在交易时价格不合理，而之后市场价格变化，在撤销权行使时的市场交易价与约定的交易价大致相同，甚至更有利于债务人时，则即使允许撤销，也达不到恢复债务人资力的制度目的，此时，债务人行为不构成"影响债权人的债权实现"，不应允许行使撤销权。也即，不仅要求债务人的行为在交易时减少了责任财产，也要求在行使撤销权时同样存在诈害状态。④ 第二，价格基准。本条第 1 款规定为"市场交易价或者物价部门指导价"。较之《合同法解释二》第 19 条和《全国法院贯彻实施民法典工作会议纪要》第 9 条中的"物价部门指导价或者市场交易价"，本条第 1 款的表达顺序调整为"市场交易价或者物价部门指导价"，部分体现出以市场交易价为主的认定方式，更具有正当性。同时，这也意味着本条第 1 款的规定更多适用于存在市场交易价或者物价部门指导价的种类物。

除了首要考量因素，还存在其他可以考量的因素，以体现不合理价格认定时的灵活性，避免过分绝对化的标准侵袭当事人的意思自治和无视现实交易的复杂性。本条第 1 款删除了《合同法解释二》第 19 条和《全国法院贯彻实施民法典

---

① 参见最高人民法院民事审判第二庭、研究室编著：《最高人民法院民法典合同编通则司法解释理解与适用》，人民法院出版社 2023 年版，第 471 页。

② 参见最高人民法院民法典贯彻实施工作领导小组主编：《中华人民共和国合同编理解与适用》，人民法院出版社 2020 年版，第 536 页。

③ 参见最高人民法院民事审判第二庭、研究室编著：《最高人民法院民法典合同编通则司法解释理解与适用》，人民法院出版社 2023 年版，第 473 页。

④ 参见韩世远：《合同法总论》，法律出版社 2018 年版，第 465 页；最高人民法院民事审判第二庭、研究室编著：《最高人民法院民法典合同编通则司法解释理解与适用》，人民法院出版社 2023 年版，第 473 页；最高人民法院研究室编著：《〈全国法院贯彻实施民法典工作会议纪要〉条文及适用说明》，人民法院出版社 2021 年版，第 29 页。

工作会议纪要》第 9 条中明文规定的"结合其他相关因素综合考虑",主要原因是这层意思已经被一般经营者判断标准所涵盖,并避免模糊表述,限制法官自由裁量权。① 但是,在解释上同样可以考量其他相关因素。结合《最高人民法院关于适用〈中华人民共和国民法典〉物权编的解释(一)》第 18 条关于"民法典第三百一十一条第一款第二项所称'合理的价格',应当根据转让标的物的性质、数量以及付款方式等具体情况,参考转让时交易地市场价格以及交易习惯等因素综合认定"的规定,在债权人撤销权的不合理价格的认定上,同样至少也要考量交易标的的性质、数量以及付款方式、交易习惯等因素。在交易标的物的性质上,考量交易标的究竟是动产、不动产还是权利,是种类物还是特定物,是当季货物还是过季货物,特定情形中的交易标的物较之一般情形是否存在实质影响交易价格的因素等。在交易标的物的数量上,要考量是逐一零售还是批发销售。在付款方式上,考量是即时付款还是延后付款、一次付款还是分期付款。在交易习惯上,一般交易习惯、地区交易习惯、行业交易习惯通常已经反映在市场交易价中,但还要考量特定当事人之间的交易习惯,例如为维系与相对人之间的长期交易关系而给予价格折扣。

在司法实践中,考量的因素可能还要更多。以转让股权为例,股权价格的确定不仅与公司的净资产有关,还包括了股权溢价、股东实际投入、公司未分配盈利、公司债权债务、公司商业信誉、行业资质等有形或者无形的资产,以及供求关系、价格涨落、交易习惯等诸多因素,故股权价格的确定并不能仅审查出资,还应综合考虑公司运营情况、盈利情况、资产情况等。实务中,判断股权价格的方法往往以净资产价值、所有者权益为基准②,参考债务人转让公司股权价格是否明显低于其与其他人签署的股权转让合同价格③、其他股东转让股权的价格④、股权出质所担保的主债务金额⑤、标的股权从前手转入的价格和时间等因素综合判断股权转让价格是否合理。

---

① 参见最高人民法院民事审判第二庭、研究室编著:《最高人民法院民法典合同编通则司法解释理解与适用》,人民法院出版社 2023 年版,第 470 页。

② 参见最高人民法院(2017)最高法民再 93 号民事判决书、福建省高级人民法院(2014)闽民终字第 1289 号民事判决书、北京市第二中级人民法院(2014)二中民(商)终字第 8152 号民事判决书、上海市第一中级人民法院(2013)沪一中民四(商)终字第 1322 号民事判决书。

③ 参见最高人民法院(2014)民提字第 22 号民事判决书、最高人民法院(2014)民申字第 831 号民事裁定书、上海市第二中级人民法院(2020)沪 02 民终 3509 号民事判决书、江苏省高级人民法院(2017)苏民终 2031 号民事判决书、新疆维吾尔自治区高级人民法院(2009)新民二终字第 78 号民事判决书。

④ 参见最高人民法院(2017)最高法民再 93 号民事判决书、福建省高级人民法院(2014)闽民终字第 1289 号民事判决书。

⑤ 参见北京市第一中级人民法院(2016)京 01 民再 26 号民事判决书。

如果依据上述标准认定价格约定合理，则是否实际支付了约定价格仅影响到合同的履行，并非判断价格是否合理的考量因素，即使未支付，债权人也可以通过代位权保护自己的利益。[1] 有判决为了避免将合理价格约定作为无偿交易或者不合理交易的幌子，而认为未实际支付约定价格即为无偿交易[2]；但是，如果有证据证明债务人以名为合理价格交易的方式掩盖实质上的无偿交易或者不合理价格交易，则完全可以实质认定。[3]

另外，在"交易时交易地的市场交易价或者物价部门指导价"的举证上，《全国法院贯彻实施民法典工作会议纪要》第9条第2款还规定了"当事人对于其所主张的交易时交易地的指导价或者市场交易价承担举证责任"。虽然本条第1款对此并未规定，但根据举证一般规则仍可得出同样结论。

二、一般参考示范标准

在本条第1款的基础上，第2款规定了明显不合理价格的一般参考示范标准，即"转让价格未达到交易时交易地的市场交易价或者指导价百分之七十"，或者"受让价格高于交易时交易地的市场交易价或者指导价百分之三十"。该款基本延续了《合同法解释二》第19条第2款，仅作了部分语词调整。虽然该款文义上仅限于"转让价格"和"受让价格"，似乎仅能适用于转让行为，但由于本解释第43条将可被撤销的行为扩张至"互易财产、以物抵债、出租或者承租财产、知识产权许可使用等行为"，该款规定的一般参考示范标准也可参照适用于其他可被撤销的行为情形。

根据本款的规定，对比交易价格和交易时交易地的市场交易价或者指导价，交易价格处于后者70%～130%这个区间之外的，一般可以认定为不合理价格。上下浮动30%的这一比例在多种实践情形中被采用，例如本解释第65条第2款

---

[1] 参见浙江省高级人民法院（2013）浙民申字第1032号民事裁定书、江苏省无锡市锡山区人民法院（2017）苏0205民初1778号民事判决书、重庆市第一中级人民法院（2009）渝一中法民终字第6410号民事判决书。美国《破产法典》第548条（d）（2）和UVTA第3条（a）作出同样规定，但在相对人对债务人或者其亲属提供生活照顾的未履行承诺情形中特别认为存在无偿行为。在《最高人民法院关于适用〈中华人民共和国民法典〉物权编的解释（一）》第18条的规定中，认定善意取得的合理价格要件时，同样未将是否实际支付作为考量因素，参见最高人民法院民事审判第一庭编著：《最高人民法院物权法司法解释（一）理解与适用》，人民法院出版社2016年版，第449～451页。

[2] 参见北京市第一中级人民法院（2008）一中民终字第12490号民事判决书。

[3] 参见最高人民法院（2015）民申字第2115号民事裁定书、浙江省高级人民法院（2015）浙民申字第2662号民事裁定书、上海市第二中级人民法院（2005）沪二中民三（商）初字第135号民事判决书。在最高人民法院指导案例第33号中，裁判要点就将相对人未实际支付对价作为认定恶意串通的考量因素之一。

在认定约定的违约金是否过分高于造成的损失时，同样以超过造成损失的30％作为一般参考示范标准。但需要注意的是，不能对本款作反对解释认为，只要交易价格不低于市场交易价或者指导价的70％、不高于市场交易价或者指导价的30％即为合理交易。即使某一交易价格在市场交易价或者指导价的70％～130％这个范围内，但如果市场中的交易主体普遍都是以市价交易，极少出现上下浮动的情况，而债务人和相对人之间的交易又不具有正当理由时，也可以依据本条第1款认定为明显不合理的低价或者高价。①

在本款中，"一般"意味着排除特殊情形，如季节性产品和易腐烂变质的时令果蔬在临近换季或者保质期到期前回笼资金的甩卖；"可以"意味着应视具体情形而定，不作刚性约束。② 据此，"一般可以"意味着这个比例仅是一般性的参考示范标准，并非唯一的刚性标准，债务人和相对人可以提出相反事实和证据予以推翻。当然，交易价格处于市场交易价或者指导价的70％～130％这个区间之外，但债务人和相对人认为不构成不合理价格的，应对此承担举证责任；法院如果认为构成合理价格，也应当承担较重的说理责任。

三、债务人与相对人存在内部关系时的特殊规则

针对本条第2款的一般参考示范标准，第3款规定债务人和相对人存在内部关系时不受第2款规定比例的限制，以体现特别打击内部交易行为的正当政策方向。明显不合理价格的认定固然应当采取客观标准，但也应当考虑主体因素，针对内部关系人和非内部关系人之间的交易分别规定不同的价格合理性认定标准，是立法者于一般经营者地位观察得出的合理结论，是客观标准的应有之义，需要对内部关系人之间的交易作出不同于一般市场交易的更为严格的认定。③

在内部关系的范围上，第一，债务人与相对人之间存在亲属关系，依据《民法典》第1045条第1款，亲属关系包括配偶、血亲和姻亲等关系，并且不限于近亲属关系。第二，一方与另一方的控股出资人、实际控制人、董事、监事、高级管理人员等存在关联关系，这与《民法典》第84条（"营利法人的控股出资

---

① 参见最高人民法院民事审判第二庭、研究室编著：《最高人民法院民法典合同编通则司法解释理解与适用》，人民法院出版社2023年版，第467、474～475页。

② 参见最高人民法院（2012）最高法民四终字第1号民事判决书。同时，较之《合同法解释二》第19条第2款，本款并未采纳"视为"这个用语而是将之修改为"认定为"，立法用语上更加精准，因为本款并非法律上的拟制性规范。

③ 参见最高人民法院民事审判第二庭、研究室编著：《最高人民法院民法典合同编通则司法解释理解与适用》，人民法院出版社2023年版，第468～469页。

人、实际控制人、董事、监事、高级管理人员不得利用其关联关系损害法人的利益；利用关联关系造成法人损失的，应当承担赔偿责任"）、《公司法》第 22 条第1 款（"公司的控股股东、实际控制人、董事、监事、高级管理人员不得利用关联关系损害公司利益"）所规定的关联关系范围是一致的；《公司法》第 265 条第4 项也规定："关联关系，是指公司控股股东、实际控制人、董事、监事、高级管理人员与其直接或者间接控制的企业之间的关系，以及可能导致公司利益转移的其他关系。但是，国家控股的企业之间不仅因为同受国家控股而具有关联关系。"事实上，只要相对人是具有了解债务人经济情况的较高可能性进而可能导致利益转移的自然人或者组织，与债务人之间就可能存在内部关系。[①] 即便不存在亲属关系或者关联关系，但关系密切的朋友、师生、生意合作伙伴之间的价格异常的交易，也不妨参照本条第 3 款予以认定。[②]

在债务人与相对人存在内部关系时，财产转移的可能性较高，故应当特别予以打击。本条第 3 款就此规定，此时认定债务人和相对人之间是否存在不合理价格的交易时，不受第 2 款规定的 70%、30% 的限制。即使内部交易价格在交易时交易地的市场交易价或者指导价的 70%~130% 这个区间之内，并不必然是合理的交易价格。但是，不能反面解释认为内部交易必然是不合理的交易，为了避免打击合理的此类交易行为，还应当综合其他因素判断是不是不合理价格的内部交易。同时，第 3 款作出了与第 2 款不同的举证责任分配，对存在亲属关系和关联关系的交易当事人的反证责任提出了更高要求，法院只要查明交易当事人之间存在亲属关系或者关联关系、交易价格异常且损害债权的，一般情况下即可无视第2 款 70%、30% 的规定而直接作出交易价格明显不合理的推定，交易相对人如果否定此种推定，可以举出相反的事实和证据予以推翻。[③]

除此之外，基于该款所蕴含的特别打击不合理内部交易行为的价值考量，债务人和相对人之间存在内部关系，还会影响到债权人撤销权的其他构成。例如，

---

① 《德国支付不能法》第 138 条和美国统一州法委员会《统一可撤销交易法》第 1 条（8）也对内部关系作出了规定，其范围较广。例如，按照《德国支付不能法》第 138 条，在债务人实施行为后才缔结婚姻或者在行为前的最后一年内解除婚姻的相对人，仍然被认为与债务人存在内部关系；配偶的兄弟姐妹以及他们的配偶，或者与债务人一起处于家庭共同生活关系中或者在行为之前的最后一年内与债务人处于家庭共同生活关系中的相对人，同样被认为与债务人存在内部关系；与债务人有公司法上的联系或者有雇佣合同上的联系而具有了解其经济情况的可能性的人、合伙或者公司，与债务人同样存在内部关系。

② 参见最高人民法院民事审判第二庭、研究室编著：《最高人民法院民法典合同编通则司法解释理解与适用》，人民法院出版社 2023 年版，第 477 页。

③ 参见最高人民法院民事审判第二庭、研究室编著：《最高人民法院民法典合同编通则司法解释理解与适用》，人民法院出版社 2023 年版，第 476 页。

《民法典》第 539 条要求相对人为恶意，并将《合同法》第 74 条中的"知道"修改为"知道或者应当知道"，试图将相对人的恶意客观化，以相对减轻债权人的证明责任，使债权人撤销权能够发挥功效。但即使如此，相对人恶意的证明仍是非常麻烦的问题。为了避免过分影响交易安全，学说上多认为应由债权人对相对人的恶意承担举证责任[①]；但另有学说和一些立法例中认为，在债权人举证证明债务人存在诈害行为后，推定相对人恶意的存在，除非相对人举证证明债务人向其提供了诸如有重大投资回报利益急需资金等合理的正当理由而证明自己为善意，如果相对人对善意不能举证证明，则不能阻止撤销权的行使。[②] 能够相对协调两种观点的可能思路之一，就是根据具体的一些事实推定相对人为恶意，其中最为重要的是，在债务人和相对人存在内部关系从而相对人为内部人（insider）时，推定相对人存在恶意。[③] 在实践中也经常采取这种方式减轻债权人的举证责任。[④] 在破产撤销权中，基于同样的价值考量，即使完全不考虑相对人的善恶

---

① 参见黄薇主编：《中华人民共和国民法典合同编解读》（上册），中国法制出版社 2020 年版，第 270 页；韩世远：《合同法总论》（第四版），法律出版社 2018 年版，第 469 页。类似立法例，参见《法国民法典》第 1341—2 条。

② 参见杨巍：《合同法总论》，武汉大学出版社 2021 年版，第 227 页；最高人民法院民事审判第二庭、研究室编著：《最高人民法院民法典合同编通则司法解释理解与适用》，人民法院出版社 2023 年版，第 487 页；最高人民法院民法典贯彻实施工作领导小组主编：《中华人民共和国民法典合同编理解与适用》，人民法院出版社 2020 年版，第 538 页；[日] 我妻荣：《新订债权总论》，王燚译，中国法制出版社 2008 年版，第 171 页；[美] 杰伊·劳伦斯·韦斯特布鲁克等：《商事破产：全球视野下的比较分析》，王之洲译，中国政法大学出版社 2018 年版，第 92、94 页。相关立法例，参见《日本民法典》第 424 条第 1 款和美国统一州法委员会示范法《统一可撤销交易法》第 8 条（a）（b）。

③ 参见最高人民法院民事审判第二庭、研究室编著：《最高人民法院民法典合同编通则司法解释理解与适用》，人民法院出版社 2023 年版，第 477~478 页。相关立法例，参见德国《支付不能程序外的债务人法律上行为撤销法》第 3 条第 4 款以及《支付不能法》第 133 条第 2 款、美国统一州法委员会示范法《统一可撤销交易法》第 8 条（f）。美国统一州法委员会示范法《统一可撤销交易法》第 8 条（f）进一步规定，作为内部人的相对人可通过证明以下事由而证明自己为善意：（1）给付行为发生后，内部人向债务人给付了新的对价并有利于债务人，除非该新对价的给付本就为有效担保所担保；（2）给付行为在债务人和内部人之间属于正常营业或者财务范围内作出的；（3）给付行为是出于挽救债务人的善意而作出的，且该转让担保了内部人基于上述目的而支付的当前对价和债务人的在先债务。

④ 在关于与债权人撤销权密切相关的恶意串通规则的最高人民法院指导案例第 33 号中，裁判要点就将债务人和相对人是关联公司作为认定恶意串通的考量因素之一。直接关涉债权人撤销权的案例，参见最高人民法院（2021）最高法民申 1754 号民事裁定书（债务人和相对人是夫妻关系）、最高人民法院（2021）最高法民申 162 号民事裁定书（债务人是相对人的股东）、最高人民法院（2014）民提字第 22 号民事判决书（债务人的法定代表人是相对人的股东），湖北省恩施土家族苗族自治州中级人民法院（2021）鄂 28 民终 1456 号民事判决书（相对人是债务人男友的父母）、浙江省温州市中级人民法院（2015）浙温商终字第 2502 号民事判决书（债务人和相对人是母子关系）；类似的案例还有河南省淅川县人民法院（2021）豫 1326 民初 4417 号民事判决书、江苏省苏州市吴江区人民法院（原江苏省吴江市人民法院）（2021）苏 0509 民初 1875 号民事判决书、上海市高级人民法院（2010）沪高民二（商）终字第 24 号民事判决书。

意，债务人实施可被撤销的行为且其和相对人存在内部关系的，也可以考虑确立更长的临界期。①

（本条撰写人：朱　虎）

---

① 另外，美国统一州法委员会《统一可撤销交易法》第 5 条（b）将内部人交易作为诈害行为而非偏颇行为，但《破产法典》总体上仍然将之作为偏颇行为，仅针对债务人高管的"金色降落伞"现象设置了一个例外，即债务人对雇佣合同下的内部人员所作出的给付或者对后者有利的常规营业之外的给付，如交易所得对价低于合理对价，应认定为诈害行为［第 548 条（a）（1）（B）（ii）（Ⅳ）］。具体参见［美］查尔斯·J. 泰布：《美国破产法新论》（中册），韩长印等译，中国政法大学出版社 2017 年版，第 659～660页。在我国，将内部人交易一般作为诈害行为可能更为妥当。

其他不合理交易行为的认定

债务人以明显不合理的价格，实施互易财产、以物抵债、出租或者承租财产、知识产权许可使用等行为，影响债权人的债权实现，债务人的相对人知道或者应当知道该情形，债权人请求撤销债务人的行为的，人民法院应当依据民法典第五百三十九条的规定予以支持。

【本条主旨】

本条是对《民法典》第 539 条关于债权人撤销权中不合理价格转让或者受让行为的目的性扩张。

【关联规定】

1.《民法典》第 539 条　债务人以明显不合理的低价转让财产、以明显不合理的高价受让他人财产或者为他人的债务提供担保，影响债权人的债权实现，债务人的相对人知道或者应当知道该情形的，债权人可以请求人民法院撤销债务人的行为。

2.《企业破产法》第 31 条　人民法院受理破产申请前一年内，涉及债务人财产的下列行为，管理人有权请求人民法院予以撤销：

（一）无偿转让财产的；

（二）以明显不合理的价格进行交易的；

（三）对没有财产担保的债务提供财产担保的；

（四）对未到期的债务提前清偿的；

（五）放弃债权的。

【理解与适用】

一、可撤销行为的扩张

在债权人撤销权中，《合同法》第 74 条第 1 款仅规定了"以明显不合理的低价转让财产"，《合同法解释二》第 19 条第 3 款对此予以目的性扩张，增加了"债务人以明显不合理的高价收购他人财产"这种情形。《民法典》第 539 条在此基础上规定了"以明显不合理的低价转让财产、以明显不合理的高价受让他人财产"。但是，交易的类型多种多样，包括但不限于财产转让，以不合理价格进行的其他交易也同样能够减少债务人的责任财产，较之《企业破产法》第 31 条第 2 项规定的"以明显不合理的价格进行交易的"，《民法典》第 539 条所规定的可撤销的行为类型仍然较少。与《民法典》第 538 条所规定的"债权人以放弃其债权、放弃债权担保、无偿转让财产等方式无偿处分财产权益"这种列举加兜底的规范方式相比，《民法典》第 539 条也欠缺兜底规则，这导致存在规范漏洞。除了《民法典》第 410 条第 1 款所规定的以抵押财产折价抵债而抵押财产价值明显高于主债务而损害其他债权人利益的情形，实践中同样能够被撤销的还包括对价严重失衡的股权置换、低价出租、高价承租等诸多情形①，甚至还有不合理的协议抵销、以物抵债以及不合理对价的自益信托等。② 以出租财产为例，按照"买卖不破租赁"的原理，在执行时可能直接影响该财产的变价，对债权人利益影响巨大，实践中也存在债务人以自己没有所有权、使用权的财产出租的情形（典型例子如转租）。出租价格明显不合理，如未达到市场价的 70%，且影响债权人债权实现而相对人知道或者应当知道的，应以允许债权人撤销为宜。③ 因此，《民法典》第 539 条具有目的性扩张到"以明显不合理的价格进行交易"的

---

① 参见最高人民法院（2008）最高法民二终字第 23 号民事判决书，江苏省连云港市中级人民法院（2020）苏 07 民终 27 号民事判决书。

② 《最高人民法院关于当前商事审判工作中的若干具体问题》（2015 年）第九部分中即规定了可以撤销利用以物抵债恶意逃债的行为。《日本民法典》第 424 条之四规定了不合理的代物清偿情形，债权人可以就与其消灭债务额相当部分以外的部分行使撤销权。美国《破产法典》第 548 条（e）规定了自益信托可能构成诈害行为的情形；第 101 条（54）和 UVTA 第 1 条（16）认为可撤销的交易指各种处分或放弃财产或财产权益的行为，无论其行为是直接还是间接、是绝对的还是附条件的，包括金钱支付、免除、租赁、许可、创设担保或者其他负担。

③ 参见最高人民法院民事审判第二庭、研究室编著：《最高人民法院民法典合同编通则司法解释理解与适用》，人民法院出版社 2023 年版，第 482 页。

必要。[1]

本条对《民法典》第539条予以目的性扩张，将可被撤销的行为扩张至"债务人以明显不合理的价格，实施互易财产、以物抵债、出租或者承租财产、知识产权许可使用等行为"。具体而言，第一，根据实践案例增加了类型的列举，包括互易财产、以物抵债、出租或者承租财产、知识产权许可使用这些行为类型，只要存在明显不合理的价格，这些行为如同财产转让行为一样，都可以成为债权人撤销权的对象。其中，互易财产、以物抵债也属于《民法典》第539条规定的"转让财产"情形；出租或者承租财产、知识产权许可使用虽不属于严格意义上的转让财产行为，但仍然属于可能转移财产的交易行为，此时严格而言，应当是参照适用《民法典》第539条。第二，存在"等行为"的兜底，从而涵盖了所有的"以不明显不合理的价格进行交易"类型，例如不合理对价的协议抵销、自益信托等。在适用上，本条中的"以明显不合理的价格"，仍然应当依据本解释第42条予以认定。

除了不合理价格的交易，还有其他不合理条件的交易，这同样为相对人输送了利益，实质上减少了债务人的责任财产。例如，财产转让约定了合理价格，却约定支付期在10年后，这在债权人撤销权和破产撤销权中可能都难以解决。学理上也认为，在合理对价的交易情形中也可能存在可撤销的诈害行为，而被认为是不合理条件的交易，例如与明显缺乏履行能力者进行交易并先行履行义务。[2]《日本民法典》第424条之二即规定，即使存在合理对价，但如符合以下条件，仍构成可撤销的诈害行为：（1）因不动产之金钱折价及其他有关处分而致财产种类发生变更，其行为将使债务人作出隐匿、无偿赠与及其他有害债权人之处分（"隐匿等处分"）之虞现实发生；（2）债务人于其行为当时，就作为对价而取得之金钱及其他财产，有作出隐匿等处分之意思；（3）受益人于其行为当时，知道债务人有作出隐匿等处分之意思。在美国法中也认为，债务人的唯一流动资产是股份，其有意地将这些股份以合理对价出售给知情的相对人，换取了非流动性资产，失去了债权人能够轻易得到的资产，此时是为妨碍债权人进行

---

① 同样观点，参见朱广新、谢鸿飞主编：《民法典评注：合同编通则2》，中国法制出版社2020年版，第50~51页（本部分由丁宇翔撰写）。

② 参见朱广新：《合同法总则研究》（下册），中国人民大学出版社2018年版，第456页；其同时认为，此时应当将债务人的恶意作为考量因素之一。史尚宽先生曾经依据日本判例指出，将不动产变为易于消费之金钱，使债权人丧失确实之担保，苟债务人他无清偿债务之资力，其出卖即应推定为有害行为。参见史尚宽：《债法总论》，中国政法大学出版社2000年版，第489页。

股份转让，从而可被撤销。^① 因此，在债权人撤销权和破产撤销权中，都有将"以明显不合理的价格进行交易"进一步扩张至"以明显不合理的条件进行交易"的必要。^②

另外，如果债务人的行为经诉讼、仲裁、执行程序确认，此时债权人是否可以针对该行为行使撤销权？《破产法规定二》第15条规定，债务人经诉讼、仲裁、执行程序对债权人进行的个别清偿，管理人不得请求撤销，除非债务人与债权人恶意串通损害其他债权人利益。该规定仅适用于针对偏颇清偿的破产撤销权，有利于维持生效裁决的既判力。但是，经诉讼、仲裁、执行程序而完成的清偿仍然是清偿，仅是实现方式由当事人自愿调整为国家强制，但这并未改变行为的本质和背后的利益格局，似乎并不妨碍破产撤销权的行使^③；且由于恶意串通证明难度很高，有可能增加债务人和个别债权人之间通过虚假诉讼逃债的道德风险。《九民会议纪要》第120条将该规定扩展适用于针对诈害行为的债权人撤销权和破产撤销权，由此就会产生对债权人的救济问题，而享有撤销权的债权人不是《民事诉讼法》第59条规定的有独立请求权以及无独立请求权的第三人^④，本无权提起第三人撤销之诉，但考虑到第三人撤销之诉的立法目的是保护受错误生效裁判损害的未参加原诉的第三人的合法权益，故例外允许本来享有债权人撤销权和破产撤销权的债权人提起第三人撤销之诉。据此，至少在债务人和相对人的权利义务通过生效裁判文书确定的情形中^⑤，债权人的救济只能通过第三人撤销之诉实

① 参见［美］罗伯特·C. 克拉克：《公司法则》，林长远、徐庆恒译，工商出版社1998年版，第37页。
② 参见徐阳光、陈科林：《民法典视域下的破产撤销权》，载《人民司法·应用》2022年第4期，第7页。
③ 参见许德风：《破产法论：解释与功能比较的视角》，北京大学出版社2015年版，第375页。
④ 但是，也有案例认为债权人与前诉的处理结果具有法律上利害关系，具备以无独立请求权的第三人身份提起第三人撤销之诉的原告资格，参见最高人民法院（2017）最高法民终885号民事裁定书，载《最高人民法院公报》2020年第4期，第37~44页。另有观点认为享有撤销权的债权人在实体法上对原、被告双方的诉讼标的享有独立的请求权，在加入债务人和相对人之间的诉讼后，还可以直接影响本诉的诉讼标的、改变本诉的诉讼结果，对债务人和相对人的诉讼标的有独立的诉讼请求，不同于普通的债权人，其诉讼地位并非来源于相对性的债权而是源于撤销权，应当是有独立请求权的第三人，参见金印：《诉讼与执行对债权人撤销权的影响》，载《法学》2020年第11期，第38~41页。关于第三人撤销之诉的原告适格问题的讨论，参见刘东：《回归法律文本：第三人撤销之诉原告适格再解释》，载《中外法学》2017年第5期，第1295页以下；任重：《回归法的立场：第三人撤销之诉的体系思考》，载《中外法学》2016年第1期，第139页以下；王亚新：《第三人撤销之诉原告适格的再考察》，载《法学研究》2014年第6期，第132页以下；吴泽勇：《第三人撤销之诉的原告适格》，载《法学研究》2014年第3期，第148页以下。
⑤ 最高人民法院指导案例第152号进一步认为，债权人申请强制执行后，被执行人与他人在另外的民事诉讼中达成调解协议，放弃其取回财产的权利，并大量减少债权，严重影响债权人债权实现，符合债权人行使撤销权条件的，债权人对民事调解书具有提起第三人撤销之诉的原告主体资格。

现，而不能通过债权人撤销权和破产撤销权实现。①

二、"影响债权人的债权实现"的判断标准和举证责任

对于《民法典》第 539 条和本条所规定的"影响债权人的债权实现"这个要件，《合同法》第 74 条的表述是"对债权人造成损害"，"影响债权人的债权实现"这个表述更为具体化。关于该要件的判断标准，目前通说采取"无资力说"，且债务人的无资力状态是在债务人实施行为时即已发生，且在债权人行使撤销权时仍然持续。② 该标准与《企业破产法》第 2 条第 1 款所规定的破产原因，即"不能清偿到期债务，并且资产不足以清偿全部债务或者明显缺乏清偿能力的"，没有本质差异。③ 此时，《破产法规定一》第 3、4 条可以适用于"影响债权人的债权实现"这个要件的判断中。④ 例如，在实践中，债务人是否具有资力一般进入执行程序中才能够确定，所以很多案例将在债权人对债务人取得生效裁判文书并进入执行程序后，因无可供执行的财产而终结本次执行裁定作为判断标准。⑤ 这与《破产法规定一》第 4 条第 3 项中的"经人民法院强制执行，无法清偿债

---

① 但是，从学理上而言，债权人并未参加到债务人和相对人之间的诉讼程序中，债务人和相对人之间的生效裁判缺少直接约束债权人的形式结构和实质理由，并未对撤销权本身作出终局确认和判定，而撤销权恰恰建立在肯定债务人和相对人之间的行为有效性的基础上，对后者进行确认或者判定的生效裁判不能排除和阻却债权人撤销权。从实践而言，对比第三人撤销之诉和撤销权，前者行使期限是较短的 6 个月，构成要件包括不能归责于本人的事由未参加诉讼、有证据证明生效裁决内容错误，并且存在限制第三人撤销之诉胜诉的现实倾向，因此，仅通过第三人撤销之诉对债权人进行救济存在诸多不足。既然如此，对债权人而言，至少应当允许撤销权这种实体救济和第三人撤销之诉这种程序性救济不相互排斥，即使债务人的行为经诉讼、仲裁、执行程序确认，并不能当然排除债权人撤销权和破产撤销权。具体参见金印：《诉讼与执行对债权人撤销权的影响》，载《法学》2020 年第 11 期，第 42～47 页；王洪亮：《〈民法典〉第 538 条（撤销债务人无偿行为）评注》，载《南京大学学报（哲学·人文科学·社会科学）》2021 年第 6 期，第 149～150、151～152 页。在境外立法例和学说中，多认为债权人撤销权和破产撤销权不应因债务人法律上的行为已获得可执行的债务名义或已通过强制执行而被排除，Vgl. MünchKomm AnfG/Weinland，2022，§10 Rn. 4.；德国《支付不能法》第 141 条和《撤销法》第 10 条，《日本破产法》第 75 条。

② 参见韩世远：《合同法总论》（第四版），法律出版社 2018 年版，第 464～465 页；杨代雄主编：《袖珍民法典评注》，中国民主法制出版社 2022 年版，第 476 页（本部分由陈岳撰写）。实践案例，参见最高人民法院（2020）最高法民申 2757 号民事裁定书、最高人民法院（2009）最高法民二提字第 58 号民事判决书、山东省淄博市张店区人民法院（2021）鲁 0303 民初 11123 号民事判决书、广东省东莞市中级人民法院（2011）东中法民四终字第 82 号民事判决书。

③ 参见许德风：《破产法论：解释与功能比较的视角》，北京大学出版社 2015 年版，第 370 页。美国 UVTA 第 2 条（a）的标准从效果上看与《破产法典》第 101 条（32）（A）的标准也基本是一致的。

④ 崔建远教授认为，不宜采取债务人的正资产与负债简单地对比数量的判断方法，而应树立只要债务人可控制或曰可支配的财产不足以清偿到期债权的观念，参见崔建远：《合同法》（第四版），北京大学出版社 2021 年版，第 194 页。这与《破产法规定一》第 4 条第 1 项中的"因资金严重不足或者财产不能变现等原因，无法清偿债务"类似。

⑤ 参见最高人民法院（2015）民申字第 2115 号民事裁定书、陕西省高级人民法院（2022）陕民申 1816 号民事裁定书。

务"类似。但需要注意的是，上述标准仅是标准之一，即使不具备该标准，但符合其他标准的，仍可以认为构成"影响债权人的债权实现"。例如，债务人已经被强制执行，但根据执行进展情况被判决判定的债权绝大部分尚未执行到位，被保全的多项财产尚不能确定价值，后续在执行款项分配上也存在他人参与分配的可能性，使债权人的债权受偿有较大的不确定，此时也可认为构成"影响债权人的债权实现"①。但是，债务人内部的股权变动不能构成"影响债权人的债权实现"②；债务人企业剥离出优质资产与他人组建新公司，按照《最高人民法院关于审理与企业改制相关的民事纠纷案件若干问题的规定》第7条，新设公司应当在所接收的财产范围内与原企业共同承担连带责任，这意味着，债权人的债权实现一般不会受到影响。③

在债权人撤销权中，债权人除应当证明债务人实施了诈害行为外，对该行为"影响债权人的债权实现"也要承担举证责任。④ 即使可根据上文所述标准对"影响债权人的债权实现"予以证明，但该要件的证明仍存在诸多困难，毕竟债权人通常较难证明债务人的全部资产负债状况。此时，如果债务人主张其在进行相关交易行为后，仍然具有清偿债权人全部债权的能力，不影响债权人债权的实现，债务人也应承担行为意义上的证明责任。⑤ 还可进一步考虑，只要债务人不履行到期债务且存在诈害行为，就转而由债务人证明其行为未对债权人造成损害。⑥

（本条撰写人：朱　虎）

---

① 北京市西城区人民法院（2021）京0102民初33585号民事判决书。
② 最高人民法院（2015）民申字第1953号民事裁定书。
③ 《最高人民法院关于哈尔滨百货采购供应站申请破产一案的复函》（法函〔1995〕48号）就涉及此种情形，其认为，具体处理方式上可以采取整体转让新设公司或以债权人的债权作为股份依法组成规范化的公司，如上述两种具体处理方式均不可行，可将新设公司的现有全部财产及债务纳入债务人破产清偿范围内。目前就此似乎可以采取最高人民法院指导案例第163、164、165号所采取的实质合并破产。
④ 《合同编通则解释》（征求意见稿）第44条曾经规定了撤销权诉讼中的举证责任："撤销权诉讼中，债权人应当对债务人实施了民法典第五百三十八条、第五百三十九条规定的行为，以及该行为影响债权人的债权实现承担举证责任。债权人依据民法典第五百三十九条规定提起撤销权诉讼的，还应当对债务人的相对人知道或者应当知道债务人实施的相应行为影响债权人的债权实现承担举证责任。"该规定在正式稿中被删除。
⑤ 参见最高人民法院民事审判第二庭、研究室编著：《最高人民法院民法典合同编通则司法解释理解与适用》，人民法院出版社2023年版，第487页。
⑥ 参见《江苏省高级人民法院关于适用〈中华人民共和国合同法〉若干问题的讨论纪要（一）》（2005）第八条、江苏省徐州市中级人民法院（2010）徐民终字第841号民事判决书。美国UVTA第2条（b）规定，原则上采取债务总额大于资产总额的做法，但债务人未按期清偿债务，除非是善意争议的结果，即应推定资不抵债，由债务人证明自己不破产的可能性更大。《葡萄牙民法典》第611条甚至明确规定，就债务人拥有较之债务金额等值或者更高价值的可查封财产，由债务人或对维持有关行为有利害关系之第三人举证。

债权人撤销权诉讼的
当事人、管辖和合并审理

债权人依据民法典第五百三十八条、第五百三十九条的规定提起撤销权诉讼的，应当以债务人和债务人的相对人为共同被告，由债务人或者相对人的住所地人民法院管辖，但是依法应当适用专属管辖规定的除外。

两个以上债权人就债务人的同一行为提起撤销权诉讼的，人民法院可以合并审理。

【本条主旨】

本条是关于债权人撤销权诉讼中的当事人、管辖和合并审理规则。

【关联规定】

1. 《民事诉讼法》第22条　对公民提起的民事诉讼，由被告住所地人民法院管辖；被告住所地与经常居住地不一致的，由经常居住地人民法院管辖。

对法人或者其他组织提起的民事诉讼，由被告住所地人民法院管辖。

同一诉讼的几个被告住所地、经常居住地在两个以上人民法院辖区的，各该人民法院都有管辖权。

2. 《民事诉讼法》第55条　当事人一方或者双方为二人以上，其诉讼标的是共同的，或者诉讼标的是同一种类、人民法院认为可以合并审理并经当事人同意的，为共同诉讼。

共同诉讼的一方当事人对诉讼标的有共同权利义务的，其中一人的诉讼行为经其他共同诉讼人承认，对其他共同诉讼人发生效力；对诉讼标的没有共同权利义务的，其中一人的诉讼行为对其他共同诉讼人不发生效力。

3.《民事诉讼法》第 135 条 必须共同进行诉讼的当事人没有参加诉讼的，人民法院应当通知其参加诉讼。

4.《最高人民法院关于适用〈中华人民共和国民事诉讼法〉的解释》（2022 年修正）第 73 条 必须共同进行诉讼的当事人没有参加诉讼的，人民法院应当依照民事诉讼法第一百三十五条的规定，通知其参加；当事人也可以向人民法院申请追加。人民法院对当事人提出的申请，应当进行审查，申请理由不成立的，裁定驳回；申请理由成立的，书面通知被追加的当事人参加诉讼。

5.《最高人民法院关于适用〈中华人民共和国民事诉讼法〉的解释》（2022 年修正）第 221 条 基于同一事实发生的纠纷，当事人分别向同一人民法院起诉的，人民法院可以合并审理。

【理解与适用】

一、债权人撤销权诉讼的当事人和管辖

在债权人撤销权诉讼中，原告当然是提起撤销权诉讼的债权人[①]，但是，债务人和相对人在撤销权诉讼中的地位有很大的争议。根据《合同法解释一》第24 条，债务人是被告，而相对人（受益人或者受让人）是第三人，债权人未将相对人列为第三人的，人民法院可以追加该相对人为第三人。但是，对此一直存在不同观点，认为应当区分情形，在所要撤销的行为是双方行为或者相对人负有返还义务时，相对人能够作为被告。[②] 在很多比较立法例中，撤销权诉讼的被告是相对人而非债务人[③]；我国实践中，债权人请求追回转移财产时，将债务人和

[①] 应当注意的是，在破产撤销权中，原告应当列为"××公司管理人"，管理人作为代表人参加诉讼。并且，行使破产撤销权是管理人的职责，无须债权人会议表决或授权；但是，当管理人认为不宜提起破产撤销权诉讼时，应当向债权人会议报告并说明理由，由债权人会议决定是否提起诉讼。

[②] 参见最高人民法院民法典贯彻实施工作领导小组主编：《中华人民共和国民法典合同编理解与适用》，人民法院出版社 2020 年版，第 531 页；朱广新、谢鸿飞主编：《民法典评注：合同编通则 2》，中国法制出版社 2020 年版，第 46 页（本部分由丁宇翔撰写）；王利明：《合同法研究》（第二卷）（第三版），中国人民大学出版社 2015 年版，第 148～149 页。

[③] 参见《日本民法典》第 424 条之七；[日] 我妻荣：《新订债权总论》，王燚译，中国法制出版社2008 年版，第 184 页；[德] 弗里茨·鲍尔、霍尔夫·施蒂尔纳、亚历山大·布伦斯：《德国强制执行法》（上册），王洪亮、郝丽燕、李云琦译，法律出版社 2019 年版，第 536～537 页。

相对人列为共同被告也很常见。① 本条第 1 款则明确规定债务人和相对人为共同被告。

对债务人而言，其是所撤销行为的行为人，也可能作为利益返还的受领主体，此时债务人作为被告是具有正当性的，以保障其诉讼权和程序参与权。② 更为重要的是相对人。依据《破产法规定二》第 9 条的规定，管理人提起破产撤销权诉讼的，有权请求撤销涉及债务人财产的相关行为并由相对人返还债务人财产。在破产撤销权诉讼中，一般认为相对人得为被告，不列债务人为被告。③ 在债权人撤销权中，即使债务人的行为是单方行为，但相对人仍为受益人，仍然是债务人和相对人之间的行为，裁判效力应当直接及于相对人，而不只是案件的处理结果与相对人有利害关系。将相对人作为无独立请求权的第三人，依据《民事诉讼法》第 59 条第 2 款（"对当事人双方的诉讼标的，第三人虽然没有独立请求权，但案件处理结果同他有法律上的利害关系的，可以申请参加诉讼，或者由人民法院通知他参加诉讼。人民法院判决承担民事责任的第三人，有当事人的诉讼权利义务"）和《民事诉讼法解释》第 82 条（"在一审诉讼中，无独立请求权的第三人无权提出管辖异议，无权放弃、变更诉讼请求或者申请撤诉，被判决承担民事责任的，有权提起上诉"），如果未判决相对人承担责任，其无权上诉，但判决效力及于相对人，并不妥当；如果承认撤销权诉讼产生相对人返还的法律效果，则相对人是直接的义务主体。④ 将相对人作为无独立请求权的第三人，其权利是完全依附在被告即债务人身上的，如果债务人怠于行使诉讼权利，将会对相对人的权利保护带来不利影响。⑤ 同时，在第三人撤销之诉中，根据《民事诉讼法解释》第 296 条，即将生效判决、裁定、调解书的当事人列为被告，债权人撤

---

① 参见北京市第一中级人民法院（2020）京 01 民辖终 274 号民事判决书、陕西省西安市雁塔区人民法院（2021）陕 0113 民初 22396 号民事判决书、湖南省邵阳市大祥区人民法院（2020）湘 0503 民初 2038 号民事判决书。

② 其他立法例中，将债务人作为法律利害关系第三人，债务人如未受事前诉讼告知而无机会申请参加或者法院依职权通知参加，而未能有参与程序的机会，则可以提起第三人撤销之诉作为救济；如债务人不提起第三人撤销之诉，可以认为其有怠于行使权利的情形，其他债权人可代位债务人提起该诉讼。具体参见沈冠伶：《债务清理程序之撤销权制度与撤销诉讼》，载《台大法学论丛》2011 年第 3 期，第 1196～1197 页。

③ 参见王欣新：《破产撤销权研究》，载《中国法学》2007 年第 5 期，第 153 页；乔博娟：《论破产撤销权的行使》，载《法律适用》2014 年第 5 期，第 47 页。《上海市高级人民法院破产审判工作规范指引》第 89 条和《广东省高级人民法院关于审理企业破产案件若干问题的指引》第 55 条对此明确规定。

④ 参见张永泉：《必要共同诉讼类型化及其理论基础》，载《中国法学》2014 年第 1 期，第 225～226 页。

⑤ 参见最高人民法院民事审判第二庭、研究室编著：《最高人民法院民法典合同编通则司法解释理解与适用》，人民法院出版社 2023 年版，第 493 页。

销权和第三人撤销之诉的背后法理是相通的。因此，将相对人作为被告更为妥当。本条第1款明确修正了《合同法解释一》中的观点，不区分债务人行为为单方行为和双方行为，而将债务人和相对人作为共同被告。如果相对人破产，债权人可以向相对人的破产管理人主张债权人撤销权。①

同时，根据本条第1款，债权人提起撤销权诉讼的，"应当"以债务人和相对人为共同被告，这似乎意味着此时是固有的必要共同诉讼。② 此时，债务人或者相对人之一没有参加诉讼的，法院应当依据《民事诉讼法》第135条通知其参加诉讼，当事人也可以依据《民事诉讼法解释》第73条申请法院追加。

由于债务人和相对人诉讼当事人地位的变化，撤销权诉讼的管辖也相应发生变化。在《合同法解释一》的规定中，撤销权诉讼的被告是债务人，而相对人为第三人，因此，《合同法解释一》第23条规定由被告住所地也即债务人住所地法院管辖。但是，在本条第1款中，债务人和相对人为共同被告，根据《民事诉讼法》第22条第3款（"同一诉讼的几个被告住所地、经常居住地在两个以上人民法院辖区的，各该人民法院都有管辖权"），由债务人或者其相对人的住所地人民法院管辖。当然，专属管辖优先于一般管辖，当两者管辖不一致时，应当适用专属管辖，故本条第1款明确规定"但是依法应当适用专属管辖规定的除外"。

另外，债权人撤销权的行使不受债务人和相对人之间的约定管辖和仲裁的限制。③ 撤销权诉讼处理的争议系债务人和相对人之间的行为本身是否符合撤销权行使条件而应予撤销，并非该行为形成的原因关系或基础法律关系，债务人和相对人之间协议约定的管辖或者仲裁条款针对的是债务人和相对人之间行为形成的原因关系或基础法律关系所产生的争议；债权人系以自己的名义提起撤销权诉讼，并非债务人和相对人之间协议的当事人，不受债务人和相对人协议的约束。

需要注意的是，无论是债权人撤销权还是破产撤销权，《民法典》和《企业破产法》均未规定连续转让中的转得人问题。对此，有的观点认为构成法律漏洞，应予补充④；有的观点认为不存在法律漏洞，善意取得规则能够使转得人对

---

① MünchKomm AnfG/Weinland, 2022, Ein. Rn. 11.；王洪亮：《〈民法典〉第538条（撤销债务人无偿行为）评注》，载《南京大学学报（哲学·人文科学·社会科学）》2021年第6期，第137页。

② 相关立法例，参见《路易斯安那民法典》第2042条。当然，这不妨碍将其他人作为诉讼第三人，例如，撤销债务人转让公司股权的行为，股权转让方和受让方作为共同被告，而将公司本身作为诉讼第三人，可以在判决主文中直接确定公司配合执行股权回转登记的义务，这更有利于对债权人利益的保障。

③ 参见最高人民法院民事审判第二庭、研究室编著：《最高人民法院民法典合同编通则司法解释理解与适用》，人民法院出版社2023年版，第494页。

④ 参见朱广新、谢鸿飞主编：《民法典评注：合同编通则2》，中国法制出版社2020年版，第73～74页（本部分由丁宇翔撰写）。

抗债权人的返还请求。① 《合同编通则解释》（征求意见稿）第 46 条曾规定了连续转让中的转得人规则：在符合债权人撤销权构成要件的前提下，转得人从相对人处无偿取得，或者通过不合理交易取得且转得人为恶意的，债权人可以一并撤销相对人的行为（转得行为），此时能够请求转得人返还。② 但该条在正式稿中被删除。问题的关键是善意取得规则能否解决连续转让中的转得人问题。③ 首先，善意取得规则的适用范围有限，对转让或者设立物权、转让股权等能够解决善意转得人保护问题，但对债权转让等情形，可能无法适用。其次，即使符合善意取得的构成要件，实体法保护和实现该保护的程序机制也并不矛盾，即使在程序法上认为在诉讼系属前转移争议的民事权利义务时既判力发生扩张，但这仍然无法完全解决转得人是否符合善意取得要件的问题，而如果允许对转得人同时提起诉讼，则撤销权人可以针对转得人取得执行根据。④ 为实现债权人保护和转得人利益之间的平衡，债权人可以一并撤销相对人的行为（转得行为）并请求转得人返还，仍具有正当性。在破产撤销权中，也可以采取同样观点。⑤ 此时，对于利益返还的请求（给付之诉）而言，相对人和转得人也同样可以作为共同被告，更可能构成类似的必要共同诉讼。债权人可以选择请求相对人价值返还，或者选择请求转得人原物返还⑥；甚至可以同时请求相对人价值返还和转得人原物返还，在价值返还无法实现的情况下由转得人原物返还，此时构成主观的预备性诉的合并。当然，如果转得人通过继承等概括继受方式从相对人处取得，无论是债权人撤销权还是破产撤销权，债权人都应当能够向该等转得人主张。⑦ 在目前规

---

① 参见崔建远主编：《合同法》（第四版），北京大学出版社 2021 年版，第 202～203 页（但也认为特设转得人规则优点更多）；龙俊：《民法典中的债之保全体系》，载《比较法研究》2020 年第 4 期，第 129 页。

② 相关立法例，参见《日本民法典》第 424 条之五、《葡萄牙民法典》第 613 条、德国《撤销法》第 15 条第 2 款、美国 UVTA 第 8 条（b）（1）（ii）。

③ 对该条的反对意见，参见最高人民法院民事审判第二庭、研究室编著：《最高人民法院民法典合同编通则司法解释理解与适用》，人民法院出版社 2023 年版，第 511 页。

④ 有观点认为，在涉及转得人时，债权人面临转得人再次转让相关财产以及可能构成善意取得的"不确定危险"，提起确认之诉对消除该危险具备有效性，因此，债权人有必要提起以债务人和相对人为共同被告的撤销之诉，同时提起以相对人和转得人为共同被告的确认无效之诉，并依赖诉之合并管辖理论对两诉合并审理。参见夏志毅：《〈民法典〉时代债权人撤销之诉的解释论》，载《烟台大学学报（哲学社会科学版）》2022 年第 6 期，第 30～31 页。

⑤ 相关立法例，参见德国《支付不能法》第 145 条第 2 款（与德国《撤销法》第 15 条第 2 款一致）、美国《破产法典》第 550 条（a）（b）[与 UVTA 第 8 条（b）（1）（ii）一致]。

⑥ 参见《日本民法典》第 424 条之六。

⑦ 相关立法例，参见德国《撤销法》第 15 条第 1 款和《支付不能法》第 145 条第 2 款。具体参见〔德〕乌尔里希·福尔斯特：《德国破产法》，张宇晖译，中国法制出版社 2020 年版，第 195 页。

定的情况下，实践中仍然可以考虑采取其他方式。例如，在股权转让方、受让方均非善意的情况下连续两次转让，最终对债权人造成了损害，该两次转让应被视为债务人在他人配合下故意减少责任财产的一个行为整体，应当予以撤销。①

另外，在存在转得人的情形中，撤销权诉讼将直接涉及转得人的利益，撤销权诉讼的结果可能导致转得人失去保有其基于转得行为取得的财产的法律依据，当债权人提起撤销权诉讼时，法院可以追加转得人为第三人。②

二、多个债权人就债务人同一行为提起撤销权诉讼

《合同法解释一》第 25 条第 2 款规定："两个或者两个以上债权人以同一债务人为被告，就同一标的提起撤销权诉讼的，人民法院可以合并审理。"本条第 2 款延续了上述规定的精神，仅作了语词调整。

在债务人有多个债权人的情况下，其中一个债权人针对债务人的某一行为提起撤销权诉讼之后，其他债权人也针对债务人的同一行为提起撤销权诉讼的，根据本条第 2 款的规定，法院可以合并审理，以便对撤销权的构成要件、范围限制等问题作出综合判断，有利于解决纠纷，简化诉讼程序，降低诉讼成本。同时，法院是"可以"合并审理，而非"应当"合并审理，如果法院根据债权人请求的实际内容，结合案件的具体情况，认为合并审理并不能简化诉讼程序，反而会给案件的处理增加困难，或者不利于当事人、第三人以及其他诉讼参与人进行诉讼，法院也可以作出不合并审理的决定。③

需要注意的是，多个债权人针对债务人的同一行为提起多个撤销权诉讼，即使在合并之后，这些撤销权诉讼仍然是相互独立的，互不影响。④ 如果在其中一个债权人的撤销权诉讼中，该债权人被判决败诉，该判决效力不能当然扩张至其他债权人。其中一个债权人先行提起撤销权诉讼，其仅是因自己债权而行使撤销权，并非基于为全体债权人的目的而就全部债权行使权利，故并非其他债权人的法定诉讼担当人。并且，因其他债权人并未参与到该诉讼中，所以他们不应因此

---

① 参见最高人民法院（2017）最高法民申 1807 号民事裁定书、福建省高级人民法院（2018）闽民申 3856 号民事裁定书、浙江省温州市中级人民法院（2017）浙 03 民终 1048 号民事判决书。如果采取此种观点，则相对人和转得人之间构成固有的必要共同诉讼。

② 参见最高人民法院民事审判第二庭、研究室编著：《最高人民法院民法典合同编通则司法解释理解与适用》，人民法院出版社 2023 年版，第 496 页。

③ 参见最高人民法院民事审判第二庭、研究室编著：《最高人民法院民法典合同编通则司法解释理解与适用》，人民法院出版社 2023 年版，第 495 页。

④ 但是，也有观点认为此时是类似的必要共同诉讼。参见江伟、肖建国：《民事诉讼法》（第八版），中国人民大学出版社 2019 年版，第 141 页。

承受不利益，否则有剥夺其他债权人程序权利之虞。《日本民法典》第 425 条规定 "认可诈害行为撤销请求之确定判决，对债务人及其全体债权人亦有其效力"，也仅承认了有利扩张。因此，其中一个债权人提起的撤销权诉讼的判决，对其他债权人，最多也只能是有利扩张，而不能作不利扩张。

（本条撰写人：朱　虎）

债权人撤销权的行使范围及"必要费用"的认定

在债权人撤销权诉讼中，被撤销行为的标的可分，当事人主张在受影响的债权范围内撤销债务人的行为的，人民法院应予支持；被撤销行为的标的不可分，债权人主张将债务人的行为全部撤销的，人民法院应予支持。

债权人行使撤销权所支付的合理的律师代理费、差旅费等费用，可以认定为民法典第五百四十条规定的"必要费用"。

【本条主旨】

本条是关于债权人撤销权行使的范围与必要费用的认定的具体规则。

【关联规定】

1. 《民法典》第 540 条　撤销权的行使范围以债权人的债权为限。债权人行使撤销权的必要费用，由债务人负担。

2. 《最高人民法院关于适用〈中华人民共和国企业破产法〉若干问题的规定（二）》第 13 条　破产申请受理后，管理人未依据企业破产法第三十一条的规定请求撤销债务人无偿转让财产、以明显不合理价格交易、放弃债权行为的，债权人依据民法典第五百三十八条、第五百三十九条等规定提起诉讼，请求撤销债务人上述行为并将因此追回的财产归入债务人财产的，人民法院应予受理。

相对人以债权人行使撤销权的范围超出债权人的债权抗辩的，人民法院不予支持。

【理解与适用】

一、撤销权的行使范围

依据《民法典》第 540 条的规定，撤销权的行使范围以债权人的债权为限。债权人行使撤销权的范围仅以该债权人的债权为限，不以所有债权人的债权为限。事实上，撤销权的行使范围与法律后果相配套。如果强调撤销权的共益性进而在法律后果上采取"入库"规则，则撤销权的行使范围不应限于撤销权人的债权。反之，如果强调撤销权的私益性而在法律后果上不采取"入库"规则，则撤销权的行使范围是撤销权人的特定债权。[①] 同时，如果以所有债权人的债权为限，则实践中难以操作，行使撤销权的债权人要以所有债权人的债权来行使撤销权，不仅必须掌握债务人还有哪些债权人、债权数额多少，而且需确认其他债权人对债务人的债权是否合法成立、是否能得到法院的确认以及确认的数额等，这对行使撤销权的债权人而言一般无法做到这一点。[②] 并且，债权人以所有债权人的债权额行使撤销权，不符合民事诉讼法"不告不理"原则。假如行使撤销权的债权人知道自己的债务人有其他债权人，其他债权人不主张或怠于主张权利，在此情况下，行使撤销权的债权人首先必须征得其他债权人的同意，取得其他债权人行使其撤销权的委托授权；否则，行使撤销权的债权人无权以他人的债权提起撤销权诉讼。[③] 但需要注意的是，与代位权诉讼中请求债务人的相对人向其给付不同，撤销权诉讼的标的是撤销债务人的诈害行为，此时债权人对债务人的债权数额可能尚未确定，所以对于以债权人的债权为限的判断标准不应像代位诉讼那样严苛。[④]

本条第 1 款进一步规定，被撤销行为的标的可分，当事人主张在受影响的债权范围内撤销债务人的行为的，人民法院予以支持。该规则进一步明确，既然债权人撤销权的目的在于保障撤销权人所享有的债权，则撤销权的行使范围是以

[①] 《日本民法典》第 424 条之八就撤销权行使范围也采取了类似观点，这恰恰与第 424 条之九所规定的债权人直接受领相对人履行而向债务人主张抵销以实现事实上的优先受偿相配套，否则即有过度介入之嫌。

[②] 参见最高人民法院民事审判第二庭、研究室编著：《最高人民法院民法典合同编通则司法解释理解与适用》，人民法院出版社 2023 年版，第 500 页。

[③] 参见最高人民法院民事审判第二庭、研究室编著：《最高人民法院民法典合同编通则司法解释理解与适用》，人民法院出版社 2023 年版，第 500 页。

[④] 参见最高人民法院民事审判第二庭、研究室编著：《最高人民法院民法典合同编通则司法解释理解与适用》，人民法院出版社 2023 年版，第 501 页。

"债权人的债权"为限；但在该限度内，还应重点考虑撤销权人的债权受影响的范围。因此，撤销权的行使不仅应在债权人的债权额内，还应当在债权不能实现的范围内，比如撤销权人的债权有合法有效的抵押，对该部分抵押财产对应的债权数额应予扣减，以在债权保障和债务人行为自由之间取得平衡。^① 在实践中，撤销权人的债权额相对容易查清，但确定债权不能实现的范围需要先查清债务人尚有财产的价值以及第三人为债权提供担保的情况（包括担保物的价值、担保人的资力等），这在诉讼中可能较为困难。但可以考虑通过证明责任规则对此加以缓和，债权人只需证明债权额，债务人、相对人若主张在此基础上进行扣减，需自行证明债务人尚有财产的价值以及第三人为债权提供担保的情况，若其不能完成这一证明责任，则法院应判决以撤销权人的债权额为限撤销。另外，在不合理的代物清偿情形中，相对人所受给付的价额相对于消灭的债务额而言过多的，债权人仅得就与消灭的债务额相当部分之外的部分请求撤销。^②

本条第1款同时明确，只有在被撤销行为的标的不可分时，债权人才有权主张将债务人的行为全部撤销。^③ 这时，虽然在结果上超过了债权人的债权数额，但考虑到债务人的行为不具有正当性，而相对人要么是不需要保护（无偿行为时），要么是不值得保护（有偿行为时其为恶意），且行为标的不可分，在价值上向债权人适当倾斜是妥当的。这在其他司法解释中也有体现，例如《最高人民法院关于人民法院办理财产保全案件若干问题的规定》第15条规定：可供保全的土地、房屋等不动产的整体价值明显高于保全裁定载明金额的，人民法院应当对该不动产的相应价值部分采取查封、扣押、冻结措施，但该不动产在使用上不可分或者分割会严重减损其价值的除外。

另外，还有以下问题值得进一步研究：第一，在判断是否"不可分"时，除了根据物理性质不可分，是否要考虑根据债务人和相对人的目的而不可分，例如，股权转让行为被撤销，部分撤销股权转让合同后剩余股权的转让行为是否仍

---

① 参见最高人民法院民法典贯彻实施工作领导小组主编：《中华人民共和国民法典合同编理解与适用》，人民法院出版社2020年版，第542页。

② 参见《日本民法典》第424条之四。

③ 学理观点，参见崔建远：《合同法》（第四版），北京大学出版社2021年版，第204页；黄薇主编：《中华人民共和国民法典合同编解读》（上册），中国法制出版社2020年版，第271页；朱广新、谢鸿飞主编：《民法典评注：合同编通则2》，中国法制出版社2020年版，第57页（本部分由丁宇翔撰写）；韩世远：《合同法总论》（第四版），法律出版社2018年版，第471页。实践观点，参见《江苏省高级人民法院关于适用〈中华人民共和国合同法〉若干问题的讨论纪要（一）》（2005年）第10条。相关案例，参见四川省高级人民法院（2017）川民再6号民事判决书、福建省高级人民法院（2016）闽民终972号民事判决书、江苏省常州市中级人民法院（2017）苏04民终93号民事判决书。相关立法例，参见《日本民法典》第424条之八。

然符合缔约目的。第二，即使债务人的行为所涉财产不可分，且财产价值大于撤销权人的债权额，但是，如果相对人除所涉财产外还有足够资力，是否可以考虑不采取原物返还而是价值返还方式，从而使撤销权人以债权为限行使撤销权，而相对人在撤销权人的债权额范围内负有价值返还义务。①

二、"必要费用"的认定和负担

《民法典》第 540 条中规定，债权人行使撤销权的必要费用，由债务人负担。《合同法解释一》第 26 条规定了必要费用的范围包括"律师代理费、差旅费等"。本条第 2 款延续了这一范围，但增加了"合理的"这一限制。

在必要费用中，明确列举的差旅费并无太大争议。可能争议较大的是律师代理费。在一般的债权债务纠纷中，法院一般不支持胜诉方的律师代理费请求，但是，在撤销权诉讼中，即使在《民法典》实施后，很多法院仍然根据《合同法解释一》第 26 条的规定，认定合理的律师代理费属于债权人行使撤销权的必要费用。但对尚未实际发生的律师费用（例如风险代理提成等）通常不予支持。② 因此，本条第 2 款在《合同法解释一》第 26 条的基础上，仍然明确规定了撤销权诉讼中合理的律师代理费属于必要费用。毕竟，在撤销权诉讼中，实质是债权人帮助债务人要回了财产，故由债务人承担合理的律师代理费有其正当性基础，也有利于调动债权人行使撤销权的积极性。③ 同时，除了合理的律师代理费和差旅费，本条第 2 款还规定了兜底，一般包括为确定财产价值而发生的评估费用、针对处分标的所采取的财产保全费用以及为查明债务人诈害行为所支出的调查取证费用等必要费用。

《合同法解释一》第 26 条规定了债务人负担必要费用的同时，还规定了"第三人有过错的，应当适当分担"。本条第 2 款并未规定这一内容。可能的原因是，《民法典》第 540 条仅规定必要费用由债务人负担，未规定由第三人分担，因此，如保留上述规定，可能有突破法律之嫌，且"适当分担"究竟是承担连带责任还

---

① 参见陈洸岳：《债权人撤销权之范围及内容》，载《月旦裁判时报》2015 年第 11 期，第 13～14 页。

② 参见北京市西城区人民法院（2021）京 0102 民初 5560 号民事判决书。当然，这里涉及法政策的考量，是鼓励当事人积极寻找法律专业人士而使法院仅居中裁判，以更好贯彻当事人主义，还是当事人仅阐述事实和提出请求而将法律问题交给法院，从而有一些职权主义的考量，以及对律师作为利益团体之一在社会发展中的地位和作用如何考量。

③ 参见最高人民法院民事审判第二庭、研究室编著：《最高人民法院民法典合同编通则司法解释理解与适用》，人民法院出版社 2023 年版，第 499 页。

是承担按份责任，还需进一步研究。① 但是，撤销权行使的必要费用由债务人承担和相对人适当分担，有助于增加债务人和相对人实施诈害行为的成本，否则对债务人和相对人而言，实施诈害行为而被撤销的不利后果仅是回到诈害行为前，这无法完全避免债务人和相对人实施诈害行为进而期待债权人不会发现，或者期待债权人行使撤销权不会取得胜诉。因此，在相对人确有明知债务人行为损害债权等过错时，债权人似乎仍可依据《民法典》第 1165 条第 1 款向相对人主张承担适当费用；并且，一般可以认为此时债务人和相对人共同实施了行为造成了债权人损害，依据《民法典》第 1168 条，债务人和相对人对此承担连带责任。

（本条撰写人：朱　虎）

---

① 参见最高人民法院民事审判第二庭、研究室编著：《最高人民法院民法典合同编通则司法解释理解与适用》，人民法院出版社 2023 年版，第 499 页。

撤销权行使的法律效果

债权人在撤销权诉讼中同时请求债务人的相对人向债务人承担返还财产、折价补偿、履行到期债务等法律后果的，人民法院依法予以支持。

债权人请求受理撤销权诉讼的人民法院一并审理其与债务人之间的债权债务关系，属于该人民法院管辖的，可以合并审理。不属于该人民法院管辖的，应当告知其向有管辖权的人民法院另行起诉。

债权人依据其与债务人的诉讼、撤销权诉讼产生的生效法律文书申请强制执行的，人民法院可以就债务人对相对人享有的权利采取强制执行措施以实现债权人的债权。债权人在撤销权诉讼中，申请对相对人的财产采取保全措施的，人民法院依法予以准许。

【本条主旨】

本条是关于债权人撤销权行使的法律效果规则。

【关联规定】

1. 《民法典》第 542 条　债务人影响债权人的债权实现的行为被撤销的，自始没有法律约束力。

2. 《最高人民法院关于适用〈中华人民共和国民事诉讼法〉的解释》第 499 条　人民法院执行被执行人对他人的到期债权，可以作出冻结债权的裁定，并通知该他人向申请执行人履行。

该他人对到期债权有异议，申请执行人请求对异议部分强制执行的，人民法院不予支持。利害关系人对到期债权有异议的，人民法院应当按照民事诉讼法第二百三十四条规定处理。

对生效法律文书确定的到期债权，该他人予以否认的，人民法院不予支持。

3.《最高人民法院关于适用〈中华人民共和国企业破产法〉若干问题的规定(二)》第9条第1款 管理人依据企业破产法第三十一条和第三十二条的规定提起诉讼，请求撤销涉及债务人财产的相关行为并由相对人返还债务人财产的，人民法院应予支持。

4.《最高人民法院关于适用〈中华人民共和国企业破产法〉若干问题的规定(二)》第13条 破产申请受理后，管理人未依据企业破产法第三十一条的规定请求撤销债务人无偿转让财产、以明显不合理价格交易、放弃债权行为的，债权人依据民法典第五百三十八条、第五百三十九条等规定提起诉讼，请求撤销债务人上述行为并将因此追回的财产归入债务人财产的，人民法院应予受理。

相对人以债权人行使撤销权的范围超出债权人的债权抗辩的，人民法院不予支持。

【理解与适用】

一、债务人行为相对无效及其后果

就撤销权行使后的法律效果而言，学理上存在不同的观点。[1] 形成权说或者物权说认为，债务人行为自始地绝对无效，物权变动无效，所涉财产当然恢复为债务人自始所有这种归属状态，产生物权性质的返还。请求权说或者债权说认为，撤销权的实质内容并非否定债务人行为的效力而是取回债务人的财产，故产生返还请求之债。责任说认为，撤销权主要调整债务人责任财产数额的减少，在责任法上为债权人利益而使债务人行为相对不生效，以撤销这一责任效果而恢复责任财产，此时并不产生返还的义务，财产仍然归属于相对人，但债权人能够就所涉财产对相对人提起容忍强制执行之诉（Klage auf Duldung der Zwangsvollstreckung），相对人在不丧失对所涉财产之权利的情况下对债务人的债务承担物的有限责任。[2]

---

[1] 关于不同学说的介绍，参见崔建远：《合同法》（第四版），北京大学出版社2021年版，第189页；韩世远：《合同法总论》（第四版），法律出版社2018年版，第454～458页；许德风：《破产法论：解释与功能比较的视角》，北京大学出版社2015年版，第419～424页；［日］下森定：《日本民法中的债权人撤销权制度及其存在的问题》，钱伟荣译，载《清华法学》第4辑，第249～251页；MünchKomm AnfG/Weinland, 2022, Einf. Rn. 15 - 22。

[2] Vgl. MünchKomm AnfG/Weinland, 2022, Einf. Rn. 29 - 31；§11 Rn. 40.；［德］莱茵哈德·波克：《德国破产法导论》，王艳柯译，北京大学出版社2014年版，第125～126页。

《合同法》未规定撤销权的法律效果，而《合同法解释一》第 25 条第 1 款规定被撤销的债务人行为自始无效。《民法典》第 542 条吸取了该司法解释，且在用语上有意地与《民法典》第 155 条保持一致，明确规定："债务人影响债权人的债权实现的行为被撤销的，自始没有法律约束力。"这意味着，《民法典》对撤销权行使后的法律后果，并未采取债权说和责任说。但是，为了更好平衡债权人保障和交易安全，可以"软化"物权说所采取的债务人行为绝对无效观点，而采取相对无效观点，使撤销效果仅发生在撤销权人和相对人之间，而不发生在债务人和相对人之间。如此，在价值上，既然撤销权的目的是保护撤销权人的利益，此时，债务人行为在债务人和相对人之间的效力仍然维持，仅否定该行为对撤销权人的效力，切断该行为对撤销权人的影响，这足以保障撤销权目的实现，更为符合比例原则。由于债务人行为相对无效，故只有撤销权人才能对相对人提出上述请求，债务人并未取得相应权利，无权对相对人提出上述请求。

《合同编通则解释》第 46 条第 1 款在债务人行为相对无效的基础上，结合《民法典》第 157 条作出进一步规定：债权人在撤销权诉讼中有权同时请求债务人的相对人向债务人承担返还财产、折价补偿、履行到期债务等法律后果。债务人尚未给付相对人的，不得再向相对人给付，相对人就其获得的债务人给付负有原物返还、价值返还（折价补偿）责任。债务人为他人债务提供担保的行为被撤销后，债务人不再负有担保责任；债务人已经实际承担担保责任的，担保权人对债务人负有返还责任。在债务人恶意延长债务履行期限、免除相对人债务的行为被撤销后，相对人对于撤销权人就不能主张期限未届至、债权消灭的抗辩，撤销权人有权请求相对人向债务人履行到期债务。在债务人放弃担保的情形中，撤销权人有权请求相对人承担担保责任。

二、债权人可以提出形成和请求的双重主张

对债权人撤销权，之前司法实践中关于能否同时请求撤销和请求相对人承担责任的观点并不一致。有些判决认为债权人撤销权仅具有形成内容，判决主文中仅有"撤销某行为"的表述，债务人行为被撤销后的相对人责任要另案解决。①《合同编通则解释》第 46 条第 1 款则明确了撤销权人可以在撤销权诉讼中"同时"请求相对人承担返还财产、折价补偿、履行到期债务等法律后果，这有助于

---

① 《江苏省高级人民法院关于适用〈中华人民共和国合同法〉若干问题的讨论纪要（一）》（2005 年）第 6 条规定，债权人依据《合同法》第 74 条的规定行使撤销权的同时又行使给付请求权的人，人民法院应当分别立案审理。

消除之前司法实践中的不一致，并降低撤销权目的实现的成本。① 行使撤销权的债权人可以提出形成和请求的双重主张。

在程序上，可以通过主观性的重叠合并之诉实现此种双重内容，法院在确认撤销主张成立后，再审理撤销权人请求相对人承担责任的主张。② 此时，在审执分离和执行采取形式判断标准的前提下，如撤销权判决主文中明确了相对人的责任，就符合《民事诉讼法解释》第461条第1款第2项中的执行依据"给付内容明确"的要求，更有利于与强制执行的衔接。这也有助于债权人撤销权和破产撤销权在法律效果方面的协调，《企业破产法》第34条区分了撤销和追回，而《破产法规定二》第9条第1款同样规定管理人在破产撤销权诉讼中有权请求撤销涉及债务人财产的相关行为并由相对人返还债务人财产。如果撤销权人并未同时提出返还请求，此时，依据处分原则，法院不应直接在判决书中对返还请求作出裁判。③ 但是，为实质化解纠纷，法院可以根据案件的具体情况予以释明，告知当事人一并提出相关请求，以减少不必要的诉累，也有利于后续案件的执行。④

由于债权人不能直接通过撤销权诉讼实现自己的到期债权，因此，为促使纠纷的一次性解决，《合同编通则解释》第46条第2款还进一步规定：债权人请求受理撤销权诉讼的人民法院一并审理其与债务人之间的债权债务关系，属于该人民法院管辖的，可以合并审理。不属于该人民法院管辖的，应当告知其向有管辖权的人民法院另行起诉。这意味着，债权人行使撤销权的法律关系和债权人与债务人之间的法律关系是不同的法律关系，因此，在诉讼中是不同的诉讼标的，并非一个诉，需要分别提出。但是，如果这两个诉属于同一法院管辖，则法院可以合并审理。

---

① 相关立法例，参见《日本民法典》第424条之六。我国通说观点认为，债权人撤销权兼具撤销和财产返还的双重目的，形成之诉和给付之诉法定合并。但也有观点认为，撤销权诉讼属于形成之诉，返还请求并非撤销权本身的效力，但如撤销权人另外提出返还请求则应尽可能合并审理。参见曹志勋：《论我国法上确认之诉的认定》，载《法学》2018年第11期，第59页；任重：《民事判决既判力与执行力的关系——反思穿透式审判思维》，载《国家检察官学院学报》2022年第5期，第31页。

② 所谓重叠合并，即一个请求与该请求有理由时才被认可的其他请求合并的请求，只有当第一顺位的请求有理由时，法院才对第二顺位的请求进行审理；反之，如果法院认定第一顺位的请求不成立，那么诉讼就因此而终结，审理第二顺位的请求已无必要。参见〔日〕中村英郎：《新民事诉讼法讲义》，陈刚等译，法律出版社2001年版，第127~128页。

③ 参见朱禹臣：《债权人撤销权程序的诉判关系与审执关系——兼评最高人民法院118号指导案例》，载《法学》2023年第8期，第122~124页。

④ 参见最高人民法院民事审判第二庭、研究室编著：《最高人民法院民法典合同编通则司法解释理解与适用》，人民法院出版社2023年版，第507页。

三、债权人撤销权的私益性及执行路径

基于债权人撤销权和破产撤销权的功能分工，后者的目标定位更应强调全体债权人的共益，因此，按照《企业破产法》第 34 条，破产撤销权的法律效果是将相对人返还或者履行的利益作为破产财产，以增进破产财产的价值。如果在债权人撤销权中也完全贯彻此种"入库"规则，则可能会出现行为激励不足的问题：债权人付出成本提起撤销权诉讼并承担败诉风险，但在债务人有其他债权人时，撤销权人无法独享胜诉利益。同时，从体系内部协调上而言，此种"入库"后果也可能与《民法典》第 537 条所规定的代位权行使的后果不相一致：债权人代位权应对债务人消极不作为损害债权人的情形，债权人撤销权应对债务人积极作为损害债权人的情形，但后果上撤销权反而可能弱于代位权。从价值上而言，债权人平等是机会平等，但机会平等不见得是结果平等，结果上的平等可以在破产和强制执行的参与分配制度中实现，在其他制度中则应贯彻"勤勉原则"，强调"先来后到"和"早起的鸟儿有虫吃"。因此，在债权人撤销权中，可以考虑更为强调私益性。[①]

事实上，承认债权人撤销权的私益性，才能够与撤销权行使范围的规则相配套。撤销权的行使范围和撤销权的法律效果密切相关，如果强调撤销权的共益性进而采取"入库"规则，则撤销权的行使范围不应限于撤销权人的债权。反之，如果撤销权的行使范围是撤销权人的特定债权，则应当强调撤销权的私益性而不采取"入库"规则。因此，在破产撤销权中，《破产法规定二》第 13 条第 1 款规定，如果管理人未行使破产撤销权，债权人可以行使撤销权，请求撤销债务人的诈害行为并将追回财产归入债务人财产。由于在此时撤销权采取"入库"规则，故该条第 2 款规定："相对人以债权人行使撤销权的范围超出债权人的债权抗辩的，人民法院不予支持。"但是，依据《民法典》第 540 条的规定，债权人撤销权的行使范围以债权人的债权为限。依据《合同编通则解释》第 45 条第 1 款，如果被撤销行为的标的可分，当事人主张在受影响的债权范围内撤销债务人的行为的，人民法院依法予以支持；只有在被撤销行为的标的不可分时，债权人才有权主张将债务人的行为全部撤销。此时，债权人撤销权就不应采取"入库"规则。

[①] 参见陈韵希：《我国债权人撤销权制度的目标定位和法律效果》，载《求索》2020 年第 6 期，第 139~141 页；朱晶晶：《论债权人撤销权的私益性及其实现》，载《新疆社会科学》2021 年第 6 期，第 122 页；高旭：《优先主义理念下债权人撤销权的制度重构：以程序法为中心》，载《南大法学》2023 年第 4 期，第 111 页以下。

就实现债权人撤销权的私益性从而保障撤销权人的个人债权受偿的手段而言，第一种方式是直接确立撤销权人直接受偿。但是，《民法典》并未对债权人撤销权作出此种规定。最高人民法院指导案例第 118 号的裁判要点中认为相对人应向债务人返还财产；在关于与债权人撤销权存在密切关联的恶意串通的最高人民法院指导案例第 33 号的裁判要点中同样认为，财产应返还给原财产所有人而不能返还给债权人。第二种方式是相对人向债务人承担责任，但债权人在行使撤销权时有权同时代位债务人行使对相对人的权利，即撤销权衔接代位权，使撤销权人无须取得对债务人的执行依据便可直接回收债务人对相对人的权利。《民法典》和《合同编通则解释》在制定过程中，都曾经规定这一方案。对此，存在支持观点①；但也同样存在反对观点，认为两者同时行使会导致制度功能、适用对象、行使范围的混淆，且两者的行使条件也并不相同，无法完成两者衔接。② 事实上，两者的衔接在实体法上的障碍是"债务人怠于行使"这个要件，因为债务人在其行为被撤销后才对相对人享有权利，故在债权人撤销权行使时尚不构成"怠于行使"，这需要规范明确作出规定实现对"债务人怠于行使"的拟制。

《合同编通则解释》第 46 条则采取了执行路径。③ 第 1 款规定撤销权人有权请求相对人"向债务人"承担法律后果。④ 第 2 款规定债权人可以就其与债务人之间的债权债务关系提起另一个诉讼，并请求受理撤销权诉讼的人民法院一并审理，属于该人民法院管辖的，可以合并审理；不属于该法院管辖的，可以告知其向有管辖权的人民法院另行起诉。在此基础上，第 3 款中进一步规定："债权人依据其与债务人的诉讼、撤销权诉讼产生的生效法律文书申请强制执行的，人民

① 参见朱晶晶：《论债权人撤销权的私益性及其实现》，载《新疆社会科学》2021 年第 6 期，第 125 页；龙俊：《民法典中的债之保全体系》，载《比较法研究》2020 年第 4 期，第 129 页；茅少伟：《恶意串通、债权人撤销权及合同无效的法律后果——最高人民法院指导案例 33 号的实体法评释》，载《当代法学》2018 年第 2 期，第 24 页。民法典合同编的一审稿和二审稿均规定了"债权人请求人民法院撤销债务人行为的，可同时依法以自己的名义代位行使债务人在其行为被撤销后对相对人所享有的权利"，但之后删除，具体参见黄薇主编：《中华人民共和国民法典合同编解读》（上册），中国法制出版社 2020 年版，第 274～276 页。

② 参见王利明：《债权人代位权与撤销权同时行使之质疑》，载《法学评论》2019 年第 2 期，第 1 页以下。

③ 比较法上也承认撤销权人可以在执行阶段直接执行脱逸财产以实现债权，具体整理参见高旭：《优先主义理念下债权人撤销权的制度重构：以程序法为中心》，载《南大法学》2023 年第 4 期，第 114～121 页。

④ 撤销权人有权请求相对人向债务人承担责任，这并不与前文所述的撤销权使被撤销的行为相对无效（或者相对不生效力）矛盾。换言之，被撤销的债务人行为对撤销权人不生效力是一个问题，其解决的是谁有权撤销该行为或者被撤销的行为对谁不发生效力，而行为被撤销后相对人向谁承担责任是另一个问题。

法院可以就债务人对相对人享有的权利采取强制执行措施以实现债权人的债权……"

据此，债权人对债务人取得了执行根据，且在撤销权的生效法律文书中已经确认了债务人在其行为被撤销后享有请求相对人返还的权利时，如果相对人负有原物返还义务，则在采取物权变动有因性的前提下，撤销权判决能够直接回复债务人对财产的权属。依据《最高人民法院关于人民法院民事执行中查封、扣押、冻结财产的规定》第2条第3款，对属于债务人而只是由相对人占有或者只是登记在相对人名义下的财产，法院可以直接查扣冻，前提是相对人书面确认该财产属于债务人；但是，即使相对人没有书面确认，但由于执行根据已经确认了该财产属于债务人，法院同样可以直接查扣冻，且相对人不能提起起第三人异议之诉。此时，无须相对人返还，执行法院也可以直接执行该财产，在将财产变价后，如果仍有剩余变价款，法院将剩余变价款留给相对人，从而实现了债权判决和撤销权判决。①

在债权人对债务人的债权因未到期等原因而未取得执行依据，或者采取价值返还因而债务人对相对人享有金钱债权时，由于执行中所采取的外观主义，事实状态推定所有权归属，法院一般不能就金钱债权到相对人处执行非债务人的财产，这意味着无法采取上述解释方案。但此时，在债权人取得对债务人的执行根据后，债务人未履行义务且其对相对人享有到期的债权，依据《民事诉讼法解释》第499条第1款，执行法院可以执行债务人对相对人的到期债权，作出冻结债权的裁定，并通知相对人向申请执行人（债权人）履行。由于债务人对相对人的债权已经取得生效法律文书，相对人的程序保障已经实现，即使相对人向执行法院提出异议，但相对人仍应当向申请执行人（债权人）履行债务。

到期债权执行的这种路径中，作为申请执行人的撤销权人的利益能够得到很强的保障。到期债权执行可以解释为一种法定债权移转，基于法定债权移转和意定债权转让之间的利益和结构相似性，在解释上有充分的理由将《民法典》有关债权转让的规则参照适用于法定债权移转。② 例如，《民法典》第546条所规定的通知规则适用于到期债权执行中，在法院发出了履行通知后③，第三人只能向

---

① 参见云晋升：《论债权人撤销权行使的法律效果——以〈民法典〉第542条为中心的分析》，载《社会科学》2022年第3期，第113页；宋史超：《论债权人撤销权判决的实现路径——以指导案例118号为中心》，载《政治与法律》2021年第1期，第158~159页。

② 《德国民法典》第412条明确规定，法定债权移转准用债权转让的绝大多数规则。

③ 《民事诉讼法解释》第499条第1款对债权的冻结裁定和履行通知明确规定了由法院作出，此时，并不能适用债权转让中原则上由债权人发出转让通知的规则。

申请执行人履行，第三人向被执行人履行不能发生债务消灭效力。① 据此，最高人民法院指导案例第 118 号的裁判要点中认为，在撤销权人以债务人、受让人（相对人）为被执行人申请强制执行后，受让人未通知债权人，自行向债务人返还财产，债务人将返还的财产立即转移，致使债权人丧失申请法院采取查封、冻结等措施的机会，撤销权诉讼目的无法实现的，不能认定生效判决已经得到有效履行。但是，该指导案例还无法解决债务人和相对人执行和解等可能不利于撤销权人的问题。② 此时，可以通过债权转让规则的参照适用而解决这些问题。《民法典》第 765 条规定："应收账款债务人接到应收账款转让通知后，应收账款债权人与债务人无正当理由协商变更或者终止基础交易合同，对保理人产生不利影响的，对保理人不发生效力。"该规则事实上构成了债权转让的一般规则③，同样可以参照适用于上述情形以解决上述问题。④ 未经撤销权人同意，债务人和相对人不能协商实施变更、减少、免除债务等不利于撤销权人利益的行为。

同时，《合同编通则解释》第 46 条第 3 款中还规定："债权人在撤销权诉讼中，申请对相对人的财产采取保全措施的，人民法院依法予以准许。"该规定起到了指引作用，提示债权人在撤销权诉讼中通过对相对人财产的保全，避免相对人资力不足或者转移特定财产的风险，有助于进一步保障债权人的利益。

因此，依据《合同编通则解释》第 46 条，债权人撤销权通过执行路径实质性实现了私益性，更有助于保障行使撤销权的特定债权人的利益。但是，为了协调债权人撤销权与强调共益性的破产撤销权以及执行制度的关系，《合同编通则解释》（征求意见稿）第 45 条第 3 款中本来还规定了"债务人还有其他申请执行人，且相对人应当给付或者返还债务人的财产不足以实现全部申请执行人的权利的，依照有关法律、司法解释的规定处理"。这与《民法典》第 537 条第二句关

---

① 《最高人民法院关于人民法院执行工作若干问题的规定（试行）》第 51 条规定："第三人收到人民法院要求其履行到期债务的通知后，擅自向被执行人履行，造成已向被执行人履行的财产不能追回的，除在已履行的财产范围内与被执行人承担连带清偿责任外，可以追究其妨害执行的责任。"《强制执行法（草案）》第 158 条第 1 项规定，在查封债权后，第三人擅自清偿或者以查封后取得的债权主张抵销的，不得对抗申请执行人，人民法院可以继续执行该债权。

② 参见宋史超：《论债权人撤销权判决的实现路径——以指导案例 118 号为中心》，载《政治与法律》2021 年第 1 期，第 154～156 页。

③ 参见黄薇主编：《中华人民共和国民法典解读》（合同编·下）（精装珍藏版），中国法制出版社2020 年版，第 867 页。

④ 《最高人民法院关于人民法院执行工作若干问题的规定（试行）》第 50 条规定："被执行人收到人民法院履行通知后，放弃其对第三人的债权或延缓第三人履行期限的行为无效，人民法院仍可在第三人无异议又不履行的情况下予以强制执行。"《强制执行法》（草案）第 158 条第 2 项也规定，在查封债权后，被执行人作出的免除、延期等不利于债权实现的处分行为，不得对抗申请执行人，人民法院可以继续执行该债权。

于代位权效果的规定形成了体系上的一致。《合同编通则解释》第 46 条第 3 款删除了上述规定，但这仅是因为该规定是特别法优先于一般法的当然结果，在执行实践中争议不大。① 债务人的其他债权人如果也想到相对人处强制执行，必须取得自己的执行根据，如果债务人的多个债权人都取得了执行根据，对于所涉财产的变价款或者金钱债权款项的分配应按照查封时间确定顺序；而在符合参与分配条件时，所涉财产的变价款或者金钱债权款项原则上需要在各债权人之间进行平均分配。②《民事诉讼法解释》第 511～514 条还规定了"执转破"，明确规定在对未成功进入破产程序的主体的强制执行中，普通债权人按照各自采取查扣措施的先后顺序受偿，由此排除了参与分配制度的适用。由此，债权人平等受偿通过破产和参与分配制度予以贯彻和实现，而破产程序之外的其他强制执行制度以鼓励竞争的优先主义为原则。③

（本条撰写人：朱　虎）

---

① 参见最高人民法院民事审判第二庭、研究室编著：《最高人民法院民法典合同编通则司法解释理解与适用》，人民法院出版社 2023 年版，第 510 页。

② 参见云晋升：《论债权人撤销权行使的法律效果——以〈民法典〉第 542 条为中心的分析》，载《社会科学》2022 年第 3 期，第 113 页。

③ 类似观点，参见高旭：《优先主义理念下债权人撤销权的制度重构：以程序法为中心》，载《南大法学》2023 年第 4 期，第 125～126 页。

六、合同的变更和转让

债权债务转让纠纷的诉讼第三人

债权转让后，债务人向受让人主张其对让与人的抗辩的，人民法院可以追加让与人为第三人。

债务转移后，新债务人主张原债务人对债权人的抗辩的，人民法院可以追加原债务人为第三人。

当事人一方将合同权利义务一并转让后，对方就合同权利义务向受让人主张抗辩或者受让人就合同权利义务向对方主张抗辩的，人民法院可以追加让与人为第三人。

【本条主旨】

本条是对债权转让和债务转移案件中诉讼第三人的规定，分三款分别对债权转让、债务转移（债务承担）以及债权债务概括转移案件中人民法院依职权追加诉讼第三人进行了规定。

【关联规定】

1. 《民法典》第 548 条　债务人接到债权转让通知后，债务人对让与人的抗辩，可以向受让人主张。

2. 《民法典》第 553 条　债务人转移债务的，新债务人可以主张原债务人对债权人的抗辩；原债务人对债权人享有债权的，新债务人不得向债权人主张抵销。

3. 《民法典》第 556 条　合同的权利和义务一并转让的，适用债权转让、债务转移的有关规定。

4.《民事诉讼法》第 59 条 对当事人双方的诉讼标的,第三人认为有独立请求权的,有权提起诉讼。

对当事人双方的诉讼标的,第三人虽然没有独立请求权,但案件处理结果同他有法律上的利害关系的,可以申请参加诉讼,或者由人民法院通知他参加诉讼。人民法院判决承担民事责任的第三人,有当事人的诉讼权利义务。

前两款规定的第三人,因不能归责于本人的事由未参加诉讼,但有证据证明发生法律效力的判决、裁定、调解书的部分或者全部内容错误,损害其民事权益的,可以自知道或者应当知道其民事权益受到损害之日起六个月内,向作出该判决、裁定、调解书的人民法院提起诉讼。人民法院经审理,诉讼请求成立的,应当改变或者撤销原判决、裁定、调解书;诉讼请求不成立的,驳回诉讼请求

【理解与适用】

一、债权转让案件中的诉讼第三人

(一)债权转让与债权转让协议

债权转让,也称债权让与,是指不改变债权内容,而由债权人(让与人)与第三人(受让人)通过协议将其债权全部或部分转让给受让人。债权转让是通过法律行为对债权进行的转移。债权转移的原因包括法律行为以及法律的直接规定。《民法典》合同编第六章中规定了合同权利转让,但其规范的是通过法律行为进行的债权转移,即债权转让。进行债权移转的约定称为债权转让协议或者债权让与协议。

债权转让协议是债权人与受让人约定,债权人向受让人转让其债权的合同。因此,债权转让协议的当事人是债权人和受让人,被转让的债权的债务人尽管在收到债权转让通知后应当向受让人履行债务,但其并非债权转让协议的当事人。由于《民法典》把买卖合同的标的限于所有权,因此,在受让人按照约定应当支付价款时,以债权作为给付标的的债权转让协议并非买卖合同,其性质为准买卖合同;而在债权人无偿转让其债权的情况下,债权转让协议的性质为赠与合同。

依据《民法典》的规定,债权转让协议依法成立后,受让人只是有权请求让与人将该债权转移给自己,让与人亦负有此种给付义务,并不能直接产生债权由让与人转让给受让人的效果。故而债权转让协议性质上是一种债权合同。因此,如果标的债权不存在,虽构成无权处分、不能通过债权人的通知径行发生债权转移的效果,但并不影响债权转让协议的效力。受让人可以依据债权让与协议向让

与人主张违约责任。

（二）债权转让后债的关系的当事人

依据债权转让协议完成债权转让后，债权由让与人转移给受让人。如果是全部转让，则让与人将脱离原债的关系，受让人进入债的关系成为新的债权人。如果是部分转让，则受让人将加入合同关系，与让与人共同充任债权人，除非另有约定，否则应当是按份享有债权。与债权有关的从权利亦一并转移给受让人，但是该从权利专属于债权人自身的除外。可见，债权转让后，就转让的债权部分，受让人与债务人成为债的关系的当事人。

（三）债权让与案件中第三人的追加

1. 债务人对让与人的抗辩可以向受让人主张

债权的转让只是债的关系当事人的变更，债的内容并不改变。债权转让也不得损害债务人的利益。因此，在债权发生实际移转前债务人已经依法享有的对抗原债权人的抗辩，如合同不成立的抗辩、合同无效的抗辩、履行期限尚未届满的抗辩、同时履行抗辩权、后履行抗辩权、债权已经消灭的抗辩、时效完成的抗辩等，自然应当能够向新的债权人即受让人主张。《民法典》第548条对此进行了明确的规定。

2. 追加让与人为第三人

《民事诉讼法》第59条第1款对有独立请求权第三人进行了规定，依据该款，"对当事人双方的诉讼标的，第三人认为有独立请求权的，有权提起诉讼"。可见，有独立请求权第三人只能自行对双方当事人独立提起诉讼，不涉及法院通知其参加诉讼的问题。故本条所涉第三人限于无独立请求权第三人。而且，在债权转让案件中，由于让与人已经退出了债的关系，故通常其不应再对该债权有独立的请求权。

《民事诉讼法》第59条第2款对无独立请求权第三人进行了规定，依据该款，"对当事人双方的诉讼标的，第三人虽然没有独立请求权，但案件处理结果同他有法律上的利害关系的，可以申请参加诉讼，或者由人民法院通知他参加诉讼。人民法院判决承担民事责任的第三人，有当事人的诉讼权利义务"。关于"法律上的利害关系"，学理上和实践中的把握通常比较宽泛，不仅包括了在实体法上的利害关系，也包括了实践中为了避免关联案件中处理不一致而在程序法上的便利。在债务人向受让人主张其对让与人的抗辩的情况下，一旦抗辩成立，则相关处理结果可能对让与人发生不利影响。这就是说，如果债务人主张的是债的关系不成立的抗辩（如合同不成立、无效、不生效等）或者债的关系已消灭（如清偿、提存等）、诉讼时效期间届满的抗辩，一旦法院认定该抗辩成立，受让人将无法实现标的债权。如果债权转让协议中约定了对价，其可以依据债权转让协议向让与人主张权利瑕疵担保的违约责任。严格地讲，这种利害关系是一种间接的法律上的利害关系。但为了保护让与人利益，本条第 1 款规定，债权转让后，债务人向受让人主张其对让与人的抗辩的，人民法院可以追加让与人为第三人。此外，双务合同中，债务人主张同时履行抗辩权、后履行抗辩权、不安抗辩权的，由于涉及让与人的履行情况或者履行能力的认定，为了避免相关案件中事实认定不一致，法院也不妨追加让与人为第三人。

值得注意的是，本条所言的"可以"，是在授权法院根据债务人抗辩的实际情况来判断是否追加。如果债权转让协议是无偿的，或者债务人主张的只是履行期尚未届满的抗辩，则通常案件的处理结果与让与人之间并无法律上的利害关系，法院无须追加让与人为第三人。当然，让与人如果认为案件处理结果与其有法律上的利害关系，也可以申请参加诉讼。

二、债务承担案件中的诉讼第三人

(一) 债务承担

债务承担是指不改变债的内容，而通过当事人的约定对债务人进行的变更。债务承担包括由第三人承受债务人的地位，以及第三人加入合同关系与债务人共同承担债务两种情形。前者称为免责的债务承担，后者称为并存的债务承担或者债务加入。《合同法》只规定了免责的债务承担，《民法典》对二者都进行了规定。

免责的债务承担的成立，可以通过债权人与第三人之间的协议或者债务人与第三人之间的协议来实现。债务人与第三人就免责的债务承担进行约定时，由于债务人的信用、资力等因素直接影响到债权人债权的实现，为了保护债权人的利益，《民法典》第551条明确规定，经债权人同意，该协议方能发生债务移转的效力。《民法典》并未就债权人与第三人协议对债务人进行免责的债务承担作出规定，但在此种情况下，第三人自愿承受债务，债权人亦认可第三人的履行，债务人亦因此而免除债务，不涉及对任何一方利益的侵害，对其效力自然应当予以肯定。故解释上，债权人与第三人债务承担的协议一经依法成立，亦发生债务移转的效力。

并存的债务承担，是指承担人加入现有的债的关系，与债务人共同向债权人承担连带责任的债务承担。债务加入中，现有债务人并不脱离债的关系，仍然对全部债务负责；承担人加入债的关系，与债务人共同对债权人承担连带责任。

（二）债务转移后债的关系的当事人

就免责的债务承担而言，债务转移后，就移转出去的债务，原债务人脱离原债的关系，承担人成为新债务人。这就意味着：就转移出去的全部或者部分债务，债权人不得再向原债务人请求履行；就新债务人的履行，债权人也不得追究原债务人的违约责任。在部分债务转移的情况下，原债务人与新债务人各自承担按份债务。原债务人基于债的关系而享有的对债权人的抗辩，新债务人都可以向债权人主张。原债务人对债权人享有债权的，新债务人不得向债权人主张抵销。与主债务有关的从债务，除该从债务专属于原债务人自身的以外，都应当由新债务人承担。

就并存的债务承担，其也属于债的主体的变更。债的内容虽未变化，但债务人发生了一定的变更，新债务人与原债务人一并成为连带债务人，由通常的单一债务人变为多数债务人。

（三）债务承担案件中第三人的追加

依据《民法典》第 553 条，债务转移后，原债务人基于债的关系而享有的对债权人的抗辩，新债务人都可以向债权人主张。依据本条第 2 款，人民法院可以追加原债务人为第三人。

如前述，《民事诉讼法》第 59 条第 2 款对无独立请求权第三人的规定中，关于"法律上的利害关系"，学理上和实践中的把握通常比较宽泛。并存的债务承担中，新债务人与原债务人一并承担连带责任，故其主张原债务人对债权人的抗辩，通常都涉及原债务人的利益，故宜追加原债务人为第三人。与债权让与不同，免责的债务承担中，在新债务人向债权人主张原债务人的抗辩权时，除非新债务人和原债务人在债务承担协议中对某项抗辩权有特别约定，且在确定对价时予以了考虑，通常不会在实体法上对原债务人产生不利后果。当然，为了避免相关案件中事实认定不一致，基于程序法上的利害关系，法院也可以追加原债务人为第三人。

三、债权债务概括转移案件中的诉讼第三人

（一）债权债务概括转移

债权债务概括移转，是指债的一方当事人（让与人）通过约定，不改变债权债务的内容而将其债权债务一并移转给第三人，由第三人概括地继受这些债权债务。债权债务概括移转以让与人既享有债权、又承担债务为前提，多发生在双务合同当中。如果其仅享有债权或者仅承担债务，则应当适用债权转让或者债务承担的规则。

依据《民法典》第 555 条，债权债务概括转移，一方面，需要让与人与第三人的合意，因为第三人不仅要取得债权、还要承受债务，故而需要其具有概括承受债权债务的意思；另一方面，还需要取得另一方当事人的同意，因为让与人将在概括转移范围内完全退出该债的关系，第三人将完全取代其成为债的一方当事人，故而债权债务概括转移将直接影响另一方当事人的利益，需要经过另一方当事人的同意。换言之，只有债的双方当事人和第三人就此达成合意，方可发生债权债务概括转移的效力。

依据《民法典》第 556 条，根据债权性质不得转让、依照法律规定不得转让的债权，不能转让；此时，自然也不得对包含该债权的债权债务关系进行概括转移。根据当事人的约定不能转让的债权由于当事人又作出了新的约定，故而不妨碍概括转移。法律、行政法规规定转让权利或者转移义务应当办理批准等手续的，在概括转移时，也应依照其规定。

（二）债权债务概括转移后债的关系的当事人

债权债务概括转移并不改变债的内容，而只是对债的一方当事人进行变更。债权债务概括转移既可以是对一方当事人全部债权债务进行概括移转，也可以是对其部分债权债务进行概括移转。债权债务概括转移完成后，让与人在概括转移的范围内退出原债的关系，第三人则成为新的当事人，享有债权、承担债务；第三人在取得主债权、主债务的同时，也取得了与主债权有关的从权利，并应当承担与主债务有关的从债务，但从权利、从债务专属于原当事人的除外。

（三）债权债务概括转移案件中第三人的追加

债权债务概括转移后，第三人取得让与人对另一方当事人所享有的抗辩权，如同时履行抗辩、时效完成的抗辩、债权业已消灭的抗辩、债权从未发生的抗辩、债权无效的抗辩等；另一方当事人对让与人享有债权，并且其债权先于转让的债权到期或者同时到期或者该债权与被转让的债权基于同一合同产生的，另一方当事人可以向受让人主张抵销。

如前述，在债权让与和债务承担的情况下，债务人向受让人主张其对让与人的抗辩的，以及新债务人主张原债务人对债权人的抗辩的，人民法院均可以追加让与人或者原债务人为第三人。在债权债务概括转移的情况下，对方就合同权利义务向受让人主张抗辩或者受让人就合同权利义务向对方主张抗辩的，自然人民法院也可以追加让与人为第三人。是否追加第三人，应当结合抗辩的内容，依据《民事诉讼法》第 59 条第 2 款，根据案件处理结果与让与人之间是否存在法律上的利害关系来具体判断。

四、因法律的直接规定而发生债的转移案件中的诉讼第三人

（一）因法律的直接规定而发生债的转移的情形

《民法典》合同编第六章中实际上规定了对债的转让，即通过债的关系当事人一方与第三人的协议，将债权、债务或者债权债务一并转移给第三人。司法解释本条的适用范围，自然也限于债的转让或者说通过债的关系当事人一方与第三人的协议而变更债的主体的情形。

债的转移也可能基于法律的直接规定而发生。这些情形，主要包括：

1. 因法人、非法人组织合并、分立而发生的债的转移

《民法典》第 67 条规定："法人合并的，其权利和义务由合并后的法人享有和承担。法人分立的，其权利和义务由分立后的法人享有连带债权，承担连带债务，但是债权人和债务人另有约定的除外。"《民法典》第 108 条规定："非法人组织除适用本章规定外，参照适用本编第三章第一节的有关规定。"可见，非法人组织的合并、分立也应当参照适用第 67 条的规定。

据此，在债的关系发生后，作为一方当事人的法人或者非法人组织合并，则当然发生债的主体变更，其作为债的当事人的地位由合并后的法人或者非法人组织承受。无论是采取吸收合并还是新设合并，被合并的法人或者非法人组织享有的债权、承担的债务或债权债务都由合并后的法人或者非法人组织享有或者承担。

在债的关系发生后，作为一方当事人的法人或者非法人组织分立，亦当然发生债的主体变更，其作为债的当事人的地位由分立后的法人或者非法人组织共同承受。原则上，就其享有的债权，分立后的法人或者非法人组织享有连带债权；就其承担的债务，分立后的法人或者非法人组织，承担连带债务。但是，如果分立后的各法人或者非法人组织与债的另一方当事人共同约定其按照一定份额来享有债权、承担债务的，则应当从其约定。

2. 因继承而发生的债的转移

《民法典》第 1122 条规定：遗产是自然人死亡时遗留的个人合法财产。被继承人享有的债权显然系其合法财产，属于遗产的范畴。继承发生后，相关债权自然转移给继承人共同共有。第 1161 条规定："继承人以所得遗产实际价值为限清偿被继承人依法应当缴纳的税款和债务。超过遗产实际价值部分，继承人自愿偿还的不在此限。继承人放弃继承的，对被继承人依法应当缴纳的税款和债务可以不负清偿责任。"这就是说，继承一经发生，被继承人的债务也自动转移给继承人承担。当然，继承人可以通过放弃继承而免于承担清偿责任。

3. 因租赁物所有权变动而发生的债的转移

《民法典》第725条规定："租赁物在承租人按照租赁合同占有期限内发生所有权变动的，不影响租赁合同的效力。"这就是说，租赁合同生效后，在租赁物已经按照租赁合同的约定交付承租人占有的情况下，租赁物所有权发生变动的，新的所有权人自动成为新的出租人，享有出租人在租赁合同中的债权、承担出租人在租赁合同中的债务。这里的所有权变动不仅包括出租人死亡、租赁物被其继承人继承的情形，还包括出租人通过法律行为将租赁物转让、出资等转移所有权的情况。

此外，依据《民法典》第524条，债务人不履行债务，对履行该债务具有合法利益的第三人向债权人代为履行，债权人接受的，亦发生债权转移的后果。

(二) 法定债的转移时追加第三人规则的参照适用

从法律的直接规定来看，前述情形只要符合法律规定的构成要件，就直接发生债的转移的后果，而无须依据《民法典》合同编第六章的规定征得债的关系另一方当事人的同意或者通知另一方当事人。

在因法律直接规定发生债的转移的情况下，债的内容并未不改变，债的主体发生了变更，原先的债的关系的当事人退出债的关系。在主体变更后，同样会发生司法解释本条所言的因新的债的关系当事人向原债的关系当事人主张抗辩权、原债的关系当事人向新的债的关系当事人主张抗辩权的问题。此种情况下，我们认为，人民法院应当参照司法解释本条的规定，结合抗辩的内容，依据《民事诉讼法》第59条第2款，根据案件处理结果与让与人之间是否存在法律上的利害关系来追加原债的关系当事人为第三人。

（本条撰写人：尹　飞）

债权转让通知的效力与起诉通知

债务人在接到债权转让通知前已经向让与人履行，受让人请求债务人履行的，人民法院不予支持；债务人接到债权转让通知后仍然向让与人履行，受让人请求债务人履行的，人民法院应予支持。

让与人未通知债务人，受让人直接起诉债务人请求履行债务，人民法院经审理确认债权转让事实的，应当认定债权转让自起诉状副本送达时对债务人发生效力。债务人主张因未通知而给其增加的费用或者造成的损失从认定的债权数额中扣除的，人民法院依法予以支持。

【本条主旨】

本条是对债权转让通知的效力与起诉通知的规定。

【关联规定】

《民法典》第 546 条　债权人转让债权，未通知债务人的，该转让对债务人不发生效力。

债权转让的通知不得撤销，但是经受让人同意的除外。

【理解与适用】

《民法典》编纂过程中和本司法解释起草中，对于债权转移时间以及债权转让通知的主体与效力，存在较大分歧。依据本条，让与人与受让人之间的债权转让协议依法成立，并不发生债权转移的效果；债权转移时间以债务人接到债权转让通知的时间为准。债权转让通知原则上应当由让与人发出，特殊情况下，受让人可以进行债权转让通知。

一、债权转移的不同立法例

对债权转让协议依法成立后还需要具备何种条件才能发生债权转移的效力，比较法上存在不同的做法。法国民法采意思主义的物权变动模式，债权转让协议作为买卖合同的特殊形式，适用与物权变动共同的权利移转模式。因此，在当事人达成债权让与协议时，作为合同标的的债权即移转给受让人。德国民法奉行区分原则，债权转让协议性质上为准物权合同。据此，在让与人通过买卖或赠与等合同关系（原因行为）将其债权转让给受让人的同时，让与人与受让人之间又达成了一个合意，即债权让与协议，该协议相对于其原因行为而独立，且为无因契约，即便原因行为无效或被撤销，该协议仍然有效。债权转让协议一经达成，即发生债权移转的效果，受让人取得标的债权。尽管受让人已经取得了债权，但其取得的债权除非已通知债务人，否则不能约束债务人。

《民法通则》曾要求在债权让与协议依法成立后，还需要经过债务人的同意方能发生债权实际移转的效力。这种做法的问题在于，一般情况下债权人的个人素质、信用等方面的因素对债务人来说并不重要，何人为债权人并不直接影响债务人的利益，因此原则上债权转让并不影响债务人的利益。要求以债务人的同意为债权移转的条件，只会不恰当地限制债权进入市场流转。故《合同法》以及《民法典》均不再要求取得债务人的同意。

二、《民法典》对债权转让通知效力的规定

《民法典》第546条第1款规定："债权人转让债权，未通知债务人的，该转让对债务人不发生效力。"这就是说：第一，债权人转让债权时，只需将其转让债权的情况及时通知债务人，而不必征得债务人的同意。第二，债权让与对债务人发生效力，以通知为要件。第三，债权让与通知的主体为债权人。

正是基于通知的此项效力，《民法典》第546条第2款强调："债权转让的通知不得撤销，但是经受让人同意的除外。"这是因为，撤销该通知即意味着将已经移转给受让人的债权重新移转给让与人。债权人转让债权，其已经失去了该债权，受让人则已经取得该债权，让与人自然没有权利收回已经移转给受让人享有的债权。因此，除非受让人同意，其不能撤销该通知。

三、本条对债权转让通知效力的细化

债权转让通知性质上是有相对人的意思表示，其生效应当依据《民法典》第137条确定，即："以对话方式作出的意思表示，相对人知道其内容时生效。""以非对话方式作出的意思表示，到达相对人时生效。以非对话方式作出的采用数据电文形式的意思表示，相对人指定特定系统接收数据电文的，该数据电文进入该特定系统时生效；未指定特定系统的，相对人知道或者应当知道该数据电文进入其系统时生效。当事人对采用数据电文形式的意思表示的生效时间另有约定的，按照其约定。"

所谓债务人"接到债权转让通知"，应当依据《民法典》第137条规定的情形来具体判断。对于债权转让通知的形式，法律并无限制，解释上，口头形式、书面形式均可。

如果通知尚未到达债务人，则债权转让对债务人不发生效力，受让人自然不能向债务人提出履行请求，债务人仍然有权向让与人或者说原债权人进行清偿。自然，债务人在接到债权转让通知前已经向让与人进行的履行，让与人有权受领，该履行构成清偿，就清偿的内容债的关系已经消灭，受让人自然也不能要求债务人再向其履行。《民法典》第546条明确将债权转让通知的主体限于债权人，司法解释本条进一步明确了债权转让通知的效力。故而，如果没有得到通知，即便债务人知悉该债权的转让，其也仍然有权对让与人进行清偿；而其对受让人的给付则不能构成清偿，受让人仍然向债务人负有不当得利返还的义务。因为，此时债权让与并未对债务人发生效力。

债务人接到债权转让通知后，如果仍然向让与人履行，由于让与人已经不再是债权人，其受领不能构成清偿，自然受让人仍然有权请求债务人向自己履行。就其向让与人履行的部分，债务人可以依据不当得利请求返还。

四、债权转让通知的主体

关于债权让与通知的主体限于原债权人，还是也包括受让人，存在争议。应当指出，债权让与通知的主体与债权的归属之间有密切的联系。在德、法等国法上，一旦债权让与协议有效成立，即发生债权实际移转的效果。在这种情况下，受让人已经取得了债权，只是尚不能对抗债务人而已。因此，受让人作为债权人进行通知是理所当然的。

（一）以让与人通知为原则

笔者认为，我国法律中，债权让与通知的主体仅限于原债权人，而不能包括

受让人。这是因为：第一，从我国立法来看，《民法典》只规定了债权人让与其债权时应当通知债务人，并没有对受让人是否有权通知以及该通知的效力如何作出规定。但在相关立法过程中，曾经规定过受让人的通知，但该规定最终未纳入立法。这就表明立法者的本意是认为受让人无权进行这种通知。第二，从法理而言，债权让与协议不能直接发生标的债权实际移转的效力。即便债权让与协议已经有效成立，受让人也不能直接取得债权，其自然不能以实际债权人的身份进行通知。第三，从保护债务人利益的角度出发，也不应承认受让人通知的效力。债权转让协议是合同，具有相对性或者说是封闭性，合同外的当事人很难对合同是否存在、成立抑或生效有真正的了解。让与人的通知本质上是让与人对自己债权的处分，即便出现债权转让协议根本不存在、不成立或无效、被撤销等情况，善意的债务人依据债权人的通知履行了其给付义务，即发生了债权因清偿而消灭的后果，因此而造成的损失自然也应由债权人来承担，债务人无须为此承担责任。但在受让人通知的情况下，债务人依据通知进行履行，如果债权让与协议根本不存在、不成立或无效、被撤销，则债权并未实际发生移转，债务人实际上是进行了错误的履行，原债务并未消灭，债权人仍然有权要求债务人履行债务。尽管此时债务人可以依据不当得利来请求受让人返还，但显然这对债务人是十分不利的，也是对社会资源的浪费。

当然，在受让人通知的情况下，如果让与人予以追认或者法院以判决代替让与人进行追认，自然也可以使债权发生实际的移转。

（二）例外情况下受让人起诉的效力

如前所述，《民法典》将债权转让通知的主体限于让与人。在让与人未通知债务人的情况下，债权转让对债务人不发生效力，在完成转让即让与人向债务人通知后，受让人方可向债务人直接提出请求。因此，严格地讲，在让与人未通知债务人的情况下，受让人直接起诉债务人请求履行债务的，人民法院应当予以释明、要求其变更当事人和诉讼请求；如果受让人拒绝变更，人民法院应当直接驳回其诉讼请求。

但为了避免讼累、节约司法资源和当事人的诉讼成本，司法解释本条第 2 款允许在让与人未通知债务人的情况下，受让人直接起诉债务人请求履行债务，人民法院应当予以受理并进行审理。本条第 2 款所言的确认"债权转让事实"，解释上应当是指确认让与人和受让人之间的债权转让协议成立、有效且生效，并就具体转让的债权的内容、范围等进行确定。在确认这一事实的情况下，依据司法解释本条第 2 款，应当认定债权转让自起诉状副本送达时对债务人发生效力。这就是说，受让人在其起诉状中已经就债权转让的事实向债务人进行了通知，经法院确认债权转让事实，该通知送达时亦发生债权转移的效力。

笔者认为，本条第2款实际上是对特殊情况下受让人进行债权转让通知所作的规定。从本条第2款的规定来看，所谓"债权转让自起诉状副本送达时对债务人发生效力"，实际上是将起诉状副本认定为受让人向债务人进行的债权转让通知。换言之，本条实际上承认了受让人通过诉讼方式向债务人进行债权转让通知的情形，故而允许受让人直接向债务人提出履行请求。如前所述，原则上通知应当由债权人作出，这主要是基于对债务人利益保护的考虑。但在法院进行了审查，确认了债权转让协议成立、有效且生效，并就具体转让的债权的内容、范围等进行确定的情况下，不会存在前述因受让人通知造成债务人损害的可能。而且，这种做法也避免了受让人先起诉让与人、获得胜诉并使让与人履行通知义务后再起诉债务人所带来的程序冗长、司法机关和当事人成本增加的问题。

需要注意的是，此种情况下，人民法院应当根据案件具体情况追加让与人为第三人。

五、债务人的通知迟延抗辩

债权转让协议成立后，让与人应当及时向债务人进行通知。这一义务，不仅是其依据债权转让协议对受让人承担的主给付义务，也是基于诚信原则对债务人承担的附随义务。在让与人未及时通知给债务人造成费用增加或者损失的情况下，债务人有权要求让与人承担赔偿责任。

《民法典》第548条规定："债务人接到债权转让通知后，债务人对让与人的抗辩，可以向受让人主张"。如前所述，司法解释本条第2款实际上是对特殊情况下受让人进行债权转让通知所作的规定，债务人接到受让人债权转让通知后，也同样可以就其对让与人的抗辩向受让人主张。债务人就让与人对其承担赔偿责任的数额，主张从认定的债权数额中扣除，也可以解释为一种特殊的抗辩，自然可以向受让人主张。故而，人民法院对此种扣除依法应当予以支持。

（本条撰写人：尹　飞）

债务人与受让人合理信赖的保护

债务人接到债权转让通知后，让与人以债权转让合同不成立、无效、被撤销或者确定不发生效力为由请求债务人向其履行的，人民法院不予支持。但是，该债权转让通知被依法撤销的除外。

受让人基于债务人对债权真实存在的确认受让债权后，债务人又以该债权不存在为由拒绝向受让人履行的，人民法院不予支持。但是，受让人知道或者应当知道该债权不存在的除外。

【本条主旨】

本条是对债务人与受让人合理信赖保护的规定。依据本条，债权转让协议的效力不影响债权转让通知的效力；善意受让人基于债务人对债权真实存在的确认受让债权后，债务人不得以该债权不存在为由拒绝向受让人履行。

【关联规定】

《民法典》第 546 条　债权人转让债权，未通知债务人的，该转让对债务人不发生效力。

债权转让的通知不得撤销，但是经受让人同意的除外

【理解与适用】

一、债权转让通知的法律性质

就通知这一履行行为的性质，存在不同的认识。多数学者主张其为观念通知

或曰准法律行为。

笔者认为，债权让与通知性质上是债权人对其债权单方的处分行为。申言之，债权让与协议中让与人只是表达了其承受移转标的债权的债务的意思，而并不包含移转债权的意思。故而该协议的生效也只是令让与人负有移转标的债权的债务，但该债务的履行仍然要通过让与人的通知。而这一通知的内容并非单纯告知债务人债权让与协议的存在，更非告知债务人债权已经移转的事实（因为在通知之前债权人根本没有作出债权移转的意思表示，自然债权尚未移转），而是让与人实际移转标的债权的意思。债务人接到债权转让通知，方可发生债权移转的效果。①

将债权让与通知界定为单方法律行为，实际上体现了负有转移标的债权的债务与标的债权实际移转的区分原则，其中债权让与协议实际上只是一个债权合同，而债权让与通知是一个单方的准物权行为。

二、债权转让通知的无因性

既然债权转让通知是债权人对其债权单方的处分行为，这就意味着，债权转让协议与债权转让通知是不同的法律行为，申言之：其一，二者性质不同，债权转让协议是双方法律行为，债权转让通知是单方法律行为。其二，二者主体不同，债权转让协议双方当事人是让与人和受让人，债权转让通知的主体只有让与人。其三，二者体现的当事人意思不同。债权转让协议只是双方就债权转让达成的合意，其内容在于，受让人享有请求让与人将该债权转移给自己的权利，而在债权转让协议为有偿的情况下，让与人享有请求受让人支付价款的权利。而债权转让通知只是单纯的将债权转移给受让人的意思，不涉及债权转让对价的问题。

在承认债权让与通知与债权让与协议是各自独立的两个法律行为的情况下，对二者均应适用法律行为有效要件来各自判断其效力。两个行为的当事人不同，而且两个行为的内容不同，因此，其在效力上一般不存在牵连性。例如，债权让与协议因显失公平而被撤销，但债权让与通知根本就不存在显失公平的问题，自然仍然继续有效。债权让与协议不成立、无效或被撤销，只要债权让与通知不存在无效或被撤销的理由，让与人都无法撤销其债权让与通知或者宣告其债权让与通知无效，从而使债务人基于通知向第三人进行的履行仍然构成清偿。这就充分保护了债务人的利益，避免债务人因为债权让与协议的瑕疵而受到损害。《民法典》第765条亦规定："应收账款债务人接到应收账款转让通知后，应收账款债权人与债务人无正当理由协商变更或者终止基础交易合同，对保理人产生不利影

---

① 详细的论证，参见尹飞：《论债权让与中债权移转的依据》，载《法学家》，2015年第4期。

响的，对保理人不发生效力。"这也体现了债权转让通知的无因性。申言之，债权转让协议效力如何，并不当然影响债权转让通知的效力。故而，本条第1款明确规定，债务人接到债权转让通知后，让与人以债权转让合同不成立、无效、被撤销或者确定不发生效力为由请求债务人向其履行的，人民法院不予支持。

这里的例外在于，该债权转让通知被依法撤销的情形。如前述，债权转让通知本身就是一项独立的单方民事法律行为，在其本身效力存在瑕疵，例如让与人丧失行为能力、基于错误（例如误认受让人已经按照约定在先给付价款）而作出的情况下，其本身是无效或者可撤销的。此时，让与人自然可以行使撤销权。此外，《民法典》第546条第2款规定："债权转让的通知不得撤销，但是经受让人同意的除外"。这就是说，在经过受让人同意的情况下，让与人也可以撤销其债权转让通知。在债权转让通知无效或者被依法撤销的情况下，其自始不能发生效力，标的债权也应当视为自始没有发生转移，故让与人仍然可以请求债务人对其作出履行。

三、债务人的确认

实践中，存在债权转让协议订立过程中，受让人进行尽职调查，通过询证函等方式向债务人确认标的债权真实存在的情形。如果债务人对标的债权的真实存在进行了确认，受让人据此与让与人签订债权转让协议、债权人进行了债权转让通知后，债务人又以该债权不存在为由拒绝向受让人履行，则其行为显然严重违反诚信原则。为了保护受让人的合理信赖，基于"禁反言"的法理，本条第2款明确规定，此种情况下，人民法院不予支持。法律保护的是受让人的合理信赖，如果该信赖并不存在，即受让人明知该债权不存在，或者该信赖并非合理信赖，即受让人应当知道该债权不存在，则法律并无保护的必要，故本条第2款作出但书规定。依据该但书，受让人知道或者应当知道该债权不存在的，即便此前债务人对债权的真实存在进行过确认，债务人又以该债权不存在为由拒绝向受让人履行的，人民法院亦应当支持。

唯须注意的是，本条第2款所称的"债权真实存在"应当作狭义理解，即并不存在债权人与债务人虚构债权的情形。如果标的债权是合同债权，只需要合同成立且未因清偿等原因而消灭，即应当认定债权的真实存在。债务人对债权真实存在的确认，并不影响其主张该合同无效、被撤销、不生效以及各种履行中的抗辩权，也应不影响债务人主张时效抗辩以及在确认后债的关系因履行等原因而消灭的抗辩。

（本条撰写人：尹　飞）

债权的多重转让

让与人将同一债权转让给两个以上受让人，债务人以已经向最先通知的受让人履行为由主张其不再履行债务的，人民法院应予支持。债务人明知接受履行的受让人不是最先通知的受让人，最先通知的受让人请求债务人继续履行债务或者依据债权转让协议请求让与人承担违约责任的，人民法院应予支持；最先通知的受让人请求接受履行的受让人返还其接受的财产的，人民法院不予支持，但是接受履行的受让人明知该债权在其受让前已经转让给其他受让人的除外。

前款所称最先通知的受让人，是指最先到达债务人的转让通知中载明的受让人。当事人之间对通知到达时间有争议的，人民法院应当结合通知的方式等因素综合判断，而不能仅根据债务人认可的通知时间或者通知记载的时间予以认定。当事人采用邮寄、通讯电子系统等方式发出通知的，人民法院应当以邮戳时间或者通讯电子系统记载的时间等作为认定通知到达时间的依据。

【本条主旨】

本条是有关债权多重转让的规则。债权多重转让，指的是同一债权人分别向两个以上的受让人转让同一债权的行为。我国司法实践对于债权的多重转让长期存在裁判上的分歧，本条的目的就是解决债权多重转让当中让与人（债权人）、债务人和受让人之间的权利义务关系问题。在债权多重转让中，应当明确区分三个层面的问题：债务人和受让人的关系、让与人与受让人的关系、不同受让人之间的关系。

【关联规定】

《民法典》第 546 条　债权人转让债权，未通知债务人的，该转让对债务人不发生效力。

债权转让的通知不得撤销，但是经受让人同意的除外

【理解与适用】

一、债务人和受让人之间的关系

就债务人和受让人之间的关系而言，要解决的核心问题是：债务人向受让人的履行行为，在什么情况下可以免除其清偿责任，在什么情况下无法免除其清偿责任？

本条确定的规则是：第一，债务人向最先通知的受让人履行的，其清偿责任免除；第二，债务人向并非最先通知的受让人履行，并且其不知道该受让人并非最先通知的受让人的，其清偿责任免除；第三，债务人向并非最先通知的受让人履行，并且明知该受让人并非最先通知的受让人的，其清偿责任不免除，最先通知的受让人仍然有权向债务人主张履行。并且，债务人向最先通知的受让人再次履行后，不得要求已经接受履行的受让人返还。

（一）债务人向最先通知的受让人履行，清偿责任免除

依据《民法典》第 546 条，债权人转让债权，未通知债务人的，该转让对债务人不发生效力。此时，通知的适格主体是债权人，换言之，债权转让通知应当由让与人向债务人发出而非由受让人发出。依照本条第 1 款第一句和第 2 款第一句，债务人向最先到达的转让通知中载明的受让人履行债务后，其清偿责任即因履行而免除，其他受让人不得再要求债务人向其履行债务。这一规则的首要意义是保护债务人，避免债务人因受到多个受让人的主张而陷入多重履行的不利境地。

（二）债务人向并非最先通知的受让人履行且明知的，清偿责任不免除，且不得要求已接受履行的受让人返还

但是，上述规则存在例外：依照本条第 1 款第二句，债务人向并非最先通知的受让人履行债务，并且债务人明知该受让人并非最先通知的受让人，此时，债务人的清偿责任并不因为其履行行为而免除。

应当注意的是，此处的"明知"仅指债务人知道，而不包括债务人应当知道。换言之，如果债务人对于通知顺序的错误判断仅存在过失而没有故意，其仍然可以通过履行行为免责。其理由在于，在债权多重转让的规则设计中，应当延

续"保护债务人"的立场,减轻债务人在履行过程中的审查负担。在商事交易中,债权流转的速度很快,在清偿期届至前,债务人很可能会收到为数众多的债权转让通知。如果严格要求债务人在日常运营中判断这些转让通知的时间顺序,无疑会为债务人增加过多的负担。所以,当债务人只是出于过失而错误判断了通知顺序时,其履行行为仍然应当发生免除清偿责任的效果。

与此相反,当债务人知道受让人并非最先到达的转让通知中载明的受让人时,就没有对其进行保护的必要性。进而,在这一情形下,债务人的清偿责任并不因为其履行行为而免除,最先通知的受让人仍然可以要求债务人向其履行债务。

在债务人向最先通知的受让人再次履行后,其不得要求已经接受履行的受让人返还。一方面,在解释论上,可以认为债务人构成《民法典》第 985 条第 3 项"明知无给付义务而进行的债务清偿",进而排除其不当得利返还请求权。另一方面,在利益平衡上,应当保护接受履行的受让人的信赖利益,而非保护故意进行错误履行的债务人。通常而言,受让人只能督促让与人尽早发出通知,无法控制和知晓其是不是最先通知的受让人,同样,受让人也无法控制债务人是否向自己履行。而债务人对于受让人的通知顺位处于明知的状态,其完全可以决定向哪个受让人履行以避免错误履行带来的风险,债务人的故意行为违背了诚实信用原则,其主观恶性较大,应当承受相应的不利后果。

二、让与人和受让人之间的关系

就让与人与受让人之间的关系而言,其权利义务关系应当依据两者之间的债权转让合同进行判断。本条确定的规则是:第一,让与人的多重转让行为违反了权利瑕疵担保义务,只要受让人没有从债务人处获得清偿,其即有权要求出让人承担债权转让合同的违约责任。第二,债务人向并非最先通知的受让人履行且其明知时,让与人的违约责任和债务人的继续履行责任构成不真正连带责任关系。

(一)让与人的多重转让行为违反瑕疵担保义务,应承担违约责任

在债权多重转让中,只要受让人没有从债务人处获得清偿,其即有权要求出让人承担债权转让合同的违约责任。首先,在债权多重让与中,所有的债权转让合同都是有效的,依照《合同编通则解释》第 19 条第 1 款的规定,以转让或者设定财产权利为目的的合同,不能仅以让人与在订立合同时没有处分权而主张合同无效,其中"转让财产权利"当然包括转让债权。因此,在债权多重转让的情形下,即使让与人的后续转让行为构成无权处分,也不影响转让合同的效力。其次,在债权转让合同中,让与人对受让人负有不得再次处分债权的瑕疵担保义务。债权转让合同作为有偿合同,依照《民法典》第 646 条的规定,可以参照适用买卖合同的相关规则。依照《民法典》第 612 条,出卖人对于其交付的标的

物，负有保证第三人对该标的物不享有任何权利的义务。而在债权多重转让中，让与人的多重让与行为致使所有受让人均可要求债务人向自己履行债务，让与人显然违反了权利瑕疵担保义务，应当承担违约责任。

值得注意的是，本条第 1 款第二句后段规定，债务人明知接受履行的受让人不是最先通知的受让人的，最先通知的受让人可以请求让与人承担债权让与合同的违约责任。该句规定的仅仅是让与人违约责任的一种具体情形，其并未排除其他情形下让与人的违约责任，对该句不能进行反对解释。如前所述，在其他情形下，只要受让人没有从债务人处获得履行、没有实现其债权利益，受让人就可以依据其与让与人之间的债权转让合同，请求让与人承担违约责任。

（二）债务人向并非最先通知的受让人履行且其明知时，让与人和债务人构成不真正连带责任关系

在本条第 1 款第二句后段规定的情形中，最先通知的受让人既可要求债务人向其履行债务，也可以要求让与人承担债权转让合同的违约责任，二者的责任形式是不真正连带责任。不真正连带责任解决的问题是，不同的责任主体依据不同的法律规范对于同一损害承担责任，而任何一个责任主体的履行都能导致另外一方债务的消灭，并且在不同责任主体的内部并不产生追偿关系。

具体而言，在债权多重转让的场景中，在债务人向受让人履行债务后，让与人的违约责任相应消灭，反之亦然，在让与人向受让人承担违约责任之后，债务人也就不需要再向受让人履行债务。并且，不论在上述哪种情形当中，让与人和债务人之间都不会发生追偿关系。其理由在于，让与人本身是依照债权转让合同向受让人承担违约责任，这一责任实际上是出于让与人自身的原因而发生的。同样的，债务人向受让人承担继续履行的责任，是因为其故意违背诚实信用原则向其他受让人履行了债务，从而无法发生责任免除的效果。所以，两者并不发生相互追偿。同时，不真正连带责任的意义在于进一步加强对受让人的保护，避免受让人承担责任人履行不能的风险。这一目的与让与人和债务人之间的追偿权并无关联，所以并没有必要为让与人和债务人配置追偿关系。

三、受让人之间的关系

就受让人之间的关系而言，需要解决的问题是复数受让人之间的优先顺位问题，包括哪一个受让人可以最终保有债务人的给付，以及受让人之间是否存在返还请求权。受让人之间的利益平衡殊为复杂，在学说上和审判实践中都争议较大。对于受让人优先顺位的确定标准，至少存在合同订立优先说、通知时间优先说和登记时间优先说三种观点。本条并没有明确地对受让人之间的优先顺位关系进行正面规定，而是从受让人之间的返还请求权的角度进行了规定。

本条确定的规则是：第一，原则上，受让人之间不存在返还关系；第二，接受履行的受让人明知自身并非最先通知的受让人时，其应当向最先通知的受让人承担返还责任。

（一）原则上，受让人之间不存在返还关系

依照本条第 1 款第二句后段，一般而言，接受履行的受让人并不负有向最先通知的受让人返还所得给付的义务。其理由在于，最先通知的受让人的法律地位不应当因为债务人的行为而提升，并且接受履行的受让人的信赖利益应当得到保护。在债权多重转让中，受让人的预期是要求债务人向其履行，或在其债权利益无法实现时，要求让与人承担债权转让合同的违约责任。受让人可能并不知晓还存在其他的受让人，如果允许最先通知的受让人要求其他受让人返还其所接受的给付，无疑使最先通知的受让人获得了超出其预期的法律地位，而强化对该受让人的保护并没有充分的理由。如前所述，通常受让人既不能控制转让通知，也不能知晓自身的通知顺位，所以最先通知的受让人和其他受让人之间并没有倾斜保护其中任意一方的正当性。

（二）例外地，接受履行的受让人明知自身并非最先通知的受让人时，其承担返还责任

依照本条第 1 款第二句的但书，接受履行的受让人明知该债权在其受让前已经转让给其他受让人的，应当向最先通知的受让人负担返还责任。也就是说，当接受履行的受让人明知自身并非最先通知的受让人，但仍然接受债务人的履行时，其应当向最先通知的受让人返还其接受的给付。在这一情形下，受让人故意接受债务人的错误履行，侵害了最先通知的受让人对债务人享有的债权，符合《民法典》第 1165 条第 1 款关于一般过错侵权责任的构成要件，应当向最先通知的受让人承担侵权责任。

此处的"明知"也仅包括受让人知道自身的通知顺序，而不包括其应当知道自身的通知顺序。换言之，此处受让人返还责任的主观构成要件只能是故意，而不能是过失。理由同样在于，受让人对于转让通知和通知顺序都缺乏控制力，进而不应当苛求其负担过高的审查责任，只要受让人不是故意接受债务人的错误履行，其信赖利益就应当得到保护。

四、通知到达时间的判断标准

本条第 2 款对第 1 款所称"最先通知的受让人"进行了定义，确定了通知到达时间的判断标准。

首先，采取通知的到达主义而非发出主义。在判断受让人通知的顺序时，应当以通知到达债务人的时间为标准，而非以让与人发出通知的时间为标准。

其次，采取客观标准而非主观标准。在当事人对通知到达时间存在争议时，不能单独以债务人主观认可的通知时间或者通知上记载的时间作为认定标准，而应当结合通知的方式等因素进行客观化的综合判断。其理由在于：如果采取主观标准，很有可能出现债务人和某一受让人串通，谎称或者倒签通知到达时间的现象。为了防免这一道德风险，保护其他受让人合法权益，本款在通知到达时间的认定上采取了客观标准。

学理上，债权转让通知属于观念通知，让与人向债务人通知的是"债权已被转让给受让人"这一事实，可以准用《民法典》关于民事法律行为的相关规定。所以，债权转让通知到达时间的认定，应当具体结合《民法典》关于意思表示的规则予以理解。

（一）以邮寄方式发出通知

本款规定了以邮寄方式发出通知的，应当以邮戳时间作为认定通知到达时间的依据。此处所称"邮戳时间"，应当采取到达主义的判断标准，指债务人收到邮件时的邮戳时间，而非让与人寄出邮件时的邮戳时间。

（二）以通讯电子系统的方式发出通知

本款规定了以通讯电子系统的方式发出通知的，应当以通讯电子系统记载的时间作为认定通知到达时间的依据。对于以数字电文形式作出的意思表示，《民法典》第 137 条第 2 款规定："以非对话方式作出的采用数据电文形式的意思表示，相对人指定特定系统接收数据电文的，该数据电文进入该特定系统时生效；未指定特定系统的，相对人知道或者应当知道该数据电文进入其系统时生效。当事人对采用数据电文形式的意思表示的生效时间另有约定的，按照其约定。"

首先，如果债务人指定了特定的系统接收通知，在通知的数据电文进入该特定系统后，不论收件人是否阅读，都应当认为通知已经到达债务人。此时，"通讯电子系统记载的时间"指的是数据电文进入该特定系统的时间。

其次，如果债务人没有指定特定的系统接收通知，那么在通知的数据电文进入债务人的任何一个系统时，即被推定为债务人知道或应当知道，除非债务人举证证明其不应当知道。例如，债务人举证证明其所用的邮箱长期不使用且让与人明知的，则可以认定债务人不应当知道。此时，"通讯电子系统记载的时间"指的是数据电文进入债务人的任何一个系统的时间。

最后，如果债务人和让与人之间对于通知到达时间的计算方式另有约定的，"通讯电子系统记载的时间"应当依照其约定进行判断。

（本条撰写人：王利明、叶秋铖）

债务加入中加入人的追偿权

第三人加入债务并与债务人约定了追偿权，其履行债务后主张向债务人追偿的，人民法院应予支持；没有约定追偿权，第三人依照民法典关于不当得利等的规定，在其已经向债权人履行债务的范围内请求债务人向其履行的，人民法院应予支持，但是第三人知道或者应当知道加入债务会损害债务人利益的除外。

债务人就其对债权人享有的抗辩向加入债务的第三人主张的，人民法院应予支持。

【本条主旨】

本条是关于债务加入中加入人的追偿权的规定。

【关联规定】

1.《民法典》第 552 条 第三人与债务人约定加入债务并通知债权人，或者第三人向债权人表示愿意加入债务，债权人未在合理期限内明确拒绝的，债权人可以请求第三人在其愿意承担的债务范围内和债务人承担连带债务。

2.《民法典》第 524 条 债务人不履行债务，第三人对履行该债务具有合法利益的，第三人有权向债权人代为履行；但是，根据债务性质、按照当事人约定或者依照法律规定只能由债务人履行的除外。

债权人接受第三人履行后，其对债务人的债权转让给第三人，但是债务人和第三人另有约定的除外。

3.《民法典》第 519 条 连带债务人之间的份额难以确定的，视为份额相同。

实际承担债务超过自己份额的连带债务人，有权就超出部分在其他连带债务人未履行的份额范围内向其追偿，并相应地享有债权人的权利，但是不得损害债权人的利益。其他连带债务人对债权人的抗辩，可以向该债务人主张。

被追偿的连带债务人不能履行其应分担份额的，其他连带债务人应当在相应范围内按比例分担。

4.《民法典》第 547 条　债权人转让债权的，受让人取得与债权有关的从权利，但是该从权利专属于债权人自身的除外。

受让人取得从权利不因该从权利未办理转移登记手续或者未转移占有而受到影响。

5.《民法典》第 700 条　保证人承担保证责任后，除当事人另有约定外，有权在其承担保证责任的范围内向债务人追偿，享有债权人对债务人的权利，但是不得损害债权人的利益。

6.《最高人民法院关于适用〈中华人民共和国民法典〉有关担保制度的解释》第 12 条　法定代表人依照民法典第五百五十二条的规定以公司名义加入债务的，人民法院在认定该行为的效力时，可以参照本解释关于公司为他人提供担保的有关规则处理。

【理解与适用】

一、债务加入的效力基础

债务加入，又称并存的债务承担，是指第三人加入债的关系之中，与原债务人一起向债权人承担同一债务的情形。[①]《民法典》第 552 条在借鉴和改进传统债法理论的基础上首次明确了该制度。根据该条对于债务加入法律效果的规定，债权人可以请求加入债务的第三人（以下简称"加入人"）在其愿意承担的债务范围内和债务人承担连带债务。相较免责的债务承担，债务人并未脱离债的关系。[②] 这一连带债务的表述，使债务加入制度与《民法典》连带债务规则产生了体系上的关联。

（一）债务加入内部效力的理论争议

有观点认为，债务加入中加入人与债务人之间形成连带债务的内部关系，理

---

① 参见崔建远：《合同法》（第四版），北京大学出版社 2021 年版，第 282 页。
② 参见王利明：《合同法研究》（第四卷）（第二版），中国人民大学出版社 2018 年版，第 300 页。

由在于：第一，加入人加入既有债务，与债务人共同对债权人承担内容相同的债务，二者共为连带债务人，符合连带债务的构成理论。[1] 第二，《民法典》第552条已然表明，"债权人可以请求第三人在其愿意承担的债务范围内和债务人承担连带债务"，加入人与债务人之间成立连带债务关系[2]，得以适用《民法典》中关于连带债务的规定。[3]

　　不同的观点则认为，债务加入中加入人与债务人之间形成不真正连带债务的内部关系，理由在于：第一，加入人与债务人负担债务的原因不尽相同。债务人负担债务可能有多种原因，合同、侵权、不当得利、无因管理等均无不可。而债务加入使加入人产生债务负担，源于加入人的单方允诺或者债务加入协议，与债务人有所不同。连带债务的发生系由同一原因所导致，债务加入情形显然不同于此，因此债务人与加入人内部应当构成不真正连带债务。[4] 第二，如债务人与加入人没有形成连带债务的任何意思表示，应当认定两者之间成立的是不真正连带债务。[5] 第三，在单纯的不真正连带债务关系之中，绝对涉他效力较少，将债务人与加入人的内部关系认定为不真正连带债务对于保护债权人而言更为有利，否则以连带债务论，恐使债权人有遭受不测之损害。[6] 第四，连带债务的理论基础至今未有定论，即使采取"同一层次理论"[7] 来认定加入人与债务人之间为连带债务关系，加入人多对债务人有完全的追偿权，但"同一层次理论"显然无法解

[1] 参见王利明：《合同法研究》（第二卷）（第三版），中国人民大学出版社2015年版，第233页；张平华：《意定连带责任的构造与类型》，载《法学》2022年第3期。

[2] 参见杨立新、李怡雯：《中国民法典新规则要点》，法律出版社2020年版，第298～299页；陈兆顺：《论债务加入与连带责任保证的区分——以〈民法典〉第552条为分析对象》，载《中国应用法学》2021年第6期。

[3] 参见黄薇主编：《中华人民共和国民法典合同编释义》，法律出版社2020年版，第203页；最高人民法院民法典贯彻实施工作领导小组主编：《中华人民共和国民法典合同编理解与适用》（一），人民法院出版社2020年版，第582页；最高人民法院民事审判第二庭：《最高人民法院民法典担保制度司法解释理解与适用》，人民法院出版社2021年版，第178页。

[4] 参见王磊：《不真正连带债务若干问题探讨》，载《社会科学》2001年第8期；林诚二：《民法债编总论：体系化解说》，中国人民大学出版社2003年版，第514页。

[5] 参见［日］我妻荣：《新订债权总论》，王燚译，中国法制出版社2008年版，第509页。

[6] 参见韩世远：《合同法总论》（第四版），法律出版社2018年版，第635～636页。不过，韩世远教授在随后的著作中尊重《民法典》第552条的表述，认为第三人与债务人之间成立连带债务的关系，对此可见韩世远：《合同法学》（第二版），高等教育出版社2022年版，第219～220页。

[7] 该理论认为，连带债务的"同一给付"要求多数债务人中任何一人的给付也同时履行了其他债务人的债务，即任何一个债务人都对债权人负有相应的终局义务，多数债务人处于"同一层次"。而如果存在所谓"终局债务人"情况的不同层次债务人，则不属于连带债务。参见张定军：《连带债务研究——以德国法为主要考察对象》，中国社会科学出版社2010年版，第105、115、226页。但该说也遭到了诸多批评，可见李中原：《不真正连带债务理论的反思与更新》，载《法学研究》2011年第5期。

释《民法典》第 552 条的规定。① 第五，从追偿权的角度来看，《民法典》第 519 条规定的连带债务人之间的追偿权，在范围上仅限于超额履行的部分，但加入人对债务人的追偿范围通常取决于两者之间的原因关系。此时如以连带债务论，势必会造成学说内部的冲突与矛盾。因此，在解释上，《民法典》第 552 条的"承担连带债务"仅是指加入人与债务人对债权人的外部关系，而非两者之间的内部法律关系。②

债务加入后的债务形态究为连带债务还是不真正连带债务，不但与这两种类型的多数人之债的理论构造有关，更重要的是会影响加入人与债务人内部的权利义务配置和规则适用，理论上应作出准确的界定。

（二）债务加入作为"真正"连带债务

对于债务加入内部效力的解释应尊重《民法典》第 552 条表述的原意，如无绝对的正当性和必要性，不宜引入不真正连带的法理、作出与《民法典》第 522 条文义相悖的解释选择。

首先，基于制度史的考察，在传统债法理论上，并存的债务承担（债务加入）与免责的债务承担共同构成债务移转制度。③ 但学说上逐渐认为，债务加入并未导致移转债务的效果，债之内容也没有发生变更，不宜将其定位于债的移转或者变更制度，而应属多数人之债的制度范畴。④ 即使之前的民事立法未在债务承担制度中明确规定债务加入的情形，但学说与裁判均肯认，在债务人不脱离债之关系的情形下，第三人加入而成为连带债务人。⑤

从不真正连带说的来源看，有关加入人与债务人的内部关系应为不真正连带债务关系的观点深受日本学说的影响，而后者之所以持此观点，是因为日本法认为连带之债必须有法律的规定或者双方当事人的明确约定方可成立，将并存的债务承担悉数作为连带债务可能会产生债权人无法预料到的效果。⑥ 我国《民法

---

① 参见张定军：《连带债务发生明定主义之反思》，载《法学研究》2023 年第 2 期，第 164 页。应当说明的是，该文主要是在质疑连带债务"同一层次理论"的合理性，而不表示该文认为债务加入后的责任形态为不真正连带。

② 参见陈国军：《债务加入的独立性辩析》，载《政治与法律》2022 年第 12 期。

③ 参见［德］迪尔克·罗歇尔德斯：《德国债法总论》（第 7 版），沈小军、张金海译，中国人民大学出版社 2014 年版，第 408 页。

④ 参见朱广新：《合同法总则研究》（下册），中国人民大学出版社 2018 年版，第 504 页；夏昊晗：《债务加入法律适用的体系化思考》，载《法律科学（西北政法大学学报）》2021 年第 3 期。

⑤ 参见韩世远：《合同法总论》（第四版），法律出版社 2018 年版，第 626 页；肖俊：《〈合同法〉第 84 条（债务承担规则）评注》，载《法学家》2018 年第 2 期。案例可见最高人民法院（2010）最高法民提字第 152 号民事判决书。

⑥ 参见［日］我妻荣：《新订债权总论》，王燚译，中国法制出版社 2008 年版，第 509 页。

典》第 178 条同样规定连带债务须法律规定或者当事人约定，但第 552 条将债务加入后形成"连带债务"的法律效果法定化，满足了连带债务的法定要求，这与日本法的规范背景已大不相同。[①] 此外，不真正连带债务在我国实定法上的规范基础多位于侵权责任编，适用空间亦更受局限。

比较法上就债务加入后的债务形态普遍采取了连带债务的立场，如《国际商事合同通则》第 9.2.5 条第 3 款、《欧洲示范民法典草案》第 3—5：202 条和第 3—5：208 条、《奥地利民法典》第 896 条与第 1347 条等。虽然《德国民法典》未就并存的债务承担之债务形态有明确规定，但学说上一般认可加入人与债务人作为连带债务人对债权人承担责任。[②] 此外，我国裁判实践较为统一、稳定地认为，加入人与债务人之间形成连带债务的法律后果。[③]

从连带债务理论本身的发展趋势看，不真正连带债务的概念渐被抛弃，而将其纳入宽泛、统一的连带性概念之中，成了新的理论发展方向，这实质上是以不真正连带债务理论对债务人内部进行区分规制、改造传统连带债务。[④] 不论立法是否清晰地区分连带债务与不真正连带债务，二者的对外效力并无差别，在内部关系上则主要关注债务人之间的分担机制，即连带债务中以求偿关系实现债务分担与不真正连带债务中以求偿关系实现终局的责任承担，后者在具体路径上主要体现为请求权的转移。[⑤]《民法典》第 519 条第 2 款同时规定追偿权与法定清偿承受权，已经具备统合不真正连带债务内部债务分担机制的能力。

（三）连带债务规则的衔接与问题

在确定债务加入的债务形态为连带债务后，加入人加入债务的法律效果与《民法典》第 519 条等连带债务规范相衔接，即成为填补债务加入规范漏洞的可选路径之一。依据《民法典》第 519 条第 2 款的规定，加入人清偿债务后可以就超过自己份额的部分在债务人未履行的份额范围内追偿，并相应地享有债权人的权利，但是不得损害债权人的利益；债务人对债权人的抗辩，可以向加入人主

---

① 参见肖俊：《债务加入的类型与结构——以民法典第 552 条为出发点》，载《东方法学》2020 年第 6 期；朱广新、谢鸿飞主编：《中国民法评注·合同编通则 2》，中国法制出版社 2020 年版，第 110 页。

② 参见［德］迪尔克·罗歇尔德斯：《德国债法总论》（第 7 版），沈小军、张金海译，中国人民大学出版社 2014 年版，第 413 页。

③ 如最高人民法院（2013）民一终字第 26 号民事判决书，最高人民法院（2014）民二终字第 138 号民事判决书。

④ 参见张定军：《论不真正连带债务》，载《中外法学》2010 年第 4 期；李中原：《不真正连带债务理论的反思与更新》，载《法学研究》2011 年第 5 期；张定军：《连带债务发生明定主义之反思》，载《法学研究》2023 年第 2 期。

⑤ 参见税兵：《不真正连带之债的实定法塑造》，载《清华法学》2015 年第 5 期；章正璋：《不真正连带债务理论溯源及其在我国的理论与实践分析》，载《财经法学》2018 年第 3 期。

张。如此，加入人清偿债务后即取得两项权利——追偿权和清偿承受权，债权人对债务人的债权因加入人的清偿发生法定的债权移转。

不过，在双方未有明确约定时，加入人与债务人之间的内部份额如何确定，仍有法律适用上的疑义。《民法典》第 519 条第 1 款规定："连带债务人之间的份额难以确定的，视为份额相同。"如此，加入人似乎只能向债务人追偿一半份额的债务。然而，《民法典》第 519 条第 1 款的份额均等推定规则以连带债务人的份额难以确定为前提，仅以加入人与债务人未约定追偿权为由径直认定份额难以确定，恐有所轻率。在认定各连带债务人的内部份额时，应当衡诸具体的案件事实，依次审查法律是否有明确规定、当事人是否有明确约定内部分担额。当事人没有明确约定的，应当考察债务人的受益情况、法律行为的目的与性质、各连带债务人行动所表征的意图等。[1]

二、债务加入制度的担保功能及其体系效应

债务加入制度法律适用的另一面向，则是其与保证担保的功能相似性，由此引发了保证制度相关规则能否参照适用的问题。

（一）债务加入与保证担保的功能相似性

债权是否得以实现取决于债务人的清偿能力。当严守"债是法锁"的教义逐渐松动，债务人得以将自身债务转由他人承担，但债权人将面临新的承担者清偿能力不明的风险，此项不利不应由债权人负担。因此，免责的债务承担须以债权人同意为必要。而在债务加入中，加入人负担了同一性的债务，以其责任财产为债权提供一般担保，但债务人犹在债之关系之中，加入人加入其中增加了债权得以实现的责任财产范围。如此，债务加入制度在保障债权实现方面与保证担保制度异曲同工。正是基于此，学说上多认为债务加入具有担保债权实现的功能[2]，其经济目的就在于为债权人提供担保。[3] 裁判实践亦早有"债务加入实质为一种担保"之类的认识。[4]

（二）参照适用的理论争议

债务加入与保证担保在制度功能上的相似性以及在基本属性上的差异性，影

---

[1] 参见朱广新、谢鸿飞主编：《民法典评注：合同编通则 1》，中国法制出版社 2020 年版，第 436 页。

[2] 参见孙森焱：《民法债篇总论》（下册），三民书局 2010 年版，第 980 页；韩世远：《合同法总论》（第四版），法律出版社 2018 年版，第 634 页。

[3] 参见史尚宽：《债法总论》，中国政法大学出版社 2000 年版，第 750~751 页；[德] 迪特尔·梅迪库斯：《德国债法总论》，杜景林、卢谌译，法律出版社 2004 年版，第 623 页。

[4] 参见山东省高级人民法院（2013）鲁商终字第 117 号民事判决书。

响着如何界定债务加入的学说主张。有观点认为，尽管债务加入增加了债权实现的责任财产范围，但鉴于其不具备从属性与补充性的特征，债务加入不能被当作债的担保制度加以对待。① 债务加入在客观上具有保障债权实现的功能，并不表明其在性质上就属于债的担保，毋宁说债务加入的担保功能是其客观、必然和附从的延伸作用，与债的保全、民事责任等制度无异。② 与之相反的观点则认为，加入人加入债务的目的多为担保债权实现，如此自应尊重加入人的意志；债务加入与连带责任保证均具补充性与从属性，二者所形成的三方利益结构相似，债务加入亦应被纳入人的担保之列。③ 在比较法上，承认债务加入人保属性的立法例逐渐增多。④ 部分著述则直接将债务加入作为担保措施的一种，将"约定并存债务承担"放置于"特殊保证及其他形态之人保"的体系位置之下进行展开。⑤ 此外，折中观点认为，可以将债务加入界定为介于从属保证和独立保证之间的一种人保方式⑥，或是在狭义担保观念下认为债务加入是典型保证方式以外的增信措施，能够增加债务人信用和保障债权人债权实现。⑦

就债务加入是否属于债的担保制度的分歧而言，归根到底与论者所持担保观念有关，在法律适用层面则关涉债务加入是否得以与担保制度规则相对接。不可否认的是，债务加入具有明显且相较于连带责任保证效力更强的担保功能，在《民法典》背景下，认可债务加入的法律适用衔接担保制度规则并无不可。

一方面，《民法典》中担保制度的作用机理在于，借助于责任财产范围的扩大或者特定化，以保障债权的实现，学说上称之为"债的特别担保"。责任财产范围的扩大，即在债务人的责任财产之外另觅新的责任财产（第三人的可用于承担责任的财产），以增加债权获偿的可能，此种机理之下的担保又称"人的担保"；责任财产范围的特定化，即将债务人或者第三人的一部分财产从其责任财产中独立出来，作为满足债权实现的特定财产，此种机理之下的担保又称"物的担保"⑧。债务加入与保证在保障债权实现方面的内在机理相同，均在于"责任

① 参见崔建远：《"担保"辨——基于担保泛化弊端严重的思考》，载《政治与法律》2015年第12期。
② 参见陈国军：《债务加入的独立性辩析》，载《政治与法律》2022年第12期。
③ 参见刘刚、季二超：《债务加入类推适用的对象、范围和限度》，载《人民司法》2021年第13期。
④ 如《欧洲示范民法典草案》第4.7—1：102条第1款、《奥地利民法典》第1347条将债务加入与保证一并规定于第三编第一章"权利和义务的强化"。
⑤ 参见陈自强：《违约责任与契约解消》，元照出版公司2018年版，第339页以下。
⑥ 参见夏昊晗：《债务加入法律适用的体系化思考》，载《法律科学（西北政法大学学报）》2021年第3期。
⑦ 参见刘保玉、梁远高：《"增信措施"的担保定性及公司对外担保规则的适用》，载《法学论坛》2021年第3期。
⑧ 高圣平：《担保法论》，法律出版社2009年版，第88页。

财产范围的扩大",同具增加债权实现的责任财产范围之担保效果。举凡令债权人得在债务人总财产不能清偿债务时而获得更多受偿者,即为担保制度。① 从功能主义的立场出发,《民法典》第 388 条第 1 款第二句从担保功能的视角出发描述担保合同,可发挥担保功能者皆可纳入其中,进而具备担保规则的适用可能性。尽管该条仅及于物的担保制度,但其中所持方法论对于人的担保制度而言,同样具有阐明价值。如此,即使坚持担保功能与担保效果相区分的狭义担保观,债务加入也由此获得了担保规则的适用可能性。②

另一方面,自处理债务加入纠纷的裁判规则观察,司法实践已经基本认可了债务加入的担保效果。在保证方式中,连带责任保证与债务加入的"面貌"最为相似,至于法律效果,两者之间在一般意义上也并无差别,均是加入人对原债务人的债务承担连带责任。基于债务加入与保证担保的相似性,且公司加入他人债务比为他人债务提供担保所承担的责任更重,2019 年《九民会议纪要》第 23 条规定:"法定代表人以公司名义与债务人约定加入债务并通知债权人或者向债权人表示愿意加入债务,该约定的效力问题,参照本纪要关于公司为他人提供担保的有关规则处理。"该条确立的债务加入准用担保规则被《担保制度解释》第 12 条吸收。"参照"作为立法者"评价性质的归类行为",彰显了债务加入与保证担保在规范评价上的相似性。③ 最高人民法院也在个案中表示,"与债务加入在法律性质上最为接近并且有明确法律规定的应为连带责任保证法律关系,可参照适用担保法的相关规定"④。

"担保"本身即为一个功能性的法律概念,无法通过构造主义的方式得以完全界定。以《民法典》之前的典型担保制度审视债务加入,后者无疑不符合典型担保的界定要求,由此也断绝了衔接债务加入与典型担保制度的可能。实际上,拒绝承认债务加入为债的担保制度所隐含的理据在于,债务加入不符合狭义担保观视野下典型担保的全部规格要求,也就不宜将其作为担保对待,因而不应适用《民法典》有关担保制度的规定,以免导致不当的后果。⑤ 即便是《民法典》确认的非典型担保,亦非全然适用担保规则,功能主义的立法模式仅要求在担保权的设立、公示、顺位及实现等方面实现法律适用的统一。债务加入准用或者类推

---

① 参见谢在全:《担保物权制度的成长与蜕变》,载《法学家》2019 年第 1 期,第 37 页。

② 参见冯洁语:《民法典视野下非典型担保合同的教义学构造——以买卖型担保为例》,载《法学家》2020 年第 6 期。

③ 参见〔德〕卡尔·拉伦茨:《法学方法论》,黄家镇译,商务印书馆 2020 年版,第 2 页。

④ 最高人民法院(2019)最高法民再 236 号民事判决书。

⑤ 参见崔建远:《"担保"辨——基于担保泛化弊端严重的思考》,载《政治与法律》2015 年第 12 期。

适用保证规则的基础，不必然为二者具有相同属性，功能相近与当事人利益结构相似亦无不可。即使认可债务加入的性质为非典型人的担保，也不意味着债务加入可以适用保证担保的全部规则，两者法律效果上的差异决定了具体规则适用时必然需要斟酌损益。

（三）参照适用的具体展开

其一，保证人责任非终局性的规定。在保证人为主债务提供连带责任保证的情况下，保证人没有终局性地承担债务的意思，此时可以认定债务人与保证人的分担额为100％∶0。因此，《民法典》第700条对于追偿范围的规定为"承担保证责任的范围内"。就债务加入而言，加入人加入债务时未与债务人达成分担份额的约定，并不当然意味着难以确定两者之间的份额关系。作为经济理性人的加入人通常也不会主动寻求加入债权债务关系中，更鲜有无偿履行他人债务的情形。加入人同样对债权人不负有终局性的债务，其内部分担份额应为0。《合同编通则解释》第51条对追偿范围的规定是"履行债务的范围"，即可理解为加入人可向债务人全额求偿，这与《民法典》第700条的规范意旨是贯通的。[1]

其二，保证人资格限制的规定。基于担保行为的特殊性，《民法典》第683条、《担保制度解释》第5～11条对特殊场景下的担保人资格作出了相应限制。[2]基于债务加入的担保功能，且考虑到加入人在债务加入中可能承担的责任整体上还要重于保证担保，保证人资格的限制自可适用于加入人[3]，以达到维护保证人或者加入人等第三人的财产利益不受损害、维护公共利益或者特定权利人利益的目的。[4] 裁判实践亦持相同见解。[5] 反对的观点指出，债务加入的核心功能在于为了自己的利益加入债务，而非为了担保他人债务，如此并不违背禁止担任保证人的主体的成立目的及从事工作的性质。[6] 此种观点以加入人对加入债务须有直接利益为立论基础，显然受到德国民法学说的影响。不过，加入人提供保证担保与加入债务的动机兼具多样性，利己或者利他均无不可。因此，保证人资格限制规则自可约束加入人。在《担保制度解释》已就以公司名义加入债务准用公司担

① 参见谷昔伟：《债务加入人追偿权的证成与司法适用》，载王利明主编：《判解研究》2022年第4辑，人民法院出版社2023年版，第204页。
② 参见高圣平：《民法典担保人资格的解释论》，载《荆楚法学》2022年第1期。
③ 参见夏昊晗：《债务加入法律适用的体系化思考》，载《法律科学（西北政法大学学报）》2021年第3期。
④ 参见李伟平：《债务加入对保证合同规则的参照适用》，载《中国政法大学学报》2022年第4期。
⑤ 如江苏省无锡市中级人民法院（2017）苏02民终1503号民事判决书；江苏省高级人民法院（2015）苏商终字第00595号民事判决书；最高人民法院（2016）民再终字322号民事判决书。
⑥ 参见陈国军：《债务加入的独立性辩析》，载《政治与法律》2022年第12期。

保规则作出规定的情形之下，其中关于担保人资格限制的其他规则自可类推适用于债务加入。

其三，保证合同的要式性规则。基于保证担保的风险性、单务性与无偿性，《民法典》第 685 条明定保证合同的要式性，以书面形式呈现合同内容、明晰责任范围，避免保证人轻率缔约而承受与其预期利益失衡的负担。[①]《民法典》第 552 条未就债务加入的形式要件作出规定，此前理论上倾向于认为，债务加入不以要式为必要。[②] 裁判实践就此亦有分歧。[③] 既然我国《民法典》第 135 条明确民事法律行为奉行形式自由原则，那么位于分则的债务加入在无特别规定时自应适用该项原则，形式上不以书面形式为必要。[④]《民法典》颁布后，学界观点更多地转向要式说。理由在于，与保证担保相比，债务加入给加入人带来了更重的负担，而加入人有无自身利益，不是要式与否的决定性因素。[⑤] 在立法对保证合同施以要式强制的情况下，自然没有理由对债务加入奉行形式自由，否则将导致价值判断上的冲突，而且可能诱发法律规避行为，通过要式保护保证人的规范目的也将落空。[⑥] 本书支持要式性观点。虽然《民法典》第 681 条、第 685 条第 2 款规定的保证合同成立方式与第 552 条所定债务加入的类型在形式上有所区别，但无论是加入人与债权人之间形成合意，还是加入人单方向债权人作出意思表示，其产生约束力的法理基础并无二致，应当基于体系解释将保证合同的要式性要件类推适用于债务加入。

其四，保证期间的规定。《民法典》第 692 条第 1 款中规定，"保证期间是确定保证人承担保证责任的期间"。在解释上，保证期间仅是确定保证人承担保证责任的期间，保证人是否最终承担保证责任处于"待确定"状态，须在保证期间内基于债权人单方的特定行为以最终确定保证人是否承担保证责任。[⑦] 就保证期间规则能否适用于债务加入，理论上已有否定说的共识观点，其理由略谓：就时间的经过对于债权债务的影响，《民法典》中仅就保证债务同时配置了保证期间

---

① 参见王蒙：《论保证的书面形式》，载《清华法学》2021 年第 5 期。

② 参见王洪亮：《债法总论》，北京大学出版社 2016 年版，第 471 页；王利明：《债法总则研究》（第二版），中国人民大学出版社 2018 年版，第 635 页。

③ 如北京市第二中级人民法院（2016）京 02 民终 9191 号民事判决书，广东省深圳市中级人民法院（2016）粤 03 民终 8718 号民事判决书。

④ 参见陈国军：《债务加入的独立性辨析》，载《政治与法律》2022 年第 12 期。

⑤ 参见刘刚、季二超：《债务加入类推适用的对象、范围和限度》，载《人民司法》2021 年第 13 期。

⑥ 参见夏昊晗：《债务加入法律适用的体系化思考》，载《法律科学（西北政法大学学报）》2021 年第 3 期。

⑦ 参见高圣平：《民法典上保证期间的效力及计算》，载《甘肃政法大学学报》2020 年第 5 期。

和保证债务诉讼时效期间两种制度。在解释上，就其他债权债务，应径行适用《民法典》总则编诉讼时效的一般规则，自无准用或者类推适用保证期间的可能；债务加入中加入人所负债务系为独立债务，在时间上仅受诉讼时效的限制[①]；保证期间旨在督促债权人及时行使对保证人的权利，而加入人与债务人并存之地位决定了无须给加入人以给付顺位上的优待，立法上对保证人的政策考量并不当然适用于加入人[②]；如类推适用保证期间的规定，加入人将获得不当的优待，对债权人有失公平。[③]

其五，保证人抗辩的规定。基于保证担保的从属性，保证人可以主张债务人对债权人的抗辩，即使债务人已主动放弃抗辩，保证人亦可主张。至于债务加入后的加入人自身抗辩问题，加入人加入债务后负担的债务独立发展，所生抗辩事由自得为加入人所主张。《合同编通则解释》第51条第2款规定："债务人就其对债权人享有的抗辩向加入债务的第三人主张的，人民法院应予支持。"这里已经间接传达了加入人享有债务人对债权人的抗辩的基本思想（容后详述）。不过，加入人向债权人主张债务人的抗辩究为类推适用保证人抗辩的规定，还是基于债务移转、连带债务等其他制度规则，不无可议。[④] 依据《民法典》第553条的规定，债务承担人可以主张原债务人对债权人的抗辩，但不得主张原债务人对债权人的抵销权。如将此规则类推适用于债务加入，加入人仅可援引债务加入成立前已经产生的债务人抗辩事由。[⑤] 但与免责的债务承担不同，债务加入并不产生原债务人脱离债之关系的法律效果，加入人可得援引的债务人抗辩，也就并不仅限于债务加入成立前已经产生的事由。基于连带债务的原理，除《民法典》第520条规定的连带债务中产生绝对效力的事项外，债务人放弃债务加入时存在的抗辩的，债务加入人依然可以向债权人主张该抗辩。[⑥]

此外，债务加入能否适用保证合同从属性规则、保证范围的规定、债权债务变动对保证责任的影响、共同保证规范以及诉讼管辖等程序上的规则，仍需进一

[①] 参见黄薇主编：《中华人民共和国民法典合同编释义》，法律出版社2020年版，第203页。

[②] 参见朱奕奕：《并存债务之认定——以其与保证之区分为讨论核心》，载《东方法学》2016年第3期。

[③] 参见刘保玉、梁远高：《"增信措施"的担保定性及公司对外担保规则的适用》，载《法学论坛》2021年第3期。

[④] 参见夏昊晗：《债务加入法律适用的体系化思考》，载《法律科学（西北政法大学学报）》2021年第3期；李伟平：《债务加入对保证合同规则的参照适用》，载《中国政法大学学报》2022年第4期。

[⑤] 参见黄茂荣：《债法通则之三：债之保全、移转及消灭》，厦门大学出版社2014年版，第142页；朱广新、谢鸿飞主编：《民法典评注：合同编通则2》，中国法制出版社2020年版，第116页。

[⑥] 参见夏昊晗：《债务加入法律适用的体系化思考》，载《法律科学（西北政法大学学报）》2021年第3期。

步辨析。就追偿权问题，留待下文详细展开。

三、加入人履行债务后的追偿权

就债务加入的法律效果而言，《民法典》第552条仅明确加入人与债务人对债权人承担连带债务。与加入人利益攸关的问题在于，加入人应债权人的请求清偿债务后，其是否有权向债务人追偿。换言之，加入人决定加入债务是否意味着其具有终局性地负担债务的意思。针对这一问题，学说与裁判均未达成一致看法，《合同编通则解释》第51条则在原则上承认了加入人的追偿权及其他权利。

（一）加入人是否享有追偿权的分歧

加入人在履行债务后是否对债务人享有追偿权，学说与裁判存在着"无追偿权"、"有追偿权"以及"取决于加入人与债务人的基础关系"等三种观点。这个问题的前提性认知是加入人与债务人之间究为连带关系还是不真正连带关系，向后又与债务加入的规则适用问题相勾连，即适用担保制度中的保证规则，还是适用连带债务的规则，抑或不当得利、无因管理等规则。

第一种观点认为，加入人履行债务后原则上不享有对债务人的追偿权。其一，加入人加入债务后变为连带债务人，其以债务人的身份向债权人履行，在本质上属于履行自己的债务，而不是代债务人履行。既然如此，加入人向债权人履行导致债务消灭后，原则上不能再向债务人追偿。加入人与债务人存在追偿约定的，按照双方的约定处理。[①] 其二，从债务加入的类型上看，在加入人向债权人单方允诺加入债务的案型中，加入人系出于自己利益而为之，不符合无因管理的构成要件，无权要求债务人偿还必要费用，加入人亦不享有对债务人的追偿权。[②] 而在加入人与债务人约定加入债务的案型中，应根据债务加入协议决定是否享有相应的追偿权；如加入人与债务人并未约定各自终局性地承担债务的比例，宜认为加入人无追偿权。总之，加入人与债务人的内部效力应当以加入人不享有追偿权为一般规则，彼此之间约定享有追偿权的，从其约定。[③] 其三，不当得利、无因管理以及法定债权移转均无法作为债务加入人的追偿依据。首先，债

---

① 参见王利明：《我国〈民法典〉保证合同新规则释评和适用要旨》，载《政治与法律》2020年第12期；王利明：《论"存疑推定为保证"——以债务加入与保证的区分为中心》，载《华东政法大学学报》2021年第3期。

② 参见程啸：《保证合同研究》，法律出版社2006年版，第373页；张雪楳：《债务承担的认定及责任承担——泰阳证券有限责任公司与海南洋蒲华洋科技发展有限公司等单位资产管理委托合同上诉案》，载最高人民法院民事审判第二庭编：《民商事审判指导》2006年第2辑，人民法院出版社2007年版，第270页。

③ 参见陈国军：《债务加入的独立性辨析》，载《政治与法律》2022年第12期。

务加入不符合不当得利的构成要件。债务加入以债务加入协议的成立为前提，并非"没有合法根据"。如将不当得利作为追偿权的依据，会产生一个新的债权，原有债权上的利益（如附有担保）可能丧失，对履行完债务的加入人有所不利。其次，无因管理的解释力有限。如在"实务中，有的承担人为了自己的利益甚至有意坑害债务人，自愿替债务人清偿债务。于此场合，承担人不得依据无因管理主张费用的偿还"①。换言之，加入人加入债务与无因管理中为本人的利益而管理事务并不完全重合。最后，根据债权的法定移转机制，原债权的全部利益，均移转予代为清偿的加入人，如此与保证人追偿权规则所实现的利益衡平有别，故不可类推保证的该项规则。此外，从《民法典》第 552 条规定的本意来看，立法者倾向于认为债务加入人不享有法定的追偿权，因为加入人在加入债务之前存在与债务人约定追偿权的磋商机会。②

　　第二种观点则支持加入人原则上具有追偿权。其一，《民法典》第 552 条规定，加入人一旦加入原债务关系，加入人和债务人即向债权人共负"连带债务"。据此，《民法典》关于连带债务的规定理当直接适用于债务加入的情形。而依据《民法典》第 519 条第 2 款的规定，加入人向债权人清偿债务后，即可向债务人追偿，并且在追偿权之外还可以取得清偿承受权，加入人行使追偿权和清偿承受权须受债务人对债权人享有抗辩的限制。③ 相比于保证人，加入人已经被苛以较为严格的责任，如再认定其不具备责任承担后的追偿意图，显有不妥，加入人履行债务之后即没有了回旋的空间。④ 其二，即使认为加入人与债务人的内部关系为不真正连带关系，加入人亦应享有追偿权。⑤ 加入人作为预先给付者清偿债务后，对作为终局承担者的债务人享有追偿权，乃当然之理。⑥ 其三，考虑到债务加入与保证担保的相似性，可以类推适用保证规则，追偿权规则自在其中。⑦ 在

① 崔建远：《合同法总论》（中卷），中国人民大学出版社 2016 年版，第 534 页。
② 参见刘保玉、梁远高：《民法典中债务加入与保证的区分及其规则适用》，载《山东大学学报（哲学社会科学版）》2021 年第 4 期。
③ 参见刘贵祥：《民法典关于担保的几个重大问题》，载《法律适用》2021 年第 1 期；夏昊晗：《债务加入法律适用的体系化思考》，载《法律科学（西北政法大学学报）》2021 年第 3 期；最高人民法院民事审判第二庭：《最高人民法院民法典担保制度司法解释理解与适用》，人民法院出版社 2021 年版，第 178 页；杨代雄主编：《袖珍民法典评注》，中国民主法制出版社 2022 年版，第 494 页。
④ 参见陈兆顺：《论债务加入与连带责任保证的区分——以〈民法典〉第 552 条为分析对象》，载《中国应用法学》2021 年第 6 期。
⑤ 参见韩世远：《合同法总论》（第四版），法律出版社 2018 年版，第 636 页。
⑥ 参见刘刚、季二超：《债务加入类推适用的对象、范围和限度》，载《人民司法》2021 年第 13 期。
⑦ 参见［日］我妻荣：《新订债权总论》，王燚译，中国法制出版社 2008 年版，第 509 页；向玕：《债务加入法律实务问题研究——最高人民法院裁判规则总结》，载《人民司法·案例》2015 年第 18 期。

该派观点内部，也有学者认为，因债务加入成立的债务人与加入人对债权人的连带债务，在内部关系上不同于《民法典》第519条之连带债务，应依债务人与加入人之间的约定处理：没有约定的，除加入人有赠与之意，加入人在履行债务范围内享有追偿权。① 实务中有观点认为，应以承认加入人的追偿权为原则：如债务加入以加入人单方意思表示而为之，加入人能否向债务人追偿，考虑到债务人私法自治的因素，可以参照《民法典》第524条第三人代为清偿的规则；其他情形下，如债务人对加入人加入债务提出异议，债权人未拒绝其给付的，加入人在清偿债务后对债务人无追偿权，但可以依无因管理规则对债务人进行追偿。②

第三种观点认为，加入人是否享有追偿权取决于其与债务人的基础关系。加入人作为连带债务人履行债务后，是否对债务人有追偿权，取决于其与债务人之间的约定。③ 加入人的追偿权不是对债权人履行债务后的必然产物，即使存在加入人对债务人的追偿权，其可以依据《民法典》第519条第2款向债务人追偿，不必也不应类推适用《民法典》第700条保证人追偿权的规定。④ 加入人与债务人之间的关系不是通过将他们联系在一起的共同责任来界定。⑤ 至于具体的类型，可以依据加入人与债务人之间的约定或者无约定时加入人代为履行的后果而处理；如债务人对加入人和债权人订立的债务加入协议明确表示反对的，则类似于违反本人意思的不适当无因管理，此时可以参照适用《民法典》第980条的规定。⑥

司法实践中的裁判规则大致对应了上述学说分歧。以最高人民法院的案例为线索，在早期的案例中曾传达出支持加入人原则上享有追偿权的立场，认为不论加入人的意思表示是保证还是债务加入，均有权通过"追偿的方式来保护自身的合法权益"⑦。但在近期公布的案例中，最高人民法院的立场趋于稳定，认为应当依加入人与债务人的基础法律关系处理追偿的问题，且明确否认了债权因加入

---

① 参见徐涤宇、张家勇主编：《〈中华人民共和国民法典〉评注（精要版）》，中国人民大学出版社2022年版，第606~607页。

② 参见杜万华主编：《民法典实施精要（中）》，法律出版社2022年版，第101页。

③ 参见黄薇主编：《中华人民共和国民法典合同编释义》，法律出版社2020年版，第203页；最高人民法院民法典贯彻实施工作领导小组主编：《中华人民共和国民法典合同编理解与适用》（一），人民法院出版社2020年版，第582页。

④ 参见李伟平：《债务加入对保证合同规则的参照适用》，载《中国政法大学学报》2022年第4期。

⑤ 参见［葡］若昂·德·马图斯·安图内斯·瓦雷拉：《债法总论》（第二卷），马哲等译，社会科学文献出版社2020年版，第267~268页。

⑥ 参见王利明主编：《中国民法典释评·合同编·通则》，中国人民大学出版社2020年版，第424页。

⑦ 最高人民法院（2017）最高法民申4463号民事裁定书。

人的履行而法定移转至加入人。① 然而，地方法院的裁判立场各异，且支持加入人享有追偿权者更众②，但在具体的规范依据上有的主张参照连带债务规则③，有的则明确类推保证规则处理④，还有少数的法院以"基于诚信原则、公平正义理念"为由支持加入人的追偿请求。⑤

（二）加入人追偿权的正当性

《合同编通则解释》在公开征求意见阶段于第 52 条规定："加入债务的第三人依据民法典第五百五十二条规定向债权人履行债务后，请求按照其与债务人的约定向债务人追偿的，人民法院依法予以支持；没有约定，第三人在履行债务的范围内请求债务人返还所获利益的，人民法院依法予以支持，但是第三人知道或者应当知道加入债务会损害债务人利益的除外。""债务人就其对债权人享有的抗辩向加入债务的第三人主张的，人民法院依法予以支持。"在公布的《合同编通则解释》中，第 51 条修改为："第三人加入债务并与债务人约定了追偿权，其履行债务后主张向债务人追偿的，人民法院应予支持；没有约定追偿权，第三人依照民法典关于不当得利等的规定，在其已经向债权人履行债务的范围内请求债务人向其履行的，人民法院应予支持，但是第三人知道或者应当知道加入债务会损害债务人利益的除外。""债务人就其对债权人享有的抗辩向加入债务的第三人主张的，人民法院应予支持。"两相比较，尽管只是文字上的调整，但从"在履行债务的范围内请求债务人返还所获利益"到"依照民法典关于不当得利等的规定，在其已经向债权人履行债务的范围内请求债务人向其履行"，加入人追偿权的解释基础，也就并不限于"不当得利"。"等"加上"请求债务人向其履行"的表述，意味着其他规则（诸如连带债务、清偿承受、无因管理）等有可能成为加入人追偿权的解释基础。

实际上，即便学说与实务上未形成有力通说，但潜在的共识在于：如加入人与债务人之间就追偿问题存在约定，按照双方约定处理即可。这是尊重当事人意思自治的应有之义。分歧的实质在于，加入人与债务人是需要专门约定追偿权还

---

①　参见最高人民法院（2018）最高法民终 867 号民事判决书；最高人民法院（2020）最高法民申 6898 号民事裁定书；最高人民法院（2021）最高法民申 1642 号民事裁定书。

②　如北京市高级人民法院（2017）京民初 78 号民事判决书；河南省高级人民法院（2018）豫民再 672 号民事判决书；四川省高级人民法院（2020）川民申 4597 号民事裁定书。

③　如山东省德州市（地区）中级人民法院（2022）鲁 14 民终 1061 号民事判决书；辽宁省阜新市中级人民法院（2023）辽 09 民终 586 号民事判决书。

④　如江苏省南京市中级人民法院（2020）苏 01 民终 2099 号民事判决书。

⑤　参见江苏省无锡市中级人民法院（2020）苏 02 民终 4482 号民事判决书；贵州省黔东南苗族侗族自治州中级人民法院（2020）黔 26 民终 3079 号民事判决书。

是排除追偿权,这主要出现在债务人未参与债务加入的情形,如加入人向债权人作出单方允诺表示债务加入而债权人未予拒绝。就此而言,追偿权本身是对一类法律现象的描述,即非终局责任人先行承担责任后向终局责任人追偿,例如保证人代为履行后向主债务人追偿、管理人请求受益人偿还因管理事务而支出的必要费用等,连带债务的情形也是如此。

《民法典》第519条第2款规定的内部追偿范围为"超出部分"。如适用连带债务规则,加入人在没有特别约定的情况下得向债务人追偿其已履行的债务范围,已如前述。与此同时,加入人还可以适用不当得利、无因管理等规则实现"追偿"。如适用保证规则,保证人本就是提供人的担保而无终局性地承担债务的意思,其向主债务人全额追偿是为应有之义,但保证人也可以出于赠与等动机而不行使追偿权。在债务加入中,加入人加入债务的动机同样多元,既可能是出于赠与等无偿动机,也可能仅是为保障债权得以实现等非终局性地承担债务的意思。在保证担保场景下,保证担保的从属性、无偿性、单务性表征了实践中绝大多数情况保证人的非终局性地承担责任之意思,由此在规则上反映为保证人原则上享有追偿权而例外约定排除的模式(《民法典》第700条前句)。债务加入是否应当如此,某种程度上是一个事实判断问题,即实践中是否大部分加入人均不具有非终局性地承担债务的意思?如是,加入人与保证人的处境便十分相近,有必要为加入人配置追偿权;反之,则无须为加入人配置一般意义上的追偿权,交由当事人另行磋商即可。

《合同编通则解释》第51条就加入人追偿权问题采取了明确支持的立场,具有合理性。首先,在价值倾向上,原则上肯认加入人追偿权的做法,清晰地传递出鼓励债务加入、保护加入人利益的倾向。基于债务加入与保证担保的相似性,加入人追偿权的确立也与《民法典》担保制度在优待保证人的政策选择上相契合。[①] 其次,加入人原则上享有追偿权,可以有效地发挥债务加入在强化增信、促进融资方面的积极作用,打消加入人加入债务的顾虑。实践中,加入人基于赠与等无偿利他动机加入债务的情形毕竟少见,即使如此,加入人也可以放弃向债务人主张追偿权。最后,债务人有机会与加入人约定追偿权的范围,而在债务人未参与债务加入的案型中,《合同编通则解释》第51条第1款后段的但书规定有效地避免对债务人意思自治的过度侵蚀。债务人与加入人约定债务加入但未约定追偿权的,债务人对加入人加入债务并履行债务已有预期,加入人依据第51条第1款适用不当得利等规定向债务人追偿,不会有损债务人的利益。加入人向债

---

① 参见高圣平:《民法典担保制度体系研究》,中国人民大学出版社2023年版,第17页。

权人表示愿意加入债务通常有利于债务人，但在债务加入损害债务人利益的情形下，依据第1款但书规定，加入人追偿权被阻断，以此排除对债务人意思自治的不当干预，并保护债务人的利益。[1]

（三）加入人追偿权的规则体系

依据《民法典》第552条前段的规定，债务加入的形式可以是加入人与债务人之间的约定（尚须通知债权人），也可以是加入人与债权人之间的约定（债权人对于加入人的单方允诺不予拒绝，即可视为双方已就债务加入达成合意）。[2]在解释上，加入人与债权人、债务人共同约定债务加入，亦无不可。此时，各方当事人之间的利益状况较为明朗，自应允许。[3]《合同编通则解释》第51条以加入人与债务人之间是否存在追偿权约定作了重新分类：约定了追偿权的债务加入与没有约定追偿权的债务加入。其中，"约定了追偿权的债务加入"仅存在于《民法典》第552条规定的第一种类型（约定加入债务）；"没有约定追偿权的债务加入"则可能存在于《民法典》第552条规定的两种类型。根据《合同编通则解释》第51条第1款的规定，加入人与债务人之间约定了追偿权的，加入人在履行债务后依照约定向债务人行使追偿权；无追偿约定时，"依照民法典关于不当得利等的规定"，原则上受到法院支持，但需要明确具体的法律依据。

1. 基础关系追偿：委托合同与无因管理

《民法典》第519条第2款规定，实际承担债务超过自己份额的连带债务人，有权就超出部分在其他连带债务人未履行的份额范围内向其追偿。该项权利的基础，在于加入人与债务人间的基础关系。

加入人可能基于债务人的委托，或是出于协助债务人财务周转而预先垫付款项等动机，与债务人约定加入债务。与债务人合意债务加入本身并不代表加入人有终局性地承担部分或全部债务的意思。

当加入人与债务人无委托关系，特别是加入人以向债权人作出单方允诺的表示加入债权，此时在加入人与债务人间的内部关系上，除加入人有赠与等无偿意思外，加入人履行债务仍是为债务人的利益而为，应属管理他人之事务，构成无因管理。未约定追偿权的债务加入协议产生了加入人对债权人负有债务的义务，但加入人并未负担终局性的清偿责任的义务。换言之，加入人仅有先行向债权人

---

[1]　参见王利明、朱虎：《〈民法典〉合同编司法解释的亮点与创新》，载《法学家》2024年第1期。

[2]　《民法典》第552条"第三人向债权人表示愿意加入债务"的文义足以涵盖加入人与债权人之间就债务加入达成合意的情形。参见肖俊：《债务加入的类型与结构——以民法典第552条为出发点》，载《东方法学》2020年第6期。

[3]　参见杨代雄主编：《袖珍民法典评注》，中国民主法制出版社2022年版，第492~493页。

履行债务的约定义务，而不存在最终承担清偿责任的法定的或者约定的义务。同时，既然债务人与加入人约定加入债务，通常表明债务人期待加入人的加入能够保障债务得到履行，避免自身因陷于违约而遭受损失。因此，加入人向债权人履行债务符合债务人的真实意思，加入人可以依据《民法典》第 979 条等规定向债务人请求偿还必要费用、补偿相应损失。

2. 不当得利的适用情形

在债务人委托加入人加入债务，或加入人自愿为债务人管理事务、构成无因管理时，债务人因此获得的债务清偿利益并非无法律依据、不构成不当得利，此时债务人所承担的并非返还义务，而是对加入人管理事务的成本的偿还与支付。如果加入人以向债权人单方允诺的方式加入债权，《民法典》第 552 条并未规定债务人有反对的权利，亦即债务人的反对不能阻止连带债务的成立以及加入人清偿的效力，但在基础关系上，此时加入人既不构成委托，也不构成无因管理，欠缺基础关系上的求偿依据。《合同编通则解释》第 51 条第 1 款规定的"不当得利"仅能适用于该种情形。

基于连带债务的绝对效力（《民法典》第 520 条第 1 款），加入人履行债务后导致债务人对债权人的债务相对消灭，债务人因此获有利益，此时可以适用《民法典》第 985 条的规定，即"得利人没有法律根据取得不当利益的，受损失的人可以请求得利人返还取得的利益"。加入人加入债务后对债权人所负债务系自身债务，其向债权人履行不属于《民法典》第 985 条第 3 项所列"明知无给付义务而进行的债务清偿"。如加入人向债权人履行债务不属于《民法典》第 985 条前两项的"为履行道德义务进行的给付"与"债务到期之前的清偿"，则加入人依据《合同编通则解释》第 51 条第 1 款后段向债务人追偿的权利不受影响。

3. 加入人的清偿承受权

依据《民法典》第 519 条第 2 款的规定，加入人清偿债务后"相应地享有债权人的权利"，此即清偿承受权，其性质是债权人对债务人的债权因加入人的清偿发生法定的债权移转。加入人向债务人履行债务后在其履行范围内取得了债权人对债务人的权利，其背后的理论基础一如第三人代为履行、连带债务人超份额履行以及保证人承担保证责任后发生的法定债权移转。

《合同编通则解释》第 51 条仅规定了加入人的追偿权，尚未虑及其清偿承受权。其中第 1 款就加入人与债务人未约定追偿权之时，"依照民法典关于不当得利等的规定"的开放表述已经为法定的债权移转留下了解释空间。

债务加入也有类推适用第三人代为清偿规则的空间。加入人类似于《合同编通则解释》第 30 条第 1 款所称"对履行债务具有合法利益的第三人"，债权人在受领加入人的履行后即将债权转移至加入人，加入人则可以向债务人请求向其履行。加入人向债务人追偿的，应当参照适用《合同编通则解释》第 30 条第 2 款，即在加入人履行债务并未使债权人与债务人之间的债务全部消灭的情况下，加入人向债务人追偿时不得损害债权人的利益，此时加入人的追偿权应劣后于债权人的剩余债权而受偿。① 这主要存在于两种情形：一是加入人约定或者允诺履行债务的范围并不及于债权人对债务人的全部债权；二是加入人虽约定或者允诺履行全部债务，但实际并未履行全部债务。② 值得注意的是，在加入人仅约定或者允诺履行部分债务的情形之下，如加入人全面履行了该部分债务，即使债权人未受足额清偿，加入人对债权人的剩余债权并不负担清偿之责，此时加入人追偿权的行使并不损害债权人的利益，因此应与债权人的剩余债权平等受偿。③

（四）加入人行使追偿权的限制：债务人利益与抗辩

《合同编通则解释》第 51 条不仅规定了加入人的追偿权，也平衡保护债务人的利益与既有的抗辩不受债务加入的影响。

《合同编通则解释》第 51 条第 1 款但书规定："第三人知道或者应当知道加入债务会损害债务人利益的除外"。例如，在长期供应链关系中，债务加入旨在打乱供应链关系，并将会造成对债务人的损害。④ 此时，加入人加入债务时的主观状态为恶意，恶意加入人的追偿权受到限制，不得在其已经向债权人履行的范围内向债务人进行追偿。不过，恶意加入人于此情形依据不当得利、无因管理等规则享有的权利并未被排除，但加入人的恶意主观状态将影响其对债务人的权利主张。以无因管理为例，恶意加入人加入债务构成不适当无因管理，加入人加入债务并向债权人履行明显不符合债务人的真实意思，且可能或者已经造成实际损害。参照《民法典》第 980 条的规定，债务人在因加入人向债权人履行而享有利益的范围内向加入人偿还必要费用，但以债务人获得利益的范围为限。⑤ 在解释上，债务人获得的利益应为恶意加入人履行的数额减去由此给债务人造成的损害之差额。

《合同编通则解释》第 51 条第 2 款明确，债务人有权向加入人主张其对债权人享有的抗辩。这一规定与《民法典》第 519 条第 2 款后段一致。这也表明，

---

① 参见谢鸿飞：《连带债务人追偿权与法定代位权的适用关系——以民法典第 519 条为分析对象》，载《东方法学》2020 年第 4 期；高圣平：《民法典担保制度体系研究》，中国人民大学出版社 2023 年版，第 207 页。

② 参见高圣平：《民法典担保制度及配套司法解释理解与适用》，中国法制出版社 2021 年版，第 236 页。

③ 参见高圣平：《债务人破产时债权人保证债权的行使》，载《法学》2024 年第 1 期。

④ 参见王利明、朱虎：《〈民法典〉合同编司法解释的亮点与创新》，载《法学家》2024 年第 1 期。

⑤ 参见王利明主编：《中国民法典释评·合同编·通则》，中国人民大学出版社 2020 年版，第 424 页。

就债权人的履行请求，加入人除可以主张其基于债务加入合意所生抗辩之外，尚须主张债务人基于债权债务关系对债权人的抗辩。如加入人未主张债务人对债权人的抗辩而履行了债务，导致债权人获得超额受偿，当加入人在其履行债务的范围内向债务人追偿之时，债务人有权向加入人主张其对债权人的抗辩。例如，债务人基于基础交易合同向债权人负有1 000万元债务，加入人加入该债务。其后，债务人向债权人清偿了其中200万元债务。在债权人向加入人请求履行1 000万元债务之时，加入人本应主张债务人对债权人的抗辩——已经清偿了200万元，未予清偿的债务尚余800万元，但其没有主张该抗辩而履行了全部债务1 000万元。当加入人在已经向债权人履行债务的范围（1 000万元）内向债务人追偿之时，如债务人主张其对债权人已经清偿200万元的抗辩，则债务人仅得满足加入人800万元的追偿请求，加入人就未获追偿的200万元，可以基于不当得利返还请求权请求债权人予以返还；如债务人并未主张其对债权人已经清偿200万元的抗辩，加入人的追偿请求得到了全部满足，债务人就其超额清偿的200万元，仅得基于不当得利返还请求权向债权人请求返还。

（本条撰写人：高圣平、陶鑫明）

七、合同的权利义务终止

第五十二条

协商解除的法律适用

当事人就解除合同协商一致时未对合同解除后的违约责任、结算和清理等问题作出处理，一方主张合同已经解除的，人民法院应予支持。但是，当事人另有约定的除外。

有下列情形之一的，除当事人一方另有意思表示外，人民法院可以认定合同解除：

（一）当事人一方主张行使法律规定或者合同约定的解除权，经审理认为不符合解除权行使条件但是对方同意解除；

（二）双方当事人均不符合解除权行使的条件但是均主张解除合同。

前两款情形下的违约责任、结算和清理等问题，人民法院应当依据民法典第五百六十六条、第五百六十七条和有关违约责任的规定处理。

【本条主旨】

本条是关于协商解除的具体规定。根据《民法典》第 562 条，当事人协商一致，可以解除合同。这是当事人合同自由和意思自治的必然要求，经过双方协商一致，当事人可以缔结合同，同样也可以解除合同。当事人协商解除合同时，即便未对合同解除后的违约责任、结算和清理等问题作出处理，也不影响协商解除的效力。另外，如一方主张行使法定解除权或约定解除权，即便不符合法定或约定的条件，若另一方当事人同意解除，或者双方都主张解除但不符合解除权行使条件，法院亦可认定合同解除。在这些场景下，双方虽然未就解除进行协商，但合同解除系由一方提出且另一方接受，或者双方同时提出，因此，解除合同符合双方的意愿，法院可以认定合同解除。

此外，法院在认定合同解除后，有关违约责任、结算和清理等问题，依据《民法典》的相应条款处理。

【关联规定】

1.《民法典》第 562 条 当事人协商一致，可以解除合同。

当事人可以约定一方解除合同的事由。解除合同的事由发生时，解除权人可以解除合同。

2.《民法典》第 566 条 合同解除后，尚未履行的，终止履行；已经履行的，根据履行情况和合同性质，当事人可以请求恢复原状或者采取其他补救措施，并有权请求赔偿损失。

合同因违约解除的，解除权人可以请求违约方承担违约责任，但是当事人另有约定的除外。

主合同解除后，担保人对债务人应当承担的民事责任仍应当承担担保责任，但是担保合同另有约定的除外。

3.《民法典》第 567 条 合同的权利义务关系终止，不影响合同中结算和清理条款的效力。

【理解与适用】

根据《民法典》第 562 条，当事人协商一致，可以解除合同。本条也被称为"合意解除"[①]。基于合同自由原则，当事人经协商一致后，可以缔结合同，也可以消灭已经有效成立的合同。同样基于合同自由原则，依法有效成立的合同，对当事人发生法律约束力；除非有法律规定，任何一方当事人不得单方变更或解除合同，否则即应承担违反合同的法律责任。

由于合同是当事人意思自治的产物，因此，经过当事人双方协商一致，双方同样可以解除尚未履行完毕的合同。由此，双方协商一致解除合同，应在合同预定存续期限届满、履行完毕之前进行；否则，合同因期限届满而终止，已无解除的必要和可能。另外，双方协商解除合同，须双方对合同解除经协商并达成一致。如发生争议，主张合同协商解除的当事人一方须负担举证责任，举证证明双方已就合同解除经协商并达成一致。在"某控股集团公司、某化工公司等合同纠

---

① 姚明斌：《基于合意解除合同的规范构造》，载《法学研究》2021 年第 1 期，第 71 页。

纷案"[1] 中，双方当事人对案涉合同已经解除无异议，但对合同解除时间存在分歧。某工程公司认为，某化工公司于 2013 年 8 月 3 日向某工程公司送达解除通知，某工程公司对合同解除并无异议，故应当以通知送达某工程公司之日作为合同解除时间；某控股集团公司和某化工公司认为，双方属于协商解除，故解除时间应当以某工程公司 2013 年 8 月 28 日发函同意解除合同之日作为合同解除时间。重庆市高级人民法院认为，某化工公司发出解除合同的通知，虽无合同约定和法律规定的解除权，但某工程公司通过其后的回函同意解除，并认可合同解除时间为某化工公司提出解除通知的 2013 年 8 月 3 日，且 2013 年 8 月 12 日的会议纪要也明确 8 月 3 日监理发出停工令作为合同清算时点，故认定案涉合同于 2013 年 8 月 3 日解除。

合同解除一般会涉及解除后的违约责任、结算和清理等问题；但若双方在协商后仅就合同解除达成一致，而对违约责任、结算和清理这些后续问题未进行协商或协商后未达成一致，并不影响双方协商解除合同的效力；也就是说，双方即便未就合同解除的后果协商一致，也不影响双方协商解除合同的效果。[2]《民法典》第 566 条第 2 款规定："合同因违约解除的，解除权人可以请求违约方承担违约责任，但是当事人另有约定的除外。"因此，如合同系一方违约而解除，则双方协商解除合同后并不自动免除违约方的违约责任，除非双方另有约定。在违约解除的情况下，如还订有担保合同，则担保合同并不因主合同解除而自动解除，除非担保合同另有约定。《民法典》第 566 条第 3 款规定："主合同解除后，担保人对债务人应当承担的民事责任仍应当承担担保责任，但是担保合同另有约定的除外。"由此，在主合同因违约而解除的情况下，并不能自动适用担保合同的从属性原理得出担保合同相应解除的结论；反之，若担保合同约定担保人对主合同履行承担担保责任，则担保人应对债务人的违约承担担保责任，除非担保合同；因为担保权的设立往往为了确保债权得到实现、防止债务人届期清偿不能的风险，只要这一风险仍然存在，担保权也应存续。[3] 在"呼和浩特春华水务开发集团有限责任公司、北京金策国泰投资管理有限公司合同纠纷案"[4] 中，法院认为，金策国泰公司于 2014 年 11 月至 2015 年 2 月多次向春华水务公司发函提出解约条件，春华水务公司于 2014 年 12 月 15 日召开董事会决议表明同意解除协

①　重庆市高级人民法院（2016）渝民初 40 号民事判决书。
②　参见薄燕娜、李钟：《论合同解除权的行使——〈民法典〉合同编第 565 条评释》，载《人民司法》2020 年第 32 期，第 56 页。
③　参见刘骏：《主合同无效后担保权存续论》，载《比较法研究》2021 年第 2 期，第 72 页。
④　最高人民法院（2018）最高法民终 183 号民事判决书。

议并退还其土地开发资金 2.9 亿元，但未完全同意金策国泰公司的解约条件，金策国泰公司于 2015 年 2 月 9 日再次发函重申解约底线条件。从以上事实看，金策国泰公司系以发函的方式与春华水务公司协商解除条件，虽然双方并未就合同解除条件达成合意，但金策国泰公司在函件中载明"我方现将解约底线条件申明如下……"，实际上表明了金策国泰公司通知春华水务公司解除合同的意思，至于当事人之间就合同解除条件未达成合意，并不影响金策国泰公司通知解除合同行为的效力。而且，合同订立至起诉时已逾五年之久，春华水务公司仍未完成土地整理，再结合春华水务公司在向呼和浩特市国资局发出请示函中所描述的"现因上述合作土地现行城市规划无法满足金策国泰公司的开发要求且暂时无法调整，同时部分土地存在补偿争议且短期内无法解决等情况"，以及春华水务公司内部董事会决议同意解除合同等情形，可以综合认定在金策国泰公司提起诉讼时，春华水务公司仍未完成土地整理义务，致使金策国泰公司的合同目的不能实现，已构成根本违约，故一审法院将金策国泰公司多份表达解除合同意思函件中的最后一份送达给春华水务公司的时间（2015 年 2 月 9 日）作为合同的解除时间，并无不当。

另外，《民法典》第 557 条第 2 款规定："合同解除的，该合同的权利义务关系终止"。《民法典》第 567 条规定："合同的权利义务关系终止，不影响合同中结算和清理条款的效力。"可见，合同中的结算和清理条款具有独立性，因为这些条款就其性质而言针对的就是合同终止之后的善后问题，要解决的就是终止后的相应安排；因此，它们的性质类似于争议解决条款，并不因为合同被解除而失效。因此，合同解除后，合同的权利义务关系发生终止；但是，这不能影响合同中的结算和清理条款的效力，这些条款并不当然发生相应解除；反之，合同因解除而终止，可能正是触发这些条款发生效力的条件。

还需要注意的是，如当事人一方行使法定解除权或者约定解除权来解除合同，后经人民法院审理认为并不符合法定或约定解除权的行使条件，但若对方同意解除合同，或者双方当事人均不符合解除权行使条件却均主张解除合同的，人民法院应当认定合同解除。例如，在"霍尔果斯华域旅游投资有限公司、霍尔果斯圆梦影视文化传媒有限公司合同纠纷案"中[①]，二审法院认为，圆梦公司于 2021 年 7 月 9 日向华域公司发出解约通知函后是否发生合同解除的法律效力，应首先判断华域公司是否存在根本违约行为，圆梦公司是否具有法定或约定解除权。……故圆梦公司不享有单方解除权，其向华域公司发出"解约告知函"的行

---

① 参见新疆维吾尔自治区高级人民法院伊犁哈萨克自治州分院（2022）新 40 民终 1032 号民事判决书。

为不产生合同解除的法律效果。华域公司主张案涉"合作协议"及"合作协议补充协议"应于 2021 年 7 月 22 日其向圆梦公司发出告知函时解除。二审法院认为，华域公司在该告知函中主张案涉"合作协议"及"合作协议补充协议"无效，要求圆梦公司退回已付款项，并无解除合同的意思表示，其后又起诉请求解除合同，因此不能确认华域公司于 2021 年 7 月 22 日单方解除了合同。《民法典》第 562 条第 1 款规定，当事人协商一致，可以解除合同。本案中，华域公司向一审法院请求解除案涉"合作协议"及"合作协议补充协议"，圆梦公司对此亦无异议，故对华域公司要求解除合同的主张，二审法院予以支持。其原因在于：一方面，合同解除的主张由一方提出，虽然其并不符合法定或约定条件，但其解除合同的主张得到了另一方的同意，则可视为双方均同意解除合同；此种情况在性质上属于无效单方解除行为转换为合意解除要约[1]，其与双方协商解除合同类似，故人民法院可适用协商解除的相关规定。另一方面，因协议解除的性质为当事人双方合意"以第二次之契约终止原有之契约"，故其行使本来就不以解除权的存在为必要前提。[2] 同理，双方分别主张解除合同，虽然均不符合解除条件，但他们在解除合同这一问题上意见是一致的，双方均同意解除合同，因此，此时人民法院亦可适用双方协商解除合同的相关规定，认定合同解除。

（本条撰写人：石佳友）

---

[1] 参见姚明斌：《基于合意解除合同的规范构造》，载《法学研究》2021 年第 1 期，第 85 页。

[2] 参见王泽鉴：《债法原理》，北京大学出版社 2013 年版，第 23 页。

通知解除合同的审查

当事人一方以通知方式解除合同，并以对方未在约定的异议期限或者其他合理期限内提出异议为由主张合同已经解除的，人民法院应当对其是否享有法律规定或者合同约定的解除权进行审查。经审查，享有解除权的，合同自通知到达对方时解除；不享有解除权的，不发生合同解除的效力。

【本条主旨】

本条是关于一方发出解约通知后对方未在约定或合理期限内表达异议的法律效果的规定。一方面，一方当事人依通知单方面解除合同属于行使约定后法定解除权的情形，因此，合同最终是否依其单方通知而解除，须取决于该方当事人是否享有约定或法定解除权。据此，如双方就合同解除发生争议，人民法院或仲裁机构须对通知方是否享有约定或法定解除权进行审查。另一方面，根据《民法典》，沉默只有在有法律规定、当事人约定或者符合当事人之间的交易习惯时，才可以视为意思表示。因此，收到通知的一方如未表示异议而保持沉默，不应据此推断其接受通知方解除合同的主张。

【关联规定】

1. 《民法典》第 140 条　行为人可以明示或者默示作出意思表示。

沉默只有在有法律规定、当事人约定或者符合当事人之间的交易习惯时，才可以视为意思表示。

2. 《民法典》第 565 条第 1 款　当事人一方依法主张解除合同的，应当通知对方。合同自通知到达对方时解除；通知载明债务人在一定期限内不履行债务则合同自动解除，债务人在该期限内未履行债务的，合同自通知载明的期限届满时解除。对方对解除合同有异议的，任何一方当事人均可以请求人民法院或者仲裁机构确认解除行为的效力。

3.《全国法院民商事审判工作会议纪要》46.　【通知解除的条件】审判实践中，部分人民法院对合同法司法解释（二）第 24 条的理解存在偏差，认为不论发出解除通知的一方有无解除权，只要另一方未在异议期限内以起诉方式提出异议，就判令解除合同，这不符合合同法关于合同解除权行使的有关规定。对该条的准确理解是，只有享有法定或者约定解除权的当事人才能以通知方式解除合同。不享有解除权的一方向另一方发出解除通知，另一方即便未在异议期限内提起诉讼，也不发生合同解除的效果。人民法院在审理案件时，应当审查发出解除通知的一方是否享有约定或者法定的解除权来决定合同应否解除，不能仅以受通知一方在约定或者法定的异议期限届满内未起诉这一事实就认定合同已经解除。

【理解与适用】

2009 年《合同法解释二》第 24 条曾规定："当事人对合同法第九十六条、第九十九条规定的合同解除或者债务抵销虽有异议，但在约定的异议期限届满后才提出异议并向人民法院起诉的，人民法院不予支持；当事人没有约定异议期间，在解除合同或者债务抵销通知到达之日起三个月以后才向人民法院起诉的，人民法院不予支持。"这一司法解释创设了异议期间这一制度，并规定未在异议期间提出异议并起诉，期满后才向人民法院起诉的，人民法院不予支持。从司法实践来看，这一规定极容易被误解和滥用：从某种意义上来说，这一规定事实上为当事人设定了一项异议的义务；如果当事人在约定或者通知到达 3 个月内未提出异议，则对方之前所发出的解除通知将发生解除效力，无论其是否享有约定或法定解除权。这样的后果，就有可能使本来具备约定或法定解除权的当事人发出解约通知之后，由于对方未在约定期限内或者通知到达 3 个月之内提出异议，则发出通知的一方可取得合同解除权，依通知单方解除合同；也就是说，按照前述司法解释条文，合同解除行为不以解除权的存在为必要。[1] 这种制度设计显然是不公平的。由此，2013 年最高人民法院研究室《对〈关于适用中华人民共和国合同法若干问题的解释（二）〉第二十四条理解与适用的请示的答复》称："当事

---

[1]　参见贺剑：《合同解除异议制度研究》，载《中外法学》2013 年第 3 期，第 590 页。

人根据合同法第九十六条的规定通知对方要求解除合同的，必须具备合同法第九十三条或者第九十四条规定的条件，才能发生解除合同的法律效力"。根据这一文件，合同解除须具备法律规定的条件①；当事人无解除权而向相对人发送解除合同通知的，不会发生合同解除的法律后果②；这显然是尝试纠偏的努力。

为避免上述可能发生的滥用，《民法典》第565条第1款规定："对方对解除合同有异议的，任何一方当事人均可以请求人民法院或者仲裁机构确认解除行为的效力"。这里，异议是当事人的权利而非义务，异议的本质是对通知方解除合同主张的反对、否定和驳斥。但如果收到解约通知的当事人没有提出异议，那么，也并不能就此赋予通知方以合同解除权。如收到通知的一方对合同解除提出异议，那么，该方及通知方均可向人民法院起诉或者向仲裁机构申请仲裁，请求确认解除行为是否有效。这也就是说，即使上述异议期间届满相对人未提出异议，法院仍然需要审查解除权是否存在，不享有解除权的一方向另一方发出解除通知，另一方即便未在异议期限内提起诉讼，也不发生合同解除的效果。③

据此，司法解释本条进一步明确，人民法院应当对通知方是否享有法律规定或者合同约定的解除权进行审查。经审查，享有解除权的，合同自通知到达对方时解除。例如，在"兖矿新陆建设发展有限公司、大同煤矿集团圣厚源煤业有限公司合同纠纷案"④中，在兖矿公司迟迟不能达到安全生产所具备资质的情况下，其迟延履行义务已导致合同目的不能实现，对于陷入无法继续履行僵局的"采煤合作协议书"，圣厚源公司可以要求解除合同。此外，圣厚源公司已通过招投标程序将其煤矿矿井整体托管，"采煤合作协议书"在法律上、事实上已经不能履行。综上，一审法院对兖矿公司要求"解除'采煤合作协议书'通知"不发生效力、继续履行"采煤合作协议书"的请求不予支持，并无不当，故对兖矿公司的该项上诉请求，二审法院不予支持。对于合作期间因停产造成的损失，一审法院已告知当事人可另行主张，该处理亦无不当。在"张家界百龙天梯旅游发展有限公司、赤水市人民政府合同纠纷案"⑤中，张家界百龙公司迟延履行"委托经营合同"约定的主要债务，经赤水市政府催告后在合理期限内仍未恰当履行，且无足够的履行抗辩权利。张家界百龙公司的迟延履行行为符合"委托经营合

---

① 参见陈龙业、宋韦韦：《合同解除异议权制度适用中的争议问题探讨》，载《人民司法》2014年第15期，第35页。

② 参见刘承韪：《合同解除权行使规则解释论——兼评民法典第565条之规定》，载《比较法研究》2022年第2期，第123页。

③ 参见朱虎：《解除权的行使和行使效果》，载《比较法研究》2020年第5期，第101页。

④ 最高人民法院（2020）最高法民终1246号民事判决书。

⑤ 最高人民法院（2016）最高法民终772号民事判决书。

同"第 7.1.2 条约定的赤水市政府有权收回委托经营权,以及第 12.2.2 条约定的在张家界百龙公司逾期 60 日未支付旅游资源使用费、前期投入置换、省基建公司投入时赤水市政府有权终止合同的情形,赤水市政府据此享有约定解除权。因其通知对方当事人解除案涉协议,故一审判决认定"委托经营合同"于 2012 年 10 月 12 日被解除正确,应予维持。

经审查不享有解除权的,不发生合同解除的效力。例如,在"刘某某、伊犁锦华装饰发展有限公司租赁合同纠纷案"① 中,法院明确指出,根据《民法典》第 562 条第 2 款、第 563 条及第 565 条第 1 款的规定,只有享有约定或者法定解除权的当事人才能以通知方式解除合同。不享有解除权的一方向另一方发出解除通知,另一方即便未提出异议,也不发生合同解除的效果。本案中,刘某某虽于 2020 年 11 月 4 日通过微信通知锦华装饰公司法定代表人逯某某不再承租使用案涉木材厂,但其提供的证据并不足以证实其发出该通知时,其对案涉"厂房出租合同"享有约定或者法定解除权,故微信通知内容并不产生解除"厂房出租合同"的效果。在"辽源金刚水泥(集团)有限公司诉铁岭龙山水泥有限公司租赁合同纠纷案"② 中,最高人民法院也认为,当事人之间约定行使合同解除权的条件未成就且不符合合同法规定的法定解除条件时,一方仅以对方收到起诉状副本等诉讼文书的时间为合同解除的时间,缺乏事实和法律依据。

因此,在一方依通知主张解除合同的情形下,无论对方是否提出异议,人民法院或者仲裁机构都应该去实质性地审查通知方是否真正享有约定或法定解除权;如享有,则确认合同依其通知发生解除;如经审查通知方不享有解除权,譬如,对方未构成根本违约,合同不存在无法实现目的的情形,那么,人民法院或者仲裁机构应确认通知方的解约通知不发生合同解除的效果。如其在发出通知后擅自中止其合同义务的履行,则构成违约行为,对方可以要求其承担相应的违约责任。

(本条撰写人:石佳友)

---

① 新疆维吾尔自治区高级人民法院伊犁哈萨克自治州分院(2022)新 40 民终 108 号民事判决书。
② 最高人民法院(2014)民抗字第 9 号民事判决书。类似案件可参见河南省高级人民法院(2021)豫民终 394 号民事判决书,最高人民法院(2018)最高法民终 102 号民事判决书,最高人民法院(2013)民提字第 90 号民事判决书,北京市第一中级人民法院(2022)京 01 民终 10103 号民事判决书。

第五十四条

撤诉后再起诉解除的解除时间

当事人一方未通知对方，直接以提起诉讼的方式主张解除合同，撤诉后再次起诉主张解除合同，人民法院经审理支持该主张的，合同自再次起诉的起诉状副本送达对方时解除。但是，当事人一方撤诉后又通知对方解除合同且该通知已经到达对方的除外。

【本条主旨】

本条是关于在以起诉方式解除合同的情形下，撤诉后再次起诉解除时解除时间的认定规则。

【关联规定】

1. 《民法典》第 565 条　当事人一方依法主张解除合同的，应当通知对方。合同自通知到达对方时解除；通知载明债务人在一定期限内不履行债务则合同自动解除，债务人在该期限内未履行债务的，合同自通知载明的期限届满时解除。对方对解除合同有异议的，任何一方当事人均可以请求人民法院或者仲裁机构确认解除行为的效力。

当事人一方未通知对方，直接以提起诉讼或者申请仲裁的方式依法主张解除合同，人民法院或者仲裁机构确认该主张的，合同自起诉状副本或者仲裁申请书副本送达对方时解除。

2. 《民法典》第 137 条　以对话方式作出的意思表示，相对人知道其内容时生效。

以非对话方式作出的意思表示，到达相对人时生效。以非对话方式作出的采用数据电文形式的意思表示，相对人指定特定系统接收数据电文的，该数据电文进入该特定系统时生效；未指定特定系统的，相对人知道或者应当知道该数据电文进入其系统时生效。当事人对采用数据电文形式的意思表示的生效时间另有约定的，按照其约定。

3.《民事诉讼法》第 128 条 人民法院应当在立案之日起五日内将起诉状副本发送被告，被告应当在收到之日起十五日内提出答辩状。答辩状应当记明被告的姓名、性别、年龄、民族、职业、工作单位、住所、联系方式；法人或者其他组织的名称、住所和法定代表人或者主要负责人的姓名、职务、联系方式。人民法院应当在收到答辩状之日起五日内将答辩状副本发送原告。

被告不提出答辩状的，不影响人民法院审理。

【理解与适用】

一、本条的适用范围

依据解除基于单方抑或双方意思表示而发生以及解除权发生原因的不同，合同解除可以被区分为法定解除、约定解除和协议解除。从文义上看，起草者并未对本条中的解除作出明确限制，因此上述三种解除方式是否均可适用本条规定需要讨论。除此之外，对于司法解除和解除之外的类似制度，是否可以适用或类推适用本条规定也需要明确。

（一）法定解除与约定解除

《九民会纪要》第 46 条明确了只有享有法定或约定解除权的当事人才可以通过通知方式解除合同。在法定解除和约定解除的场合，合同均因单方行使解除权的意思表示而发生解除效果。该意思表示既可以以直接通知对方当事人的方式作出，也可以以向法院提起诉讼的方式作出，本条即主要针对后一种情形。由于法定解除和约定解除均是因单方意思表示而发生效力，因而依据意思表示的一般规则，解除意思表示生效时间即为合同解除的时间。而此处的解除意思表示作为有相对人的意思表示，且通过诉讼方式行使，显然需要受到《民法典》第 137 条第 2 款所规定的以非对话方式作出的意思表示的生效时间的调整。只不过在诉讼解除情形中，解除权人是以提起诉讼的方式作出意思表示[①]，所以并未超出通知解

---

① 参见黄薇主编：《中华人民共和国民法典合同编释义》，法律出版社 2020 年版，第 238 页。

除的范围,而只是通知解除的特别情形。① 因此,作为特别规范的《民法典》第
565 条第 2 款将《民法典》第 137 条第 2 款中的"到达相对人时"具体规定为
"起诉状副本……送达对方时"。而司法解释本条则进一步解决《民法典》第 565
条第 2 款的一种特殊情形,即诉讼解除撤诉后又再起诉解除的特殊情形。因此,
法定解除和约定解除当然属于本条的适用范围,而本条规定的核心内容在于确定
撤诉后再次起诉时,解除的意思表示的生效时间。

(二)协议解除

与法定解除和约定解除不同,在协议解除的场合,合同并非基于单方行使解
除权而解除,而是基于双方合意被解除。因此,由于协议解除无须通过通知相对
人的方式进行,自然也就没有《民法典》第 565 条第 2 款的适用余地,而本条作
为《民法典》第 565 条第 2 款的特别规定,也同样没有直接适用的余地。

但是,当事人对于合同是否被协议解除可能具有争议。在主张合同被协议解
除的当事人起诉至法院要求确认合同已经被协议解除后又撤诉的,如果该当事人
再次起诉请求确认该合同被协议解除,可否类推适用本条规定,将协议解除时间
确定为再次起诉的起诉状副本送达时? 在此应当严格区分协议解除与单方行使解
除权的解除,将本条的适用范围严格限制于单方行使解除权的解除。在协议解除
的场合,双方解除的合意生效时间即为合同解除时间。即便双方当事人就是否发
生协议解除的争议提起诉讼,在诉讼前该合同是否发生被解除的效果便业已确
定,请求法院确认合同是否被协议解除的撤诉并不会影响合同是否已经被解除的
事实,诉讼在性质上属于确认之诉。因此,即便当事人就合同是否被协议解除发
生的争议提起诉讼,无论是否撤诉,都不影响合同在解除合意生效后被解除,或
者因解除合意不成立或未生效合同效力继续存续的结果,即本条在协议解除中既
不得直接适用也不得类推适用。

(三)基于《民法典》第 533 条解除

在法定解除与约定解除的场合,当事人可以直接通过通知对方当事人的方式
行使解除权。但是在《民法典》第 533 条所规定的基于情势变更的解除中,当事
人并不具有实体法意义上的解除权②,而必须通过起诉或申请仲裁的方式请求解
除合同。如果当事人不具备解除权,就自然不涉及行使解除权意思表示的生效时
间的问题,因此本条在依据《民法典》第 533 条的规则请求解除的场合自然也无

---

① 参见最高人民法院民事审判第二庭、研究室编著:《最高人民法院民法典合同编通则司法解释理
解与适用》,人民法院出版社 2023 年版,第 597 页。

② 参见黄薇主编:《中华人民共和国民法典合同编释义》,法律出版社 2020 年版,第 161 页。

适用的余地。协商不成的当事人依据《民法典》第 533 条的规定请求人民法院解除合同撤诉后又提起诉讼的,应当遵循情势变更解除时间的一般规则,此时无本条的适用余地。而关于情势变更解除的时间,有观点认为应当依据再次起诉的判决生效时作为合同解除时间,例外情形下由法院确定合理的解除时间。① 也有观点认为可以基于其与依据《民法典》第 580 条第 2 款的相似的司法解除性质,而类推适用《合同编通则解释》第 59 条的规定。关于这一问题,笔者将在《合同编通则解释》第 59 条部分展开更详细的讨论。

（四）基于《民法典》第 580 条第 2 款终止

除《民法典》第 533 条外,《民法典》第 580 条第 2 款也规定了仅能在诉讼或仲裁程序中主张的终止合同权利义务关系的情形,即合同僵局中当事人申请终止合同。那么本条规定是否可以适用于基于《民法典》第 580 条第 2 款的规定请求终止合同的情形?

关于依据《民法典》第 580 条第 2 款请求终止合同时合同的终止时间,《合同编通则解释》第 59 条进行了明确规定。依照该条第一句的规定,人民法院一般应当以起诉状副本送达对方的时间作为合同权利义务关系终止的时间。这一情形与《民法典》第 565 条第 2 款所规定的原则基本保持一致。但同时,《合同编通则解释》第 59 条还规定了确定终止时间的其他可能,依据该条第二句的规定,如果以其他时间作为合同权利义务关系终止的时间更加符合公平原则和诚信原则,人民法院可以以该时间作为合同权利义务关系终止的时间。

从《合同编通则解释》第 59 条第一句的规定来看,由于其与《民法典》第 565 条第 2 款诉讼解除时的解除时点保持一致,因此似乎有作为《民法典》第 565 条第 2 款的特别规范的本条适用的余地。但是严格来讲,一方面,基于《民法典》第 580 条第 2 款的规定主张终止合同与以诉讼方式行使合同解除权存在显著的区别,二者诉讼性质也并不相同。② 《民法典》第 580 条第 2 款所涉情形难以为本条中的"解除"所涵盖。另一方面,《合同编通则解释》第 59 条第二句还规定了将起诉状副本送达之外其他时点作为终止时点的可能。这也就意味着起草者对于基于《民法典》第 580 条第 2 款主张终止的,并未严格贯彻《民法典》第 565 条第 2 款所确立的终止通知到达相对人的立场,而是具有其他考量。基于以上原因,既然本条以"解除"为适用前提,且为避免《合同编通则解释》第 59 条第二句的落空,故需要排除基于《民法典》第 580 条第 2 款主张终止时本条的

---

① 参见韩世远:《合同法总论》,法律出版社 2018 年版,第 520 页。

② 参见黄薇主编:《中华人民共和国民法典合同编释义》,法律出版社 2020 年版,第 300 页。

直接适用。即当事人依据《民法典》第 580 条第 2 款主张终止撤诉后又起诉的，人民法院不得直接依据本条认定合同终止时间为再次起诉的起诉状副本送达对方时。

　　尚需考虑的是此种情形下本条的类推适用。在当事人依据《民法典》第 580 条第 2 款申请终止撤诉后又起诉时，如果人民法院确实认为应当适用《合同编通则解释》第 59 条第 1 句的规定，将合同终止时间确定为起诉状副本送达对方当事人时，那么此种情形虽然并不构成基于解除权行使而解除合同，但是却在确定合同效力终止时间的问题上具有相似性。在两种情形下，实定规范均采纳将向法院请求解除或终止为相对人知悉时间作为合同解除或终止的时间。由于立法和司法解释并未针对此种情形作出特别规定，此时应当可以允许类推适用本条规定，即将再次起诉的起诉状副本送达对方时作为合同终止时间。但是对于应当依据《合同编通则解释》第 59 条第二句确定终止时间的情形，则无本条的适用余地。

　　综上所述，本条作为《民法典》第 565 条第 2 款的特别规定，仅可直接适用于法定解除和约定解除的场合，并仅可有限地类推于依据《民法典》第 580 条第 2 款申请终止，且法院认为应当依据《合同编通则解释》第 59 条第 1 句确定终止时间的情形。而对于协议解除和基于《民法典》第 533 条申请的解除，以及虽依据《民法典》第 580 条第 2 款申请终止，但法院认为应当适用《合同编通则解释》第 59 条第二句的规定确定终止时间的情形，本条均不得适用或类推适用。

二、行使解除权诉讼的诉讼性质与撤诉的效果

（一）行使解除权诉讼的诉讼性质

　　本条宗旨在于明确通过诉讼方式行使解除权情形下撤诉后又起诉时合同解除的时间，而合同解除时间的确定背后的依据是解除发生的原因和诉讼性质。在以诉讼方式行使解除权的场合，如果认为解除是依据当事人在实体法上享有的解除权行使的效果，则应当遵循意思表示的一般规则，将行使解除权的意思表示到达相对人的时间作为解除时间。[①] 相应地，请求解除的诉讼在性质上为确认之诉。[②] 而如果此时解除是因法院裁判发生效力，则原则上应当将法院裁判生效时间或法院确定的合理时间作为解除时间。相应地，请求解除的诉讼在性质上为形成

[①] 　参见朱虎：《解除权的行使和行使效果》，载《比较法研究》2020 年第 5 期，第 100 页。

[②] 　参见刘哲玮：《普通形成权诉讼类型考辨——以合同解除权为例》，载《中外法学》2014 年第 5 期，第 1328 页以下；刘学在：《诉讼上行使合同解除权之司法检视与应然规则》，载《湖湘法律评论》2022 年第 1 期，第 119 页。

之诉。①

　　针对这一争议，在通过解除权行使解除合同的情形中，《民法典》立法事实上采取了前一观点，依据《民法典》第 565 条第 2 款的规定，起诉状副本送达对方时为解除权行使的意思表示达到相对人时②，即合同解除时。司法解释本条贯彻了《民法典》的这一做法，延续了以诉讼方式行使解除权应当以起诉状副本送达对方时作为合同解除时间，并由此明确了此种诉讼的确认之诉性质。

　　（二）行使解除权诉讼撤诉的效果

　　既然行使解除权的诉讼在性质上属于确认之诉，如果起诉状已经送达对方当事人，即使撤诉也并不应影响解除权行使通知已经到达相对人的事实。相应地，再起诉时，法院所应考量的应当是首次起诉时解除权是否已经发生以及起诉状是否已经送达对方当事人的问题，进而确认在首次起诉的起诉状送达对方当事人时合同发生解除的效果。但是，本条规定并未遵循这一思路。依据本条的规定，撤诉后再起诉时，法院支持解除的，应当将再次起诉的起诉状副本送达对方时作为合同解除时。那么为何在此撤诉可以导致解除权行使的通知到达不发生解除的效力，应当如何认识撤诉的法律效果？

　　第一种观点将撤诉作为解除意思表示的撤回。虽然依据《民法典》第 141 条的规定，解除合同的意思表示可以撤回，但是，除非撤回的意思表示先于或与起诉状副本同时到达对方当事人，否则均需解释为何起诉状已经送达而合同尚未被解除的问题。针对这一问题，此种观点认为，由于《民法典》第 565 条第 2 款对合同解除附加有"人民法院确认"的前提条件，因此在未经法院审理确认前，解除的意思表示即使到达相对人也不能发生解除的法律效果。既然意思表示尚未发生效力，当事人撤诉的行为可以被解释为对行使解除权的意思表示的撤回。此时，如果解除权人再次起诉，则应当以第二次起诉中起诉状的送达时间作为解除时间。③ 此种观点从意思表示的撤回角度解释了将再次起诉时起诉状送达时间作为解除时间的正当性，通过增加法院确认作为解除权行使生效要件的方式，来解决被撤诉时即使起诉状已经被送达对方当事人仍然未发生解除效果的问题。但是，一方面，将法院确认作为通过诉讼方式行使解除权时解除发生效力的要件与《民法典》的规定并不相符。《民法典》第 565 条第 2 款的规定之所以将起诉状副本送达时间作为解除时间，正是基于合同解除乃是解除权行使效果而非法院裁判

---

① 参见刘凯湘：《民法典合同解除制度评析与完善建议》，载《清华法学》2020 年第 3 期，第 169 页。

② 参见黄薇主编：《中华人民共和国民法典合同编释义》，法律出版社 2020 年版，第 238 页。

③ 参见最高人民法院民事审判第二庭、研究室编著：《最高人民法院民法典合同编通则司法解释理解与适用》，人民法院出版社 2023 年版，第 597 页。

变动法律关系所作出的规定。① 至于法院对于合同是否被解除的确认，其实不过是对于解除权是否发生以及可否行使的判断。法院认定合同被解除的，解除时间也与裁判文书生效时间无关。另一方面，将解除生效系于法院确认的做法也与确认之诉的性质无法兼容。确认之诉本身即以确认而非变动民事法律关系为特征，倘若法律关系的确定系于确认之诉的判决，则显然有违确认之诉的本质。因此，通过将解除发生效力系于法院确认，并据此解释撤诉后即便起诉状副本已经送达而仍不发生解除效力的方案存在一定问题，本条规则的正当性基础也并非基于意思表示的撤回原理。

第二种观点将撤诉作为意思表示的撤销。通说认为解除的意思表示不得撤销。② 当然，该原则也存有一定的例外。由于解除不得撤销乃是出于对相对人的保护，因此在相对人没有值得保护的利益时，该原则可以被突破。其典型如违约方虽已知道解除的通知，但否认解除权的发生，并基于此未作出其他安排，此时相对人不仅没有需要被保护的利益，允许解除的撤销反而对双方当事人更为有利。③ 不过，行使解除权的诉讼的撤诉并不完全符合这一例外。因为，即便认为撤诉可以被解释为解除权人对于解除意思表示的撤销，但收到起诉状副本的相对人可能信赖该撤销表示而已经作出诸如进行替代交易等安排，此时如果允许该撤销，对于相对人的保护不利。

事实上，从民事诉讼法的一般原理来看，撤诉原则上导致当事人实施的诉讼告知和法院已经作出的裁判效力溯及既往地消灭。④ 因而形成权行使的诉讼中，撤诉会导致形成权行使效果亦溯及失效。⑤ 具体到解除权行使的诉讼中，解除权诉讼的撤诉，会使解除权行使的通知溯及地消灭，即如同未曾通知。而且，由于送达起诉状副本的行为并非由解除权人完成，因而也无法将送达起诉状副本解释为解除权人在诉讼外的行使解除权的意思表示。在此种情况下，撤诉将导致解除权行使效力溯及既往地归于消灭。综上所述，本条否定首次起诉的起诉状副本送达发生解除效力的正当性基础在于撤诉导致的形成权行使效果自始消灭，而非发生了意思表示的撤回或撤销。

---

① 参见黄薇主编：《中华人民共和国民法典合同编释义》，法律出版社 2020 年版，第 238 页；朱广新、谢鸿飞主编：《民法典评注：合同编通则》，中国法制出版社 2020 年版，第 201 页。

② 参见韩世远：《合同法总论》，法律出版社 2018 年版，第 666 页。

③ 参见朱广新：《合同法总则研究》（下册），中国人民大学出版社 2018 年版，第 627 页。

④ 参见［日］伊藤真：《民事诉讼法》，曹云吉译，北京大学出版社 2019 年版，第 315 页。

⑤ 参见［日］伊藤真：《民事诉讼法》，曹云吉译，北京大学出版社 2019 年版，第 316 页。

三、按撤诉处理时本条的适用

除原告撤诉外，《民事诉讼法》和《民事诉讼法解释》还规定了按撤诉处理的情形。对于按撤诉处理情形下，解除权人再次起诉是否可以适用本条规定，有必要再行讨论。

《民事诉讼法》第 146 条规定："原告经传票传唤，无正当理由拒不到庭的，或者未经法庭许可中途退庭的，可以按撤诉处理；被告反诉的，可以缺席判决。"在原告因拒不到庭或中途退庭而导致案件按撤诉处理时，由于开庭前起诉状的副本已经送达被告，因此在原告再起诉时，需要依照《合同编通则司法解释》第 54 条的规定，确定再起诉的起诉状副本送达相对人时为合同解除时。

《民事诉讼法解释》第 213 条规定："原告应当预交而未预交案件受理费，人民法院应当通知其预交，通知后仍不预交或者申请减、缓、免未获批准而仍不预交的，裁定按撤诉处理。"依据该规定，在原告收到通知仍未预交案件受理费时，也会按撤诉处理。但是在此种情形下，起诉状副本不会被送达被告，因而自然不会发生解除的意思表示到达相对人的效果。如果当事人再次起诉，事实上可以直接依据《民法典》第 565 条第 2 款将该次起诉的起诉状副本送达时间作为解除时间。

四、再次起诉解除时间认定中的具体问题

（一）"起诉状副本"的扩张、目的性扩张和类推

本条将撤诉后再次起诉解除的时间认定为"再次起诉的起诉状副本"送达时，实际上是以解除权人再次起诉解除作为典型情形进行规定的。但是，本条可以适用的场景并不仅限于这一场合。

首先，反诉状副本的送达时间也可能被作为解除时间。《民法典》第 565 条第 2 款所规定的诉讼上的解除实际上并不以狭义的起诉状副本送达为限，还应包括反诉状的送达。[①] 作为《民法典》第 565 条第 2 款的特别规定，本条中的起诉状副本也可以被扩张解释至反诉状副本。例如，在解除权人首次行使解除权撤诉后，对方当事人可能提起诉讼，请求解除权人履行合同。此时，解除权人可以提起反诉，并在反诉状中主张解除合同，由此，反诉状中载明的行使解除权的意思表示也可通过反诉状的送达到达对方当事人，在法院认定符合解除条件时，反诉

---

① 参见刘承韪：《合同解除权行使规则解释论——兼评民法典第 565 条之规定》，载《比较法研究》2022 年第 2 期，第 129 页。

状的送达时间即为合同的解除时间。

其次，答辩状副本的送达时间也可能被作为解除时间。《民法典》第 565 条第 2 款文义上并未将答辩状副本的送达作为通过诉讼解除合同的方式。但是，由于当事人在答辩状中载明解除合同在性质上同样可以被认为是行使解除权的意思表示，因而，如果该意思表示到达对方当事人，即答辩状被送达给原告，那么同样应当将其作为通过诉讼方式解除合同，在效果上应当与在起诉状中载明解除合同保持一致，即通过起诉状与答辩状副本的送达行使解除权均构成解除权的诉讼上行使。① 因此，即便解除权人撤诉后并未提起诉讼或针对对方当事人的起诉提起反诉，但如果其在对方当事人起诉的答辩状中表达了行使解除权的意思，且确实符合解除权行使条件，也应当将答辩状送达时间作为合同解除时间。需要注意的是，由于本条中的"起诉状副本"在文义上无法涵盖"答辩状副本"，因此在以答辩状副本送达解除合同的场合，需要使用目的性扩张的解释方法。

最后，庭审中的口头攻击或防御为相对人知道的时间也可以被作为解除时间。诉讼上的解除权行使，除可通过起诉、反诉、答辩方式完成外，尚可通过口头辩论中的攻击或防御方法完成。② 但与起诉、反诉、答辩的方式不同，口头辩论中的攻击或防御虽也可被作为解除意思表示的作出，但是其在性质上属于《民法典》第 137 条第 1 款所规定的以对话方式作出的意思表示。而《民法典》第 565 条第 2 款所规定的起诉状副本送达乃是针对以非对话方式作出解除的意思表示的特别规则。因此，庭审中的口头攻击或防御虽然也可达成解除的效果，却不能适用《民法典》第 565 条第 2 款确定时间，而应依据《民法典》第 137 条第 1 款确定解除时间。但是，在解除权人起诉解除撤诉后，如果相对人起诉请求履行合同且解除权人并未提起反诉或在答辩状中主张解除，而是在口头辩论中以防御方式主张解除合同，事实上仍然需要解决应当以首次起诉的起诉状副本送达时间或以口头辩论中解除的意思表示为相对人所知道的时间作为合同解除时间的问题。对此有必要类推适用本条之规定，即不应以首次起诉中的起诉状副本送达时间作为解除时间，而应当依据口头攻击或防御为相对人知道的时间作为解除时间。

（二）不同送达方式中的解除时间确定

由于本条将再次起诉中起诉状副本的送达时间作为合同解除时间，因此解除时间需要依据送达的不同情形分别确定。在直接送达中，依据《民事诉讼法》第

---

① 参见史尚宽：《债法总论》，中国政法大学出版社 2000 年版，第 550 页。

② 参见史尚宽：《债法总论》，中国政法大学出版社 2000 年版，第 550 页。

87 条的规定，受送达人、受送达人的同住成年家属、法人或者其他组织的负责收件的人、诉讼代理人或者代收人在送达回证上的签收日期为合同解除的日期。在留置送达中，依据《民事诉讼法》第 89 条的规定将起诉状副本留在受送达人的住所的日期，依据《民事诉讼法解释》第 131 条第 1 款当事人到达人民法院的日期或依据《民事诉讼法解释》第 131 条第 2 款在当事人住所地以外送达时完成拍照、录像等方式记录送达过程的日期，即为合同解除日期。在委托送达中，依据《民事诉讼法》第 91 条，回执上注明的收件日期为合同解除日期。在电子送达中，依据《民事诉讼法》第 90 条第 2 款，送达信息到达受送达人特定系统的日期为解除日期。对于采取公告送达方式的，依据《民事诉讼法解释》第 138 条的规定，公告送达的公告期满视为送达。因此公告送达再次起诉的起诉状副本的，公告期满时间为合同解除时间。

五、撤诉后非以起诉方式解除的解除时间认定

本条但书针对撤诉后以直接通知对方当事人方式解除合同后又起诉的情形，明确了此时不将再次起诉的起诉书副本送达时间作为合同解除时间。这主要是考虑到，在撤诉后，由于解除不发生效力，此时解除权人在诉讼外以直接通知对方当事人解除合同的，该合同应当自解除的通知到达当事人时发生解除的效力。其后解除权人再次提起诉讼，在性质上仍然属于请求法院确认解除权行使的效果。如果当事人行使解除权符合法律规定，该诉讼的提起不影响合同解除的时间，因而也就自然不应再适用再次起诉中起诉状副本送达时间作为合同解除时间。

（本条撰写人：潘重阳）

抵销权行使的效力

当事人一方依据民法典第五百六十八条的规定主张抵销，人民法院经审理认为抵销权成立的，应当认定通知到达对方时双方互负的主债务、利息、违约金或者损害赔偿金等债务在同等数额内消灭。

【本条主旨】

本条规定，抵销权的行使以通知到达对方时发生效力，并且不具有溯及力。

【关联规定】

《民法典》第568条　当事人互负债务，该债务的标的物种类、品质相同的，任何一方可以将自己的债务与对方的到期债务抵销；但是，根据债务性质、按照当事人约定或者依照法律规定不得抵销的除外。

当事人主张抵销的，应当通知对方。通知自到达对方时生效。抵销不得附条件或者附期限。

【理解与适用】

一、抵销权的行使以通知到达对方时发生效力

抵销是指双方互负债务，各自以其债权冲抵债务的履行，双方各自的债权和对应的债务在对等额内消灭。[①] 抵销分为法定抵销和约定抵销。法定抵销

---

① 参见王利明主编：《中国民法典释评·合同编·通则》，中国人民大学出版社2020年版，第507～508页。

（Aufrechnung），是指在符合法定的条件下，享有抵销权的一方通过作出抵销的意思表示，而使双方的债权债务在同等数额内消灭的一种抵销方式。其中，抵销人的债权称为主动债权，被抵销的债权称为被动债权。[①]　约定抵销也称合意抵销，是指当事人双方通过订立抵销合同而使双方互负的债务发生抵销。

所谓抵销权的行使，是指在符合抵销权行使要件之后，抵销权人基于其意思而实现抵销权。对于抵销的实现方法，各国立法和学说上存有分歧，主要有两种观点，以下分述之。

一是当然生效主义。此种观点认为，只要符合法定的抵销要件，无须当事人的意思表示，即可当然发生抵销的法律后果。自动抵销不需要当事人作出抵销的意思表示，甚至不要求其对抵销知情，只要两项债务符合抵销条件便可以自动抵销。采取当然生效主义立法例的国家有比利时、卢森堡、西班牙、奥地利等。原《法国民法典》第 1290 条规定，债务人双方虽均无所知，根据法律的效力认可发生抵销，两个债务自其共同存在之时起，在同等数额的范围内相互消灭。然而，法国法院和学者认为，自动抵销在实践中经常发生争议。因此，只有当被告在法庭上提出时，抵销才被认为是有效的。因此，自动抵销在实践中是受限制的。[②]在债法改革后，《法国民法典》第 1347 条第 2 款规定："抵销经当事人主张，于条件满足之日实现，且以两个该债务中数额较低者为限。"可见，法国民法已经放弃了当然生效主义。

虽然《德国民法典》第 388 条规定，抵销以对另一方的表示为之；表示附条件或期限的，不生效力，这似乎采纳了通知到达主义，但《德国民法典》第 389 条明确规定抵销具有溯及力，"抵销发生如下效力：在双方的债权彼此一致的范围内，在适合于抵销而互相对待之时，双方的债权视为已消灭"。因此，其效果与只要发生抵销适状情形，无须通知就可以发生抵销的效果相同。其理由在于，抵销本身可以避免不必要的给付与对待给付，简化给付过程。[③]　《德国民法典》第 215 条规定："在最早可抵销或拒绝履行给付的时刻，请求权尚未完成消灭时效的，消灭时效的完成，不排除抵销和对留置权的主张。"德国学者梅迪库斯认为，如果抵销适状在时效届满前就已形成，依然可以抵销，这是《德国民法典》第 389 条所规定的抵销具有溯及力的必然后果。[④]　因此，两个债权均处于抵销适

---

①　See Schlüter, in Müko BGB, § 387 Rn. 1.

②　See Reinhard Zimmermann, *Comparative Foundations of a European Law of Set-Off and Prescription*, Cambridge University Press, 2002, p. 25.

③　参见［德］迪特尔·梅迪库斯：《德国债法总论》，杜景林、卢谌译，法律出版社 2004 年版，第 75 页。

④　参见［德］迪特尔·梅迪库斯：《德国民法总论》，邵建东译，法律出版社 2000 年版，第 103 页。

状时，一方发出抵销之意思表示的，抵销效力溯及至两个债权最初得为抵销时。① 抵销的效力溯及至抵销适状发生时，从而，从抵销适状发生的时点起，被动债权的利息、主动债权利息不再计算。②

二是通知到达主义。此种观点认为，如果双方当事人的债权适于抵销时，仅产生抵销权，若要发生抵销的后果，还需由当事人实际作出抵销的通知，且必须到达对方，才能产生合同消灭的法律后果。《欧洲示范民法典草案》采取了抵销通知到达主义。其第3—6：107条规定，"抵销自通知时起，使债务在相互重叠的范围内消灭"。具体而言，抵销的法律效果如同两项债务在通知抵销时被实际履行，利息一直计算到通知抵销之时。③

上述两种模式的选择直接决定了是否允许超过诉讼时效的债权作为主动债权抵销。在当然生效主义模式下，抵销适状的发生直接导致债务消灭的后果，因此，无论主动债权人是否行使或何时行使抵销权，均不需要考虑主动债权的诉讼时效问题，自然也就不能通过主动债权的诉讼时效限制抵销效果的产生。而在通知到达主义模式下，抵销自行使抵销权的通知到达债务人后产生债权债务关系消灭的后果。因此，如果通知到达之前主债权已经罹于时效，那么债务人本可以主张抗辩，此时如果不否定抵销权的行使将导致抗辩权没有意义。因此，在这一模式下，就有必要否定债权人主动行使抵销权。

《民法典》第568条第2款规定："当事人主张抵销的，应当通知对方。通知自到达对方时生效。抵销不得附条件或者附期限。"这一条款采纳了抵销权的通知到达主义。依据这一规定，《合同编通则解释》第55条也采纳了通知到达时产生抵销效力的立场。采取这一立场是为了体现合同法的自愿原则，并且促使债权债务更加明确，有利于法律关系的确定性。④ 采取自动发生抵销效果的方案，将会导致债权债务是否消灭处于极为不确定的状态。通知是单方的准法律行为，不以对方同意为前提条件。《合同编通则解释》第55条没有对通知的方式作出具体规定，因此通知可以采取书面形式，也可以采取口头形式，只要通知的意思到达对方即可。

《合同编通则解释》第55条进一步规定，抵销权发生效力的时间为通知到达对方时，即"通知到达对方时双方互负的主债务、利息、违约金或者损害赔偿金

---

① Staudinger/Bieder/Gursky BGB，2022，§389Rn. 23；Dennhardt，in BeckOGK BGB，2022，§389Rn. 3.

② Schlüter，in MüKo BGB，9. Aufl.，，2022，§389 Rn. 6.

③ 参见张保华：《抵销溯及力质疑》，载《环球法律评论》2019年第2期，第114页。

④ 参见黄薇主编：《中华人民共和国民法典合同编解读》（上册），中国法制出版社2020年版，第378页。

等债务在同等数额内消灭"。一旦抵销权行使的通知到达对方，将产生抵销权的效力，具体包括：一是双方互负的主债务和利息发生抵销；利息包括约定利息（不超过法定限额）和法定利息，可以相互抵销。二是因违约行为产生的违约金或者损害赔偿金也可以发生抵销。通常情形下，以违约金或者损害赔偿金与对方的金钱债务抵销。① 但因侵害自然人人身权益，或者故意、重大过失侵害他人财产权益产生的损害赔偿债务，侵权人不得主张抵销。三是其他债务。除上述债务可以抵销以外，《合同编通则解释》第 55 条采用"等"字兜底，表明还有其他债务，如包装费、邮寄费、登记费等也可以抵销。②

二、抵销不具有溯及力

（一）抵销具有溯及力与抵销不具有溯及力的区别

所谓抵销的溯及力，是指抵销权行使的效力溯及至抵销适状的时点。抵销适状是指在某一时间点上，双方当事人互负的债务满足了抵销条件，如果抵销具有溯及力，那么一旦抵销权得到行使，则抵销权的效力将会溯及至以往曾经出现抵销适状的时点。③ 所谓抵销不具有溯及力，是指只有在一方提出抵销的通知到达于对方时，才能确定双方的债权债务是否符合抵销的条件，能否产生抵销的效果，即便此前曾经出现抵销适状的状态，双方的债权债务也不能自动抵销。

抵销权具有溯及力与否的实质差异在于：第一，利息、违约金或者损害赔偿金的计算时点不同。倘若抵销权不具有溯及力，那么利息、违约金或者损害赔偿金应当计算至抵销权的行使时间，即以通知到达对方时为准进行计算；如果抵销权具有溯及力，那么利息、违约金或者损害赔偿金只能计算至抵销权适状时。在抵销适状时，双方债权、债权担保及其他从权利均在抵销范围内消灭。在抵销适状时，不再发生利息债务；如果债务人已支付利息，可依不当得利请求返还。④ 在抵销适状时，违约金、赔偿金等可以一并计入抵销数额，自动发生抵销。第二，已过诉讼时效的债权能否作为主动债权进行抵销，如果抵销权不具有溯及力，那么在已过诉讼时效债权的债权人主张抵销时，对方可以提出时效抗辩；如果抵销权具有溯及力，那么由于抵销适状时，主动债权尚未过诉讼时效，因此对

---

① 参见最高人民法院民事审判第二庭、研究室编著：《最高人民法院民法典合同编通则司法解释理解与适用》，人民法院出版社 2023 年版，第 609 页。

② 参见最高人民法院民事审判第二庭、研究室编著：《最高人民法院民法典合同编通则司法解释理解与适用》，人民法院出版社 2023 年版，第 610 页。

③ 参见［德］迪尔克·罗歇尔德斯：《德国债法总论》（第 7 版），沈小军、张金海译，中国人民大学出版社 2014 年版，第 150 页。

④ 参见孙森焱：《民法债编总论》（下册），法律出版社 2006 年版，第 905 页。

方不可以提出时效抗辩。例如，甲行使抵销权时主动债权已过诉讼时效，但是一年前抵销适状时，其主动债权未过诉讼时效，此时甲行使抵销权可以溯及至一年前抵销适状的时点发生效力，乙不得提出时效抗辩。如果抵销不具有溯及力，乙仍然可以以时效届满提出抗辩。第三，抵销权具有溯及力导致此前出现抵销适状的状态，一旦当事人行使抵销权，法院就应当溯及至过去曾经出现抵销适状的时点，以判断抵销权的效果，而不再以当事人是否在抵销适状时已经通知为前提条件，这就赋予了法院过大的自由裁量权，也会因此增加司法成本。尤其是在商事交易中，法定净额结算也是以法定抵销为基础的，承认抵销的溯及力，可能会产生极大的计算成本。

（二）《合同编通则解释》第55条未采纳抵销具有溯及力的模式

在大陆法国家，抵销是否具有溯及力存在不同观点。传统观点采取抵销具有溯及力的做法。由于抵销权的行使溯及至得抵销之时发生效力，而作出抵销的意思表示只是以抵销权存在为必要，因此，即便主动债权罹于时效，只要溯及至抵销权发生之时没有罹于时效，债权人仍然可以主张抵销。① 换言之，对于超过诉讼时效的主动债权抵销问题，只要抵销适状即产生抵销权，不因主动债权罹于时效而不得行使。② 从历史上看，抵销溯及力规则源自罗马法中抵销须经法定(ipsojurecompensatur)且无须意思表示即可发生效力的规则。③ 因此，抵销自然应当于抵销条件满足时生效。受此观点影响，原《法国民法典》第1290条规定："即使各债务人均无所知，仍可唯一依法律的效力当然进行债务抵销。两宗债务自其同时存在之时起，在各自同等数额的限度内相互消灭之。"在这一前提下，由于抵销自适状时即发生抵销的效力，因此其与抵销具有溯及力产生相同的效果。在法国债法改革中，《法国民法典》第1347条第2款虽然改变了抵销无须经当事人主张的规定，但是该条仍然承认抵销的溯及力。从现有文献看，法国学者普遍认为抵销具有溯及力，似无太大分歧。④ 因此，只要债权在抵销适状时尚未罹于诉讼时效，事后罹于诉讼时效仍可以用来抵销。⑤

潘德克顿学派认为，如果抵销缺乏溯及力，被告的抵销主张必须在法院判决后才能发生效力，由此将可能出现债权人不当拖延诉讼从而获得更多利息的情

---

① 参见韩世远：《合同法总论》（第四版），法律出版社2018年版，第711页。
② 参见黄勤武：《超过诉讼时效的债权可以行使抵销权》，载《人民司法》2011年第4期。
③ 参见王洪亮：《债法总论》，北京大学出版社2016年版，第181页。
④ F. Terré, Ph. Simler, Y. Lequette et F. Chénedé, Les obligations, 12e éd., Dalloz, 2019, n° 1692, p.1763; J. François, Les obligations Régime général, Economica, 2020, p.72, n° 76.
⑤ 参见张保华：《抵销溯及力质疑》，载《环球法律评论》2019年第2期，第104页。

形，对被告造成不利。据此潘德克顿学派认为，为了避免上述不公平情况的发生，应当赋予抵销溯及力。① 由于行使抵销权通知前就已经发生了抵销适状，因此应当溯及至适状时发生抵销的效力。依据《德国民法典》第 389 条，抵销的法律效果是两个债权按照抵销数额视为在抵销适状发生（Eintritts der Aufrechnungslage）时消灭。这意味着，《德国民法典》赋予了抵销溯及力，溯及至抵销适状发生的时点消灭。② 按照德国学者的理解，抵销的溯及力实际上是一项法律的拟制（gesetzliche Fiktion）。③ 也就是说，抵销适状出现后，债务人（主动债权之债权人）发出抵销之意思表示的，抵销的效力不是自抵销的意思表示生效时发生，而是溯及至抵销适状发生时，从而被拟制为在这一时点发生有效的清偿（effektive Erfüllung）。④ 如果抵销权行使时，主动债权时效届满，但在抵销权行使前，如果发生抵销适状，且主动债权时效并没有届满，则仍然可以抵销。也有德国学者认为，主动债权的债权人对债务人虽然负有债务，但在经济上不必将自己作为纯粹的债务人对待，因为主动债权的债权人可以信赖其可以抵销，即在主动债权的债务人主张履行时，主动债权的债权人可以通过抵销来对抗债务人，这一信赖是值得保护的。⑤ 因此，抵销的溯及力实际上符合诚实信用原则。⑥

《日本民法典》第 508 条承认了抵销的溯及力，承认抵销的溯及力的原因在于，当事人通常会将抵销适状的债权债务视为已结算，且其符合公平观念。⑦ 在日本债法修改之时，也曾围绕抵销的溯及力问题进行讨论，即是否应使抵销从当事人一方作出抵销的意思表示之时发生效力。支持抵销溯及力的观点认为，如果在银行借款中当事人希望否认抵销溯及力，可通过相互之间的特别约定而实现。虽然将作出抵销意思表示的时间作为抵销生效的时间节点，在难以确定该意思表示具体作出时间的场合下，会导致债权消灭的时间难以确定，但抵销具有溯及力仍然是合理的。鉴于此，日本债法修改仍采纳维持旧法所规定的抵销溯及力的做法。⑧

在我国，司法实践中曾经产生抵销具有溯及力的观点。2019 年最高人民法院《九民会议纪要》第 43 条中规定："抵销一经生效，其效力溯及自抵销条

---

① 参见张保华：《抵销溯及力质疑》，载《环球法律评论》2019 年第 2 期，第 108 页。
② Staudinger/Bieder/Gursky（2022）BGB §389Rn. 23.
③ Skamel, in BeckOGK BGB, 2022, §389Rn. 14.
④ Dennhardt, in BeckOGK BGB, 2022, §389Rn. 3.
⑤ Skamel, in BeckOGK BGB, 2022, §389Rn. 14. 1.
⑥ Skamel, in BeckOGK BGB, 2022, §389Rn. 14. 1.
⑦ 参见［日］中田裕康：《債権総論》（第四版），东京岩波书店 2020 年版，第 459 页。
⑧ 参见［日］潮见佳男：《新債権総論Ⅱ》，东京信山社 2017 年版，第 249～251 页。

件成就之时，双方互负的债务在同等数额内消灭。双方互负的债务数额，是截至抵销条件成就之时各自负有的包括主债务、利息、违约金、赔偿金等在内的全部债务数额。"例如，在"厦门源昌房地产开发有限公司与海南悦信集团有限公司委托合同纠纷案"中，法院指出："双方债务均已到期属于法定抵销权形成的积极条件之一。该条件不仅意味着双方债务均已届至履行期，同时还要求双方债务各自从履行期届至到诉讼时效期间届满的时间段，应当存在重合的部分。在上述时间段的重合部分，双方债权均处于没有时效抗辩的可履行状态，'双方债务均已到期'之条件即已成就，即使此后抵销权行使之时主动债权已经超过诉讼时效，亦不影响该条件的成立"①。这也解释了抵销具有溯及力的理由。

《民法典》第 568 条第 1 款对法定抵销作出了规定，从该规定来看，我国《民法典》并未承认抵销的溯及力。但应如何理解《民法典》第 568 条所规定的"根据债务性质、按照当事人约定或者依照法律规定不得抵销的除外"这一表述？这一表述是否承认了抵销具有溯及力？对此一直存在争议。鉴于司法实践中对此认识不一致，造成了大量同案不同判的现象，因此，《合同编通则解释》第 55 条规定，"当事人一方依据民法典第五百六十八条的规定主张抵销，人民法院经审理认为抵销权成立的，应当认定通知到达对方时双方互负的主债务、利息、违约金或者损害赔偿金等债务在同等数额内消灭"。从该条规定来看，抵销自通知到达之日起发生效力，在通知到达前，即便出现抵销适状的状态，也不能在抵销适状时产生抵销的效力，这实际上是否定了抵销的溯及力。②

《合同编通则解释》第 55 条采取了不具有溯及力的模式，也就是说，在一方主张抵销时，法院经审理认为抵销权成立的，应当认定自通知到达对方时双方互负的主债务、利息、违约金或者损害赔偿金等债务在同等数额内消灭，不再考虑此前出现抵销适状的状态，即便此前曾经出现抵销适状的状态，双方的债权债务也不能自动抵销。

（三）《合同编通则解释》第 55 条采取抵销不具有溯及力的模式的理由

从形式上看，承认抵销溯及力的制度构造确实有利于发挥及时了结债务等功能，因为在诉讼时效期间届满前，如果确实存在抵销适状，当事人进行抵销似乎也是合理的，但这种制度设计，实际上带来了一系列问题。笔者认为，《合同编

---

① "厦门源昌房地产开发有限公司与海南悦信集团有限公司委托合同纠纷案"，载《最高人民法院公报》2019 年第 4 期。
② 需要指出的是，《合同编通则解释》第 55 条在征求意见时，列举了承认抵销溯及力和不承认抵销溯及力两种观点，供公众讨论，征求意见，但最终司法解释采纳的是否定说。

通则解释》第 55 条规定否定抵销具有溯及力的观点是值得赞同的，理由如下。

第一，承认抵销溯及力的最大弊病是带来债权债务的不确定性。抵销溯及力观点认为，在抵销适状时，包括主债务、利息、违约金、赔偿金等在内的全部债务数额应自动抵销，由此会带来如下问题：一是抵销的条件是否成就？从何时开始确定抵销的条件已经成就？二是即便一方愿意抵销，而另一方在对方没有提出抵销的情况下，因具有其他商业上的安排等原因已不愿自动抵销，是否应当强迫其接受自动抵销的效果？三是即便主债权是确定的，但利息、迟延损害赔偿、违约金等如何计算？违约金数额约定过高时能否减少？这些问题会引发许多新的争议，徒增纠纷。另外，抵销权的溯及力还可能导致抵销权人与债务人的其他债权人之间受偿的不平等。如果被动债权人进入了破产程序，由于抵销权可以获得类似优先受偿的效果，此时罹于时效的债权人将取得比具有完整效力的债权人更为优越的地位，因而对于被动债权人的其他债权人不利，甚至使已经申报的债权极具不确定性，某些第三人可能基于抵销的溯及力提出自动抵销，由此可能诱发恶意逃避债务行为的发生。

第二，承认抵销溯及力将会损害当事人之间的合理信赖。抵销溯及力理论认为，其有利于保护当事人的合理信赖，也就是说，取得主动债权的一方，无须立刻发出抵销的意思表示，而可以信赖在主动债权的金额范围内，债权人不会再请求债务人履行，从而对主动债权之上的利息不再负义务，也不会陷入迟延。[1] 但此种观点值得商榷。因为一方面，在时效届满后，债权人应当认识到自己债权已经罹于时效，债务人可能提出时效抗辩权。[2] 正如齐默尔曼所言，"倘若一方当事人并不知道，通过抵销会当然地获得清偿，那么，他就没有所谓的信赖，从而也不值得保护"[3]。另一方面，当事人发生抵销适状时，抵销权人并没有行使抵销权，其对于抵销后的产生法律后果不会产生信赖，此时没有任何信赖可言。[4] 故对于此种信赖不应当通过溯及力规则进行保护[5]，就诉讼时效届满的主动债权而言，在主动债权人行使抵销之前，即使在某个时间段，其没有行使债权，导致时效已经届满，那么被动债权人有合理的理由相信，其真实的意愿是从行使抵销

---

①　Schlüter，in MüKo BGB，2022，§389Rn. 6.

②　Vgl. Peters/Zimmermann，Verjährungsfristen，Gutachten und Vorschläge zur überarbeitung des Schuldrechts，Band I，Köln，1981，S. 266.

③　Zimmermann，DieAufrechnung-Einerechtsvergleichende Skizzezum Europäischen Vertragsrecht，in：FestschriftfürDieterMedicus，Köln：Heymann，p. 723.

④　Vgl. Reinhard Zimmermann，Die Aufrechnung，Festschrift für Dieter Medicus zum 70. Geburtstag，Köln u. s. w.，1999，S. 723.

⑤　参见崔建远：《论中国民法典上的抵销》，载《国家检察官学院学报》2020 年第 4 期，第 28 页。

权之时发生抵销，在此之前的债权债务并不予以抵销，基于此种信赖，其将安排自身的商业计划和经营活动，如果认可抵销溯及既往的效力，将使抵销权行使前的债权债务完全处于不确定状态，也会损害被动债权人的合理信赖。

第三，抵销具有溯及力也不符合当事人推定的意思。[1] 齐默尔曼指出，主张抵销具有溯及力的学者认为抵销具有溯及力符合当事人的意愿，但这只是这些学者的猜测而已。没有证据表明，交易关系中的当事人在意识到自己同时是他人的债务人、债权人时会如何考虑。[2] 一方面，抵销权虽然效力强大，但必须自愿行使，在当事人未行使抵销权的情形下，很难认定当事人的真实意愿，尤其在商业交易中，如果当事人没有行使抵销权，就表明当事人排斥了抵销具有溯及力。[3] 另一方面，如果出现了抵销适状情形，只是表明抵销符合法定条件，如果没有实际行使抵销权，并不意味着双方的债权债务关系当然消灭。即使在符合法律规定的抵销条件的情况下，当事人可能也不愿意抵销。如果采抵销当然主义，在符合抵销的要件以后，当然发生抵销的后果，则可能违背当事人的意愿。因此，是否愿意通过抵销以实现债权债务关系的消灭，最终应当由当事人来决定，并通过行使抵销权的方式表示出来。如果承认抵销有溯及力，且可以当然生效，反而干涉了权利人不行使权利的自由，因此，强行赋予抵销溯及力，并不符合私法自治原则。

第四，抵销具有溯及力也赋予了法官过大的自由裁量权力。当事人在长期的商业往来过程中，可能形成大量的互负债务的情况，绝大多数企业都要通过对账等结算方式进行抵销，但如果企业相互之间没有通过对账的方式，将相互之间债务遗留下来，而由法院确定过去的债务甚至是陈年旧账是否抵销，由法官确定哪些债权债务符合抵销的条件，哪些不符合抵销的条件，可能赋予法官过大的自由裁量权。由法官自由解释何时出现抵销适状，无疑具有很大的难度。这样一来，既可能不当干预当事人之间的债权债务关系，也不利于案件的公平、公正审理。

此外，应当看到，否定抵销溯及力的做法符合国际上的发展趋势。近几十年来，一些示范法放弃了抵销具有溯及力的做法。例如，《欧洲示范民法典草案》第3—6：107条规定："抵销自通知时起，使债务在相互重叠的范围内消灭"。

---

[1] 参见［日］我妻荣：《我妻荣民法讲义Ⅳ·新订债权总论》，王燚译，中国法制出版社2008年版，第309页。

[2] Zimmermann, DieAufrechnung-Einerechtsvergleichende Skizzezum Europäischen Vertragsrecht, in：FestschriftfürDieterMedicus, Köln：Heymann, p. 723.

[3] See Reinhard Zimmermann, *Comparative Foundations of a European Law of Set-off and Prescription*，Cambridge University Press，2002，p. 39.

《国际商事合同通则》第 8.5 条规定：（1）抵销使债务消灭；（2）如果债务数额不同，抵销使债务在较小债务的数额内消灭；（3）抵销从通知之时发生效力。《欧洲合同法原则》第 13：104 条规定，抵销权以向对方作出通知的方式行使；第 13：106 条规定，当两项债务可以抵销时，抵销自通知之时使债务消灭影响所及。《欧洲示范民法典草案》第 3—6：107 条也采纳这一主张。这就表明，《合同编通则解释》第 55 条规定否定抵销具有溯及力的观点是符合这一发展趋势的。

总之，《合同编通则解释》第 55 条采取抵销不具有溯及力的模式具有合理性，该规定依据《民法典》第 568 条的规定，采纳通知到达主义，能够避免抵销具有溯及力所产生的问题，也有利于使合同关系确定地归于消灭。而且当事人还可以对抵销权的行使及时提出异议，可以避免或减少纠纷的发生。

（本条撰写人：王利明）

抵销参照适用抵充规则

行使抵销权的一方负担的数项债务种类相同，但是享有的债权不足以抵销全部债务，当事人因抵销的顺序发生争议的，人民法院可以参照民法典第五百六十条的规定处理。

行使抵销权的一方享有的债权不足以抵销其负担的包括主债务、利息、实现债权的有关费用在内的全部债务，当事人因抵销的顺序发生争议的，人民法院可以参照民法典第五百六十一条的规定处理。

【本条主旨】

本条对行使抵销权的一方负担数个债务，但其享有的债权不足以抵销全部债务时，抵销的顺序应当如何确定的问题作出规定。根据本条规定，抵销应当参照《民法典》第560条和第561条关于抵充顺序的规则。

【关联规定】

1. 《民法典》第560条 债务人对同一债权人负担的数项债务种类相同，债务人的给付不足以清偿全部债务的，除当事人另有约定外，由债务人在清偿时指定其履行的债务。

债务人未作指定的，应当优先履行已经到期的债务；数项债务均到期的，优先履行对债权人缺乏担保或者担保最少的债务；均无担保或者担保相等的，优先履行债务人负担较重的债务；负担相同的，按照债务到期的先后顺序履行；到期时间相同的，按照债务比例履行。

2.《民法典》第561条　债务人在履行主债务外还应当支付利息和实现债权的有关费用，其给付不足以清偿全部债务的，除当事人另有约定外，应当按照下列顺序履行：

（一）实现债权的有关费用；

（二）利息；

（三）主债务。

3.《全国法院民商事审判工作会议纪要》43.　【抵销】

……行使抵销权一方享有的债权不足以抵销全部债务数额，当事人对抵销顺序又没有特别约定的，应当根据实现债权的费用、利息、主债务的顺序进行抵销。

【理解与适用】

一、抵销参照适用抵充规则的正当性

抵销具有清偿的效果，属于清偿的方式之一，并且可以明显降低交易成本。①《民法典》第568条和第569条规定了抵销的构成要件和法律效果，但是，对于存在多个适用于抵销的债权应当按照何种顺序进行抵销的问题，《民法典》没有作出规定。然而，在实践中可能出现抵销的抵充问题。例如，一方存在多个适用于抵销的被动债权，而主动债权又不足以抵销这些被动债权的全部债权额，那么哪些被动债权应当被先抵销、哪些被动债权又应当被后抵销，这一问题需要得到明确。但是，《民法典》没有对此作出规定，属于法律漏洞。

《合同编通则解释》第56条规定了抵销参照适用抵充规则。这一规定的正当性在于，抵充规则解决的是一项给付不足以清偿全部债务时优先清偿哪一债务的问题，而抵销也是清偿的手段之一，因此一项主动债权不足以抵销全部的被动债权时，也可以适用抵充规则，判断哪一被动债权得到优先抵销。《德国民法典》第396条、《日本民法典》第512条和第512条之二均采取了抵销参照适用抵充规则的立法例。

二、数项主债务的抵销顺序

行使抵销权的一方负担数项种类相同的债务，而其主动债权不足以抵销数项

---

① 参见最高人民法院民事审判第二庭、研究室编著：《最高人民法院民法典合同编通则解释理解与适用》，人民法院出版社2023年版，第618页。

债务时，究竟应当先抵销哪一债务？《民法典》没有对此问题作出规定。理论上通常认为，这应与清偿的抵充问题作相同处理。[①] 本条基于这一理论共识作出了规定。

（一）构成要件

本条第 1 款的法律适用需要同时满足两个层面的构成要件：一是双方当事人互负债务符合抵销的要件（抵销要件）；二是行使抵销权的一方享有的债权符合清偿抵充规则的要件（抵充要件）。

第一，双方当事人互负债务符合抵销的要件。根据《民法典》第 568 条的规定，抵销权的构成要件包括：（1）双方当事人互负债务；（2）债务的标的物种类、品质相同。本条没有对抵销要件进行重复的公开规定，"行使抵销权的一方"的表达形式表明了抵销要件已经得到满足。

第二，行使抵销权的一方享有的债权符合清偿抵充规则的要件。本条规定对抵充要件作出了明文规定，包括：

（1）行使抵销权的一方负担数项债务。只有行使抵销权的一方负担的债务超过一项时，才会发生抵充问题，否则主动债权只能抵销一项债务。

（2）行使抵销权的一方享有的债权不足以抵销全部债务。若是主动债权可以抵销全部债务，那么也不发生抵充问题。存在疑问的是，行使抵销权的一方存在数个种类相同的债权，而且这些主动债权超过该方当事人所负债务，因而数个主动债权不会因为抵销而全部消灭时，是否适用抵充规则？本条没有对此作出规定，实属缺憾。《日本民法典》第 512 条第 3 款规定，数个种类相同的主债权（或主债务）发生抵销时，倘若进行抵销的债权人负担的债务不足以消灭其享有的全部债权时，准用相同的抵充规则。这一规则值得赞同。也就是说，不管是数个主动债权"大于"数个被动债权，还是数个主动债权"小于"数个被动债权，它们的抵销顺序均适用清偿的抵充规则。

（3）当事人因抵销的顺序发生争议。当事人之所以就抵销的顺序发生争议，是因为当事人没有就抵销顺序作出约定或者约定不明确。在具体个案中，倘若当事人对此作出明确的约定，这一要件就无法得到满足。存在疑问的是，主动抵销的一方在行使抵销权时指定其抵销的债务，另一方当事人对此发生争议的，是否属于"当事人因抵销的顺序发生争议"？还是说，由于主动抵销的一方在行使抵销权时享有指定抵销哪一债务的权力（形成权），因此对方当事人的争议是无意

[①] 参见崔建远：《合同法》（第四版），北京大学出版社 2021 年版，第 331 页；邱聪智：《新订民法债编通则》（下），中国人民大学出版社 2004 年版，第 478 页。

义的，此时根本不存在"当事人因抵销的顺序发生争议"。这个问题表明了本条的法律适用存在逻辑上的循环，详言之：在适用本条之前，行使抵销权的一方不享有指定抵销哪一债务的权利，因此当其指定抵销某一债务时，对方当事人可能对此产生异议，此时参照适用《民法典》第560条的规定从而嗣后承认行使抵销权的一方指定抵销顺序的权利，当事人之间原本的争议也就不再是争议。造成这种循环的原因是，本条的构成要件"当事人因抵销的顺序发生争议的"是否成立，取决于本条的法律效果"人民法院可以参照适用民法典第五百六十条的规定"——若是先参照《民法典》第560条的规定，那么行使抵销权的一方指定抵销顺序就不会发生争议；但是若不发生争议，就不会参照适用《民法典》第560条。为了避免这一循环问题，对本条的构成要件更加合理的表述应该是"当事人对抵销顺序没有约定的"。

（二）法律效果

本条第1款规定，行使抵销权的一方负担数个主债务，当事人对抵销哪一债务发生争议的，人民法院可以参照适用《民法典》第560条的规定。《民法典》第560条规定，债务人对同一债权人负担的数项债务种类相同，债务人的给付不足以清偿全部债务的，应当按照以下规则确定抵充顺序：第一，当事人的约定；第二，债务人的指定；第三，法定顺序。既然当事人对债务抵销顺序发生争议，这表明当事人之间对抵销顺序没有约定，行使抵销权的一方也没有作出有效的指定，因此应当参照适用《民法典》第560条第2款的法定顺序进行抵销，具体而言：已经到期的债务优先于没有到期的债务得到抵销；数项债务均到期的，优先抵销对债权人（行使抵销权的一方）缺乏担保或者担保最少的债务；均无担保或者担保相等的，优先抵销债务人负担较重的债务；负担相同的，按照债务到期的先后顺序抵销；到期时间相同的，按照债务比例抵销。

三、主债务与数项从债务的抵销顺序

《民法典》同样没有对行使抵销权的一方享有的债权不足以抵销其负担的主债务、利息、实现债权的有关费用等数项从债务的情形作出规定。比较法上通常认为，此时也应当参照适用清偿抵充的规则，即按照实现债权的有关费用、利息和主债务的顺序进行抵充。[①] 本条第2款作出了相同的规定。

（一）构成要件

本条第2款的法律适用同样需要满足两个层面的构成要件：一是双方当事人

---

① 例如《德国民法典》第396条第2款、《日本民法典》第512条第2款第2项等。

互负债务符合抵销的要件（抵销要件）；二是行使抵销权的一方享有的债权符合清偿抵充规则的要件（抵充要件）。其中，就抵充要件而言，须满足以下两个条件：（1）行使抵销权的一方享有的债权不足以抵销其负担的主债务、利息、实现债权的有关费用等全部债务。（2）当事人因抵销的顺序发生争议，即当事人没有就抵充顺序达成合意，若是达成合意则按照当事人的约定进行抵销即可。

（二）法律效果

本条第 2 款的法律效果是参照适用《民法典》第 561 条的规定，即按照实现债权的有关费用、利息、主债务的顺序进行抵销。

（本条撰写人：阮神裕）

侵权行为人不得主张抵销的情形

因侵害自然人人身权益，或者故意、重大过失侵害他人财产权益产生的损害赔偿债务，侵权人主张抵销的，人民法院不予支持。

【本条主旨】

本条对侵权人不得主张抵销其因侵权行为产生的人身损害赔偿债务，也不能抵销其因故意、重大过失侵权产生的财产损害赔偿债务作出规定。

【关联规定】

《民法典》第568条　当事人互负债务，该债务的标的物种类、品质相同的，任何一方可以将自己的债务与对方的到期债务抵销；但是，根据债务性质、按照当事人约定或者依照法律规定不得抵销的除外。

当事人主张抵销的，应当通知对方。通知自到达对方时生效。抵销不得附条件或者附期限。

【理解与适用】

一、根据债务性质不得抵销的情形

在通常情况下，当事人互负债务若是满足抵销条件时，当事人均可抵销债务。但是，《民法典》第568条第1款后半句特别规定了"但是，根据债务性质、按照当事人约定或者依照法律规定不得抵销的除外"，对抵销的适用进行了限制。《合同编通则解释》（征求意见稿）第60条在此基础上，进一步对不得抵销的情形作了具体化规定。不过，最终通过的《合同编通则解释》没有保留这一具体化规定，这里将相关观点列出，以供参考。

所谓根据债务性质不得抵销，是指若是允许抵销，则违反成立债务的本质。① 具体而言包括以下几种情形。

第一，提供劳务的债务。主动债权的债权人所负债务若是提供劳务的债务，那么该债权人不得抵销该债务。这是因为，双方当事人互负的、提供劳务的债务若不分别现实地履行，那么就不能实现该债权成立的目的。② 例如，甲乙约定在农作物收获期间相互帮忙三个月的债务。与此相似的债务，还有不作为债务。例如，甲乙约定互相不得竞业的不作为债务，或者在晚上八点之后保持安静的债务等。③

有的观点认为，提供劳务的债务之所以不能相互抵销，是因为劳务具有特定的人身性质，或者依赖于特定技能方可完成。④ 笔者认为这一观点有待商榷。具有特定的人身性质，或者依赖于特定技能方可完成的债务，可以是债务不能由第三人履行的原因（《民法典》第524条第1款），但不是该债务不得抵销的原因。提供劳务的债务不能相互抵销的原因在于，只有债务人现实地提供劳务，债权人订立合同的目的才能实现。这从根本上不同于给付金钱或者其他标的物的债务，债务人给付金钱后又受领债权人给付的金钱，在债务人和债权人之间不会发生总体财富的增值，但是债务人和债权人分别提供劳务却创造了更多价值。

第二，抚恤金债务。在我国法律体系中，抚恤金通常具有公法属性。例如，《社会保险法》第17条第一句规定："参加基本养老保险的个人，因病或者非因工死亡的，其遗属可以领取丧葬补助金和抚恤金"。该法第38条第8项规定："因工死亡的，其遗属领取的丧葬补助金、供养亲属抚恤金和因工死亡补助金"。该法第49条第1款第一句规定："失业人员在领取失业保险金期间死亡的，参照当地对在职职工死亡的规定，向其遗属发给一次性丧葬补助金和抚恤金。"根据这些规定，符合条件的遗属可以领取抚恤金。根据《社会保险法》第8条和第73条第2款的规定⑤，抚恤金的发放单位为社会保险经办机构，因此所谓"抚恤金债务"的"债务人"为社会保险经办机构。由于社会保险经办机构通常为行政机

---

① 参见韩世远：《合同法总论》（第四版），法律出版社2018年版，第705页。
② 参见崔建远：《合同法》（第四版），北京大学出版社2021年版，第329页。
③ 参见［日］我妻荣：《新订债权总论》，王燚译，中国法制出版社2008年版，第292页。
④ 参见黄薇主编：《中华人民共和国民法典合同编释义》，法律出版社2020年版，第247页。
⑤ 《社会保险法》第8条规定："社会保险经办机构提供社会保险服务，负责社会保险登记、个人权益记录、社会保险待遇支付等工作。"第73条第2款："社会保险经办机构应当按时足额支付社会保险待遇。"

关，因此抚恤金债务的性质在理论上存在行政契约说、公法上的债的关系说与行政处分说之争。[1] 不管采取何种学说，《社会保险法》所规定的抚恤金的发放义务人均为社会保险经办机构，在实践中似乎不存在社会保险经办机构与抚恤金受领人互负债务而产生抵销适状的情况。

第三，保障基本生活条件的债务。主动债权之债权人所负债务若是保障对方当事人之基本生活条件的债务，那么该债权人不得抵销该债务。例如《德国民法典》第 394 条第一句规定，不得对禁止扣押的债权主张抵销。其中禁止扣押的债权，是指《德国民事诉讼法》第 850 条以下所规定的保障债权人基本生活条件的债权，如劳动所得请求权等。[2]《合同编通则解释》（征求意见稿）第 60 条第 1 款第 3 项所规定的"支付基本养老保险金、失业保险金、最低生活保障金等保障债权人基本生活的债务"均属于保障基本生活条件的债务。

存在疑问的是，保障基本生活条件的债务之不得抵销，是指不得作为被动债权抵销，还是绝对不得抵销？从域外经验来看，《德国民法典》第 394 条第一句、《日本民法典》第 510 条等规定的是，禁止扣押之债权不得作为被动债权加以抵销，但是可以作为主动债权进行抵销。这一规则具有合理之处。这是因为，债权人可以根据自己的经济状况决定受领（清偿）或者不受领（抵销）涉及基本生活条件的给付。但是，从《合同编通则解释》（征求意见稿）第 60 条第 1 款的语义，及其与第 2 款的差异来看，该条款将"支付基本养老保险金、失业保险金、最低生活保障金等保障债权人基本生活的债务"规定为绝对不得抵销的债权，这在一定程度上限制了债权人意思自治的权限。

第四，其他根据债务性质不得抵销的债务。例如，约定应向第三人清偿的债务，第三人请求债务人履行时，债务人不得以自己对债权人享有的债权而主张抵销；债权人请求债务人向第三人履行时，债务人也不得以第三人对自己负有债务而主张抵销。[3] 又如，通常认为相互出资的义务不得抵销[4]，甲和乙约定创设合伙企业，若是甲和乙可以抵销彼此的出资义务，那么该合伙企业也就无法实现。公司股东的出资债务也不得与公司对他所负债务进行抵销，这是为了维护公司债权人的利益。[5] 再如，公法上的债权也不得抵销，例如税收债权等，因为这些债

---

① 参见郑尚元等：《劳动和社会保障法学》，中国政法大学出版社 2008 年版，第 452 页。

② 参见［德］迪尔克·罗歇尔德斯：《德国债法总论》（第 7 版），沈小军、张金海译，中国人民大学出版社 2014 年版，第 149 页。

③ 参见韩世远：《合同法总论》（第四版），法律出版社 2018 年版，第 706 页。

④ 参见黄薇主编：《中华人民共和国民法典合同编释义》，法律出版社 2020 年版，第 247 页。

⑤ 参见王利明主编：《中国民法典释评·合同编·通则》，中国人民大学出版社 2020 年版，第 517 页。

权具有特定的公共目的，若允许抵销可能影响公共政策的实施。①

二、不能作为被动债权的情形

本条规定，因侵害自然人人身权益，或者故意、重大过失侵害他人财产权益产生的损害赔偿债务，侵权人主张抵销的，人民法院不予支持。尽管这一条款采取了"侵权人主张抵销的"的表达形式，但是人身损害赔偿请求权和因故意、重大过失侵害他人财产权益产生的财产损害赔偿请求权均属于被动债权，而非主动债权。申言之，侵权人对受害人享有某一金钱债权，同时也对受害人负有人身或者财产损害赔偿债务时，侵权人不得以其享有的金钱债权主张抵销其所负后一债务。其中，主动债权是侵权人享有的某一金钱债权，被动债权则是受害人享有的人身损害赔偿请求权，以及因侵权人故意或者重大过失侵害财产权益产生的财产损害赔偿请求权。

需要注意的是，本条将侵权人不得主张抵销的情形进行了区分：其一，对于侵害人身权益产生的债务，不管侵权人是故意还是过失，抑或在某些情况下适用无过错责任，侵权人均不得主张抵销。其二，对于侵害财产权益产生的债务，仅以侵权人故意和重大过失为限，侵权人不得主张抵销；至于轻微过失或者无过失（适用无过错责任）侵害财产权益产生的债务，侵权人可以主张抵销。

侵权人之所以不得主张抵销因侵害自然人人身权益，或者故意、重大过失侵害他人财产权益产生的损害赔偿债务，理由包括：第一，侵权人必须进行现实的清偿，从而使受害人依该现实清偿而获得人身损害赔偿金，包括医疗费、护理费、交通费、营养费、住院伙食补助费等为治疗和康复所必须的费用，还可能包括误工费、残疾辅助器具费和残疾赔偿金、丧葬费和死亡赔偿金等。倘若侵权人依其对受害人享有的其他金钱债权而抵销人身损害赔偿债务，受害人将无法获得现实的金钱给付，其可能因此面临救治与医疗上的困境。在这个意义上，本条规定也体现了债务抵销应当保障基本生活条件的宗旨。第二，禁止侵权人主张抵销，还可以达到防范私力救济的风险。例如，甲对乙享有一笔的金钱债权，但是乙不及时履行，甲可能故意剥夺乙的财产，同时主张抵销因此产生的损害赔偿债务，从而实现甲对乙享有的该笔金钱债权。② 倘若允许甲实施这一行为，不仅破坏了法律秩序的和平，甚至可能引发债权人故意侵权以泄私愤的道德风险。③

---

① 参见王利明：《债法总则》，中国人民大学出版社 2016 年版，第 449 页。
② 参见［日］我妻荣：《新订债权总论》，王燚译，中国法制出版社 2008 年版，第 294 页。
③ 参见王利明：《合同法通则》，北京大学出版社 2022 年版，第 407 页。

可能存在争议的是，受害人是否可以主动抵销其享有的侵权损害赔偿请求权（包括人身损害赔偿请求权和故意侵权引起的财产损害赔偿请求权）？本书认为，受害人可以主动抵销。[①] 理由在于：一方面，从文义解释的角度而言，在《合同编通则解释》（征求意见稿）中，第 60 条特意区分了两款分别规定"根据债务性质不得抵销的债务"和"侵权人主张抵销的，人民法院不予支持"两种情形，这表明本条第 1 款和第 2 款的规定有所不同，第 1 款所称"根据债务性质不得抵销的债务"是指该债务不管作为主动债权还是作为被动债权，均不可抵销；第 2 款则是专门针对不得作为被动债权的情形作出规定。尽管最终颁布的司法解释第 57 条删除了征求意见稿中的第 1 款，但是这一文义上的区分仍有启发意义。因此，受害人可以主动抵销其享有的侵权损害赔偿请求权。另一方面，从目的解释的角度而言，抵销制度的主要目的在于降低交易成本。[②] 赋予受害人选择要求侵权人现实给付，或者选择进行抵销的权限，使受害人可以按照自己的经济状况自主安排其与侵权人之间的法律关系，符合抵销制度的规范目的。对于具备经济能力的受害人，其可以主张抵销以消灭自己的债务，而对于没有经济能力的受害人，其可以不行使抵销权，从而获得医疗费保障人身权益得到回复。

（本条撰写人：阮神裕）

[①]　参见最高人民法院民事审判第二庭、研究室编著：《最高人民法院民法典合同编通则司法解释理解与适用》，人民法院出版社 2023 年版，第 636 页。

[②]　参见崔建远：《合同法》（第四版），北京大学出版社 2021 年版，第 326 页。

已过诉讼时效债权的抵销

当事人互负债务，一方以其诉讼时效期间已经届满的债权通知对方主张抵销，对方提出诉讼时效抗辩的，人民法院对该抗辩应予支持。一方的债权诉讼时效期间已经届满，对方主张抵销的，人民法院应予支持。

【本条主旨】

本条规定了已过诉讼时效的债权不能自动产生抵销的效力，同时规定了已过诉讼时效的债权的抵销不具有溯及力。

【关联规定】

1.《民法典》第192 诉讼时效期间届满的，义务人可以提出不履行义务的抗辩。

诉讼时效期间届满后，义务人同意履行的，不得以诉讼时效期间届满为由抗辩；义务人已经自愿履行的，不得请求返还。

2.《民法典》第568条 当事人互负债务，该债务的标的物种类、品质相同的，任何一方可以将自己的债务与对方的到期债务抵销；但是，根据债务性质、按照当事人约定或者依照法律规定不得抵销的除外。

当事人主张抵销的，应当通知对方。通知自到达对方时生效。抵销不得附条件或者附期限。

【理解与适用】

一、抵销不具有溯及力

《合同编通则解释》第 55 条已经确认了抵销不具有溯及力的观点，该司法解释第 58 条在此基础上进一步针对已过诉讼时效债权的抵销确认了抵销不具有溯及力的观点。其实，抵销是否具有溯及力，在很大程度上就体现为已过诉讼时效的债权能否在抵销适状时作为主动债权抵销，这就是说，如果抵销具有溯及力，虽然在抵销权行使时，主动债权的诉讼时效已经届满，但是在过去某个时间点上，该债权的诉讼时效并未届满，可能和被动债权产生抵销适状的情形，因而可以自动抵销。但如果不承认抵销具有溯及力，则只能从抵销通知到达时起确定能否产生抵销的效力。

长期以来，在我国司法实践中，对已过诉讼时效的债权能否抵销，一直存在两种不同的观点。一种观点认为，已过诉讼时效的债权不能作为主动债权抵销，即便在过去某个时间点上，该债权未过诉讼时效，且符合抵销的条件，但也不能抵销。另一种观点认为，已过诉讼时效的债权如果在过去某个时间点符合抵销的条件，且当时该债权未过诉讼时效，则可以自该抵销适状时产生抵销的效力，这实际上是承认了抵销的溯及力。例如，在"中国农业银行福建省分行营业部诉福清华信食品有限公司侵权纠纷案"中，法院认为，《合同法》第 99 条关于法定抵销所规定的可用于抵销的债务应指合法成立且尚未消灭的债务，只要满足标的物种类、品质相同、已届清偿期，且不属于依照法律规定或者按照合同性质不得抵销的债务，都可列入允许行使抵销权的债务范围，包括超过诉讼时效的自然债务。[①] 再如，在"厦门源昌房地产开发有限公司与海南悦信集团有限公司委托合同纠纷案"中，最高人民法院也认为，只要在从履行期届至到诉讼时效期间届满的时间段，双方的债务已经处于抵销适状的情形，即使此后抵销权行使之时主动债权已经超过诉讼时效，也可以自动抵销。为什么时效届满的债权在先前出现抵销适状时可以自动抵销？江苏省高级人民法院在"江阴市维宇针纺有限公司与江苏江阴临港经济开发区管理委员会房屋拆迁安置补偿合同纠纷案"中对此作出了解释："请求权并非债权的全部权能，其还包括起诉权、受领权、抵销权等。抵销权是一种形成权，享有抵销权的当事人可以无须人民法院的介入，直接向其债权人主张抵销，并导致交叉债权在相应范围内消灭。"而且，"法律对超过诉讼时

[①]　参见福建省福州市中级人民法院（2007）榕民初字第 575 号民事判决书。

效的债权能否行使抵销权并未作禁止性规定"[1]。因此，时效届满的债权在先前出现抵销适状时，可以自动抵销。

正是为了解决司法实践中存在同案不同判现象的问题，统一裁判规则，《合同编通则解释》第 58 条在该司法解释第 55 条的基础上，针对诉讼时效期间届满的债权的抵销规则作出了特别规定，再次重申了抵销不具有溯及力的立场。笔者认为，该规定是对《民法典》第 568 条关于抵销效力的准确解释。《民法典》第 568 条所规定的"根据债务性质、按照当事人约定或者依照法律规定不得抵销的除外"这一表述，其中是否包括时效届满的债权？立法机关认为，对于有抗辩权相对抗的债权，不得用作抵销。抵销必须要求双方当事人要互负有效的债务，互享有效的债权，对于附有抗辩权的债权，不得将之作为主动债权用于抵销，否则即为剥夺相对人的抗辩权。[2] 所谓附有抗辩权的债权，显然应当包括时效届满而使债务人享有拒绝履行抗辩权的债权。不能因为抵销的行使而剥夺抗辩权人的抗辩权，故不得抵销。据此，罹于时效的主动债权不能抵销，但抗辩权人主张抵销的，视为其放弃抗辩权，应予允许。也就是说，时效届满的债权将使债务人产生拒绝履行抗辩权，因此，其也属于有抗辩权相对抗的债权，当然，经债务人同意或者债务人放弃抗辩权的，也可以抵销。[3]《合同编通则解释》第 58 条完全符合这一精神。

《合同编通则解释》第 58 条不承认抵销具有溯及力，也维持了债权的确定性。承认抵销溯及力的最大弊病是带来债权债务的不确定性。在长期合同交易的当事人之间，债务没有及时结清，会形成一系列往来债权债务关系，经久数年，也未结清，按照抵销具有溯及力理论，只要在过去某个时间点，出现抵销适状情形，就会产生自动抵销效果。抵销适状时时效未届满，按照抵销溯及力说，也可以抵销，但是在自动抵销时，对方并没有提出抗辩，却能产生自动抵销的效果，这实际上剥夺了对方的时效抗辩权，而且也加重了法院的审理负担，法院首先要考察抵销适状的时间点，还要审查多个债权之间的抵充规则，这给法院带来极大的错案风险，导致法院充当了公司的财务人员，万一有所遗漏，会带来裁判不公的风险。

二、已过诉讼时效主动债权不能自动产生抵销效力

依据《合同编通则解释》第 58 条，对于已过诉讼时效的债权，如果债权人

---

[1] 江苏省高级人民法院（2017）苏 02 民终 1686 号民事判决书。

[2] 参见黄薇主编：《中华人民共和国民法典合同编解读》（上册），中国法制出版社 2020 年版，第 349 页。

[3] 参见吴兆祥：《论民法典抵销制度的修改与适用》，载《中国检察官》2020 年第 6 期。

向债务人主张抵销，则债务人有权提出抗辩，这就意味着，一旦抗辩成立，已过诉讼时效的债权就不能作为主动债权抵销，其不能自动产生抵销效力。如果对方不提出抗辩，那么对方放弃了时效利益，则发生抵销效力。这与《民法典》第192条的规定是相一致的。《民法典》第192条第1款规定："诉讼时效期间届满的，义务人可以提出不履行义务的抗辩。"这就是说，义务人可以提出时效抗辩，也可以不提出时效抗辩。但已经超过诉讼时效的债权可以作为被动债权被抵销，即在一方的债权诉讼时效期间已经届满时，对方主张抵销的，可以作为被动债权被抵销。

《合同编通则解释》第58条规定已过诉讼时效的债权不能自动产生抵销的效力，有利于鼓励抵销权人行使抵销权，保障公平清偿，维护债权债务的确定性。该条之所以规定不允许已过诉讼时效债权自动产生抵销效力，理由在于：

第一，保障债务人依法享有的抗辩权。允许超过时效的债权作为主动债权自动产生抵销效力，将导致损害债务人利益的后果。一方面，它剥夺了债务人所享有的拒绝履行抗辩权，变相强制债务人履行超过诉讼时效期间的债务，不当剥夺债务人的时效利益。时效届满的主要效果是使得债务人获得了拒绝履行的抗辩权，从债务人的角度来说，在时效届满之后，其享有拒绝履行的抗辩权。如果债权人提出请求，则债务人有权拒绝，法院也不得强制债务人必须履行其义务。另一方面，由于抵销是单方法律行为，主张抵销一方只要作出抵销的意思表示，就发生抵销的法律效力，故对被抵销的一方而言，抵销具有强制性。因此，抵销权亦可被称为强制的利用权，即强制地以他人的财产供自己利用的权利。但已过诉讼时效之债权已经失去其法律上的强制执行力，属于效力不齐备的债权，故其债权人不具有强制地以他人财产供自己之用的权利，其不得作为主动债权进行抵销。尤其是，允许抵销具有溯及力，可以溯及至时效届满前的状态，如果当时出现了符合抵销条件的情形，则双方的债权债务可以自动扣除和抵销，这就有可能导致被动债权人的商业安排和计划被全部被打乱，造成其遭受不测的损失。

第二，维护债权的确定性。罹于诉讼时效的债务性质上属于自然债务，而允许时效届满的主动债权自动产生抵销效力不符合自然债务的性质。债通常具有强制执行的效力，自然债务在性质上虽然属于债的类型，却与一般的债存在如下不同：一方面，债权人虽然可以请求债务人履行自然债务，但如果债务人提出拒绝履行的抗辩，权利人则不得请求强制履行。因此，自然债务并不具有强制执行力，即在债权人诉请债务人清偿债务时，法院不得强制债务人清偿债务。诚然，自然债务不但可以履行，而且债权人享有受领权。同时，虽然自然债务欠缺强制执行力，债权人不能通过强制执行的方式实现其债权，但是其债权仍然具有保持力。也就是说，在债务人自愿履行时，债权人仍有权受领并保有该受领利益，而不构成不当得利。换言之，只有在债务人提出时效抗辩时，才能排除该强制执行力。另一方面，债权人仅仅具有受领保持力而不能当然行使抵销权。抵销应当以主动债权具有可强制执行性为必要条件，因为允许行使抵销权就是变相地赋予自然债务强制执行的效力。从这一角度而言，除非债务人作出了愿意放弃时效利益进行清偿的承诺，否则罹于时效的债权不再满足抵销要求。因此，对诉讼时效已经届满的债权，如果债权人向债务人提出请求，只要债务人行使抗辩权，债权人便不得以抵销的方式处分债权。还要看到，时效届满的债权在先前出现抵销适状时可以自动产生抵销效力的观点，将造成债权债务关系的不确定性。因为当事人双方不知道自己的债权债务关系是否发生抵销，也可能不清楚债权债务关系何时发生抵销，与当事人从事交易的第三人更加无从知晓当事人的债权债务状况。这些极大的不确定性，不仅容易导致纠纷的发生，也可能影响交易的有序进行。

第三，督促债权人积极行使权利。从诉讼时效制度设立的目的来看，一是为了督促债权人积极行使权利，防止其躺在权利上"睡眠"。二是为了及时结清债务，使债务人从悬而不决的状态中解脱。笔者认为，允许超过时效的主动债权自动产生抵销效力不符合时效制度的目的。一方面，抵销权虽然是一项形成权，但是其始终依附于债权而存在，而诉讼时效本身就是针对债权而设，以督促债权人及时行使权利为目的。债权人在诉讼时效期间内不积极行使抵销权，事实上已经违反了诉讼时效制度所内含的及时行使权利的要求。在债权诉讼时效期间届满后，债权人请求债务人向其履行债务，债务人当然享有时效抗辩权，此时如果允许债权人作为主动债权自动产生抵销效力，显然并不具有充分的依据。因此，如果允许其继续作为主动债权抵销，就意味着诉讼时效制度的立法目的难以实现，这在事实上也保护了躺在权利上睡觉的人。另一方面，此种做法也导致债权债务关系处于不确定状态。因为按照此种观点，时效届满的债权在先前出现抵销适状时，也可以自动抵销。如此一来，原本债权人将其已经超过诉讼时效的债权与债务人享有的未过时效的债权抵销时，债务人享有拒绝履行抗辩权，此时债权债务关系是确定的，而且债务人对此存在合理期待。但如果要溯及于时效届满前的状态，则必然会导致这种关系的不确定。

第四，保障公平清偿。抵销本身具有公平清偿和相互担保的功能，但这种功能发挥的前提是发生抵销的两个债务相互间具有可互换性，由于抵销的结果将导致两个债务在同等数额内消灭，因此，两个债务之间应当在价值上具有同等性。如果主动债权已经超过诉讼时效，而被动债权并未超过时效，这就表明双方的债务有一个是自然债务，效力并不完备，而另一个是效力齐备的债权，除非被动债权人自愿，否则相互自动抵销将违反公平清偿原则。因此，此类权利抵销必须受到权利自身性质的限制。在主动债权因为时效经过而成为自然债权的情形下，允许其抵销将导致诉讼时效制度目的的落空且违反了公平清偿的原则。

依据《合同编通则解释》第58条，已过诉讼时效债权不能自动产生抵销效力，但是已过诉讼时效债权的债权人主张抵销时，如果对方没有提出时效抗辩，则已过诉讼时效的债权仍然可以作为主动债权抵销，其仍然可以依法产生抵销的效力。

三、时效届满的债权可以作为被动债权抵销

《合同编通则解释》第58条规定，"一方的债权诉讼时效期间已经届满，对方主张抵销的，人民法院应予支持"。这就确立了时效届满的债权可以作为被动债权抵销的规则。该规定具有合理性，因为一方面，时效已经届满的债权虽然效力上不齐备，债权人在主张债权时，债务人有权提出时效抗辩，但该债权仍然是合法、有效的债权，在债务人以其未过时效的债权与该债权抵销时，债权人仍然有权保有该履行利益，而不构成不当得利。因此，对时效已经届满的债权而言，应当允许其作为被动债权抵销。另一方面，该条规定时效届满的债权作为主动债权抵销时，对方当事人有权提出时效抗辩，其主要目的在于保护对方当事人的时效利益。而在一方债权的诉讼时效已经届满的情形下，如果对方当事人主张抵销，则表明其放弃了时效利益，法律上应当允许。因此，该条允许已过诉讼时效的债权可以作为被动债权抵销。

需要指出的是，在债务人以其未过时效的债权与债权人的已过时效的债权抵销后，债务人能否以其行使抵销权时不知道被动债权已过诉讼时效为由，而主张撤销？笔者认为，《民法典》第192条第2款中规定："义务人已经自愿履行的，不得请求返还"。在一方的债权诉讼时效已经届满时，如果对方当事人主张抵销，则可以依法产生抵销的效力，双方当事人的债权债务将在相应的额度内消灭，此种情形类似于债务人自愿履行，对于已经消灭的债权，债务人也不得再请求对方返还，因此，已经抵销的不能撤销。

（本条撰写人：王利明）

八、违约责任

合同僵局司法终止的终止时间

当事人一方依据民法典第五百八十条第二款的规定请求终止合同权利义务关系的，人民法院一般应当以起诉状副本送达对方的时间作为合同权利义务关系终止的时间。根据案件的具体情况，以其他时间作为合同权利义务关系终止的时间更加符合公平原则和诚信原则的，人民法院可以以该时间作为合同权利义务关系终止的时间，但是应当在裁判文书中充分说明理由。

【本条主旨】

本条是关于依据《民法典》第 580 条第 2 款的规定申请司法终止合同关系时应当如何确定终止时间的规定。

【关联规定】

1.《民法典》第 580 条 当事人一方不履行非金钱债务或者履行非金钱债务不符合约定的，对方可以请求履行，但是有下列情形之一的除外：

（一）法律上或者事实上不能履行；

（二）债务的标的不适于强制履行或者履行费用过高；

（三）债权人在合理期限内未请求履行。

有前款规定的除外情形之一，致使不能实现合同目的的，人民法院或者仲裁机构可以根据当事人的请求终止合同权利义务关系，但是不影响违约责任的承担。

2.《民事诉讼法》第 128 条 人民法院应当在立案之日起五日内将起诉状副

本发送被告，被告应当在收到之日起十五日内提出答辩状。答辩状应当记明被告的姓名、性别、年龄、民族、职业、工作单位、住所、联系方式；法人或者其他组织的名称、住所和法定代表人或者主要负责人的姓名、职务、联系方式。人民法院应当在收到答辩状之日起五日内将答辩状副本发送原告。

被告不提出答辩状的，不影响人民法院审理。

【理解与适用】

一、本条的适用范围

（一）本条的直接适用

依据本条的规定，当事人一方依据《民法典》第 580 条第 2 款的规定请求终止合同权利义务关系，且法院判决支持合同关系终止的，可以适用本条的规定确认终止时间。因此，本条的适用范围应当与《民法典》第 580 条第 2 款的适用范围保持一致。具体而言，在《民法典》第 580 条第 2 款适用范围的问题上主要需要考虑以下两个因素。

一是债务性质须为非金钱债务。《民法典》第 580 条第 1 款规定了非金钱债务不履行或不适当履行时继续履行请求权的排除，而《民法典》第 580 条第 2 款则针对继续履行请求权被排除的场合，规定了合同僵局情况下当事人请求法院或仲裁机构终止合同的权利。因此，《民法典》第 580 条第 2 款仅适用于债务性质为非金钱债务的场合。这主要是考虑到金钱债务在性质上通常不会出现法律上的履行不能或事实上的履行不能、不适于强制履行或履行费用过高。[1] 基于此，《民法典》的立法者在合同僵局的司法终止问题上，主要针对的是非金钱债务不履行或不适当履行的情况。虽然非金钱债务的债权人（非违约方）也可请求依据《民法典》第 580 条第 2 款终止合同[2]，而在许多情形下非金钱债务的债权人（非违约方）同时构成金钱债务中的债务人，但这并不意味着非金钱债务的债权人可以金钱债务的债务人身份依据《民法典》第 580 条第 2 款终止合同。[3] 综上所述，金钱债务中不履行或不适当履行债务的债务人不得依据《民法典》第 580 条第 2 款的规定请求法院或仲裁机构终止合同，自然也就没有本条的适用余地。

二是违约方和非违约方起诉请求终止的均可适用本条确定终止时间。《民法典》第 580 条第 2 款旨在解决不享有解除权的当事人从合同僵局中脱身的问题，

---

[1] 参见黄薇主编：《中华人民共和国民法典合同编释义》，法律出版社 2020 年版，第 295 页。

[2] 参见黄薇主编：《中华人民共和国民法典合同编释义》，法律出版社 2020 年版，第 273 页。

[3] 参见朱虎：《解除权的行使和行使效果》，载《比较法研究》2020 年第 5 期，第 98 页。

因此非金钱债务的债务人（违约方）请求法院终止是《民法典》第 580 条第 2 款适用的常态。此时法院判决终止的，合同自违约方的起诉状副本送达非违约方时发生终止。但是，《民法典》第 580 条第 2 款也并未排斥非违约方依据《民法典》第 580 条第 2 款向法院请求终止的可能。[①] 有观点认为，如果非违约方本身享有解除权，在非违约方依据《民法典》第 580 条第 2 款请求终止合同的场合，应当解释为非违约方是在以诉讼方式行使合同解除权。[②] 倘若采纳此种观点，此时非违约方虽以《民法典》第 580 条第 2 款为依据提起诉讼，但是却不应依据本条确定合同终止时间，而应依据《民法典》第 565 条第 2 款确定合同解除时间。且法院在此种情形下，不得选择其他时点作为合同解除时点，而仅能依据《民法典》第 565 条第 2 款将起诉状副本送达时间作为合同解除时间。但笔者认为，在承认《民法典》第 580 条第 2 款可以由非违约方主张的前提下，如果非违约方享有解除权，却仍选择依据《民法典》第 580 条第 2 款申请终止，此时如果满足构成要件，法院应当依据当事人的选择适用《民法典》第 580 条第 2 款的规定认定合同的终止，进而适用本条规定，将起诉状副本送达时间或者其他合理时间作为合同终止时间。因为在这一情况下，非违约方自始至终并无行使解除权的意思，自然不能直接认为起诉状副本送达构成解除权行使意思表示的到达。当然，在非违约方的解除权因除斥期间经过等原因消灭时，非违约方只能依据《民法典》第 580 条第 2 款终止合同，此时也应依据本条规则确定终止时间。

　　（二）本条的类推适用

　　情势变更的解除与基于合同僵局的终止是两项不同的制度[③]，但二者均需通过诉讼或仲裁的方式消灭合同关系，且合同效力的终结均非基于当事人的解除权行使而发生，而是基于法院的裁判或仲裁机构的裁决而发生。而无论是《民法典》还是《合同编通则解释》均未对基于情势变更解除的解除时间进行明确规定。此时，是否可以通过类推适用本条规定的方式处理情势变更的解除时间问题值得探讨。

　　对于基于情势变更而解除合同的时间，学说通常认为应当由法院确定[④]，我

---

　　① 参见黄薇主编：《中华人民共和国民法典合同编释义》，法律出版社 2020 年版，第 273 页。

　　② 参见最高人民法院民事审判第二庭、研究室编著：《最高人民法院民法典合同编通则司法解释理解与适用》，人民法院出版社 2023 年版，第 657 页。

　　③ 参见石佳友、高郦梅：《违约方申请解除合同权：争议与回应》，载《比较法研究》2019 年第 6 期，第 45 页。

　　④ 参见韩世远：《合同法总论》（第四版），法律出版社 2018 年版，第 520 页。

国司法实践也普遍遵循这一规则。[①] 而事实上，司法解释本条所解决的也正是基于裁判消灭合同权利义务关系时法院应当如何选择时点的问题。在此基础上，有必要对基于情势变更解除和基于合同僵局终止进行比较考察，以判断在两种情形中是否有区别对待合同权利义务关系解除或终止时间的必要，倘若并不存在支撑区分对待两者的必要，则基于相似问题相似处理的原则，应当使二者在解除或终止时间上保持一致。在这两种情形下，均是法院裁判导致了合同权利义务关系的终结，因而从逻辑上讲，将裁判生效时间作为合同解除或终止时间具有天然的正当性。然而，考虑到裁判生效时间具有不确定性以及由此可能导致当事人滥用诉讼权利等问题，司法解释本条将终止时点原则上予以提前。上述将裁判生效时间点作为终止时间点的劣势在基于情势变更而解除合同的场合同样存在。发生情势变更后，如果坚持将判决生效时间作为合同解除时间，在受不利影响的当事人与对方协商不成而向法院请求解除的情况下，对方当事人同样可能利用诉讼程序，不当影响解除时间。因此，为避免出现评价上的矛盾，有必要将本条规则类推适用于依据《民法典》第533条向法院申请解除合同的场合。而且，由于本条规则并不排斥将其他时间作为解除时间，因此法院也可以在认为起诉状副本送达时间并非最合理时间时，在完成说理的基础上，选择将其他时间作为情势变更的解除时间。

二、以起诉状副本送达时间为原则

从司法解释制定的过程来看，《合同编通则解释》（征求意见稿）第62条曾列举了两种终止时间确定方案，即或以单一的起诉状副本送达对方的时间为合同权利义务关系终止的时间，或以单一的人民法院确定的时间作为终止的时间。但最后通过的版本兼采两种方案，并通过原则与例外的关系对两种方案进行融合，即将起诉状副本送达对方的时间作为一般情形下合同权利义务关系终止的时间，并允许人民法院在说理的基础上选择其他时间作为终止时间。本条的做法事实上改变了以往的司法实践所持的法院应当直接在裁判文书中确定解除时间的观点。[②] 这主要是考虑到不宜赋予人民法院过大的自由裁量空间。[③] 因而本条解释将起诉状副

[①] 参见最高人民法院民事审判第二庭、研究室编著：《最高人民法院民法典合同编通则司法解释理解与适用》，人民法院出版社2023年版，第657页。

[②] 参见最高人民法院民事审判第二庭编著：《〈全国法院民商事审判工作会议纪要〉理解与适用》，人民法院出版社2019年版，第312页。

[③] 参见最高人民法院民事审判第二庭、研究室编著：《最高人民法院民法典合同编通则司法解释理解与适用》，人民法院出版社2023年版，第653页。

本送达时间作为原则，将法院裁判确定的解除时间作为例外。

（一）本条与《民法典》第565条第2款的原理存在区别

以起诉状副本送达时间为原则的做法相较于既有理论和实践具有明显的创新性。既有的观点对于合同僵局司法终止的终止时间认识主要存在两种观点。第一种观点为判决生效时间说，该说认为原则上应以判决生效时间作为合同解除时间[①]，因为依据《民法典》第580条第2款请求终止合同的诉讼在性质上属于形成之诉[②]，所以判决生效才导致合同权利义务关系的终止，自然应当将判决生效时间作为解除时间。第二种观点为法院裁量说，该说认为应当由人民法院在裁判中确定终止时间[③]，其理由在于此时合同关系的终止并非基于解除权的行使，而是基于法院的裁判，而裁判的内容本身应当包括终止的时间。

司法解释本条并未采取上述既有的观点，而是原则上采取了与以诉讼方式行使解除权一致的、以起诉状副本送达时间作为合同权利义务关系终止时间。然而，《民法典》第565条第2款所规定的以诉讼方式行使解除权时的解除时间，主要是出于解除的通知于起诉状副本送达时到达对方当事人的考虑[④]，因而与意思表示生效规则衔接。而在依据《民法典》第580条第2款提起诉讼请求终止合同的情形，当事人并不享有解除权[⑤]，自然也就不涉及解除权行使的意思表示达到相对人的问题，此时将起诉状副本送达时间作为终止时间不具有正当性。

事实上，虽然本条原则上也以起诉状副本送达时间作为合同权利义务关系终止时间，但不宜对这一时点与《民法典》第565条第2款中的起诉状副本送达时间做相同理解。本条以起诉状副本送达时间作为合同权利义务关系终止时间不应当被理解为申请终止一方终止的意思表示到达相对人的时间，因为非违约方并不享有单方终止合同的形成权。[⑥] 实际上，本条中的起诉状副本送达时间可以被理解为前述法院裁量说的一种特殊情形。所谓法院裁量说，其实仍然无非是由人民法院依据具体案件情形在特定的几个时间中进行选择。而本条所规定的起诉状副本送达时，实际上是从可供法院裁量选择的时间中所选择的一种在普遍情形下较为合理的时间，并将此规定为法院裁量的一般规则，且允许在例外情形下，法院

---

① 参见韩世远：《合同法总论》（第四版），法律出版社2018年版，第520页。

② 参见武腾：《民法典实施背景下合同僵局的化解》，载《法学》2021年第3期，第93页。

③ 参见最高人民法院民事审判第二庭编著：《〈全国法院民商事审判工作会议纪要〉理解与适用》，人民法院出版社2019年版，第312页。

④ 参见黄薇主编：《中华人民共和国民法典合同编释义》，法律出版社2020年版，第238页。

⑤ 参见王利明：《论合同僵局中违约方申请解约》，载《法学评论》2020年第1期，第27页以下。

⑥ 有反对的观点认为违约方不仅享有解除权，而且解除时间应当以解除通知到达相对人作为解除生效时间。参见徐博翰：《论违约方解除权的教义学构造》，载《南大法学》2021年第1期，第82页。

裁量选择其他时点。因此，本条虽以起诉状副本送达时间为原则，但却并非将其作为解除权行使的通知到达时间，而是起草者在权衡可供法院裁量的诸多时点后，选择的通常情形下较为合理的时间。

（二）以起诉状副本送达时间为原则的合理性

要确定合同僵局司法终止的终止时间，首先应当明确终止发生的原因。在将合同僵局司法解除原因归结为法院判决的前提下，诉讼为形成之诉，形成之诉判决生效前合同关系并未终止。此时，将起诉状副本送达时间作为合同终止时间还会面临如下诘问，即为何合同终止时间早于裁判生效时间？事实上，判决生效时间说正是基于这一考量，将合同权利义务终止时间严格界定为法院判决生效时间，以解决判决尚未生效而合同却已被终止的问题。但是，终止时间早于判决生效时间并非不可解释。在此，应当认为虽然合同权利义务关系是基于法院的裁判而发生终止，但是法院生效判决可以将合同权利义务关系溯及至起诉状副本送达时终止。因此，与诉讼行使解除权不同，本条中的合同关系终止必须以判决生效为前提，并进而溯及至起诉状副本送达时终止；而在诉讼行使解除权中，只要当事人确实享有解除权，即便未经法院裁判，起诉状副本的送达也可导致解除的发生，确认之诉的性质意味着法院判决生效与否不影响合同被解除的事实。

相较于其他时点而言，将起诉状副本送达时间作为合同权利义务关系终止时间的优势主要体现在以下几个方面。首先，起诉状副本送达时间的确定不会受到对方当事人的不当干涉。与判决作出时间、判决生效时间等时点相比，将起诉状副本送达日作为终止时间有助于避免当事人滥用程序权利恶意拖延诉讼以不当延长合同关系存续时间。其次，将起诉状副本送达时作为终止时间也有助于实现《民法典》第580条第2款使当事人从合同僵局中尽早脱身的立法目的。《民法典》第580条第2款旨在避免当事人为合同僵局所困，并以提高交易效率，维护诚信原则为目标。[1] 因此，在确定终止时间时，应当考虑鼓励当事人尽早协力避免合同僵局不当延长，以减少资源浪费。准此以言，合同形成僵局时间似乎最符合这一要求。但是考虑到合同僵局形成时间在认定上的困难和当事人预期上的不确定性[2]，将起诉状副本送达时作为合同关系终止时间更为妥当。最后，将起诉状副本送达时作为终止时间可以为对方当事人所明确知悉，也便于对方当事人及时进行后续交易安排。起诉状副本送达可以明确提示对方当事人合同权利义务关

[1] 参见王利明：《论合同僵局中违约方申请解约》，载《法学评论》2020年第1期，第33页。
[2] 参见最高人民法院民事审判第二庭、研究室编著：《最高人民法院民法典合同编通则司法解释理解与适用》，人民法院出版社2023年版，第658～659页。

系有被终止的可能，应及早进行后续交易安排。而如果选择起诉日等时间点作为终止时点，对方当事人在该时点可能并未意识到合同会被司法终止，从而不利于平衡双方当事人利益。

三、以人民法院确定的其他时间为例外

（一）以其他时间作为终止时间的前提

《合同编通则解释》第59条第2句规定了人民法院以其他时间作为合同权利义务终止时间的可能。但是，由于第一句将起诉状副本送达时间作为原则上的终止时间，这意味着人民法院选择其他时间作为终止时间应当符合一定的条件。从《合同编通则解释》第59条第二句的表述来看，该条件即"以其他时间作为合同权利义务关系终止的时间更加符合公平原则和诚信原则"。

具体而言，公平原则要求法院比较采取不同的终止时间对于当事人之间利益分配的影响，只有在其他时点终止比起诉状副本送达时终止更有利于当事人之间公平分配利益和损失时，其他时点的适用才具有正当性。前已述及，由于将起诉状副本作为原则上的终止时点很重要的原因是出于效率的考量，而该时点并不一定最能公平分配利益与损失，因此在许多情形下其他时点均可能满足适用的前提。尤其是在《民法典》第580条第1款所规定的情形发生时间可以确定的情况下，该情形的发生时间往往构成合同形成僵局的时间。而在僵局形成时终止合同相较于在起诉状副本送达时终止合同，也可能更符合公平原则的要求。而诚信原则要求法院在确认终止时点时将当事人诚信与否纳入考量。在合同僵局是由于一方当事人违反诚信原则而造成时，终止时点的选择可以向对方当事人利益偏斜，以使得不诚信行为所导致的损失由不诚信的一方承担。例如，在享有解除权的一方不诚信地不行使解除权导致合同陷入僵局的场合，可以将终止时间提前至解除权发生后的合理行使期限经过时，从而免除相对人赔偿解除权人在合理期限经过后所遭受的本不应发生或扩大的损失。

此外，除在实体上满足其他时间更符合公平原则和诚信原则的要件外，法院如果要适用其他终止时间，还需在程序上，按照《合同编通则解释》第59条第二句的规定，"在裁判文书中充分说明理由"。这是因为在法院依据公平原则和诚信原则选择起诉状副本送达时间以外的其他终止时点时，其实质是在依据民法基本原则进行裁判，因而需要进行论证。

（二）其他可能的终止时间

在起诉状副本送达时间以外，还有多种实体或程序中的时点可能被作为合同权利义务关系终止的时间。

一是当事人就合同终止时间达成合意时，该时间可以作为合同终止时间。在一方当事人起诉依据《民法典》第 580 条第 2 款终止合同时，当事人可能在诉讼中或诉讼外就合同终止时间达成合意。此时，基于对当事人意思自治的尊重，应当将该时点作为合同权利义务关系终止的时点。但必须明确的是，由于《民法典》第 580 条第 2 款所规定的是司法终止，因而其终止时间本不得由当事人约定。此时当事人对终止时间所达成的合意，可以被解释为对于合同的协议解除，而非基于《民法典》第 580 条第 2 款的终止。除此之外，在一方当事人起诉后，只要法院判决未发生效力，该合同关系仍然存续。此时享有解除权的当事人可以通过行使解除权消灭合同关系。如果在法院判决生效前，享有解除权的当事人行使了解除权，那么合同应当自解除权行使的通知到达对方当事人时被解除。[①] 此时，合同并未依据《民法典》第 580 条第 2 款的规则发生终止，而是被解除。其后的损害赔偿计算等均应依据该解除时点进行。

二是《民法典》第 580 条第 1 款所规定的情形发生后解除权行使的合理期限。《民法典》第 580 条第 1 款所规定的情形发生导致合同开始陷入僵局，此时诚信的当事人本可以通过行使解除权等方式打破合同僵局。因此，对于在《民法典》第 580 条第 1 款所规定的事由发生后的合理期限内仍不行使解除权的当事人，不应获得合理期限经过后遭受的损失的赔偿。此时，较为合理的终止时间是理性的、诚信的解除权人行使解除权的时间，如果该时间经过，解除权人仍然不解除，则法院可以将该时间认定为合同终止时间。此外，《民法典》第 580 条第 1 款所规定的情形发生的时间还可以对法院确定的终止时间进行限制，即法院所确定的时间通常不得早于这一时间，因为在此之前合同尚未形成僵局。

三是判决生效之日可能成为终止时间。前已述及，如果严格遵循《民法典》第 580 条第 2 款的司法终止性质，则合同终止时间不得早于判决生效之日。虽然法院可以溯及终止合同关系，但如果法院认为没有溯及终止合同关系的理由时，也可直接将判决生效时间作为终止时间。相较于起诉状副本送达时间而言，判决生效时间更有利于保护申请终止合同当事人的相对人。

除上述时间外，司法实践中出现的具有典型代表性的时点主要包括：一审提起诉讼之日、判决作出之日、实际打破僵局之日、替代交易作出之日等。[②] 虽然在司法实践中有法律将这些时点作为合同终止时点，但其是否属于符合公平原则

---

① 参见最高人民法院民事审判第二庭、研究室编著：《最高人民法院民法典合同编通则司法解释理解与适用》，人民法院出版社 2023 年版，第 661 页。

② 参见孙良国：《论违约方申请合同解除中解除时间的确定——兼评〈民法典合同编通则解释〉第 59 条》，载《法治研究》2024 年第 1 期，第 29～31 页。

和诚信原则的更合理时点值得探讨。就一审提起诉讼之日而言，其相较于起诉状送达之日通常不会更具有合理性。因为以提起诉讼之日作为终止时间相较于起诉状送达之日而言，不利于对方当事人知悉申请终止的情形，进而安排后续交易。而判决作出之日相较于判决生效之日而言，也通常不会更具有合理性。判决作出之日既不能完整贯彻判决生效之日背后的、合同基于法院裁判终止的思想，也不会对平衡当事人利益更具有优势。而由于僵局的打破或替代交易的作出会导致损害不再继续发生，因而将实际打破僵局之日和替代交易作出之日作为终止时间的做法，其实质是将所有僵局打破或替代交易作出之前的损害交由请求终止合同的当事人承担。因而，此种时点确定方案需要受到严格的限制。

（本条撰写人：潘重阳）

可得利益损失的计算

人民法院依据民法典第五百八十四条的规定确定合同履行后可以获得的利益时，可以在扣除非违约方为订立、履行合同支出的费用等合理成本后，按照非违约方能够获得的生产利润、经营利润或者转售利润等计算。

非违约方依法行使合同解除权并实施了替代交易，主张按照替代交易价格与合同价格的差额确定合同履行后可以获得的利益的，人民法院依法予以支持；替代交易价格明显偏离替代交易发生时当地的市场价格，违约方主张按照市场价格与合同价格的差额确定合同履行后可以获得的利益的，人民法院应予支持。

非违约方依法行使合同解除权但是未实施替代交易，主张按照违约行为发生后合理期间内合同履行地的市场价格与合同价格的差额确定合同履行后可以获得的利益的，人民法院应予支持。

【本条主旨】

本条是针对违约可得利益计算的规定。《民法典》第 584 条规定，当事人一方不履行合同义务或者履行合同义务不符合约定，造成对方损失的，损失赔偿额应当相当于因违约所造成的损失，包括合同履行后可以获得的利益。这就是关于可得利益的规定。司法解释本条对此予以了进一步细化。第 1 款规定计算可得利益时，应扣除非违约方为订立、履行合同支出的费用等合理成本，因为这些属于实际支出的费用，而不属于可以获得的预期利益。在扣除非违约方合理成本后，按照非违约方能够获得的生产利润、经营利润或者转售利润等计算可得利益。第 2 款规定了替代交易情形下可得利益的计算，即以替代交易价格与合同价格的差额作为依据。第 3 款规定未实施替代交易情况下，可以市场价与合同价格的差额作为计算依据。

【关联规定】

1.《民法典》第 581 条 当事人一方不履行债务或者履行债务不符合约定，根据债务的性质不得强制履行的，对方可以请求其负担由第三人替代履行的费用。

2.《民法典》第 584 条 当事人一方不履行合同义务或者履行合同义务不符合约定，造成对方损失的，损失赔偿额应当相当于因违约所造成的损失，包括合同履行后可以获得的利益；但是，不得超过违约一方订立合同时预见到或者应当预见到的因违约可能造成的损失。

3.《农业法》第 76 条 农业生产资料使用者因生产资料质量问题遭受损失的，出售该生产资料的经营者应当予以赔偿，赔偿额包括购货价款、有关费用和可得利益损失。

4.《种子法》第 45 条 种子使用者因种子质量问题或者因种子的标签和使用说明标注的内容不真实，遭受损失的，种子使用者可以向出售种子的经营者要求赔偿，也可以向种子生产者或者其他经营者要求赔偿。赔偿额包括购种价款、可得利益损失和其他损失。属于种子生产者或者其他经营者责任的，出售种子的经营者赔偿后，有权向种子生产者或者其他经营者追偿；属于出售种子的经营者责任的，种子生产者或者其他经营者赔偿后，有权向出售种子的经营者追偿。

5.《最高人民法院关于审理买卖合同纠纷案件适用法律问题的解释》第 22 条 买卖合同当事人一方违约造成对方损失，对方主张赔偿可得利益损失的，人民法院在确定违约责任范围时，应当根据当事人的主张，依据民法典第五百八十四条、第五百九十一条、第五百九十二条、本解释第二十三条等规定进行认定。

6.《最高人民法院关于当前形势下审理民商事合同纠纷案件若干问题的指导意见》9. 在当前市场主体违约情形比较突出的情况下，违约行为通常导致可得利益损失。根据交易的性质、合同的目的等因素，可得利益损失主要分为生产利润损失、经营利润损失和转售利润损失等类型。生产设备和原材料等买卖合同违约中，因出卖人违约而造成买受人的可得利益损失通常属于生产利润损失。承包经营、租赁经营合同以及提供服务或劳务的合同中，因一方违约造成的可得利益损失通常属于经营利润损失。先后系列买卖合同中，因原合同出卖方违约而造成其后的转售合同出售方的可得利益损失通常属于转售利润损失。

7.《最高人民法院关于当前形势下审理民商事合同纠纷案件若干问题的指导意见》10. 人民法院在计算和认定可得利益损失时，应当综合运用可预见规则、减损规则、损益相抵规则以及过失相抵规则等，从非违约方主张的可得利益赔偿总额中扣除违约方不可预见的损失、非违约方不当扩大的损失、非违约方因违约获得的利益、非违约方亦有过失所造成的损失以及必要的交易成本。存在合同法第一百一十三条第二款规定的欺诈经营、合同法第一百一十四条第一款规定的当事人约定损害赔偿的计算方法以及因违约导致人身伤亡、精神损害等情形的，不宜适用可得利益损失赔偿规则。

【理解与适用】

首先，在计算合同履行后可以获得的利益时，应当扣除非违约方为订立、履行合同支出的费用等合理成本。一方面，合同订立和履行期间这些必要的费用和支出，属于所实际发生的损失；另一方面，这些费用是在合同正常履行情况下亦会支付的履行费用。因此，它们不属于可得利益的范畴。例如在"文某某、四川通瑞矿业有限责任公司合同纠纷案"① 中，法院指出，文某某向通瑞公司主张投资回报的逻辑前提是文某某基于顺利履行案涉"承包经营合同"而获取的可得利益，承包款是文某某履行"承包经营合同"所必须要支付的履约成本。因此，在支持文某某投资回报诉求的同时对通瑞公司主张的 500 万元承包款在其应向文某某支付投资回报时予以扣除，既符合双方合同约定，也更符合公平原则。又如在"元亮科技有限公司、贵州皓天光电科技有限公司买卖合同纠纷案"② 中，法院指出，元亮公司关于可得利益的估算并未考虑税收、销售费用、固定资产摊销等因素，应当酌情予以扣除。这些均体现了对合理成本的扣除。

其次，如果非违约方解除合同并实施了替代交易，主张按照替代交易价格与合同价格的差额确定合同履行后可以获得的利益的，法院应当予以支持。如果与原合同相比替代交易的价款不利于债权人，承担违约损害赔偿责任并且引发了替代交易的债务人应就两个合同的差额负赔偿责任。譬如，在一房两卖的情况下，由于出卖人违约，买受人被迫从第三方处购买房屋③，为此多支出了费用。这些额外支付的费用可以向违约的出卖人主张赔偿。实践中法院也采此观点。例如在"青海省大柴旦大华化工有限公司与江苏绿陵润发化工有限公司买卖合同纠纷

---

① 四川省高级人民法院（2019）川民终 200 号民事判决书。
② 最高人民法院（2015）民二终字第 296 号民事判决书。
③ 参见张金海：《论作为违约损害赔偿计算方法的替代交易规则》，载《法学》2017 年第 9 期，第 144 页。

案"[1] 中，法院指出，大华公司无正当理由不履行合同约定的供销 12 000 吨氯化钾的义务，导致绿陵公司只能以更高的价格从他处购买氯化钾，应根据合同约定价格与绿陵公司从他人第一次购买氯化钾时的合同价格的差额计算绿陵公司的经济损失。

但如违约方有证据证明替代交易价格明显偏离替代交易发生时当地的市场价格，主张按照市场价格与合同价格的差额确定合同履行后可以获得的利益的，法院依法应予以支持。如果替代交易价格明显高于市场价格，说明买受人未尽到交易上必要的谨慎与注意义务，具有过错。"适格替代交易要求必须采取合理方式，合理方式的内容广泛，主要包括价格合理以及时间合理"[2]。如替代交易价格不合理，应当排除买受人所主张的替代交易价格，转而采取市场价格，以其与合同价格的差额作为买受人的可得利益损失。但这一方法亦有例外：如果非违约方能够证明不进行替代交易将导致损失扩大的除外；其原因在于，在一些紧急情况下，如果守约方不进行替代交易将会导致损失明显扩大，违反减损义务，因此守约方可能没有更多的时间去了解市场价格；此种情况下，守约方仍然可以以替代交易价格作为参照，以其与合同价格的差额作为可得利益。

最后，如非违约方解除合同但并未实施替代交易，主张按照其知道或者应当知道违约行为发生后合理期间内合同履行地的市场价格与合同价格的差额确定合同履行后可以获得的利益的，法院应当予以支持。在违约方发生根本违约后，守约方解除合同，但是否实施替代交易是守约方的权利而非其义务。[3] 如果守约方随后未实施替代交易，仍然可以主张市场价格与合同价格的差额作为可得利益。例如，在"上海同在国际贸易有限公司与远东电缆有限公司买卖合同纠纷上诉案"[4] 中，法院指出同在公司的可得利益就是"谅解补充协议"约定的应提货数额乘以合同价格与市场价格的差价。

对于市场价格的认定实践中有多种方式。一是专业机构评估，在"刘某某、江西致诚聚福投资发展有限公司房屋租赁合同纠纷案"[5] 中，法院对于可得利益即采取了经评估的租赁物市场租赁价格减去合同约定的价格的计算方式。如果违

---

[1]　最高人民法院（2009）民二终字第 91 号民事判决书。

[2]　王怡聪、孙良国：《作为违约损害赔偿计算方法的替代交易研究》，载《中国人民大学学报》2021 年第 2 期，第 139 页。

[3]　参见张梓萱：《替代交易与继续履行请求权》，载《南大法学》2022 年第 1 期，第 46 页。

[4]　最高人民法院（2011）民二终字第 55 号民事判决书。

[5]　江西省高级人民法院（2020）赣民终 32 号民事判决书。

约方推翻鉴定机构对可得利益损失的鉴定结论，应提交相应证据。[①] 二是参考市场行情，在"新疆金兰通润供应链管理有限公司、阿克苏寰一油脂有限责任公司买卖合同纠纷案"[②] 中，法院参考了卓创资讯关于新疆北疆地区棉籽市场行情快报提供的 2020 年 12 月 21 日毛棉籽价格认定市场价格。三是如果标的物在合理期间内有价值涨跌，还需要综合确定可得利益。例如在"青海富恒实业有限公司等与青海夏都旅游产品开发有限责任公司合同纠纷案"[③] 中，最高人民法院认为原审判决"在酌定富恒公司的损失时，考虑了涉案房屋所处地理位置、商场用途特点、市场背景、维持目前状况使用可发挥的价值等因素；考虑了签订合同时房屋市场价格、房屋市场价格的升值、变化及签订合同时富恒公司可预见到或者应当预见到的预期利益的合理空间，将华德公司赔偿富恒公司的损失数额酌定为该房屋市场价格的 50％"，该裁量在合理的裁量范围之内，因此指出富恒公司的损失应为：涉案房屋市场价格 350 136 228 元减去合同约定的房屋购买价格 5 100 万元的 50％，即149 568 114元。

（本条撰写人：石佳友）

---

① 参见最高人民法院（2017）最高法民再 16 号民事判决书。法院指出，对于可得利益损失 533 万元，系正大公司与德聚公司共同选定的资产评估公司鉴定得出，鉴定机构具备相应的鉴定资质，且有关鉴定证据和材料已在鉴定时经过了双方质证。……正大公司没有提交推翻鉴证报告书的证据，基于此，鉴定机构作出的鉴定结论，原再审对此予以认定并无不当。

② 新疆维吾尔自治区高级人民法院伊犁哈萨克自治州分院（2022）新 40 民终 22 号民事判决书。

③ 最高人民法院（2017）最高法民终 68 号民事判决书。

持续性定期合同中可得利益的赔偿

在以持续履行的债务为内容的定期合同中，一方不履行支付价款、租金等金钱债务，对方请求解除合同，人民法院经审理认为合同应当依法解除的，可以根据当事人的主张，参考合同主体、交易类型、市场价格变化、剩余履行期限等因素确定非违约方寻找替代交易的合理期限，并按照该期限对应的价款、租金等扣除非违约方应当支付的相应履约成本确定合同履行后可以获得的利益。

非违约方主张按照合同解除后剩余履行期限相应的价款、租金等扣除履约成本确定合同履行后可以获得的利益的，人民法院不予支持。但是，剩余履行期限少于寻找替代交易的合理期限的除外。

【本条主旨】

本条系针对持续性定期合同中可得利益的赔偿。对于持续性的定期合同，如果一方无法履行付款义务，则当事人可以请求法院依据《民法典》第 580 条第 2 款判决解除（终止）合同。基于减损义务，长期性合同中的守约方有寻求替代交易的义务，而不能坐等合同剩余的期限届满，放任损失继续扩大。因此，持续性合同终止后，法院合理确定守约方寻找替代交易的合理期限，按照该期限对应的价款、租金等扣除守约方应当支付的相应履约成本后，确定合同履行后可以获得的利益。守约方不得主张扣除全部剩余履行期限相应的租金、价款或者报酬等履约成本来确定其可得利益；但是，若剩余期限不足以让守约方寻找到替代交易则除外。

【关联规定】

1.《民法典》第563条 有下列情形之一的，当事人可以解除合同：

（一）因不可抗力致使不能实现合同目的；

（二）在履行期限届满前，当事人一方明确表示或者以自己的行为表明不履行主要债务；

（三）当事人一方迟延履行主要债务，经催告后在合理期限内仍未履行；

（四）当事人一方迟延履行债务或者有其他违约行为致使不能实现合同目的；

（五）法律规定的其他情形。

以持续履行的债务为内容的不定期合同，当事人可以随时解除合同，但是应当在合理期限之前通知对方。

2.《民法典》第579条 当事人一方未支付价款、报酬、租金、利息，或者不履行其他金钱债务的，对方可以请求其支付。

3.《民法典》第580条 当事人一方不履行非金钱债务或者履行非金钱债务不符合约定的，对方可以请求履行，但是有下列情形之一的除外：

（一）法律上或者事实上不能履行；

（二）债务的标的不适于强制履行或者履行费用过高；

（三）债权人在合理期限内未请求履行。

有前款规定的除外情形之一，致使不能实现合同目的的，人民法院或者仲裁机构可以根据当事人的请求终止合同权利义务关系，但是不影响违约责任的承担。

《民法典》第591条 当事人一方违约后，对方应当采取适当措施防止损失的扩大；没有采取适当措施致使损失扩大的，不得就扩大的损失请求赔偿。

当事人因防止损失扩大而支出的合理费用，由违约方负担。

4.《最高人民法院关于当前形势下审理民商事合同纠纷案件若干问题的指导意见》9. 在当前市场主体违约情形比较突出的情况下，违约行为通常导致可得利益损失。根据交易的性质、合同的目的等因素，可得利益损失主要分为生产利润损失、经营利润损失和转售利润损失等类型。生产设备和原材料等买卖合同违约中，因出卖人违约而造成买受人的可得利益损失通常属于生产利润损失。承包经营、租赁经营合同以及提供服务或劳务的合同中，因一方违约造成的可得利益损失通常属于经营利润损失。先后系列买卖合同中，因原合同出卖方违约而造成其后的转售合同出售方的可得利益损失通常属于转售利润损失。

5.《全国法院贯彻实施民法典工作会议纪要》11. 民法典第五百八十五条第二款规定的损失范围应当按照民法典第五百八十四条规定确定，包括合同履行后可以获得的利益，但不得超过违约一方订立合同时预见到或者应当预见到的因违约可能造成的损失。……

6.《全国法院民商事审判工作会议纪要》48.　【违约方起诉解除】违约方不享有单方解除合同的权利。但是，在一些长期性合同如房屋租赁合同履行过程中，双方形成合同僵局，一概不允许违约方通过起诉的方式解除合同，有时对双方都不利。在此前提下，符合下列条件，违约方起诉请求解除合同的，人民法院依法予以支持：

（1）违约方不存在恶意违约的情形；

（2）违约方继续履行合同，对其显失公平；

（3）守约方拒绝解除合同，违反诚实信用原则。

人民法院判决解除合同的，违约方本应当承担的违约责任不能因解除合同而减少或者免除。

【理解与适用】

首先，在以持续履行的债务为内容的定期合同中，一方不履行支付价款、租金等金钱债务，当事人请求解除合同权利义务关系，人民法院经审理认为合同应当依法解除的，可以判决解除合同。[①] 其依据是《民法典》第 580 条第 2 款，但该条的适用前提是当事人一方不履行非金钱债务或者履行非金钱债务不符合约定，因此其适用对象是非金钱债务。实际上，本条扩张了《民法典》第 580 条第 2 款的适用范围，将其从非金钱债务扩张至支付价款、租金等金钱债务。这一扩张的正当性依据在于，如果认为履行不能的本质是债务人在客观上已经没有履行能力，给付的本旨已难以实现，在这个意义上，金钱债务同样可能构成广义上的履行不能；关于其法律效果的规则与非金钱债务具有相通之处，金钱债务同样也存在所谓"合同僵局"的问题。[②]

其次，在前述情形下，如果法院判决解除合同，可以根据当事人的主张，参考合同主体、交易类型、市场价格变化、剩余履行期限等因素确定守约方寻找替代交易的合理期限，并按照该期限对应的价款、租金等扣除非违约方应当支付的相应履约成本后确定合同履行后可以获得的利益。需要明确的是，对于继续性合同，如果在履行完毕之前发生合同终止，守约方负有减损义务，必须寻求替代交易，而不能放任损害持续扩大。如果守约方未采取合理的减损措施，则法院应参

---

① 此处的"解除"是指司法解除，《民法典》第 580 条第 2 款采纳了"终止"的表述。根据《民法典》第 557 条，合同解除是合同终止的一种情形。

② 参见石佳友：《履行不能与合同终止—以〈民法典〉第 580 条第 2 款为中心》，载《现代法学》2021 年第 4 期，第 44 页。

考合同主体、交易类型、市场价格变化、剩余履行期限等因素确定非违约方寻找替代交易的合理期限。以美国法为例，传统观点认为，租赁的本质是让与一段时间的财产权。如果在不动产买卖中，买受人未能使用或转售标的物，出卖人不负替代交易的减损义务，那么在租赁合同中，出租人也不应负寻找替代承租人的减损义务。不过，现代观点已改弦更张，认为租赁的本质乃是合同，承租人抛弃租赁物，乃是将其返还给出租人，为避免浪费的价值，出租人应当寻找替代承租人以减轻损失，因此，出租人仅得就租金与合理之替代租赁交易间的价差损失，请求承租人赔偿。[①] 就我国而言，我国司法实践在处理商铺租赁合同纠纷时，认为受害人应当寻找"同类型"场地减损。我国司法实践一般将承租方违约，出租方重新出租这段时间的租金损失视为可得利益。[②]

再次，在确定了守约方寻求替代交易的合理期限后，可按照该期限对应的价款、租金等扣除守约方应当支付的相应履约成本后确定合同履行后可以获得的利益。根据损益相抵规则，守约方在主张可得利益损失的时候，应扣除因对方违约而使自己获得的利益或者避免的支出；因此，应该从寻求替代交易期限所对应的价金中扣除守约方应当支付的相应履约成本。

最后，如果守约方主张按照合同权利义务关系解除后剩余履行期限相应的租金、价款或者报酬等扣除履约成本确定合同履行后可以获得的利益的，人民法院不予支持。鉴于守约方的减损义务，其应积极寻找替代交易，其寻求替代交易的必要期限属于可以赔偿的损失期间。显然，替代交易的履行期间可能不同于原合同。[③] 寻求替代交易的归责适用应当考虑违约的实际情况，诸如违约方恶意、市场变动等因素。[④] 以租赁合同为例，如果承租人提前退租，出租人不能主张全部剩余期间的空置损失，其应当积极寻找新的租户，寻找新租户的合理期间的空置损失方为可赔偿的损失。但是，如果合同剩余履行期间少于寻找替代交易的合理期间，则可允许出租人主张合同剩余期间的租金损失。例如，在"北京金利来源投资集团有限责任公司与北京毛线厂房屋租赁合同纠纷再审案"[⑤] 中，法院认为，本案所涉房屋性质为商厦，从本案已查明的事实可知，毛线厂系以出租该房屋收取租金的方式取得相应收入，而案涉"商厦租赁合同"解除以及金利来源投

---

① 参见张梓萱：《替代交易与继续履行请求权》，载《南大法学》2022年第1期，第52页。
② 参见张红、裴显鹏：《〈民法典〉之可得利益赔偿规则》，载《南昌大学学报（人文社会科学版）》2022年第4期，第64页。
③ 参见张金海：《论作为违约损害赔偿计算方法的替代交易规则》，载《法学》2017年第9期，第141页。
④ 参见王怡聪、孙良国：《作为违约损害赔偿计算方法的替代交易研究》，载《中国人民大学学报》2021年第2期，第144页。
⑤ 最高人民法院（2017）最高法民再53号民事判决书。

资集团有限责任公司腾退房屋后，毛线厂仍需重新对外出租，存在其寻租期间无法取得租金收入的客观事实，而该期间毛线厂应得租金收入即属其因合同解除所遭受的租金损失范畴。又如，在"周某某、炊某某房屋租赁合同纠纷案"① 中，法院认为：首先，涉案"商铺租赁合同"终止后，未实际履行的剩余租赁期间的租金损失属于出租人的期待可得利益损失，如若不考虑炊某某在提前终止合同后已将房屋移交周某某，周某某亦在收房后立即对外招租等客观事实，而将剩余租赁期的租金全部认定为周某某的损失，让炊某某承担赔偿责任亦将有失公平。其次，本案中，虽然炊某某在 2019 年 9 月告知周某某将不再租用商铺，但周某某并未表示同意炊某某提前终止合同，在双方未协商一致解除合同的情况下，炊某某于 2019 年 10 月仍然以实际行动不再履行合同，结合本案剩余租赁期较长、涉案商铺仍处于空置状态等事实，本院认为炊某某应承担一定的赔偿责任。再如，在"蔡某某与周大生珠宝股份有限公司房屋租赁合同纠纷案"② 中，法院认为：因合同解除系周大生公司违约造成，周大生珠宝股份有限公司应当赔偿合同解除后房屋闲置期间的租金损失。蔡某某作为守约方在收回房屋后也有义务根据实际情况和商业房屋租赁市场行情采取适当措施将闲置房屋重新出租，比如到房屋中介机构挂牌招租，向潜在的承租人发出邀约，要求周大生珠宝股份有限公司提供替代承租人或者通过媒体刊登招租广告等方式寻求出租机会，以防止闲置时间延长造成租金损失扩大。在本案中，虽然蔡某某提交了其于 2013 年 3 月将房屋重新出租的合同，但此时距离蔡某某接收房屋已近两年，蔡某某未提交任何证据证明其在近两年的时间里为减少房屋闲置时间采取了何种适当措施。根据二审庭审查明事实，蔡某某在近两年的时间里未告知周大生珠宝股份有限公司房屋闲置情况，也未要求周大生珠宝股份有限公司寻求替代承租人。本案中唯一能反映蔡某某为招租房屋采取的措施是周大生珠宝股份有限公司一审期间提交的一张房屋一楼门面的照片，该照片中有一个招租广告贴在一楼玻璃橱窗中。该证据显然不足以证明蔡某某在近两年的时间里为减少房屋闲置时间作出了合理努力，采取了适当措施。近两年的闲置时间显然也已经超出了一般租赁合同中承租人在订立房屋租赁合同时所能预见到的解除合同后房屋正常情况下可能闲置的时间。因此，原审法院将周大生珠宝股份有限公司应承担赔偿责任的房屋闲置期间酌情确定为 6 个月并无不妥，本院对原审法院的认定予以确认，对蔡某某的该项上诉请求不予支持。

（本条撰写人：石佳友）

---

① 广西壮族自治区高级人民法院（2020）桂民终 1540 号民事判决书。
② 江西省高级人民法院（2014）赣民一终字第 65 号民事判决书。

无法确定可得利益时的赔偿

非违约方在合同履行后可以获得的利益难以根据本解释第六十条、第六十一条的规定予以确定的，人民法院可以综合考虑违约方因违约获得的利益、违约方的过错程度、其他违约情节等因素，遵循公平原则和诚信原则确定。

【本条主旨】

本条旨在解决无法确定可得利益时的赔偿问题。如果人民法院依据可得利益的规则仍然难以确定可得利益，应在公平原则和诚信原则的指导下，综合考虑违约方因违约获得的利益、违约方的过错程度、违约情节等因素，来酌定非违约方在合同履行后可以获得的利益。

【关联规定】

1.《民法典》第1182条 侵害他人人身权益造成财产损失的，按照被侵权人因此受到的损失或者侵权人因此获得的利益赔偿；被侵权人因此受到的损失以及侵权人因此获得的利益难以确定，被侵权人和侵权人就赔偿数额协商不一致，向人民法院提起诉讼的，由人民法院根据实际情况确定赔偿数额。

2.《最高人民法院关于审理买卖合同纠纷案件适用法律问题的解释》第22条 买卖合同当事人一方违约造成对方损失，对方主张赔偿可得利益损失的，人民法院在确定违约责任范围时，应当根据当事人的主张，依据民法典第五百八十四条、第五百九十一条、第五百九十二条、本解释第二十三条等规定进行认定。

3. 《最高人民法院关于当前形势下审理民商事合同纠纷案件若干问题的指导意见》10. 　人民法院在计算和认定可得利益损失时，应当综合运用可预见规则、减损规则、损益相抵规则以及过失相抵规则等，从非违约方主张的可得利益赔偿总额中扣除违约方不可预见的损失、非违约方不当扩大的损失、非违约方因违约获得的利益、非违约方亦有过失所造成的损失以及必要的交易成本。存在合同法第一百一十三条第二款规定的欺诈经营、合同法第一百一十四条第一款规定的当事人约定损害赔偿的计算方法以及因违约导致人身伤亡、精神损害等情形的，不宜适用可得利益损失赔偿规则。

【理解与适用】

本条针对无法确定可得利益的情形，允许法官在一定范围内引入"获利返还"（disgorgement）规则，并参考违约方的过错程度、违约情节等因素，综合酌定守约方在合同履行后可以获得的利益。

获利返还制度应用的目的在于剥夺不法行为人的获利，以彻底消除其通过违法行为来逐利的可能性，具有显而易见的惩罚性。《民法典》第 1182 条规定了侵害人格利益造成财产损失情况下的获利返还规则。而《著作权法》第 54 条第 1 款也规定：侵犯著作权或者与著作权有关的权利的，侵权人应当按照权利人因此受到的实际损失或者侵权人的违法所得给予赔偿。[1] 就现状来看，我国现有民法体系所采取的特别条款规定模式也已基本覆盖了获利返还制度可能适用的领域，如除侵权法之外的《信托法》《证券法》《反不正当竞争法》等领域。从根本上来看，获利返还请求权很难被完全归于民法任一传统体系当中，最多只能作为侵权法、不当得利法、无因管理法任一部分的延长或作为独立的责任基础存在。[2] 例如，奥地利著名侵权法学者考茨欧认为，获利返还制度是处在侵权责任法与不当得利法两个法律领域都未调整的中间过渡地带。[3] 如同有论者所指出的，解释论应当将获利返还制度的适用范围限定在加害人违反信义义务的情形中，并对受害人所受侵害的利益和加害人所获得的利益之间的关联性作出综合评价。[4]

就比较法而言，获利返还是源自英美法的制度，大陆法的大部分国家尚未接

---

① 参见庄雨晴：《侵害知识产权中返还侵权获利救济的定位及适用》，载《电子知识产权》2022 年第 11 期，第 27~28 页。

② 参见石佳友、郑衍基：《侵权法上的获利返还制度——以〈民法典〉第 1182 条为中心》，载《甘肃政法大学学报》2020 年第 6 期，第 28~29 页。

③ 参见［奥地利］海尔姆特·库奇奥：《侵权责任法的基本问题（第一卷）：德语国家的视角》，朱岩译，北京大学出版社 2017 年版，第 45 页。

④ 参见冯德淦：《获利返还制度的法理研究》，载《法制与社会发展》2023 年第 1 期，第 202 页。

纳这一制度而用其他制度来解决相似问题，例如，瑞士法按照不法无因管理来处理。获利返还规则的适用范围也仍然限于侵权法。① 英国在一般意义上承认获利返还制度，但其适用要件仍交由侵权法规定。而欧盟《共同参考框架》在第六卷"造成他人损害的非合同责任"中的第 VI—6：101 条将获利返还规定为救济手段的一种，并赋予了受害人选择救济方式的权利，但此选择权须"在合理的情况下"方得行使，即受害人本可通过与侵权人同样的方式利用被侵害权益并获得相当的经济利益的情况下，仅当法官判断完全不符合此情形时，其才可以滥用为由拒绝受害人的这一主张。

就比较法而言，在合同法领域引入获利返还规则显然并未成为趋势。其原因在于：首先，违约损害赔偿的原则仍然是完全赔偿，包括期待利益的赔偿，期待利益的赔偿可以覆盖守约方的合理损失，无必要另行引入获利返还。其次，若守约方能举证违约方的得利，其实就已经能举证证明其损失，因为违约方的得利基本能反映出市场的价格；此时通过期待利益赔偿就能够解决问题。此外，违约方的获利可能与违约方自身的能力、信息、机遇或额外的精力投入（例如积极寻找出价更高者）等主观因素有关，具有偶然性，与违约行为本身并不具有必然的因果关系；例如，美国著名学者 Farnsworth 就认为违约行为只是违约方得利的"远因"（remote cause），而亦有论者认为允许守约方主张违约方获利返还，其实是允许其获得某种不公平的意外收获（undue windfall）。因此，美国合同法上目前也未承认守约方可以主张 disgorgement interests；根据美国《合同法第二次重述》第 344 节，合同法保护的范围包括：期待利益、信赖利益及返还利益。获利返还在合同法中典型的适用范围就是"一物二卖"场合，即第二买主出价高于第一买主的所谓"高价范式"（Overbidder Paradigm）场合，尤其针对违约方恶意毁约且守约方无法主张实际履行救济的情形（例如，出卖人已与第二买主完成了物权变动的必要流程，导致出卖人与第一买主的合同陷入事实上的履行不能）；这也是"效率违约"理论的典型应用场景。考虑到违约责任赔偿的可预见性规则，即使允许主张返还得利，也应限于缔约时双方已经合理预见到的范围之内；否则，贸然在合同法中引入侵权法的获利返还规则，对于合同法的立法与理论框架容易带来颠覆性的冲击。另外，违约损害赔偿仍然以补偿作为主要目的，而获利返还具有明显的惩罚性，不宜在合同法中成为具有一般意义的规则。

正是基于上述考虑，本条的措辞相对于此前所公布的"征求意见稿"版本作了较大幅度的调整与优化，强调法官必须综合考虑违约方的过错程度、违约情节

---

① 参见冯德淦：《获利返还制度的法理研究》，载《法制与社会发展》2023 年第 1 期，第 192 页。

等因素。其中，确定违约方的过错程度及违约情节，需要考虑其是否为基于获取额外利益所导致的恶意抛弃合同［普通法上有所谓"抛弃"（repudiation）］，其获利是否是导致其毁约的主要动机。如违约方的违约并非出于恶意及逐利的动因，则不应对其适用获利返还。另外，除本条明确列举的考量因素外，还可考虑违约方的资质信誉、专业技术能力对其获利的作用；因为在很多情况下，违约方的获利是其个人的特定职业、专业技能或者信息来源所致，与其违约的事实及守约方所遭受的损失之间并无必然的因果关联。在这样的情况下，就难以认定守约方的损失与违约方的得利之间存在法律上的因果关系，守约方要求主张追夺违约方的得利就缺乏足够的正当性。反之，如果违约方的得利并非源于违约方本身的特定资质信誉、专业技术能力，那么，法官就可以考虑酌情支持守约方的获利返还请求。

　　例如，在海口万诺投资开发有限公司与三亚亿泰投资有限公司等合资、合作开发房地产合同纠纷再审案①中，万诺投资开发有限公司"一地二卖"的违约行为，导致三亚亿泰投资有限公司合同目的无法实现，从而使三亚亿泰投资有限公司丧失了开发案涉土地所能获取的预期利益，根据前述法律规定，三亚亿泰投资有限公司理应获得可得利益损失赔偿。万诺投资开发有限公司在与后手铭润公司的转售中，差价利润高达3 500万元，可作为可得利益损失赔偿的计算基础。原审法院判决万诺投资开发有限公司赔偿三亚亿泰投资有限公司可得利益损失3 500万元，未有不当。万诺公司关于合同无法履行未超出三亚亿泰投资有限公司预期，其不应赔偿三亚亿泰投资有限公司可得利益损失3 500万元的申请再审理由不能成立。又如，在某房地产公司诉宋某某房屋拆迁安置补偿合同纠纷再审案②中，根据双方在"房屋产权调换协议书"中的约定，宋某某的房屋单价为5 000元/平方米，宋某某被拆迁的房屋为137.5平方米，因此其已经支付的房款为5 000元×137.5＝687 500元，某房地产公司应当返还宋某某购房款687 500元。某房地产公司在2013年将房屋以9 153元/平方米的价格卖给孟某某，该价格与宋某某购房款的差价571 037.5元就是某房地产公司给宋某某造成的损失，某房地产公司应当予以赔偿。此外，宋某某属于房屋回迁，是产权置换而非普通的房屋买卖，某房地产公司的故意违约行为侵害的是宋某某的房屋所有权而非债权，因此其在赔偿宋某某损失后，还应当承担宋某某购房款一倍即687 500元的惩罚性赔偿责任，以上三项共计1 946 037.5元。

①　参见最高人民法院（2018）最高法民申5153号民事裁定书。
②　参见内蒙古自治区高级人民法院（2017）内民再25号民事判决书。

在判断获利的具体数额时，法院可以根据案件事实进行自由裁量。例如，在神龙公司、芷江侗族自治县自然资源局建设用地使用权出让合同纠纷再审案①中，根据原审查明的事实，芷江侗族自治县自然资源局另行出让 44.56 亩土地的均价为 110.37 万元/亩，神龙公司取得案涉土地的单价为 26 万元/亩，各方对此均未提出异议，则芷江侗族自治县自然资源局另行出让 44.56 亩土地的溢价收益约为 3 759.53 万元 [（110.37 万元－26 万元）×44.56]，此属合同履行后可获利益范畴。神龙公司至今未交纳 44.56 亩土地的出让金，亦没有取得国有土地使用权证和进行开发建设。一审法院结合本案的具体情况以及过错程度，酌定芷江侗族自治县自然资源局按获得利益 40% 的范围承担违约赔偿责任，并无不当，二审法院予以维持。芷江侗族自治县自然资源局对于解除 44.56 亩土地部分对应的"出让合同"，应向神龙公司赔偿的损失为 1 503.812 万元（3 759.53 万元×40%）。又如，在吴某某诉房开公司商品房销售合同纠纷再审案②中，房开公司将案涉房屋卖于他人致使吴某某丧失了在相同地段以"申购单"载明的价格购买相同面积房屋的机会，由此造成吴某某的现实损失，该损失即为房开公司将案涉房屋一房二卖的差价 283 323.6 元。房开公司与吴某某对该损失的发生均存在过错，按照双方的过错程度，本院酌定吴某某承担 30% 责任，房开公司承担 70% 责任，房开公司应赔偿吴某某 198 326.52 元。

（本条撰写人：石佳友）

---

① 参见最高人民法院（2020）最高法民再 230 号民事判决书。
② 参见江苏省高级人民法院（2016）苏民再 365 号民事判决书。

违约损害赔偿数额的确定

在认定民法典第五百八十四条规定的"违约一方订立合同时预见到或者应当预见到的因违约可能造成的损失"时，人民法院应当根据当事人订立合同的目的，综合考虑合同主体、合同内容、交易类型、交易习惯、磋商过程等因素，按照与违约方处于相同或者类似情况的民事主体在订立合同时预见到或者应当预见到的损失予以确定。

除合同履行后可以获得的利益外，非违约方主张还有其向第三人承担违约责任应当支出的额外费用等其他因违约所造成的损失，并请求违约方赔偿，经审理认为该损失系违约一方订立合同时预见到或者应当预见到的，人民法院应予支持。

在确定违约损失赔偿额时，违约方主张扣除非违约方未采取适当措施导致的扩大损失、非违约方也有过错造成的相应损失、非违约方因违约获得的额外利益或者减少的必要支出的，人民法院依法予以支持。

【本条主旨】

本条是关于违约损害赔偿数额确定的规则，第 1 款规定了可预见性的判断方法，第 2 款明确了可得利益赔偿不影响下游合同违约责任等实际损失的赔偿，第 3 款规定了减损规则、与有过失和损益相抵在违约损害赔偿中的适用。

【关联规定】

1. 《民法典》第 584 条　当事人一方不履行合同义务或者履行合同义务不符合约定，造成对方损失的，损失赔偿额应当相当于因违约所造成的损失，包括合同履行后可以获得的利益；但是，不得超过违约一方订立合同时预见到或者应当预见到的因违约可能造成的损失。

2.《民法典》第 591 条 当事人一方违约后，对方应当采取适当措施防止损失的扩大；没有采取适当措施致使损失扩大的，不得就扩大的损失请求赔偿。

当事人因防止损失扩大而支出的合理费用，由违约方负担。

3.《民法典》第 592 条 当事人都违反合同的，应当各自承担相应的责任。

当事人一方违约造成对方损失，对方对损失的发生有过错的，可以减少相应的损失赔偿额。

4.《民法典》第 583 条 当事人一方不履行合同义务或者履行合同义务不符合约定的，在履行义务或者采取补救措施后，对方还有其他损失的，应当赔偿损失。

5.《最高人民法院关于适用〈中华人民共和国民法典〉合同编通则若干问题的解释》第 60 条 人民法院依据民法典第五百八十四条的规定确定合同履行后可以获得的利益时，可以在扣除非违约方为订立、履行合同支出的费用等合理成本后，按照非违约方能够获得的生产利润、经营利润或者转售利润等计算。

非违约方依法行使合同解除权并实施了替代交易，主张按照替代交易价格与合同价格的差额确定合同履行后可以获得的利益的，人民法院依法予以支持；替代交易价格明显偏离替代交易发生时当地的市场价格，违约方主张按照市场价格与合同价格的差额确定合同履行后可以获得的利益的，人民法院应予支持。

非违约方依法行使合同解除权但是未实施替代交易，主张按照违约行为发生后合理期间内合同履行地的市场价格与合同价格的差额确定合同履行后可以获得的利益的，人民法院应予支持。

6.《最高人民法院关于适用〈中华人民共和国民法典〉合同编通则若干问题的解释》第 62 条 非违约方在合同履行后可以获得的利益难以根据本解释第六十条、第六十一条的规定予以确定的，人民法院可以综合考虑违约方因违约获得的利益、违约方的过错程度、其他违约情节等因素，遵循公平原则和诚信原则确定。

【理解与适用】

一、可预见性规则的具体适用

（一）以可预见性规则限制违约损害赔偿范围的必要性

《民法典》第 584 条关于违约损害赔偿数额确定的规则中规定了损害赔偿数额需要受到可预见性规则的限制。从损害赔偿的一般原理来看，可以获得赔偿的损害必须是与损害事实不能距离过远的损害，因此，只有损害事实与损害结果具有联系时，法律才可能肯认这种损害的可赔偿性。这种损害事实与损害结果之间的联系的判断标准因损害发生的原因不同而不同。各国对此采用了不同的限制标准，但总体来看，侵权责任的损害赔偿主要受到因果关系的限制，而在违约责任的领域，可预见性规则取代了因果关系成为限制损害赔偿范围的手段。

之所以要在违约损害赔偿中以可预见性规则排除距离遥远的损害赔偿，主要是因为违约损害赔偿的独特性。在侵权领域中，当事人之间并不具有紧密的联系，当事人之间交往只需要具有理性人的注意义务即可，而在违约领域中，当事人之间因为合同关系的存在处于比社会普通陌生人之间关系更为紧密的联系之中。因此，相较于采取完全客观化的因果关系而言，可预见性规则更能够考虑到当事人之间的特殊联系，因而更加公平合理。

（二）判断损害是否具有可预见性的考量因素

本条第 1 款立足于司法实践，针对可预见性规则的司法适用难题，将可预见性的具体判断标准予以展开和细化。按照本条第 1 款的规定，在确定损害是否具有可预见性时，合同的目的、合同主体、合同内容、交易类型、交易习惯、磋商过程等因素都可能成为考量因素。

依据本条第 1 款的规定，其他考量因素受到合同目的的统领，即对于其他因素的考量均需置于合同目的之下。合同目的确实可能影响违约方对损害的预见，这是因为当事人的合同目的可能已经包含了对于可能发生的损害的分配合意。例如，在商品贸易中，相较于选择代销的销售商而言，选择包销的销售商所应预见的其违约行为给生产商造成的损害范围明显更广。需注意的是，在一些情形下，违约损害可能与合同目的所指向的履行利益无关[1]，这尤其体现在发生附带损害的场合。所谓附带损害，是指原本不会发生，因违约行为的存在而发生的费用和支出等。这些损害与无益费用不同，无益费用并非直接因违约行为而产生，换言之，即便违约行为不存在无益费用也会被支出。典型的附带损害包括基于合法拒收的货物而产生的检验、接收、运输、保管和扣押等费用连同其他具有合理性的商业支出、花费和佣金等。[2] 这些损害显然与当事人订立合同的目的无关而是违约行为所带来的额外支出。但是，在适用中，不应依据本条将这些损害作为合同目的之外的损害予以排除。

---

① 参见姚明斌：《〈合同法〉第 113 条第 1 款（违约损害的赔偿范围）评注》，《法学家》2020 年第 3 期，第 177 页。

② See UCC § 2 - 715.

就合同主体而言，在合同关系中，通常是非违约方的主体特性影响违约损害范围。例如，以生产为业的主体作为非违约方更易遭受停工损失，而以销售为业的主体作为非违约方则更易遭受经营或转售利润损失。此处需要考量的合同主体主要是指非违约方，仅在违约方对合同损害范围有影响时，才可考虑违约方的主体特性。本条在可预见性的考量因素和可预见性的判断标准中均提到了主体问题，但是，两处主体的指向并不相同。作为考量因素的主体，主要是指非违约方的主体性质，因为非违约方的主体性质对于违约方可否预见损害具有显著影响。例如，在与贸易公司交易时，理性的当事人通常应当预见对方当事人购买货物用于转售，违约行为可能导致非违约方转售利润的损失，因而转售利润损失在此具有可预见性。而作为可预见性判断标准的主体问题，则旨在明确应以违约方的角度衡量损害是否可以被预见。除合同目的与合同主体之外，合同内容、交易类型、交易习惯和磋商过程均可影响可预见损害的范围，人民法院需要在对这些因素全面考量的基础上进行认定。

(三) 可预见性的判断标准

在可预见性的判断标准上，司法解释的起草者采取了"与违约方处于相同或者类似情况的民事主体在订立合同时预见到或者应当预见"的标准。有观点认为此种标准为客观标准，即"法官应当将自己置于此缔约场景中，按照与违约方处于相同或类似情况的理性人标准来确定其预见能力"①。但客观标准的采纳也不意味着完全不需考虑当事人的具体情况。其实，主观标准与客观标准的区分仍然无法回避应在何种程度上考虑当事人的具体情况的问题②，因此，不能简单认为此处的可预见性判断标准为理性人的客观标准，而需进一步解释此种标准。

首先，"相同或者类似情况的民事主体"是以违约方为参考标准。《民法典》第 584 条第二句明确将违约损害赔偿限定为违约一方订立合同时可以预见的损害范围。本条作为该规则的细化，同样将违约方作为判断"相同或者类似情况的民事主体"的参考依据。因此，非违约方的预见能力不在本条考察范围之内。非违约方的主体类型也只是可以作为本条中判断违约方可预见范围的考察因素，不影响可预见性的判断标准。其次，"相同或者类似情况的民事主体"主要应当依据违约方的主体类型、行业领域等因素确定。在主体类型的问题上，尤其需要区分商事主体与民事主体。对于商事主体而言，由于其在知识与能力上的优势，通常

① 最高人民法院民事审判第二庭、研究室编著：《最高人民法院民法典合同编通则司法解释理解与适用》，人民法院出版社 2023 年版，第 707 页。
② 参见叶金强：《可预见性之判断标准的具体化》，载《法律科学》2013 年第 3 期，第 143 页。

其可得预见的违约损害范围要广于民事主体。此外，由于预见范围受知识背景的限制，因而还应考虑违约方所处的行业领域。此处对于违约方主体类型和所处行业领域的考量也体现了所谓客观标准仍然需要结合当事人的具体情况。最后，"相同或者类似情况的民事主体"的判断应当以理性人为标准。这意味着法官应从处于相同或类似情况的理性民事主体的角度观察损害的可预见性，而不应将法官自身的能力置入理性人标准。[1] 此外，还需考虑的是虽然不属于"相同或者类似情况的民事主体"应当预见的损害，但是为具体违约方所预见的情形。虽然此时对于具体违约方的预见在证明上存在一定的难度，但是考虑到非违约方可能已经告知异常损害的可能，此时也应当依据该具体违约方已经预见而认定损害在可预见范围内，即采取理性第三人与具体违约方"就高不就低"的标准。[2]

二、可得利益赔偿可以与实际损失赔偿一并主张

本条第 2 款规定，在满足可预见性规则的前提下，非违约方向第三人承担违约责任应当支出的额外费用等可以获得赔偿，且该费用可以与可得利益损失一并主张，即在不违反禁止获利原则的情形下，可得利益赔偿不排斥实际损失赔偿。本款以实践中的连锁合同为典型的规范对象。在实践中，单个、孤立的交易并非常态，多数合同往往相互结合，共同形成更广泛的交易安排。由于多数合同关系之间的联系，在一个合同中发生的违约行为可能成为其他合同履行的障碍，因此，某一合同违约所造成的损害还可能包括这些相互联系的合同所面临的可能的违约责任的承担。

从损害造成的财产状态而言，本合同违约所导致的下游合同违约赔偿费用支出直接造成了受害人财产的积极减少，因而这种损害在性质上属于所受损害（我国法上普遍将其称为实际损失）。这些损害与履行利益中的可得利益损失并非当然矛盾，可得利益获得赔偿时，该所受损害并未获得填平。例如，在连锁买卖中，上游出卖人未能按期交货时，买受人除无法获得作为可得利益的转售利润外，还需额外支付违约损害赔偿。这两类损害均具有独立性，对二者的赔偿不构成重复赔偿。

需要注意的是，此处的费用支出作为违约损害同样需要满足违约损害赔偿的一般要求，尤其是需要受到可预见性规则的限制。如果下游合同的违约损害赔偿

---

[1]　参见叶金强：《可预见性之判断标准的具体化》，载《法律科学》2013 年第 3 期，第 144 页。

[2]　参见姚明斌：《〈合同法〉第 113 条第 1 款（违约损害的赔偿范围）评注》，《法学家》2020 年第 3 期，第 185 页。

费用无法为上游合同违约方所预见，则该费用支出同样无法获得赔偿。在对可预见性的判断中，同样应当遵循本条第 1 款的规则。例如，向生产企业出售原材料的出卖人通常不能预见该生产企业会将原材料进行转卖，因而在下游合同为该原材料的买卖合同时，违约赔偿费用可能不具有可预见性；但是，出卖人可能预见该生产企业购买该原料是为生产他人定制的产品，因而如果下游合同为进料加工合同，违约赔偿费用就可能具有可预见性。

三、减损规则、与有过失和损益相抵在违约损害赔偿中的适用

本条第 3 款规定了违约损害赔偿计算中需要适用减损规则、与有过失和损益相抵规则。其实，《民法典》第 591 条和第 592 条第 2 款已经明确规定了减损规则和与有过失规则，此款中关于减损规则和与有过失规则的规定主要起到提示人民法院计算违约损害数额时注意相关规则的功能。而损益相抵规则虽然没有在《民法典》中得到明确规定，但是《买卖合同解释》第 23 条对于买卖合同中的损益相抵规则也可在其他合同中类推适用。不过，《合同编通则解释》在总结以往司法实践经验的基础上，直接规定了损益相抵规则在违约损害赔偿中的适用，免去了类推适用的不便。

（本条撰写人：潘重阳）

请求调整违约金的方式和举证责任

当事人一方通过反诉或者抗辩的方式，请求调整违约金的，人民法院依法予以支持。

违约方主张约定的违约金过分高于违约造成的损失，请求予以适当减少的，应当承担举证责任。非违约方主张约定的违约金合理的，也应当提供相应的证据。

当事人仅以合同约定不得对违约金进行调整为由主张不予调整违约金的，人民法院不予支持。

【本条主旨】

第 64 条规定请求调整违约金的方式和举证责任承担。具体而言：第 64 条第 1 款规定请求调整违约金的具体方式；第 2 款规定违约金酌减纠纷中的举证责任分配；第 3 款规定预先放弃调整违约金条款的效力。

【关联规定】

1. 《民法典》第 585 条 当事人可以约定一方违约时应当根据违约情况向对方支付一定数额的违约金，也可以约定因违约产生的损失赔偿额的计算方法。

约定的违约金低于造成的损失的，人民法院或者仲裁机构可以根据当事人的请求予以增加；约定的违约金过分高于造成的损失的，人民法院或者仲裁机构可以根据当事人的请求予以适当减少。

当事人就迟延履行约定违约金的，违约方支付违约金后，还应当履行债务。

2.《最高人民法院关于审理买卖合同纠纷案件适用法律问题的解释》第 20 条 买卖合同因违约而解除后，守约方主张继续适用违约金条款的，人民法院应予支持；但约定的违约金过分高于造成的损失的，人民法院可以参照民法典第五百八十五条第二款的规定处理。

3.《全国法院民商事审判工作会议纪要》50. 【违约金过高标准及举证责任】认定约定违约金是否过高，一般应当以《合同法》第 113 条规定的损失为基础进行判断，这里的损失包括合同履行后可以获得的利益。除借款合同外的双务合同，作为对价的价款或者报酬给付之债，并非借款合同项下的还款义务，不能以受法律保护的民间借贷利率上限作为判断违约金是否过高的标准，而应当兼顾合同履行情况、当事人过错程度以及预期利益等因素综合确定。主张违约金过高的违约方应当对违约金是否过高承担举证责任。

4.《最高人民法院关于当前形势下审理民商事合同纠纷案件若干问题的指导意见》8. 为减轻当事人诉累，妥当解决违约金纠纷，违约方以合同不成立、合同未生效、合同无效或者不构成违约进行免责抗辩而未提出违约金调整请求的，人民法院可以就当事人是否需要主张违约金过高问题进行释明。人民法院要正确确定举证责任，违约方对于违约金约定过高的主张承担举证责任，非违约方主张违约金约定合理的，亦应提供相应的证据。合同解除后，当事人主张违约金条款继续有效的，人民法院可以根据合同法第九十八条的规定进行处理。

【理解与适用】

合同违约金以补偿性为主，以填补守约方的损失为主要功能。合同违约金调整规则实际上是在合同自由和合同正义（利益均衡）之间进行平衡。

合同违约金是对合同损害赔偿额的预定[①]，一定程度上体现了合同守约方的私力救济和对债务人施加履行压力，是合同当事人对未来风险的事先分配。违约金并非典型担保方式，但违约金具有一定的"合同履行担保"功能。[②] 合同当事人很难在缔约时对违约造成的"实际损失"作出精确的预估。设立违约金可以在发生纠纷时免除守约方对自己因违约所受损失的举证责任。"约定违约金的积极

---

① 参见王洪亮：《违约金请求权与损害赔偿请求权的关系》，载《法学》2013 年第 5 期。
② 参见王洪亮：《违约金功能定位的反思》，载《法律科学》2014 年第 2 期。

意义之一在于对损失的预定，免除纠纷发生后当事人对损失进行举证的烦琐。"①
根据《合同编通则解释》第 60～62 条，守约方行使违约损害赔偿请求权时须对
"合同履行后可以获得的利益"承担举证责任；根据司法解释第 64 条第 2 款，如
果当事人约定了违约金，违约方主张约定的违约金过分高于违约造成的损失，请
求予以适当减少的，应当承担举证责任，非违约方主张约定的违约金合理的，也
应当提供相应的证据。较之违约损害赔偿请求权，在违约金给付请求权这种违约
救济方式下，守约方的举证负担显著降低。

一、请求调整违约金的具体方式

　　《合同编通则解释》第 64 条第 1 款规定，当事人可以通过反诉或者抗辩的方
式请求调整违约金。就违约金调整权的行使方式，《合同法解释二》第 27 条规定
可以通过反诉或者诉讼上的抗辩方式行使，《合同编通则解释》第 64 条第 1 款延
续了这一做法。在纠纷解决中当事人对违约金问题经常争议较大，反诉专业性较
强，如果要求一生可能只打一次官司的当事人必须弄清并通过反诉的方式来请求
减少违约金数额，确实有些苛刻②，因此，对违约金调整权的行使方式，《合同
编通则解释》既认可反诉的请求方式，也允许抗辩的方式，当事人对具体行使方
式享有程序选择权。抗辩针对对方当事人的诉讼请求，不构成独立的诉；反诉则
是独立的诉，通过反诉提出独立的诉讼请求。与《合同法解释二》第 27 条不同
的是，《合同编通则解释》第 64 条第 1 款使用"依法予以支持"的表述，而非
"应予支持"。将"应予支持"改为"依法予以支持"，理由在于，《合同编通则解
释》第 64 条第 1 款"主要针对的是违约金调整请求的方式，至于人民法院是否
支持调整需要审理确定，并非只要提出就一定支持"③。

　　当事人一方可以通过反诉或者抗辩的方式请求调整违约金。允许以抗辩的方
式行使违约金酌减请求权，可以方便诉讼。针对非违约方行使违约金给付请求权
的诉讼请求，违约方可以承认或者反驳该诉讼请求，也有权提起反诉。非违约方
行使违约金给付请求权后，违约方方可通过反诉或者抗辩的方式行使违约金酌减

---

　　①　姚蔚薇：《对违约金约定过高 如何认定和调整问题探析——〈合同法〉第 114 条第 2 款的理解与
适用》，载《法律适用》2004 年第 4 期。
　　②　参见最高人民法院研究室编著：《最高人民法院关于合同法司法解释（二）理解与适用》，人民法
院出版社 2009 年版，第 206 页。
　　③　最高人民法院民事审判第二庭、研究室编著：《最高人民法院民法典合同编通则司法解释理解与
适用》，人民法院出版社 2023 年版，第 718 页。

请求权。

当事人一方能否通过本诉的方式请求调整违约金？《合同编通则解释》第 64 条第 1 款未予明确。笔者认为，违约金调整权可以通过本诉的方式行使。违约金调整既包括调减，也包括调增。约定的违约金低于造成的损失的，非违约方可以请求人民法院或者仲裁机构予以增加，非违约方违约金调增请求权自然可以通过本诉的方式行使。

《合同编通则解释》第 64 条第 1 款通过反诉或者抗辩方式行使的是违约金调整权（请求调整违约金），违约金调整权针对对方当事人的违约金给付请求权。这不同于第 66 条第 1 款第一句作为释明对象的"抗辩"。后者虽然针对的也是对方当事人的违约金给付请求权，但该抗辩指向的是违约金给付请求权的前提（合同不成立、无效、被撤销、确定不发生效力、不构成违约或者非违约方不存在损失等）。

《合同编通则解释》第 64 条第 1 款以抗辩方式行使违约金调整权，不同于《买卖合同解释》第 31 条针对出卖人价款支付请求权的"抗辩"。该条规定："出卖人履行交付义务后诉请买受人支付价款，买受人以出卖人违约在先为由提出异议的，人民法院应当按照下列情况分别处理：（一）买受人拒绝支付违约金、拒绝赔偿损失或者主张出卖人应当采取减少价款等补救措施的，属于提出抗辩；（二）买受人主张出卖人应支付违约金、赔偿损失或者要求解除合同的，应当提起反诉。"该条中"买受人拒绝支付违约金"属于否认，不包含买受人行使违约金调整权的意思表示，并非以抗辩方式行使违约金调整权。

二、违约金酌减纠纷中的举证责任分配

《合同编通则解释》第 64 条第 2 款规定了违约金酌减权的举证责任分配。根据这一规定，违约方主张约定的违约金过分高于违约造成的损失，请求予以适当减少的，应当承担举证责任。非违约方主张约定的违约金合理的，也应当提供相应的证据。《合同编通则解释》对违约金调增权纠纷的举证责任分配未予明确，违约金调增权的举证责任分配可以类推适用第 64 条第 2 款。

《九民会议纪要》针对违约金酌减纠纷中的举证责任分配，采取的立场是主张违约金过高的违约方应当对违约金是否过高承担举证责任；没有回答非违约方异议时其是否需要承担举证责任。《最高人民法院关于当前形势下审理民商事合同纠纷案件若干问题的指导意见》采取的司法立场是人民法院要正确确定举证责

任，违约方对于违约金约定过高的主张承担举证责任，非违约方主张违约金约定合理的，亦应提供相应的证据。《合同编通则解释》第 64 条第 2 款延续了这一做法。

违约金酌减纠纷中"约定的违约金过分高于违约造成的损失"的举证责任分配，是理论和司法实践中的疑难问题，一度存在多种观点，具体如下。

第一，违约方承担举证责任说。就"违约金过高标准及举证责任"，最高人民法院《九民会议纪要》第 50 条指出："认定约定违约金是否过高，一般应当以《合同法》第 113 条规定的损失为基础进行判断，这里的损失包括合同履行后可以获得的利益。除借款合同外的双务合同，作为对价的价款或者报酬给付之债，并非借款合同项下的还款义务，不能以受法律保护的民间借贷利率上限作为判断违约金是否过高的标准，而应当兼顾合同履行情况、当事人过错程度以及预期利益等因素综合确定。主张违约金过高的违约方应当对违约金是否过高承担举证责任。"根据法律要件分类说，"当事人应当举证因其违约行为给对方造成的实际损失的范围从而证明约定的违约金过高。"[1] 如在"刘某斌、刘某耀因上诉北京中铁华升置业有限公司房屋买卖合同纠纷案"中，在违约方开发商未提供充分证据证明当事人约定的违约金过高的情况下，按日计算向买受人支付全部已付款万分之五的迟延交房违约金，且相关数额占全部房款的比例约 4%，并非过高，不宜对违约金进行酌减。[2] 当然，这个案件中由违约方承担举证责任还与违约方是格式合同的提供方有关，举证责任对格式合同提供方和非格式合同提供方应有所区别。

第二，守约方承担举证责任说。守约方离证据较近，守约方应该证明其损失的数额。[3] 笔者认为，此种举证责任分配方案与违约金避免损失举证烦琐的功能定位不尽契合。在"北京杰必信科技发展有限责任公司诉绍兴上虞英达风机有限公司买卖合同纠纷案"中，守约方主张因违约方逾期交货，受有损失，法院认为守约方提交的现有证据不足以证明其所主张的已经产生了 8 万元违约金损失（转售合同违约金赔偿），法院认为"每天支付合同总额 5% 的违约金"过高，因而

---

[1]　姚蔚薇：《对违约金约定过高 如何认定和调整问题探析——〈合同法〉第 114 条第 2 款的理解与适用》，载《法律适用》2004 年第 4 期。另参见吴从周：《违约金酌减之裁判分析》，台北元照出版公司 2015 年第 2 版，XXIII。

[2]　参见"刘某斌、刘某耀因上诉北京中铁华升置业有限公司房屋买卖合同纠纷案"，北京市第二中级人民法院（2017）京 02 民终 2825 号民事判决书。

[3]　参见祝来新、陈敏：《违约金的理解与适用》，载《重庆工商大学学报（社会科学版）》2004 年第 1 期。

酌减为按照延迟交货货款年息 24％ 的标准支付违约金 427 元。① 法院在本案中适用的举证责任分配规则是，鉴于本案属于非金钱债务的迟延履行，合同约定的违约金相较货款年利率过高，而守约方主张自己遭受的实际损失是 8 万元，守约方须就该事实承担本证的举证责任。

第三，违约金过高事实的本证反证说。根据上海市高级人民法院《关于商事审判中规范违约金调整问题的意见》（沪高法民二〔2009〕13 号）第 6 条、第 7 条，违约方主张约定的违约金过高的，应当提供违约金约定缺乏公平性的相应证据。守约方认为约定公平合理，否认约定的违约金过高的，在违约方提供相应证据后，也应当举证证明违约金约定的合理性。② 有学者认为，"二分法"指引下违约金调减的具体证明过程为：首先，违约方就"违约金过分高于损失"主张具体事实，守约方应对违约方主张的事实进行具体化的否认；其次，对于双方争议的主要事实，违约方应首先举证证明（主观证明责任），而守约方可以对违约方的证明进行反证；最后，法院应结合本案全部证据和事实，对违约金是否过分高于损失作出判断。③

第四，违约方承担初步举证责任说。违约方需提供足以让法官对违约金公平性产生怀疑的证据，然后法官可将举证责任分配给守约方。④《最高人民法院关于当前形势下审理民商事合同纠纷案件若干问题的指导意见》第 8 条第二句规

---

① 参见"北京杰必信科技发展有限责任公司诉绍兴上虞英达风机有限公司买卖合同纠纷案"，北京市第三中级人民法院民事判决书（2017）京 03 民终 6708 号。类似做法，参见"金某华诉郭某兴房屋买卖合同纠纷案"，北京市第三中级人民法院民事判决书（2016）京 03 民终 2780 号。"观复博物馆诉安徽克顿品牌传播有限公司合同纠纷案"，北京市第三中级人民法院民事判决书（2017）京 03 民终 6381 号。"北京豫海河租赁有限责任公司与鞍山九建工程有限公司、鞍山九建工程有限公司北京分公司租赁合同纠纷案"，北京市第三中级人民法院（2016）京 03 民终 7233 号民事判决书。"北京米勒阳光影视文化传媒有限公司诉北京同译视创会展有限公司、李某租赁合同纠纷案"，北京市第三中级人民法院民事判决书（2016）京 03 民终 7051 号。"丁某河诉种某政股权转让纠纷案"，北京市第三中级人民法院民事判决书（2016）京 03 民终 4156 号。"张某与莫某根巴特尔及北京链家房地产经纪有限公司（简称链家公司）房屋买卖合同纠纷案"，北京市第二中级人民法院（2017）京 02 民终 2814 号民事判决书。

② 参见"西宁凯达实业发展有限责任公司与陈某峰、陈某股权转让纠纷二审民事判决书"，（2016）最高法民终 20 号民事判决书。在本案二审审理中，法院指出：凯达公司作为违约方主张违约金约定过高，应承担举证责任，非违约方陈某峰、陈某主张违约金约定合理的，亦应提供相应的证据。在凯达公司未提交证据证明违约金过高的情况下，一审法院认为逾期办理交付土地使用权证造成损失的证明责任主体为守约方陈某峰、陈某，举证责任分配有失妥当。

③ 参见吴泽勇：《违约金调减的证明责任问题》，载《法学评论》2022 年第 1 期。

④ 参见最高人民法院研究室编著：《最高人民法院关于合同法司法解释（二）理解与适用》，人民法院出版社 2009 年版，第 210 页。另参见《江苏省高级人民法院（苏高发审委〔2005〕16 号）关于适用〈中华人民共和国合同法〉若干问题的讨论纪要（一）》第 30 条、山东省高级人民法院民二庭《关于合同纠纷审判实践中的若干疑难问题》第 10 条。

定："……违约方对于违约金约定过高的主张承担举证责任，非违约方主张违约金约定合理的，亦应提供相应的证据。"有学者也对全有全无式的举证责任僵化分配做法持批评意见："一般说来，违约方很难举证证明守约方因自己违约而受有多少损失。……在审判、仲裁的实务中，有些合议庭、仲裁庭为了解决上述难题，巧妙地运用了分阶段分配举证责任的技术，对违约方在这方面的举证，采取较为宽容的态度，适当减轻违约方的举证负担。"[①]

司法实践中，法官常对违约方举证责任予以减轻，只要求违约方提供初步的，或者是能够引起法官对违约金过高合理怀疑（而非内心确信）的证据即完成了举证责任。[②] 2019 年 8 月 6 日《全国法院民商事审判工作会议纪要》（最高人民法院民二庭向社会公开征求意见稿）第 50 条第三句指出："违约方应当对违约金是否过高承担初步的举证责任。"然而，该征求意见稿中的此种裁判态度在正式发布的《全国法院民商事审判工作会议纪要》中未被保留。举证责任并非固定不变，在满足特定条件时，法院可以将举证责任在当事人间转移。对于违约金调整，采取"违约方初步举证—举证责任转移至守约方"的方式较为合理地处理了违约金调整的举证矛盾，还可以发挥《民事诉讼法解释》第 112 条缓解举证负担的功能，即："书证在对方当事人控制之下的，承担举证证明责任的当事人可以在举证期限届满前书面申请人民法院责令对方当事人提交。""申请理由成立的，人民法院应当责令对方当事人提交，因提交书证所产生的费用，由申请人负担。对方当事人无正当理由拒不提交的，人民法院可以认定申请人所主张的书证内容为真实。"

第五，证明标准降低等综合解决说。违约金过分高于实际损失的初始证明责任由违约方承担。这符合证明责任分配的一般标准，也契合违约金对损失预定的功能定位。当违约方证明损失确有困难时，在其提供初步证据后，如果可以将举证责任转移给守约方，则违背在诉讼中可能移转的是提供证据的责任而非证明责任的规则，也违背违约金的功能定位。[③] 当违约方证明损失确有困难时，应当通过适用举证妨碍制度、降低证明标准为较高程度盖然性、法官指导当事人调查取证、法官代为调查取证、询问当事人等方式综合解决；而不能简单消极利用证明

①　崔建远：《合同法》（第四版），北京大学出版社 2021 年版，第 417 页。

②　参见"上诉人玉门商汇房地产开发有限公司与被上诉人段某君房屋买卖合同纠纷案"，甘肃省高级人民法院（2015）甘民一终字第 91 号民事判决书。"李某诉彭某森股权转让合同纠纷案"，最高人民法院（2016）最高法民申 3355 号民事裁定书。

③　参见吴玉萍：《当事人双方均不能证明实际损失时违约金的调整》，载《人民法院报》2013 年 10 月 31 日，第 6 版。

责任规则进行裁判。某项事实不能被证明并不意味着其就不存在。^① 笔者认为，证明标准降低等综合解决说体现了证明责任裁判作为最后手段的特点，值得肯定，但证明责任绝对不会发生转换，则不符合通说观点^②，而且证明标准降低和初步举证责任之间也仅仅具有概念术语解释选择上的差别。

第六，非金钱债务中违约金是否过高的三阶段举证责任说。债务人首先应证明约定金额高于违约造成的损失，一旦确定约定金额高于造成的损失，则须考察是否"过分高于"。债务人举证已达到30％的标准，债权人则可证明即使达到该标准，也不属"过分高于"，债务人对此还可再反证。金钱债务迟延履行违约金有其特殊性，迟延履行金钱债务造成的主要是利息损失，可以根据日常生活经验法则免除债务人的举证负担。当然，债权人主张自己在利息损失之外还有其他损失的，则应该对该"其他损失"承担举证责任。^③

《合同编通则解释》第64条第2款规定："违约方主张约定的违约金过分高于违约造成的损失，请求予以适当减少的，应当承担举证责任。非违约方主张约定的违约金合理的，也应当提供相应的证据。"这一条款确立了两项规则，回应了以上实践与理论中的争议，具体而言：第一，违约方应当对违约金过分高于违约造成的损失承担客观举证责任。第二，非违约方主张违约金合理的，应当提供证据进行反证。详述如下。

（一）违约方承担"违约金过分高于违约造成的损失"的证明责任

根据《合同编通则解释》第64条第2款第一句的规定，违约方应当对违约金过高承担证明责任。这一规定的正当性理由在于：首先，《民事诉讼法解释》第91条第1项规定："人民法院应当依照下列原则确定举证证明责任的承担，但法律另有规定的除外：（一）主张法律关系存在的当事人，应当对产生该法律关系的基本事实承担举证证明责任。"违约方主张司法酌减违约金时，其实是在主张一项请求法院酌减违约金的权利，因此其应当提出证据、以本证的方式证明该项权利（法律关系）存在的基本事实。当然，根据"谁主张，谁举证"的基本思

---

① 参见谭启平、张海鹏：《违约金调减权及其行使与证明》，载《现代法学》2016年第3期。

② 民事诉讼法学界通说认为，举证责任可以发生转移。参见张卫平：《民事证据法》，法律出版社2017年版，第275~276页。

③ 参见姚明斌：《违约金司法酌减的规范构成》，载《法学》2014年第1期。"山西中进实业集团有限公司、太原吉祥房屋开发有限公司、马某源诉北京中海宏洋地产有限公司股权转让纠纷案"，北京市高级人民法院民事判决书（2014）高民终字第1043号。在金钱债务迟延履行违约金案件中，法院经常要求债权人为自己受到的损失提供证据。参见"张某平诉王某股权转让合同纠纷案"，载《最高人民法院公报》2007年第5期。这种做法并不妥当。

路，也应当由主张酌减违约金的违约方承担证明责任。[①]　其次，根据违约金制度的价值取向，也应当由违约方负担证明责任。违约金制度充分体现了合同自由的原则，发挥了简化证明、避免守约方因无法证明损失数额而陷入困境的功能，因此，违约金制度是对守约方的保护。倘若赋予违约方任意提出司法酌减违约金的权利，并且将违约金没有过高的举证责任分配给守约方，该制度就会变成对守约方不利的制度，将违背违约金制度的初衷。最后，证明困难不是转移证明责任的恰当理由。既然立法者将违约金调减规定为一种对违约方有利的权利成立规范，就只能认为，立法者将"违约金过分高于损失"这一要件事实真伪不明的风险分配给了违约方。[②]　基于这些理由，《合同编通则解释》第 64 条第 2 款第一句明确规定，违约方应当对违约金过高承担证明责任。

《合同编通则解释》第 64 条第 2 款第一句没有明确违约方对"违约金过分高于违约造成的损失"这一要件事实的证明标准。在实践中，有的观点主张违约方只有"提供初步证据或者提出合理理由，在足以引起法庭对违约金过高产生合理怀疑时，方能要求守约一方当事人举证证明自己的损失"[③]。笔者认为，这一观点值得商榷。在现行法没有明确降低"违约金过分高于违约造成的损失"的证明标准的情况下，对该要件事实的证明标准应当根据《民事诉讼法解释》第 108 条第 1 款的规定，采取"高度可能性"的标准。

（二）非违约方应当提出证据进行反证

根据《合同编通则解释》第 64 条第 2 款第二句的规定，非违约方主张违约金合理的，应当提供相应的证据。这是因为，关于违约造成的损失的具体证据主要是由非违约方掌握的，违约方不可能提供关于损失数额的所有证据，因此非违约方主张违约金合理的，也应当提供相应的证据。具体而言：

一方面，在诉讼过程中，违约方提出的证据让法官对"违约金过分高于违约造成的损失"形成临时心证时，具体举证责任就转移到非违约方。所谓临时心证，是指法官在当前这个阶段，已经形成待证事实有可能为真的判断，但是还不确定，因此希望通过进一步的调查取证来强化或者动摇这种心证。[④]　在形成临时

---

①　参见最高人民法院民事审判第二庭、研究室编著：《最高人民法院民法典合同编通则司法解释理解与适用》，人民法院出版社 2023 年版，第 718 页。

②　参见吴泽勇：《违约金调减的证明责任问题》，载《法学评论》2022 年第 1 期，第 189 页。

③　宁夏东义镁业有限公司、宁夏东义投资发展有限公司买卖合同纠纷再审案，最高人民法院（2020）最高法民申 1152 号民事裁定书。

④　参见王亚新、陈杭平、刘君博：《中国民事诉讼法重点讲义》（第二版），高等教育出版社 2021 年版，第 126～127 页。

心证的情况下，发生具体举证责任转移的效果，应当由非违约方提出相应的证据，以便动摇法官的临时心证，使法官不再确信"违约金过分高于违约造成的损失"。之所以要在形成临时心证时将具体举证责任转移给非违约方，是因为一些证据掌握在非违约方的手中，比如违约方不可能举出非违约方损失的全部证据①，因此应当由非违约方提供相应的证据。

另一方面，所谓"应当提供相应的证据"是在反证的意义上而言的。反证不需要达到让法官确信相反事实存在的证明程度，而只需要动摇法官对本证事实的心证即可，即只需让"违约金过分高于违约造成的损失"这一待证事实陷入真伪不明即可。相反，本证则需要提供证据使法官确信待证事实的存在达到高度可能性，《合同编通则解释》第 64 条第 2 款第二句虽然采取了"非违约方主张约定的违约金合理的，也应当提供相应的证据"的表达方式，但是不能将该句理解为非违约方对"违约金合理"的本证，而应当将"违约金合理"看作对"违约金过分高于违约造成的损失"的否认，即非违约方提出的证据是为了反证。

例如，在"夏某富与浙江森都住宅科技开发有限公司（以下简称'森都公司'）股权转让合同纠纷再审案"② 中，森都公司受让夏某富所持有的西湖公司60％的股权，森都公司未依约先支付股权转让款等相应款项，森都公司未履行先付款义务，违约事实成立，应当承担支付违约金等相应的违约责任。本案的争议焦点在于：在森都公司构成违约的前提下，合同约定的 200 万元违约金是否过高以及是否需要予以调整，其中又涉及原判适用法律是否正确、对违约金过高的举证责任分配是否正确等问题。

再审法院确定了关于违约金约定过高的举证责任分配问题。根据民事诉讼"谁主张、谁举证"的举证责任分配原则，违约方对其提出的违约金约定过高的主张负有举证责任。本案中，"违约金约定过分高于违约造成的损失的举证责任依法应由违约方即森都公司承担。鉴于实践中违约方难以举出守约方损失的全部证据，但违约方至少应提供足以让人对违约金约定的公平性产生合理怀疑的初步证据，法院方可将举证责任转移给守约方，由其证明因违约造成的实际损失或者违约金约定的合理性"。本案诉讼中，森都公司仅抗辩杭州市土地价值呈上升趋势，并未举证违约金约定过高。一、二审法院认为夏某富亦未就

---

① 参见最高人民法院民事审判第二庭、研究室编著：《最高人民法院民法典合同编通则司法解释理解与适用》，人民法院出版社 2023 年版，第 719 页。

② "夏某富与浙江森都住宅科技开发有限公司股权转让合同纠纷再审案"，浙江省高级人民法院（2011）浙商提字第 55 号民事判决书。

森都公司违约对其造成相应损失提供相应的证据，一、二审法院对本案违约金约定过高的举证责任分配欠当。在森都公司恶意违约的情况下，如果没有证据证明合同约定的违约金过分高于造成的损失，当事人请求减少违约金的，人民法院可不予支持。

"夏某富与森都公司股权转让合同纠纷再审案"比较清晰地诠释了"违约金酌减纠纷举证责任分配规则"，即"违约方主张约定的违约金过分高于违约造成的损失，请求予以适当减少的，应当承担举证责任。非违约方主张约定的违约金合理的，也应当提供相应的证据"。只有提出本证之人（违约方）对相应案件事实（约定的违约金过分高于违约造成的损失）尽到举证责任，该证据符合证明标准，才存在反证之人的反证和相应较低证明标准（待证事实真伪不明）。考虑到实践中违约方难以举出守约方损失的全部证据，违约方至少应提供初步证据证明违约金存在过高的较大可能性，法官随后就应当将主观证明责任转移给非违约方。

三、预先放弃调整违约金条款的效力

根据《合同编通则解释》第 64 条第 3 款，当事人仅以合同约定不得对违约金进行调整为由主张不予调整违约金的，人民法院不予支持。预先放弃调整违约金条款并非必然无效，第 64 条第 3 款"仅以"的表述说明预先放弃调整违约金条款能够获得法律效力还取决于其他因素。

当事人仅以合同约定不得对违约金进行调整为由主张不予调整违约金的，人民法院不予支持，具体理由如下：第一，违约金调整权属于形成诉权。形成权和形成诉权均采取法定主义调整方法。第二，违约金属于违约责任方式之一，违约责任本身也具有法定性特点。"违约金是一种责任形式，所以不能将违约金条款完全留待当事人约定，尤其是对不公正的违约金条款，可由司法审判人员适当增减数额。"[1] 第三，违约金调整权可以通过反诉或者抗辩的方式行使，属于当事人的民事诉讼权利。反诉、抗辩均属民事诉讼权利的范畴，诉讼权利不得由当事人以约定的方式任意处分，否则难以保障诉讼程序的安定性和严肃性。[2] 第四，违约金约款是合同自由的体现，违约金调整权则是合同正义的体现。如果一概认

---

[1]　王利明：《合同法通则》，北京大学出版社 2022 年版，第 511 页。

[2]　参见姚明斌：《违约金酌减事先排除特约的效力——"张某某与徐某某等房屋买卖合同纠纷案"评析》，载彭诚信主编：《民法案例百选》，高等教育出版社 2022 年版，第 355 页。

可预先放弃调整违约金条款的效力，则会架空违约金调整权，"法定的违约金调整规则将大概率被规避，进而影响市场交易安全并提升虚假诉讼的风险，《民法典》第585条第2款的立法目的有可能被架空"①，出现明显不公平后果，导致利益失衡，背离合同正义。第五，"违约金调整规则旨在实现不特定债务人的保护和实质公平，关乎公共利益"②。

法院或者仲裁机构能否调整违约金，取决于当事人是否通过法定方式行使违约金调整权，以及是否满足《民法典》第585条第2款规定的违约金调整权构成要件。即便当事人在合同中约定预先放弃调整违约金条款，违约行为发生时，约定的违约金低于造成的损失的，人民法院或者仲裁机构可以根据当事人的请求予以增加；约定的违约金过分高于造成的损失的，人民法院或者仲裁机构可以根据当事人的请求予以适当减少。

合同约定不得对违约金进行调整（预先放弃调整违约金）的条款原则上没有法律效力，当事人能否取而代之约定高额惩罚性违约金？高额惩罚性违约金是否可以不受法律调整？基于合同自由原则，当事人得明确约定惩罚性违约金，但法律不能完全放任当事人自由约定惩罚性违约金，此种约定仍受民事法律行为无效或者可撤销制度的限制，防止以意思自治为由完全放任当事人约定过高的惩罚性违约金。类推适用《民法典》第586条第2款，惩罚性违约金的数额原则上不宜超过主合同标的额的20%。③ 对于当事人在合同中所约定的过分高于违约造成损失的违约金或者极具惩罚性的违约金条款，人民法院应合理调整违约金数额，公平解决违约责任问题。

"假一罚十"的合同条款约定可以被认定为惩罚性违约金，只是法律对此种惩罚性违约金的调整付之阙如。最高人民法院《关于审理网络消费纠纷案件适用法律若干问题的规定（一）》（法释〔2022〕8号）第10条规定："平台内经营者销售商品或者提供服务损害消费者合法权益，其向消费者承诺的赔偿标准高于相关法定赔偿标准，消费者主张平台内经营者按照承诺赔偿的，人民法院应依法予以支持。"当然，若出于对消费者进行倾斜保护的目的，将经营者的"假一罚十"

---

① "预先放弃调整违约金条款的效力"，参见最高人民法院第二巡回法庭2021年第18次法官会议纪要，载贺小荣主编：《最高人民法院第二巡回法庭法官会议纪要》（第三辑），人民法院出版社2022年版，第197～219页。

② 叶名怡：《论事前弃权的效力》，载《中外法学》2018年第2期。

③ 参见韩世远：《合同法学》，高等教育出版社2022年版，第302页。

的约款认定为单方允诺，则不存在对此类违约金的调整问题乃至订入合同等问题。①《民法典》第 585 条的规范性质为混合性规范，经营者与消费者之间约定对消费者有利的排除违约金调整规则的违约金条款有效，对经营者有利的排除违约金调整规则的违约金条款无效。当然，也可坚持将"假一罚十"之明示作为销售者的单方允诺，并在参照适用违约金调整规则时，得出如上相同结论。②

（本条撰写人：王　雷）

---

① 对于当事人在合同中所约定的极具惩罚性的违约金条款，人民法院应合理调整违约金数额，公平解决违约责任问题。2016 年 12 月 6 日，江苏省高级人民法院召开第 27 次审判委员会会议，对消费者权益保护纠纷案件审理中的若干问题进行了专题讨论，形成《关于审理消费者权益保护纠纷案件若干问题的讨论纪要》。其规定：经营者承诺假一罚百、假一罚万等赔偿的，经营者提供的商品存在假冒伪劣等有违其承诺情形的，消费者要求经营者按照承诺承担相应倍数赔偿，经营者主张过高，要求调整的，人民法院可以参照《合同法》第 114 条和《最高人民法院关于适用〈中华人民共和国合同法〉若干问题的解释（二）》第 29 条的规定处理。江苏高院发布消费者权益保护典型案例之七：周某与佰翔公司买卖合同纠纷案——商家对出售伪劣食品作出的"假一赔万"的承诺应认定为违约金，可按照《食品安全法》及《合同法》的规定予以调整。

② 参见王雷：《非合同之债对合同之债有关规定的参照适用》，载《当代法学》2023 年第 4 期。

违约金的司法酌减

当事人主张约定的违约金过分高于违约造成的损失，请求予以适当减少的，人民法院应当以民法典第五百八十四条规定的损失为基础，兼顾合同主体、交易类型、合同的履行情况、当事人的过错程度、履约背景等因素，遵循公平原则和诚信原则进行衡量，并作出裁判。

约定的违约金超过造成损失的百分之三十的，人民法院一般可以认定为过分高于造成的损失。

恶意违约的当事人一方请求减少违约金的，人民法院一般不予支持。

【本条主旨】

本条是违约金的司法酌减规则，第 1 款规定了违约金司法酌减的具体考量因素，第 2 款是违约金过高的推定规范，第 3 款是恶意违约情形下违约金一般不酌减规则。

【关联规定】

1.《民法典》第 585 条 当事人可以约定一方违约时应当根据违约情况向对方支付一定数额的违约金，也可以约定因违约产生的损失赔偿额的计算方法。

约定的违约金低于造成的损失的，人民法院或者仲裁机构可以根据当事人的请求予以增加；约定的违约金过分高于造成的损失的，人民法院或者仲裁机构可以根据当事人的请求予以适当减少。

当事人就迟延履行约定违约金的，违约方支付违约金后，还应当履行债务。

2.《全国法院民商事审判工作会议纪要》50. 【违约金过高标准及举证责任】认定约定违约金是否过高，一般应当以《合同法》第113条规定的损失为基础进行判断，这里的损失包括合同履行后可以获得的利益。除借款合同外的双务合同，作为对价的价款或者报酬给付之债，并非借款合同项下的还款义务，不能以受法律保护的民间借贷利率上限作为判断违约金是否过高的标准，而应当兼顾合同履行情况、当事人过错程度以及预期利益等因素综合确定。主张违约金过高的违约方应当对违约金是否过高承担举证责任。

3.《最高人民法院关于当前形势下审理民商事合同纠纷案件若干问题的指导意见》7. 人民法院根据合同法第一百一十四条第二款调整过高违约金时，应当根据案件的具体情形，以违约造成的损失为基准，综合衡量合同履行程度、当事人的过错、预期利益、当事人缔约地位强弱、是否适用格式合同或条款等多项因素，根据公平原则和诚实信用原则予以综合权衡，避免简单地采用固定比例等"一刀切"的做法，防止机械司法而可能造成的实质不公平。

【理解与适用】

在违约金酌减问题上，并不存在"全有全无式"的规则，而应进行"或多或少式"的动态权衡。如何在调整过高违约金时把握各考量因素的关系？司法实践中，违约金酌减案件裁判尺度需要规范统一、有章可循。"司法解释和指导文件规定了违约金酌减时的考量因素，'以损失为基础，综合各项因素'，因素作用力的大小如何，却未尽明晰"[1]。违约金是一个类型式概念，违约金的调整也需要结合利益动态衡量方法进行要素权衡。《合同法解释二》第29条第1款规定："当事人主张约定的违约金过高请求予以适当减少的，人民法院应当以实际损失为基础，兼顾合同的履行情况、当事人的过错程度以及预期利益等综合因素，根据公平原则和诚实信用原则予以衡量，并作出裁决。"这一条款建构起违约金司法酌减规则的"动态系统"。《合同编通则解释》第65条延续了这一规定，进一步完善了违约金司法酌减规则的"动态系统"。

一、违约金司法酌减规则的"动态系统"

《合同编通则解释》第65条第1款规定了对违约金是否过分高于违约造成的损失，以及是否予以调减、如何进行调减等问题的考量因素。根据这一规定，违约金的司法酌减应当以《民法典》第584条规定的损失为基础，兼顾合同主体、

---

[1] 屈茂辉：《违约金酌减预测研究》，载《中国社会科学》2020年第5期。

交易类型、合同的履行情况、当事人的过错程度、履约背景等因素，遵循公平原则和诚信原则进行衡量。详述如下。

（一）以《民法典》第584条规定的损失为基础

《合同编通则解释》第65条第1款首先规定了司法酌减违约金的计算基础为《民法典》第584条规定的损失。《民法典》第584条规定的损失是指"因违约所造成的损失，包括合同履行后可以获得的利益"，即包括实际损失（所受损害）和可得利益损失（所失利益）。

需要注意的是，历史上对司法酌减违约金的计算基础的规定存在一定的差异。《合同法解释二》第29条规定的是"当事人主张约定的违约金过高请求予以适当减少的，人民法院应当以实际损失为基础"。预期利益（可得利益）损失被司法裁判定位为"兼顾"因素，这种做法不合理，一定程度上助推违约金大概率被调整[①]，损害交易信用（诚信），且违约金酌减类案件的二审和再审率高。可得利益的估算困难恰恰是应尊重约定违约金的重要原因。某种意义上说，约定违约金就是用来解决可得利益损失估算困难的。应该将可得利益的损失明确纳入损失范围。[②]《九民会议纪要》第50条规定的是"认定约定违约金是否过高，一般应当以《合同法》第113条规定的损失为基础进行判断，这里的损失包括合同履行后可以获得的利益"。有的观点认为，尽管这两个条款的规定存在一定的差异，但是《合同法解释二》规定的应当综合衡量的多种相关因素中包括预期利益，该预期利益与《合同法》第113条规定的可得利益损失的赔偿精神是一致的，说明在衡量违约造成的损失时，《合同法解释二》第29条也考虑了可得利益的损失。[③]《合同编通则解释》第65条第1款进一步明确规定司法酌减违约金的计算基础以《民法典》第584条规定的损失，即实际损失和可得利益损失为基础，并相应地在其综合考虑因素中删去了"预期利益"。

---

① 有学者经实证统计发现，债务人请求违约金酌减案件中，被支持率为72%～79%。参见罗昆：《我国违约金司法酌减的限制与排除》，载《法律科学》2016年第2期。

② 参见孟勤国、申蕾：《论约定违约金调整的正当性与限度》，载《江汉论坛》2016年第7期。另参见韩强：《违约金担保功能的异化与回归》，载《法学研究》2015年第3期。最高人民法院在判决中也指出，因违约"造成的损失"不仅仅是指实际损失，还应包括合同履行后可以获得的利益。如果仅将违约成本控制在实际损失，不利于对守约方的保护。参见"中国信达资产管理股份有限公司甘肃省分公司与庆阳市智霖房地产开发有限公司等债权债务概括转移合同纠纷案"，最高人民法院（2018）最高法民终355号民事裁定书。2019年7月3日最高人民法院审判委员会专职委员刘贵祥《在全国法院民商事审判工作会议上的讲话》指出："在确定违约金是否过高时，一般应当以造成的包括预期利益在内的损失为基础来判断。"

③ 参见最高人民法院民事审判第二庭、研究室编：《最高人民法院民法典合同编通则司法解释理解与适用》，人民法院出版社2023年版，第726页。

（二）司法酌减违约金综合考量的因素

《合同编通则解释》第 65 条第 1 款规定了司法酌减违约金应当兼顾（综合考量）的因素，具体包括：

第一，合同主体。"合同主体"是《合同编通则解释》第 65 条第 1 款新增的因素，之所以作此规定，是因为合同主体的缔约能力对认定违约金是否过高也有重要意义，具体涉及当事人是民事主体还是商事主体，当事人缔约地位强弱，以及是否适用格式合同或格式条款，等等。如果违约方是商事主体，其对违约风险的预见和控制能力更强，对其主张的司法酌减违约金的请求应当予以慎重审查。例如，在"海口电信城市建设投资有限公司与海口市人民政府等合同纠纷上诉案"中，关于海口市住建局应承担的违约金标准的确定问题。案涉"框架协议"第 12 条约定"甲方违反本协议第二条、第五条约定，每逾期一天，应承担应付款项万分之五的违约金"，"甲方违反本协议第九条约定，每逾期一天，应承担应补偿数额万分之五的违约金"。且按照案涉"框架协议"的约定，如海口电信城市建设投资有限公司违反协议约定，亦应向海口市住建局承担相应的违约责任，故该协议约定的违约金的适用条件对任何一方而言都是公平的。案涉"框架协议"的一方主体为主管工程建设的政府机构，另一方为专业的工程投资公司，双方具有相当的缔约能力。该协议约定的违约金计算标准，系双方在平等协商的基础上确定的，其主要目的是督促海口市住建局如期履行资金投入的义务。[1] 再如，对竞业限制违约金可以调整，在调整时应考虑到签订竞业限制协议时劳动者的议价能力等多方面因素，予以个案判定。劳动争议纠纷案件中，若劳动者提出约定的竞业限制违约金过高并申请酌减，法院可以根据公平原则和诚信原则，从当事人双方约定的竞业限制补偿金数额、劳动者离职时的工作岗位及收入水平、劳动者的主观恶意、违约行为及其给用人单位造成的损失等多方面因素综合考量，认定竞业限制违约金是否过高以及减少的幅度。[2]

第二，交易类型。"交易类型"亦是《合同编通则解释》第 65 条第 1 款新增的因素，即在对违约金进行司法酌减的衡量中，应当考虑交易类型，如，合同是否属于可分之债（如已经交付的设备是否会受制于未交付设备而闲置），合同属于金钱之债还是非金钱之债，合同是否属于对赌协议，等等。例如，就金钱债务迟延履行对应的利息损失，根据《最高人民法院关于审理民间借贷案

① 参见"海口电信城市建设投资有限公司与海口市人民政府等合同纠纷上诉案"，最高人民法院（2016）最高法民终 469 号民事判决书。
② 参见"刘某与北京益高安捷信息技术有限公司劳动争议纠纷案"，北京市第一中级人民法院（2016）京 01 民终 6979 号民事判决书。

件适用法律若干问题的规定》第 29 条、第 30 条的规定，金钱债务违约金酌减案件中，应该注意衡量违约金数额与迟延履行金钱债务对应的利息损失。司法实践中，金钱债务迟延履行违约金的计算方法有多种。[①] 当事人主张约定的违约金过高请求酌减的，应当以实际损失为基础，但不能过分依赖实际损失。[②] 当事人在金钱债务中均未提交相应证据证明实际损失的，逾期给付价款所造成的资金占用损失为守约方实际损失。[③] 在借款合同纠纷案件中，当银行和借款人同时约定罚息和违约金时，罚息具有弥补损失和惩罚的双重作用，已经涵盖了违约金的功能，应优先选择罚息条款，并驳回其关于违约金的请求。[④] 最高人民法院《九民会议纪要》第 50 条第二句指出："……除借款合同外的双务合同，作为对价的价款或者报酬给付之债，并非借款合同项下的还款义务，不能以受法律保护的民间借贷利率上限作为判断违约金是否过高的标准，而应当兼顾合同履行情况、当事人过错程度以及预期利益等因素综合确定。……"再如，对赌协议中的估值调整条款，不能简单根据违约金过高规则进行酌减，而应该更加尊重"愿赌服输"规则。同样地，业绩补偿条款非基于违约产生，其性质非违约金。业绩补偿金系业绩未达标情况下一方当事人的给付义务，其内容并不等同于违约金，业绩补偿金的计算结果由商事主体基于自身风险预测和风险偏好决定，应遵从当事人的意思自治。[⑤]

第三，合同的履行情况。违约金的司法酌减还应当衡量"合同的履行情况"。所谓合同的履行情况，包括合同的履行程度、违约发生时间、违约持续时间[⑥]、

---

① 参见姚明斌：《金钱债务迟延违约金的规范互动——以实践分析为基础的解释论》，载《华东政法大学学报》2015 年第 4 期。

② 参见"江西华春环保装饰材料有限公司诉许某富等企业承包合同纠纷案"，江西省高级人民法院（2013）赣民一终字第 26 号民事判决书。另参见"新疆六道湾实业有限责任公司与乌鲁木齐市博元汽车修理有限公司合同纠纷案"，最高人民法院（2013）民提字第 145 号民事判决书。"简阳三岔湖旅游快速通道投资有限公司、刘某良与成都山鼎阳光房地产投资有限公司股权转让纠纷案"，最高人民法院（2012）民二终字第 22 号民事判决书。"刘某平与张某田、王某、武某雄、张某珍、折某刚股权转让纠纷案"，最高人民法院（2014）民二终字第 47 号民事判决书。

③ 参见"昭通联恒矿业有限公司、云南联恒投资股份有限公司与山东中翔集团有限公司、云南旺立达煤业有限公司企业出售合同纠纷案"最高人民法院（2015）民二终字第 63 号民事判决书。

④ 参见付建国、郝绍彬：《借款合同罚息与违约金并存应如何处理》，载《人民法院报》2018 年 4 月 26 日，第 7 版。

⑤ 参见"卓景公司、金茂公司及金茂公司股东黎某某对赌协议案"，绍兴市中级人民法院（2014）浙绍商初字第 48 号民事判决书，浙江省高级人民法院（2015）浙商终字第 84 号民事判决书，最高人民法院（2015）民申字第 2593 号民事裁定书。

⑥ 参见"韶关市汇丰华南创展企业有限公司与广东省环境工程装备总公司广东省环境保护工程研究设计院合同纠纷案"，载《最高人民法院公报》2011 年第 9 期。

是否存在损益相抵等。① 《最高人民法院关于当前形势下审理民商事合同纠纷案件若干问题的指导意见》第 7 条使用的是"合同履行程度"，合同履行程度的表述失之过窄，《合同编通则解释》第 65 条第 1 款使用的合同的履行情况的表述更为合理。例如，在部分履行对合同目的的实现影响程度很轻时，可以适当调整违约金数额；而在部分履行严重影响合同目的的实现时，则应当审慎调整或者不予调整违约金。② 又如，一方当事人违反合同非主要义务，根本违约的另一方当事人有权主张降低违约金。③ 当事人约定以总价款作为计付违约金基数，在违约方已经给付部分款项时，应以违约方未付的剩余款项为基础考量违约金约定是否过高。④ 有学者甚至认为，在违约金酌减案件中，基于违约金合同履行担保的功能，首要的考量因素应该是债务人义务违反程度及过错程度。⑤

第四，当事人的过错程度。违约责任不以过错为一般构成要件，但违约金调整案件中，过错具有重要意义。《合同编通则解释》第 65 条第 1 款中"当事人的过错"既包括债务人的过错程度⑥，也包括债权人的与有过失。例如，对合同不能履行双方均有过错，请求高额违约金难获支持，法院可依各方过错程度酌定违约金数额。⑦ 出租人在承租人根本违约后长期闲置租赁房屋，违约方有权主张降低违约金，法院有权酌定合理的违约金计算方式。⑧ 但是，在违约方故意或者恶意违约时，法院对违约金进行酌减就应当更加审慎，甚至不予酌减。

第五，履约背景。相对比于《合同法解释二》第 29 条，《合同编通则解释》第 65 条第 1 款新增"履约背景"这一违约金司法酌减的具体衡量因素，这与第 1

---

① 参见"西宁凯达实业发展有限责任公司与陈某峰、陈某股权转让纠纷二审民事判决书"，最高人民法院（2016）最高法民终 20 号民事判决书。

② 参见郭锋、陈龙业、蒋家棣：《〈全国法院贯彻实施民法典工作会议纪要〉理解与适用》，载《人民司法》2021 年第 19 期，第 28 页。

③ 参见"成都铠佑贸易有限公司与李某俊、蒋某等股权转让纠纷案"，最高人民法院（2015）民二终字第 161 号民事判决书。

④ 参见"吴某媚、李某生与梁某业、宋某之、王某远股权转让合同纠纷案"，最高人民法院（2016）最高法民终 51 号民事判决书。

⑤ 参见王洪亮：《违约金功能定位的反思》，载《法律科学》2014 年第 2 期。

⑥ 最高人民法院在"史某培与甘肃皇台酿造（集团）有限责任公司、北京皇台商贸有限责任公司互易合同纠纷案"中，认为"鉴于甘肃皇台在本案中已经构成违约，且存在恶意拖延乃至拒绝履约的嫌疑，加之没有证据能够证明日万分之四的违约金属于过高情形，因此《易货协议》约定的日万分之四的违约金不能被认为过高。"参见最高人民法院（2007）民二终字第 139 号民事判决书，载《最高人民法院公报》2008 年第 7 期。

⑦ 参见"宁夏金力泰钢结构有限公司与银川开发区宏建房地产开发有限公司合资、合作开发房地产合同纠纷案"，最高人民法院（2015）民一终字第 57 号民事判决书。

⑧ 参见"大同市天力房地产开发有限责任公司与山西同至人商业管理有限公司、吴某功房屋租赁合同纠纷案"，最高人民法院（2015）民一终字第 340 号民事判决书。

条第 1 款合同解释方法中的"缔约背景"因素相呼应。《最高人民法院关于当前形势下审理民商事合同纠纷案件若干问题的指导意见》在"依法合理调整违约金数额，公平解决违约责任问题"下提到"宏观经济环境""企业经营状况"，《合同编通则解释》第 65 条第 1 款改为"履约背景"。"相较于'宏观经济形势'，'履约背景'的涵盖面更广，不限于宏观经济形势，这一修改有利于引导法官在综合考虑各方面因素的基础上正确适当调整违约金。"[1]

（三）酌减的结果应当符合公平原则和诚信原则

《合同编通则解释》第 65 条第 1 款规定司法酌减违约金应当遵循公平原则和诚信原则。司法酌减违约金实际上是在合同自由和合同公平之间进行平衡。对违约金进行司法酌减，并且确定违约金数额时，应当考虑调整之后的违约金对于双方当事人是否公平，是否保护了诚信的当事人。

总之，对过高违约金进行酌减时，应当结合案件的具体情形，以违约造成的损失（包括实际损失和预期利益）为基准，综合衡量合同主体（当事人缔约地位/缔约能力强弱、是否适用格式合同或格式条款等）、交易类型（行为的性质和目的，如合同是否属于可分之债、金钱之债等）、合同的履行情况（包括履行程度、违约发生时间、违约持续时间等）、当事人的过错程度（包括债务人的过错程度，也包括债权人的与有过失）、履约背景等多项衡量因素，根据公平原则和诚信原则予以综合权衡，避免简单地采用固定比例等"一刀切"的做法，防止机械司法可能造成的实质不公平。当然，也不能过分依赖于实际损失去判断。违约金司法酌减考量因素及其动态权衡都不是封闭的，而是动态开放的，《合同编通则解释》第 65 条第 1 款使用了"等因素"这一开放表述。[2] 违约金司法酌减规则的"动态系统"是超越概念法学和自由法学/利益法学的评价法学利益动态衡量思维，这种思维避免了概念法学可能带来的机械司法，有效解决了自由法学/利益法学评价对象与评价标准不分的理论弊端[3]，也暗合中国儒家传统执两用中、中庸权衡的柔性、辩证思维。

二、恶意违约情形下违约金一般不酌减

根据《合同编通则解释》第 65 条第 3 款，恶意违约的当事人一方请求减少

---

① 最高人民法院民事审判第二庭、研究室编著：《最高人民法院民法典合同编通则司法解释理解与适用》，人民法院出版社 2023 年版，第 727 页。

② 参见王雷：《民法证据规范论：案件事实的形成与民法学方法论的完善》，中国人民大学出版社 2022 年版，第 178～179 页。

③ 参见［德］卡尔·拉伦茨：《法学方法论》，陈爱娥译，商务印书馆 2003 年版，第 1 页。

违约金的，人民法院一般不予支持。该规定有利于弘扬诚信等社会主义核心价值观。对此，可以结合《合同编通则解释》第65条第1款"当事人的过错"、第65条第3款"恶意违约"作体系解释。违约方的过错程度达到恶意时，就不再是违约金司法酌减中的一般衡量因素，而其论证力会被提高，产生原则上不予酌减违约金的影响力。

所谓恶意违约，是指无任何正当理由公然毁约，违约方主观上不仅具有违约的故意，而且根本不考虑因此会给非违约方造成的损失。恶意违约的一方不得请求调整违约金，体现了对违约行为的制裁，维护了诚信原则。对当事人之间的惩罚性违约金，其以过错为构成要件，债务人故意违约时，不能请求酌减。①

商事主体在诉讼中自愿签订和解协议并承诺高额违约金，但在银行账户解除冻结后未依约履行和解协议中约定的给付义务，具有极强的主观恶意，严重违反诚信原则。此种情形下，法院应注重违约金的惩罚性功能，即使实际损失数额远小于违约金数额，也可以不予酌减。最高人民法院指导案例166号"北京隆昌伟业贸易有限公司诉北京城建重工有限公司合同纠纷案"在违约金司法酌减案件中针对恶意违约的当事人情形，表达了此种裁判要点："当事人双方就债务清偿达成和解协议，约定解除财产保全措施及违约责任。一方当事人依申请人民法院解除了保全措施后，另一方当事人违反诚实信用原则不履行和解协议，并在和解协议违约金诉讼中请求减少违约金的，人民法院不予支持。"② 《合同编通则解释》第65条第3款是从最高人民法院指导案例166号中提炼出的一般规则。

三、"违约金司法酌减具体考量因素"对应典型案例评析

最高人民法院指导案例189号"上海熊猫互娱文化有限公司诉李某、昆山播爱游信息技术有限公司合同纠纷案"③，是一起"违约金司法酌减具体考量因素"适用的典型案例。

（一）基本案情

被告李某原为原告上海熊猫互娱文化有限公司（以下简称熊猫公司）创办的熊猫直播平台游戏主播，被告昆山播爱游信息技术有限公司（以下简称播爱游公

---

① 参见罗昆：《我国违约金司法酌减的限制与排除》，载《法律科学》2016年第2期。

② "北京隆昌伟业贸易有限公司诉北京城建重工有限公司合同纠纷案"，北京市第二中级人民法院（2017）京02民终8676号民事判决书，最高人民法院指导案例166号。

③ "上海熊猫互娱文化有限公司诉李某、昆山播爱游信息技术有限公司合同纠纷案"，上海市第二中级人民法院（2020）沪02民终562号民事判决书，载《最高人民法院公报》2023年第2期，最高人民法院指导案例189号。何云、及小同：《〈上海熊猫互娱文化有限公司诉李某、昆山播爱游信息技术有限公司合同纠纷案〉的理解与参照——网络主播违约跳槽的违约责任认定》，载《人民司法·案例》2023年第23期。

司）为李某的经纪公司。2018 年 2 月 28 日，熊猫公司、播爱游公司及李某签订"主播独家合作协议"（以下简称"合作协议"），约定李某在熊猫直播平台独家进行"绝地求生游戏"的第一视角游戏直播和游戏解说。该协议违约条款约定，协议有效期内，播爱游公司或李某未经熊猫公司同意，擅自终止本协议或在直播竞品平台上进行相同或类似合作，或将已在熊猫直播上发布的直播视频授权给任何第三方使用的，构成根本性违约，播爱游公司应向熊猫直播平台支付如下赔偿金：（1）本协议及本协议签订前李某因与熊猫直播平台开展直播合作熊猫公司累计支付的合作费用；（2）5 000 万元人民币；（3）熊猫公司为李某投入的培训费和推广资源费。主播李某对此向熊猫公司承担连带责任。合同约定的合作期限为一年，从 2018 年 3 月 1 日至 2019 年 2 月 28 日。

2018 年 6 月 1 日，播爱游公司向熊猫公司发出主播催款单，催讨欠付李某的两个月的合作费用。截至 2018 年 6 月 4 日，熊猫公司为李某直播累计支付 2017 年 2 月至 2018 年 3 月的合作费用 1 111 661 元。

2018 年 6 月 27 日，李某发布微博称其将带领所在直播团队至斗鱼直播平台进行直播，并公布了直播时间及房间号。2018 年 6 月 29 日，李某在斗鱼直播平台进行首播。播爱游公司也于官方微信公众号上发布李某在斗鱼直播平台的直播间链接。

2018 年 8 月 24 日，熊猫公司向人民法院提起诉讼，请求判令两被告继续履行独家合作协议、立即停止在其他平台的直播活动并支付相应违约金。一审审理中，熊猫公司调整诉讼请求为判令两被告支付原告违约金 300 万元。播爱游公司不同意熊猫公司请求，并提出反诉请求：（1）判令确认熊猫公司、播爱游公司、李某三方于 2018 年 2 月 28 日签订的"合作协议"于 2018 年 6 月 28 日解除；（2）判令熊猫公司向播爱游公司支付 2018 年 4 月至 2018 年 6 月之间的合作费用 224 923.32 元；（3）判令熊猫公司向播爱游公司支付律师费 20 000 元。

（二）裁判要点及裁判理由

网络主播违反约定的排他性合作条款，未经直播平台同意在其他平台从事类似业务的，应当依法承担违约责任。网络主播主张合同约定的违约金明显过高请求予以减少的，在实际损失难以确定的情形下，人民法院可以根据网络直播行业特点，以网络主播从平台中获取的实际收益为参考基础，结合平台前期投入、平台流量、主播个体商业价值等因素合理酌定。

法院认为：主播未经熊猫公司同意在竞争平台直播构成违约，应当承担赔偿责任。熊猫公司虽然存在履行瑕疵（欠付主播两个月合作费用）但并不足以构成根本违约，播爱游公司、李某并不能以此为由主张解除"合作协议"。且即便从解除的方式来看，合同解除的意思表示也应当按照法定或约定的方式明确无误地向合同相对方发出，李某在微博平台上向不特定对象发布的所谓"官宣"或直接至其他平台直播的行为，均不能认定为向熊猫公司发出明确的合同解除的意思表示。因此，李某、播爱游公司提出因熊猫公司违约而已经行使合同解除权的主张不能成立。

本案当事人在"合作协议"中约定了 5 000 万元的"天价违约金"①，播爱游公司诉请两被告承担违约金 300 万元。法院最终判令两被告向熊猫公司连带支付违约金 260 万元。

法院在本案中调整违约金时充分考虑网络直播这一新兴行业的特点。网络直播平台是以互联网为必要媒介、以主播为核心资源的企业，在平台运营中通常需要在带宽、主播上投入较多的前期成本，而主播违反合同在第三方平台进行直播的行为给直播平台造成损失的具体金额实际上难以量化，如果对网络直播平台苛以过重的举证责任，则有违公平原则，故本案违约金的调整应当考虑网络直播平台的特点以及签订合同时对熊猫公司成本及收益的预见性。本案中，考虑主播李某在游戏直播行业中享有很高的人气和知名度的实际情况，结合其收益情况、合同剩余履行期间、双方违约及各自过错大小、熊猫公司能够量化的损失、熊猫公司已对约定违约金作出的减让、熊猫公司平台的现状等情形，根据公平与诚信原则以及直播平台与主播个人的利益平衡，酌情将违约金调整为 260 万元（将违约金酌情调整至相当于主播从直播平台获得的总收益的 2 倍）。

（三）案例评析

法院在本案调整违约金过程中着重考虑网络直播行业特点，这契合《合同编通则解释》第 65 条第 1 款违约金司法酌减中的"交易类型"这一衡量因素，该款中的合同主体（网络平台主播的人气、知名度，网络平台现状）、合同的履行情况（合同剩余履行期间）、当事人的过错程度（双方违约及各自过错大小）等衡量因素也在裁判中有所体现。《合同编通则解释》第 65 条第 1 款规定的"以民法典第五百八十四条规定的损失为基础"，在本案中具体化为对平台损失的认定，"在实际损失难以确定的情形下，人民法院可以根据网络直播行业特点，以网络主播从平台中获取的实际收益为参考基础，结合平台前期投入、平台流量、主播个体商业价值等因素合理酌定"。

（本条撰写人：王　雷）

---

① 主播和平台之间的合作协议中经常出现"天价违约金"现象。参见辛省志：《女大学生被斗鱼索赔 8000 万：天价违约金是否显失公平？》，南方周末公众号 2023 年 12 月 10 日，https://mp.weixin.qq.com/s/V3R8DVGLOyamQI30J5aPoA。

违约金调整的释明与改判

当事人一方请求对方支付违约金，对方以合同不成立、无效、被撤销、确定不发生效力、不构成违约或者非违约方不存在损失等为由抗辩，未主张调整过高的违约金的，人民法院应当就若不支持该抗辩，当事人是否请求调整违约金进行释明。第一审人民法院认为抗辩成立且未予释明，第二审人民法院认为应当判决支付违约金的，可以直接释明，并根据当事人的请求，在当事人就是否应当调整违约金充分举证、质证、辩论后，依法判决适当减少违约金。

被告因客观原因在第一审程序中未到庭参加诉讼，但是在第二审程序中到庭参加诉讼并请求减少违约金的，第二审人民法院可以在当事人就是否应当调整违约金充分举证、质证、辩论后，依法判决适当减少违约金。

【本条主旨】

第 66 条是违约金调整的释明与改判规则。

【关联规定】

1.《民法典》第 585 条　当事人可以约定一方违约时应当根据违约情况向对方支付一定数额的违约金，也可以约定因违约产生的损失赔偿额的计算方法。

约定的违约金低于造成的损失的，人民法院或者仲裁机构可以根据当事人的请求予以增加；约定的违约金过分高于造成的损失的，人民法院或者仲裁机构可以根据当事人的请求予以适当减少。

当事人就迟延履行约定违约金的，违约方支付违约金后，还应当履行债务。

2. 《最高人民法院关于审理买卖合同纠纷案件适用法律问题的解释》第 21 条 买卖合同当事人一方以对方违约为由主张支付违约金，对方以合同不成立、合同未生效、合同无效或者不构成违约等为由进行免责抗辩而未主张调整过高的违约金的，人民法院应当就法院若不支持免责抗辩，当事人是否需要主张调整违约金进行释明。

一审法院认为免责抗辩成立且未予释明，二审法院认为应当判决支付违约金的，可以直接释明并改判。

3. 《最高人民法院关于民事诉讼证据的若干规定》第 53 条 诉讼过程中，当事人主张的法律关系性质或者民事行为效力与人民法院根据案件事实作出的认定不一致的，人民法院应当将法律关系性质或者民事行为效力作为焦点问题进行审理。但法律关系性质对裁判理由及结果没有影响，或者有关问题已经当事人充分辩论的除外。

存在前款情形，当事人根据法庭审理情况变更诉讼请求的，人民法院应当准许并可以根据案件的具体情况重新指定举证期限。

4. 《全国法院民商事审判工作会议纪要》36. 【合同无效时的释明问题】在双务合同中，原告起诉请求确认合同有效并请求继续履行合同，被告主张合同无效的，或者原告起诉请求确认合同无效并返还财产，而被告主张合同有效的，都要防止机械适用"不告不理"原则，仅就当事人的诉讼请求进行审理，而应向原告释明变更或者增加诉讼请求，或者向被告释明提出同时履行抗辩，尽可能一次性解决纠纷。例如，基于合同有给付行为的原告请求确认合同无效，但并未提出返还原物或者折价补偿、赔偿损失等请求的，人民法院应当向其释明，告知其一并提出相应诉讼请求；原告请求确认合同无效并要求被告返还原物或者赔偿损失，被告基于合同也有给付行为的，人民法院同样应当向被告释明，告知其也可以提出返还请求；人民法院经审理认定合同无效的，除了要在判决书"本院认为"部分对同时返还作出认定外，还应当在判项中作出明确表述，避免因判令单方返还而出现不公平的结果。

第一审人民法院未予释明，第二审人民法院认为应当对合同不成立、无效或者被撤销的法律后果作出判决的，可以直接释明并改判。当然，如果返还财产或者赔偿损失的范围确实难以确定或者双方争议较大的，也可以告知当事人通过另行起诉等方式解决，并在裁判文书中予以明确。

当事人按照释明变更诉讼请求或者提出抗辩的，人民法院应当将其归纳为案件争议焦点，组织当事人充分举证、质证、辩论。

5. 《最高人民法院关于当前形势下审理民商事合同纠纷案件若干问题的指导

意见》8. 为减轻当事人诉累，妥当解决违约金纠纷，违约方以合同不成立、合同未生效、合同无效或者不构成违约进行免责抗辩而未提出违约金调整请求的，人民法院可以就当事人是否需要主张违约金过高问题进行释明。人民法院要正确确定举证责任，违约方对于违约金约定过高的主张承担举证责任，非违约方主张违约金约定合理的，亦应提供相应的证据。合同解除后，当事人主张违约金条款继续有效的，人民法院可以根据合同法第九十八条的规定进行处理。

【理解与适用】

《合同编通则解释》第 66 条是违约金调整的释明与改判规则。在违约金酌减案件中，法院能否行使释明权，如何行使释明权，是理论和实践难点。

一、违约金调整释明权的规范变迁

《合同编通则解释》第 66 条违约金调整释明规则总体延续了《买卖合同解释》第 21 条、第 27 条的做法。

就违约金调整权行使与否的释明，从《最高人民法院关于当前形势下审理民商事合同纠纷案件若干问题的指导意见》第 8 条到 2012 年《买卖合同解释》第 27 条，最高人民法院就法官对违约金调整进行释明的态度，由"可以"释明转变为一审"应当"释明、二审"可以"释明。不同于《最高人民法院关于审理民事案件适用诉讼时效制度若干问题的规定》第 3 条"禁止对诉讼时效进行释明"的立场，对违约金调整进行释明属于诉讼指挥权，体现了法官的自由裁量职权，通过释明，实现当事人之间诉讼能力的实质平等。

《合同编通则解释》第 66 条违约金调整释明规则总体延续了《买卖合同解释》第 21 条的做法，同样区分一审"应当"释明和二审"可以"释明。相较《买卖合同解释》第 21 条，《合同编通则解释》第 66 条的变化发展主要有：

第一，扩展了违约金调整释明规则的适用范围，不局限于买卖合同纠纷，而是扩展到所有合同纠纷。

第二，扩展了免责抗辩的范围，增加合同被撤销、非违约方不存在损失抗辩，结合《民法典》第 157 条的立法用语，将合同未生效抗辩改为合同确定不发生效力抗辩。

第三，增加释明权行使过程中对当事人程序权利的保障。对当事人在二审程序中提出的违约金调整请求，法院应保障当事人就是否应当调整违约金充分举证、质证、辩论。

二、违约金调整释明权的制度目的

法院就违约金调整（酌减）的释明并非法院依职权主动调整（酌减）违约金。"法官不主动酌减但向当事人释明已然成为一种较具代表性的违约金酌减启动方式。"[①] 违约金调整须尊重当事人意思自治，违约金调整的启动模式仍然是依当事人申请调整。《民法典》第 585 条第 2 款明确要求人民法院或者仲裁机构"可以根据当事人的请求"调整违约金。

违约金调整释明制度的根本目的是减轻当事人诉累，公平妥当解决违约金纠纷，降低司法成本，努力实现纠纷一次性解决。最高人民法院在《合同法解释二》起草过程中讨论过违约金调整释明问题。"鉴于实务中当事人无论是真实认为还是出于诉讼策略，往往并不围绕违约金数额是否过高问题，而是将诉讼焦点集中在是否违约方面，并以没有违约，合同未成立，合同未生效，合同无效等为抗辩理由而主张免责。这样的结果通常是，由于违约方并未提出调整违约金的申请，法院自然仅就违约方是否违约作出裁判。而违约方若再主张违约金过高而申请调整，则由于判决已经作出，而只能另外单独提起调整违约金之诉，这样无疑会增加不必要的诉累和司法成本。因此，为避免出现此种情形，我们认为，在当事人仅纠缠于是否构成违约而未对违约金高低进行主张权利时，人民法院应该行使释明权：假设被告存在违约行为，对违约金的数额有何异。"[②]

违约金调整释明制度还可以破解违约方免责抗辩和司法酌减违约金诉讼请求之间的逻辑悖论。根据《合同编通则解释》第 66 条第 1 款第一句的规定，"当事人一方请求对方支付违约金，对方以合同不成立、无效、被撤销、确定不发生效力、不构成违约或者非违约方不存在损失等为由抗辩，未主张调整过高的违约金的，人民法院应当就若不支持该抗辩，当事人是否请求调整违约金进行释明"。在逻辑上，当事人以合同不成立、无效、被撤销、确定不发生效力、不构成违约或者非违约方不存在损失等为由抗辩，认为自己不应当承担违约金，自然也不存在违约金是否过高的问题。相反，如果当事人请求适当减少违约金，则隐含的前提是承认违约并应当支付违约金。这两个诉讼防御逻辑难以同时存在。[③] 通过违约金调整释明，可以顺畅衔接违约方的免责抗辩和违约金酌减请求，二者前后相

[①]　屈茂辉：《违约金酌减预测研究》，载《中国社会科学》2020 年第 5 期。

[②]　最高人民法院研究室编著：《最高人民法院关于合同法司法解释（二）理解与适用》，人民法院出版社 2009 年版，第 214～215 页。

[③]　参见最高人民法院民事审判第二庭编著：《最高人民法院关于买卖合同司法解释理解与适用》，人民法院出版社 2012 年版，第 434 页。

继，违约方只作免责抗辩时，人民法院应当就若不支持该抗辩，当事人是否请求调整违约金进行释明。

三、违约金案件中须区分违约方的免责抗辩和减责请求

当事人一方请求对方支付违约金，对方以合同不成立、无效、被撤销、确定不发生效力、不构成违约或者非违约方不存在损失等为由抗辩，属于违约方的免责抗辩。

在违约金案件中，违约方只提出免责抗辩，未主张调整过高的违约金的，人民法院应当就若不支持该抗辩，当事人是否请求调整违约金进行释明。违约方请求适当减少违约金，属于违约方的减责请求。

不能混淆违约方的免责抗辩和减责请求，二者都起到对抗非违约方支付违约金请求权的效果，但免责抗辩的焦点主要是是否违约，减责请求的焦点则是违约金是否过高。违约方免责抗辩不能代替减责请求，违约方只提出免责抗辩时，法院不能主动对违约金进行酌减。无法从违约方免责抗辩中推导出包含"约定的违约金过分高于造成的损失从而请求予以适当减少"的意思表示。当事人提出自己不构成违约的免责抗辩是对其承担违约责任的根本否定，不应视为其已经明确放弃了酌减违约金的请求。"当事人以己方不构成违约进行抗辩，不当然视为放弃违约金调整主张。"①

针对非违约方的支付违约金请求，违约方免责抗辩和减责请求本质上是前后两个抗辩的预备合并，可以提高审判效率，实现一次性解决纠纷。针对非违约方的支付违约金请求，违约方免责抗辩，构成主位抗辩。针对非违约方的支付违约金请求，违约方减责（违约方酌减）请求，构成备位抗辩。若违约方在免责抗辩对应的主位抗辩中得不到支持，违约方不必另行提起诉讼，法院可对减责请求对应的备位抗辩作出判决，若主位抗辩获得胜诉则无须开展备位抗辩。减责请求对应的备位抗辩附生效条件，该生效条件是违约方的免责抗辩得不到法院支持。

违约方免责抗辩和减责请求，不是两个以上诉讼请求的合并审理或者预备合并，不是主请求和备位请求的合并，而是两个抗辩的预备合并，免责抗辩是主抗辩，减责请求是备位抗辩，二者前后相继，两种实体权利可以在同一诉讼程序中得到保障。

---

① "董某与李某房屋买卖合同纠纷"，北京市第三中级人民法院 2021 年 12 月 8 日通报三起涉约定违约金司法调整典型案例，案例二。

四、违约金调整释明权的具体行使

就违约金调整权的行使时间，从解释论上看，《买卖合同解释》第 27 条第 2 款、《买卖合同解释》第 21 条第 2 款规定二审法院"可以直接释明并改判"。这种做法有利于提高诉讼效率，二审法院在审理过程中也会遵循这种规定。[①] 但从立法论上看，直接改判的做法剥夺了当事人上诉权，损害了其审级利益，以诉讼效率牺牲了实体公正。如果当事人没有明确表示放弃违约金调整权，其调整权对应的程序法上的审级利益应受到保护。根据《民事诉讼法司法解释》第 326 条第 1 款的规定，当事人在二审中提出违约金调减申请时，法院可以根据当事人自愿原则进行调解，调解不成，则告知其另行起诉。[②]《合同编通则解释》第 66 条第 1 款第二句构成《民事诉讼法解释》第 326 条第 1 款的例外规定、特别规定，违约方在二审中提出违约金调整请求时，法院不是调解不成告知其另行起诉，而是可以直接释明并改判。

对违约金调整的释明不能"一刀切"，也应该作利益动态衡量，当开发商作为违约方、买房人作为守约方时，就不宜直接对违约方申请调减与否进行释明。法官的过度释明导致当事人对审判中立产生合理怀疑的，可以作为当事人申请回避的理由。[③]

法官在何种程度上行使释明权才妥当，是公认的难题。法官行使释明权时不能简单直接，如当庭告知："双方的违约金过高，被告是否申请裁减予以调整？"此种粗糙的释明有违审判中立。法官释明时一般不要明确表达出本案中违约金已经过分高于损失这一看法，仅需稳妥地向当事人说明违约金调整制度存在及运用的相关规定即可。[④]

二审法院对违约金调整"可以直接释明"并改判，这给了二审法院较大的自由裁量权。但是，对于何时二审法院直接释明并改判，何时二审法院发回原审法院重审？《合同编通则解释》并未给出明确标准。根据《合同编通则解释》第 66 条第 1 款第二句的规定，"第一审人民法院认为抗辩成立且未予释明，第二审人民法院认为应当判决支付违约金的，可以直接释明，并根据当事人的请求，在当

---

① 参见"张某与莫某及北京链家房地产经纪有限公司房屋买卖合同纠纷案"，北京市第二中级人民法院（2017）京 02 民终 2814 号民事判决书。

② 参见谭启平、张海鹏：《违约金调减权及其行使与证明》，载《现代法学》2016 年第 3 期。

③ 参见谭启平、张海鹏：《违约金调减权及其行使与证明》，载《现代法学》2016 年第 3 期。

④ 参见最高人民法院民事审判第二庭编著：《最高人民法院关于买卖合同司法解释理解与适用》，人民法院出版社 2012 年版，第 436 页。

事人就是否应当调整违约金充分举证、质证、辩论后，依法判决适当减少违约金"。该段授予二审法院的处理方式非常类似于《民事诉讼法》第 177 条第 1 款第 3 项，"原判决认定基本事实不清的，裁定撤销原判决，发回原审人民法院重审，或者查清事实后改判。"《合同编通则解释》第 66 条第 1 款第二句鼓励二审法院可以直接释明并改判，二审法院当然也可以发回原审法院重审，从解释论上看，该款第二句实质上在《民事诉讼法》第 177 条第 1 款的四种情形之外新增了一种二审法院所面对的上诉案件情形。

《合同编通则解释》第 66 条第 2 款规定："被告因客观原因在第一审程序中未到庭参加诉讼，但是在第二审程序中到庭参加诉讼并请求减少违约金的，第二审人民法院可以在当事人就是否应当调整违约金充分举证、质证、辩论后，依法判决适当减少违约金。"被告因客观原因在第一审程序中未到庭参加诉讼①，但是在第二审程序中到庭参加诉讼并请求减少违约金的，实质上是在二审中提出反诉。《民事诉讼法解释》第 326 条规定："在第二审程序中，原审原告增加独立的诉讼请求或者原审被告提出反诉的，第二审人民法院可以根据当事人自愿的原则就新增加的诉讼请求或者反诉进行调解；调解不成的，告知当事人另行起诉。""双方当事人同意由第二审人民法院一并审理的，第二审人民法院可以一并裁判。"鉴于调整违约金的形成诉权与支付违约金请求权在客观上具有对抗性，只能在同一程序中对此加以判定，因此对被告在二审中提出的减少违约金请求，适用《民事诉讼法解释》第 326 条规定的原审被告在二审中提出反诉时"调解不成另案诉讼"方案并不合适。

五、法院释明后当事人仍不申请调整或者法院应当释明而未释明的法律后果

根据《合同编通则解释》第 66 条的规定，经法院释明后，违约方坚持不请求调整违约金，法院应当尊重当事人的意思自治，不予主动调整。一审判决后，违约方以违约金过高为理由提出上诉的，二审法院可不予支持。经法院释明后，违约方坚持不请求调整违约金，须尊重当事人的意思自治，但若违约金条款无效，另当别论。法院对无效违约金条款应该依职权主动审查。

---

① 合同当事人按照法院的相关规定一审出庭应诉并提交免责抗辩意见是二审程序直接释明并调整违约金标准的前置条件。当事人经一审法院合法传唤拒绝到庭应诉，系对自己相关诉讼权利的放弃，应视为其放弃在一审程序中提出免责抗辩的权利，由于一审期间当事人未向法院提出调整过高违约金的请求，故对其在二审中提出的违约金调整主张不予支持。"张某与毛某、甲服装公司买卖合同纠纷"，北京市第三中级人民法院 2021 年 12 月 8 日通报三起涉约定违约金司法调整典型案例，案例三。

一审法院对违约金调整应当释明而未释明，如何处理？《合同编通则解释》第 66 条对此未作正面回答。[1]《买卖合同解释》第 27 条、《买卖合同解释》第 21 条也未解决这一问题。[2] 例如，一审法院认为违约方的免责抗辩不成立，但未对违约金调整进行释明，而径行作出裁判，一审法院应当释明而未释明，类推适用《合同编通则解释》第 66 条第 1 款的规定，二审法院可以直接释明并改判。司法实践中，针对一审法院认为免责抗辩不成立，但未对违约金调整进行释明的案件，二审法院也采取直接释明并改判的做法。[3] 一审法院对违约金调整应当释明而未释明的，是否属于《民事诉讼法》第 177 条 "严重违反法定程序的情形"，从而应当发回原审人民法院重审？答案是否定的。违约方请求酌减违约金的权利属于形成诉权，违约方可以放弃行使该权利，一审法院应当释明而未释明的，不是 "严重违反法定程序"，总体上仅轻微程序违法，因为违约方也知道或者应当知道自己有依据《合同编通则解释》第 64 条第 1 款通过反诉或抗辩的方式请求调低违约金的权利。即便一审法院应当释明而未释明，违约方也有可能自行直接提出违约金酌减请求，此时更不宜认定一审法院未释明属于 "严重违反法定程序"。

六、"违约金调整释明权" 对应典型案例评析

北京市高级人民法院发布北京法院参阅案例第 39 号 "北京市两高律师事务所诉白某诉讼代理合同纠纷案"[4]。这是一起和违约金调整的释明与改判对应的典型案例。

（一）基本案情

2011 年 8 月 10 日，甲方（白某）与乙方（北京市两高律师事务所，以下简称两高律师所）签订 "委托代理合同"，约定："第一条、委托代理事项：甲方因与鄂尔多斯市东胜区拆迁办不服行政裁决纠纷一案，聘请乙方律师作为委托代理人。……第三条、委托代理期限：合同代理期限自本合同签订之日起至一审终止（包括和解、调解、撤诉、判决、裁定、裁决）。第六条、律师代理费和办案费用：1. 甲方应按下列第（2）种方式向乙方支付律师代理费：（2）结案后，以一

---

①　参见最高人民法院民事审判第二庭、研究室编著：《最高人民法院民法典合同编通则司法解释理解与适用》，人民法院出版社 2023 年版，第 743～744 页。

②　参见最高人民法院民事审判第二庭编著：《最高人民法院关于买卖合同司法解释理解与适用》，人民法院出版社 2012 年版，第 439 页。

③　参见 "天地融科技股份有限公司与北京和确装饰设计有限公司建设工程设计合同纠纷"，北京市第一中级人民法院（2022）京 01 民终 2339 号民事判决书。

④　北京法院参阅案例第 39 号 "北京市两高律师事务所诉白某诉讼代理合同纠纷案"，北京市第二中级人民法院（2012）二中民终字第 10572 号民事判决书。

审终止为准，甲方应支付乙方律师代理费二十万元。2. 乙方律师在代理过程中发生的办案费用，由甲方承担。……第八条、违约责任：…… 3. 甲方逾期支付乙方律师代理费或者办案费用的，每日按照未付金额的千分之五向乙方支付违约金。"

2011 年 8 月 11 日，两高律师所指派律师代白某将东胜区房屋征收拆迁管理局起诉至鄂尔多斯市东胜区人民法院，要求法院依法撤销鄂东拆裁字（2011）第 0286 号行政裁决、责令东胜区房屋征收拆迁管理局重新作出相关具体行政行为。

2011 年 9 月 14 日，白某以与鄂尔多斯市东胜区房屋拆迁管理办公室协商为由向鄂尔多斯市东胜区人民法院申请撤回起诉。同日，鄂尔多斯市东胜区人民法院出具（2011）东法行初字第 15 号行政裁定书，裁定准许白某撤诉。

2011 年 9 月 15 日，被拆迁人白某与拆迁人鄂尔多斯市东胜城市建设开发投资集团有限责任公司签订"房屋拆迁补偿安置协议书"。

因白某未支付律师费，两高律师所诉至法院，要求：（1）判令白某支付律师费 20 万元；（2）白某支付上述费用的违约金（以 20 万元为本金，从 2011 年 9 月 15 日起至实际给付之日止，按照日千分之五为标准计算）；（3）诉讼费由白某负担。

（二）审理过程及结果

2012 年 4 月 25 日，北京市朝阳区人民法院作出（2011）朝民初字第 33847 号民事判决：

一、白某于判决生效后十日内给付两高律师所代理费二十万元；二、白某于判决生效后十日内给付两高律师所上述款项的违约金（以二十万元为本金，自二〇一一年九月十五日起至实际给付之日止，按照日千分之五的标准计算）。

白某不服一审判决，提出上诉。2012 年 9 月 3 日，北京市第二中级人民法院作出（2012）二中民终字第 10572 号民事判决：

一、维持北京市朝阳区人民法院（2011）朝民初字第 33847 号民事判决第一项；二、撤销北京市朝阳区人民法院（2011）朝民初字第 33847 号民事判决第二项；三、白某于本判决生效后十日内给付北京市两高律师所违约金（以代理费二十万元为本金，自二〇一一年九月十五日起至实际给付之日止，按照中国人民银行规定的同期人民币贷款基准利率上浮百分之三十计算）；四、驳回北京市两高律师所的其他诉讼请求。

（三）裁判理由

北京市第二中级人民法院生效裁判认为：依据"委托代理合同"的约定，白某向两高律师所支付 20 万元代理费的条件已经成就。依据"委托代理合同"的约定，白某逾期支付两高律师所代理费或者办案费用的，每日按照未付金额的千分之五向两高律师所支付违约金。经本院释明，白某主张违约金计算标准过高，请求法院依法予以调整。"委托代理合同"中关于违约金的计算标准明显过高，本院予以调整。考虑到实际损失、合同的履行情况、当事人的过错程度等因素，根据公平原则和诚信原则，本院认为，本案中违约金的计算标准应当调整为按中国人民银行规定的同期人民币贷款基准利率上浮 30％。

据此，二审法院判决撤销原审判决第二项，判令白某按照中国人民银行规定的同期人民币贷款基准利率上浮 30％标准向两高律师所支付违约金。

（四）案例评析

合同违约方在一审中主张不构成违约，但未提出违约金过高抗辩的，法院应当就若不支持该抗辩，当事人是否请求调整违约金依法进行释明。若一审法院未释明但判决被告依合同约定承担违约金，二审法院可以根据案件具体情况直接释明并改判。二审法院在本案中对违约金调整的释明与改判的做法，契合《合同编通则解释》第 66 条第 1 款的司法立场。

（本条撰写人：王　雷）

定金规则

当事人交付留置金、担保金、保证金、订约金、押金或者订金等，但是没有约定定金性质，一方主张适用民法典第五百八十七条规定的定金罚则的，人民法院不予支持。当事人约定了定金性质，但是未约定定金类型或者约定不明，一方主张为违约定金的，人民法院应予支持。

当事人约定以交付定金作为订立合同的担保，一方拒绝订立合同或者在磋商订立合同时违背诚信原则导致未能订立合同，对方主张适用民法典第五百八十七条规定的定金罚则的，人民法院应予支持。

当事人约定以交付定金作为合同成立或者生效条件，应当交付定金的一方未交付定金，但是合同主要义务已经履行完毕并为对方所接受的，人民法院应当认定合同在对方接受履行时已经成立或者生效。

当事人约定定金性质为解约定金，交付定金的一方主张以丧失定金为代价解除合同的，或者收受定金的一方主张以双倍返还定金为代价解除合同的，人民法院应予支持。

【本条主旨】

本条对定金规则作出了规定。

【关联规定】

1.《民法典》第 586 条 当事人可以约定一方向对方给付定金作为债权的担保。定金合同自实际交付定金时成立。定金的数额由当事人约定；但是，不得超过主合同标的额的百分之二十，超过部分不产生定金的效力。实际交付的定金数额多于或者少于约定数额的，视为变更约定的定金数额。

2.《民法典》第 587 条　债务人履行债务的，定金应当抵作价款或者收回。给付定金的一方不履行债务或者履行债务不符合约定，致使不能实现合同目的的，无权请求返还定金；收受定金的一方不履行债务或者履行债务不符合约定，致使不能实现合同目的的，应当双倍返还定金。

3.《民法典》第 588 条　当事人既约定违约金，又约定定金的，一方违约时，对方可以选择适用违约金或者定金条款。定金不足以弥补一方违约造成的损失的，对方可以请求赔偿超过定金数额的损失。

4.《最高人民法院关于审理商品房买卖合同纠纷案件适用法律若干问题的解释》第 4 条　出卖人通过认购、订购、预订等方式向买受人收受定金作为订立商品房买卖合同担保的，如果因当事人一方原因未能订立商品房买卖合同，应当按照法律关于定金的规定处理；因不可归责于当事人双方的事由，导致商品房买卖合同未能订立的，出卖人应当将定金返还买受人。

【理解与适用】

一、定金的概念和特征

所谓定金，是指当事人约定的，为担保债权的实现，由一方预先向对方给付的一定数量的货币或者其他代替物。《民法典》第 586 条第 1 款规定："当事人可以约定一方向对方给付定金作为债权的担保。定金合同自实际交付定金时成立。"该条对定金规则作出了规定，定金作为一种债权担保方式，是当事人预先交付的，同时，定金的交付也有利于督促当事人及时履行债务，从而保障债权的实现。当然，定金的类型较多，并非所有的定金都具有担保债权实现的功能，具有担保功能的定金主要是违约定金。一般而言，定金主要具有如下特征。

第一，功能具有多样性。如前所述，定金的类型较为丰富，这也决定了定金的功能具有多样性，有的定金旨在担保当事人将来订立合同（立约定金），有的定金可能作为合同成立或者生效的条件（成约定金），有的定金则使当事人保留单方解除合同的权利（解约定金）。而违约定金作为最为常见的定金类型，其本身具有双重属性：一方面，违约定金具有担保债权实现的功能，即通过定金的支付，可以保障债务人及时履行债务；另一方面，违约定金本身也是违约责任承担方式，即在当事人违约的情形下，依法对其适用定金罚则本身也是课以其承担违约责任的体现。

第二，定金的标的物一般为金钱或者其他可代替物。关于定金标的物的类型，《民法典》以及《合同编通则解释》均为明确规定，学理上也存在不同的观点。一般而言，定金的标的物应当限于金钱或者其他代替物。① 因为一般情形下，在依法适用定金罚则时，收受定金的一方需要双倍返还定金，如果当事人约定以不可代替物作为定金，则双倍返还的标准可能难以确定。② 当然，对于不适用定金罚则的定金类型而言，由于不涉及定金的双倍返还问题，因此，也应当允许当事人将不可代替物约定为定金的标的物。例如，对成约定金而言，由于不适用定金罚则，当事人也可以约定以某不可代替物作为合同成立或者生效的条件。

第三，定金具有惩罚性。虽然定金主要是为了担保债务的履行，而且定金责任本质上也属于一种违约责任形式，但是定金责任与其他违约责任存在一定的区别，定金责任具有一定的惩罚性，而其他违约责任形式如违约金、赔偿损失（违约损害赔偿）主要是为了填补当事人的实际损失，而定金责任则不以当事人遭受实际损失为条件；同时，在适用定金罚则时，当事人也不能以对方当事人未遭受损失为由主张不适用定金罚则。③ 因此，定金罚则本身具有一定的惩罚性。当然，并非所有的定金均具有惩罚性，如对成约定金而言，其只是主合同成立或者生效的条件，也不适用定金罚则，因此并不具有惩罚性。

第四，定金合同具有实践性。定金合同属于民事法律行为，因此，其也适用《民法典》总则编中民事法律行为的一般规则。④ 从《民法典》第586条第1款的规定来看，定金合同自实际交付定金时成立，也表明定金合同具有实践性，即便当事人已经就定金合同的主要条款达成合意，但如果当事人没有按照约定实际支付定金，定金合同也无法成立，此时对方当事人也无权主张违约责任。当然，当事人可以自由约定支付定金的时间，当事人既可以约定在合同订立时交付定金，也可以约定在合同履行过程中交付定金。但由于定金作为债权担保方式，其具有预先交付的特点，如果合同已经履行完毕或者当事人已经违约，一般就不再适用定金。⑤ 当然，即便一方当事人已经违约，但如果合同债务尚未履行或者尚未履行完毕，则当事人仍可以就相关债务的履行约定定金，并依法适用定金罚则。

第五，定金合同具有从属性。定金合同作为担保债权实现的方式，其本身具

---

① 参见黄薇主编：《中华人民共和国民法典合同编解读》（上册），中国法制出版社2020年版，第449页；王利明：《合同法研究》（第二卷）（第三版），中国人民大学出版社2015年版，第722页。

② 参见王利明：《合同法研究》（第二卷）（第三版），中国人民大学出版社2015年版，第723页。

③ 参见王利明：《合同法研究》（第二卷）（第三版），中国人民大学出版社2015年版，第723~724页。

④ 参见黄薇主编：《中华人民共和国民法典合同编解读》（上册），中国法制出版社2020年版，第450页。

⑤ 参见王利明：《合同法研究》（第二卷）（第三版），中国人民大学出版社2015年版，第723页。

有从属性，定金合同既可以体现为主合同的条款，也可以是当事人专门约定的定金合同，但不论定金合同体现为哪种形式，其在效力上都从属于主债权债务合同。[①] 进一步而言，如果主债权债务合同被宣告无效或者被撤销，则定金合同也随之失去效力。当然，如果主债权债务合同因为违约而被解除，则定金责任作为违约责任的一种，仍然可以依法适用。对此，《民法典》第 566 条第 2 款规定："合同因违约解除的，解除权人可以请求违约方承担违约责任，但是当事人另有约定的除外。"该规则当然适用于定金责任。

二、特殊情形下定金的认定

从实践来看，当事人为担保合同的履行，或者为担保债权的实现，可能会约定各种形式的金钱担保方式，如留置金、担保金、保证金、订约金、押金以及订金等，从而督促当事人履行债务。在当事人约定此类金钱担保方式时，在一方当事人违约的情形下，能否适用或者参照适用定金规则，存在争议。对此，《合同编通则解释》第 67 条第 1 款第一句规定："当事人交付留置金、担保金、保证金、订约金、押金或者订金等，但是没有约定定金性质，一方主张适用定金罚则的，人民法院不予支持。"这就为解决上述纠纷提供了明确的法律依据，该规则包含如下几方面内涵。

（一）留置金、担保金、保证金、订约金、押金或者订金等通常无法适用定金规则

留置金、担保金、保证金、订约金、押金或者订金等与定金类似，虽然也属于金钱担保的范畴，但其与定金存在一定区别，需要进行必要的区分。例如，当事人为保障将来订立合同，或者担保合同的履行，可能约定各种形式的保证金，相关类型的保证金可能与立约定金、违约定金存在一定的相似之处。但一般而言，定金不同于保证金：第一，二者性质不同。定金是我国《民法典》所规定的一种典型的金钱担保方式，而《民法典》并未明确规定保证金规则，《民法典担保司法解释》第 70 条对保证金规则作出了规定，从该《合同编通则解释》的规定来看，其将保证金担保规定为一种非典型担保方式，与定金这种典型的金钱担保方式存在区别。第二，二者功能不同。如前所述，定金是一种金钱担保方式，同时，定金责任本身也是一种法定的违约责任承担方式；而保证金通常只是一种担保方式，其本身并非法定的违约责任承担方式。从《民法典担保司法解释》第

[①] 参见黄薇主编：《中华人民共和国民法典合同编解读》（上册），中国法制出版社 2020 年版，第 450～451 页。

70 条的规定来看，保证金也并非一概为担保债务的履行设立，部分保证金并不当然具有担保功能。第三，二者效力不同。定金的效力具有法定性，即对在当事人违约的情形下，如何适用定金责任，法律已经作出了明确规定；而在当事人约定保证金的情形下，虽然《民法典担保司法解释》第70条对保证金规则作出了规定，但从实践来看，保证金的类型较为复杂，如何确定保证金责任，主要依赖于当事人的约定。第四，二者数额是否受到限制不同。《民法典》第586条第2款对定金的数额作出了限定，即定金的数额不得超过主合同标的额的20%；而我国现行立法并未对保证金的数额作出明确限定。第五，二者类型不同。从《民法典》《合同编通则解释》的规定来看，定金包括立约定金、成约定金、解约定金以及违约定金等类型，而我国现行立法并未对保证金的类型作出细化规定，从实践来看，保证金的类型较为丰富，如备用金类型的保证金、预付款类型的保证金、租赁保证金、装修保证金、质量保证金、定金类型的保证金、保有返还请求权的保证金、无双倍返还效力的保证金以及作为动产质权标的物的保证金。[①] 可见，保证金的类型与定金可能存在一定的交叉，但其更为复杂。第六，二者是否适用定金罚则不同。在当事人约定定金的情形下，在符合法律规定的条件时，将依法适用定金罚则；而在当事人约定保证金的情形下，除当事人约定具有定金性质的保证金外，并不适用定金罚则。

再如，虽然定金和押金都属于金钱担保的方式，即一方当事人都通过给付对方当事人一定的金钱或者其他代替物，担保债务的履行，而且与定金类似，押金也可能具有预付性的特点，但是二者存在一定的区别：一方面，我国《民法典》第586条第2款对定金的数额作出了限定，即定金的数额不得超过主合同标的额的20%，否则超过的部分不产生定金的效力，而我国现行立法并未对押金的数额作出明确限定；另一方面，在当事人约定定金的情形下，在当事人违约时，将依法适用定金罚则，即存在给付定金的一方无权请求返还定金或者收受定金的一方双倍返还定金的问题，而在当事人约定押金的情形下，即便当事人违约，当事人可能负有清算的义务[②]，通常也不适用定金罚则。

可见，虽然定金与保证金、押金等金钱担保方式具有相似之处，但其属于不同的法律概念，需要对其进行明确的区分，在当事人约定留置金、担保金、保证金、订约金、押金或者订金等情形下，当事人违反约定时，通常无法适用定金

---

① 参见崔建远：《合同法》（第四版），北京大学出版社 2021 年版，第 242～244 页。

② 参见黄薇主编：《中华人民共和国民法典合同编解读》（上册），中国法制出版社 2020 年版，第 449 页。

规则。

（二）在当事人约定定金性质的情形下，留置金、担保金、保证金、订约金、押金或者订金等适用定金规则

如前所述，定金与留置金、担保金、保证金、订约金、押金或者订金等虽然存在一定的区别，但也可能存在一定的交叉关系，即当事人在约定留置金、担保金、保证金、订约金、押金或者订金等情形下，可能将此类金钱担保方式约定为具有定金性质，依据该条第 1 款第一句规定，此时，对此类金钱担保方式将适用定金规则。所谓适用定金规则，是指《民法典》《合同编通则解释》等规范性文件中有关定金的规则均可适用于上述金钱担保方式。例如，《民法典》第 586 条第 1 款规定："当事人可以约定一方向对方给付定金作为债权的担保。定金合同自实际交付定金时成立。"该条对定金合同的实践性作出了规定，如果当事人约定的留置金、担保金、保证金、订约金、押金或者订金等具有定金性质，则其也应当适用该规则，即相关的金钱担保合同自当事人实际交付标的物时成立。再如，《民法典》第 586 条第 2 款对定金的数额进行了限制，如果当事人约定的留置金、担保金、保证金、订约金、押金或者订金等具有定金性质，则其数额也应当受到《民法典》第 586 条第 2 款的限制。此外，《民法典》《合同编通则解释》关于定金罚则等相关内容的规则都可以适用于上述金钱担保方式。

当然，从该条第 1 款第一句的规定来看，留置金、担保金、保证金、订约金、押金或者订金等适用定金规则的前提是当事人"约定定金性质"，如何理解此处的"约定定金性质"？从《民法典》《合同编通则解释》的规定来看，定金的法律属性较多，如定金合同具有实践性，定金数额应受法律限制，依法适用定金罚则，定金责任与违约金责任的选择适用关系等，但定金最为核心、最为典型的法律特征是适用定金罚则，这实际上也是定金与留置金、担保金、保证金、订约金、押金或者订金等金钱担保方式最为明显的区别，因此，在判断当事人约定的留置金、担保金、保证金、订约金、押金或者订金等金钱担保方式是否具有定金性质时，关键是看当事人是否约定了适用定金罚则。当然，从《合同编通则解释》的规定来看，定金既包括违约定金，也包括立约定金、成约定金和解约定金，在具体认定当事人是否约定了定金性质时，还需要进一步考察当事人究竟约定了何种类型的定金，并非在所有情形下都需要当事人明确约定定金罚则。例如，当事人约定一方应当向另一方支付一定数额的担保金，并且当事人明确将该担保金的交付作为合同的成立或者生效条件，此时，即便当事人没有约定定金罚则，也可将此种担保金界定为成约定金，从而适用相关的定金规则。

可见，在当事人约定金钱担保方式，并使用定金、留置金、担保金、保证金等

表述的情形下，认定当事人约定的金钱担保方式是否为定金，需要区分如下两种情形，分别予以认定：一是当事人明确使用"定金"这一表述，即便当事人没有约定适用定金罚则，通常也应当适用定金规则。此种解释方案既符合法律规定，又更符合当事人的真实意愿。当然，即便当事人明确使用了"定金"这一表述，但如果当事人明确约定排除适用定金罚则等定金规则的适用，则应当认定当事人约定的并非定金，此时也不应适用定金规则。二是当事人没有使用"定金"这一表述，而使用了留置金、担保金、保证金、订约金、押金或者订金等表述，则原则上不适用定金规则，但如果当事人明确约定了定金性质，则应当适用定金规则。

三、当事人未约定定金类型或者约定不明时定金性质的认定

从实践来看，当事人可能约定了定金，但并没有约定定金的类型，此时如何认定定金的类型，可能引发争议。《合同编通则解释》第67条第1款第二句规定："当事人约定了定金性质，但是未约定定金类型或者约定不明，一方主张为违约定金的，人民法院应予支持。"该条确立了当事人未约定定金类型或者约定不明时定金性质的认定规则，为解决上述争议提供了明确的法律依据。依据该规定，该定金性质认定规则的适用应当符合如下条件。

一是当事人约定了定金性质。当事人约定的金钱担保方式具有定金性质是适用该推定规则的基本前提，如果当事人约定了金钱担保，但没有明确约定定金性质，则不能将其认定为定金，更不存在认定定金性质的问题。如前所述，当事人在约定金钱担保方式时，可能使用了"定金"这一表述，也可能没有使用"定金"这一表述，而使用了"留置金""担保金""保证金""订约金""押金""订金"等表述，在前一种情形下，除非当事人明确约定排除了其定金性质，否则应当认定其为定金；而在后一种情形下，需要当事人明确约定定金性质，否则无法认定其为定金。

二是当事人未约定定金类型或者约定不明。所谓未约定定金类型，是指当事人虽然约定了定金性质，但没有约定该定金是哪种类型的定金。所谓定金性质约定不明，是指虽然当事人约定了定金类型，但当事人的约定不够明确，或者当事人关于定金类型的约定在内容上存在一定的冲突，从而无法确定当事人约定的究竟是哪一种类型的定金。当然，如果当事人通过相关的证据能够证明其所约定的定金类型为何种类型的定金，则无法适用该规则。

在当事人未约定定金类型或者约定不明的情形下，该条规定当事人一方有权主张其为违约定金。此种规定具有合理性，主要理由在于：一方面，在各种定金类型中，违约定金是最为典型的定金类型，甚至可以说是定金的一般规则，因

此,《民法典》合同编也是从违约定金的角度规定定金规则。因此,在没有特别说明的情形下,定金通常是指违约定金。在当事人未约定定金类型或者约定不明的情形下,一方当事人有权主张其为违约定金,这符合定金制度的特点。另一方面,从《民法典》《合同编通则解释》的规定来看,除违约定金外,其他类型的定金都有特定的内涵和特殊的认定规则。对立约定金而言,当事人必须约定当事人负有订立合同的义务,否则无法成立立约定金;对成约定金而言,当事人必须明确将其约定为合同的成立或者生效条件;对解约定金而言,当事人必须明确约定当事人可以以丧失定金或者双倍返还定金为代价享有解除合同的权利,否则无法成立解约定金。而违约定金的认定则没有上述特殊要求。因此,当事人没有约定定金类型或者约定不明确,意味着当事人没有明确将其约定为立约定金、成约定金或者解约定金,也当然无法将其解释为这几种定金类型,因此,一方当事人有权主张定金为违约定金。

问题在于,在当事人未约定定金类型或者约定不明的情形下,哪一方当事人有权主张其为违约定金?从该条规定来看,其并没有对提出此种主张的主体作出限制,即任何一方当事人均有权主张定金为违约定金。

四、立约定金

(一)立约定金的概念与特征

所谓立约定金,是指当事人为担保将来订立合同而交付的定金。立约定金是定金的一种重要类型,其主要功能在于担保当事人将来订立合同,从这一意义上说,立约定金与预约合同存在不同之处,其主要发挥一种担保功能,而可能并不包含主合同的相关内容。也正是因为立约定金的目的在于担保当事人将来订立合同,因此,其成立时间在主合同成立时间之前,如果当事人之间已经订立合同,则没有订立立约定金的必要。[1]

一般而言,立约定金主要具有如下特征。

第一,立约定金的功能在于担保当事人将来订立合同。从该条第2款的规定来看,立约定金的主要功能在于担保当事人将来订立合同,因此,其主要发挥一种担保功能。如果当事人履行了订立合同的义务,则立约定金的功能已经实现,收受定金的一方应当将定金返还对方当事人,或者依法将其抵作价款。

第二,立约定金并非合同的成立条件或者生效条件。立约定金不同于成约定金,其功能在于担保当事人将来订立合同,其本身并非合同的成立条件或者生效

---

[1] 参见王利明:《合同法研究》(第二卷)(第三版),中国人民大学出版社2015年版,第724页。

条件，因此，即便一方当事人能够证明其与对方当事人之间就立约定金达成了合意，并且已经实际交付了定金，也不能据此认定主合同关系已经成立或者生效。

第三，立约定金适用定金罚则。该条第 2 款明确规定，在当事人约定立约定金的情形下，如果当事人未履行订立合同的义务，或者在磋商订立合同时违背诚信原则导致未能订立合同，则依据《民法典》第 587 条的规定适用定金罚则。这就确立了立约定金适用定金罚则的规则。立约定金适用定金罚则与其担保功能是相契合的，因为在当事人已经实际交付立约定金的情形下，如果当事人未履行订立合同的义务而不适用定金罚则，则当事人订立立约定金的目的将无法实现，立约定金的担保功能也无从谈起。

（二）立约定金的效力

依据该条第 2 款的规定，立约定金的效力具体包括如下两个方面。

一是当事人负有在一定期限内订约的义务。当事人约定立约定金的目的即在于担保订立合同，因此，在当事人支付立约定金后，双方当事人均负有订约的义务。此种订约义务不同于磋商义务，对磋商义务而言，当事人仅负有就订立合同进行磋商、谈判的义务，而并不负有达成合意、订立合同的义务；而在当事人约定立约定金的情形下，虽然当事人也可能需要进行必要的磋商，但其负有订立合同的义务，否则将构成违约。因此，在当事人约定立约定金的情形下，当事人通常已经就合同的主要条款达成了初步合意。同时，一方当事人在提出订约请求时，也不能够过度违反当事人前期达成的初步合意，否则，对方当事人有权拒绝订约，此时也不能对其适用定金罚则。此外，当事人对其所负有的订约义务应当在合理期限内履行，在一方提出订立合同的请求时，对方当事人不能无故推迟订立合同的时间。该条并没有对该合理期限作出具体规定，需要根据双方当事人的具体情况、交易的特点等因素具体确定。

二是当事人违反订约义务的，应当适用定金罚则。[1] 依据该条第 2 款的规定，当事人违反订约义务主要有两种表现形式：（1）当事人一方拒绝订立合同，即在当事人经过订约磋商谈判之后，当事人无正当理由拒绝订立合同。在约定立约定金的情形下，当事人通常都已经就订约内容达成了初步意向，因此，当事人约定立约定金的目的即在于保障当事人及时订约，如果一方当事人拒绝订立合同，则另一方当事人有权依法主张适用定金罚则。（2）当事人在磋商订立合同时违背诚信原则导致未能订立合同。在当事人已经约定立约定金的情形下，当事人违反订约义务既可能表现为直接拒绝订立合同，还可能表现为实施其他违背诚信

---

① 参见王利明：《合同法研究》（第二卷）（第三版），中国人民大学出版社 2015 年版，第 724 页。

原则的行为，导致合同无法成立。例如，一方在合同订立过程中掌握对方的商业秘密，后其故意泄露该商业秘密，导致双方当事人订约的信赖基础不复存在，在此情形下，虽然可能表现为另一方拒绝订约，但主要原因是该方当事人实施了违背诚信原则的行为，因此，对方当事人有权依法主张适用定金罚则。

依据该条第 2 款的规定，当事人违反订约义务的，应当依据《民法典》第 587 条适用定金罚则。《民法典》第 587 条规定："债务人履行债务的，定金应当抵作价款或者收回。给付定金的一方不履行债务或者履行债务不符合约定，致使不能实现合同目的的，无权请求返还定金；收受定金的一方不履行债务或者履行债务不符合约定，致使不能实现合同目的的，应当双倍返还定金。"由于当事人在约定立约定金时并没有订立主合同，并不存在《民法典》第 587 条所规定的"不能实现合同目的"的问题，因此，依据该条适用定金罚则主要是指，支付定金的一方拒绝订约的，无权请求返还定金，而收受定金的一方拒绝订约的，应当向支付定金的一方双倍返还定金。同时，从《民法典》该款规定来看，在当事人违反订约义务的情形下，适用定金罚则是基于法律规定，而并不需要当事人对此作出明确约定。

五、成约定金

（一）成约定金的概念和特征

所谓成约定金，是指以交付定金作为主合同成立或者生效条件的定金。[①]《合同编通则解释》第 67 条第 3 款规定："当事人约定以交付定金作为合同成立或者生效条件，应当交付定金的一方未交付定金，但是合同主要义务已经履行完毕，并为对方所接受的，人民法院应当认定合同在对方接受履行时已经成立或者生效。"这就对成约定金作出了规定，从该规定可以看出，成约定金实际上是当事人就合同成立或者生效所附的条件，该条件成就时，合同成立或者生效。

成约定金主要具有如下特征。

第一，成约定金是合同成立或者生效的条件。如前所述，成约定金的交付实际上是当事人就合同成立或者生效所附的条件，其又可以具体分为如下两种类型：一是作为合同成立的条件，即当事人将成约定金的交付约定为合同成立的条件，在当事人交付成约定金之前，即便当事人已经就合同的主要条款达成合意，合同也并未成立。二是作为合同生效的条件，即当事人将成约定金的交付约定为

---

① 参见李贝：《定金功能多样性与定金制度的立法选择》，载《法商研究》2019 年第 9 期，第 173～174 页。

合同生效的条件，在当事人交付成约定金之前，合同关系一般已经成立，只是尚未生效，只有当事人实际交付定金，合同才能生效。

第二，成约定金具有证明合同成立或者生效的效力，不适用定金罚则。从《合同编通则解释》第 67 条第 3 款的规定来看，成约定金主要是合同成立或者生效的条件，因此，当事人按照约定交付定金也具有证明合同关系成立或者生效的效力。同时，成约定金作为合同成立或者生效的条件，与当事人的违约行为并不存在直接关联，即在合同成立或者生效后，成约定金的功能已经实现，其并不具有担保当事人履行合同的功能，也正是因为这一原因，在当事人违约后，即便当事人约定了成约定金，也不适用定金罚则。

第三，成约定金需要由当事人明确约定。由于定金主要发挥一种担保作用，而且在效力上具有从属性，其通常并不是主合同的成立或者生效条件，因此，成立成约定金需要由当事人作出明确约定，否则无法成立成约定金。[①] 如果当事人没有明确约定定金的性质，依据该条第 1 款的规定，在此种情形下，除当事人有相反证据足以推翻外，此种定金在性质上属于违约定金。[②] 当然，当事人在约定成约定金时，并不当然需要明确使用"成约定金"这一表述，只要当事人有将定金的交付约定为合同成立或者生效条件的意思即可。

（二）当事人未交付成约定金对合同效力的影响

（1）当事人未按照约定交付成约定金的，合同通常无法成立或者生效。

从第 67 条第 3 款的规定来看，如果当事人约定的定金类型为成约定金，而应当给付定金的一方未支付定金的，则合同通常无法成立或者生效，具体而言：如果当事人将成约定金约定为合同的成立条件，则当事人未交付定金，将导致合同不成立；如果当事人将成约定金约定为合同的生效条件，则当事人未交付定金将导致合同无法生效。

（2）当事人未按照约定交付成约定金，但合同主要义务已经履行完毕，并为对方所接受的，则合同已经成立或者生效。

依据第 67 条第 3 款的规定，即便应当给付定金的一方未支付定金，也并不当然导致合同无法成立或者生效，如果合同主要义务已经履行完毕，并为对方所接受，则合同仍然可以成立或者生效，即当事人可以通过实际履行主要义务的方式弥补未支付定金对合同效力的影响。该款之所以作出此种规定，主要是基于如下原因：一方面，这体现了合同法鼓励交易的立法理念。合同法的核心功能在于

[①] 参见胡长清：《中国民法债编总论》，1964 年自版，第 360 页。

[②] 参见王利明：《合同法研究》（第二卷）（第三版），中国人民大学出版社 2015 年版，第 727 页。

鼓励交易，这一理念体现在合同法的各项制度之中，在定金制度中同样如此。在当事人约定成约定金的情形下，当事人未支付定金时，允许当事人通过履行主要义务的方式弥补合同效力上的瑕疵，从而尽可能地促成交易。这体现了合同法鼓励交易的理念。另一方面，这体现了对当事人意愿的尊重。在当事人约定成约定金的情形下，当事人的目的在于通过成约定金的支付和受领来控制合同的成立或者生效。在当事人未实际支付定金时，如果当事人已经履行主要义务，并为对方所接受，则表明当事人愿意订立并履行该合同。这实际上已经改变了当事人通过成约定金控制合同效力的意思。此时，承认当事人通过实际履行弥补合同效力上的瑕疵，承认合同的效力，能够更好地尊重当事人的意愿。

依据第 67 条的规定，在当事人未按照约定支付成约定金的情形下，通过履行合同义务促成合同成立或者生效应当符合如下条件。

第一，当事人约定的定金类型为成约定金。该规则仅适用于当事人约定成约定金的情形，在各种类型的定金中，只有成约定金是合同成立或者生效的条件，换言之，只有当事人未按照约定支付成约定金，才会导致合同无法成立或者不生效，因此也才有通过实际履行合同义务促成合同成立或者生效的问题。因此，当事人约定的定金类型为成约定金是上述规则适用的基本前提。

第二，应当给付定金的一方未实际支付定金。从第 67 条第 3 款的规定来看，在当事人约定的定金类型为成约定金时，如果当事人已经按照约定支付了定金，则合同关系即宣告成立或者生效，只有当事人未实际支付定金，才会导致合同无法成立或者生效。需要指出的是，从该款的规定来看，即便当事人已经就成约定金达成合意，但当事人未按照约定支付定金，则仍将导致合同不成立或者不生效。

第三，合同主要义务已经履行完毕，并为对方所接受。从第 67 条第 3 款的规定来看，在当事人通过实际履行合同义务促成合同成立或者生效的情形下，要求合同主要义务必须已经履行完毕，并为对方所接受。该条件的成就具体包括如下内容：首先，当事人履行的必须是合同主要义务，合同主要义务一般是指直接决定合同类型的义务。例如，在买卖合同中，出卖人的主要义务是交付标的物并移转标的物的所有权，而买受人的主要义务则是支付价款。在当事人未按照约定支付成约定金的情形下，只有当事人实际履行主要义务，才有可能促成合同成立或者生效。换言之，如果当事人履行的只是合同的次要义务，则即便对方当事人已经接受履行，也不能据此认定合同已经成立或者生效。其次，当事人的合同主要义务已经履行完毕。对部分合同关系而言，合同主要义务的履行是一次性完成的，如买卖合同中移转标的物所有权的义务。但对某些合同义务而言，其履行可能并不是一次性完成的，而可能分多次完成，如当事人支付价款的义务即可能分多次完成。从第 67 条第 3 款的规定来看，合同的主要义务必须已经履行完毕，否则无法促成合同成立或者生效。这就意味着，即便当事人已经履行了合同主要义务的绝大部分，也无法促使合同成立。例如，在买卖合同中，即便买受人已经支付了 90％以上的价款，仍然无法促成合同成立或者生效。最后，合同主要义务的履行必须为对方所接受。如果一方当事人提出履行合同的主要义务，但对方当事人并未接受的，则表明其没有订立合同或者使合同生效的意愿，此时不宜认定合同已经成立或者生效。

问题在于，该条第 3 款所规定的合同的主要义务已经履行完毕究竟是一方当事人的合同主要义务已经履行完毕，还是要求各方当事人的主要义务均已履行完毕？从该条的文义来看，其并没有对此作出明确约定，但在解释上应当认定，只要合同一方当事人已经履行完毕合同的主要义务，并为对方所接受的，即可认定合同已经成立或者生效，主要理由在于：一方面，此种立场更有利于鼓励交易。在当事人未实际支付成约定金的情形下，如果要求各方当事人对合同的主要义务都必须已经履行完毕，才能促成合同成立或者生效，显然会增加合同成立或者生效的难度，有违合同法鼓励交易的精神，而将其解释为仅需要一方当事人合同的主要义务履行完毕并为对方接受，即可促成合同成立或者生效，显然更有利于促成交易的达成。另一方面，此种解释更符合当事人的真实意愿，因为在一方当事人合同的主要义务已经履行完毕且为对方当事人所接受的情形下，表明当事人均有完成该项交易的意愿，此时，应当认定合同关系已经成立或者生效。

（3）合同成立或者生效的时间为对方接受履行时。

依据第 67 条第 3 款的规定，在当事人约定成约定金的情形下，如果当事人未交付定金，但合同的主要义务已经履行完毕并为对方所接受的情形下，应当认定合同在对方接受履行时已经成立或者生效。这就明确了当事人未交付成约定金时合同的成立或者生效时间。当事人约定成约定金，表明当事人将成约定金的交付作为合同成立或者生效的条件，在该条件未成就时，合同应当未成立或者未生效，但如果一方已经履行合同主要义务，且对方已经接受该履行，则表明当事人有交易的意愿，且通过实际履行的方式变更了将成约定金的交付作为合同成立或者生效的意愿，此时，应当认定合同已经成立或者生效。

六、解约定金

所谓解约定金，是指当事人为保留单方解除合同的权利而交付的定金。[①]

---

① 参见王利明：《合同法研究》（第二卷）（第三版），中国人民大学出版社 2015 年版，第 726 页。

《合同编通则解释》第 67 条第 4 款规定："当事人约定定金性质为解约定金，交付定金的一方主张以丧失定金为代价解除合同的，或者收受定金的一方主张以双倍返还定金为代价解除合同的，人民法院应予支持。"这对解约定金作出了规定。从比较法上看，一般而言，定金并不具有保留解除权的效力。[①]

我国则承认了解约定金制度，解约定金主要具有如下特征。

一是解约定金属于定金的一种类型。解约定金在性质上属于定金，因此，《民法典》合同编中有关定金的规则原则上都可适用于解约定金。例如，依据《民法典》第 586 条第 1 款的规定，定金合同属于实践合同，自交付定金时成立，该规则也适用于解约定金。再如，《民法典》第 586 条第 2 款规定："定金的数额由当事人约定；但是，不得超过主合同标的额的百分之二十，超过部分不产生定金的效力。实际交付的定金数额多于或者少于约定数额的，视为变更约定的定金数额。"该条关于定金数额的规定也可适用于解约定金。

二是需要当事人明确约定。从《合同编通则解释》第 67 条第 4 款的规定来看，解约定金需要由当事人明确作出约定，即当事人在订立定金合同时必须明确约定该定金在性质上属于解约定金，否则无法产生解约定金的效力。[②] 依据该条第 1 款的规定，在此种情形下，除当事人有相反证据足以推翻外，此种定金在性质上属于违约定金。当然，在认定当事人是否明确约定解约定金时，应当结合相关条款的内容，具体认定当事人是否为保留单方解除合同的权利而交付定金，而并不当然需要当事人在合同中明确使用"解约定金"这一表述。

三是双方均享有单方解除合同的权利。[③] 从《合同编通则解释》第 67 条第 4 款的规定来看，在当事人约定解约定金的情形下，双方当事人均享有解除合同的权利，即交付定金的一方可以主张以丧失定金为代价而解除合同，而收受定金的一方则可以主张以双倍返还定金为代价而解除合同。同时，从该款规定来看，双方当事人在解除合同时并不需要与对方协商，也无须取得对方同意。这实际上是一种单方解除合同的权利。

四是解约定金的适用不以当事人违约为条件。从《合同编通则解释》第 67 条第 4 款的规定来看，在当事人约定了解约定金的情形下，当事人可以以丧失定金或者双倍返还定金为代价解除合同，当事人解除合同并不以自身或者对方当事人违约为条件。这也是其与一方违约情形下非违约方的法定解除权的不同之处。

---

① 参见崔建远：《合同法》（第四版），北京大学出版社 2021 年版，第 245 页。
② 参见王利明：《合同法研究》（第二卷）（第三版），中国人民大学出版社 2015 年版，第 726 页。
③ 参见李贝：《定金功能多样性与定金制度的立法选择》，载《法商研究》2019 年第 9 期，第 174 页。

同时，在当事人约定了解约定金的情形下，即便一方当事人已经违约，其也可以以丧失定金或者双倍返还定金为代价解除合同，当然，在此情形下，违约方仍可能需要对对方承担违约责任。

五是解约定金与违约责任的承担通常并不冲突。有观点认为，在当事人约定解约定金的情形下，只要当事人没有在定金合同中约定解约人承担违约责任，则解约人除承受定金丧失或者双倍返还定金的负担外，无须承担违约责任。[①] 此种观点值得商榷，理由在于：一方面，我国现行立法并没有明确规定解约定金规则的适用可以排除当事人违约责任的承担。即便就违约定金而言，依据《民法典》第588条的规定，其也只是与违约金之间存在选择适用的关系。另一方面，从解约定金的功能来看，其只是使当事人保留解除合同的权利，使当事人能够从合同关系中解脱出来，而不具有排除违约责任适用的功能。因此，在一方违约的情形下，不论是违约方依据解约定金规则解除合同，还是非违约方依据解约定金规则解除合同，非违约方都应当有权依法请求违约方承担违约责任。当然，如果当事人在解约定金合同中明确约定，一方在基于解约定金规则解除合同时，将排除违约方的违约责任，则该约定也应当有效，此时，解约定金的适用将排除违约责任的承担。

（本条撰写人：王叶刚）

---

① 参见崔建远：《合同法》（第四版），北京大学出版社2021年版，第246页。

定金罚则的法律适用

双方当事人均具有致使不能实现合同目的的违约行为，其中一方请求适用定金罚则的，人民法院不予支持。当事人一方仅有轻微违约，对方具有致使不能实现合同目的的违约行为，轻微违约方主张适用定金罚则，对方以轻微违约方也构成违约为由抗辩的，人民法院对该抗辩不予支持。

当事人一方已经部分履行合同，对方接受并主张按照未履行部分所占比例适用定金罚则的，人民法院应予支持。对方主张按照合同整体适用定金罚则的，人民法院不予支持，但是部分未履行致使不能实现合同目的的除外。

因不可抗力致使合同不能履行，非违约方主张适用定金罚则的，人民法院不予支持。

【本条主旨】

本条对定金罚则的法律适用规则作出了规定。

【关联规定】

1.《民法典》第587条 债务人履行债务的，定金应当抵作价款或者收回。给付定金的一方不履行债务或者履行债务不符合约定，致使不能实现合同目的的，无权请求返还定金；收受定金的一方不履行债务或者履行债务不符合约定，致使不能实现合同目的的，应当双倍返还定金。

2.《民法典》第590条 当事人一方因不可抗力不能履行合同的，根据不可抗力的影响，部分或者全部免除责任，但是法律另有规定的除外。因不可抗力不能履行合同的，应当及时通知对方，以减轻可能给对方造成的损失，并应当在合理期限内提供证明。当事人迟延履行后发生不可抗力的，不免除其违约责任。

【理解与适用】

《民法通则》第 89 条第 3 项对定金罚则的适用规则作出了规定，但该条仅规定了一方当事人不履行债务时定金罚则的适用规则，而没有规定双方违约以及不履行债务之外其他违约情形下定金罚则的适用规则。《担保法》以专章的形式规定了定金，该法第 89 条也对定金罚则的适用规则作出了规定，从该条规定来看，其延续了《民法通则》的前述规定，仅规定了一方当事人不履行债务时定金罚则的适用规则。《担保法解释》在《担保法》规定的基础上，就定金罚则的适用问题作出了更为细化的规定，该司法解释第 120 条不仅规定了一方根本违约情形下定金罚则的适用规则，还规定了一方当事人不完全履行合同时定金罚则的适用规则；同时，该司法解释第 122 条还规定了不可抗力、意外事件以及第三人过错致使主合同不能履行时定金罚则的适用规则。上述规则对于妥当解决司法实践中各类违约情形下定金罚则适用纠纷提供了法律依据。《合同法》第 115 条也对定金罚则的适用规则作出了规定，从该条规定来看，其也延续了《民法通则》《担保法》的做法，仅规定了一方不履行债务情形下定金罚则的适用规则。

《民法典》第 586～588 条对定金规则作出了规定，该法第 587 条也对定金罚则作出了规定，从该条规定来看，其仅规定了一方当事人构成根本违约情形下定金罚则的适用规则[①]，当然，与《民法通则》《担保法》《合同法》的规定相比，其不仅规定了一方当事人不履行债务构成根本违约的情形，还规定了一方当事人履行债务不符合约定构成根本的情形，在逻辑上更为周延。但对于双方违约以及一方当事人根本违约而另一方当事人轻微违约等情形下定金罚则的适用规则，《民法典》并未作出明确规定。从司法实践来看，在合同当事人约定定金的情形下，一方当事人或者双方当事人违约的情形较为常见，《民法典》的上述规定显然难以涵盖所有定金罚则适用的情形。《合同编通则解释》第 68 条对违约情形下定金罚则的适用规则作出规定，该条分别就根本违约、部分履行以及不可抗力致使合同不能履行时的定金罚则适用规则作出了规定。

一、根本违约情形下定金罚则的适用

（一）定金罚则通常适用于根本违约的情形

以合同当事人违约的程度为标准，可以将违约区分为根本违约与非根本违

---

① 参见谢鸿飞：《定金责任的惩罚性及其合理控制》，载《法学》2023 年第 3 期，第 90 页。

约,根本违约是违约程度较高的违约状态,即一方当事人的违约行为致使另一方当事人的合同目的无法实现的违约状态。[①] 而非根本违约则是一方当事人的违约行为并不影响另一方当事人合同目的实现的违约状态。从鼓励交易、妥当平衡合同当事人权利义务关系的角度出发,我国《民法典》虽然没有明确使用"根本违约"这一概念,但其相关规则实际上也体现了根本违约的理念,在规定定金罚则的适用规则时同样如此。[②] 我国合同立法在违约责任制度中采纳根本违约的概念,主要是受到《联合国国际货物销售合同公约》(以下简称《销售合同公约》)的影响,该公约第 25 条规定:"一方当事人违反合同的结果,如使另一方当事人蒙受损害,至于实际上剥夺了他根据合同规定有权期待得到的东西,即为根本违反合同,除非违反合同一方并不预知而且一个同等资格、通情达理的人处于相同情况中也没有理由预知会发生这种结果。"同时,该公约第 51 条第 2 款规定:"买方只有在完全不交付货物或不按照合同规定交付货物等于根本违反合同时,才可以宣告整个合同无效。"依据《销售合同公约》的上述规定,只有在一方不履行合同或者根本违反合同约定的情形下,才可以依法解除合同。同时,依据公约的规定,根本违约的成立需要符合如下条件:一是一方当事人违反合同,致使对方当事人蒙受损害,并且该损害已经现实发生。二是一方当事人的违约行为构成根本违反合同,即导致对方当事人的期待利益被剥夺,即期待利益完全无法实现。[③] 三是违约方能够预见其行为可能导致的严重后果,当然,在判断违约方是否能够预见时,既需要考虑违约方主观上能否预见,又需要考虑"一个同等资格、通情达理的人处于相同情况中"能否预见。[④] 我国合同立法在规定根本违约制度时,虽然借鉴了《销售合同公约》的经验,但在规定根本违约规则时并没有完全照搬《销售合同公约》的规则,我国《民法典》第 563 条在规定根本违约规则时采用了"不能实现合同目的"这一表述,并没有采用《销售合同公约》通过违约方预见理论来限制根本违约成立的方式;同时,在违约后果的严重性上,我国《民法典》也没有采用《销售合同公约》中剥夺期待利益等标准,而只是使用了"不能实现合同目的"这一抽象的标准,仅强调违约后果的严重性,这扩大了法官在认定根本违约时的自由裁量权。对如何认定一方当事人的违约行为是否导致对方当事人"不能实现合同目的",我国合同立法并未作出明确规定,有观点

---

① 参见韩世远:《合同法学》,高等教育出版社 2022 年版,第 307 页。

② 参见刘凯湘:《民法典合同解除制度评析与完善建议》,载《清华法学》2020 年第 3 期,第 167 页。

③ See G. H. Treitel, *Remedies for Breach of Contract*, Oxford University Press, 1988, p. 364.

④ 参见蔡高强、唐嫚婷:《国际货物买卖合同根本违约的认定——蒂森克虏伯冶金产品有限责任公司与中化国际(新加坡)公司国际货物买卖合同纠纷案评述》,载《法律适用》2019 年第 14 期,第 47 页。

认为，可以从违约行为给守约方造成经济损失的角度界定"不能实现合同目的"的内涵，即将其界定为一方的违约行为严重影响了当事人订立合同所期望获得的经济利益。① 此种观点具有一定的合理性，笔者认为，在认定"不能实现合同目的"时，可以考虑借鉴《销售合同公约》所规定的剥夺非根本违约方期待利益的标准，即一方的严重违约行为导致对方当事人的期待利益无法实现，但该期待利益并不当然体现为经济利益。依据《民法典》第 587 条的规定，不论是对给付定金的一方适用定金罚则，还是对收受定金的一方适用定金罚则，都以一方当事人的违约行为"致使不能实现合同目的"为条件，可见，定金罚则虽然是一种违约责任承担方式，但并非在所有违约的情形下都可以适用，其主要适用于根本违约的情形，而一般不适用于当事人轻微违约的情形。此种规定具有合理性，主要理由如下。

第一，此种限定符合定金罚则惩罚、制裁的特点。定金责任虽然也是一种违约责任形式，但与其他违约责任承担方式不同：定金罚则的适用具有明显的制裁、惩罚的色彩。一方面，定金罚则的适用并不以当事人遭受实际损失为条件。从《民法典》第 587 条的规定来看，其在规定定金罚则的适用条件时，并没有要求主张定金责任的一方当事人必须证明自身遭受了一定的损失，只要符合该条所规定的条件，当事人即可依法主张定金责任。同时，即便主张定金责任的一方当事人并未因对方当事人的违约行为而遭受损失，对方当事人也不得据此主张减轻定金罚则的适用。另一方面，从定金罚则的适用结果层面看，一旦对给付定金的一方适用定金罚则，其将无权请求返还定金；而一旦对收受定金的一方适用定金罚则，其需要双倍返还定金。除上述两方面外，定金责任的惩罚、制裁特征还体现为，其通常仅适用于不履行或者其他根本违约的情形，而不适用于轻微违约的情形，这与定金罚则的惩罚性、制裁性也是相适应的，即在一方根本违约的情形下，对方当事人有权依法主张适用定金罚则，而且其在主张适用定金罚则时，并不需要证明其自身因此遭受了实际损害。② 事实上，从比较法上看，各国也将惩罚性界定为定金制度的本质特征，此种惩罚性对于市场交易中缺乏互信的交易双方当事人而言，具有特殊的价值，其具有担保并督促双方当事人履行合同义务的功能，如果缺乏惩罚性，定金制度的独特功能也将不复存在。③ 可见，与其他违

---

① 参见崔建远：《合同一般法定解除条件探微》，载《法律科学（西北政法大学学报）》2011 年第 6 期，第 126 页。

② 参见王利明：《合同法研究》（第二卷）（第三版），中国人民大学出版社 2015 年版，第 737 页。

③ 参见张忠野：《论私法自治下定金罚则的有限适用》，载《政治与法律》2012 年第 9 期，第 125～126 页。

约责任形式主要救济和填补当事人的违约损害不同，定金罚则的适用结果较为严苛，惩罚性色彩浓厚[①]，其适用将使当事人遭受极为不利的后果，因此，将定金罚则的适用主要限于根本违约的情形，有利于限制定金罚则的适用，也符合定金罚则惩罚、制裁的特点。

第二，此种限定有利于维护正常的交易秩序。市场交易情况瞬息万变，在合同履行过程中，受各种市场因素的影响，双方当事人都可能难以完全按照合同的约定履行债务，而可能出现各种违约行为，其中大多数是轻微违约行为，并不会影响当事人交易目的的实现。例如，受天气和交通运输状况的影响，出卖人所交付的少数标的物可能会出现轻微变质；再如，在分期支付价款的情形下，因资金周转方面的原因，债务人的某期付款时间可能会出现轻微迟延。在当事人轻微违约的情形下，如果不对定金罚则的适用进行必要限制，则可能使定金合同的订立异化为一种赌博行为[②]，即可能诱导当事人纯粹为获取定金而订立定金合同，或者为适用定金罚则而就各种轻微违约行为提起诉讼，这将极大地影响合同的正常履行，并因此影响正常的交易秩序。因此，将定金罚则的适用范围主要限定在根本违约的情形，也有利于督促当事人有效履行合同，维护正常的交易秩序。

第三，此种限定有利于保障当事人有效履行合同，促进市场交易。当事人约定定金的目的并不是获得定金，而是督促双方当事人履行合同，实现交易目的。[③] 如果不对定金罚则的适用情形进行必要的限制，不将其适用范围原则上限定为根本违约的情形，即在一方当事人轻微违约的情形下，对方当事人均可主张适用定金罚则，则一方面可能导致定金罚则的广泛适用，增加纠纷的发生概率[④]，另一方面，对违约的一方当事人而言，定金罚则的适用本身也可能是一种沉重的经济负担，甚至可能影响违约方继续履行合同的能力。因此，将定金罚则原则上限定在根本违约的情形下，有利于限制定金罚则的适用，在一定程度上也有利于维持当事人履行合同的能力，从而促进市场交易。

从《民法典》第587条的规定来看，定金罚则既适用于当事人不履行债务的情形，也适用于当事人履行债务不符合约定的情形，因为不论是当事人不履行债务，还是履行债务不符合约定，均可能导致当事人的合同目的不能实现。例如，

① See Bun, Soh Kee, "Deposits and Reasonable Penalties", *Singapore Journal of Legal Studies*, Vol. 1997, Issue 1 (1997), p. 54.
② 参见王利明：《合同法研究》（第二卷）（第三版），中国人民大学出版社2015年版，第735页。
③ See McLaughlan, D W, "Forfeiture of Deposits: Punishing the Contract Breaker", *New Zealand Law Review*, Vol. 2002, Issue 1 (2002), p. 7.
④ 参见李贝：《定金功能多样性与定金制度的立法选择》，载《法商研究》2019年第4期，第179页。

甲向乙购买一批水泥用于建造房屋，乙交付的水泥质量不合格，无法满足建造房屋的基本需求，则将导致甲的合同目的无法实现，此时即可依法适用定金罚则。同时，从《民法典》第587条的规定来看，其并没有对当事人履行债务不符合约定的情形作出限定，因此，不论是当事人交付的标的物数量不足，还是质量不合格，或者是其他履行不符合约定的情形，只要因此导致对方当事人的合同目的不能实现，对方当事人均可依法主张适用定金罚则。①

　　一般情况下，当事人根本违约违反的是主给付义务，但问题在于，如果当事人违反的是从给付义务或者附随义务，能否适用定金罚则？有观点认为，定金罚则适用于违约致使合同目的不能实现的情形，一方当事人违反从给付义务或者附随义务通常并不会导致对方当事人合同目的落空，因此，一般不适用定金罚则。② 此种观点值得赞同，但也应当看到，在当事人违反从给付义务和附随义务时，也不能当然排除定金罚则的适用，原因在于：一方面，从《民法典》第587条的规定来看，其在规定定金罚则的适用条件时，并没有对当事人不履行债务或者履行债务不符合约定情形下义务的类型作出限定，所违反之义务当然也可以包括从给付义务和附随义务。另一方面，《民法典》第587条在规定定金罚则的适用条件时，侧重于强调当事人不履行债务或者履行债务不符合约定的行为构成根本违约，而当事人违反从给付义务或者附随义务的，也可能导致对方当事人合同目的无法实现③，从而构成根本违约。例如，在机动车新车交易中，出卖人开具发票的义务属于从给付义务，但如果在出卖人交付机动车之后，其所开具的发票上机动车发动机号码错误，并导致该机动车无法上牌，则将导致买受人购买机动车的合同目的无法实现，应当构成根本违约。再如，在司法实践中，在债券发行的情形下，法院在裁判中通常将一方当事人合同目的的实现解释为合同履行的完满状态，债券发行人违反主给付义务、从给付义务甚至附随义务，均可能构成根本违约，并导致法定解除权的产生。④ 因此，当事人违反从给付义务或者附随义务构成根本违约的，也可以依法适用定金罚则。

　　此外，虽然定金罚则主要适用于根本违约的情形，但是，当事人能否约定，在当事人不构成根本违约的情形下，也可以适用定金罚则？对此，有观点认为，

---

　　① 参见张金海：《论〈民法典〉违约定金制度的改进》，载《四川大学学报（哲学社会科学版）》2021年第3期，第180页。

　　② 参见崔建远：《合同法》（第四版），北京大学出版社2021年版，第247页。

　　③ 参见崔建远：《完善合同解除制度的立法建议》，载《武汉大学学报（哲学社会科学版）》2018年第2期，第85页；谢鸿飞：《定金责任的惩罚性及其合理控制》，载《法学》2023年第3期，第90页。

　　④ 参见季奎明、陈霖：《论债券预期违约救济的法理基础及分类构造》，载《财经法学》2022年第1期，第107页。

适用定金罚则的前提条件是按照当事人的约定或者法律规定，如果法律有特别规定，则应当适用特别规定，在当事人有特别约定时，也应当尊重当事人的特别约定，只有在法律没有特别规定且当事人没有特别约定时，定金罚则才适用于根本违约的情形。① 笔者认为，此种观点值得商榷，原因在于：一方面，从《民法典》第 587 条的规定来看，其在规定定金罚则的适用条件时，明确将其限定为根本违约的情形，而没有设置当事人约定这一例外情形，主张当事人可以自由约定定金罚则的适用条件缺乏法律依据。另一方面，如前所述，立法之所以将定金罚则的适用条件限定为根本违约，既是因为要避免定金罚则的适用给当事人造成较大的经济负担，也是因为要有效维护交易秩序，如果允许当事人自由约定定金罚则的适用条件，上述立法目的将难以实现。因此，法律关于定金罚则适用条件的规定具有浓厚的强行法色彩，当事人应当无权对其适用条件另行作出约定。当然，在法律另有规定的情形下，即便当事人未构成根本违约，也可以依法适用定金罚则。例如，从《合同编通则解释》第 68 条第 2 款的规定来看，在当事人部分履行合同的情形下，在符合法律规定的条件时，即便不构成根本违约，也可以适用定金罚则。这也是定金罚则适用于根本违约这一规则的例外。

（二）双方根本违约不适用定金罚则

如前所述，《民法典》第 587 条仅规定了一方根本违约时定金罚则的适用规则，而没有规定双方均构成根本违约时能否适用定金罚则，《合同编通则解释》第 68 条第 1 款对此作出了规定，依据该规定，在双方均构成根本违约的情形下，任何一方当事人均不得主张适用定金罚则。此种规定具有合理性，主要理由如下。

其一，此种规定符合定金罚则制度的功能。从功能上看，定金罚则的适用既体现了对根本违约方的惩罚，也体现了对非根本违约方的保护，而在双方均构成根本违约的情形下，定金罚则的上述功能均难以实现。一方面，定金罚则的适用体现了对当事人根本违约行为的惩罚，即一方的根本违约行为将导致对方当事人合同目的不能实现，在此情形下，对其适用定金罚则体现了对其严重违约行为的惩罚。而在双方均构成根本违约的情形下，此种单向性的惩罚即失去了正当性。另一方面，定金罚则的适用也体现了对非根本违约方的保护，即在对方构成根本违约的情形下，适用定金罚则可以在一定程度上救济非根本违约方因合同目的落空而遭受的损害。而在双方均构成根本违约的情形下，适用定金罚则对任何一方

① 参见黄薇主编：《中华人民共和国民法典合同编解读》（上册），中国法制出版社 2020 年版，第 452 页。

提供保护均欠缺正当性。因此，在双方均构成根本违约的情形下，排除定金罚则的适用符合其制度功能。

其二，此种规定有利于降低纠纷解决成本，简化法律关系。从法律效果层面看，在双方均构成根本违约的情形下，如果允许当事人主张适用定金罚则，则双方当事人均可依法主张适用定金罚则，而在对双方当事人均适用定金罚则时，双方当事人的利益状态将恢复到未适用定金罚则的状态。可见，在双方均构成根本违约的情形下，允许当事人请求适用定金罚则，只会导致法律关系的复杂化，徒增纠纷解决成本，而不会对当事人的权利义务关系产生实质性影响。

当然，在双方均构成根本违约的情形下，只是排除定金罚则的适用，而不会因此否定定金合同的效力，因此，《民法典》及《合同编通则解释》中有关定金的相关规则原则上仍然可以适用。例如，依据《民法典》第 587 条第一句的规定，如果债务人履行债务，则其交付的定金应当抵作价款或者收回。在双方均构成根本违约的情形下，该规则仍然可以适用，即在双方均构成根本违约的情形下，如果当事人均未解除合同，则交付定金的一方有权主张收回定金。需要指出的是，在双方均构成根本违约的情形下，不仅会排除定金罚则的适用，如果相关规则的适用以定金罚则的适用为前提，则在定金罚则的适用被排除后，该相关规则也应当无法适用。例如，依据《民法典》第 588 条的规定，如果当事人同时约定了违约金与定金，在一方违约时，对方可以选择适用违约金或者定金条款。该条对违约金与定金的适用关系作出了规定，该条所规定的适用"定金条款"实际上就是指适用定金罚则①，在双方均构成根本违约的情形下，既然定金罚则无法适用，那么该规则也应当无法适用。

（三）一方根本违约、一方轻微违约情形下定金罚则的适用

依据《合同编通则解释》第 68 条第 1 款的规定，在一方根本违约，另一方轻微违约的情形下，轻微违约的一方当事人仍有权主张适用定金罚则，而根本违约的一方当事人不得以对方有轻微违约为由主张排除定金罚则的适用。如前所述，《民法典》第 587 条仅规定了一方根本违约情形下定金罚则的适用规则，而没有规定双方违约情形下定金罚则的适用规则，《合同编通则解释》第 68 条第 1 款规定了双方均构成根本违约时定金罚则的适用规则，该款规定了一方根本违约、一方轻微违约情形下定金罚则的适用规则，进一步丰富了双方违约情形下定金罚则适用的规则体系。

---

① 参见黄薇主编：《中华人民共和国民法典合同编解读》（上册），中国法制出版社 2020 年版，第454～455 页。

依据《合同编通则解释》第 68 条第 1 款的规定，在一方构成根本违约而一方仅轻微违约的情形下，轻微违约的一方有权主张适用定金罚则，该规则具有合理性，一方面，其符合定金罚则的制度功能。定金罚则的重要功能在于实现对严重违约行为的惩罚，在一方根本违约的情形下，允许轻微违约的一方依法主张适用定金罚则，可以实现对根本违约行为的惩罚，符合定金罚则的制度功能要求。另一方面，其与《民法典》的规则也具有契合性。从《民法典》第 587 条的规定来看，只要一方不履行债务或者履行债务不符合约定构成根本违约，即可适用定金罚则，该条对另一方当事人的违约情形并未作出规定，因此，依据该条规定，只要一方当事人构成根本违约，对方当事人即可依据该规则主张适用定金罚则。而依据《合同编通则解释》第 68 条第 1 款的规定，在一方构成根本违约，另一方轻微违约的情形下，轻微违约的一方仍有权主张适用定金罚则，这一立场与《民法典》第 587 条的规定保持了一致。当然，依据《合同编通则解释》第 68 条第 1 款第一句的规定，如果双方当事人均构成根本违约，将排除定金罚则的适用。

从《合同编通则解释》第 68 条第 1 款的规定来看，其适用前提是一方构成轻微违约，即一方当事人的违约程度较为轻微。问题在于，如何认定当事人构成轻微违约？轻微违约在性质上属于不确定概念，我国《民法典》合同编在规定违约行为形态时，并没有使用"轻微违约"这一概念，2019 年 11 月《九民会议纪要》第 47 条在规定约定解除条件时，使用了违约方的违约成为"显著轻微"这一表述。能否将《合同编通则解释》第 68 条第 1 款所规定的轻微违约等同于此处的违约程度"显著轻微"？笔者认为，不能将二者等同，理由在于：一方面，从文义上看，《九民会议纪要》第 47 条要求违约方的违约程度"显著轻微"，与"轻微违约"相比，其违约程度显然更为轻微，如果将二者等同，则司法解释增加"显著"这一违约程度限制的意义将不复存在。另一方面，从规范目的上看，《九民会议纪要》第 55 条规定违约方违约行为"显著轻微"的目的在于对当事人行使约定解除权的行为进行限制，在非违约方行使约定解除权的条件已经具备的情形下，通过违约方违约行为"显著轻微"对其解除权进行限制，本就属于极其"例外"的情形，因此需要"显著"这一限定词，如果将其与"轻微违约"等同，则可能不当扩大该规则的适用范围，并在一定程度上架空约定解除权的制度功能。因此，不能将"轻微违约"等同于违约行为"显著轻微"。

笔者认为，应当将轻微违约解释为根本违约之外的其他违约行为，换言之，只要当事人的违约行为不会致使对方当事人的合理目的不能实现，不构成根本违约，均应当属于轻微违约的范畴，主要理由在于：一方面，从法条文义来看，《合同编通则解释》第 68 条第 1 款所使用的轻微违约概念是与根本违约相对应的概念，顾名思义，根本违约为违约程度较为严重的违约行为，将轻微违约解释为根本违约之外的其他违约行为，符合法条的文义。另一方面，将轻微违约解释为根本违约之外的违约行为，也可以更好地实现双方违约情形下定金罚则规则的功能。如前所述，定金罚则原则上适用于根本违约的情形，而我国《民法典》并未对双方违约情形下定金罚则的适用规则作出规定，《合同编通则解释》第 68 条第 1 款对双方根本违约情形下的定金罚则适用规则作出了规定，而该款对一方根本违约、一方轻微违约情形下定金罚则的适用规则作出规定，将此处的轻微违约解释为根本违约之外的违约形态，就可以实现对根本违约情形下双方违约的所有情形进行调整，反之，如果认定在根本违约与轻微违约之外还有其他违约形态，则在一方根本违约，一方非轻微违约且不构成根本违约时，能否适用定金罚则以及如何适用定金罚则，存在疑问，这就使得《合同编通则解释》难以调整相关的情形，影响其制度功能的实现。还应当看到，将轻微违约认定为根本违约之外的其他违约形态，也有利于定金罚则的准确适用，因为轻微违约本身属于不确定概念，如果认定在轻微违约与根本违约之外还存在其他违约形态，则如何认定轻微违约，将缺乏相对明确的标准，这也将影响双方违约情形下定金罚则的准确适用。

还需要指出的是，从《合同编通则解释》第 68 条第 1 款的规定来看，在一方构成根本违约，另一方仅有轻微违约的情形下，轻微违约的一方仍有权主张适用定金罚则，此处应当按照合同整体适用定金罚则，而不应按照比例适用定金罚则。至于一方当事人轻微违约行为的法律后果，应当依据《民法典》第 592 条关于双方违约的规则予以认定。①

二、部分履行情形下定金罚则的适用

关于部分履行的情形下能否适用定金罚则，《民法典》并未作出明确规定，《合同编通则解释》第 68 条第 2 款对此作出了规定，从该条规定来看，其区分了部分履行是否构成根本违约，分别确立了不同的定金罚则适用规则，下文具体阐释。

（一）部分履行不构成根本违约时定金罚则的适用

如前所述，定金罚则原则上仅适用于根本违约的情形，即在一方当事人构成

① 该条 1 款规定："当事人都违反合同的，应当各自承担相应的责任。"

根本违约时，对方当事人才能依法主张适用定金罚则，在双方当事人均不构成根本违约时，原则上无法适用定金罚则。但从实践来看，违约行为既可能体现为当事人一方完全不履行合同，也可能体现为当事人一方部分履行合同，即当事人并未按照合同约定全面履行自己的债务。例如，当事人未按照合同约定交付全部标的物，而只是交付部分标的物。部分履行与完全履行相对应，其与根本违约并非相对应的概念，换言之，部分履行也可能构成根本违约，即一方当事人部分履行也可能导致对方当事人合同目的无法实现。例如，一方当事人交付的标的物数量不符合约定，导致对方当事人合同目的无法实现。在部分履行构成根本违约时，即可依法适用定金罚则。

　　一方当事人部分履行也可能并不影响对方合同目的的实现，此时能否适用定金罚则？对此，《担保法司法解释》第 120 条对不完全履行情形下定金罚则的适用规则作出了规定，即在当事人一方不完全履行合同的情形下，应当按照未履行部分所占合同约定内容的比例适用定金罚则。《民法典》并未采纳这一规则，而仅规定了根本违约情形下定金罚则的适用规则。事实上，在不完全履行的情形下，如果完全不适用定金罚则，可能无法体现对违约方违约行为的惩罚，也有违当事人约定定金的目的，因为当事人约定定金的目的在于担保当事人完全履行合同[1]，不论是合同不履行，还是部分履行，都是当事人订立定金合同旨在预防的行为。因此，《合同编通则解释》吸收了前述司法规则，于第 68 条第 2 款对部分履行情形下定金罚则的适用规则作出了规定。依据该规定，在当事人一方部分履行合同的情形下，对方当事人可以依法主张按照未履行部分所占比例适用定金罚则。所谓按比例适用定金罚则，是指在当事人一方已经部分履行合同的情形下，按照未履行部分所占比例适用定金罚则。例如，当事人约定甲负有向乙交付价值 100 万元的货物的义务，乙向甲交付了 10 万元定金，如果甲已经向乙交付价值 50 万元的货物，剩下 50 万元的货物无法交付，此时，就应当按照 50％的比例适用定金罚则，即甲将丧失 5 万元的定金。在一方当事人部分履行的情形下，除部分履行构成根本违约外，对方当事人仅能主张按比例适用定金罚则，而不能主张按照合同整体适用定金罚则，该规则具有合理性，因为从部分履行的一方来看，与完全不履行合同不同，其具有履行合同的意愿，且已经部分履行合同，通过定金罚则对其违约行为进行惩罚的程度也应相应地降低，此时仍然按照合同整体对其适用定金罚则，对其不公平，也不利于督促其积极履行合同；而从接受履行的

---

[1]　See Bun, Soh Kee, "Deposits and Reasonable Penalties", *Singapore Journal of Legal Studies*, Vol. 1997, Issue 1 (1997), p. 50.

一方当事人来看，其接受对方当事人的部分履行，其合同目的并非完全不能实现，而是已经在一定程度上实现了其合同目的，此时，其也不得再主张按照合同整体适用定金罚则。

当然，在部分履行的情形下适用定金罚则毕竟是例外情形，其适用应当符合法律规定的条件，具体而言，依据《合同编通则解释》第 68 条第 2 款的规定，部分履行适用定金罚则应当具备如下条件。

一是当事人一方已经部分履行合同。按比例适用定金罚则的基本前提是当事人一方已经部分履行合同，如果当事人完全未履行合同，则将导致对方当事人合同目的无法实现，此时应当构成根本违约，应当依法按照合同整体适用定金罚则，而不存在按比例适用定金罚则的问题。同时，该条还要求作出履行的一方当事人必须已经作出履行，如果该方当事人只是提出作出履行的请求，而没有实际履行义务，则无法按比例适用定金罚则。此外，从该款的规定来看，其并没有对当事人一方部分履行合同的比例作出限定，因此，只要一方当事人已经部分履行合同，不论已经履行的部分占整个合同义务的比例多少，都可以依法按比例适用定金罚则。

二是对方同意接受。在一方当事人作出部分履行的情形下，只有对方同意接受该履行，才能按比例适用定金罚则。例如，即便当事人一方已经将标的物运送至约定地点，但如果对方未同意接受履行，也无法按比例适用定金罚则。通常情形下，当事人一方作出部分履行并不符合当事人的约定，因此，对方当事人有权拒绝接受。但按照私法自治原则，在一方当事人部分履行的情形下，另一方当事人也有权同意接受履行，其同意既可以是明确表示同意接受履行，也可以是以接受履行的行为表明同意接受履行的意思。同时，依据《民法典》第 531 条的规定，在不损害债权人利益的情形下，债权人不得拒绝债务人的部分履行[①]，此种情形下，虽然债权人基于法律规定应当接受债务人的部分履行[②]，但在解释上也可以将其纳入债权人"同意"债务人部分履行的范畴，据此，在债务人部分履行损害债权人利益的情形下，债权人接受债务人部分履行的，其也有权主张按照未履行部分所占比例适用定金罚则。在一方当事人部分履行的情形下，如果对方当事人不同意接受该履行，则其订立合同的目的将无法实现，在该情形下，应当认定作出部分履行的一方当事人构成根本违约，对方当事人有权主张按照合同整体

---

① 当然，对于部分履行不会损害债权人利益这一事实，债务人应当负有举证证明的义务。参见朱广新、谢鸿飞主编：《民法典评注：合同编通则 1》，中国法制出版社 2020 年版，第 521 页。

② 参见黄薇主编：《中华人民共和国民法典合同编解读》（上册），中国法制出版社 2020 年版，第 235 页。

适用定金罚则。

三是部分履行不构成根本违约。从《合同编通则解释》第68条第2款的规定来看，只有在部分履行不构成根本违约的情形下，才能适用该规则。如果一方当事人部分履行构成根本违约，则即便对方当事人同意接受部分履行，其也有权主张按照合同整体适用定金罚则，在此情形下，作出部分履行的一方当事人也不得以对方当事人已接受部分履行为由主张按照未履行部分所占比例适用定金罚则。

（二）部分履行构成根本违约时定金罚则的适用

依据《合同编通则解释》第68条第2款第二句的规定，如果当事人一方部分履行构成根本违约，则对方当事人有权主张按照合同整体适用定金罚则。此种规定具有合理性，理由在于：一方面，该规定与《民法典》的规定具有契合性。从《民法典》第587条的规定来看，只要构成根本违约，不论该根本违约是由不履行债务导致的，还是由部分履行引起的，均按照合同整体适用定金罚则。因此，在一方当事人部分履行构成根本违约的情形下，对方当事人有权主张按照合同整体适用定金罚则。另一方面，在部分履行构成根本违约的情形下，按照合同整体适用定金罚则，也符合定金制度的功能。在部分履行构成根本违约的情形下，虽然作出履行的一方已经作出了部分履行，但其部分履行行为并没有起到相应的债务履行效果，对方当事人的合同目的仍然未部分实现，而是完全落空，课以根本违约方按照合同整体适用定金罚则，更能体现对其根本违约行为的制裁；而对非根本违约方而言，在对方当事人根本违约的情形下，其合同目的完全落空，允许其主张按照合同整体适用定金罚则，既符合其订立定金合同担保合同履行的目的，也能够更好地弥补其因合同目的落空所遭受的损害。

依据《合同编通则解释》第68条第2款第二句的规定，部分履行构成根本违约时定金罚则的适用应当具备如下条件。

一是一方当事人作出部分履行。只有一方当事人已经作出部分履行，才有可能适用该规则，如果一方当事人并未作出任何履行，则通常会导致对方当事人合同目的无法实现，构成根本违约，从而当然适用定金罚则。需要指出的是，从该款规定来看，似乎在当事人一方履行部分合同，对方同意接受，并且部分履行致使不能实现全部合同目的时，才能适用定金罚则，问题在于，在一方作出部分履行，对方并未接受时，能否适用该规则？笔者认为，此种情形下无须适用该规则，《合同编通则解释》第68条第2款第二句仅适用于部分履行致使不能实现合同目的的情形，如果一方作出履行，对方当事人并未接受，并且致使不能实现合同目的的，则不构成部分履行，此时可以直接依据《民法典》第587条适用定金罚则。

二是部分履行构成根本违约。从该句的规定来看，只有部分履行构成根本违约，才能按照合同整体适用定金罚则。如果一方当事人部分履行合同，并未导致对方当事人合同目的无法实现，则应当适用该款第一句规定，按照未履行部分所占比例适用定金罚则。

三、不可抗力致使合同不能履行时定金罚则的适用

依据《合同编通则解释》第 68 条第 3 款的规定，如果是不可抗力导致合同不能履行的，则非违约方不得主张适用定金罚则。该规则具有合理性，理由在于：一方面，如前所述，定金罚则具有惩罚严重违约行为的目的，即一般情况下，在一方当事人不履行合同或者不完全履行合同构成根本违约时，对违约方适用定金罚则，可以体现对其严重违约行为的惩罚，此种惩罚的正当性在于，此种严重违约行为的发生必须是违约方的行为造成的。[1] 而在不可抗力导致合同不能履行的情形下，合同不能履行的后果是不可抗力这一客观原因导致的，此时，适用定金罚则对当事人进行惩罚的正当性也将不复存在。另一方面，定金是一种债的担保方式，定金责任也是一种违约责任承担方式，因此，法律有关违约责任的一般规定也应当可以适用于定金责任。《民法典》第 590 条第 1 款就不可抗力对违约责任的影响规则作出了规定，依据该规定，如果当事人一方不能履行合同是不可抗力导致的，则应当根据不可抗力的影响部分或者全部免除责任。该条将不可抗力规定为违约责任的免责事由，其应当适用于各种违约责任承担方式，当然也适用于定金责任。[2] 因此，《合同编通则解释》第 68 条第 3 款规定在不可抗力致使合同不能履行时，将排除定金罚则的适用，也符合定金责任的违约责任属性。

依据《合同编通则解释》第 68 条第 3 款的规定，发生不可抗力排除定金罚则的适用应当具备如下条件。

第一，原因限于不可抗力。有观点认为，违约定金具有预付违约金的性质，其功能在于制裁债务不履行行为，因此，定金罚则的适用以存在可归责于当事人的事由为要件，如果是不可抗力、意外事件致使合同不能履行的，不适用定金罚则。[3] 此种观点具有一定的合理性，在意外事件导致违约的情形下，排除定金责

---

[1] 参见王利明：《合同法研究》（第二卷）（第三版），中国人民大学出版社 2015 年版，第 729 页。

[2] 参见石宏主编：《〈中华人民共和国民法典〉解释与适用 合同编》（上册），人民法院出版社 2020 年版，第 241 页。

[3] 参见崔建远：《合同法》（第四版），北京大学出版社 2021 年版，第 247 页。

任的适用，客观上也有利于控制定金责任的惩罚性①，但笔者认为，《合同编通则解释》的立场更符合定金责任的违约责任属性，因为与其他的违约责任形式相比，定金责任虽然具有浓厚的惩罚性色彩，但其仍然属于违约责任承担方式，其原则上仍应当适用违约责任的一般规则，我国《民法典》合同编对违约责任通常采严格责任原则，违约责任的成立并不要求违约方具有可归责性，其同样适用于定金责任，即在一方不履行债务或者履行债务不符合约定构成根本违约的情形下，另一方可依法主张适用定金罚则，在此情形下，要排除定金罚则的适用，当事人应当证明存在违约责任的免责事由。而从民法典合同编的规定来看，法定的违约责任免责事由通常限于不可抗力，而不包括意外事件。因此，《合同编通则解释》第 68 条第 3 款将排除定金罚则适用的事由限定为不可抗力。换言之，如果是不可抗力之外的意外事件、第三人原因导致合同不能履行的，则不能排除定金罚则的适用，在意外事件导致违约的情形下，如果排除定金罚则的适用，将违反定金责任的违约责任属性，一定程度上构成一种体系悖反。

第二，必须是不可抗力致使"合同不能履行"。如果在合同履行过程中发生了不可抗力，则可能会对当事人履行合同产生一定的影响。例如，在当事人订立买卖合同后，如果在合同履行过程中发生了不可抗力，导致出卖人购入标的物的价格急剧上涨，则出卖人履行交付标的物的义务即存在一定的困难；如果当事人约定的标的物是特定物，该特定物因不可抗力而完全毁损灭失的，将导致出卖人不能履行合同义务。从《合同编通则解释》第 68 条第 3 款的规定来看，只有在不可抗力导致"合同不能履行"时，才能排除定金罚则的适用。换言之，如果不可抗力只是导致合同履行出现一定的困难，如履行成本增加等，而没有导致合同不能履行，则不能依据该规定排除定金罚则的适用。此处的不能履行，是指不可抗力导致当事人无法履行合同义务。

从解释上看，"合同不能履行"在文义上既包括合同义务全部不能履行，也包括合同义务部分不能履行②，依据《合同编通则解释》第 68 条第 3 款的规定，如果不可抗力致使不能履行的，将排除定金罚则的适用，这是否意味着，不论不可抗力导致合同义务全部不能履行，还是合同义务部分不能履行，均可排除定金罚则的适用？笔者认为，应当将该款中的"合同不能履行"解释为合同义务全部不能履行，在不可抗力导致合同义务部分不能履行的情形下，不能排除定金罚则的适用，主要理由在于：一方面，《合同编通则解释》第 68 条第 2 款已经对部分

---

① 参见谢鸿飞：《定金责任的惩罚性及其合理控制》，载《法学》2023 年第 3 期，第 91 页。
② 参见王利明：《合同法研究》（第二卷）（第三版），中国人民大学出版社 2015 年版，第 4 页。

履行情形下定金罚则的适用规则作出了规定，依据该规定，如果当事人部分履行合同，对未履行的部分仍然可以按比例适用定金罚则。从该款规定来看，其并没有对合同部分履行的原因作出限定，因此，其也适用于不可抗力导致合同义务部分不能履行的情形。换言之，在不可抗力导致合同义务部分不能履行的情形下，对仍然可以履行的部分合同义务，债务人负有履行的义务，如果其不履行该义务，债权人有权主张按未履行部分所占比例适用定金罚则。① 另一方面，从不可抗力的效力来看，依据《民法典》第590条第1款的规定，在不可抗力致使不能履行合同的情形下，需要根据不可抗力的影响，部分或者全部免除违约责任。换言之，需要根据不可抗力对合同履行的具体影响，判断免责的范围和程度，法律之所以作出此种规定，原因是，不可抗力既可能导致合同义务根本无法履行，也可能只导致合同义务一时不能履行或者部分不能履行，因此，需要根据不可抗力对合同义务履行的影响，具体认定其是导致债务人责任的全部免除还是部分免除。② 该规则也应当适用于定金责任，而从《合同编通则解释》第68条第3款的规定来看，如果不可抗力致使不能履行，将完全排除定金罚则的适用，因此，在解释上应当将此处的不能履行限定为合同义务全部不能履行且永久不能履行，如果不可抗力只是导致合同义务部分不能履行或一时不能履行，则仍有可能部分适用定金罚则或者按照合同整体适用定金罚则。

第三，必须是"因"不可抗力而合同不能履行。从《合同编通则解释》第68条第3款的规定来看，必须是"因"不可抗力而合同不能履行时，才能排除定金罚则的适用。也就是说，在合同履行过程中，即便发生了不可抗力，但该不可抗力并未对合同义务的履行产生影响，债务人不能履行合同义务是不可抗力之外的因素导致的，则不能排除定金罚则的适用。

此外，定金责任作为一种违约责任，其也应当适用不可抗力对违约责任影响的一般性规则，依据《民法典》第590条第1款的规定，在不可抗力导致合同不能履行的情形下，虽然原则上需要根据不可抗力的影响，部分或者全部免除当事人的违约责任，但如果法律对不可抗力的效力另行作出了规定，则应当适用该特别规定。例如，依据《合同编通则解释》第68条第2款的规定，如果在当事人迟延履行后发生不可抗力，则不免除其违约责任。该规则也适用于定金责任这一

① 当然，如果因不可抗力导致债务人部分不能履行，并因此导致债权人合同目的无法实现的，则债权人有权依据《民法典》第563条解除合同，在此情形下，债权人有权拒绝债务人的部分履行，此时由于主合同关系已经终止，且债务人无须依法承担违约责任，也应排除定金罚则的适用。
② 参见黄薇主编：《中华人民共和国民法典合同编解读》（上册），中国法制出版社2020年版，第461页。

违约责任形式，即如果债务人已经构成迟延履行，则即便之后发生不可抗力，并导致债务人不能履行债务的，也不能免除债务人的违约责任，即在此情形下，债权人有权依法主张按照合同整体适用定金罚则。

（本条撰写人：王叶刚）

九、附则

生效时间

本解释自 2023 年 12 月 5 日起施行。

民法典施行后的法律事实引起的民事案件，本解释施行后尚未终审的，适用本解释；本解释施行前已经终审，当事人申请再审或者按照审判监督程序决定再审的，不适用本解释。

【本条主旨】

本条规定了本司法解释的生效时间。

【相关规定】

1. 《最高人民法院关于适用〈中华人民共和国民法典〉总则编若干问题的解释》第 39 条 本解释自 2022 年 3 月 1 日起施行。民法典施行后的法律事实引起的民事案件，本解释施行后尚未终审的，适用本解释；本解释施行前已经终审，当事人申请再审或者按照审判监督程序决定再审的，不适用本解释。

2. 《最高人民法院、最高人民检察院关于适用刑事司法解释时间效力问题的规定》 一、司法解释是最高人民法院对审判工作中具体应用法律问题和最高人民检察院对检察工作中具体应用法律问题所作的具有法律效力的解释，自发布或者规定之日起施行，效力适用于法律的施行期间。

【理解与适用】

《合同编通则解释》第 69 条第 1 款规定了本解释的生效时间，即本解释自

2023 年 12 月 5 日起施行。《合同编通则解释》第 69 条第 2 款规定了本解释是否具有溯及力的问题，该款规定了三层含义。

第一，本司法解释原则上只适用于《民法典》施行后的法律事实引起的民事案件，而不适用《民法典》施行前的法律事实引起的民事案件。根据《最高人民法院、最高人民检察院关于适用刑事司法解释时间效力问题的规定》第 1 条的规定，司法解释的效力仅适用于其所解释的或者所依据的法律的施行期间。因此，本解释原则上只适用于《民法典》施行期间的法律事实引起的民事案件。

值得讨论的是，《最高人民法院关于适用〈中华人民共和国民法典〉时间效力的若干规定》第 2 条和第 3 条等规定了《民法典》溯及适用于其实施前的法律事实引起的民事纠纷的例外情形，依据《民法典》所作的《合同编通则解释》是否也溯及地适用于这些情形？一种观点认为，鉴于司法解释与其所解释或者所依据的法律，在条文内容、精神要旨方面具有一致性，因此司法解释能否溯及适用于该法律施行之前，取决于该法律的溯及适用标准。[①] 本书赞成这一观点。根据这一观点，《最高人民法院关于适用〈中华人民共和国民法典〉时间效力的若干规定》第 2 条规定了"有利溯及"，即"民法典施行前的法律事实引起的民事纠纷案件，当时的法律、司法解释有规定，适用当时的法律、司法解释的规定，但是适用民法典的规定更有利于保护民事主体合法权益，更有利于维护社会和经济秩序，更有利于弘扬社会主义核心价值观的除外"[②]。第 3 条规定了"空白溯及"，即"民法典施行前的法律事实引起的民事纠纷案件，当时的法律、司法解释没有规定而民法典有规定的，可以适用民法典的规定，但是明显减损当事人合法权益、增加当事人法定义务或者背离当事人合理预期的除外"。根据以上两条规定，尽管引起民事案件的法律事实发生于《民法典》施行之前，但是仍然可以适用《民法典》的规定；相应地，也可以适用依据《民法典》所作的司法解释，包括《合同编通则解释》。

第二，在《民法典》施行后的法律事实引起的民事案件中，只有本司法解释

[①] 参见最高人民法院民事审判第二庭、研究室编著：《最高人民法院民法典合同编通则司法解释理解与适用》，人民法院出版社 2023 年版，第 773 页；最高人民法院研究室编著：《最高人民法院民法典时间效力司法解释理解与适用》，人民法院出版社 2021 年版，第 86 页。

[②] 需要说明的是，有利溯及的适用受到严格限制。《全国法院贯彻实施民法典工作会议纪要》第 18 条规定了有利溯及的层报程序，即："人民法院在审理有关民事纠纷案件时，认为符合《时间效力规定》第二条溯及适用民法典情形的，应当做好类案检索，经本院审判委员会讨论后层报高级人民法院。高级人民法院审判委员会讨论后认为符合《时间效力规定》第二条规定的'三个更有利于'标准，应当溯及适用民法典规定的，报最高人民法院备案。最高人民法院将适时发布相关指导性案例或者典型案例，加强对下指导。"

施行后尚未终审的，才能适用本司法解释。由于司法解释的效力适用于其所解释或者所依据的法律的施行期间，因此《民法典》施行后的法律事实引起的民事案件尚未终审的，当然可以适用基于《民法典》作出的《合同编通则解释》。

第三，在《民法典》施行后的法律事实引起的民事案件中，倘若在本司法解释施行前已经终审，当事人申请再审或者按照审判监督程序决定再审的，不适用本司法解释。此乃民事司法解释的一贯立场，例如《总则编解释》第39条亦是如此规定。之所以作出这样的规定，是因为倘若允许再审案件适用新的司法解释，恐怕将会引起再审案件的大量出现，不利于纠纷的化解和社会关系的稳定，而且将造成判决毫无稳定性可言，也不利于维护司法的权威性和公信力。①

（本条撰写人：阮神裕）

---

① 参见最高人民法院民事审判第二庭、研究室编著：《最高人民法院民法典合同编通则司法解释理解与适用》，人民法院出版社2023年版，第772页。

后　记

　　本书是中国人民大学民商事法律研究中心为配合《民法典》和相关司法解释贯彻实施而组织编写的，也是王利明教授主持的中国人民大学重大课题（批准号：中国人民大学21XNLG01）的成果形式。本书的主要撰写者包括王利明、高圣平、石佳友、尹飞、朱虎、孟强、熊丙万、王雷、王叶刚、潘重阳、陆家豪、阮神裕、李潇洋等，全书由王利明、朱虎统稿。

　　由于时间仓促，书中缺点在所难免，敬请广大读者不吝指正。